BIODIREITO CONSTITUCIONAL

Coleção Biodireito | Bioética
Coordenada por Maria Garcia

MARIA GARCIA
JULIANE CARAVIERI GAMBA
ZÉLIA CARDOSO MONTAL

BIODIREITO CONSTITUCIONAL

Questões atuais

...da edição: 27 de outubro de 2009

CAMPUS
JURÍDICO

Copidesque: Elvira Cesario Castanon
Revisão Gráfica: Renato Mello Medeiros
Editoração Eletrônica: Tony Rodrigues

Elsevier Editora Ltda.
Conhecimento sem Fronteiras
Rua Sete de Setembro, 111 — 16º andar
20050-006 — Rio de Janeiro — RJ

Rua Quintana, 753 - 8º andar
04569-011 - Brooklin - São Paulo - SP

Serviço de Atendimento ao Cliente
0800 026 53 40
sac@elsevier.com.br

ISBN: 978-85-352-3670-5

Cip-Brasil. Catalogação-na-fonte
Sindicato Nacional dos Editores de Livros, RJ

B512

Biodireito constitucional / Maria Garcia, Juliane Caravieri Gamba, Zélia Cardoso Montal (coordenadoras) ; [Camila Barreto Pinto Silva... et al.]. - Rio de Janeiro : Elsevier, 2010.

Inclui bibliografia
ISBN 978-85-352-3670-5

1. Direito e biologia. 2. Bioética. 3. Direito constitucional. I. Garcia, Maria. II. Gamba, Juliane Caravieri Martins. III. Montal, Zélia Cardoso. IV. Série.

09-4075. CDU: 340.12

Os autores

Ana Laura Vallarelli Gutierres Araujo
Mestre em Direito Constitucional pela PUC-SP, advogada e professora universitária.

Bruno Fraga Pistinizi
Advogado; analista Processual vinculado ao Instituto Nacional de Colonização e Reforma Agrária, Incra-SP; mestre em Direito Constitucional pela PUC-SP; membro do Instituto Brasileiro de Direito Constitucional, IBDC.

Camila Barreto Pinto Silva
Doutoranda em Filosofia do Direito pela PUC-SP; professora adjunta na Universidade Paulista (SP) nas disciplinas de Biodireito, Filosofia, Ética, História do Direito e Direitos Humanos.

Elzira Teixeira Ariza Oliveira
Doutora em Psicologia Educacional pela PUC-Campinas. Formada em História e Pedagogia; professora da Universidade Braz Cubas de Mogi das Cruzes e professora de Sociologia Jurídica e Metodologia Científica no curso de Direito.

Gisele Mascarelli Salgado
Pós-doutoranda em História do Direito pela Faculdade de Direito da USP, pesquisadora bolsista da Fapesp, doutora e mestre em Filosofia do Direito pela PUC-SP.

Juliane Caravieri Gamba
Advogada e professora universitária, graduada em Ciências Econômicas pela Universidade Estadual Paulista (Unesp); graduada em Direito e especialista em Economia Empresarial pela Universidade Estadual de Londrina (UEL); especialista em Direito do Trabalho pela Universidade Braz Cubas (UBC); mestre em Direito do Estado pela PUC-SP.

Maria Cristina Cintra Machaczek

Advogada, graduada nas Faculdades Metropolitanas Unidas (FMU); especialista em Direito do Trabalho pela Faculdade Autônoma de Direito (Fadisp) e mestranda em Direito Constitucional na PUC-SP.

Maria Garcia

Livre-Docente pela PUC-SP. Professora de Direito Constitucional, Direito Educacional e Biodireito Constitucional na PUC-SP. Vice-Coordenadora do Programa de Pós-Graduação em Direito da PUC-SP. Membro da CoBi do HCFMUSP e do IASP. Procuradora aposentada do Estado de São Paulo. Membro-fundador e atual Diretora Geral do IBDC. Membro da Academia Paulista de Letras Jurídicas. (Cadeira Enrico T. Liebman).

Mariana Novis

Advogada, graduada em Direito pela PUC-SP, especialista em Direito Administrativo e mestranda em Direito do Estado pela mesma instituição.

Miguel Carlos Mádero

Bacharel em Direito pela FMU-SP; especialista em Direito Processual Civil pela PUC-SP; mestre em Direito das Minorias pela Unisal-SP; mestrando em Direito do Estado pela PUC-SP; juiz de Direito do Estado de Minas Gerais.

Milene Torres Godinho Secomandi

Mestre em Direito das Relações Sociais pela PUC-SP (subárea Direito Previdenciário). Especialista em Direito das Relações Sociais; professora da Universidade Braz Cubas de Mogi das Cruzes e professora eventual do curso de Pós-Graduação *Lato Sensu* da Universidade Salesiano, Lorena.

Patrícia Marques Freitas

Mestre em Direito Constitucional pela PUC-SP. Especialista em Direitos Difusos e Coletivos pelo Centro Universitário do Pará. Advogada e associada do Instituto Brasileiro de Direito Constitucional (IBDC).

Patrícia Cobianchi Figueiredo

Mestre em Direito do Estado, subárea Direito Constitucional, pela PUC-SP. Especialista em Direito Constitucional com capacitação docente pela ESDC. Advogada, professora universitária, membro colaborador da Comissão de Direitos da Criança e do Adolescente da OAB/SP.

Renata Falson Cavalca

Assistente Jurídica do Ministério Público do Trabalho/Procuradoria Regional do Trabalho da 15ª Região; ex-procuradora do Município de São Carlos-SP; ex-advogada da Assistência Judiciária da Procuradoria Geral do Estado de São Paulo (Campinas); especialista em Direito Público pela Escola Superior do Ministério Público de São Paulo (ESMP-SP) e em Direito Administrativo pela PUC-SP; mestranda em Direito Constitucional pela PUC-SP; associada do Instituto Brasileiro de Direito Constitucional (IBDC) e do Grupo de Estudos Constitucionais da Escola Superior de Direito Constitucional de São Paulo (ESDC).

Ricardo Glasenapp

Especialista em Direito Constitucional pela ESDC – Escola Superior de Direito Constitucional, mestrando em Direito Constitucional pela PUC-SP com bolsa pela Capes, professor-assistente do Prof. Luiz Alberto David Araujo, professor de Direito Público na Faculdade Anchieta e membro do Instituto Brasileiro de Direito Constitucional (IBDC) e do Observatório Constitucional Internacional.

Sérgio Cedano

Juiz de Direito do Estado de São Paulo, ex-procurador do Estado, especialista e mestrando em Direito Administrativo pela PUC-SP.

Silas Mendes dos Reis

Especialista em Direito Constitucional pela Escola Superior de Direito Constitucional de São Paulo. Mestrando em Direito Constitucional, PUC-SP. Membro do Instituto Brasileiro de Direito Constitucional (IBDC).

Zélia Maria Cardoso Montal

Especialista em Direito Processual Civil pela PUC-SP; especialista em Direito Constitucional com capacitação docente pela ESDC. Mestre em Direito das Relações Sociais, PUC-SP; membro do Ministério Público do Trabalho; professora Universitária; diretora da Associação Nacional dos Procuradores do Trabalho (ANTP); membro do Instituto Brasileiro de Direito Constitucional (IBDC).

Sumário

Apresentação

Os EXTRAORDINÁRIOS avanços da Biotecnologia, de alguns anos à atualidade, trouxeram, para a sociedade humana, em termos mundiais, uma série infindável de alegrias, esperanças e temores. Trata-se de um caminho sem volta, no qual não se vislumbra uma linha de chegada e de certezas.

Ao contrário, adentramos uma era de incertezas. Ilya Prigogine faz um excelente estudo sobre "o fim das certezas" (Unesp, 1996, p. 14), no qual, no entanto, deixa gravados pensamentos de profundidade e de esperança, o propósito do tempo e do determinismo "que não se limita às ciências, mas está no centro do pensamento ocidental desde a origem do que chamamos de racionalidade e que situamos na época pré-socrática. Como conceber a criatividade humana ou como pensar a ética num mundo determinista? Esta questão traduz uma tensão profunda no interior de nossa tradição, que se pretende, ao mesmo tempo, promotora de um saber objetivo e afirmação do ideal humanista de responsabilidade e de liberdade. A democracia e as ciências modernas, refere Prigogine, são ambas herdeiras da mesma história, mas essa história levaria a uma contradição se as ciências fizessem triunfar uma concepção determinista da natureza, ao passo que a democracia encarna o ideal de uma sociedade livre. Considerarmo-nos estrangeiros à natureza implica um dualismo estranho à aventura das ciências, bem como à paixão de inteligibilidade própria do mundo ocidental. Esta paixão consiste, segundo Richard Tarnas, em "reencontrar sua unidade com as raízes do seu ser". Pensamos situar-nos hoje num ponto crucial dessa aventura, no ponto de partida de uma nova racionalidade que não mais identifica ciência e certeza, probabilidade e ignorância".

Nessas palavras Prigogine coloca a temática básica do Biodireito, o Direito da Vida – esse "conjunto de propriedades e qualidades graças às quais animais e plantas, ao contrário dos organismos mortos ou da matéria bruta, se mantêm em contínua atividade, manifestada em funções orgânicas tais como o metabolismo, o crescimento, a reação a estímulos, a adaptação ao meio, a reprodução e outras" – como a define o Dicionário Aurélio e que se apresenta como um *bem jurídico*, protegido pela Constituição e pelas leis.

Habermas, em *O futuro da natureza humana* (Martins Fontes, 2004, p. 57), escreve sobre "se concentrar no tema da autocompreensão adequada e ética da espécie humana", impondo-se "a questão de saber se a tecnicização da natureza humana altera a autocompreensão ética da espécie de tal modo que não possamos mais nos compreender como seres vivos eticamente livres e moralmente iguais, orientados por normas e fundamentos", referindo mais adiante que "recentemente notáveis autores de livros técnicos nos confrontam com o aperfeiçoamento do homem por meio de implantes de *chip* ou com a substituição do homem por robôs mais inteligentes. Para mim – afirma, tudo isso serve apenas como exemplo de uma tecnicização da natureza humana que provoca uma alteração da autocompreensão ética da espécie – uma autocompreensão que não pode mais ser harmonizada com aquela autocompreensão normativa, pertencente a pessoas que determinam sua própria vida e agem com responsabilidade" (p. 59).

Toda essa gama de complexidades – desde as experiências com embriões humanos ou antes mesmo, até os transplantes e ingerências no corpo humano e sua transformação passam então a ser objeto de estudo do Direito – ora um ramo específico, tendente ao estudo desse bem jurídico, bastante em si, a *vida* e o seu termo, a *morte*, portanto num amplicíssimo e abrangente objetivo que alcança a *humanidade*, em cada ser humano.

Para o Direito, *vida* é o bem juridicamente tutelado como direito fundamental desde a concepção, "momento específico, comprovado cientificamente, da formação da pessoa", afirma Maria Helena Diniz (*O estado atual do biodireito*, Saraiva, 2001, p. 21).

É fato – por outro lado, que o desenvolvimento científico vem alterando profundamente a Biologia, a Medicina e outros ramos do conhecimento nessa área: o Direito, então, recebe o impacto dessas descobertas científicas, tendo de mobilizar-se a respeito, para estabelecer parâmetros de conduta de um lado e, de outro lado, aplicando as normas especiais desse novo campo jurídico na decisão dos conflitos de direitos e de pretensões e interesses individualizados.

O presente conjunto de estudos de Biodireito Constitucional procura abranger amplos e inusitados aspectos do Direito da Vida – dado que este bem jurídico incide em variada espécie de aspectos, desde a *vida* cuja inviolabilidade vem garantida no art. 5º da Constituição, ao art. 225 que alude à "sadia qualidade de vida", num meio ambiente ecologicamente equilibrado e, nesse aspecto, inclui-se o próprio *direito à saúde* bem como o *direito à habitação*, o *início da vida*, *o aborto e a condição feminina*, *a biodiversidade e a vida animal*.

Buscou-se propiciar ao leitor os resultados da ampla pesquisa realizada pelos autores, desvendando-lhe as possibilidades de informação e de reflexão que conduzam a outros inumeráveis caminhos da ciência jurídica e da ética.

Profª Maria Garcia

Parte

I

A VIDA

Capítulo

1

Transplante de órgãos e tecidos e a morte encefálica

Camila Barreto Pinto Silva*

Sumário: Introdução. 1. Evolução legislativa. 2. O transplante de órgãos e princípios fundamentais. 3. Morte encefálica. 4. Considerações finais. 5. Referências bibliográficas.

> *"Um dia, um doutor determinará que meu cérebro deixou de funcionar e que basicamente minha vida cessou. Quando isso acontecer, não tentem introduzir vida artificial por meio de uma máquina. Ao invés disso, deem minha visão ao homem que nunca viu o sol nascer, o rosto de um bebê ou o amor nos olhos de uma mulher. Deem meu coração a uma pessoa cujo coração só causou intermináveis dores. Deem meus rins a uma pessoa que depende de uma máquina para existir, semana a semana. Peguem meu sangue, meus ossos, cada músculo e nervos de meu corpo e encontrem um meio de fazer uma criança aleijada andar. Peguem minhas células, se necessário, e usem de alguma maneira que um dia um garoto mudo seja capaz de gritar quando seu time marcar um gol, e uma menina surda possa ouvir a chuva batendo na sua janela. Queimem o que sobrou de mim e espalhem as cinzas para o vento ajudar as folhas nascerem. Se realmente quiserem enterrar alguma coisa, que sejam minhas falhas, minhas fraquezas e todos os preconceitos contra meus semelhantes. Deem meus pecados ao diabo e minha alma a Deus. Se quiserem lembrar de mim, façam-no com um ato bondoso ou dirijam uma palavra delicada a alguém que precise de vocês. Se vocês fizerem tudo o que estou pedindo, viverei para sempre."*
>
> *Fonte: leitor de um jornal de grande circulação, comovido com a situação dos transplantes em nosso país com o objetivo de incentivar a cultura da doação.*[1]

* Doutoranda em Filosofia do Direito pela Pontifícia Universidade Católica de São Paulo, professora adjunta na Universidade Paulista (SP) nas disciplinas de Biodireito, Filosofia, Ética, História do Direito e Direitos Humanos.

1. Disponível em: <http://www.gabriel.org.br/index_arquivos/Page364.htm>. Acesso em: 07/09/2008.

Introdução

De forma pioneira em nossa evolução constitucional, a Constituição de 1988, visando a proteção jurídica do conjunto de expressões do corpo humano, proclamou a norma inscrita no art. 199, § 4º, nos seguintes termos: "A lei disporá sobre as condições e os requisitos que facilitem a remoção de órgãos, tecidos e substâncias humanas para fins de transplante, pesquisa e tratamento, bem como a coleta, processamento e transfusão de sangue e seus derivados, sendo vedado todo tipo de comercialização".

A questão do transplante de órgãos e tecidos humanos reveste-se de intensa atualidade, à qual a norma constitucional impõe o regime da gratuidade, tipificando tais componentes do corpo humano como bens fora do comércio *(res extra comercium)*, qual seja, insuscetíveis de aquisição onerosa. Em razão de sua extracomercialidade legal, as partes do corpo humano, não configuram, de rigor, patrimônio pessoal e econômico, como tal suscetível de alienação gratuita ou onerosa por livre disponibilidade. Ainda, vale ressaltar que estão fora de comércio até mesmo a extração e transferência de substâncias regeneráveis do organismo humano, a exemplo de sangue, tecidos, leite materno, medula óssea etc.[2]

Nesse sentido, o entendimento de Maria Helena Diniz:[3] "O direito às partes separadas do corpo vivo ou morto integra a personalidade humana. Assim sendo, elas são bens (res) da personalidade *extra commercium*, não podendo ser cedidas a título oneroso, por força da Constituição Federal, art. 199, § 4º, e da Lei nº 9.434/1997, art. 1º". E continua:

> O corpo é disponível dentro de certos limites e para salvaguardar interesses superiores, atendendo a um estado de necessidade. A pessoa pode anuir na ablação de partes enfermas, mesmo não reconstituíveis, de seu corpo, para restaurar a saúde ou preservar sua vida, dispor de partes regeneráveis, desde que não atinja sua vida ou saúde, para salvar outra pessoa, e doar *post mortem* seus órgãos e tecidos para fins altruísticos.

E finaliza: "O direito da personalidade ao corpo vivo ou morto apenas poderá ser disponível, a título gratuito, nesses casos e com as limitações impostas por normas de ordem pública".

Do exposto, conclui-se que a disponibilidade de partes do corpo e sua destinação recai, compulsoriamente, no regime da caridade humanitária, que coloca à margem da legalidade a exploração mercantilista das partes que compõem o corpo humano.

2. Carlos Roberto Siqueira Castro. *A constituição aberta e os direitos fundamentais.* Rio de Janeiro: Ed. Forense, 2003, pp. 659, 664.
3. Maria Helena Diniz. *O estado atual do biodireito.* 3. ed. aum. e atual. São Paulo: Ed. Saraiva, 2006, pp. 308, 309.

1. Evolução legislativa

O Brasil possui alguma tradição legislativa nessa área, tendo dela tratado a Lei nº 4.280, de 06/11/1963, dispondo sobre a extirpação de elementos de cadáver para atendimento exclusivo de necessidade terapêutica.

O início dos transplantes de órgãos no Brasil deu-se em 1964, no Hospital dos Servidores do Estado do Rio de Janeiro, quando um rapaz de 18 anos, portador de pielonefrite crônica, recebeu um rim de uma criança de nove meses, portadora de hidrocefalia. Em janeiro de 1965, foi realizado um transplante de rim *inter vivos* em São Paulo. Também ocorreu em São Paulo o primeiro transplante de coração, em 1968, realizado pela Equipe do Dr. Euriclides de Jesus Zerbini.[4]

A Lei nº 5.479, de 10/08/1968, revogou a anterior, Lei nº 4.280/1963, e disciplinou a retirada e transplante de tecidos, órgãos e partes do corpo humano – vivo ou morto –, com finalidade terapêutica ou científica, e impunham, como condição para retirada de órgãos de cadáver, exigências que buscavam conciliar e atender a um só tempo a finalidade da intervenção cirúrgica e os reclamos da ética familiar.

A Lei nº 8.489, de 18/11/1992, regulamentada pelo Decreto nº 879, de 22/07/1993, estabelecia que a doação de órgãos ficava condicionada à autorização da família do morto ou ao próprio, caso em vida tivesse expresso essa vontade em documento oficial. Entre os aspectos deficientes de referida lei, podemos citar: a falta de uma clara definição de morte e a limitação de doação de pessoas vivas a avós, netos, filhos, irmãos e sobrinhos até o segundo grau, incluindo cunhados e cônjuges, sendo que toda doação fora desta relação parental necessitava de autorização judicial.

Em 04/02/1997 foi promulgada a Lei nº 9.434, intitulada Lei dos Transplantes e, regulamentada pelo Decreto nº 2.268/1997. O objeto de referida lei é "dispor sobre a remoção de órgãos, tecidos e partes do corpo humano para fins de transplante e tratamento". O legislador ao transformar todo e qualquer indivíduo, ao morrer, em doador compulsório, salvo se ainda em vida tivesse se manifestado contrariamente a isto, em documento de identidade civil ou na Carteira Nacional de Habilitação, colocou o Brasil entre os países mais progressistas nessa questão, como a Itália, Grécia, Noruega, Espanha, Suécia e Espanha.

Mas a doação presumida repercutiu negativamente perante a população nacional que entendia que a doação deveria ser uma opção generosa, consequente à solidariedade. Por meio de Processo-Consulta, o Conselho Federal de Medicina pronunciou-se, ainda na fase de projeto de lei, com a seguinte ementa: "A doação de órgãos deve ser de caráter manifesto e não presumida, traduzindo um gesto de amor e solidariedade ao próximo".[5]

4. Disponível em: < http://www.adote.org.br/inst_relatorios.htm >. Acesso em: 07/09/2008.

5. Processo-Consulta CFM nº 2.655/95 (PC/CFM/Nº 34/95). No mesmo parecer, o CFM asseverava que o aumento do número de transplantes guardava estreita relação com uma melhor organização das estruturas envolvidas nos transplantes, bem como de uma notificação mais precoce da ocorrência de morte encefálica. Disponível em: <http://www.portalmedico.org.br/revista/bio1v8/seccao2.htm>. Acesso em: 07/09/2008.

Assim, em 24/03/2001 foi publicada a Lei nº 10.211, que extinguiu a doação presumida no Brasil e determinou que a doação com doador cadáver só ocorreria com a autorização familiar, independente do desejo em vida do potencial doador.

2. O transplante de órgãos e princípios fundamentais

O transplante de órgãos e tecidos não é apenas um ato de benemerência do ser humano. Desde a doação de um órgão, até que esse seja transplantado, estão incutidos alguns direitos fundamentais pertinentes ao doador e ao receptor, como o direito à vida, a formação dos direitos de personalidade, a integridade física e o direito ao próprio corpo, a liberdade de consciência e o poder de disposição do próprio corpo.

A dignidade da pessoa humana é o principal direito fundamental garantido pela Constituição Federal de 1988, enunciada em seu art. 1º, inciso III. Toda pessoa humana, pelo simples fato de existir, independentemente de sua situação social, traz em sua essência a dignidade de todo ser. Por esse motivo, não se admite discriminação, seja em razão do nascimento, raça, inteligência, saúde mental ou crença religiosa. Contra todas as formas de degradação humana, esse princípio fundamental emergiu como imposição do direito justo: o princípio da dignidade da pessoa humana.

Maria Garcia[6] ensina que "a *dignidade da pessoa humana* pode ser entendida como a compreensão do ser humano na sua integralidade física e psíquica, como autodeterminação consciente, garantida moral e juridicamente". E "*do ponto de vista do direito,* sobrepondo-se a tudo e em primeiro lugar: o princípio de dignidade da pessoa humana (Constituição, art. 1º, III), como diretiva aos limites da ciência".

O principal direito fundamental que deve estar correlacionado à dignidade da pessoa humana é o direito à vida, pois "o que interessa mesmo não é que se possa garantir a vida, mas uma vida digna". Sem a vida não é possível a dignidade, isso porque "todo ser humano tem dignidade só pelo fato de ser pessoa". Nunes afirma que a dignidade" é a primeira garantia das pessoas e a última instância de guarida dos direitos fundamentais. E é visível a sua violação, quando ocorre". [7]

Mas em que valores devemos pautar a vida? E, ainda, qual deve ser o sentido da vida? Bem esclarecedor o posicionamento de Dervinal Brandão a esse respeito:

> Em um mundo pobre de sentido e pobre de valores humanos, devemos buscar e encontrar o sentido da vida humana nos reais valores morais, sem o que jamais construiremos uma civilização verdadeiramente humana e digna de nome.

E continua:

---

6. Maria Garcia. "Biodireito constitucional: uma introdução". *Revista de Direito Constitucional e Internacional.* São Paulo: Ed. Revista dos Tribunais, v. 42, jan.-mar. 2003, pp. 112, 113.

7. Andiara Roberta Silva; Theobaldo Spengler Neto. "Transplantes de órgãos e tecidos: uma abordagem constitucional". Teresina: *Jus Navigandi*, ano 10, n. 855, 5 nov. 2005. Disponível em: <http://jus2.uol.com.br/doutrina/texto.asp?id=7541>. Acesso em: 08/09/2008.

> O sentido da vida humana não pode ser encontrado apenas dentro de uma perspectiva puramente médico-biológica. A pessoa humana é o valor maior que, no contexto da sua liberdade e responsabilidade, transcende a natureza vegetal e animal e o próprio cosmo. Na ciência médica a pessoa humana é a finalidade da ação ética. É o sujeito do diagnóstico e do tratamento, não o objeto; tem sua autonomia e não pode abdicar das próprias responsabilidades.[8]

Mas então, o que é a vida? Como podemos defini-la?
Aurélio Buarque de Holanda Ferreira traz a seguinte definição de *vida,* do latim *vita*:

> Conjunto de propriedades e qualidades graças às quais animais e plantas, ao contrário dos organismos mortos ou da matéria bruta, se mantêm em contínua atividade, manifestada em funções orgânicas tais como o metabolismo, o crescimento, a reação a estímulos, a adaptação ao meio, a reprodução, e outras; existência; o estado ou condição dos organismos que se mantêm nessa atividade desde o nascimento até a morte; o espaço de tempo que decorre desde o nascimento até a morte.[9]

Maria Garcia[10] cita Erwin Schrödinger que explica a vida em termos da Física esclarecendo que progressos, nessa área, viriam "a partir da bioquímica, sob a direção da filosofia e da genética: A vida parece ser comportamento bem ordenado e regrado da matéria, não exclusivamente baseado na tendência desta de passar da ordem para a desordem, mas baseado parcialmente em uma ordem existente e mantida".

Maria Celeste Cordeiro dos Santos[11] ensina que do ponto de vista biológico, o desenvolvimento da vida humana antes de seu aparecimento, até o fim, constitui um *processo contínuo.* O respeito à vida é respeito a todas as formas de vida humana.

Relativamente à inviolabilidade constitucional do direito à vida, o posicionamento de Maria Helena Diniz consiste em que:

> O direito à vida, por ser essencial ao ser humano, condiciona os demais direitos de personalidade. A Constituição Federal de 1988, em seu art. 5º, *caput*, assegura a inviolabilidade do direito à vida, ou seja, a integridade existencial, consequentemente, a vida é um bem jurídico tutelado como direito fundamental básico desde a concepção, momento específico, comprovado cientificamente, da formação da pessoa.[12]

8. Dernival Brandão. Bioética e pessoa humana. In: Ives Gandra da Silva Martins (Coord.). *Direito fundamental à vida*. São Paulo: Quartier Latin/Centro de Extensão Universitária, 2005, pp. 568, 569.
9. Aurélio Buarque de Holanda. *Novo Dicionário Aurélio da língua portuguesa*. 2. ed. rev. e ampl. São Paulo: Ed. Nova Fronteira, 1994, p. 630.
10. Maria Garcia. *Limites da ciência*. A dignidade da pessoa humana. A ética da responsabilidade. São Paulo: Ed. Revista dos Tribunais, 2004, p. 160.
11. Maria Celeste Cordeiro dos Santos. *O equilíbrio do pêndulo*. A bioética e a lei: implicações médico-legais. São Paulo: Ícone Editora, 1998, pp. 152, 153.
12. Idem, ibidem, p. 23.

Interessante o posicionamento de José Afonso da Silva, ao tecer considerações acerca do direito à vida, reconhecendo a dificuldade de uma definição, a saber: "Não intentaremos dar uma definição disto que se chama vida, porque é aqui que se corre o risco de ingressar no campo da metafísica suprarreal, que não nos levará a nada".[13]

É sabido que a tarefa de definir o sentido exato de *vida* revela-se árdua, em virtude das dificuldades sobre o tema. Mesmo porque a vida está em constante movimento. Alguns estudiosos, sobretudo das ciências biológicas, dizem ser a vida a continuidade de todas as funções de um organismo vivo. Ou então o período compreendido entre a concepção e morte. Em suma, a definição não consegue apresentar características unívocas, inquestionáveis, do que seja *vida*.

E ainda, fica muito mais árdua, quando tentamos atribuir uma definição à *vida*, e a relação que se tem por hábito fazer com seu contraposto *morte*. Costumam afirmar autores tanatologistas, que, por exclusão, *vida* é tudo aquilo que não está morto, ou seja, que não faleceu, não findou, não expirou, não pereceu. Embora claras as suas definições, tal assertiva é por demais incompleta, senão, defeituosa.

José Afonso da Silva esclarece que

> ... no texto constitucional (art. 5º, *caput*), não será considerada apenas no seu sentido biológico de incessante autoatividade funcional, peculiar à matéria orgânica, mas na sua acepção biográfica mais compreensiva. Sua riqueza significativa é de difícil apreensão porque é algo dinâmico, que se transforma incessantemente sem perder sua própria identidade.

E, conclui: "É mais um processo (processo vital), que se instaura com a concepção (ou germinação vegetal), transforma-se, progride, mantendo sua identidade, até que mude de qualidade, deixando, então, de ser vida para ser morte".[14]

Uma vez que se difiniu o que vem a ser a vida, cabe tentar definir o que vem a ser a morte. E não a definição de morte em si, mas a morte para transplante de órgãos e tecidos, de acordo com o disposto em lei.

3. Morte encefálica

A morte para efeito de transplante adotado por nossa legislação é a morte encefálica,[15]

---

13. José Afonso da Silva. *Curso de direito constitucional positivo*. 9. ed. São Paulo: Ed. Revista dos Tribunais, 1991, p. 20.
14. Idem, ibidem, p. 201.
15. Resolução CFM nº 1.480/97 sobre morte encefálica. "Resolve: Art. 1º. A morte encefálica será caracterizada através da realização de exames clínicos e complementares durante intervalos de tempo variáveis, próprios para determinadas faixas etárias (...)". E ainda, Resolução CFM Nº 1.752/04 – Autorização ética do uso de órgãos e/ou tecidos de anencéfalos para transplante, mediante autorização prévia dos pais. Resolve: Art. 1º. Uma vez autorizado formalmente pelos pais, o médico poderá realizar o transplante de órgãos e/ou tecidos do anencéfalo, após o seu nascimento. E ainda, em 1968, uma comissão *ad hoc* da Harvard Medical School – uma empresa *privada* dos EUA – publicamente redefiniu morte como "morte encefálica" (Jama, 1968). Da comissão participaram 10 médicos, além de um advogado, um teólogo e um historiador. Representadas estavam, entre os participantes médicos, as especialidades de (1) cirurgia de transplantes, (2) anestesiologia, (3) neurologia e (4) psiquiatria (Giacomini, 1997). A comissão se reuniu em janeiro de 1968 – apenas um mês depois da ocorrência do primeiro transplante cardíaco na Cidade do Cabo (África do Sul) pelo cirurgião Christian Barnard e sua equipe –, vindo a concluir seus trabalhos em menos de 6 meses, ao início de junho do mesmo ano (Giacomini, 1997). O resultado de suas deliberações foi quase imediatamente publicado em uma edição de

mesmo que os demais órgãos estejam em funcionamento, ainda que ativados por drogas.

Mas o que é a morte encefálica? Como caracterizar a morte encefálica?

A morte encefálica é a morte do cérebro, incluindo o tronco cerebral que desempenha funções vitais como o controle da respiração. Quando isso ocorre, a parada cardíaca é inevitável. Embora ainda haja batimentos cardíacos, a pessoa com morte cerebral não pode respirar sem os aparelhos e o coração não baterá por mais de algumas poucas horas. Por isso, a morte encefálica já caracteriza a morte do indivíduo.[16]

É importante esclarecer que a morte encefálica ao contrário do que muita gente imagina é muito diferente do estado de coma. No coma, as células cerebrais continuam vivas, executando suas funções vitais; o que ocorre é uma falta de integração entre o indivíduo e tudo o que o rodeia. Na morte encefálica, as células nervosas estão sendo rapidamente destruídas, o que é irreversível.

Em virtude de dúvida e da polêmica gerada de como caracterizar a morte encefálica, o Conselho Federal de Medicina emitiu a Resolução nº 1.480/97 que disciplina como caracterizar a morte encefálica e seus procedimentos.

A Resolução dispõe que a morte encefálica será caracterizada por meio da realização de exames clínicos e complementares durante intervalos de tempo variáveis, próprios para determinadas faixas etárias. A morte encefálica deverá ser consequência de processo irreversível e de causa conhecida, elencando os parâmetros clínicos a serem observados para constatação de morte encefálica, a saber: coma aperceptivo com ausência de atividade motora supraespinal e apneia.

Disciplina que os intervalos mínimos entre as duas avaliações clínicas necessárias para a caracterização da morte encefálica serão definidos por faixa etária, que são: (1) de 7 dias a 2 meses incompletos – 48 horas; (2) de 2 meses a 1 ano incompleto – 24 horas; (3) de 1 ano a 2 anos incompletos – 12 horas; (4) acima de 2 anos – 6 horas.

E ainda, elenca os exames complementares[17] a serem observados para constatação de morte encefálica inequivocadamente: (1) ausência de atividade elétrica cerebral ou, (2) ausência de atividade metabólica cerebral ou, (3) ausência de perfusão sanguínea cerebral.

---

agosto do *Journal of the American Medical Association* (Jama, 1968), sob o título de *"A Definition of Irreversible Coma"*. À época em que a comissão se reuniu caracterizava-se, claramente, um clima de corrida ao desenvolvimento tecnológico dos transplantes de órgãos, refreado pela legislação norte-americana vigente, que considerava a morte instalada somente quando por ocasião da parada definitiva da função cardiorrespiratória (Giacomini, 1997). Evidentemente, a parada cardiorrespiratória determina a lesão dos órgãos, tecidos ou partes do corpo a serem transplantados para outros indivíduos, estabelecendo-se interesses antagônicos junto ao leito de pacientes afetados por lesões cerebrais graves (Giacomini, 1997). Disponível em: <http://www.unifesp.br/dneuro/mortencefalica.htm>. Acesso em: 08/09/2008.

16. Disponível em: <http://www.hportugues.com.br/saude/cuidados/doacao/DocImageBig.2003-03-08.0607>. Acesso em: 08/09/2008.

17. O art. 7º, da Resolução 1.480/97 do CFM, elenca a periodicidade dos exames, a saber: Art. 7º. Os exames complementares serão utilizados por faixa etária, conforme abaixo especificado: (1) acima de 2 anos – um dos exames citados no Art. 6º, alíneas *a*, *b*, *c*; b) de 1 a 2 anos incompletos: um dos exames citados no Art. 6º, alíneas *a*, *b*, *c*. Quando optar-se por eletroencefalograma, serão necessários 2 exames com intervalo de 12 horas entre um e outro; (3) de 2 meses a 1 ano incompleto – 2 eletroencefalogramas com intervalo de 24 horas entre um e outro; (4) de 7 dias a 2 meses incompletos – 2 eletroencefalogramas com intervalo de 48 horas entre um e outro". É bom frisar, que a constatação de morte encefálica para indivíduos com menos de 7 dias ainda não era pacífica ao ser editada a Resolução do CFM.

Tais procedimentos são adotados para que não pairem dúvidas a respeito da morte do indivíduo, pois inclusive, por não existir uma conscientização da população de todos esses procedimentos, grande parte dela tem medo de ser declarada morta ainda estando viva. É bom frisar que, em havendo dúvida a respeito da morte encefálica do indivíduo, a equipe médica não a declara.

Interessante o posicionamento do Dr. Milton Glezer, que entende que

> ... o diagnóstico da morte encefálica é eminentemente clínico, porém, para a finalidade de transplante, alguns serviços do mundo exigem realização de exames subsidiários comprobatórios. Talvez os exames comprobatórios sejam exigidos por problemas puramente jurídicos, uma vez que os médicos temem ser levados aos tribunais por acusação de ter levado à morte uma pessoa que já morreu.[18]

Inclusive, o termo de Declaração de Morte Encefálica, devidamente preenchido e assinado, e os exames complementares utilizados para diagnóstico da morte encefálica deverão ser arquivados no próprio prontuário do paciente.

Finalizando, constatada e documentada a morte encefálica, deverá o diretor-clínico da instituição hospitalar, ou quem for delegado, comunicar tal fato aos responsáveis legais do paciente, se houver, e à Central de Notificação, Captação e Distribuição de Órgãos a que estiver vinculada a unidade hospitalar onde o mesmo se encontrava internado.

É importante que se saiba que a morte encefálica é constatada por médicos totalmente independentes, ou seja, que não possuem qualquer relação com a equipe de transplante.

Analisando os dez anos primeiros anos de vigência da Lei nº 9.434/1997, Francisco Neto de Assis cita estudo de Barcellos, Araújo e da Costa, o qual mostrou que

> ... as pessoas que responderam negativamente a intenção de doar órgãos o fizeram porque não confiam no sistema de saúde e têm medo de não estarem mortas na hora da doação, demonstrando o desconhecimento da população sobre os critérios de morte e a grande desconfiança da seriedade do programa de transplante (...) sugeriu campanhas demonstrando seriedade e isenção do programa, explanando critérios para se tornar doador cadáver, esclarecendo o conceito de morte encefálica, frisando imparcialidade[19] na lista de espera.[20]

18. Morte encefálica. Einstein. 2004; 2(1): 52-54. Disponível em: <http://www.einstein.br/biblioteca/artigos/Vol2Num1/EMC=MorteEncefalica(Milton).pdf >. Acesso em: 08/09/2008.

19. Em sentido contrário, justamente foi o ocorrido no Rio de Janeiro, em que o médico, Joaquim Ribeiro Filho, responsável pela Central de Transplantes no Rio de Janeiro, é acusado de burlar a ordem da fila de espera para transplante de fígado. Prestando, assim, um desserviço à sociedade. Disponível em: <http://veja.abril.uol.com.br/060808/p_122.shtml>. Acesso em: 08/09/2008.

20. Dez anos de transplante sob a Lei da Vida. Disponível em: <http://www.adote.org.br/pdf/adote_lei_da_vida.pdf>. Acesso em: 08/09/2008.

Muito embora a morte encefálica tenha sido adotada pelo legislador para caracterizar a morte do indivíduo, tendo inclusive sido emitida Resolução do Conselho Federal de Medicina, há entendimento de que os procedimentos para caracterização não são conclusivos.[21]

As Tabela 1.1 mostra a lista de espera para transplantes a serem realizados no Brasil no ano de 2007 e a Tabela 1.2, o número de transplantes realizados entre 2001 e 2007: a verdadeira realidade vivenciada pelos indivíduos que aguardam em fila de espera para transplante.

LISTA DE ESPERA - 1º semestre de 2008

	Coração	Córnea	Fígado	Pulmão	Pâncreas	Rim	Rim/ Pâncreas	Total
Acre	0	0	0	0	0	6	0	**6**
Alagoas	3	347	0	0	0	595	0	**1.030**
Amapá	0	0	0	0	0	0	0	**0**
Amazonas	0	610	0	0	0	375	0	**985**
Bahia	0	854	239	0	0	2.694	0	**3.846**
Ceará	16	1786	184	0	2	488	0	**2.476**
Distrito Federal	10	1481	0	0	0	548	0	**2.048**
Espírito Santo	4	504	24	0	0	1.017	3	**1.555**
Goiás	12	2680	0	0	0	656	5	**3.358**
Maranhão	0	614	0	0	0	843	0	**1.458**
Mato Grosso	2	425	0	0	0	824	0	**1.252**
Mato Grosso do Sul	14	141	0	0	0	312	0	**468**
Minas Gerais	21	3031	258	0	59	3.545	55	**7.025**
Pará	4	876	0	0	0	826	0	**1.706**
Paraíba	2	126	20	0	0	576	0	**726**
Paraná	98	1637	402	0	16	2.517	25	**4.720**
Pernambuco	14	1514	354	0	0	2.250	0	**4.140**
Piauí	2	672	0	0	0	467	0	**1.142**
Rio de Janeiro	16	3243	1110	7	29	3.514	0	**7.919**
Rio Grande do Norte	3	451	11	0	0	870	0	**1.336**
Rio Grande do Sul	45	1492	389	69	18	1.855	75	**4.018**
Rondônia	0	4	0	0	0	0	0	**4**
Roraima	0	0	0	0	0	0	0	**0**
Santa Catarina	10	1339	99	0	0	304	0	**1.756**
São Paulo	105	1829	3415	82	34	9.436	384	**15.285**
Sergipe	0	375	0	0	0	271	0	**647**
Tocantins	0	0	0	0	0	0	0	**0**
Total	381	26031	6505	158	158	34789	547	68906

Roraima e Tocantins não possuem CNCDO
Amapá ainda não possui pacientes em lista de espera por não ter serviços de transplantes credenciados

Tabela 1.1 – Lista de espera para implantes (ativos e semiativos) 2007
Fonte: Sistema Nacional de Transplantes.[22]

21. Nesse sentido, o posicionamento do Dr. Cícero Galli Coimbra, médico neurologista e professor adjunto do Departamento de Neurologia e Neurocirurgia e Chefe da Disciplina de Neurologia Experimental da Universidade Federal de São Paulo, concluiu que: (1) não existem fundamentos científicos para o diagnóstico clínico de morte encefálica – a sustentação dessa proposta é completamente contrária à ética médica, pois tem como única utilidade a satisfação de interesses transplantistas, vindo em prejuízo da preservação da vida dos pacientes acometidos por lesões encefálicas graves – os legítimos PROPRIETÁRIOS dos órgãos transformados em alvo da cobiça alheia, e para com a saúde de quem o médico assistente deve primariamente preocupar-se; (2) métodos que promovem a recirculação do encéfalo submetido à isquemia (como hipotermia, e/ou trombólise, sempre seguidas ou associadas à antipirese vigorosa, deixando-se de lado medidas convencionais como a hiperventilação, que podem promover vasoconstrição e piorar o quadro clínico), seja em níveis de FSE superiores ou inferiores ao limiar que determina a perda reversível da função neurológica, DEVEM ser implementados com a URGÊNCIA própria de cada caso. A hipotermia moderada afigura-se como um recurso terapêutico inestimável, não somente (1) pela sua capacidade de promover a recirculação do encéfalo submetido à hipertensão intracraniana, mas também (2) por não depender da própria circulação que pretende restabelecer para benefício do tecido nervoso em sofrimento metabólico, (3) e por ser capaz de bloquear indistintamente diversos fenômenos neuroquímicos de natureza enzimática determinantes do processo de morte neuronal – o que provavelmente nem mesmo o mais complexo "coquetel" farmacológico poderá reproduzir, pela inviabilidade de reunir-se, em *todos* os elementos de um hipotético conjunto de fármacos, as características favoráveis relacionadas ao transporte sanguíneo (quase sempre prejudicado), permeabilidade através da BHE (frequentemente limitada), e efetividade terapêutica. Disponível em: <http://www.unifesp.br/dneuro/me4.htm>. Acesso em: 08/09/2008.

22. Disponível em: <http://portal.saude.gov.br/portal/arquivos/pdf/TRANSPLANTES_LISTA_DE_ESPERA.pdf>. Acesso em: 08/09/2008.

Transplantes realizados								
	2001	2002	2003	2004	2005	2006	2007	2008*
Coração	143	149	181	200	181	155	159	99
Córnea	6193	6556	7556	8394	9970	10382	11417	6207
Fígado	548	659	805	928	947	990	995	530
Pâncreas	39	57	53	94	112	88	78	16
Pulmão	25	36	43	39	42	55	50	18
Rim	2680	2719	2920	3132	2911	2973	3064	1433
Rim / Pâncreas	105	161	203	201	108	125	116	62
Total	9733	10337	11761	12988	14271	14768	15879	8365

* Janeiro a Junho

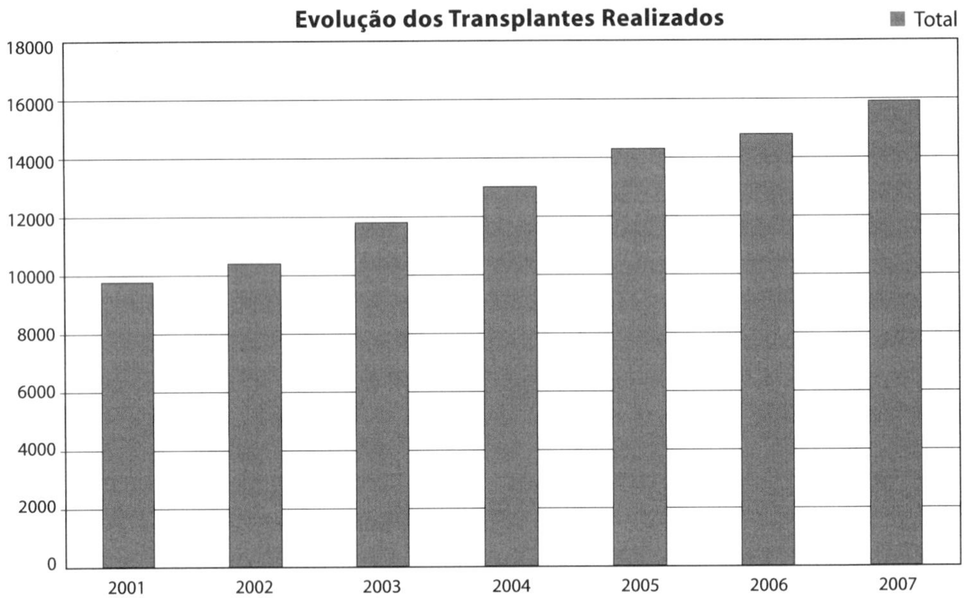

Tabela 1.2 – Número de transplantes realizados entre 2001 e 2007.
Fonte: Sistema Nacional de Transplantes.[23]

É importante consignar que mesmo havendo uma campanha de conscientização dos indivíduos do que é a morte encefálica, visando o aumento de doadores, ainda assim, haveria um estrangulamento para a realização os transplantes, pois a maior parte é feita pelo SUS, que não possui estrutura suficiente para a realização de tais procedimentos.

E ainda, para a realização de transplante, o transplantado tem de ter boas condições de higiene física (saneamento básico), pois se morar em um lugar onde não haja água tratada, em pouco tempo terá problemas de infecção e terá sido tudo em vão. Ou seja, o transplantado ao melhorar a sua saúde com o transplante, também terá uma melhora na estrutura ao seu redor.

23. Disponível em: <http://portal.saude.gov.br/portal/arquivos/pdf/TRANSPLANTES_REALIZADOS.pdf>. Acesso em: 22/10/2009.

4. Considerações finais

A norma constitucional impõe o regime da gratuidade, tipificando os órgãos e tecidos como componentes do corpo humano e insuscetíveis de aquisição onerosa, podendo a pessoa anuir dispor de partes regeneráveis, desde que não atinja sua vida ou saúde, para salvar outra pessoa, doando *post mortem* seus órgãos e tecidos com finalidade altruística.

A vida deve estar pautada em valores éticos e morais, estando a vida e o indivíduo acima de tudo e todos.

Com as novas técnicas científicas desenvolvidas pela Ciência e pela Medicina relativas à vida e à morte, tais definições vêm sofrendo mudanças no transcorrer do tempo.

Na atualidade, aceita-se a morte encefálica como a morte clínica, cabendo a responsabilidade para a determinação da cessação irreversível da atividade cerebral ao neurologista.

Tratando-se de crianças abaixo de sete dias, a grande maioria dos critérios de morte encefálica exclui-as, pois não há um consenso na literatura sobre o diagnóstico e confirmação da situação de morte encefálica destas.

Relativamente aos exames que comprovam a morte encefálica, os mais confiáveis e aceitos são os que demonstram a total ausência de perfusão sanguínea encefálica.

Finalizando, pode-se concluir que grande parte dos doadores em potencial e seus familiares não se declaram doadores ou consentem em doar os órgãos de seus entes queridos, por não possuírem informações claras e seguras a respeito dos procedimentos para se diagnosticar a morte encefálica, gerando receio de serem declarados mortos, ainda estando vivos.

5. Referências bibliográficas

ASSIS, Francisco Neto de. Dez anos de transplantes sob a Lei da Vida. Disponível em: <http://www.adote.org.br/inst_relatorios.htm>. Acesso em: 07/09/2008.

BRANDÃO, Dernival. Bioética e pessoa humana. In: MARTINS, Ives Gandra da Silva (Coord.). *Direito fundamental à vida.* São Paulo: Quartier Latin/Centro de Extensão Universitária, 2005.

CASTRO, Carlos Roberto Siqueira. *A constituição aberta e os direitos fundamentais.* Ensaios sobre o constitucionalismo pós-moderno e comunitário. Rio de Janeiro: Ed. Forense, 2003.

COIMBRA, Cícero Galli. Morte encefálica. Disponível em: <http://www.unifesp.br/dneuro/me4.htm>. Acesso em: 08/09/2008.

DINIZ, Maria Helena. *O estado atual do biodireito.* 3. ed. aum. e atual. cf. novo Código Civil (Lei nº 10.406/2002) e a Lei nº 11.105/2005. São Paulo: Ed. Saraiva, 2006.

DRUMOND, José Geraldo de Freitas. "Transplante de órgãos: a nova legislação e o restabelecimento da autonomia". *Revista de bioética médica*, Brasília: Conselho Federal de Medicina, v. 8, n. 1-2000. Disponível em: <http://www.portalmedico.org.br/revista/biolv8/seccao2.htm>. Acesso em: 07/09/2008.

GARCIA, Maria. *Limites da ciência.* A dignidade da pessoa humana. A ética da responsabilidade. São Paulo: Ed. Revista dos Tribunais, 2004.

________. "Biodireito constitucional: uma introdução". *Revista de Direito Constitucional e Internacional*, São Paulo: Editora Revista dos Tribunais, v. 42, jan.-mar. 2003.

GLEZER, Milton. Morte Encefálica. Einstein. 2004; 2(1): 52-54. Disponível em: <http://www.einstein.br/biblioteca/artigos/Vol2Num1/EMC=MorteEncefalica(Milton).pdf>. Acesso em: 08/09/2008.

HOLANDA, Aurélio Buarque de. *Novo dicionário Aurélio da língua portuguesa*. 2. ed. rev. e ampl. São Paulo: Ed. Nova Fronteira, 1994.

ROGAR, Silvia. Um poder de vida ou morte. Disponível em: <http://veja.abril.uol.com.br/060808/p_122.shtml>. Acesso em: 08/09/2008.

SANTOS, Maria Celeste Cordeiro. *O equilíbrio do pêndulo*. A bioética e a lei: implicações médico-legais. São Paulo: Ícone Editora, 1998.

SILVA, Andiara Roberta; SPENGLER NETO, Theobaldo. Transplantes de órgãos e tecidos: uma abordagem constitucional. Teresina: *Jus Navigandi*, ano 10, n. 855, 5 nov. 2005. Disponível em: <http://jus2.uol.com.br/doutrina/texto.asp?id=7541>. Acesso em: 08/09/2008.

SILVA, José Afonso da. *Curso de direito constitucional positivo*. 9. ed. São Paulo: Editora Revista dos Tribunais, 1991.

SISTEMA Nacional de Transplantes. Lista de espera (ativos e semiativos) 2007. Disponível em: <http://portal.saude.gov.br/portal/arquivos/pdf/TRANSPLANTES_LISTA_DE_ESPERA.pdf>. Acesso em: 08/09/2008.

SISTEMA Nacional de Transplantes. Número de transplantes realizados entre 2001 e 2007. Disponível em: <http://portal.saude.gov.br/portal/arquivos/pdf/TRANSPLANTES_DADOS_ESTATISTICOS.pdf>. Acesso em: 08/09/2008.

Capítulo

2

O início da vida para proteção jurídica sob os ditames da Constituição e dos tratados internacionais ratificados pelo Brasil

Patrícia Cobianchi Figueiredo*

Introdução

É POSSÍVEL AFIRMAR que a vida sempre será objeto de investigação sob várias perspectivas, a exemplo da perspectiva filosófica, com as suas inúmeras indagações. As diversas espécies de vida também ampliam sobremaneira o objeto de estudo. Veja que a defesa de muitos animais irracionais já se encontra em estágio avançado seja em âmbito nacional ou internacional, o que nos leva a repensar o direito como criação do homem apenas para o homem. Diante dessa amplitude de vertentes sobre a vida, um recorte se faz necessário. Neste capítulo, o foco é a vida humana como bem tutelado pelo direito, especificamente, quanto ao início da vida para o fim de proteção jurídica. Para tanto, será uma leitura que resulte no apontamento do termo inicial para a inviolabilidade do

* Mestre em Direito do Estado, subárea Direito Constitucional, PUC-SP. Especialista em Direito Constitucional com capacitação docente pela ESDC. Advogada, professora universitária, membro colaborador da Comissão de Direitos da Criança e do Adolescente da OAB/SP.

direito à vida de acordo com a Constituição de 1988 e com os tratados internacionais de direitos humanos ratificados pelo Brasil.

Como não se desconsidera que a área médica é a mais autorizada para se manifestar acerca do início da vida, algumas citações nesse campo serão colacionadas para a segurança do estudo que objetiva demonstrar a concepção como o momento inicial para proteção jurídica do maior bem tutelado pelo direito. Isso porque, se não há mais dúvidas de que existe vida desde a concepção, e a Constituição assegura a sua inviolabilidade, logo, tal proteção alcança também o concepto. A inviolabilidade do direito à vida não está assegurada apenas em âmbito doméstico mas também em âmbito internacional e, nessa seara, há tratado internacional de direitos humanos ratificado pelo Brasil que, expressamente, protege a vida desde a concepção.

Portanto, em observância à ordem constitucional que atualmente interage com a ordem internacional no que tange à proteção dos direitos humanos, não deve ser negado ao ser humano que aguarda seu nascimento a inviolabilidade do direito à vida abarcando um desenvolvimento intrauterino saudável e o direito de nascer. Em outras palavras, o concepto está na condição de ser humano, único requisito para ser sujeito de direitos, o que está pautado na dignidade humana, um dos fundamentos da República Federativa do Brasil e fundamento do sistema internacional de proteção dos direitos humanos.

Para isso demonstrar, após prévias considerações gerais sobre a Constituição de 1988, optou-se por evidenciar que a vida desde a concepção é constatação médica, restando ao jurista conformar-se a tal realidade, principalmente ao intérprete da Constituição, já que este deve considerar o caráter sintético e aberto do texto constitucional que requer uma interpretação atualizada. Um meio para tanto é, tendo em vista que o constituinte não dispôs em sentido contrário ao do reconhecimento da vida desde a concepção, aplicar o princípio da máxima efetividade das normas constitucionais. Como consequência de tal interpretação, a inicialidade fundante da norma constitucional afasta qualquer interpretação contrária com base em leis infraconstitucionais, a exemplo daquela que se faz diante do disposto no art. 2º, do Código Civil, no sentido de que o nascituro é destituído de personalidade.

Já em âmbito internacional, serão destinadas algumas considerações acerca do sistema internacional de direitos humanos, no qual o Brasil está inserido devido à ratificação de uma variedade de tratados internacionais de direitos humanos. Nesse sentido, a Convenção Americana de Direitos Humanos[1] reconhece expressamente a inviolabilidade do direito à vida desde a concepção. Sem prejuízo de outros tratados que, ainda que indiretamente, protegem o nascituro, a exemplo da proteção existente à gestante, e ainda, onde a pena de morte não foi abolida, se direcionada à mulher gestante, deve-se aguardar o nascimento do concepto para sua aplicação.

Antes dos referidos apontamentos, é oportuno trazer a necessária especificação do sujeito de direito para melhor protegê-lo e considerar o nascituro nessa condição,

1. Adotada em San José da Costa Rica em 22/11/1969, ratificada pelo Brasil em 25/09/1992.

a reclamar, portanto, por uma proteção direcionada. Assim, é mediante interpretação da Constituição e dos tratados internacionais de direitos humanos que está assegurada, desde a concepção, a proteção à vida. Direito esse que, fundado na dignidade humana, está inter-relacionado com outros direitos, principalmente, o direito à saúde.

Para afirmar a titularidade desses direitos ao nascituto, é preciso considerar eventuais conflitos. Diante disso, são necessárias algumas considerações finais, a exemplo das exceções à punição do crime de aborto previstas no Código Penal e a questão do feto com anencefalia, o que se fará, ainda que sumariamente, com o objetivo de ventilar aqui, para casos de eventuais conflitos, além dos meios já consolidados para tanto, a possibilidade de aplicação da doutrina da proteção integral e do princípio da primazia dos direitos do nascituro, o que já é realidade para a criança.

1. Inviolabilidade do direito à vida desde a concepção na Constituição Federal

1.1 Algumas observações

Assim como atualmente já não se discute mais a força normativa da Constituição e o seu devido cumprimento, também é certo que as normas constitucionais possuem particularidades[2] que as diferem das demais normas jurídicas e devem ser consideradas na tarefa interpretativa. O intérprete da Constituição, além de agir sob os ditames da Hermenêutica Jurídica, considera, sobretudo, os ditames da Hermenêutica Constitucional que disponibiliza métodos próprios.

Neste capítulo, para uma interpretação da inviolabilidade do Direito Constitucional à vida, a ênfase é para o princípio da máxima efetividade das normas constitucionais. É o meio que se optou para colaborar, de forma mais segura, para a relevante questão. O princípio da máxima efetividade das normas constitucionais revela-se útil instrumento àquele que não pretende interpretar a Constituição Federal para restringir direitos fundamentais.

Também para interpretar a Constituição, necessário considerar inicialmente os princípios fundamentais da República Federativa do Brasil (arts. 1º a 4º). Destaca-se nesse estudo: a cidadania e a dignidade da pessoa humana, como fundamentos da República Federativa do Brasil (art. 1º, II e III); o objetivo de "promover o bem de todos, sem preconceito de origem, raça, sexo, cor, idade e quaisquer outras formas de discriminação (art. 3º, IV); e a prevalência dos direitos humanos, como princípio a nortear o Brasil em suas relações internacionais, (art. 4º, II). Quanto aos direitos fundamentais, é pertinente observar que a Constituição de 1988 traz um extenso rol de direitos, mas não de forma exaustiva, conforme cláusula constitucional aberta (art. 5º, § 2º) a receber outros direitos nos termos ali expressos.

2. Sobre as peculiaridades da norma constitucional que justificam uma hermenêutica constitucional, Celso Bastos indica as seguintes: posicionamento singular; inicialidade fundante; caráter aberto e sua atualização; linguagem; posições políticas na Constituição (Celso Bastos. *Hermenêutica e interpretação constitucional*. 3. ed. São Paulo: Celso Bastos, 2002, pp. 105-119).

É, portanto, diante da específica interpretação da Constituição, dos princípios fundamentais da República Federativa do Brasil e da extensa declaração de direitos fundamentais que se objetiva, neste capítulo, evidenciar o Direito Constitucional à vida desde a concepção.

1.2 Início da vida para proteção constitucional: aplicação do princípio da máxima efetividade possível

O art. 5º, da CF/1988, primou em seu *caput* por alguns direitos fundamentais, entre eles o da inviolabilidade do direito à vida, considerado o maior dos direitos, já que pressuposto para o exercício dos demais. Em consonância com o princípio fundamental da dignidade humana, é possível afirmar que os demais direitos fundamentais são aqueles necessários para uma vida digna.

Ocorre que o constituinte de 1988 optou por não dispor expressamente a partir de qual momento incide a inviolabilidade do direito à vida. Mas isso não inviabiliza a definição do sentido e do alcance da norma, mesmo que para tanto seja necessário o auxílio de outras ciências, o que se impõe aqui, já que cabe ao direito proteger a vida e não dizer quando se inicia a vida.

As ciências pertinentes ao assunto asseguram existir vida desde a concepção. Tal constatação médico-científica traz segurança necessária ao direito. Conforme lições de Maria Helena Diniz:

> A fetologia e as modernas técnicas de medicina comprovam que a vida inicia-se no ato da concepção, ou seja, de fecundação do óvulo pelo espermatozoide, dentro ou fora do útero. A partir daí tudo é transformação morfológico-temporal, que passará pelo nascimento e alcançará a morte sem que haja qualquer alteração do código genético, que é singular, tornando a vida humana irrepetível e, com isso, cada ser humano único.[3]

Com a concepção, todos os elementos da individualidade do ser humano já se encontram presentes. Ives Gandra Martins refere ao entendimento do médico João Evangelista dos Santos Alves, como segue:

> Com a fusão dos gametas constitui-se uma unidade bem estruturada que, pela transmissão dos caracteres hereditários paternos e maternos, tem suas características futuras essenciais bem determinadas: sexo, grupo sanguíneo, fator Rh, cor dos olhos, da pele, dos cabelos, certas doenças hereditárias, a idade em que deverão surgir as primeiras rugas etc., e até mesmo o porte, traços psicológicos, de temperamento etc. Ali está escondido também o que, de certa forma, se tornará a base da inteligência e até mesmo da personalidade. Tanto assim é que – sabem muito bem os psicólogos – profundos distúrbios da personalidade podem ter origem remota, no período pré-natal.[4]

3. Maria Helena Diniz. *O estado atual do biodireito*. 22. ed. São Paulo: Ed. Saraiva, 2004, p. 26.
4. Ives Gandra da Silva Martins. *A vida dos direitos humanos:* bioética médica e jurídica. Porto Alegre: Sergio Antonio

José Afonso da Silva, direcionando-se para o Direito Constitucional, adverte não definir vida, sob pena de ingressar no campo da metafísica; reconhece, todavia, que "alguma palavra há de ser dita sobre esse *ser* que é objeto de direito fundamental"; prossegue o autor:

> *Vida*, no texto constitucional (art. 5º, *caput)*, não será considerada apenas no seu sentido biológico de incessante autoatividade funcional, peculiar à matéria orgânica, mas na sua acepção biográfica mais compreensiva. Sua riqueza significativa é de difícil apreensão porque é algo dinâmico, que se transforma incessantemente sem perder sua própria identidade. É mais um processo (processo vital), que se instaura com a concepção (...) transforma-se, progride, mantendo sua identidade, até que muda de qualidade, deixando, então, de ser vida para ser morte. Tudo que interfere em prejuízo deste fluir espontâneo e incessante contraria a vida. (...) A *vida humana*, que é o objeto do direito assegurado no art. 5º, *caput,* integra-se de elementos materiais (físicos e psíquicos) e imateriais (espirituais) (...) Por isso é que ela constitui a fonte primária de todos os outros bens jurídicos. De nada adiantaria a Constituição assegurar outros direitos fundamentais, como a igualdade, a intimidade, a liberdade, o bem-estar, se não erigisse a vida humana num desses direitos. No conteúdo de seu conceito envolvem o direito à dignidade da pessoa humana (...) o direito à privacidade (...) o direito à integridade físico-corporal, o direito à integridade moral e, especialmente, o direito à existência.[5]

Para Uadi Lammêgo Bulos, "Vale lembrar que um embrião traz carga genética própria, sendo, pois, um ser individualizado. Possui existência, a qual não deve ser confundida com a vida dos seus pais, cabendo ao jurista buscar o enquadramento legal que deflui dessa realidade".[6]

Considerando que a atividade interpretativa deve se pautar na realidade, com as lições supramencionadas já é possível entender que a proteção constitucional do direito à vida incide desde a concepção, momento a partir do qual já há vida e, portanto, a Constituição a protege. Contudo, com a aplicação do princípio da máxima efetividade ao comando constitucional, tal entendimento fica ainda mais seguro. Sobre isso leciona Canotilho:

> Esse princípio, também designado por princípio da eficiência ou princípio da interpretação efectiva, pode ser formulado da seguinte maneira: a uma norma constitucional deve ser atribuído o sentido que maior eficácia lhe dê. É um princípio operativo em relação a todas e quaisquer normas

Fabris Editor 1999, p. 213.

5. José Afonso da Silva. *Curso de direito constitucional positivo.* 19. ed. ver. e atual. São Paulo: Malheiros Editores, 2000, pp. 200, 201.

6. Uadi Lammêgo Bulos. *Curso de direito constitucional.* São Paulo: Ed. Saraiva, 2007, p. 411.

> constitucionais, e embora a sua origem esteja legada à tese da actualidade das normas programáticas (Thoma), é hoje sobretudo invocado no âmbito dos direitos fundamentais (no caso de dúvidas deve preferir-se a interpretação que reconheça maior eficácia aos direitos fundamentais).[7]

Assim, se a Constituição declara a inviolabilidade do direito à vida, mas não trouxe expressamente qual o momento inicial da proteção, aplicando-se o princípio da máxima efetividade a tal comando, resta demonstrado que o momento inicial é a concepção, pois a partir de então já se tem a individualidade inerente ao ser humano.

Não fosse assim, mais do que negar a máxima efetividade possível ao comando constitucional estar-se-ia na pretensão de se colocar no lugar do Poder Constituinte Originário, já que nem ao Poder Constituinte Reformador cabe restringir o direito à vida. Portanto, tal impedimento impõe-se ao interprete, sobretudo para evitar uma interpretação restritiva do maior dos direitos fundamentais, o que seria uma afronta ao princípio da proibição do retrocesso e à própria historicidade dos direitos fundamentais.

A aplicação do princípio da máxima efetividade não se confunde com a interpretação extensiva. Não se trata de estender ao concepto o direito à vida que já está no comando constitucional. Logo, onde há vida humana, há tutela constitucional. Veja que, a utilização do princípio da máxima efetividade não se faz livremente, porque baseada em comprovação médico-científica de que há vida no concepto, portanto, pautada na objetividade e, no mais, coaduna-se com uma das peculiaridades da norma constitucional que é o caráter aberto e sua atualização.

Com isso, é preciso salientar que o princípio da dignidade humana se aplica ao concepto e, portanto, não basta lhe assegurar, nessa fase peculiar de seu desenvolvimento, a inviolabilidade de sua vida no sentido de mera existência enquanto aguarda o seu nascimento, mas sim que lhe seja assegurada uma vida intrauterina digna.

Em linhas gerais sobre a dignidade, Ana Paula de Barcellos nos ensina que:

> O sistema constitucional introduzido pela Carta de 1988 sobre a dignidade é bastante complexo, tanto porque especialmente disperso ao longo de todo o texto, como também porque a Constituição, partindo do princípio mais fundamental exposto no art. 1º, III, ("A República Federativa do Brasil (...) tem como fundamentos: (...) III – a dignidade da pessoa humana;"), vai utilizar na construção desse quadro temático várias modalidades de normas jurídicas, a saber: princípios, subprincípios de variados níveis de determinação e regras.[8]

O princípio da dignidade humana não se trata, portanto, de mais um Direito Constitucional, mas um princípio constitucional fundamental do Estado Democrático

7. José Joaquim Gomes Canotilho. *Direito Constitucional e Teoria da Constituição.* Coimbra: Livraria Almedina Editor, 2001, p. 1197.

8. Ana Paula de Barcellos. *A eficácia jurídica dos princípios constitucionais:* o princípio da dignidade da pessoa humana. Rio de Janeiro: Renovar, 2002, p. 148.

de Direito e do qual deriva outros direitos. Nesse sentido, Ricardo Cunha Chimenti: "A dignidade da pessoa humana é uma referência constitucional unificadora dos direitos fundamentais inerentes à espécie humana, ou seja, daqueles direitos que devem garantir o conforto existencial das pessoas, protegendo-as de sofrimentos evitáveis na esfera social".[9]

Vale mencionar que, num estágio mais avançado, Ingo Wolfgang Sarlet discorre sobre "Algumas notas sobre a dimensão ecológica da dignidade da pessoa humana e sobre a dignidade da vida em geral".[10]

A relevância do princípio da dignidade humana pode ser apontada com o fato de ser possível afirmar tratar-se do maior dos direitos e não do direito à vida. O entendimento majoritário ainda é no sentido da superioridade do direito à vida, sob o fundamento de que não há dignidade sem vida. Mas, quando se constata ser perfeitamente defensável a dignidade do morto, pode-se falar em dignidade mesmo quando não há mais vida. Mas, frente a tal argumento pode-se afirmar que houve vida e são seus efeitos que perduram além dela. Não é objetivo adentrar em tal celeuma neste estudo. Importa ressaltar que onde há vida deve ter aplicabilidade o princípio da dignidade humana, já que inerente a todo ser humano. Assim, aplicável ao concepto porquanto se encontra na condição de ser humano. Ou não? Conforme Uadi Lammêgo Bulos:[11] "Sem a proteção incondicional do direito à vida, os fundamentos da República Federativa do Brasil não se realizam. Daí a Constituição proteger todas as formas de vida, inclusive a uterina (precedente: TJSP, CDCCP, 4:299-302)".

Certamente o concepto ainda não goza de condições para o exercício de muitos direitos, mas isso não retira dele a titularidade dos direitos necessários para seu desenvolvimento e nascimento com dignidade.

Considerar outro momento inicial para a tutela constitucional do direito à vida – e vida com dignidade –, que não a concepção, não é uma interpretação adequada porque além de desconsiderar a realidade advinda de comprovação médica, não concedeu a máxima efetividade possível ao comando constitucional.

O concepto não é um amontoado de células indiferenciadas, como se tratando de coisas ou de células outras que não aquelas que se desenvolverão até alcançar condições para gozar a vida extrauterina. É vida humana em seu momento inicial e assim deve ser considerada. Nas palavras de Fábio Konder Comparato ao se referir ao embrião: "Ele não é uma coisa, mas, para todos os efeitos, deve ser tido como uma pessoa em potencial e, portanto, titular de direitos fundamentais, a começar pelo direito ao nascimento".[12] Trata-se de vida intrauterina que, com o nascimento, passará a ser vida extrauterina, como todos nós fomos e somos.

---

9. Ricardo Cunha Chimenti; Fernando Capez et. al. *Curso de direito constitucional.* 3. ed. São Paulo: Ed. Saraiva, 2006, p. 34.
10. Algumas notas sobre a dimensão ecológica da dignidade da pessoa humana e sobre a dignidade da vida em geral. *Revista de Direito Público* – DPU – Assunto Especial – Doutrina, Porto Alegre: IOB; Brasília: Instituto Brasiliense de Direito Público, n. 19, jan.-fev. 2008.
11. Uadi Lammêgo Bulos, op. cit., p. 411.
12. Fábio Konder Comparato. *A afirmação histórica dos direitos humanos.* 5. ed. São Paulo: Ed. Saraiva, 2007, p. 33.

A vida se inicia com a concepção, o que pode ocorrer naturalmente ou até mesmo de forma assistida mediante fecundação fora do útero (*in vitro*). Durante o período da vida intrauterina o ser humano aguarda condições próprias para viver fora do útero, o que, com os avanços tecnológicos, pode ocorrer cada vez mais cedo.

Nesse sentido há notícia de nascimento com menos de 500 gramas.[13] O termo final para a vida iniciada com a concepção é a morte. No período entre a concepção e a morte, o ser humano está em constante desenvolvimento em vários aspectos.

Quanto ao entendimento no sentido de que a vida humana tem início quando se iniciam as atividades eletroencefálicas, não se harmoniza com a proteção constitucional à vida, já que exclui a fase entre a concepção e o início de tais atividades, durante a qual já há um ser individualizado, já há vida. Portanto, tal entendimento restringe o direito fundamental.

A inviolabilidade do direito à vida alcança todas as fases da vida, as quais podem ser representadas, ainda que sumariamente, por duas grandes fases, cada qual com suas subfases. São elas: (1) intrauterina, com todas as etapas pelas quais passa o concepto (zigoto, embrião e feto); (2) com todas as etapas após o nascimento (recém-nascido, criança, adolescente, adulto e, enfim, o idoso). O tempo a vencer cada uma dessas fases, embora estimativas, como sabemos, é totalmente imprevisível. Não há nem ao menos garantia de que todas serão vencidas, mas os esforços para tanto devem ser, na mesma intensidade, para todas essas fases, desde a concepção.

2. O art. 2º do Código Civil e a inicialidade fundante das normas constitucionais

Com base no princípio da dignidade humana, Maria Celeste Leite dos Santos coloca a seguinte questão:

> O princípio da dignidade da pessoa aparece indicado, ora como princípio da personalidade, ora como princípio da individualidade, e nos obriga a um compromisso inafastável: o do absoluto e irrestrito respeito à identidade e à integridade de todo ser humano. Isso porque o homem é sujeito

13. Veja a seguinte notícia: "O menor bebê do Brasil recebeu alta na manhã desta quinta-feira, no Rio. Agora com 2,1 quilos e 40 centímetros, Arthur deixou a clínica Laranjeiras após quatro meses de internação – ele nasceu no dia 08 de agosto com 385 gramas e 23 centímetros. Dias depois do nascimento, o menino chegou a pesar 282 gramas e ficou na UTI (Unidade de Terapia Intensiva) neonatal da clínica. Ele nasceu com 26 semanas – uma gestação normal tem duração entre 37 e 42 semanas" (*Folha on line* de 07/12/2006. Disponível em: <http://www1.folha.uol.com.br/folha/cotidiano/ult95u129114.shtml>. Acesso em: 14/12/2008). Veja ainda: "Bebê prematuro dado como morto é salvo após chorar no necrotério. Uma menina prematura que tinha sido dada por morta ao nascer foi descoberta com vida no necrotério de um hospital da Argentina, quando um funcionário que ouviu o bebê chorar avisou os médicos, contou ele nesta quinta-feira. O caso do bebê ocorreu nesta quarta-feira (01) e foi divulgado um dia depois de a família de um homem de 71 anos ter denunciado que ele foi dado por morto por engano em um centro médico particular de Buenos Aires. A criança – que nasceu aos seis meses de gestação e com cerca de 650 gramas – passou mais de três horas dentro de uma câmara do necrotério do hospital de Monte Grande, nos arredores da capital argentina, afirmou nesta quinta-feira o funcionário que a encontrou. 'Foi um presente do céu que o Senhor me deu, um milagre', disse o homem, que não se identificou. O pai do bebê disse que sua filha 'já tinha atestado de óbito, mas depois apareceu com vida e agora está em uma incubadora tentando se recuperar'[...]" (*Folha on line* de 02/08/2007). Disponível em: <http://www1.folha.uol.com.br/folha/mundo/ult94u317219.shtml>. Acesso em: 14/12/2008).

> de direitos: não é, jamais, objeto de direito e, muito menos, objeto mais ou menos livremente manipulável. (...) O reconhecimento e a afirmação da dignidade humana, conquanto seja esta um direito fundamental sofre o impacto diário das contingências ou degradações culturais. É nesse quadro de cogitações que se encartam todas as indagações sobre direitos do nascituro. (...) O problema da personalidade civil envolve velha controvérsia. Devemos datar essa personalidade do nascimento com vida, ou ao contrário, admiti-la desde a fecundação?[14]

Com o exposto na seção anterior, já se pode responder pela admissão da personalidade civil desde a fecundação. Nada obstante, necessário tecer algumas palavras acerca do art. 2º do Código Civil, o qual dispõe acerca no início da personalidade civil, o que faz nos seguintes termos: *"A personalidade civil da pessoa começa do nascimento com vida; mas a lei põe a salvo, desde a concepção, os direitos do nascituro"*.

Oportuno primeiramente tratar do termo "nascituro" na acepção considerada nesse estudo. Em dicionário da língua portuguesa, nascituro é "o que está para nascer".[15] No *Vocábulário jurídico* de De Plácido, nascituro é:

> ... derivado do latim *nasciturus*, particípio passado de nascido, quer precisamente indicar aquele que há de nascer. Designa, assim, o ente que está gerado ou concebido, tem existência no ventre materno, está em vida intrauterina. Mas não nasceu ainda, não ocorreu o nascimento dele, pelo que não iniciou sua vida como pessoa.[16]

O termo nascituro, recorrente no universo jurídico, nem sempre vem designar o concepto. Necessário então deixar assente, ao menos até eventual convencimento posterior, que a referência aqui ao concepto se faz para designar aquele ser que, concebido, aguarda seu nascimento, o que não difere, como visto, de nascituro. Se não há dúvidas de que nascituro é aquele que há de nascer, então se trata do ser humano concebido, é o produto da fecundação, a partir da união do óvulo com o espermatozoide. Para Silvio Rodrigues "nascituro é o ser já concebido, mas que ainda se encontra no ventre materno".[17]

Não há que se estabelecer um início distinto da concepção para ser considerado nascituro. O nascimento é consequência natural, que apenas não ocorrerá de forma muito excepcional, ou seja, o aborto. Já para a fecundação fora do útero o destino natural é que ocorra a implantação no útero com o futuro nascimento, salvo a não aceitação pelo organismo ou os casos de embriões excedentes, sobre os quais já há posicionamento, ainda que não unânime, do Supremo Tribunal Federal (ADIn nº 3.510).

---

14. Maria Celeste Leite dos Santos. *Imaculada concepção.* Nascendo *in vitro* e morrendo *in machina*. Aspectos históricos e bioéticos da proteção humana assistida no Direito Penal comparado. São Paulo: Acadêmica, 1993, pp. 96, 97.
15. Houaiss. *Dicionário da língua portuguesa* (míni). 2. ed. Rio de Janeiro: Objetiva, 2004, p. 515.
16. De Plácido e Silva *Vocabulário jurídico.* 14. ed. Rio de Janeiro: Forense, 1998.
17. Silvio Rodrigues. *Direito civil.* Parte geral. 34. ed. atual. de acordo como novo Código Civil. São Paulo: Ed. Saraiva, 2003, v. I, p. 36.

A partir da redação do art. 2º do atual Código Civil, também presente no Código Civil anterior, alguns entendimentos surgiram acerca da condição jurídica do nascituro. Pode-se apontar, ainda que sumariamente, um desses entendimentos é no sentido de que o direito não reconhece a personalidade civil do nascituro, o que só ocorrerá quando do nascimento com vida, acarretando, então, no reconhecimento dos seus direitos retroativamente desde a concepção. Ou ainda, que o direito reconhece a personalidade civil do nascituro, mas com a condição do nascimento com vida. (personalidade condicional).

Ocorre que, o nascituro já vive e precisa ter seus direitos reconhecidos, com ou sem o reconhecimento da personalidade civil. Daí a necessidade de se buscar um entendimento que melhor o proteja. Nessa direção, cita-se a posição singular de Maria Helena Diniz para afirmar que o nascituro possui personalidade formal, apontando alguns de seus direitos:

> Conquanto comece do nascimento com vida (RJ, 172:99) a personalidade civil da pessoa, a lei põe a salvo, desde a concepção, os direitos do nascituro (CC, arts. 2º , 1.609, parágrafo único, 1.779 e parágrafo único, e 1.798; L. 8.974/95), como o direito à vida (CF, art. 5º), à filiação (CC, arts. 1596 e 1597), a integridade física, a alimentos (*RT, 650*:220; *RJTJSP, 150*:90-6), a uma adequada assistência pré-natal, à representação (CC, arts. 542, 1779 e parágrafo único; CPC, arts. 877 e 878, parágrafo único) em caso de incapacidade ou impossibilidade de seus genitores de receber herança (CC, art. 542), a ser adotado, a ser reconhecido como filho, a ter legitimidade ativa na investigação de paternidade (*Lex, 150*:90) etc. Poder-se-ia até mesmo afirmar que na vida intrauterina tem o nascituro e na vida extrauterina tem o embrião, concebido *in vitro*, personalidade jurídica formal, no que atina aos direitos de personalidade, visto ter carga genética diferenciada desde a concepção, seja ela *in vivo* ou *in vitro* (...) passando a ter personalidade jurídica material, alcançando os direitos patrimoniais (*RT, 593*:258) e obrigacionais, que se encontravam em estado potencial, somente com o nascimento com vida (CC, art. 1800, § 3º). Se nascer com vida adquire personalidade jurídica material, mas se tal não ocorrer nenhum direito patrimonial terá.[18]

Há ainda o entendimento no sentido de que o ser concebido já é uma pessoa e, assim, já possui personalidade sem a condição de nascer vivo. Entendimento relevante para aqueles que entendem a personalidade como pressuposto para ser sujeito de direitos. Nesse sentido, a análise de Jussara Maria Leal de Meirelles acerca do nascituro e personalidade, considerando, inclusive, a influência para redação do art. 4º do antigo Código Civil, reproduzida no art. 2º do atual Código.

18. Maria Helena Diniz. *Curso de direito civil brasileiro*. Teoria Geral do Direito Civil. 22. ed. ver. e atual. São Paulo: Ed. Saraiva, 2005, v. I, p. 192.

> Foi registrado que, de acordo com a teoria denominada verdadeiramente concepcionista, a personalidade tem seu termo inicial determinado pela concepção. Em outras palavras, desde o momento em que é concebido, o nascituro é dotado de personalidade jurídica. Em defesa de tal posicionamento Amaral (...) recorda que o art. 4º do Código Civil reflete a transição entre o direito romano e o direito brasileiro, marcada pela função intermediadora do direito português. Demonstra que o direito justiniano, recebido em Portugal por intermédio do Direito Canônico e também pela via castelhana, influenciou os diversos projetos que se sucederam no processo de codificação brasileira no que diz respeito à personalidade jurídica do nascituro. Porém, reflete o autor que a fórmula adotada no referido art. 4º evidencia a influência da doutrina alemã, cujo conceitualismo abstrato e positivista fez afastar a paridade entre nascituro e pessoa natural. Esse princípio de paridade ontológica do nascituro e do nascido é demonstrado por Pierangelo Catalano como regra geral da época justinianeia, de tal sorte que se devem considerar excepcionais as hipóteses em que tal princípio não deve ser aplicado. O mesmo romanista atribui "à introdução dos conceitos abstratos de pessoa, personalidade, sujeitos de direito, capacidade jurídica, a inversão dos princípios e das normas, em razão do que se passou da paridade ontológica à equiparação legislativa excepcional" (...) Seguindo essa linha de raciocínio, muito embora se assegure, tradicionalmente, que a teoria prevalecente no direito brasileiro é a natalista (...) a Professora Silmara Juny de Abreu Chinelato e Alemida (...) afirma que o Direito Civil brasileiro deve se pautar pela teoria concepcionista, tendência dominante no direito contemporâneo, reconhecendo a personalidade jurídica do nascituro.[19]

Interessa ainda ressaltar, sob outra perspectiva, a qualidade de pessoa no nascituro, como reconhece Maria Celeste Cordeiro Leite dos Santos, lembrando que pessoa é uma construção jurídica, e ainda, dos sujeitos de direitos destituídos de personalidade. É perguntar: se reconhecemos entes destituídos de personalidade como sujeitos de direitos, qual a resistência para reconhecer o nascituro também como sujeito de direitos. Vejamos, nas palavras da autora:

> O art. 4º, do Código Civil Brasileiro (atual art. 2º), alude: (...) Ora, falar em direitos do nascituro é reconhecer-lhe qualidade de pessoa. (...) Pessoa, esclarece Hans Kelsen, não é uma realidade natural, mas uma construção jurídica criada pela Ciência do direito, um conceito auxiliar na descrição de fatos juridicamente relevantes. A chamada pessoa física não é, portanto, um indivíduo, mas a unidade personificada das normas jurídicas que obrigam e conferem poderes a um e mesmo indivíduo. A origem da palavra pessoa – *persona* – era a máscara do ator no teatro greco-romano. Nestes termos o que chamamos de pessoa nada mais é do que um feixe de papéis institucionalizados. Não

19. Jussara Maria Leal de Meirelles. *A vida humana embrionária e sua proteção jurídica.* Rio de Janeiro/São Paulo: Renovar, 2000, pp. 57, 58.

> devemos confundir com a noção de sujeito jurídico, conceito mais amplo que o de pessoa física e jurídica. Toda pessoa física ou jurídica é um sujeito jurídico, diz Tercio Sampaio Ferraz Júnior. Mas a recíproca não é verdadeira. A herança jacente, os bens ainda em inventário, é sujeito de direito, mas não é pessoa. O sujeito nada mais é do que o ponto geométrico de confluência de diversas normas. Este ponto que pode ser uma pessoa, física ou jurídica, um patrimônio, mas também um embrião ou mesmo um concepto.[20]

Há, portanto, possibilidade de conferir personalidade ao nascituro. Mas, mesmo que assim não fosse é o nascituro sujeito de direito porquanto na condição de ser humano, a única condição para tanto. A filosofia de Immanuel Kant deixou assente que todo homem possui uma dignidade e a única condição para ser sujeito de direito é a de humanidade. O nascituro, ainda que no aguardo de condições para vida extrauterina, já é ser humano, portanto, sujeito de direito.

Interessa ressaltar, como objeto desta seção, que qualquer celeuma no plano infraconstitucional deve ser orientada pelo princípio da supremacia constitucional e da inicialidade fundante das normas constitucionais, ou seja, a norma infraconstitucional será válida se encontrar na norma constitucional fundamento de validade. Nas lições de Celso Bastos:

> Sendo a Constituição o fundamento de validade de todas as demais leis, a determinação do significado de uma de suas normas poderá importar no afastamento de uma regra infraconstitucional até então vigente, mas que se torna incompatível com a norma constitucional da forma porque passa a ser compreendida. Aqui surge a importância de uma Corte Constitucional, que imponha *erga omnes* o sentido de determinada norma.[21]

Nessa direção a norma do art. 2º, CC, deve se conformar com a norma constitucional do art. 5º, CF, e não o contrário. Na ausência dessa consonância a norma infraconstitucional não encontrará fundamento de validade na norma que lhe é superior. Assim, embora a norma constitucional não trate da personalidade civil, trata da vida e a norma infraconstitucional em comento, a depender da interpretação que se conceda a ela, como a de que o nascituro não tem personalidade civil, portanto não é sujeito de direitos, ofende o comando superior e a supremacia da Constituição, não encontrando fundamento de validade.

Embora ainda não exista no ordenamento jurídico pátrio o que poderíamos denominar de Estatuto do Nascituro, é possível localizar muitos documentos legais, internos e internacionais, que reconhecem os direitos do nascituro no sentido da inviolabilidade da vida desde a concepção e o seu desenvolvimento intrauterino saudável,[22] assim garantindo-lhe a dignidade.

20. Maria Celeste Cordeiro Leite dos Santos, op. cit., p. 200.
21. Celso Batos, op. cit., p. 110.
22. A utilidade da reflexão se impõe à medida que a medicina, no seu evoluir, vem comprovando a influência de uma vida intrauterina saudável no posterior desenvolvimento da criança, como também nos casos de mortalidade infantil.

3. Inviolabilidade do direito à vida no sistema internacional de proteção dos direitos humanos

O sistema internacional de proteção dos direitos humanos surgiu após a 2ª Guerra Mundial quando foi preciso a "reconstrução dos direitos humanos", como lecionado por Celso Lafer.[23] Trata-se de um sistema normativo que tem como marco inicial a Declaração Universal de Direitos Humanos de 1948, a partir da qual muitos tratados internacionais surgiram e continuam surgindo. Em outras palavras, é a proteção dos direitos humanos para além fronteiras territoriais. Para tanto, houve a criação de órgãos judiciais e administrativos e uma sistemática de monitoramento e controle, tudo previsto em tratados internacionais.

O Brasil encontra-se inserido em tal sistema, o que se efetivou após a promulgação da Constituição de 1988 com a ratificação de inúmeros tratados internacionais de direitos humanos. A partir da ratificação – ato que confirma em definitivo a participação do Estado – o Brasil se obriga juridicamente aos compromissos que livremente e de boa-fé assumiu, seja no âmbito global, com a ratificação de tratados oriundos da Organização das Nações Unidas (ONU), seja em âmbito regional, com a ratificação de tratados provenientes da Organização dos Estados da América (OEA). Ao ratificar tais instrumentos, assume os compromissos decorrentes em prol dos destinatários dos direitos veiculados nos tratados, o que faz perante a comunidade internacional.

Necessário salientar que a discussão sobre os direitos humanos já superou a fase de justificação ou fundamentação de tais direitos. O estágio atual, como adverte Norberto Bobbio, é o de proteger tais direitos:

> ... o problema que temos diante de nós não é filosófico, mas jurídico e, num sentido mais amplo, político. Não se trata de saber quais e quantos são esses direitos, qual é sua natureza e seu fundamento, se são direitos naturais ou históricos, absolutos ou relativos, mas sim qual é o modo mais seguro para garanti-los, para impedir que, apesar das solenes declarações, eles sejam continuamente violados.[24]

Vencida a questão da fundamentação, a atenção deve ser voltada para a proteção desses direitos, entre eles, o direito à vida. Ocorre que para melhor proteger tal direito do nascituto, é preciso atentar para sua condição de específico sujeito de direito, o que se passa a considerar.

3.1 O nascituro como específico sujeito de direito

O nascituro pelo simples fato de estar na condição de ser humano é sujeito de direito, mas frente à sua peculiar condição de desenvolvimento deve ser considerado

---

23. Celso Lafer. *A reconstrução dos direitos humanos:* um diálogo com pensamento de Hannah Arendt. São Paulo: Cia. das Letras, 1999.

24. Norberto Bobbio. *A era dos direitos.* Trad. Carlos Nelson Coutinho. Rio de Janeiro: Campus, 1992, p. 25.

específico sujeito de direito. Isto em prol do princípio da igualdade material ou substancial. Não mais agora, levando em conta as diferenças econômicas, mas diferenças de outras ordens. Nesse sentido, Flávia Piovesan leciona acerca do processo de especificação de sujeitos de direitos:

> Ao processo de expansão dos direitos humanos soma-se o processo de especificação de sujeitos de direitos. A primeira fase de proteção dos direitos humanos foi marcada pela tônica da proteção geral, que expressava o temor da diferença (que no nazismo havia sido orientada para o extermínio), com base na igualdade formal. Torna-se, contudo, insuficiente tratar o indivíduo de forma genérica, geral e abstrata. Faz-se necessária a especificação do sujeito de direito, que passa a ser visto em sua peculiaridade e particularidade. Nesta óptica, determinados sujeitos de direitos, ou determinadas violações de direitos, exigem uma resposta específica e diferenciada. Nesse cenário as mulheres, as crianças, a população afrodescendente, os migrantes, a pessoas portadoras de deficiência, dentre outras categorias vulneráveis, devem ser vistas nas especificações e peculiaridades de sua condição social. Ao lado do direito à igualdade, surge, também, como direito fundamental, o direito à diferença. Importa o respeito à diferença e à diversidade, o que lhes assegura um tratamento especial.[25]

É o reconhecimento de que certas camadas da sociedade requerem proteção direcionada por parte do ordenamento jurídico, ou seja, uma proteção especial. É o caso da criança e do adolescente, o que já não se discute mais, haja vista as inúmeras disposições legais em prol desses específicos sujeitos de direitos. No Brasil, além das disposições constitucionais destinadas com exclusividade à criança e ao adolescente (arts. 227 a 229), há o Estatuto da Criança e do Adolescente (L. 8.069/1990), e ainda, em âmbito internacional, a Convenção sobre os Direitos da Criança, ratificada pelo Brasil,[26] sem prejuízo de outros tratados internacionais.

Ora, se há esse reconhecimento para a criança, pergunta-se: Por que não reconhecer também a condição peculiar do nascituro? Para tanto, necessário evidenciar qual a especificidade do nascituro para ser considerado específico sujeito de direitos. Busca-se a resposta a partir do reconhecimento da condição peculiar de desenvolvimento da criança que, nos termos do art. 27 da Convenção sobre Direitos da Criança e do art. 3º do Estatuto da Criança e do Adolescente, abarca vários aspectos, quais sejam: desenvolvimento físico, mental, espiritual, moral e social. É com vistas nessa condição peculiar que há o reconhecimento universal e de forma especial da prevalência dos interesses da criança, ou seja, são interesses superiores reconhecidos não só internamente, mas também internacionalmente.

25. Flávia Piovesan. Pobreza como violação de Direitos Humanos. In: A contemporaneidade dos direitos fundamentais. *Revista Brasileira de Direito Constitucional* – RBDC n. 4, São Paulo: ESDC, 2004, pp. 119, 120.

26. Adotada pela Resolução L.44 (XLIV) da Assembleia Geral das Nações Unidas em 20/11/1989, ratificada pelo Brasil em 24/09/1990 (mesmo ano do advento do Estatuto da Criança e do Adolescente).

Nesse sentido, impõe-se mais uma vez perguntar: se a criança está em condição especial de desenvolvimento, não está o nascituro em condição ainda mais especial? Não há dúvida de que o nascituro está em situação mais peculiar que o ser que já nasceu. Bem, por isso, o nascituro aguarda no ventre materno um tempo necessário para que reúna as condições necessárias para o seu nascimento. É, portanto, um ser vulnerável. Para isso constar basta lembrar de toda a proteção existente em prol da gestante. As circunstâncias de uma gestação influenciam no ser que está por nascer e o acompanham após o nascimento, o que já pode ser atestado pela área médica.

Tal realidade demonstra a vulnerabilidade do nascituro e o seu reconhecimento como específico sujeito de direito e, portanto, a reclamar por uma proteção específica, inclusive com legislação própria, o que já é realidade em outros países, ou seja, um Estatuto do Nascituro. Veja que esse reclamo já está em pauta de discussão no Poder Legislativo brasileiro.[27]

Como esse reconhecimento – o nascituro como específico sujeito de direito e legislação própria – ainda não é realidade entre nós, é preciso ao menos incluir o nascituro na nova concepção desenvolvida para a criança, inclusive com o princípio da prioridade absoluta e com a doutrina da proteção integral, resguardadas algumas adequações que, se o caso, sejam necessárias. Por que não?

Nessa direção, Silmara Juny de Abreu Chinelato e Almeida[28] entende que por ser o nascituro um ser humano pode, por interpretação sistemática do ordenamento jurídico, ser incluído no conceito de criança do Estatuto da Criança e do Adolescente, o qual, ao tratar da proteção à vida e à saúde,[29] dispõe em seu art. 7º a efetivação de políticas públicas que permitam o nascimento – e o desenvolvimento – em condições dignas de existência. Mais especificamente, os arts. 8º e 10 preocupam-se com o ser que ainda não nasceu.[30] Portanto, o Estatuto da Criança e do Adolescente incide sobre o nascituro e, pelas mesmas razões, em âmbito internacional, incide também sobre o nascituro a Convenção sobre os Direitos da Criança. Em outras palavras, é afirmar que tanto a Convenção sobre os Direitos da Criança como o Estatuto da Criança e do Adolescente têm como destinatário direto a criança, protegendo-a desde a sua concepção.

27. Há notícia desse projeto (Projeto de Lei nº 478/2007). Cita-se ainda o projeto de lei (PLS nº 7/07) que inclui o bebê por nascer entre os dependentes para fins de dedução na base de cálculo do Imposto de Renda. Relatado favoravelmente pela Senadora Kátia Abreu (DEM-TO), a proposição altera a Lei nº 9.250/1995.

28. Silmara J. A Chinelato. *Tutela civil do nascituro*. São Paulo: Ed. Saraiva 2000, p. 222.

29. Quanto à saúde, vale lembrar que a Constituição Federal destina uma seção para reconhecer tal direito (arts. 196 a 200), e em seu art. 197 declara que as ações e serviços de saúde são de relevância pública, além do tratamento específico à criança no art. 227, § 1º.

30. Veja que um juiz da Vara da Infância e da Juventude de Pedro Leopoldo, MG, diante de um caso que envolvia gestante adolescente, aplicou os arts. 2º do Código Civil e 7º, 8º e 9º do Estatuto da Criança e do Adolescente (ECA), para garantir o direito ao desenvolvimento e nascimento sadio de um nascituro. Veja-se ainda a seguinte notícia: "Mesmo antes de nascer, um bebê garantiu o direito de receber indenização por danos morais em razão da morte do pai em acidente de trabalho. A Terceira Turma do Superior Tribunal de Justiça (STJ), por unanimidade, manteve a indenização para o nascituro em R$ 26 mil, mesmo montante arbitrado para os demais filhos do trabalhador. [...] A relatora ressaltou ainda que não se pode medir a dor moral para afirmar se ela seria maior ou menor para o nascituro. Se isso fosse possível, ela arriscaria um resultado: "Maior do que a agonia de perder um pai, é a angústia de jamais ter podido conhecê-lo, de nunca ter recebido um gesto de carinho, enfim, de ser privado de qualquer lembrança ou contato, por mais remoto que seja, com aquele que lhe proporcionou a vida", afirmou a ministra no voto" (*Consulex*, ano XXVI, n. 117, Brasília, 20/06/2008).

3.2 Inviolabilidade do direito à vida desde a concepção nos tratados internacionais de direitos humanos, em especial, na Convenção Americana de Direitos Humanos

Os tratados internacionais de direitos humanos diferem dos demais tratados, o que enseja por parte do ordenamento jurídico interno um tratamento privilegiado. No Brasil, tal *status* privilegiado está expressamente reconhecido na parte final do art. 5º, § 2º, da CF/1988, ao receber os direitos previstos em tratados internacionais a que Brasil seja parte. Daí a hierarquia desses instrumentos, quando voltados a direitos humanos, ser a mesma das normas constitucionais. Nesse sentido, as lições de Maria Garcia:

> Portanto, os direitos e garantias a que se refere a norma do art. 5º, § 2º, são aqueles compreendidos ou contidos implicitamente, no regime, nos princípios constitucionais ou nos tratados internacionais firmados pelo País. (...) Os tratados dizem respeito à norma usualmente designada pela fórmula *pacta sunt servanda,* e por ela, diz Kelsen, os sujeitos da comunidade jurídica internacional são autorizados a regular sua conduta recíproca, ou seja, a conduta dos seus órgãos e súditos, em relação aos órgãos e súditos dos outros – o que envolve deveres e direitos aos indivíduos, embora isto ocorra "por intermédio da ordem jurídica estadual (da qual apenas o 'Estado' é a expressão personificadora)". Daí que, insculpidos determinados direitos ou garantias individuais num tratado internacional, esse texto passa a incorpora-se ao sistema jurídico estatal, observada a respectiva Constituição – de tal sorte que, pela dicção do § 2º do art. 5º, tais direitos e garantias vêm integrar o elenco constante do texto constitucional, podendo ser exigidos ou exercidos, independentemente de norma expressa. Esses direitos e garantias têm existência assegurada, portanto, no universo constitucional, caracterizados pelo regime adotado pela Constituição ou pelos tratados internacionais firmados. Vêm eles todos consagrados no § 2º do art. 5º, norma agasalhadora, ampla e projetiva, do sistema constitucional.[31]

Um desses direitos é o direito à vida desde a concepção. O direito já protege o nascituro ao proteger a gestante. Sobre tal proteção no âmbito internacional, menciona-se o Pacto Internacional dos Direitos Econômicos, Sociais e Culturais,[32] o qual prevê, em seu art. 10.2, proteção à mães por período razoável *antes* e depois do parto com licença remunerada. Por certo, a preocupação aqui não é tão somente com a mulher durante a fase divina de sua vida de conceber uma vida, mas também se preocupa com aquele que está por nascer. A Convenção sobre os Direitos da Criança, no art. 24.2, ao tratar da saúde, também traz que os Estados-Partes devem assegurar às mães adequada assistência *pré-natal* e pós-natal.

Também a proteção à gestante e, em consequência ao nascituro, prevista na Convenção sobre a eliminação de todas as Formas de Discriminação contra a Mulher,[33]

---

31. Maria Garcia. *Desobediência civil, direito fundamental.* São Paulo: Revista dos Tribunais, 1994, pp. 210-212.
32. Adotado pela Resolução nº 2.200-A (XXI) da Assembleia Geral das Nações Unidas em 16/12/1966, ratificado pelo Brasil em 24/01/1992.
33. Adotada pela Resolução nº 34/180 da Assembleia Geral das Nações Unidas em 18/12/1979, ratificada pelo Brasil em 01/02/1984.

art. 5º, entre outras previsões, está a de que os Estados-partes tomarão todas as medidas apropriadas a fim de garantir que a educação familiar inclua uma compreensão da maternidade como função social. Muito se fala sobre função social (da propriedade, do contrato etc.), importa também evidenciar a maternidade e, em consequência, o nascituro, nessa perspectiva.

O Pacto Internacional dos Direitos Civis e Políticos,[34] em seu art. 6º, dispõe que o direito à vida é inerente à pessoa humana. Na sequência, dirigindo-se aos Estados que por ventura não tenham abolido a pena de morte, impede sua aplicação aos menores de 18 anos e às mulheres gestantes. Ou seja, reconhece claramente que a vida do nascituro não se confunde com a vida de sua mãe.[35]

Nada obstante os documentos mencionados, um tratado internacional de direitos humanos merece ênfase neste capítulo, já que, expressamente, dispõe ser a concepção o momento inicial da proteção internacional. Trata-se da Convenção Americana de Direitos Humanos,[36] que no seu art. 4º, n. 1 prevê: "Toda pessoa tem o direito de que se respeite sua vida. Esse direito deve ser protegido pela lei, em geral, *desde o momento da concepção.* Ninguém pode ser privado da vida arbitrariamente" (grifo do autor).

André Ramos Tavares após considerar o advento do § 3º ao art. 5º da Constituição Federal de 1988 e a interpretação que se dê a tal comando, no sentido de recepcionar os tratados internacionais anteriores, leciona no seguinte sentido:

> Ora, resulta nítido no dispositivo que a regra, doravante, deverá ser a proteção desde o momento da concepção. A expressão "em geral", contida no dispositivo, ressalva a possibilidade de quebra dessa diretriz, o que só poderá ocorrer em situações apontadas pelo legislador com respeito ao critério da proporcionalidade (com a menor ofensa possível ao direito em questão), especialmente legitimada (a relativização), quando estiverem em jogo outros valores igualmente constitucionais.[37]

Com a devida reverência ao autor e com suporte em outros autores,[38] esse entendimento já se impõe por força do § 2º do art. 5º. A discussão acerca do advento do § 3º não vem mudar o *status* de norma constitucional dos tratados internacionais de direitos humanos anteriores, ao menos, quanto ao seu aspecto material, ou seja, de norma materialmente constitucional. Importa ressaltar que, ainda que se considere a hierarquia infraconstitucional da Convenção Americana de Direitos Humanos, bastaria afirmar que a norma referida do tratado está em perfeita harmonia com os ditames constitucionais por tudo que se expôs no primeiro momento deste capítulo.

---

34. Adotado pela Resolução nº 2.200-A (XXI) da Assembleia Geral das Nações Unidas em 16/12/1966, ratificado pelo Brasil em 24/01/1992.
35. Vale salientar que no art. 16 do mencionado Pacto está o direito de toda pessoa ao reconhecimento de sua personalidade jurídica, o que pode ser avocado para o nascituro, se o considerar como pessoa nos termos já abordados na seção anterior.
36. Adotada em San José da Costa Rica em 22/11/1969, ratificada pela Brasil em 25/09/1992.
37. André Ramos Tavares. *Curso de direito constitucional.* 5. ed. São Paulo: Ed. Saraiva, 2007, p. 502.
38. Antônio Cançado Trindade, Flávia Piovesan, Maria Garcia, Valerio de Oliveira Mazzuoli, entre outros.

Ainda com relação às lições supramencionadas de André Ramos Tavares especial atenção deve ser dada no sentido da proteção jurídica desde a concepção e, se houver exceções, deverão estar pautadas naqueles ensinamentos.

Acrescenta-se aqui, ao menos para reflexão, a consideração da especificidade do sujeito de direito com tudo que disso advém, e ainda, desde logo, o reconhecimento da incidência sobre o nascituro dos diplomas legais destinados à criança, em âmbito interno e internacional. Assim, ao menos para os Estados-partes da Convenção sobre os Direitos da Criança, a qual traz a toda criança o direito inerente à vida (art. 6.1), interpreta-se em conformidade com a Convenção Americana de Direitos Humanos, para concluir que esse direito está assegurado desde a concepção. Interpretação essa que vale para os demais diplomas legais.

4. Considerações finais

Não há dúvidas, principalmente sob a óptica médica, de que a vida se inicia com concepção, porquanto nesse momento se tornam presentes todos os elementos determinantes da individualidade do ser humano. O nascimento é a passagem da vida intrauterina para a vida extrauterina. O ordenamento jurídico já reconhece, seja em âmbito interno ou internacional, direitos ao nascituro, dentre eles a inviolabilidade do direito à vida e à saúde.

A inviolabilidade do direito à vida desde a concepção está assegurada no *caput* do art. 5º, já que o constituinte não fez distinção entre vida antes e após o nascimento, o que demonstra o caráter aberto da norma a propiciar sua atualização. Também com a aplicação do princípio da máxima efetividade das normas constitucionais não se chega a outra conclusão.

Internacionalmente, a inviolabilidade do direito à vida desde a concepção está assegurada na Convenção Americana de Direitos Humanos e, ainda que não de forma expressa, em outros tratados internacionais. Esses instrumentos internacionais, por força do § 2º, do art. 5º, da Constituição Federal de 1988, vêm fazer parte do rol de direitos fundamentais da Constituição, ou, em outras palavras, fazem parte do "bloco de constitucionalidade".

A Constituição Federal de 1988, inspirada na Declaração Universal de 1948, trouxe em diversos artigos o princípio da dignidade da pessoa humana, primeiramente como um dos fundamentos da República Federativa do Brasil. Assim, uma interpretação sistemática do direito à vida resulta na aplicação da dignidade ao nascituro, já que a dignidade é inerente a qualquer ser humano e o nascituro se encontra nessa condição.

O direito à vida e o direito à dignidade do nascituro independem do reconhecimento da sua personalidade civil, ou seja, o nascituro é sujeito de tais direitos independentemente da discussão interpretativa que circunda a legislação infraconstitucional (art. 2º, CC), mesmo porque a legislação infraconstitucional deve estar em harmonia com os comandos constitucionais, assegurando, assim, a supremacia constitucional.

E mais, atualmente, a supremacia constitucional abarca os ditames internacionais sobre os direitos humanos. Portanto, a legislação infraconstitucional deve estar conforme as normas constitucionais, incluídas aí, as normas internacionais de direitos humanos, porque integrantes do bloco de constitucionalidade.

Com relação às normas infraconstitucionais, além do que se optou trazer acerca do art. 2º do Código Civil, de certo que muitas outras normas – e não apenas do Código Civil – poderiam ser mencionadas nesse contexto. Nessa direção, considerando o Código Penal, algumas palavras têm cabimento nesta seção. Isso porque, se por um lado não há dúvidas de que tal diploma legal protege o nascituro ao considerar como crime o aborto, por outro lado, é preciso ressaltar que tal proteção comporta exceções. Nos termos do art. 128 o crime de aborto não é culpável quando a gestação põe em risco de morte a mãe (art. 128, I), e ainda, quando a gestação for decorrente de estupro (art. 128, II).

É necessário reconhecer que se o nascituro é titular do direito à vida, frente às mencionadas exceções, alguns conflitos podem surgir, como de fato surgem. Mas, a primeira questão que se impõe é saber se tais exceções foram recepcionadas pela ordem constitucional de 1988.

Certamente essas hipóteses possuem as justificativas relevantes. Mesmo assim, considerando tudo que se expôs, inevitável o seguinte questionamento: Foram considerados os direitos do nascituro, em especial, o direito de nascer?

A questão é complexa, principalmente no caso da gestação que põe em risco a vida da mãe, já que envolve duas vidas – a dela e a do nascituro. Ainda que ninguém possa desconsiderar que o simples viver já é um risco permanente, necessário um juízo de ponderação, principalmente considerando os interesses da mãe que, em muitos casos, abarca também os interesses de outros filhos. Na prática, em geral, opta-se pela vida da mãe, por já ter uma história, uma esperada longevidade de vida, outros filhos que dela necessitam etc. Assim, lembrando que a própria Constituição de 1988 não trouxe o direito à vida de forma absoluta, possível, ainda sem grandes certezas, entender que tal dispositivo foi recepcionado.

Já quanto à interrupção de gravidez decorrente de estupro, a gestação não traz risco para a mãe, e mais, trata-se de feto saudável. Nada obstante, preciso considerar as oposições, como a dificuldade em cobrar de uma mulher ter um filho fruto de tamanha violência. Afinal, o dom divino de gerar um filho, a maternidade em si, deve ser motivo de alegria e não de sofrimento, de traumas etc. E mais, atualmente, está reconhecido no universo jurídico o direito do filho ao afeto, cuja violação pode resultar em condenação por dano moral. Nesse sentido, como cobrar da mãe esse afeto devido juridicamente? Talvez muitas até consigam, mas, e quanto àquelas que não conseguirão? Quais as consequências da ausência de afeto para o filho? Tais consequências não podem repercutir na própria sociedade?

Não se está aqui procurando legitimar o conhecido aborto sentimental, pelo contrário. É diante desses e muito mais considerandos que se pode questionar: Têm tais justificativas o condão de determinar a interrupção da gestação e assim pôr fim a uma vida? Uma vida saudável que não traz risco para a mãe? Aqui não há conflitos de vidas, mas de uma vida – a do nascituro – e outros interesses, por mais relevantes que sejam. Daí ser possível concluir que tal prática não encontra suporte na Constituição Federal de 1988.

É preciso pensar em alternativas viáveis para esses casos, considerando os interesses relevantes da mãe e também os interesses do nascituro ou, ainda, os interesses maiores do nascituro, caso se considere sua proteção integral e a primazia de seus interesses.

Até que isso seja uma realidade entre nós – e que seja –, de imediato um questionamento se impõe: Até qual momento se deve permitir a interrupção de uma gestação de feto que não traz risco para mãe e é totalmente saudável?

A questão se impõe porque é sabido que abortos são praticados, "com permissão legal", em casos de gestações bastante avançadas em que os fetos nascem, ainda que sem as esperadas condições naturais para uma vida extrauterina, não fosse o total abandono, incluindo a não utilização de técnicas que se poderiam utilizar, certamente não morreriam. Mas morrem, porque assim decidiram em nome da lei.

Em nenhum momento a vida deve ser ceifada, que dirá quando em um grau de desenvolvimento que, a depender dos cuidados imediatos e necessários, incluindo todo o aparato da moderna medicina, possa evitar seu perecimento em nome de uma lei que não encontra suporte de validade na Constituição. Veja que essa conclusão independe de conhecimento técnico-constitucional. Por acaso, se o leitor estiver dirigindo seu veículo e logo à frente estiver totalmente visível um pedestre em travessia, mas por ter um semáforo que lhe indica sinal "aberto", irá prosseguir em obediência ao semáforo? Pois é, há aqueles que prosseguem...

Uma outra hipótese de interrupção de gestação deve ser tratada com o máximo cuidado, seja pelos profissionais da medicina, seja pelos profissionais do direito. É o caso de fetos com anencefalia, sobre o qual já há projeto de lei para incluir como mais uma hipótese de aborto não punível no Código Penal. E embora o assunto esteja na pauta de discussão no Supremo Tribunal Federal, lembremos que a força de sua decisão não vincula o legislador.

Diante do fato de que muitos abortos já foram realizados com autorização judicial, a pergunta que se impõe é: Será que essas mães, ao procurarem o Poder Judiciário, o fazem de forma plenamente consciente, com informações suficientes para a tomada de decisão?

Tal questionamento se dá porque sobre a anencefalia talvez pouco se saiba e, então, considerável parte da mídia, pré-decidida, cujas opiniões realmente chegam à população, traz, em síntese, tratar-se de ausência de cérebro a inviabilizar a vida extrauterina, já que no máximo o recém-nascido viverá por algumas horas. Tais informações formam a opinião da maior parte dos indivíduos, que não questionam o que realmente é anencefalia e se realmente inviabiliza a vida.

Já há notícias de bebês com anencefalia que viveram muito mais de horas, como correu na Itália e também no Brasil. Mas, ainda que sejam poucas horas de vida, é o critério qualitativo que deve prevalecer e não o quantitativo. Há depoimentos de mães afirmando quanto valeram as poucas horas em que viveram com seus bebês anencéfalos, afinal trata-se de horas de vida!

Seria utopia considerar a velocidade com que evoluem as técnicas médicas que possam indicar eventual surgimento de solução para esse problema, talvez até ainda durante a vida intrauterina? Quantas impossibilidades anteriores já se tornaram possíveis na área médica? Portanto, não há falar, em absoluto, de impossibilidades, mas, de eventuais possibilidades. Eventualidade essa que, tratando-se de uma vida, deve ser considerada. Já não foi até mesmo permitida constitucionalmente a utilização de embriões para pesquisas no sentido de uma evolução médico-científica? Não que se concorde com o sacrifício de vidas em prol de outras, mas, diante da realidade e acatamento da decisão judicial, que seja, então, realmente uma possibilidade para a solução de muitos problemas.

Mas, ainda que não advenha tal solução, não tem o nascituro o direito de encontrar naturalmente o termo final de sua vida? Não tem ele o secular direito ao sepultamento? O direito de receber um nome, de ter existido? As mulheres têm o direito de ter filhos apenas se forem saudáveis e com expectativa de longevidade? Quem garante quanto tempo viverão filhos saudáveis? Não será possível encontrar muitos bebês que nasceram saudáveis no mesmo momento de nascimento de bebê anencélafo, mas que morreram antes destes por outros motivos?

Esses questionamentos vêm apenas no sentido de reafirmar que sendo o nascituro sujeito de direito, tais conflitos reclamam por delicada atenção requerendo meios hábeis para solucioná-los, meios justos, éticos, que legitimem muito claramente cada exceção, se o caso. Ainda que não se considere o que se expôs neste capítulo, acerca da proteção integral do nascituro e da prevalência de seus direitos, lembra-se de alguns princípios que são também designados como princípios instrumentais na solução de conflitos entre direitos, a exemplo, o princípio da supremacia constitucional, o princípio da igualdade e o próprio princípio da dignidade humana. Veja o princípio da proporcionalidade no caso de conflitos de dignidades, como leciona Luiz Antonio Rizzatto Nunes:

> É inexorável: no meio social, como decorrência da garantia da dignidade a todas as pessoas e tendo em vista a natural colisão de interesses e direitos, ocorrerá, no limite, o embate entre dignidades. O princípio instrumental da proporcionalidade aqui, que resolvemos intitular de segundo grau ou especial, possibilitará a solução. O intérprete operará da seguinte maneira. No exame do caso concreto ele verificará se algum direito ou princípio está em conflito com o da dignidade e este dirigirá o caminho para a solução, uma vez que a prevalência se dá pela dignidade. A proporcionalidade aí comparece para auxiliar na resolução, mas sempre guiada pela luz da dignidade. Se, todavia, no exame do caso, este revelar um claro e completo conflito de dignidades, então, nessa hipótese, aqueles elementos que compõem o princípio da proporcionalidade voltam inteiros para possibilitar a solução – difícil, é claro – do conflito.[39]

39. Luiz Antonio Rizzatto Nunes. *O princípio constitucional da dignidade da pessoa humana:* doutrina e jurisprudência. São Paulo: Ed. Saraiva, 2002, pp. 56, 57.

Daí concluir que a inviolabilidade do direito à vida incide desde a concepção trazendo consigo o reconhecimento da dignidade inerente também ao concepto, o que pode ensejar no surgimento de conflitos em casos muito especiais, os quais, apenas a peculiaridade de cada um deles evidenciará os elementos suficientes para solução mediante os instrumentos disponíveis no universo jurídico.

Mas, por fim, é preciso ressaltar que, em muitos casos, embora considerados como solução de conflitos, em verdade, trata-se de uma decisão, por quem tenha poder de decidir sobre qual direito prevalecerá, o que, na seara do biodireito, muitas vezes é decidir dar fim antecipadamente a uma vida. Mas, considere-se ainda que pode se tratar de muitas vidas, se a decisão tiver efeitos *erga omnes,* ou ainda, se tratar de uma decisão legislativa. Daí a maior responsabilidade do julgador e do legislador, intérpretes oficiais da Constituição e dos tratados internacionais de direitos humanos ratificados pelo Brasil.

5. Referências bibliográficas

BARCELLOS, Ana Paula de. *A eficácia jurídica dos princípios constitucionais:* o princípio da dignidade da pessoa humana. Rio de Janeiro: Renovar, 2002.

BASTOS, Celso. *Hermenêutica e interpretação constitucional.* 3. ed. São Paulo: Celso Bastos, 2002.

BOBBIO, Norberto. *A era dos direitos.* Trad. Carlos Nelson Coutinho. Rio de Janeiro: Campus, 1992.

BULOS, Uadi Lammêgo. *Curso de Direito Constitucional.* São Paulo: Ed. Saraiva, 2007.

CANOTILHO, José Joaquim Gomes. *Direito Constitucional e teoria da constituição.* Coimbra: Livraria Almedina Editor, 2001.

CHINELATO, Silmara J. A. *Tutela civil do nascituro.* São Paulo: Ed. Saraiva, 2000.

CHIMENTI, Ricardo Cunha; CAPEZ, Fernando; ROSA, Márcio F. Elias; SANTOS, Marisa F. *Curso de Direito Constitucional.* 3. ed. São Paulo: Ed. Saraiva, 2006.

COMPARATO, Fábio Konder. *A afirmação histórica dos direitos humanos.* 5. ed. São Paulo: Ed. Saraiva, 2007.

DINIZ, Maria Helena. *Curso de Direito Civil brasileiro.* Teoria geral do Direito Civil. 22. ed. ver. e atual. São Paulo: Ed. Saraiva, 2005.

________. *O estado atual do biodireito.* São Paulo: Ed. Saraiva, 2004.

GARCIA, Maria. *Desobediência civil, direito fundamental.* São Paulo: Revista dos Tribunais, 1994.

HOUAISS Dicionário da língua portuguesa (míni). 2. ed. Rio de Janeiro: Objetiva, 2004, p. 515.

LAFER, Celso. *A reconstrução dos direitos humanos:* um diálogo com pensamento de Hannah Arendt. São Paulo: Cia. das Letras, 1999.

MARTINS, Ives Gandra da Silva. *A vida dos direitos humanos:* bioética médica e jurídica. Porto Alegre: Sergio Antonio Fabris Editor, 1999.

________. *O direito à vida no Código Civil à luz da Constituição.* In: Princípios constitucionais de direito privado. *Revista Brasileira de Direito Constitucional* – RBDC n. 5, São Paulo: ESDC, 2005.

MEIRELLES, Jussara Maria Leal de. *A vida humana embrionária e sua proteção jurídica*. Rio de Janeiro/São Paulo: Renovar, 2000.

NUNES, Luiz Antonio Rizzatto. *O princípio constitucional da dignidade da pessoa humana:* doutrina e jurisprudência. São Paulo: Ed. Saraiva, 2002.

PIOVESAN, Flávia. Pobreza como violação de direitos humanos. In: A contemporaneidade dos direitos fundamentais. *Revista Brasileira de Direito Constitucional* – RBDC n. 4, São Paulo: ESDC, 2004.

RODRIGUES, Silvio. *Direito civil.* Parte geral. 34. ed. atual. de acordo como novo Código Civil. São Paulo: Ed. Saraiva, 2003. v. 1.

SANTOS, Maria Celeste Leite dos. *Imaculada concepção.* Nascendo *in vitro e* morrendo *in machina.* Aspectos históricos e bioéticos da proteção humana assistida no direito penal comparado. São Paulo: Acadêmica, 1993.

SARLET, Ingo Wolfgang. Algumas notas sobre a dimensão ecológica da dignidade da pessoa humana e sobre a dignidade da vida em geral. *Revista de Direito Público* – DPU n. 19 – jan./fev./2008 – assunto especial – doutrina. Porto Alegre: IOB, Brasília: Instituto Brasiliense de Direito Público.

SILVA, De Plácido e. *Vocabulário jurídico.* 14. ed. Rio de Janeiro: Forense, 1998.

SILVA, José Afonso da. *Curso de Direito Constitucional Positivo.* 19. ed. São Paulo: Malheiros Editores, 2000.

TAVARES, André Ramos. *Curso de Direito Constitucional.* 5. ed. São Paulo: Ed. Saraiva, 2007.

TRINDADE, Antônio Augusto Cançado. *Tratado de direito internacional dos direitos humanos.* Porto Alegre: Sergio Antonio Fabris Editor, 1999. v. II.

Capítulo

3

Vida humana: Abordagem sob o ponto de vista dos avanços científicos e da necessidade de adequação dos conceitos jurídicos tradicionais*

Zélia Maria Cardoso Montal**

> *"Essa vontade de saber o como e o porquê das coisas, sob a intenção de melhor dominar a natureza e, com ela, o destino, é o apanágio do mundo racional ocidental – ininterruptamente levado adiante na pesquisa de uma verdade que certamente nunca será atingida – mundo que procura combater a finitude humana, subordinando a natureza às suas necessidades e desejos."*[1]

Introdução

OS GRANDES avanços nos campos das ciências e da tecnologia estão a exigir uma nova conduta, um repensar sobre a ciência jurídica, reconhecendo a necessidade de serem criados novos instrumentos que lhe permitam acompanhar ou tentar acompanhar essas constantes inovações.

---

* Este capítulo contou com a colaboração de Amanda Cardoso Montal, médica residente do Hospital das Clínicas da Universidade de São Paulo (FMUSP).

** Especialista em Direito Processual Civil pela PUC-SP; especialista em Direito Constitucional com capacitação docente pela ESDC. Mestre em Direito das Relações Sociais, PUC-SP; membro do Ministério Público do Trabalho; professora Universitária, diretora da Associação Nacional dos Procuradores do Trabalho (ANTP), membro do Instituto Brasileiro de Direito Constitucional (IBDC).

1. Eduardo Oliveira Leite. In: Giselda Maria Fernandes Novaes Hironaka. Bioética e biodireito: revolução biotecnológica, perplexidade humana e prospectiva jurídica inquietante. Teresina: *Jus Navigandi*, 7, n. 66, jun. 2003. Disponível em: <http://jus2.uol.com.br/doutrina/texto.asp?id=4193>. Acesso em 02/06/2006.

O direito não deve permanecer alheio às constantes e múltiplas transformações do mundo, que ocorrem na atualidade. A mantença de um pensamento retrógrado parece inadmissível, não sendo possível que as sociedades conservem os olhos fechados para os acontecimentos da realidade em que se inserem, sob pena de pagarem um preço muito alto por essa desídia, pela omissão ou pelo apego exagerado às tradições. Sem desmerecer os argumentos daqueles que permanecem imunes aos progressos da ciência, quer-se crer que a legislação deva ser repensada e explícita, com destaque para as questões referentes à vida humana, de forma especial no que concerne ao seu início e ao início da personalidade humana, de modo a oferecer proteção jurídica mais eficaz.

Neste capítulo, apresentaremos, ainda que de maneira sucinta, algumas considerações a respeito da vida humana e, com base na reflexão de vários autores, será discutido o conceito de vida humana, em que momento esta se inicia, quando se dá o início da personalidade, e a necessidade de proteção legal para a vida humana. Serão abordadas a legislação existente, a doutrina e a jurisprudência a respeito da matéria, sublinhando-se a necessidade de os instrumentos jurídicos serem repensados, de sorte a conferirem integral proteção à vida humana, desde a concepção.

O tema é de difícil enfrentamento, uma vez que envolve questões de grande complexidade, concernentes à existência, à evolução e à preservação do ser humano, além de questionamentos de várias ordens: religiosos, morais, éticos, filosóficos, jurídicos, científicos, muitos deles com alto grau de subjetividade e que não podem ser dissociados do contexto temporal, histórico e cultural.

De tal maneira o assunto é complexo que nossa tarefa neste capítulo será, cientes que estamos dos avanços científicos e tecnológicos que envolvem diretamente a vida do ser humano, com repercussões diversas, do posicionamento da doutrina mais abalizada e da legislação internacional e nacional existentes, apresentar algumas reflexões e compartilhar as nossas dúvidas, que não são poucas.

O desenfreado desenvolvimento das ciências nas últimas décadas, de forma especial no campo da genética e da embriologia, tem suscitado polêmicas nos mais destacados campos do saber humano. Isso porque, se esses novos conhecimentos resultam em inegáveis benefícios para a humanidade, podem, também, se indevida e inescrupulosamente utilizados, redundar em consequências imprevisíveis, com riscos inquestionáveis para o homem e, por que não dizer, até para o futuro da humanidade.

Esses conhecimentos possibilitaram que o homem viesse a intervir na criação da vida, algo até então considerado tarefa adstrita ao plano do "divino". Assim, não é de estranhar a perplexidade com que esse tipo de notícia é recebida pela sociedade, mesmo porque a velocidade das conquistas científicas é tão grande que, mesmo antes de as novidades serem assimiladas, antes que se possa refletir a respeito, outras são anunciadas, deixando atônitos aqueles que delas tomam conhecimento.

A legislação que, necessariamente, deve resultar de longas reflexões, não tem acompanhado essa evolução sem limites e questões polêmicas – filosóficas, éticas e jurídicas –, decorrentes das novas técnicas de fertilização, da manipulação de embriões, da criopreservação, da utilização e do descarte de embriões excedentários, dentre outras, não têm encontrado instrumentos jurídicos adequados e satisfatórios, capazes de responder adequadamente a essa nova realidade. Sendo assim, justificam-se os questionamentos filosóficos, éticos e jurídicos sobre o tema. Filosóficos, porque é preciso repensar os conceitos e os valores do ser humano; éticos, porquanto a ética deve constituir o alicerce da conduta humana, sendo o elo entre o avanço e o limite, entre o progresso e o bom-senso; e jurídicos, porque cabe ao direito disciplinar e limitar, uma vez que, frente ao princípio da legalidade: "O que não é proibido é permitido".

Há, pois, urgência em enfrentar a luta pela criação de instrumentos jurídicos para proteção dos seres humanos, um conjunto de leis eficientes para conferir proteção adequada, mesmo que não sejam absolutos, contra eventuais consequências indesejáveis provenientes da utilização desses novos conhecimentos científicos, tomando como premissa a dignidade da pessoa humana.

Francisco Amaral,[2] ao analisar a necessidade de uma legislação específica, pondera que deve ser desenvolvido "um processo de reconstrução jurídica que, superando eventuais limitações dos conceitos e categorias modernos, elabore novos modelos, adequados à solução desses desafios, como paradigma da pós-modernidade, particularmente no campo do direito da vida".

1. Vida humana

Há muitas formas de vida na Terra. Os seres humanos representam uma dessas variadas formas de vida, sendo, no entanto, dotados de faculdades que os distinguem de todas as outras espécies de seres vivos. O homem possui consciência de si e do mundo que o cerca, capacidade para indagar e para refletir sobre si mesmo, para ponderar sobre o significado da vida, estando empenhado, desde sempre, na busca para desvendar os mistérios e significados fundamentais da existência – origem, nascimento, morte –, condição que o transforma em um ser vivo singular, inconfundível, único.

Formular um conceito adequado para definir o que é a vida humana, em toda a sua complexidade, é quase impossível, talvez porque esse significado ainda se encontre muito além da compreensão dos homens. Não obstante, torna-se indispensável para o desenvolvimento do tema apontar alguns conceitos, sobretudo porque, com a evolução das técnicas científicas que culminaram com a manipulação genética e com os novos procedimentos para a reprodução humana, a definição do que é vida humana e de quando ela se inicia é imprescindível para o estabelecimento de parâmetros éticos e regramentos legais visando à sua proteção.

O termo "vida" vem do latim *vita,* de *vivere* (existir, viver) e designa propriamente a força interna substancial que anima, ou dá ação própria aos seres organizados, revelando o estado de atividade destes. Vida, segundo um dos vários conceitos encontrados em *Vocabulário jurídico* de De Plácido e Silva, é o impulso ou o dinamismo que determina o desenvolvimento, o progresso de alguma coisa.[3]

2. Francisco Amaral. In: Giselda Maria Fernandes Novaes Hironaka, op. cit.
3. De Plácido e Silva. *Vocabulário jurídico.* 14. ed. Rio de Janeiro: Forense, 1988, p. 846.

O dicionário de filosofia registra o termo vida como a característica que têm certos fenômenos de se produzir ou regerem por si mesmos, ou a totalidade de tais fenômenos. Os fenômenos da vida têm sido caracterizados com base em sua capacidade de autoprodução, vale dizer, com base na espontaneidade com que os seres vivos se movem, se nutrem, crescem, se reproduzem e morrem, de um modo que, pelo menos aparente e relativamente, não depende das coisas externas.[4]

Para o Professor Elimar Szaniawski,[5] "as ciências buscam uma definição e dão ideias vagas de parcelas ou aspectos daquilo que se pode conceber que seja vida, mas o 'todo' pertence ao mundo da religião e da moral".

Antonio Chaves,[6] após algumas reflexões, conclui que: "vida é algo que oscila entre um interior e um exterior, entre uma 'alma' e um 'corpo'".

Para o direito, na análise de Maria Garcia,[7] "vida, com as conotações e especificidades da área propriamente jurídica, é um *bem* a ser protegido pela normação da conduta humana e, assim, a Constituição consagra a garantia à inviolabilidade do direito à vida (art. 5º, *caput*)".

Na verdade, a vida humana compõe-se de elementos materiais (físicos e psíquicos) e imateriais (espirituais). Ela constitui a fonte primária de todos os demais direitos fundamentais, os quais não existiriam na sua ausência, vale dizer, é pré-requisito para a existência dos demais direitos fundamentais. Seu conceito deve abranger o direito à dignidade humana, o direito à privacidade, o direito à integridade físico-corporal, o direito à integridade moral e, especialmente, o direito à existência.

Nessa perspectiva e em consonância com a legislação existente tanto no âmbito internacional como no âmbito interno, podemos asseverar que a vida humana consiste em um bem jurídico individual e social e que todo ser humano tem o direito inalienável de gozá-la e de desfrutá-la, incumbindo ao poder público assegurar as condições de uma existência digna.

1.1 Início da vida humana

Para fixar a partir de que momento os seres humanos terão direito à proteção legal, será necessário estabelecer quando se dá o início da vida humana. Várias teorias buscam fixar parâmetros para a determinação desse conceito. Cientistas de diferentes áreas definem o começo da vida humana a partir de algumas visões:

1.1.1 Visão genética

A vida humana tem início na fertilização, ou seja, no momento em que espermatozoide e o óvulo se encontram e combinam seus genes para formar um novo ser único, com um conjunto genético único.

4. Nicola Abagnano. *Dicionário de filosofia*. São Paulo: Ed. Martins Fontes, 2005.
5. Elimar Szaniawski. *Direitos de personalidade e sua tutela*. São Paulo: Revista dos Tribunais, 2005, p. 147.
6. Antonio Chaves. *Direito à vida e ao próprio corpo*. São Paulo: Revista dos Tribunais, 1986, p. 26.
7. Maria Garcia. *Limites da ciência:* a dignidade da pessoa humana, a ética da responsabilidade. São Paulo: Revista dos Tribunais, 2004, p. 162.

1.1.2 Visão embriológica

A vida começa na terceira semana de gravidez, quando é estabelecida a individualidade humana, pois, após a fecundação, o embrião ainda é capaz de se dividir e dar origem a duas ou mais pessoas; justifica-se, assim, o uso da pílula do dia seguinte.

1.1.3 Visão neurológica

A vida começa quando o feto apresentar atividade cerebral, aplicando-se o mesmo princípio utilizado para a definição de morte – que é o de morte encefálica –, ou seja, que a vida termina quando cessa a atividade elétrica no cérebro. Não há, contudo, unanimidade quanto ao momento em que tal fenômeno ocorre: alguns entendem que os sinais cerebrais estão presentes já na oitava semana de gestação, ao passo que outros consideram que isso somente acontece a partir da vigésima semana.

1.1.4 Visão ecológica

A capacidade de viver fora do útero é que faz do feto um ser independente e determina o início da vida. Sustentam seus adeptos que um bebê prematuro só se manterá vivo se tiver os pulmões prontos, o que acontece entre a vigésima e a vigésima quarta semana de gestação. Com base nesse critério, a Suprema Corte dos Estados Unidos autorizou o direito ao aborto.

1.1.5 Visão metabólica

Os defensores da ideia metabólica asseguram que a discussão sobre o começo da vida humana é irrelevante, de vez que não acreditam em um momento único, no qual a vida seja iniciada. Afirmam que o espermatozoide e o óvulo são tão vivos quanto qualquer pessoa e que o desenvolvimento do ser humano é um processo contínuo, sendo supérflua a fixação de um marco inicial para tanto.

1.1.6 Visão religiosa

As religiões também se empenham em esclarecer o tema e cada uma externa suas convicções.[8]

Para o catolicismo, a vida começa na concepção, quando o óvulo é fertilizado; nesse momento, forma-se um ser humano pleno e não um ser humano em potencial. O judaísmo considera que a vida tem início no quadragésimo dia da gestação, quando, acreditam, o feto começa a adquirir forma humana. Para o islamismo, o início da vida acontece quando a alma é soprada por Alá no feto, cerca de cento e vinte dias após a fecundação. O budismo entende que a vida é um processo contínuo e ininterrupto, não começa na união do óvulo com o espermatozoide, mas está presente em tudo o que existe. Para o hinduísmo, alma e matéria se encontram na fecundação, momento em que começa a vida e em que o embrião já deve ser tratado como ser humano.

---

8. Elisa Muto; Leandro Narloch. *O primeiro instante*. São Paulo: Editora Abril, *Revista Superinteressante*, n. 219, nov. 2005.

1.1.7 Visão jurídico-filosófica

Sob o ponto de vista jurídico, duas correntes principais tentam explicar quando o ser humano conta, ou deve contar, com integral proteção legal:

A teoria natalista – seus adeptos sustentam que somente após o nascimento com vida a proteção legal deve incidir.

A teoria concepcionista – seus defensores reconhecem a existência de direitos já a partir da concepção.

Não obstante as várias correntes, o desenvolvimento dos conhecimentos científicos permite que se possa estabelecer como início biológico e genético da vida humana o momento da fecundação, ou seja, quando o espermatozoide (célula reprodutiva masculina) liga-se ao óvulo (célula sexual feminina) e estes se combinam para formar uma célula nova, chamada célula ovo ou zigoto. Assim, quando ocorre a fecundação, surge uma nova vida, com constituição genética única.

No campo do pensamento filosófico, conforme explicita José Alfredo de Oliveira Baracho, tenta-se

> ... justificar conceitualmente e argumentar racionalmente as inquietações sobre a vida humana, com a indicação da linha de comportamento do homem na direção da atuação plena e da realização do bem. A filosofia, sem dar suas sugestões, faz interrogações sobre a vida humana, esforçando-se em tematizá-la em seu sentido e seu valor. (...) A reflexão filosófica tem uma contribuição decisiva à discussão bioética e biojurídica.[9]

Como assentado, o avanço cada vez mais rápido da ciência e da tecnologia, de forma muito especial no campo da biomedicina, justifica a preocupação constante dos cientistas levando-os a indagações sobre o ser humano e sobre quais os limites de licitude das intervenções técnico-científicas sobre a vida humana.

Diante desse manancial de informações sobre os avanços do conhecimento científico e da perplexidade sobre as possibilidades de os homens intervirem na vida humana, realidade sequer pensada há bem pouco tempo, questiona-se se o homem tem poder para intervir na vida humana e até que ponto. De que forma serão equacionadas as questões da dignidade da pessoa humana e dos direitos humanos? Qual o valor da vida nesse contexto?

Mais uma vez, são oportunos os ensinamentos do Professor José Alfredo Baracho, que enfatiza o importante papel da filosofia:

> A bioética e o biodireito apelam para a filosofia moral e para a filosofia do direito que vão dar os fundamentos do valor e do direito do ser vivo. (...) O esforço da filosofia é repensar e revisitar os conceitos já tematizados do pensamento tradicional propondo uma reanálise dos fatos relacionados à

9. José Alfredo de Oliveira Baracho. Vida humana e ciência: complexidade do estatuto epistemológico da bioética e do biodireito. Normas internacionais da bioética. Disponível em: <www.gontijo-familia.adv.br/tex024 htm>. Acesso em: 28/06/2006.

bioética e ao biodireito, em face dos avanços científicos e tecnológicos que resultam em intervenção no corpo e na vida do homem.[10]

Os novos conhecimentos permitem aos cientistas concluir que o processo da evolução do ser humano é contínuo, tendo início a partir da concepção, prosseguindo com o nascimento e com as demais fases posteriores a este. Parece não existir dúvida de que, a partir do momento em que o óvulo é fecundado, vale dizer, desde a concepção, surge uma nova vida, independente da existência de seus genitores. Portanto, desde a concepção tem-se um indivíduo da espécie humana em fase inicial de desenvolvimento, momento este que deve ser tomado como marco inicial para a incidência da proteção jurídica dispensada ao ser humano. Mário Bigotte Chorão,[11] atento a essa realidade, assevera que:

> ... partindo dos dados científicos da Embriologia, cada vez mais numerosos e precisos, e lançando mão do indispensável exercício da razão metafísica, encontramos, a partir do zigoto, com uma realidade nova e irredutível, a que é difícil não reconhecer a identidade e dignidade pessoais: o ser concebido é alguém e não apenas uma coisa.

O professor espanhol Gregorio Robles registra importante reflexão quanto ao valor do ser humano em qualquer fase do seu desenvolvimento biológico, confira-se:

> Todo ser humano, independentemente de suas características físicas e psíquicas, do momento de sua formação biológica, de suas crenças e de sua conduta, é um valor em si mesmo que, portanto, não pode ser usado nem instrumentalizado, transformando-se em objeto ou meio.[12]

No mesmo sentido posiciona-se Elimar Szaniawski:

> O primeiro ponto a ser definido diz respeito ao direito de toda pessoa que foi concebida de ter o direito de nascer e de não ter impedido o desenvolvimento de sua vida, a fim de alcançar o seu desenvolvimento pessoal, espiritual e material. Para tanto, será necessária sua proteção do momento da concepção até sua morte.[13]

Interessante anotar que, mais recentemente,[14] os especialistas em bioética, Alan Wertheimer e Ezekiel Emanuel, argumentaram em defesa de um princípio ético denominado "princípio do ciclo de vida", consoante o qual as pessoas devem ter o direito de experimentar todas as fases da vida.

---

10. Idem, ibidem.
11. Mário Bigotte Chorão. Ética, direito e reprodução humana assistida. In: Maria Helena Diniz e Roberto Senise Lisboa (Coord.). *O direito civil no século XXI*. São Paulo: Ed. Saraiva, 2003, pp. 55-72.
12. Gregorio Robles. *Os direitos fundamentais e a ética na sociedade atual.* 1. ed. Trad. Roberto Barbosa Alves. São Paulo: Manole, 2005.
13. Elimar Szaniawski, op. cit., p. 145.
14. Disponível em: <http://www.news-medical.net/news/2006/05/16/17980.aspx>. Acesso em: 08/06/2006.

Dessa forma, parece-nos correto mais uma vez afirmar que a vida humana tem início a partir do momento da concepção, momento este que deve ser adotado como parâmetro para a incidência da proteção legal.

2. Proteção legal

O direito à vida, como anteriormente mencionado, é considerado como o mais fundamental de todos os direitos do ser humano, porque constitui pré-requisito para a existência e para o exercício de todos os demais atos que dele decorrem. Ao Estado, cabe assegurar o direito à vida, mas não somente o direito à vida conceituada como mera existência, cabe àquele também garantir os meios para alcançar o direito a uma vida digna.

As legislações de um modo geral sempre buscaram proteger a vida como o bem mais precioso do ser humano, cada povo à sua maneira e dentro do seu contexto histórico e cultural. Somente após a 2ª Grande Guerra, quando houve uma nova perspectiva para os direitos fundamentais, os documentos internacionais começaram a mencionar além do direito à vida o direito a uma vida digna. A Declaração Universal dos Direitos Humanos, da Organização das Nações Unidas (ONU), de 1948, foi o primeiro documento a mencionar a dignidade humana e, já no seu art. 1º, preceitua: "*Todas as pessoas nascem livres e iguais em dignidade e direitos.* São dotados de razão e consciência e devem agir em relação umas às outras com espírito de fraternidade" (grifo do autor). No Art. 3º, estabelece: "*Toda pessoa tem direito à vida, à liberdade e à segurança pessoal*" (grifo do autor).

Também em âmbito internacional, a Convenção Americana sobre Direitos Humanos – Pacto de San José da Costa Rica, de 22/11/1969, ratificada pelo Brasil através do Decreto nº 678, de 06/11/1992, conservando esse mesmo espírito de proteção integral à vida humana, dispõe, já no art. 1º (2): "Para os efeitos desta Convenção, *pessoa é todo ser humano*" (grifo do autor). O art. 3º pontifica: "*Toda pessoa tem direito ao reconhecimento de sua personalidade jurídica*" (grifo do autor). O art. 4º (1) preconiza o respeito à vida humana desde a concepção, como se vê: "*Toda pessoa tem direito de que se respeite sua vida. Esse direito deve ser protegido pela lei e, em geral, desde o momento da concepção. Ninguém pode ser privado da vida arbitrariamente*" (grifo do autor). O art. 5º (1) do mesmo documento internacional menciona o respeito à integridade física, apresentando a seguinte redação: "Toda pessoa tem o direito a que se respeite sua integridade física, psíquica e moral".

No plano interno, a Constituição Federal Brasileira elege como um dos fundamentos da República Federativa do Brasil *a dignidade da pessoa humana*, como se verifica em seu art. 1º, "*A República Federativa do Brasil, formada pela união indissolúvel dos Estados e Municípios e do Distrito Federal, constitui-se em Estado Democrático de Direito e tem como fundamentos*", e no inciso III, "*a dignidade da pessoa humana*".

Logo a seguir, preceitua no art. 5º, *caput*, que todos são iguais perante a lei, garantindo a inviolabilidade do direito à vida: "*Todos são iguais perante a lei, sem distinção de qualquer natureza, garantindo-se aos brasileiros e aos estrangeiros residentes no País a inviolabilidade do direito à vida, à liberdade, à igualdade, à segurança e à propriedade, nos termos seguintes*".

Do exame da legislação internacional, cujos parâmetros são adotados pela Lei Maior brasileira, verifica-se a grande preocupação em assegurar a inviolabilidade do direito à vida e à vida com dignidade, da forma mais ampla possível. Assim, parece-nos inconcebível, pela diretriz traçada pela Constituição brasileira, e em atenção à boa técnica de interpretação constitucional, opor qualquer restrição ao direito à vida, para afirmar que só alcança o ser humano após o nascimento. Ademais, além de todo esse arcabouço de proteção internacional e constitucional, podemos argumentar também com a legislação infraconstitucional, a qual privilegia o direito à vida mesmo antes do nascimento.

A título de exemplo, pode-se citar o Código Penal Brasileiro, que reprime os crimes contra a vida, a partir do art. 121, punindo o aborto (arts. 124 a 127), e protegendo também o nascituro do perigo de contágio venéreo e de maus-tratos à gestante (arts. 130 e 136). O Código Civil, que no art. 2º preceitua: "*A personalidade civil da pessoa começa com o nascimento com vida; mas a lei põe a salvo desde a concepção, os direitos do nascituro*", e cuja leitura deve ser efetuada em consonância com o estabelecido no art. 5º, *caput*, da Constituição Federal.

Menciona-se também a Consolidação das Leis Trabalhistas (CLT), em que se encontra presente a preocupação com a gestante. O Estatuto da Criança e do Adolescente, que em vários de seus dispositivos estabelece proteção à criança, a qual deverá incidir desde o nascimento, e prosseguir em todas as fases posteriores, possibilitando um desenvolvimento sadio e harmonioso, em condições dignas de existência.

3. Aspectos filosóficos e jurídicos

O direito à vida humana e à sua integral proteção tem sido constante preocupação de intelectuais e pensadores contemporâneos de todas as áreas do conhecimento, levando-os a indagações sobre o ser humano e sobre quais os limites de licitude das intervenções técnicas e científicas sobre o homem e sobre a vida humana. A esse respeito, todos são unânimes em reconhecer que o direito à vida é um direito fundamental, preexistente aos demais e o mais importante de todos os direitos conferidos à pessoa humana, sendo mister sua proteção absoluta, tomando como premissa sua dignidade.

A reflexão filosófica é importante nesse contexto, consoante se ressaltou precedentemente. A propósito, citamos, uma vez mais, José Alfredo de Oliveira Baracho, que insiste na necessidade de se "repensar e revisitar" as concepções do pensamento tradicional acerca da vida humana e no fato de que o uso das novas técnicas está indubitavelmente assentado na noção de pessoa e em interrogações filosóficas:

> ... pode o homem dispor livre e arbitrariamente da vida ou a vida é um bem indisponível? Quando a vida deve ser vista e respeitada e passa a merecer a tutela? Qual o fundamento da dignidade moral e da titularidade de direito

> do ser vivo? Quais as características do ser humano, da vida humana, da vida em geral e qual o sentido do valor do nascer e do morrer?[15]

E conclui ser:

> ... ponto nodal o esforço teorético especulativo da filosofia na bioética e no biodireito, que revela o ponto significativo da estreita inter-relação entre teoria e prática, para a revisitação do conceito de pessoa. Para evitar o abuso indiscriminado na bioética e no biodireito, torna-se necessária uma rigorosa análise, sobre o plano filosófico que explica e tematiza o significado do termo e a aplicabilidade do mesmo à realidade concreta, para justificação da validade axiológica normativa sobre o plano ético e jurídico.[16]

Busca-se o conceito, a individualização e a essência do ser humano nestes novos tempos.

No contexto jurídico, essa luta, que se desenvolve não somente em âmbito interno, mas também no nível internacional, centra-se na conquista da garantia e da proteção, mediante a criação de legislações, do direito inalienável à vida. Tais garantias, entretanto, não se têm mostrado suficientes por várias razões, entre as quais se destaca o desenfreado avanço das novas tecnologias, as quais o direito não dá conta de acompanhar, mesmo porque há enorme dificuldade em produzir normas concernentes a temas com alto grau de complexidade e subjetividade, referentes a valores fundamentais do ser humano. Todo esse intrincado contexto justifica o reconhecido descompasso entre os sobreditos avanços e a legislação – ainda precária para atender aos anseios de proteção da vida humana.

É certo que a bioética tem se esforçado no sentido de apontar caminhos; o biodireito também tem procurado dar sua contribuição objetivando dotar o ser humano, desde a fase inicial de sua existência, de proteção legal efetiva e eficaz de forma a assegurar não somente o direito à vida mas a uma vida digna, sem que se perca de vista o princípio da prioridade da pessoa humana sobre os interesses da ciência.

Pondera-se que as inovações tecnológicas e científicas visam precipuamente e em última análise ao bem-estar do ser humano e à melhoria de sua condição de vida; todavia, a aplicação desses novos conhecimentos só fará sentido enquanto não atentar contra a vida, a dignidade, a incolumidade e a integridade do ser humano, desde o início de seu desenvolvimento.

Por fim, as palavras do filósofo Sérgio Quinzio,[17] ao ponderar a respeito do progresso desenfreado: "Diminuída a fé de quem vê no desenvolvimento das ciências e da técnica uma espécie de espada de Apolo, capaz tanto de ferir quanto de curar".

---

15. José Alfredo de Oliveira Baracho, op. cit.
16. Idem, ibidem.
17. Sérgio Quinzio apud Norberto Bobbio. *O elogio da serenidade e outros escritos morais*. Trad. Marco Aurélio Nogueira. São Paulo: Editora Unesp, 2002, p. 200.

4. O embrião humano: breve reflexão

> *A dignidade da pessoa, o livre desenvolvimento de sua personalidade e a proibição de tratamentos desumanos e degradantes têm tido repercussão em vários direitos fundamentais que são afetados pelas Ciências Biomédicas, inclusive no que se refere ao direito à integridade física e moral. Temas específicos como a procriação, a liberdade ideológica e a objeção de consciência são apresentados em suas relações com as práticas e investigações biomédicas.*[18]

O tema referente ao embrião humano tem sido o centro de várias discussões e polêmicas. Assistimos a calorosos debates em âmbito nacional, quando da tramitação, discussão, votação e posterior sanção da Lei de Biossegurança, Lei nº 11.105, de 24/03/2005 que, no art. 5º, incisos I e II, §§ 1º ao 3º, trata da utilização de células-tronco embrionárias obtidas a partir de embriões humanos.[19] De um lado, aqueles que se empenhavam na aprovação da lei por entender que constituiria instrumento imprescindível para a realização de pesquisas voltadas para a cura de diversas doenças e, de outro lado, aqueles que defendiam o entendimento de que o embrião humano não é apenas uma possibilidade de vida, mas, sim, um ser humano no início de seu desenvolvimento, não podendo, de forma alguma, ser objeto de experimentos científicos, estes considerados ética e juridicamente condenáveis, nesse caso. Os debates centravam-se, principalmente, na natureza do embrião humano, se este seria uma pessoa na sua integralidade; se constituiria um ser humano em potencial; se seria somente formado por um grupo de células indiferenciadas; se o embrião humano produto de fecundação artificial *in vitro* seria semelhante ou igual ao ser humano. Por ocasião do julgamento da Ação Direta de Inconstitucionalidade, ADIn nº 3510-0, que questionava a constitucionalidade de dispositivos da referida Lei de Biossegurança,[20] houve também grande debate nacional sobre o tema, inclusive com a realização de audiência pública no Supremo Tribunal Federal.

---

18. José Alfredo de Oliveira Baracho, op. cit..

19. *Art. 5º. É permitida, para fins de pesquisa e terapia, a utilização de células-tronco embrionárias obtidas de embriões humanos produzidos por fertilização in vitro e não utilizados no respectivo procedimento, atendidas as seguintes condições.*
I – sejam embriões inviáveis; ou
II – sejam embriões congelados há 3 (três) anos ou mais, na data da publicação desta Lei, ou que, já congelados na data da publicação desta Lei, depois de completarem 3 (três) anos, contados a partir da data de congelamento.
§ 1º Em qualquer caso, é necessário o consentimento dos genitores.
§ 2º Instituições de pesquisa e serviços de saúde que realizem pesquisa ou terapia com células-tronco embrionárias humanas deverão submeter seus projetos à apreciação e aprovação dos respectivos comitês de ética em pesquisa.
§ 3º É vedada a comercialização do material biológico a que se refere este art. e sua prática implica o crime tipificado no art. 15 da Lei nº 9.434, de 04/02/1997.

20. Após muita discussão e debates, inclusive com a realização de audiência pública em que foram ouvidos cientistas, religiosos, juristas, pró e contra a liberação de pesquisa com embriões humanos, o Supremo Tribunal Federal, em conclusão, julgou improcedente pedido formulado em ação direta de inconstitucionalidade (ADIn nº 3510-0) proposta pelo Procurador-Geral da República contra o art. 5º da Lei Federal nº 11.105/2005 (Lei de Biossegurança), que permite, para fins de pesquisa e terapia, a utilização de células-tronco embrionárias obtidas de embriões humanos produzidos por fertilização *in vitro* e não usados no respectivo procedimento, e estabeleceu condições para essa utilização.

O Conselho Nacional de Ética para as Ciências da Vida, sediado na cidade de Lisboa, em Portugal, ao emitir parecer sobre experimentos realizados com o embrião humano, concluiu que:

> ... a vida humana merece respeito, qualquer que seja o seu estágio ou fase, devido à sua dignidade essencial. O embrião é, em qualquer fase e desde o início, o suporte físico e biológico indispensável ao desenvolvimento da pessoa humana, e nele antecipamos aquilo que há de vir a ser: não há, pois, razões que nos levem a estabelecer uma escala a respeito[21].

Na busca de uma definição para o embrião humano, constata-se que também no plano Internacional não há unanimidade de conceituação, como se colhe dos comentários de Paula Martinho da Silva,[22] jurista portuguesa, sobre a legislação europeia: "Óvulo humano fertilizado susceptível de desenvolvimento, desde sua fusão nuclear" (lei alemã). "Uma célula ou complexo de células com capacidade de se desenvolver no ser humano" (legislação holandesa). "Quando a fertilização está completa – assim considerada quando do surgimento de um zigoto de duas células" (legislação inglesa). A legislação espanhola faz distinção entre pré-embrião (desde a fecundação até o décimo quarto dia), embrião (do décimo quinto dia até três meses) e feto (dali em diante), distinção essa que não se adota neste capítulo. Isso porque, consoante, com muita propriedade, assinalou Maria Celeste Santos:

> A palavra pré-embrião é assim deliberadamente criada, revelando uma demanda utilitarista, e servindo de argumentação para reduzir o ponto afetivo crucial de que existe desde os primeiros instantes da fecundação vida (e vida humana!). Aparentando uma simples descrição, o vocábulo facilita a aceitação popular e científica de manipulações, intervenções eugênicas e até mesmo destruições. A vida humana passa a ser um mero conceito operacional.[23]

Embora sejam apontados vários estágios do desenvolvimento inicial do ser humano, com terminologia apropriada para cada um deles, limitamo-nos, no presente capítulo, à utilização da expressão embrião humano para significar o ser humano nos primeiros estágios de desenvolvimento, reafirmando nosso entendimento de que a proteção legal deve incidir desde então.

A propósito, assinala Maria Helena Diniz:

> A fetologia e as modernas técnicas da medicina comprovam que a vida inicia-se no ato da concepção, ou seja, de fecundação do óvulo pelo espermatozoide, dentro ou fora do útero. A partir daí tudo é transformação

21. Disponível em: <http://www.news-medical.net/news/2006/05/16/17980.aspx>. Acesso em: 08/06/2006.
22. Paula Martinho da Silva. Perspectivas jurídicas portuguesas e europeias sobre a reprodução assistida. *Bioética, 11* (2):129-138, 2003. Apresentado em Simpósio Especial - II Encontro Luso-Brasileiro de Bioética, Brasília, 31/10/2001.
23. Maria Celeste Cordeiro Leite Santos. *Imaculada concepção:* nascendo *in vitro* e morrendo *in machina*. São Paulo: Acadêmica, 1993, p. 80.

> morfológico-temporal, que passará pelo nascimento e alcançará a morte sem que haja qualquer alteração do código genético, que é singular, tornando a vida humana irrepetível e, com isso, cada ser humano único. Jérônome Lejeune, geneticista francês e autoridade mundial em biologia genética asseverou: "Não quero repetir o óbvio mas, na verdade, a vida começa na fecundação. Quando os 23 cromossomos masculinos se encontram com os 23 cromossomos da mulher, todos os dados genéticos que definem o novo ser humano já estão presentes. A fecundação é o marco do início da vida. Daí para frente, qualquer método artificial para destruí-la é um assassinato".[24]

A ideia de proporcionar proteção ao ser humano mesmo antes do nascimento não é nova. Veja-se que desde a antiguidade essa preocupação já se fazia sentir nos textos escritos, como se percebe pelo teor do art. 209 do Código de Hamurabi: "Se alguém bate numa mulher livre e a faz abortar, deverá pagar dez siclos *pelo feto*" (grifo do autor).

O direito romano também já cuidava do tema, como assinalado por Maria Celeste C. L. Santos: "No direito romano, a execução da mulher grávida condenada à morte era adiada para que ela pudesse dar à luz. Negar a existência de sujeito na relação jurídica, ou negar realidade ao ser concebido, como titular de direito, é fugir do real".[25]

Nesse sentido é que se requer, no âmbito interno, uma legislação específica acerca do embrião humano, a exemplo da que já existe em vários países da Europa (Alemanha, Reino Unido e França), algumas até de abrangência internacional.

É certo que a Lei nº 11.105/2005, Lei de Biossegurança, que teve a constitucionalidade de alguns de seus dispositivos, como se referiu, questionada perante o Supremo Tribunal Federal, tentou traçar alguns parâmetros. A Lei de Transplante de Órgãos, Lei nº 9.434, de 04/02/1997, por sua vez, procurou oferecer certo balizamento. O Conselho Federal de Medicina, através da Resolução nº 1358/92, e em face da inexistência de normatização mais específica, estabeleceu algumas normas éticas para a utilização das técnicas de reprodução assistida, com vistas a nortear a conduta dos profissionais da área no exercício de sua profissão.

Entretanto, temos a compreensão de que, apesar dos questionamentos de várias ordens a respeito de tais normas, os resultados são ainda insuficientes para oferecer solução para esse complexo problema.

Não se pode desconsiderar que os conhecimentos científicos e tecnológicos que culminaram com as técnicas de reprodução humana assistida, muito embora tivessem por impulso inicial resolver os problemas de infertilidade e atender aos lídimos anseios de casais de ter seus próprios filhos (direito de procriação, direito de ter descendentes), evoluíram para novas experimentações e pesquisas, condenáveis, dos pontos de vista ético e jurídico. Na media em que passaram a envolver o congelamento de embriões, a

24. Maria Helena Diniz. *O estado atual do biodireito*. São Paulo: Ed. Saraiva, p. 26.
25. Maria Celeste Cordeiro Leite Santos, op. cit., p. 201.

manipulação de embriões, o descarte de embriões excedentários, acarretaram questões que reclamam regulamentação apropriada, uma vez que a legislação existente não é suficiente para atender à extensa gama de novos problemas daí originados e cuja abordagem refoge dos estreitos limites deste capítulo.

Após essas considerações a respeito da vida humana, do início da vida humana, e de sucinto enfoque sobre o embrião humano, julgamos pertinente incluir uma breve reflexão acerca da necessidade de ser repensada a questão da personalidade e de seu início, porque acreditamos ser inaceitável que se fique alheio ao desenvolvimento da sociedade, aos avanços do conhecimento científico que alteraram substancialmente o conceito de início de vida. O conceito de personalidade deve acompanhar tal evolução, de sorte a conferir direitos ao ser humano a partir do momento inicial de sua existência, vale dizer, desde a concepção.

Nesse sentido, é obrigatória a transcrição das palavras de Elimar Szaniawski:

> O direito à vida funde-se com a própria personalidade, vinculando-se à mesma, uma vez que sem vida não haverá personalidade. Personalidade, vida e dignidade são figuras intimamente ligadas e inseparáveis (...) Sem vida, não há pessoa, não se constituem direitos de personalidade (...) o direito à vida existe em qualquer ente humano, independentemente de seu nascimento (...) ou do lugar onde está vivendo, quer entre nós, quer no ventre materno, quer em tubo de ensaio, são todos seres humanos vivos, portadores de personalidade e com direito à vida.[26]

5. Os direitos de personalidade

Parece-nos oportuno, tendo em vista a temática tratada, fazer uma pequena abordagem no que concerne aos direitos de personalidade, pois, assentado que a vida humana tem início a partir da concepção, é justo que se reconheça o concepto como possuidor de personalidade, até mesmo para que tenha reconhecidos os seus direitos.

O conceito de personalidade tem origem na palavra grega *persona*, cujo significado vincula-se às máscaras dos intérpretes do teatro grego. *Exatamente por isso se tem que cada um desempenha papéis diferentes na vida.*

Na área do direito, temos que os seres humanos são dotados de atributos que lhes conferem personalidade. Verifique-se que para os positivistas, a personalidade decorre do ordenamento jurídico; já os *jus*naturalistas defendem como inatos os direitos de personalidade, como inerentes ao ser humano, independente de positivação.

Os direitos de personalidade ganharam destaque após a 2ª Guerra Mundial, com a Declaração Universal dos Direitos Humanos, e devem ser relacionados à tutela da pessoa humana, essencialmente no que respeita à sua integridade e dignidade. A partir daí, o respeito à dignidade passou a ser a tônica dos sistemas constitucionais.

26. Elimar Szaniawski, op. cit., p. 146.

Os direitos de personalidade constituem o mínimo imprescindível para que o ser humano possa desenvolver-se com dignidade. Tais direitos devem ser observados e respeitados por todos: são direitos extrapatrimoniais – não se reduzem à avaliação econômica; intransmissíveis – não se transmite nem *causa mortis*, porque inerentes à pessoa; imprescritíveis – o exercício do direito pode dar-se a qualquer momento; indisponíveis – nem o titular pode privar-se dos seus direitos de personalidade, porque estão acima da intransmissibilidade e da inalienabilidade, não podendo ser expropriados; vitalícios – integrados à vida do titular enquanto este existir, sendo que alguns produzem efeitos *post mortem*; e necessários – não se admite a ausência de qualquer deles, são necessários para o desenvolvimento da própria vida, são imprescindíveis.[27]

Clóvis Beviláqua define pessoa como "o ser a que se atribuem direitos e obrigações" e personalidade como:

> ... aptidão reconhecida pela ordem jurídica para exercer direitos e obrigações (...) A personalidade jurídica é mais do que um processo superior de atividade psíquica; é uma criação social, exigida pela necessidade de pôr em movimento o aparelho jurídico e, que, portanto, é modelada pela ordem jurídica.[28]

5.1 Início da personalidade

No plano internacional, o Pacto de San José da Costa Rica, Tratado Internacional das Américas de Proteção dos Direitos Fundamentais, ao qual o Brasil aderiu, dispõe em seu art. 4º que a vida começa na concepção. O art. 2º do mesmo documento internacional estabelece que pessoa é todo ser humano, e o art. 3º preceitua que toda pessoa tem direito ao reconhecimento de sua personalidade, conforme colocado em linhas pretéritas.

A Constituição Federal Brasileira assegura, no elenco dos direitos fundamentais, a inviolabilidade do direito à vida. No âmbito infraconstitucional, o Código Civil Brasileiro estabelece no art. 1º que: "*Toda pessoa é capaz de direitos e deveres na ordem civil.*" No art. 2º, o Código preceitua: "*A personalidade civil da pessoa começa do nascimento com vida, mas a lei põe a salvo desde a concepção os direitos do nascituro.*"

Como se vê, o Código Civil refere-se a "nascituro", ou seja, ao que está para nascer, e não parece limitar o direito àqueles que estão no "ventre materno". Mesmo porque uma interpretação sistemática conduz a conclusão diversa. De fato, o próprio Código, na parte relativa à Família e às Sucessões, admite a possibilidade de utilização da inseminação artificial homóloga e heteróloga e a utilização de embriões excedentários decorrentes de concepção artificial homóloga, reconhecendo direitos dos filhos (art. 1.597, incisos III, IV, V). Na ordem da vocação hereditária (art. 1.798) e nos arts. 1.799 e 1.952 contempla a prole futura, e o art. 1.779 prevê a curatela do nascituro.

---

27. Renan Lotufo. *Código Civil comentado*. São Paulo: Ed. Saraiva, 2003, p. 13.
28. Clóvis Beviláqua. *Teoria geral de Direito Civil*. 3. ed. rev. e atual. por Caio Mário da Silva Pereira. Rio de Janeiro: Editora Rio, 1980, pp. 70-72.

De outra parte, a Constituição Federal estabelece princípios: o art. 5º, *caput*, garante a inviolabilidade do direito à vida, à liberdade, à igualdade, à segurança; o art. 5º, inciso X, assegura a inviolabilidade da intimidade e da vida privada; o art. 1º, inciso III, elege como fundamento da República Federativa do Brasil a dignidade da pessoa humana; o art. 4º, inciso II, assegura a prevalência dos direitos humanos. Esses, dentre outros princípios contemplados na Carta Constitucional, devem ser observados não somente na elaboração mas também na interpretação da legislação que envolve temas como: o direito do embrião se desenvolver, o direito à vida, o início da vida, dentre outras questões. Conforme referido por Renan Lotufo, Pierangelo Catalano, professor da Universidade de Roma, defende a aplicação do princípio da igualdade entre o nascido e o nascituro e afirma que a paridade entre eles não é obra de ficção, mas se trata de constatação pelo intérprete da norma.[29]

A polêmica quanto à personalidade humana reside, de fato, no estabelecimento de seu início, a respeito do que muitas ideias e concepções são defendidas. No direito romano, por exemplo, admitia-se que o início da personalidade coincidia com o nascimento com vida: acreditava-se que o feto fazia parte do corpo da mulher, como as vísceras.

As principais teorias que tentam explicar o início da personalidade serão a seguir resumidas.

5.1.1 Teoria natalista

Os adeptos dessa teoria advogam que a aquisição da personalidade opera-se a partir do nascimento com vida e que, não sendo pessoa, o nascituro tem mera expectativa de direito. Posição defendida por Pontes de Miranda, Orlando Gomes, Agostinho Alvim, Vicente Ráo.

5.1.2 Teoria da personalidade condicional

Para os seus defensores, o nascituro possui direitos sob condição suspensiva. A personalidade surge em sua plenitude com o nascimento com vida e se extingue no caso de não chegar o feto a viver. São seus adeptos, entre outros, Arnoldo Wald e Miguel Maria de Serpa Lopes.

5.1.3 Teoria concepcionista

Para os juristas adeptos dessa teoria, o nascituro adquire personalidade jurídica desde a concepção, sendo, assim, considerado pessoa. É a posição defendida por Teixeira de Freitas, Rubens Limongi França, Francisco Amaral Santos e Silmara J. A. Chinelato e Almeida.

Elimar Szaniawski, não obstante vozes em sentido contrário, entende que o Código Civil Brasileiro adota a teoria concepcionista, como se vê:

29. Renan Lotufo, op. cit., p. 123.

> O sistema do Direito Civil brasileiro revela que os codificadores filiaram-se à teoria concepcionista, segundo a qual o concepturo, o embrião e o nascituro, são, desde a fecundação, um ser humano individualizado, distinto da mãe, possuidor de autonomia genético-biológica, tratando-se de um ser humano em desenvolvimento, sendo, por isto, uma pessoa e sujeito de direitos. Desta maneira, não encontramos dificuldade em afirmar que o embrião e o nascituro, desde a concepção, constituem-se em um ser dotado de uma estrutura e de uma dinâmica humana autônomas, possuindo existência distinta da de sua mãe, constituindo-se em uma *spes personae*.[30]

Maria Helena Diniz,a propósito do tema personalidade, registra uma distinção entre personalidade jurídica formal e personalidade jurídica material e sustenta que o nascituro é possuidor de personalidade jurídica formal:

> Poder-se-ia até mesmo afirmar que na vida intrauterina tem o nascituro e na vida extrauterina tem o embrião, concebido *in vitro*, personalidade jurídica formal, no que atina aos direitos personalíssimos, ou melhor, aos direitos da personalidade, visto ter carga genética diferenciada desde a concepção, seja ela *in vitro* ou *in vivo*, passando a ter personalidade jurídica material, alcançando os direitos patrimoniais que se encontravam em estado potencial, somente com o nascimento com vida.[31]

Silmara Chinelato, uma das grandes defensoras da teoria concepcionista, entende que a legislação deveria explicitar que o início da personalidade civil se dá com a concepção, avaliando que:

> ... juridicamente, entram em perplexidade total aqueles que tentam afirmar a impossibilidade de atribuir capacidade ao nascituro "por este não ser pessoa". A legislação de todos os povos civilizados é a primeira a desmenti-lo. Não há nação que se preze (até a China) onde não se reconheça a necessidade de proteger os direitos do nascituro (Código chinês, art. 1º). Ora, quem diz direitos afirma capacidade. Quem afirma capacidade reconhece personalidade.[32]

Renan Lotufo, atento aos novos conhecimentos científicos e tecnológicos e consciente de que o ordenamento jurídico não pode ficar alheio á evolução, salienta: "... em tempos atuais, com recursos da ciência que permitem a identificação da carga genética do embrião e inclusive a realização de cirurgias intrauterinas, cresce a tendência em se proteger o nascituro e seus direitos desde a concepção".[33]

30. Elimar Szaniawski, op. cit., p. 66.
31. Maria Helena Diniz. Direito Civil Brasileiro. Vol. I, 19. ed. São Paulo: Ed. Saraiva, 2002.
32. Silmara Chinelato. *Tutela civil do nascituro*. São Paulo: Ed. Saraiva, 2000, p. 160.
33. Renan Lotufo, op. cit., p. 13.

Como se vê, não há unanimidade a respeito do tema e há posicionamentos respeitáveis em todos os sentidos. Entretanto, não pode ser olvidado que a evolução científica reclama que o direito também se atualize de modo a acompanhar os avanços no campo da ciência e da tecnologia. Além do mais, uma interpretação sistemática da legislação existente a respeito do tema, especialmente no que concerne à normativa internacional e também no âmbito constitucional interno, encaminha para uma solução no sentido de se conferir direito de personalidade jurídica ao nascituro desde o momento da concepção.

De fato, o Pacto de San José da Costa Rica, ratificado pelo Brasil e que, portanto, está incorporado à legislação pátria (cf. art. 5º, §§ 2º e 3º, da CF), como já explicitado, estabelece que todo ser humano é pessoa e que toda pessoa tem direito ao reconhecimento de sua personalidade jurídica, e preconiza a proteção do direito à vida desde a concepção.

De outra parte, a Constituição Federal Brasileira garante o direito à vida como direito fundamental, sem estabelecer a partir de qual momento essa proteção incide. Não se concebe, pois, que a norma infraconstitucional restrinja o direito à personalidade a partir da concepção.

Por derradeiro, refletimos com os ensinamentos de Elimar Szaniawski, a que já se fez referência: "... qualquer ente humano, independentemente de seu nascimento (...) ou do lugar onde está vivendo, quer entre nós, quer no ventre materno, quer em tubo de ensaio, são todos seres humanos vivos, portadores de personalidade e com direito à vida".[34]

6. Considerações finais

O tema proposto, consoante foi enfatizado, é muito complexo e de difícil abordagem porque abrange várias áreas do conhecimento humano e, mais, porque incorpora, em seu âmago, valores éticos, morais, convicções religiosas e filosóficas; envolve posturas que traduzem grande carga de subjetividade, esta justificada porquanto se trata do bem mais precioso do homem: a vida, o direito à vida, o direito de nascer, o direito a uma vida digna.

É certo que a legislação não consegue efetivamente acompanhar os avanços tecnológicos e científicos e a ausência de instrumentos jurídicos causa preocupação – "O que não é proibido é permitido" –, sendo necessário um regramento da conduta humana para evitar o cometimento de abusos que poderiam resultar em grandes e graves prejuízos para a própria continuidade da vida humana.

O embrião humano, enquanto se reconheça tratar-se de um ser vivo único, autônomo, que tem vida própria, independente de seus genitores, deve ser respeitado como tal e ter resguardados todos os seus direitos. A Constituição Federal traça os parâmetros necessários para o encaminhamento da questão no momento em que elege como um dos fundamentos da República Federativa do Brasil a dignidade da pessoa humana e que, em seu art. 5º, garante a intangibilidade do direito à vida.

34. Elimar Szaniawski, op. cit., p. 146.

Dessa forma, não se pode deixar de considerar como lícitas as intervenções no embrião humano que respeitem o seu direito à vida e à sua dignidade, o direito de se desenvolver, o direito de nascer e de se transformar em um ser humano; igualmente lícitas as intervenções que não lhe tragam riscos desproporcionais e visem efetivamente à melhoria de suas condições de saúde e sobrevivência individual. Entretanto, não se pode permitir, e deve ser tida por imoral, a utilização dos conhecimentos científicos e tecnológicos que possam implicar prejuízo de qualquer espécie ao ser humano, à sua vida e à sua dignidade.

O direito existe para regular o comportamento do homem em sociedade e dar-lhe proteção, principalmente no que se refere ao direito à vida, bem maior que o ser humano possui. E no estabelecimento dessas regulamentações deve, cada Estado, garantir que tais direitos humanos básicos sejam resguardados.

Urge, ademais, que sejam repensados os conceitos tradicionais, para que não se corra o risco da aplicação de velhos conceitos a uma nova realidade. Dentre esses conceitos, aqueles atinentes ao início da vida humana, os quais estão a reclamar uma revisão, em decorrência dos avanços dos conhecimentos científicos. Tudo com vistas a dotar o ser humano, desde os primeiros sinais de sua existência, de proteção eficaz, a fim de que as inovações que sempre devem estar a serviço do homem, não venham a pôr em risco a própria existência do ser humano. É necessário que o direito imponha limites, com supedâneo nas diretrizes traçadas pela filosofia e pela ética, como procuramos evidenciar neste capítulo.

7. Referências bibliográficas

ABAGNANO, Nicola. *Dicionário de filosofia.* São Paulo: Ed. Martins Fontes, 2005.

BARACHO, José Alfredo de Oliveira. *Vida humana e ciência:* complexidade do estatuto epistemológico da bioética e do biodireito. Normas Internacionais da Bioética. Disponível em: <www.gontijo-familia.adv.br/tex024 htm>. Acesso em: 16/03/2006.

BEVILÁQUA, Clóvis. *Teoria geral de Direito Civil.* 3. ed. rev. e atual. por Caio Mário da Silva Pereira. Rio de Janeiro: Editora Rio, 1980.

BOBBIO, Norberto. *Elogio da serenidade e outros escritos morais.* Trad. Marco Aurélio Nogueira. São Paulo: Editora Unesp, 2002.

CHAVES, Antonio. *Direito à vida e ao próprio corpo.* São Paulo: Revista dos Tribunais, 1986.

CHINELATO, Silmara J.A. *Tutela civil do nascituro.* São Paulo: Ed. Saraiva, 2000.

CHORÃO, Mário Bigotte. Ética, direito e reprodução humana assistida. In: DINIZ, Maria Helena; LISBOA, Roberto Senise (Coord.). *O direito civil no século XXI.* São Paulo: Ed. Saraiva, 2003.

DINIZ, Maria Helena. *O estado atual do biodireito.* São Paulo: Ed. Saraiva, 2004.

_________. *Direito civil brasileiro.* São Paulo: Ed. Saraiva, 2002.

DINIZ, Maria Helena e LISBOA, Roberto Senise (Coord.). *O direito civil no século XXI.* São Paulo: Ed. Saraiva, 2003.

GARCIA, Maria. *Limites da ciência:* a dignidade da pessoa humana, a ética da responsabilidade. São Paulo: Revista dos Tribunais, 2004.

HIRONAKA, Giselda Maria Fernandes Novaes. *Vida humana e ciência:* complexidade do estatuto epistemológico da bioética e do biodireito. Normas Internacionais da Bioética. Disponível em: <www.gontijo-familia.adv.br/tex024 htm>. Acesso em: 02/06/2006.

LOTUFO, Renan. *Código Civil comentado.* São Paulo: Ed. Saraiva, 2003. v. 1.

________. *Biodireito.* Ciência da vida. Os novos desafios. São Paulo: Revista dos Tribunais, 2001.

________. *O equilíbrio do pêndulo.* São Paulo: Ícone Editora, 1998.

MUTO, Elisa; NARLOCH, Leandro. *O primeiro instante.* São Paulo: Editora Abril, *Revista Superinteressante,* n. 219, nov. 2005.

ROBLES, Gregório. *Os direitos fundamentais e a ética na sociedade atual.* Trad. Roberto Barbosa Alves. São Paulo: Manole, 2005.

SANTOS, Maria Celeste Cordeiro Leite. *Imaculada concepção*: nascendo i*n vitro* e morrendo *in machina.* São Paulo: Acadêmica, 1993.

SILVA, De Plácido e. *Vocabulário jurídico.* 14. ed. Rio de Janeiro: Forense, 1998.

SILVA, Paula Martinho da. Perspectivas jurídicas portuguesas e europeias sobre a reprodução assistida. *Bioética,* 11(2):129-138, 2003.

SZANIAWSKI, Elimar. *Direitos de personalidade e sua tutela.* São Paulo: Revista dos Tribunais, 2005.

FOLHA DE S.PAULO. Caderno Mais. Ciência. 07/04/2004.

Parte

II

O DIREITO À VIDA

Capítulo

4

Prevenção digna da AIDS à pessoa idosa no sistema jurídico brasileiro

Milene Torres Godinho Secomandi*
Elzira Teixeira Ariza Oliveira**

SUMÁRIO: Introdução. 1. Conceito e historicidade. 2. Direito à saúde. 3. Prevenção digna da aids à pessoa idosa no sistema jurídico brasileiro. 4. Objetivos, hipótese, método, sujeitos. 5. Considerações finais. 6. Referências bibliográficas.

> *"... idade madura em olhos, receitas e pés, ela me invade com sua maré de ciências afinal superadas.*
> *"Posso desprezar ou querer os institutos, as lendas, descobri na pele certos sinais que aos vinte anos não via.*
> *"Eles dizem o caminho, embora também se acovardem em face a tanta claridade roubada ao tempo.*
> *"Mas eu sigo, cada vez menos solitário, em ruas extremamente dispersas, transito no canto do homem ou da máquina que roda, aborreço-me de tanta riqueza, jogo-a toda por um número de casa, e ganho."*[1]

Introdução

AO ESCREVEMOS este capítulo limitamos o tema à prevenção digna da aids à pessoa idosa no sistema jurídico brasileiro, a fim de demonstrar que a saúde no Brasil foi instituída como um direito de todos e um dever do Estado, notadamente no cuidado com a vida humana desta parcela-cidadã outrora esquecida. Na primeira parte analisaremos a valorização histórica breve da pessoa humana no espaço da democracia bem como o conceito e historicidade de envelhecimento. Ao analisar esse conceito está-se querendo verificar o direito fundamental

* Mestre em Direito das Relações Sociais pela PUC-SP (subárea Direito Previdenciário). Especialista em Direito das Relações Sociais; Professora da Universidade Braz Cubas de Mogi das Cruzes e professora Eventual do Curso de Pós-Graduação *Lato Sensu* da Universidade Salesiano, Lorena.
** Doutora em Psicologia Educacional pela PUC-Campinas. Formada em História e Pedagogia; professora da Universidade Braz Cubas de Mogi das Cruzes e professora de Sociologia Jurídica e Metodologia Científica no Curso de Direito.

1. Carlos Drummond de Andrade. "Idade madura" (In: *Antologia poética*, 1962).

– prevenção digna da aids – e apontar para a necessidade de mais estudos cujos resultados intensifiquem a análise da relevante proteção social ao idoso.

O tema da prevenção digna da aids à pessoa idosa no sistema jurídico brasileiro comporta breve análise histórica da valorização da pessoa humana no espaço da democracia. Pode-se observar, na maioria dos historiadores, que a divisão histórica universal da humanidade é normalmente subdividida em Idade Antiga: Antiguidade Primitiva e Antiguidade Clássica; Idade Média: Alta Idade e Baixa Idade Média; e Idade Moderna.[2]

Na Antiguidade primitiva, o homem era nômade e vivia à procura de alimentos para sua subsistência. Em virtude das necessidades materiais e espirituais, os homens se agruparam em tribos sob a forma de comunidades primitivas. Com o aparecimento da escrita e o desenvolvimento das comunidades, por motivos religiosos,[3] dentre outros, surgiram as cidades e, com elas, os conceitos de cidades-Estado e cidadania. Já na Antiguidade Clássica, o conceito cidadania era concebido ao homem livre possuidor de bem econômico e inscrito no censo dos cidadãos, excluídos os escravos, as crianças, os velhos e os estrangeiros.[4]

A "noite negra" da história da humanidade, ao longo do Estado Medieval (o cristianismo, as invasões bárbaras e o feudalismo), culminou no avanço das relações do cidadão com o Estado, época em que os barões exigiram do rei maior liberdade e limitação de seus poderes.

A Revolução Francesa é marco da Idade Moderna e, segundo Miguel Reale,[5] espaço político e social propício ao surgimento do direito moderno. Em 1789, essa revolução é a pedra angular dos direitos humanos fundamentais. A reação da sociedade europeia da época (liberdade, igualdade e fraternidade), a ascensão do sistema de produção capitalista e a liberdade de ir e vir, por exemplo, em prol do novo sistema de produção e da liberdade política a "novos" cidadãos. Frise-se que naquela época surgiram várias obras que influenciaram as novas concepções de Estado bem como o conceito de cidadania: *O espírito das leis*, de Maquiavel e o *Contrato social*, de Rousseau.

Os contratualistas foram os operadores da passagem de um direito baseado no *status* para o direito baseado no indivíduo, numa sociedade civil sob a dominação da classe proprietária.[6]

O surgimento das questões sociais em decorrência da Revolução Industrial cria a concepção do homem a serviço da produção e, a partir daí, passa a ser tratado como mercadoria. O aparecimento do operário de fábrica agrava a miséria social gerada por

2. Fustel de Coulanges. *A cidade antiga*. Trad. Fernando de Aguiar. 2. ed. São Paulo: Ed. Martins Fontes, 1987, p. 11.
3. Adotamos o entendimento de Fustel de Coulanges: "... a tribo, tanto a família e a fatria, constitui-se em corpo independente, com culto especial e onde se excluía o estrangeiro (...). Duas tribos de modo algum podiam fundir-se em uma só, porque a sua religião a isso se opunha. Mas, assim como muitas fatrias estavam reunidas em uma tribo, muitas tribos puderam associar-se, sob a condição de o culto de cada uma delas ser respeitado. No dia em que nasceu essa aliança nasceu a cidade". Ibidem, p. 131. (...) "cidade" e "urb" não foram palavras sinônimas no mundo antigo. "A cidade era associação religiosa e política das famílias e das tribos; a urbe, lugar de reunião, o domicílio e, sobretudo, o santuário desta sociedade", p. 138.
4. Aristóteles. *A Política*. Trad. Nestor Silveira Chaves. 14. ed. Rio de Janeiro: Ediouro, 1996, p. 52.
5. Miguel Reale. *Nova fase do direito moderno*. 2. ed. São Paulo: Ed. Saraiva, 1998, p. 74.
6. Celso Lafer. *A afirmação histórica dos direitos humanos*. São Paulo: Ed. Saraiva, 1999, p. 128.

problemas sociais e econômicos alimentados pelas aglomerações urbanas descontroladas e insalubres.

Fruto das Revoluções (Revolução Industrial e Revolução Liberal) nasce na Europa o capitalismo impregnado do princípio da liberdade econômica total, tolhendo as associações de classe, sob o argumento de impedir a liberdade do mercado de trabalho.

A ilusória liberdade subjugou a classe operária que, protagonista da tragédia da fome e da miséria, é responsável pelo surgimento das classes: proletária e a capitalista.

Os conceitos liberais de liberdade e igualdade no século 19 traduzem os desajustes e as misérias sociais intensificadas com a Revolução Industrial. O drama desumano da classe operária, oprimida pelo poder dos dirigentes do poder econômico, não sensibiliza o Estado Liberal a intervir no desequilíbrio social. Manteve-se omisso perante os problemas sociais e econômicos.

Nesse clima de total descrédito, inclusive em Deus, em 1891, a Igreja Católica assume a sua posição de defensora dos pobres e oprimidos – leia-se classe trabalhadora do século 19 – e edita a Encíclica *Rerum Novarum*, marco inicial da Doutrina Social da Igreja em que o Papa Leão XIII destaca o homem com o rosto de Deus e clama pela reconciliação entre as classes sociais (capital/trabalho) e a preocupação com a propriedade privada.

Alertado por esse precioso documento histórico, o Estado liberal passou a intervir no setor econômico, procurando conjugar o perigo que o ameaçava.[7]

Problemas sociais no curso da História sob a expressão de "questões sociais" culminaram na expressão doutrinária *constitucionalismo social*, segundo os ensinamentos de Vanossi.[8]

O respeito ao bem comum guarda relação com o bem comum de uma sociedade. Na lição de André Franco Montoro: "A essência do bem comum consiste na vida dignamente humana de uma população ou, em linguagem moderna, na boa qualidade de vida da população".[9]

Para Fábio Konder Comparato: "Todos os seres humanos merecem igual respeito e proteção, todo tempo e em todas as partes do mundo em que se encontrem".[10]

Após a Primeira Guerra Mundial, com o crescimento dos movimentos constitucionalistas sociais e o fortalecimento da classe trabalhadora, o Estado passa a reconhecer e preocupar-se com o bem-estar social – cria-se o conceito de *well fair state*. Urge a intervenção do Estado como meio de garantir uma vida digna a todos. As questões trabalhistas ganharam destaque, especialmente após a Revolução Russa de 1917, culminando com a criação da OIT (Organização Internacional do Trabalho), em 1919.

No dia 25 de janeiro de 1919, em Versailles, é criada a Sociedade das Nações como meio de internacionalizar os direitos humanos e garantir a paz mundial.[11]

7. Sahid Maluf. *Teoria Geral do Estado*. 5. ed. São Paulo: Sugestões Literárias, 1968, p. 148.
8. Vanossi. *El Estado de Derecho en el Constitucionalismo Social*. Buenos Aires: Ed. Universitária, 1982, p. 281.
9. André Franco Montoro. *Introdução à ciência do direito*. 25. ed. São Paulo: Revista dos Tribunais, 1999, p. 221.
10. Fábio Konder Comparato. *A afirmação histórica dos direitos humanos*. São Paulo: Ed. Saraiva, 1999.
11. Arnaldo Süssekind. *Direito Internacional do Trabalho*, 2. ed., São Paulo: LTr, 1987, p. 98.

O nascimento do Estado Social e a criação da Sociedade das Nações não impediram a crise econômica dos países membros daquela sociedade, ocasionando a Segunda Guerra Mundial.

E, em 1946, criou-se a Organização Mundial da Saúde (OMS), todavia somente após a ratificação da sua constituição pelos vinte e seis países membros, em 1948, deu-se a sua existência oficial, assumindo os deveres e os poderes da Organização de Saúde da Liga, do Escritório Internacional e da Administração de Assistência e Reabilitação das Nações Unidas (AARNU).[12]

Com o fim da 2ª Guerra Mundial, a sociedade humana clamava por novos paradigmas de paz e justiça social. A promulgação da Declaração Universal dos Direitos Humanos aprovada pela Assembleia Geral da ONU em 01/12/1948 amplia a dimensão internacional do Direito Público. A Declaração contempla direitos sociais econômicos e culturais, e é seguida por outros importantes documentos internacionais no âmbito dos direitos humanos que adquirem o status de *jus cogens*.[13]

O mundo globalizado passa a ignorar o ensinamento de João Paulo II na *Encíclica Solicitudo Rei Socialis*, de 30/12/1987: "Não seria verdadeiramente digno do homem de desenvolvimento que não respeitasse e não promovesse os direitos humanos, pessoais e sociais, econômicos e políticos, incluindo os direitos das nações e dos povos".

Forçoso afirmar que, na vigente Constituição Federal e nas legislações infraconstitucionais que compõem o sistema jurídico brasileiro, prevalecem as ações de solidariedade na prevenção à aids ao idoso, nos termos dos princípios fundantes do Estado Democrático de Direito.

A sociedade ultraindividualista está mudando e percebendo a necessidade de uma nova sociedade de indivíduos associados com fim solidário.[14] A crescente importância dos conflitos individuais, inclusive a "descoberta" dos direitos pela população "excluída" (mulheres e idosos), bem como a valoração dos conflitos coletivos ampliou a tutela e a fiscalização da ação estatal e judicial, a fim de salvaguardar o "novo ambiente" da sociedade globalizada.

A globalização é inexorável, mas Legislativo, Judiciário e Executivo devem mover-se sob a égide dos direitos humanos fundamentais, no nosso caso da prevenção digna da AIDS na pessoa idosa, o direito à saúde da pessoa idosa, *direito à vida*, e criar condições para o seu exercício e a prestação dos serviços essenciais.

Certamente "se antes os direitos fundamentais só valiam no âmbito da lei, hoje

12. George Rosen. *Uma história da saúde pública*. Trad. Marcos Fernando da Silva Moreira com colaboração de José Ruben de Alcântara Bonfim. São Paulo: Hucitec, 1994, pp. 361-363.

13. Elianne Maria Meira Rosa; Milene Torres Godinho Secomandi et al. *Responsabilidade Social* – Valorização da pessoa humana no espaço da democracia, natureza e artifício. Mogi das Cruzes, São Paulo: Ed. Uiversidade Braz Cubas, 2006, p. 20.

14. Dalmo de Abreu Dallari. *Os Direitos Fundamentais na Constituição Brasileira*. In: Demian Fioca, Eros Roberto Grau et al. (Org.). *Debates sobre a Constituição*. São Paulo: Paz e Terra, 2001, p. 66.

as leis só valem no âmbito dos direitos fundamentais",[15] inclusive no tocante aos orçamentos públicos, pois a Constituição atualmente existe para proteger a vida da pessoa humana do idoso.

1. Conceito e historicidade

A palavra idoso está relacionada ao desgaste fisiológico e ao enfraquecimento das funções orgânicas do indivíduo. Tais fenômenos, para Hamilton,[16] se apresentam com variáveis e, frequentemente, a idade biológica não corresponde à idade cronológica.

O termo "terceira idade" foi empregado inicialmente pelo Serviço Social do Comércio (Sesc) de São Paulo, em 1977, quando se criaram as "Escolas Abertas para a Terceira Idade". A partir daí, surgiram inúmeros estudos e projetos de novas instituições governamentais e não governamentais.[17] Os estudos relacionados com as características do envelhecimento são abordados pela Geriatria e pela Gerontologia. A primeira é o ramo da medicina que se ocupa das enfermidades do organismo da pessoa idosa, a última tem como objeto de estudos os idosos e os fatores relacionados ao envelhecimento.

Em relação ao envelhecer e suas características, existe a necessidade de citar que a Gerontologia está classificada em dois tipos: básica – que se refere ao estudo da relação dos diversos órgãos entre si –, e social – que diz respeito ao estudo das relações recíprocas entre o indivíduo e a sociedade. Zimerman ainda faz alusão à força dos fatores sociais, econômicos e ambientais e quanto eles podem qualificar ou prejudicar o inevitável processo do envelhecimento.[18] Assim sendo, o retrato da velhice no Brasil constitui-se uma problemática séria e melancólica. Esse autor lembra, por outro lado, que o idoso pode, por vezes, tirar proveito de algumas situações próprias de sua condição, como gozar de maior tranquilidade, ter um contato mais estreito com filhos e netos, além de usufruir da sabedoria acumulada ao longo da vida.

Rego,[19] em seus estudos relacionados com Vygotsky, parte do pressuposto de que as características de cada indivíduo vão sendo formadas a partir da constante interação com o meio, entendido como os aspectos físico e social, que incluem as dimensões interpessoal e cultural. Nesse processo observamos que o idoso ao mesmo tempo em que internaliza as formas culturais e as crenças, as transforma e intervém em seu meio. É, portanto, na relação dialética com o mundo que o aluno da Universidade Aberta para a Terceira Idade se constitui e se liberta para a nova fase de sua vida.

Observamos que o envelhecimento está perdendo a antiga conotação negativa, tanto em países desenvolvidos como em subdesenvolvidos. O tempo de vida da espécie humana aumentou quatro vezes em relação ao período da história antiga referente a

15. Otto Bachof. *Jueces Y Constitución*. Trad. Rodrigo Bercovitz Rodriguez. Madrid: Editorial Civitas, 1987, p. 41. Segundo Canotilho, *Direito Constitucional*, 1. ed., p. 178.
16. I. S. Hamilton. *Psicologia do envelhecimento – uma introdução*. Porto Alegre: Artmed, 2002.
17. Mazo; Lopes; Benedetti. *Atividade física e o idoso*. Concepções Gerontológicas. Porto Alegre: Sulina, 2001.
18. Zimerman; Osório. *Como trabalhamos com grupos*. Porto Alegre: Artmed, 1997.
19. Rego. *Vygotsky:* uma perspectiva histórico-cultural da educação. Petrópolis: Vozes.

4.000 a.C. a 476 d.C. entre os romanos. Hoje, nos países desenvolvidos a idade média das pessoas desse grupo etário é em torno de 75 anos e, segundo Rego, o limite biológico das pessoas passou a ser ao redor de 100 a 110 anos.[20]

Não existe um ponto determinado único em que a pessoa fica velha; e a idade cronológica sempre é uma medida arbitrária e não muito exata, de modo que o uso de uma determinada fase da vida daria um *status* enganador.[21]

Acreditamos, assim, que a terceira idade só pode ser compreendida em sua totalidade; ela não é somente um fato biológico, mas também um fato cultural, social e psicológico. Neste quadro é particularmente relevante mencionar que é a partir de trocas recíprocas de energia que esse sistema tende à organização e à transformação crescente. A Psicologia e a Gerontologia consideravam o desenvolvimento e o envelhecimento como processos opostos.[22] Hoje, porém, é visto como processo relevante no ciclo da vida. As pesquisas nesse domínio buscam vislumbrar novos limiares para o envelhecimento, que deverão se manifestar sobre o controle holístico e contribuir com um amadurecimento saudável. As características do envelhecimento estão relacionadas com as diferenças individuais.

Nesse pensar, as características do envelhecimento são experiências heterogêneas e dependem de como a pessoa organiza seu curso de vida, a partir de suas circunstâncias histórico-culturais, da incidência de diferentes patologias durante o envelhecimento normal e da interação entre fatores genéticos e ambientais. Essa fase também envolve representações sociais, segundo Martinez,[23] influenciadas pelas práticas institucionais que interferem nos comportamentos interativos dos idosos contribuindo com o desenvolvimento do potencial que todo ser humano possui dentro de si. A autora enfatizou também as necessidades físicas que incluem aspectos relacionados ao sono, à alimentação e estão associados às dificuldades biológicas e emocionais do indivíduo, podendo afetar o processo de envelhecimento. É importante que o idoso possa receber orientação de como estabelecer o equilíbrio, de defender-se das agressões exteriores e de ter sobre o cotidiano o mais vasto e firme domínio.

Para Ariza Oliveira,[24] é difícil estabelecer limites precisos sobre as características do envelhecimento relacionadas com o final da vida adulta e o início da velhice, pois os grupos se diferem dentro da mesma sociedade ao longo do tempo histórico. A quantidade de homens e mulheres é quase igual até os 60 anos e, a partir daí, os homens apresentam um declínio em sua participação social, fato observado em uma Universidade da Terceira Idade.[25]

O desenvolvimento é uma continuidade que abrange toda a existência desde o nascimento até a morte, e a velhice é o último período da vida normal, caracterizado

20. Godoy. Criatividade e integração vital com idosos. Dissertação de Mestrado apresentada ao Instituto de Psicologia, PUC-Campinas.
21. Hamilton, op. cit.
22. Neri. *Palavras-chave em gerontologia*. Campinas: Alínea, 2001.
23. Wladimir Novaes Martinez. *Direito dos idosos*. São Paulo: LTr, 1997.
24. Elzira Teixeira Ariza Oliveira. *Criar e estilos de aprender na terceira idade:* uma proposta psicopedagógica. Tese de Doutoramento apresentada na PUC-Campinas, 2003.
25. E. H. Erikson; J. M. Erikson. *O ciclo de vida completo*. Porto Alegre: Artmed, 1998.

pelo enfraquecimento das funções vitais, estado de redução das forças físicas e das faculdades mentais que acompanham habitualmente esse período. Observamos que é difícil para uma pessoa reconhecer e ter a perspectiva de onde ela se encontra no próprio ciclo de vida. É uma integração do passado, presente e futuro, é um propósito que transcende, é uma necessidade universal.

Nos estudos de Erikson, é importante ter um olhar mais abrangente e não fechar mais os olhos para a velhice, pois não encará-la seria negar o próprio destino. Em seus estudos, ele apresenta os estágios do envelhecer em um gráfico relacionado com "O ciclo da vida completo". Esses *estágios* e todos os seus aspectos acontecem em ordem epigenética (substituição lenta da transformação, procurando manter a originalidade) e adquirem importância psicossocial. Examinando o total de oito estágios, verificamos quatro períodos da infância, um da adolescência, dois da idade adulta e um período da velhice. Erikson complementa que "esperança" na terceira idade conota a qualidade mais básica da condição do "Eu", sem a qual a vida não poderia iniciar ou terminar de forma significativa.

O maior desafio da Psicologia do envelhecimento é saber como eliminar perdas e como administrar as limitações ocasionadas pelos problemas de saúde. Existe a necessidade urgente de grupos de reflexão que poderão desempenhar contribuições valiosas com relação às mudanças fisiológicas, sociais e emocionais e desenvolver atitudes de adaptação ao envelhecer.[26] A perspectiva de Neri mostrou que o bom envelhecimento dos seres humanos é um processo que envolve equilíbrio dinâmico entre perdas e ganhos; atualmente, nas disciplinas biológicas, psicológicas e sociais que compõem o campo da gerontologia, novos estudos buscam mudanças de paradigmas perante o envelhecimento.

Diante desse quadro, a Gerontologia ocupa um lugar de destaque entre as várias disciplinas científicas. Seu conhecimento está ancorado pela biologia e pela medicina, pelas ciências sociais e pela psicologia. A gerontologia educacional gera a discussão sobre quais devem ser o conteúdo e o formato da educação dirigida aos idosos, assim como a maneira pela qual deve ocorrer a formação dos recursos humanos especializados e criativos na educação dessa clientela.[27] Observamos que novas interpretações e novos métodos visam abrir outros campos de reflexão, numa perspectiva multidimensional e multicausal, contrariando visões lineares, que analisam o papel dos mecanismos genéticos na determinação de longevidade e da boa saúde física e mental do envelhecimento.

É preciso repensar em como reparar a destruição sistemática que os homens sofrem em uma sociedade de competição e consumo. A função social é lembrar e aconselhar, unir o começo e o fim. Porém, a sociedade capitalista impede essa lembrança e desarma o idoso, como podemos observar nas reflexões de Bosi.

26. Neri, op. cit.
27. Cachioni. *Quem educa os idosos*. Um estudo sobre professores de universidade da terceira idade. Campinas: Alínea, 2003.

> Que é ser velho na sociedade capitalista? É sobreviver. Sem projeto, impedido de lembrar e de ensinar, sofrendo as adversidades de um corpo que se desagrega à medida que a memória vai-se tornando cada vez mais viva, a velhice, que não existe para si, mas somente para o outro. E este outro é um opressor.[28]

Chopra[29] menciona Lewis Tomas que também enfatizou: "está em nossa natureza nos desgastarmos, ficarmos desengonçados, morrer, e pronto". Essa posição é uma linha dura da ciência materialista.[30] Seus estudos mencionam que os seres humanos são as únicas criaturas na face da terra capazes de mudar sua biologia pelo que pensam e sentem. Um envelhecimento bem-sucedido depende das confluências de múltiplos fatores, como econômicos, sociais, culturais, psicológicos e biológicos.

Essa fase da vida deve ser vista como um problema a ser resolvido e é preciso aumentar as chances de vivê-la bem. É preciso estar atento aos fatores que possam concorrer com melhorias às limitações. Como exemplo, podemos citar Skinner e Vaughann[31] que em seus estudos sugerem inúmeras providências que possam contribuir com as características de uma velhice de melhor qualidade, tais como: ambiente agradável; manter-se ocupado; buscar novas formas de um lazer criativo; fazer e conservar amigos, de modo particular jovens; tentar ser melhor companheiro; aceitar o fato que não se pode viver para sempre.

Portanto, trata-se de compreender que a nossa sociedade não está preparada para amparar uma velhice com dignidade. Buscar os exemplos da beleza da sabedoria do saber envelhecer e adaptá-la de modo a torná-la mais conveniente é a nova proposta de uma sociedade mais humanística.

A expressão "qualidade de vida", que vem sendo utilizada neste capítulo, requer maiores esclarecimentos. Essa expressão para Giglio[32] implica condições de habitação, de bens, de relações sociais, saúde, afeto e outros, para que o indivíduo possa usar sua força criativa e transformadora, que deve ser estimulada e desenvolvida em situações de aposentadoria e outras geradoras de situações estressantes.

Existem quatro dimensões da qualidade de vida, segundo Neri: (1) a competência comportamental diz respeito à saúde e ao funcionamento físico, cognitivo e social que devem ser avaliados em relação à promoção de dependência e independência do indivíduo idoso; (2) as condições ambientais relacionam-se com a possibilidade que o ambiente oferece adaptação biológica e psicológica do sujeito, isso significa tornar o ambiente físico agradável, confortável e adequado; (3) a qualidade de vida diz respeito à avaliação que a pessoa faz de si mesma, ao seu aspecto físico e psicológico; (4) e o bem-estar subjetivo, relacionado com a avaliação que a pessoa faz de si mesma,

28. Bosi. *Memória e sociedade:* lembranças de velhos. São Paulo: Companhia das Letras, 1995, p. 19.
29. Chopra. *Corpo sem idade, mente sem fronteiras.* Rio de Janeiro: Rocco, 1994.
30. Idem, ibidem.
31. B. F. Skinner. Vaughann. *Viva bem a velhice.* Aprendendo programar sua vida. São Paulo: Sumus, 1985.
32. Z. G. Giglio. *Desenvolvimento e transformação na meia idade.* In: Z. G. Giglio; J. S. Giglio. *Anatomia de uma época:* olhares junguianos através da binômia eficiência/transformação. Campinas: Instituto de Psicologia Analítico de Campinas, 2002, pp. 129, 137.

porém usando critérios subjetivos, ligados aos seus valores e sentimentos.[33] Pode ser uma avaliação positiva ou negativa envolvendo as quatro dimensões mencionadas.

Nesse contínuo, Beauvoir[34] mencionou que o idoso precisa se defender da inércia e da ociosidade, a atividade física deve ser preservada. Esta traz melhorias ao conjunto das funções do organismo. É muito importante para as pessoas aposentadas voltarem a encontrar ocupações. A inatividade acarreta uma apatia que mata todo o desejo de participar, porém, o excesso de atividade é ainda mais perigoso para o idoso do que para o jovem.

Para alguns gerontologistas, as necessidades físicas se apresentam como fator fundamental na vida das pessoas e um bom estado físico, sem nenhuma atividade útil, é, psicológica e socialmente, impossível. Saber dosar as atividades e adaptá-las às necessidades físicas e sociais é uma responsabilidade dos orientadores que trabalham com as pessoas de terceira idade.

Apesar de estudos a respeito do envelhecimento demonstrarem a existência de uma gama de variações, para Erbolato,[35] a consciência sobre o próprio envelhecimento baseia-se muito no aspecto físico, nas alterações da aparência e no corpo; a aparência física talvez seja a de maior impacto e deve ocorrer notadamente entre 50 e 80 anos, tais como: a incapacidade reprodutiva feminina, com repercussões não conclusivas na atividade sexual, a fragilidade no tecido ósseo, com diminuição de estatura e alterações no contorno facial.

Outros trabalhos de pesquisa orientam para uma melhor compreensão dessas mudanças, tais como: fragilidade muscular para ambos os sexos; alterações da pigmentação da pele e dos cabelos, perda da capacidade visual, olfativa, paladar, e outras transformações devem aparecer, porém, elas não significam incapacidade. As variações interindividuais não são relevantes apenas nas características do envelhecimento, mas apresentam diferenças e ausência de estabilidades comportamentais em qualquer idade.

Segundo Baltes, Reese e Nesselroade,[36] a mudança com a idade é ontogenética (série de transformações por que passa o indivíduo) e está relacionada com: (1) o amadurecimento; (2) a aprendizagem; (3) e a interação entre amadurecimento e aprendizagem. Entretanto, essas causas estão relacionadas com: (1) variáveis hereditárias; (2) variáveis ambientais, incluindo ambientes passados e presentes; (3) e a interação entre variáveis hereditárias e ambientais. Em nosso país, a problemática do idoso tem raízes antigas que estão se aprofundando com o passar do tempo. Porém, com a aprovação do Estatuto do Idoso, ampliamos nossas expectativas na esperança de que as pessoas idosas possam completar sua vida com dignidade merecida, principalmente zelando pela vida.

33. Hans Kelsen, *Teoria Pura do Direito*. 5. ed. Trad. João Baptista Machado. São Paulo: Martins Fontes, 1996, pp. 215, 308.

34. Beauvoir. *A velhice*. Rio de Janeiro: Nova Fronteira, 1990.

35. Erbolato. Impacto da universidade da terceira idade: modificações de vida relativas ao envelhecimento. *Boletim de Psicologia* XLVI, 1996, pp. 61-77.

36. P. B. Baltes; H. W. Reese; J. R. Nesselroad. *Métodos de investigación en Psicología evolutiva: Enfoque del Ciclo Vital*. Madri: Ediciones Morata, 1981.

2. Direito à saúde

A seguridade social é composta de um conjunto de políticas sociais e econômicas, nos termos dos arts. 194 a 196 da Constituição Federal 1988, com o fim de garantir boa qualidade de vida da população.

Para Hans Kelsen,[37] a ideia de uma norma fundamental como fonte de validade de todas as normas pertencentes à determinada ordem normativa, identifica-se um sistema normativo. Esse sistema normativo de seguridade social é formado pela saúde, previdência e assistência social. Para Wagner Balera: "O sistema de seguridade social se encontra decomposto em duas vertentes: a previdenciária (seguro social) e a assistencial (saúde e assistência social)".[38]

A seguridade social é um sistema de direito social para uma sociedade mais justa. Portanto, reduzimos o estudo ao subsistema assistencial da saúde que integra esse sistema normativo. Etimologicamente, o termo "saúde", do latim *salus, salis,* significa estado do que é sadio, são, salvação,[39] isto é, o efeito de salvar-se.

Impõe-se reconhecer que a evolução histórica universal, notadamente a revolução industrial, não obstante o grau de industrialização dos países industrializados, culminou no reconhecimento do compromisso público com a saúde no século 20.

A Organização Mundial da Saúde clama pelo respeito à pessoa humana e menciona: "a saúde é o completo bem-estar físico, mental e social e não apenas a ausência de doença ou agravos". Assim, na lição de Sebastião Geraldo de Oliveira o conceito de saúde divide-se em conceito negativo de saúde e conceito positivo e progressista de saúde.

O conceito negativo significa a ausência de doenças, isto é, o estudo era dirigido mais às doenças do que à saúde.

O conceito positivo e progressista consagra a saúde como completo bem-estar, físico, mental e social.

O Pacto Internacional dos Direitos Civis e Políticos em seu preâmbulo reconhece o direito à dignidade humana a todos os membros da família humana, bem como o direito à vida inerente à pessoa humana (art. VI - 1). O Pacto Internacional dos Direitos Econômicos, Sociais e Culturais estabelece, no art. XII- 1, *c*, o "*direito à prevenção* e tratamento das doenças epidêmicas, endêmicas, profissionais e outras, bem como a luta contra essas doenças (grifo do autor). Esses dois tratados internacionais, ambos ratificados em 24/01/1992 e conjugados à Declaração Universal de Direitos Humanos, formam a Carta Internacional dos Direitos Humanos, para conferir maior força, notadamente em relação à vida.

Além desses instrumentos internacionais, é imprescindível ressaltar a importância da Convenção Americana de Direitos Humanos (também denominada de Pacto de San

37. Hans Kelsen. Op. cit., pp. 215-308.

38. Wagner Balera. *Introdução à Seguridade Social.* In: Meire Lúcia Gomes Monteiro (Coord.). *Introdução ao direito previdenciário*, p. 58

39. Antonio Geraldo da Cunha. 2. ed. 14. reimpr. *Dicionário etimológico Nova Fronteira da língua portuguesa.* São Paulo: Nova Fronteira, p. 708.

José da Costa Rica), assinada em San José, Costa Rica, adotada em 1969 e ratificada pelo Brasil em 25/09/1992.

Esse Pacto reafirmou o propósito de consolidar no continente americano, dentro do quadro das instituições democráticas, um regime de liberdade pessoal e de justiça social, fundado no *respeito livre e pleno dos direitos humanos essenciais (o direito à vida e o direito à proteção judicial, por exemplo).*

Afora os instrumentos internacionais supramencionados, em 17/11/1988, a Assembleia Geral da Organização dos Estados Americanos adotou o Protocolo Adicional à Convenção Americana de Direitos Humanos em matéria de direitos econômicos, sociais e culturais, que foi ratificada pelo Brasil em 1966, e reconheceu a saúde como um *bem público* e o papel dos Estados-Partes a adotar as medidas para garantir o direito à prevenção e tratamento das doenças endêmicas, profissionais e de outra natureza (art. X, *d*).

Forçoso reconhecer o direito à vida e o direito à dignidade da pessoa humana do idoso como direitos sociais fundamentais,[40] por serem da essência do homem e estarem inseridos na vigente Constituição Federal como um direito de todos.

A saúde integra o sistema de seguridade social, qualificada pelo constituinte como dotada de relevância pública (art. 197). Logo, cabe ao Estado a tutela desse direito social – saúde – e a sua relevância pública exige que se definam políticas públicas que irão nortear as linhas gerais das ações e serviços públicos de saúde no sistema único de saúde.

O conceito de saúde no preâmbulo da Constituição da Organização da Saúde (OMS), um dos órgãos que compõem a ONU, menciona: "A saúde é o completo bem-estar físico, mental e social e não apenas a ausência de doença ou outros agravos". Com base nisso, Sueli Gandolfi Dallari entende que "esse conceito tem prevalecido fundamentalmente devido à constatação de que qualquer redução o deformaria irremediavelmente (...) o direito à saúde reconhecido e proclamado solenemente é um *direito ao cuidado*" (grifo do autor).[41]

Devemos entender o Estado moderno, aliado à discricionariedade dos seus atos administrativos, com as seguintes funções: controlador da sociedade e implementador de políticas públicas sociais e econômicas em respeito ao direito ao cuidado de todos (nos aspectos individual e coletivo), pois as ações e serviços de saúde são necessidades sociais de relevância pública.[42]

3. Prevenção digna da aids à pessoa idosa no sistema jurídico brasileiro

O relevante direito dos cidadãos idosos é um fato recente, notadamente após a década de 1980 na Assembleia Mundial sobre o Envelhecimento (Viena, outubro de

40. Milene Torres Godinho Secomandi. *Saúde Preventiva:* direito fundamental no sistema jurídico brasileiro. Dissertação de mestrado apresentada na PUC-SP, 2003, pp. 87-96.
41. Sueli Gandolfi Dallari. *Os estados brasileiros e o direito à saúde.* São Paulo: Hucitec, 1995, p. 19.
42. Milene Torres Godinho Secomandi. *Saúde preventiva*: direito fundamental no sistema jurídico brasileiro. Dissertação de Mestrado apresentada na PUC-SP, em 2003, p. 119.

1982), pois com a evolução social, o apoio tradicional da família clama pela colaboração de serviços comunitários (públicos e privados) para a velhice, digna da parcela da população que vive mais tempo.

Consagramos a expressão idoso em detrimento de velho seguindo o vocábulo da Lei nº 8.842, de 04/01/1994, que dispõe sobre a política nacional do idoso, cria o Conselho Nacional do Idoso e dá outras providências.

A Convenção Internacional do Trabalho n. 102 e a Organização Mundial da Saúde consideram idosa a pessoa maior de 65 anos de idade. No entanto, adotamos idosa a pessoa maior de 60 anos de idade nos termos da Lei 8.842/1994, art. 2º, que adota o critério cronológico-econômico.[43]

O art. 230 do Título VIII da Ordem Social da Constituição Federal determina que a família, a sociedade e o Estado têm o dever de amparar as pessoas idosas, assegurando sua participação na comunidade, defendendo sua integridade e bem-estar e garantindo-lhes o direito à vida. O art. 3º da Lei nº 8.842/1994 eleva o idoso à condição de cidadão no seu inciso I e vincula as esferas federal, estadual, do Distrito Federal e municipal no dever de assegurar ao idoso todos os direitos de cidadania, garantindo sua participação na comunidade, defendendo sua dignidade, bem-estar e o direito à vida, bem como outras determinações. O art. 4º da mencionada Lei determina as diretrizes da política nacional do idoso, e o inciso II trata da participação do idoso, através de organizações representativas, na formulação, implementação e avaliação das políticas, planos, programas e projetos a serem desenvolvidos.

No caso da saúde do idoso, priorizou-se um conjunto de ações governamentais básicas para pôr em prática a política nacional do idoso de competência dos órgãos e entidades públicos para promover simpósios, seminários, e encontros específicos (inciso I, *c*, art. 10), prevenir a saúde do idoso mediante programas e medidas profiláticas (inciso II, *b*, art. 10, ambos da Lei nº 8.842/1994).

A Síndrome de Imunodeficiência Adquirida (AIDS) entre os idosos vem sendo registrada de forma assustadora. Segundo dados do Ministério da Saúde, publicados em 2004, 2% da população brasileira acima de 60 anos são portadores do vírus HIV, o que significa que 5.500 idosos têm a doença.

Houve uma mudança de perfil nos casos diagnosticados (heterossexualização, feminização, juvenilização e *envelhecimento*. Estima-se que o crescimento da aids em portadores acima de 60 anos de idade cresceu 115% em 2004; as mudanças socioculturais, notadamente na sexualidade (drogas atuantes no desempenho sexual e inovações na área de reposição hormonal), aumentaram a expectativa de vida dos brasileiros.[44]

Resultados obtidos em estudo apresentado em um congresso sobre Aids revelaram que os sujeitos da pesquisa possuem conhecimento de que o HIV pode ser transmitido por via sexual ou sanguínea; todavia a utilização de preservativos encontra resistências

43. Wladimir Novaes Martinez. *Direito dos Idosos*, p. 22. Para a ONU 60 anos é um índice satisfatório que atende às condições dos países em desenvolvimento, segundo Flávio da Silva Fernandes, *As pessoas idosas na legislação brasileira*, p. 19.

44. BRASIL, *Boletim Epidemiológico Aids/DST.* Brasília: Programa Nacional de DST e Aids, jan.-jun. 2004.

nessa faixa etária de 52 anos em diante e o indicador – escolaridade –, é importante para o estudo de aids.[45]

Diante desse fato, e em uma tentativa de fomentar estudos sobre temas pouco investigados na área do idoso, este capítulo pesquisa comporta maior divulgação em benefício dos homens e mulheres idosos.

4. Objetivos, hipótese, método, sujeitos

Para a realização do estudo "Prevenção digna da aids à pessoa idosa no sistema jurídico brasileiro", foram estabelecidos um objetivo geral – contribuindo com o processo de aprendizagem em relação ao tema –, e alguns específicos, para a análise das questões levantadas –, identificar as variáveis significantes em relação ao tema nas opiniões de um grupo de idosos de uma instituição da Terceira Idade.

Não havia variáveis significantes em relação ao tema escolhido em uma Universidade da Terceira Idade, diante disso, preferimos estabeler um método para nosso estudo e formamos um grupo com doze sujeitos (todas universitárias do sexo feminino) de uma Instituição da Terceira Idade com faixa etária entre 52 a 82 anos de idade. A Tabela 4.1, linha horizontal, traduz as características das participantes: 7 colaboradoras, com idade entre 52 e 69 anos, com percentual de 56% e 5 colaboradoras com idade entre 70 e 82 anos, com percentual de 42%, totalizando 12 colaboradoras.

Tabela 4.1 - Características das participantes

SEXO FEMININO		
Variação da idade		
Idades	F	%
52 a 69	7	58
70 a 82	5	42
TOTAL	12	100

Os autores transcreveram as seis questões abaixo feitas às colaboradoras, cujas referências fazem parte integrante das questões.

1. A conscientização do direito à sexualidade é um bem relevante ao idoso (p. 113). Martinez. *Direitos do idoso.* São Paulo, 1997.
2. O idoso recebe da família condições existenciais condignas (p. 110). Martinez. *Direitos do idoso.* São Paulo, 1997.
3. Em relação a prevenção à aids o idoso participa de programas e medidas profiláticas (art.10, II, *b*). Lei nº 8.842, de 04/01/1994.
4. O estatuto do idoso não contribui para humanização e não aproxima o idoso de sua família e da sociedade. Paim. *Estatuto do idoso*, Senado Federal, Brasília, 2004.

45. Lucineide Silva Santos; Mirian Santos Paiva; Uânia Cristina Feliz Santiago. Representações sociais de idosos sobre prevenção e transmissão da aids. Disponível em: <http://www.aidscongress. Com/pdf/representações_abbstract_231_comunic_264.pdf>. Acesso em: 04/09/2007.

5. O estatuto do idoso apresenta direitos explícitos em relação à prevenção à aids (p. 97). Fernandes. *As pessoas idosas na legislação brasileira*, São Paulo, 1997.
6. Existe promoção de eventos municipais específicos para discussão das questões relativas à prevenção da aids do idoso (art. 10, I, *c*). Lei nº 8.842, de 04/01/1994.

O questionário em relação aos referenciais pesquisados foi aplicado em uma sala de aula com prévia orientação (ver Tabela 4.2).

Serviram como instrumento os questionários das colaboradoras concordantes com o presente estudo. Na Tabela 4.2, na linha vertical (F) Frequência e (%) Percentual. Na linha horizontal, os percentuais relativos a cada uma das seis questões evocadas às colaboradoras.

Tabela 4.2. Instrumento - Alunos que concordaram

QUESTÕES / CONCORDARAM	F	%
1. A conscientização do direito à sexualidade é um bem relevante ao idoso.	11	92
2. O idoso recebe da família condições existenciais condignas.	07	58
3. Em relação à prevenção da aids, o idoso participa de programas e medidas profiláticas.	0	0
4. O estatuto do idoso não contribui com a humanização e não aproxima o idoso de sua família e da sociedade.	6	50
5. O estatuto do idoso apresenta direitos explícitos em relação à prevenção da aids.	2	17
6. Existe promoção de eventos municipais específicos para discussão das questões relativas à prevenção da aids do idoso.	0	0

Com relação ao gráfico 4.3, foi possível observar que os sujeitos da pesquisa não possuem conhecimento da relevância pública da prevenção da aids à pessoa idosa.

Gráfico 4.3. Resultados

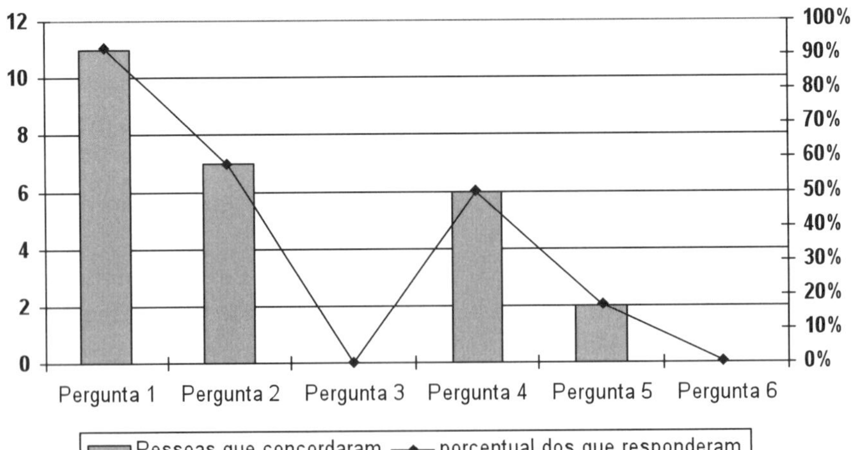

5. Considerações finais

No estudo de iniciação científica empreendido para escrever este capítulo, adquirimos conhecimentos relevantes em relação à prevenção digna da aids à pessoa idosa no sistema jurídico brasileiro. Identificamos variáveis que deverão contribuir com melhorias no meio social. Nossa hipótese foi refutada, pois encontramos variáveis significantes.

Em relação à primeira afirmativa ("A conscientização do direito à sexualidade é um bem relevante ao idoso"), obtivemos 92% de acertos e concluímos que os sujeitos apresentaram um conhecimento satisfatório. Para Martinez,[46] a sexualidade é um direito próprio do ser humano. Na segunda afirmativa ("O idoso recebe da família condições existenciais condignas"), obtivemos 58% de acertos; como afirmou Martinez,[47] é preciso que o idoso seja valorizado como ser humano e desfrute de qualidade de vida.

Sobre o idoso participar de programas e medidas profiláticos sobre a prevenção à aids, verificamos que não existem ações governamentais nessa área e não houve nenhum acerto; portanto, um resultado insatisfatório. Nos termos da alínea *b*, inciso II, do art. 10, da Lei nº 8.842/1994: *"As ações governamentais na implantação da política nacional do idoso na área da saúde deve prevenir a saúde do idoso, mediante programas e medidas profiláticas"*.

Na quarta afirmativa, o estatuto do idoso não contribui para humanização e não aproxima o idoso de sua família e da sociedade, obteve-se 50% de acertos; segundo Paim,[48] o papel do Estatuto é contribuir com a humanização e aproximar cada vez mais o idoso de sua família e da sociedade.

A quinta afirmativa ("O estatuto do idoso apresenta direitos explícitos em relação à prevenção da aids"), observamos um resultado baixo, apenas 17% de acertos. Como salientou Fernandes,[49] no universo do idoso a redação deve ser clara e explícita.

Na última afirmação, o resultado foi alarmante, com zero de acerto. Os sujeitos não mostraram conhecimento de promoção de eventos municipais específicos para a discussão das questões relativas à prevenção da aids do idoso, conforme preveem a alínea *g*, inciso II, do art. 10, da Lei nº 8.842/1994 e a Constituição Federal, no inciso II do art. 198, em que prioriza as atividades preventivas de saúde.

Os resultados (v. Gráfico 4.3) mostraram a importância e necessidade de novas pesquisas para melhorar a clareza de alguns pontos do tema em estudo. A política pública de saúde do idoso em nosso país requer ações urgentes e emergenciais, pois é de relevância pública a prevenção digna do direito fundamental da aids (direito à vida) à pessoa humana.

Guardadas as limitações próprias deste capítulo, é possível empreender novos estudos fraternos para a conscientização do direito fundamental do idoso à prevenção digna da aids.

---

46. Wladimir Novaes Martinez, *Direito dos idosos*, p. 22.
47. Idem, ibidem.
48. Paim, *Estatuto do Idoso – agora é lei*. Senado Federal. Brasília. Secretaria Especial de Editoração e Publicação, 2003.
49. Flávio da Silva Fernandes, *As pessoas idosas na legislação brasileira*, p. 97.

6. Referências bibliográficas

ARISTÓTELES. *A política*. Trad. Nestor Silveira Chaves. 14. ed. Rio de Janeiro: Ediouro, 1996.

ARIZA OLIVEIRA, Elzira Teixeira. *Criar e estilos de aprender na terceira idade*: uma proposta psicopedagógica. Tese de Doutoramento apresentada na PUC-Campinas, 2003.

BACHOF, Otto, *Jueces y Constitución*. Trad. Rodrigo Bercovitz Rodriguez. Madrid: Editorial Civitas, 1987.

BALTES, P. B., REESE, H. W.; NESSELROAD, J. R. *Métodos de Investigación en Psicología Evolutiva: Enfoque del Ciclo Vital*. Madrid: Ediciones Morata, 1981.

BEAUVOIR, DE S. *A velhice*. 1970. Rio de Janeiro: Nova Fronteira, 1990.

BOSI, E. 1973. *Memória e sociedade: lembranças de velhos*. São Paulo: Companhia das Letras, 1995.

CACHIONI, M. *Quem educa os idosos*. Um estudo sobre professores de universidade da terceira idade. Campinas: Alínea, 2003.

CANÇADO TRINDADE, Antonio Augusto. *Tratado de direito internacional dos direitos humanos*. Porto Alegre: Sérgio Antonio Fabris Editor, 2003. v. 1.

CANOTILHO, José Joaquim Gomes. *Curso de direito constitucional*. 4. ed. Coimbra: Ed. Almedina, 2000.

CHOPRA, D. *Corpo sem idade, mente sem fronteiras*. Rio de Janeiro: Rocco, 1994.

COMPARATO, Fábio Konder. *A afirmação histórica dos direitos humanos*. São Paulo: Ed. Saraiva, 1999.

COULANGES, Fustel de. *A cidade antiga*. Trad. Fernando de Aguiar. 2. ed. São Paulo: Ed. Martins Fontes, 1987.

CRUZ, R. B. S. Bem-estar subjetivo na terceira idade. Dissertação de Mestrado apresentada no Curso de Pós-Graduação em Psicologia. PUC-Campinas, 2003.

CUNHA, Antonio Geraldo da. *Dicionário etimológico Nova Fronteira da língua portuguesa*. 2. ed. rev., 14. reimpr. São Paulo: Nova Fronteira, 2001.

DALLARI, Dalmo de Abreu. Os direitos fundamentais na Constituição Brasileira. In: FIOCA, Demian; GRAU, Eros Roberto et al. (Org.). *Debates sobre a Constituição*. São Paulo: Paz e Terra, 2001.

DALLARI, Sueli Gandolfi. *Os Estados brasileiros e o direito à saúde*. São Paulo: Hucitec, 1995.

ERBOLATO, E. M. P. L. Impacto da universidade da terceira idade: modificações de vida relativas ao envelhecimento. *Boletim de Psicologia* XLVI, 61-77, 1996.

ERIKSON, E. H; ERIKSON, J. M. *O ciclo de vida completo*. Porto Alegre: Artmed, 1998.

FERNANDES, Flávio da Silva. *As pessoas Idosas na Legislação Brasileira* (Direito e gerontologia). São Paulo: LTr, 1997.

GIGLIO, Z. G. Desenvolvimento e transformação na meia idade. In: GIGLIO, Z. G.; GIGLIO, J. S. *Anatomia de uma época:* olhares junguianos através da binômia eficiência/transformação. Campinas: Instituto de Psicologia Analítico de Campinas, 2002.

GODOY, G. F. *Criatividade e integração vital com idosos*. Dissertação de Mestrado apresentado ao Instituto de Psicologia da PUC-Campinas, Campinas, 1996.

GRAU, Eros Roberto. *A ordem econômica na Constituição de 1988*. 3. ed. São Paulo: Malheiros Editores, 1997.

HAMILTON, I. S. *Psicologia do envelhecimento – uma introdução*. Porto Alegre: Artmed, 2002.

KELSEN, Hans. *Teoria Pura do Direito*. 5. ed. Trad. João Baptista Machado. São Paulo: Martins Fontes, 1996.

LAFER, Celso. *A reconstrução dos direitos humanos* – um diálogo com o pensamento de Hannah Arendt. São Paulo: Companhia das Letras, 1988.

________. *A afirmação histórica dos direitos humanos.* São Paulo: Ed. Saraiva, 1999.

MARTINEZ, Wladimir Novaes. *Direito dos idosos.* São Paulo: LTr, 1997.

MAZO, G. Z; LOPES, M. A.; BENEDETTI, T. B. *Atividade física e o idoso.* Concepções gerontológicas. Porto Alegre: Sulina, 2001.

MONTORO, André. *Introdução à ciência do direito.* 25. ed. São Paulo: Revista dos Tribunais, 1999.

NERI, A. L. (Org.). *Psicologia do envelhecimento.* Campinas: Papirus, 1995.

NERI, A. L. *Desenvolvimento e envelhecimento.* Perspectivas biológicas, psicológicas e sociológicas. Campinas: Papirus, 2001.

________. *Palavras-chave em gerontologia.* Campinas: Alínea, 2001.

OS IDOSOS e a aids no Brasil. *Jornal do Brasil.* Disponível em: <http://www.giv.org.br/noticias/noticia.php?codigo=470>. Acessos em: 07/03/2004; 03/08/2007.

PAIM. *Estatuto do Idoso – agora é lei.* Senado Federal. Brasília. Secretaria Especial de Editoração e Publicação, 2003.

PIOVESAN, Flávia. *Direitos humanos e o direito constitucional internacional.* 7. ed. São Paulo: Ed. Saraiva, 2006.

POLIMENO, M. E. *Mulheres da terceira idade:* uma experiência grupal. Dissertação de Mestrado apresentada no Instituto de Psicologia. PUC-Campinas, 1999.

________. *Direitos humanos e justiça internacional.* São Paulo: Ed. Saraiva, 2006.

REALE, Miguel. *Nova Fase do Direito Moderno.* 2. ed. São Paulo: Ed. Saraiva, 1998.

REGO, T. C. *Vygotsky:* uma perspectiva histórico-cultural da educação. Petrópolis: Vozes, 1995.

ROSA, Elianne Maria Meira; SECOMANDI, Milene Torres Godinho et al. *Responsabilidade Social* – Valorização da pessoa humana no espaço da democracia. Natureza e Artifício. Mogi das Cruzes: Ed. Universidade Braz Cubas, v. 2, n. 1, p. 20, mar. 2006.

ROSEN, George. *Uma história da saúde pública.* Trad. Marcos Fernando da Silva Moreira com colaboração de José Ruben de Alcântara Bonfim. São Paulo: Hucitec, 1994.

SAHID, Maluf. *Teoria Geral do Estado.* 5. ed. São Paulo: Sugestões Literárias, 1968.

SANTOS, Lucineide Silva; PAIVA, Mirian Santos; SANTIAGO, Uânia Cristina Feliz. Representações sociais de idosos sobre prevenção e transmissão da aids. Disponível em: <http://www.aidscongress. Com/pdf/representações_abbstract_231_comunic_264.pdf>. Acesso em: 04/09/2007.

SECOMANDI, Milene Torres Godinho. Saúde preventiva: direito fundamental no sistema jurídico brasileiro. Dissertação de Mestrado apresentada na PUC-SP, 2003.

SÉGUIN, Elida. *O direito do idoso.* Rio de Janeiro: Lumen Juris, 1999.

SKINNER, B. F.; VAUGHANN. Trad. Néri, A. L. *Viva bem a velhice.* Aprendendo a programar sua vida. São Paulo: Sumus, 1985.

SÜSSEKIND, Arnaldo. *Direito Internacional do Trabalho.* 2. ed. São Paulo: LTr, 1987.

VANOSSI. *El Estado de Derecho en el Constitucionalismo Social.* Buenos Aires: Ed. Universitaria, 1982.

ZIMERMAN, D. E.; OSÓRIO, L. C. *Como trabalhamos com grupos.* Porto Alegre: Artes Médicas, 1997.

Capítulo

5

A função administrativa e a proteção constitucional do direito de moradia

Sérgio Cedano*

Sumário: Introdução. 1. O Estado e suas funções. 2. A função administrativa e seu regime jurídico. 2. A função administrativa e a dimensão vertical da dignidade da pessoa humana. 4. A proteção constitucional do direito de moradia. 5. A função administrativa de intervenção no domínio social: políticas públicas e atividade de fomento administrativo. 6. Gestão dos bens públicos e direito de moradia. 7. Poder de polícia e a proteção constitucional do direito de moradia. 8. Considerações finais. 9. Referências bibliográficas.

Introdução

O ESTADO É dotado de poder político para promover o atendimento das necessidades do cidadão, de acordo com os objetivos fixados pelo art. 3º da Constituição Federal. A efetivação de tais objetivos deve nortear toda atividade estatal, em especial no exercício de suas funções mais relevantes: legislativa, executiva e judiciária.

A função administrativa é eminentemente teleológica, porquanto está adstrita a satisfazer interesses públicos primários e, para tanto, encontra-se lastreada em dois princípios basilares, quais sejam: supremacia do interesse público sobre o privado e indisponibilidade dos interesses públicos. Toda a atuação administrativa, para ser válida, deve obediência ao princípio da dignidade da pessoa humana, seja na sua acepção negativa, objetivando impedir a atuação arbitrária do Estado, seja na perspectiva positiva, em que o Estado deverá ter como meta permanente a proteção da vida em todas as suas acepções.

* Juiz de Direito do Estado de São Paulo, ex-procurador do Estado, especialista e mestrando em Direito Administrativo pela PUC-SP.

A Constituição Federal, inciso IX do art. 23, definiu como matéria de competência administrativa comum da União, dos Estados, do Distrito Federal e dos Municípios promover programas de construção de moradias e a melhoria das condições habitacionais e de saneamento básico. Percebe-se, portanto, que a questão da moradia está inserida no contexto do dever-poder do Estado, eis que incluída no âmbito do piso vital mínimo ou do mínimo existencial para a efetividade do direito subjetivo a uma vida digna (art. 6º, CF).

O direito de moradia tem característica predominantemente de direito difuso, por ser de natureza transindividual, indivisível, de titularidade dispersa entre pessoas indeterminadas e ligadas por circunstâncias de fato, no interesse geral de proteção ao mínimo existencial pelo Estado. A Ação Civil Pública constitui importante mecanismo de controle judicial da política pública de moradia, na medida em que atinge o interesse de titulares indeterminados que ficariam inviabilizados se fossem exercidos em tutela individual ou coletiva em litisconsórcio multitudinário.

Além do dever de promover diretamente o acesso ao direito de moradia, o Estado, no exercício da atividade administrativa, tem por missão constitucional promover o fomento dessa atividade, facilitando e estimulando a participação da sociedade na implementação de políticas públicas voltadas ao acesso a um teto onde se abrigue com a família de modo permanente e em condições de habitabilidade.

O Texto Constitucional, ao estabelecer expressamente que a propriedade deverá atender a sua função social (art. 5º, XXIII) e, especialmente, quando reputou como princípio da ordem econômica a existência digna de todos, conforme os ditames da justiça social (art. 170, II e III), provocou o surgimento de uma nova estrutura interna do conceito de propriedade. A função social da propriedade não é exclusividade da propriedade privada, mas atinge, com muito mais razão, a propriedade pública, eis que orientada à satisfação de interesses públicos concretos, determinados.

Com efeito, há uma conscientização crescente e generalizada de que os indivíduos têm o dever de ser solidários, protegendo-se mutuamente. O conceito moderno de dignidade é informado pela solidariedade humana. A inclusão do princípio da função social modifica a estrutura do direito de posse, na medida em que o possuir deixa a condição de mero observador, como mero sujeito passivo universal, e passa a titularizar direitos subjetivos, em atenção à superior previsão constitucional do direito social de moradia e o consequente acesso aos bens vitais mínimos.

Do mesmo modo, o poder de polícia estatal, e os atributos que lhe são correlatos, deve observância ao postulado da dignidade da pessoa humana, em especial diante do cotejo entre o bem público abandonado e a posse séria decorrente do direito de moradia.

1. O Estado e suas funções

O homem, como ser social, desde os primórdios e durante todo o período de sua existência, está sempre ligado a um tipo de sociedade. Não vive isolado, mas em grupos, em face de interesses materiais ou de objetivos espirituais. Justamente por isso, Darcy Azambuja nos ensina que

> ... a primeira em importância, a sociedade natural por excelência, é a família, que o alimenta, protege e educa. As sociedades de natureza religiosa, ou Igrejas, a Escola, a Universidade, são outras tantas instituições em que ele ingressa; depois de adulto, passa ainda a fazer parte de outras organizações, algumas criadas por ele mesmo, com fins econômicos, profissionais ou simplesmente morais: empresas comerciais, institutos científicos, sindicatos, clubes etc. O conjunto desses grupos sociais forma a sociedade propriamente dita. Mas, ainda tomado nesse sentido geral, a extensão e a compreensão do termo sociedade variam, podendo abranger os grupos sociais de uma cidade, de um país ou de todos os países, e, nesse caso, é a sociedade humana, a humanidade. Além dessas, há uma sociedade, mais vasta que a família, menos extensa do que diversas Igrejas e a humanidade, mas tendo sobre as outras uma proeminência que decorre da obrigatoriedade dos laços com que envolve o indivíduo; é a sociedade política, o Estado.[1]

O Estado, assim considerado a Nação politicamente organizada, é o conjunto orgânico formado pelo Território, Povo e Governo. O Território é a base física do Estado; o Povo o seu elemento humano e o Governo, o seu órgão diretivo.

O governo é o poder ou a autoridade do Estado. Na definição de José Afonso da Silva,[2] governo é "o conjunto de órgãos mediante os quais a vontade do Estado é formulada, expressada e realizada, ou conjunto de órgãos supremos a quem incumbe o exercício das funções do poder político". Assim, o Governo é a expressão política de comando, de iniciativa, de fixação de objetivos do Estado e de manutenção da ordem jurídica vigente.[3]

É importante ressaltar, contudo, que os conceitos de Governo e de Administração Pública não se confundem. Nesse aspecto, cabe registrar importante diferencial traçado pela doutrina de Hely Lopes Meirelles que assim dispõe:

> ... comparativamente, podemos dizer que governo é atividade política e discricionária; administração é atividade neutra, normalmente vinculada à lei ou à norma técnica. Governo é conduta independente; administração é conduta hierarquizada. O Governo comanda com responsabilidade constitucional e política, mas sem responsabilidade profissional pela execução; a Administração executa sem responsabilidade constitucional ou política, mas com responsabilidade técnica e legal pela execução. A Administração é o instrumental de que dispõe o Estado para pôr em prática as opções políticas do Governo.[4]

A peculiaridade do poder do Estado (poder político) é, segundo Carlos Ari Sundfeld,[5] de um lado, o fato de basear-se no uso da força física e, de outro, o

1. Darcy Azambuja, *Teoria geral do Estado*, p. 3.
2. José Afonso da Silva, *Curso de direito constitucional positivo*, p. 109.
3. Hely Lopes Meirelles, *Direito administrativo brasileiro*, p. 59.
4. Idem, ibidem, p. 60.
5. Carlos Ari Sundfeld, *Fundamentos de direito público*, p. 23.

reservar-se, com exclusividade, ao uso dela. Decorrem disso duas consequências muito importantes. A primeira: o poder do Estado se impõe aos demais existentes em seu interior, razão pela qual lhes é superior. Os poderes do patrão, do pai, do sindicato, da diretoria do clube são subordinados ao poder do Estado. A segunda: o Estado não reconhece poder externo superior ao seu.

O Estado é, pois, dotado de poder político para promover o atendimento das necessidades do cidadão, proporcionando-lhe condições de viver em harmonia, ter prosperidade e, enfim, atingir o bem-estar social.

Pela primeira vez na história constitucional do Brasil, a Constituição Federal de 1988 abriu um artigo específico para as finalidades do Estado brasileiro, cuja consecução deve figurar como vetor interpretativo de toda a atuação dos órgãos públicos, dispondo no seu art. 3º: construir uma sociedade livre, justa e solidária; garantir o desenvolvimento nacional; erradicar a pobreza e a marginalização e reduzir as desigualdades sociais e regionais; e promover o bem de todos, sem preconceitos de origem, raça, sexo, cor, idade e quaisquer outras formas de discriminação.

A consecução de tais objetivos deve nortear toda atividade estatal, em especial no exercício de suas funções mais relevantes: legislativa, executiva e judiciária.

Para a proposta deste capítulo, interessa mais de perto o exercício da função administrativa e a sua relação com os fundamentos e objetivos do Estado Democrático de Direito, em especial, o princípio fundamental da dignidade da pessoa humana (art. 1º, III) e os deveres de respeito e proteção.

2. A função administrativa e seu regime jurídico

De início, cabe recordar que o conceito de função é típico do direito administrativo, mas dele não é exclusivo.

Sobre o tema é interessante o destaque feito pela doutrina de Fábio Konder Comparato[6] sobre o amplo conceito que a expressão "função" possui na ciência jurídica: "Função – como desempenho, adimplemento, execução – é a atuação própria de alguém ou de algo num sistema, isto é, num conjunto coordenado de partes em relação a um fim ou objetivo". E prossegue o doutrinador: "Mas a todo poder correspondem deveres e responsabilidades próprias, exatamente porque se trata de um *direito-função,* atribuído ao titular para consecução de finalidades precisas. Assim, também exerce função o tutor; o curador e o síndico da massa falida".

Em direito administrativo, "função" significa vínculo inseparável que une o poder outorgado ao agente e o dever que lhe é imposto, dirigido ao atingimento de determinado objetivo que sempre será de interesse público.

Assim, existe função quando alguém está investido no dever de satisfazer dadas finalidades em prol do interesse de outrem, necessitando, para tanto, manejar os poderes requeridos para supri-las. Logo, tais poderes são instrumentais ao alcance das sobreditas finalidades. Sem eles, o sujeito investido na função não teria como se

6. Fábio Konder Comparato, *O poder de controle na sociedade anônima*, pp. 282, 283.

desincumbir do dever posto a seu cargo. Donde, quem os titulariza maneja, na verdade, "deveres-poderes", no *interesse alheio*.[7]

Dessa forma, a função administrativa pressupõe os seguintes elementos básicos: (1) agente público; (2) dever; (3) finalidade; (4) interesse público; (5) previsão em lei; (6) poderes para a realização de seu dever; (7) e interesse alheio ao sujeito que maneja o poder.[8]

Agente público deve ser entendido como sendo toda pessoa, física ou jurídica, de Direito Público ou Privado investido no desempenho de atividade estatal.

Dever é a conduta prevista e imposta pelo ordenamento jurídico ao agente e de observância obrigatória, sob pena de sofrer sanções jurídicas.

A finalidade é o desígnio estabelecido em lei, ou seja, é o objetivo que deve ser necessariamente perseguido pelo agente público. É próprio do conceito de função o atingimento de finalidade preestabelecida em disposição legal ou constitucional.

O interesse público é o conteúdo da finalidade. O agente público deve atuar perseguindo sempre o interesse público primário, vale dizer, o interesse da sociedade e não o da própria Administração (interesse secundário). O ideal seria que tais interesses se confundissem em um só, mas não é o que se observa na realidade.

Poderes são os instrumentos e prerrogativas postos à disposição do agente público para o cumprimento de seus deveres. O uso dessas prerrogativas somente será legítimo quando e na medida indispensável ao atingimento dos interesses públicos.

Por derradeiro, o interesse perseguido pelo agente há de ser alheio à esfera jurídica privada do agente público responsável pelo exercício da função administrativa.

Assim, existe função quando alguém está investido no dever de satisfazer dadas finalidades em prol do interesse de outrem, necessitando, para tanto, manejar os poderes requeridos para supri-las. Logo, tais poderes são instrumentais ao alcance das sobreditas finalidades. Sem eles, o sujeito investido na função não teria como se desincumbir do dever posto a seu cargo. Donde, quem os titulariza maneja, na verdade, "deveres-poderes", no *interesse alheio*.[9]

Quem exerce função administrativa está adstrito a satisfazer interesses públicos primários, ou seja, interesses da coletividade como um todo e não da própria Administração Pública em si mesma considerada e, para tanto, encontra-se lastreada em regime jurídico próprio, como conjunto sistematizado de princípios e regras que confere identidade ao exercício dessa função, diferenciando-a das demais atividades estatais (jurisdicional e legislativa típicas).

Com efeito, a Constituição Federal, no seu art. 1º, expressamente, estabeleceu que o Brasil adotou como regime de governo a República, que tem por característica principal o fato de o governante não ser o titular do poder, mas o representante de quem, verdadeiramente, é o seu titular, vale dizer, da sociedade, como, aliás, dispõe o

7. Celso Antônio Bandeira de Mello, *Curso de direito administrativo*, p. 32.
8. Egon Bockmann Moreira, *Processo administrativo*, p. 31.
9. Celso Antônio Bandeira de Mello, op. cit., p. 32.

parágrafo único do art. 1º do Texto Constitucional: *"Todo o poder emana do povo, que o exerce por meio de representantes eleitos, ou diretamente, nos termos desta Constituição"*.

O termo república provém da expressão *res publica* que significa a coisa pública, ou seja, coisa do povo e para o povo, exatamente para expressar a ideia de que o governante não é o dono dos bens, serviços e atividades que disponibiliza, mas age como administrador de interesses que não lhe são próprios, representando, como já mencionado, a vontade popular. É o fundamento da soberania nacional haurida na vontade popular.

O regime peculiar da Administração Pública está lastreado em dois princípios basilares, quais sejam: indisponibilidade dos interesses públicos e supremacia do interesse público sobre o privado.[10]

A indisponibilidade dos interesses públicos é própria do exercício da função administrativa, porquanto direcionada a representar interesses de terceiros que não se encontram na esfera de livre disposição de quem quer que seja. O poder público não tem sobre tais bens disponibilidade, pois não age na qualidade de dono, mas de curador dos interesses públicos. Considera-se interesse público "o interesse resultante do conjunto dos interesses que os indivíduos pessoalmente têm quando considerados em sua qualidade de membros da sociedade e pelo simples fato de o serem".[11]

É oportuno o registro das consequências e considerações que os ilustres Professores Sérgio Ferraz e Adilson Abreu Dallari extraem do conceito:

> O interesse público, como um todo, na verdade se realiza por meio de específicos interesses públicos, ou seja, de situações concretas que a ordem jurídica qualifica como tal, de maneira a sempre comportar verificação, exame e controle e contestação. Fica também perfeitamente claro que algo não se torna de interesse público apenas por ser fruto da atuação de um agente público; ao contrário, este é que tem, em sua atuação, a obrigação de perseguir a realização de algo previamente qualificado como de interesse público.[12]

O princípio da indisponibilidade serve de alicerce para os demais princípios que regem toda atividade do administrador público e que se encontram estampados no art. 37 da Constituição Federal.

Pelo princípio da legalidade o administrador está completamente adstrito aos comandos da lei, nos limites da lei e para atingir a finalidade que ela dispõe. É a decorrência lógica do Estado de Direito, pois a submissão à lei tem por fundamento dar concretude à vontade popular. Nesse sentido é a lição do Professor Roque Antônio Carrazza, que, ao tratar do princípio republicano, traz à colação o comentário de Thomas Cooley:

> Toda a corporação legislativa deve legislar tendo em vista o bem público, e não o proveito individual de quem quer que seja, e o ato deve ser inspirado pela luz dos princípios gerais que constituem o fundamento natural das

10. Celso Antônio Bandeira de Mello, op. cit., p. 69.
11. Idem, ibidem, p. 32.
12. Sérgio Ferraz; Adilson Abreu Dallari. *Processo administrativo*, p. 77.

> instituições representativas. Aqui, entretanto, atingimos a esfera da discrição legislativa. O que for para o bem público, e é o que exigem os princípios em que se apoia o governo representativo, compete à legislatura o decidir, sob a responsabilidade dos seus membros para com os eleitores.[13]

Não basta a mera subsunção da atividade administrativa ao comando abstrato da norma, é preciso que a função administrativa seja orientada pelo princípio da impessoalidade, impondo o dever ao poder público de tratar a todos os administrados sem discriminações inconstitucionais.

Além disso, o próprio conceito de Estado de Direito pressupõe que a atividade administrativa seja exercida com presteza, perfeição e rendimento funcional. O princípio da eficiência é o mais moderno princípio da função administrativa, que já não se contenta em ser desempenhada apenas com legalidade e imparcialidade, exigindo resultados positivos para o serviço público e satisfatório atendimento das necessidades da comunidade e de seus membros.[14]

Na outra pilastra de sustentação do regime jurídico administrativo encontra-se a supremacia do interesse público sobre o particular, que confere à Administração Pública instrumentos e prerrogativas para a consecução da finalidade pública. A supremacia decorre da posição de verticalidade em que a Administração Pública se encontra em face do particular.

A desigualdade do poder público justifica-se pelo interesse que persegue, ainda que, para tanto, tenha de impor restrições unilaterais aos administrados, pois o sacrifício individual cede passo ao benefício coletivo. Contudo, é preciso ressaltar que a ideia de supremacia do interesse público sobre o privado não pode ser extraída abstratamente, mas da análise do caso concreto,[15] após o exercício de interpretação orientada pelos fundamentos e objetivos estampados no Texto Constitucional.

As prerrogativas públicas compreendem um conjunto de atribuições especiais conferidas à Administração, na relação jurídico-administrativa, derrogatórias do direito comum e que são indispensáveis à satisfação de interesses públicos.

Na verdade, as prerrogativas não significam uma carta em branco para o poder público de modo que possam ser manejadas aleatoriamente ou para a satisfação de interesses pessoais. Devem, isto sim, perseguir a finalidade pública e, para tanto, sofrem os condicionamentos dos princípios norteadores da Administração Pública. Exatamente pelo aspecto finalístico que informa a atuação do administrador é que o Professor Celso Antônio prefere referir-se às prerrogativas não como "poderes", mas "deveres-poderes", ressaltando o aspecto subordinado do poder em relação ao dever.

---

13. Roque Antônio Carrazza. *Curso de direito constitucional tributário*, pp. 44, 45.
14. Hely Lopes Meirelles, *Direito administrativo brasileiro*, p. 89.
15. Nesse sentido, Clovis Beznos, *Aspectos jurídicos da indenização na desapropriação*, p. 34. Para o ilustre Professor "não se pode conceber 'a priori' a existência de supremacia de certa gama de interesses que se sobreponham a outros em relação ao mesmo objeto, eis que a supremacia de interesses ou de direitos que destes são sinônimos, frente a outros, diante de uma lide, somente se pode dar pela interpretação pelo poder competente – o Judiciário–, da questão em debate, considerando os fatos e o direito aplicável".

Com efeito, o exercício das prerrogativas do Estado só estará legitimado quando presente, de fato, o interesse público, não um suposto interesse público do Estado, ou de seu governante (difuso, indeterminado, totalmente divorciado da realidade), mas aquele representativo dos verdadeiros interesses da comunidade. O interesse público deve aparecer como algo certo, determinado, exercitável em curto espaço de tempo, perfeitamente passível de ser reconhecido no caso concreto, sob pena de assumir a forma de uma mera aparência.

Como adverte com muita propriedade Héctor Jorge Escola: "*la simple invocación del interes público, como lago vago e inasible, no sirve para nada: es como una forma, dentro de la cual nada existe. Es una aparencia, cuando en verdad debe ser una realidad*".[16]

Como decorrência desse dever-poder do Estado, a inação reveste-se de ilegitimidade e configura-se como prática ilegal. De fato, o desvio de finalidade ou de poder também estará presente quando o administrador deixa de atender aos interesses públicos para os quais encontra-se investido de modo vinculado.

De forma magistral ensina o Professor Juarez Freitas,[17] aproveitando os ensinamentos de Diogo de Figueiredo Moreira Neto, que a legitimidade do exercício da função administrativa pressupõe, exatamente, a observância dos limites finalísticos estatuídos pelo vinculante novo papel do Estado, em termos de respeito ao direito fundamental à boa administração, que pressupõe, em linhas gerais, a geração de ambiente institucional favorável a parceiros produtivos. Com a redução de entraves oriundos da quebra reiterada de confiança. E mais: pressupõe, sem tardar, a contínua sinergia entre as políticas públicas e o estabelecimento pactuado de metas e resultados, além da criatividade, a inovação e o controle social em matéria de orçamento público.

Desse modo, o administrado tem o direito subjetivo público de exigir do administrador omisso a conduta comissiva imposta pelos princípios e regras constitucionais, quer na via administrativa, o que pode fazê-lo pelo exercício do direito de petição (art. 5º, XXXIV, *a*, CF), quer na via judicial, formulando na ação pedido de natureza condenatória de obrigação de fazer, seja de cunho individual, seja para tutela de valores difusos ou metaindividuais.

É preciso registrar, porém, que aquelas atribuições constitucionais de natureza administrativa ou material (art. 23 da CF), a exemplo do inciso IX, que impõe à União, aos Estados, ao Distrito Federal e aos Municípios o dever de promover programas de construção de moradias e de melhoria das condições habitacionais e de saneamento básico, quando não são atendidas pelo administrador público ganham o *status* de omissões específicas, porquanto estão ocorrendo mesmo diante de expressa imposição no sentido do *facere* administrativo, seja no prazo previamente determinado, seja pelo transcurso de prazo superior ao razoavelmente aceitável.[18]

16. Héctor Jorge Escola. *El Interes Público como Fundamento del Derecho Administrativo*, p. 245.

17. Juarez Freitas. *Discricionariedade administrativa e o direito fundamental à boa Administração Pública*, p. 18.

18. A distinção entre omissões genéricas e omissões específicas no exercício da função administrativa é bem destacada por José dos Santos Carvalho Filho (In: *Manual de Direito Administrativo*, p. 38). Para o ilustre administrativista, apenas as omissões específicas podem caracterizar direito subjetivo do administrado, ficando as omissões genéricas

3. A função administrativa e a dimensão vertical da dignidade da pessoa humana

Com o Estado Social, o interesse público a ser alcançado pelo administrador humaniza-se na medida em que passa a preocupar-se não só com os bens materiais que a liberdade de iniciativa almeja, mas com valores considerados essenciais à existência digna; quer-se liberdade com dignidade, o que exige maior intervenção do Estado para diminuir as desigualdades sociais e levar a toda a coletividade o bem-estar social.[19]

Desse modo, verifica-se que a supremacia do interesse público sobre o privado não é absoluta e encontra-se orientada pelos fundamentos e objetivos estampados no Texto Constitucional, em especial, pelo postulado normativo da dignidade da pessoa humana, que, apesar da sua natureza polissêmica, atua como conceito jurídico-normativo a ser observado por todos os órgãos estatais, seja na sua acepção negativa, objetivando impedir a atuação arbitrária do Estado, seja na perspectiva positiva, programática ou impositiva, em que o Estado deverá ter como meta permanente a proteção da vida em todas as suas acepções. É a *eficácia vertical dos direitos fundamentais*, em que se observa o respeito aos direitos fundamentais nas relações entre indivíduo e Estado.[20]

Também compartilha do mesmo entendimento Marçal Justen Filho, quando leciona que a supremacia e indisponibilidade do interesse público são subordinadas ao princípio da dignidade da pessoa humana, ressaltando que, na verdade, funcionam como o instrumental necessário para a sua concretização, em especial quando cotejado em detrimento de um interesse público indeterminado ou difuso.

> Mais precisamente supremacia e indisponibilidade do interesse público são as vias insubstituíveis para a realização da dignidade da pessoa humana, que consiste que o ser humano não é instrumento, qualquer das acepções que a palavra apresente. O ser humano não pode ser tratado como objeto. É o sujeito de toda a relação social e nunca pode ser sacrificado em homenagem a alguma necessidade circunstancial ou, mesmo, a propósito da realização dos fins últimos de outros seres humanos ou de uma coletividade indeterminada. (...) O que não se admite é a diluição da dignidade de um único indivíduo em virtude da existência de um incerto e indefinido interesse público. (...) Os poderes atribuídos ao Estado, no âmbito da função administrativa, não são voltados a produzir um interesse público abstrato, difuso ou apenas cognoscível por parte do governante. A atividade administrativa do Estado se orienta a atender as necessidades individuais e coletivas pertinentes ao valor da dignidade da pessoa humana.[21]

Na verdade, nem os direitos e garantias individuais são dotados de natureza absoluta, como reconheceu o Supremo Tribunal Federal no MS 23.452, cujo relator foi o

---

dentro da esfera de livre oportunidade.

19. Maria Sylvia Zanella Di Pietro, *Discricionariedade Administrativa na Constituição de 1988*, pp. 217, 218.
20. STF, RE 201819/RJ, julgado em 11/10/2005.
21. Marçal Justen Filho, Conceito de interesse público e a "personalização" do Direito Administrativo, RTDP-26, p. 125.

Ministro Celso de Mello, ao entender que

> ... razões de relevante interesse público ou exigências derivadas do princípio de convivência das liberdades legitimam, ainda que excepcionalmente, a adoção, por parte dos órgãos estatais, de medidas restritivas das prerrogativas individuais ou coletivas, desde que respeitados os termos estabelecidos pela própria Constituição, pois nenhum direito ou garantia pode ser exercido em detrimento da ordem pública ou com desrespeito aos direitos e garantias de terceiros.

Nesse contexto, Juarez Freitas,[22] avaliando a importância dos princípios constitucionais para a Administração Pública, leciona, com muita precisão, que os princípios nucleares de estatura constitucional, norteadores da administração no Brasil, encontram-se, afortunadamente, no mais das vezes, agasalhados de modo expresso e até reiterado no texto da Constituição, não obstante valiosíssimos de tais princípios somente serem conhecidos por inferência ou por desenvolvimento interpretativo. Ainda quando implícitos, funcionam como diretrizes superiores do sistema, fazendo às vezes de seus máximos e autênticos paradigmas teleológicos para aplicação de todas as normas, aqui tomadas em identificação semântica das regras.

Na consagrada formulação de sua teoria tridimensional do direito, demonstrou Miguel Reale que a norma jurídica é a síntese resultante de fatos ordenados segundo distintos valores. Com efeito, leciona ele, onde quer que haja um fenômeno jurídico, há, sempre e necessariamente, um fato subjacente; um valor, que conforme determinada significação a esse fato; e, finalmente, uma norma, que representa a relação ou medida que integra um daqueles elementos ao outro, o fato ao valor. O saudoso Professor sintetiza que "o direito, como tudo que existe em razão do homem e para reger comportamentos humanos, está imerso no mundo da vida (*Lebenswelt*), ocorrendo esse fato tanto para as formas espontâneas e ainda não conceitualmente categorizadas da vida jurídica, quanto para as estruturas normativas racionalmente elaboradas".[23]

A dignidade da pessoa humana, mais do que fundamento para a instituição e atribuição de sentido às normas hierarquicamente inferiores, funciona como metanorma ou estrutura para a aplicação de outras normas (princípios ou regras), servindo como modo de raciocínio e argumentação. Na classificação de Canotilho, a dignidade da pessoa humana encontra-se inserida entre os princípios políticos constitucionalmente conformadores, porquanto voltada a explicitar uma valoração política fundamental do legislador constituinte.

Nesse contexto, adverte Ingo Wolfgang Sarlet,[24] não restam dúvidas de que todos os órgãos, funções e atividade estatais encontram-se vinculados ao postulado da dignidade da pessoa humana, impondo-se-lhes além do dever de respeito e proteção, a

22. Juarez Freitas Freitas, *O controle dos atos administrativos e os princípios fundamentais*, p. 47.
23. Miguel Realle, *Teoria tridimensional do direito*, pp. 90, 96.
24. Ingo Wolfgang Sarlet, *Dignidade da pessoa humana e direitos fundamentais*, pp. 114, 121.

obrigação de promover as condições que viabilizem e removam toda sorte de obstáculos que estejam a impedir as pessoas de viver com dignidade.

É o fenômeno denominado pela doutrina de *dimensão objetiva dos direitos fundamentais,* asseverando que tais direitos, além de imporem certas prestações aos poderes estatais (*deveres de proteção*), consagram também valores mais importantes em uma comunidade política, irradiando efeitos para todos os campos do ordenamento jurídico (*eficácia irradiante dos direitos fundamentais*), impulsionando e orientando a atuação do Legislativo, do Executivo e do Judiciário.[25]

Fala-se, assim, de uma dupla dimensão dos direitos fundamentais, porque estes constituem, simultaneamente, fonte de direitos subjetivos, que podem ser reclamados em juízo, e as bases fundamentais da ordem jurídica, que se expandem para todo o direito positivo. Ao Estado cabe, além do dever inafastável de preservar direitos, assegurar no mundo da vida as condições materiais mínimas para o exercício efetivo das liberdades constitucionais, sem as quais tais direitos, para os despossuídos, não passariam de promessas vãs.[26]

De fato, a dignidade da pessoa humana é simultaneamente limite e tarefa dos poderes estatais. Como limite, a dignidade implica não apenas que a pessoa não pode ser reduzida à condição de mero objeto da ação própria e de terceiros, mas também o fato de a dignidade gerar direitos fundamentais (negativos) contra atos que a violem ou exponham a graves ameaças. Como tarefa, da previsão constitucional (explícita ou implícita) da dignidade da pessoa humana, dela decorrem deveres concretos de tutela por parte dos órgãos estatais, no sentido de proteger a dignidade de todos, assegurando-lhes também, por meio de medidas positivas (prestações), o devido respeito e promoção.[27] De fato, é necessário

> *... que se facilite al hombre todo que éste necesita para vivir una vida verdaderamente humana, como son el alimento, la vestimenta, la vivienda, el derecho a la libre elección de esta y a fundar una familia, a la educación, al trabajo, a la buena fama, al respeto, a una adecuada información, a obrar de acuerdo con la norma reta de su conciencia, a la protección de la vida privada a la justa libertad también en materia religiosa.*[28]

Com efeito, a dignidade da pessoa humana acaba por justificar a imposição de restrições a outros bens constitucionalmente protegidos, ainda que se cuide de normas fundamentais, como o direito de propriedade, que se torna abusivo sempre que o seu titular deixa de atender a sua função social e colida com o direito de moradia, a despeito de o exercício desse direito ser da responsabilidade do Estado, cujas funções

25. Daniel Sarmento, *Dimensão objetiva dos direitos fundamentais*: fragmentos de uma teoria. Jurisdição constitucional e os direitos fundamentais, pp. 251, 314.
26. Idem, ibidem, p. 255.
27. Ingo Wolfgang Sarlet, *Dimensões da dignidade. Ensaios de filosofia do direito e direito constitucional*, p. 32.
28. Jesús Gonzáles Pérez, *La Dignidade de la Persona*, p. 61.

precípuas são as de construir uma sociedade livre, justa e solidária, erradicar a pobreza e a marginalização e promover o bem de todos.

Na verdade, os princípios do art. 1º inspiram todo o ordenamento constitucional vigente em nosso País e que traduzem, de modo expressivo, um dos fundamentos em que se assenta, entre nós, a ordem republicana e democrática consagrada pelo sistema de Direito Constitucional Positivo, como expressamente reconheceu o Supremo Tribunal Federal no julgamento do HC 85.237, cujo relator foi o Ministro Celso de Mello.[29]

O Constituinte foi muito claro nesse propósito quando fixou a dignidade da pessoa humana como um dos fundamentos da República Federativa do Brasil (art. 1º , III, da CF) e, principalmente, ao deixar transparecer de forma clara e inequívoca a sua incidência em outros capítulos de nossa Lei Fundamental, seja quando estabeleceu que a ordem econômica tem por finalidade assegurar a todos uma existência digna (art. 170, *caput*), e o meio ambiente ecologicamente equilibrado como fator essencial à sadia qualidade de vida (art. 225, *caput*), seja quando, na esfera dos direitos sociais, definiu o mínimo existencial ou o piso vital como direito fundamental (art. 6º, CF).

Na verdade, o que a Constituição deseja preservar vai muito mais além do que o direito à vida, mas, sim, o direito de viver dignamente, desdobrando-se em todos aqueles direitos que tornam a vida processo de aperfeiçoamento contínuo e de garantia de estabilidade pessoal, compreendendo, além do direito de não ser atingido em sua integridade física e psíquica, o direito à saúde, à educação, ao meio ambiente equilibrado, aos bens comuns da humanidade, enfim, o direito de ser em dignidades e liberdades.[30]

4. A proteção constitucional do direito de moradia

O direito à moradia significa ocupar um lugar como residência; ocupar uma casa, um apartamento etc., para nele habitar. O direito à moradia não é necessariamente direito à casa própria, mas a garantia a todos de um teto onde se abrigue com a família de modo permanente,[31] em condições de higiene e conforto capaz de preservar a intimidade pessoal, a essência e o valor social de certas instituições como a família e a saúde.

O conceito apresentado revela que o direito de moradia pode ser protegido de forma ampla pela Constituição Federal, desde a proteção máxima da moradia atrelada ao próprio direito de propriedade, até a dimensão mínima do Direito Constitucional de preservação da intimidade pessoal e do abrigo contra as arbitrariedades estatais.

Na verdade, o reconhecimento do direito de moradia como um direito fundamental pelo art. 6º (EC 26, de 14/02/2000) foi fruto de uma longa conquista de organismos e tratados internacionais, a Convenção Internacional sobre a Eliminação de Todas as Formas de Discriminação Racial de 1965 (art. V), a Declaração sobre Assentamentos Humanos de Vancouver de 1976 (Seção III) e a Agenda Habitat de 1966.

29. DJ 29/04/2005.
30. Cármen Lúcia Antunes Rocha, *O direito à vida digna*, p. 25.
31. José Afonso da Silva, op. cit., p. 314.

A Declaração Universal dos Direitos Humanos de 1948 (art. XXV, item 1), pela primeira vez, consagrou, pela ordem jurídica internacional, o direito de moradia entre os denominados direitos econômicos, sociais e culturais, estabelecendo:

> Todos têm direito ao repouso e ao lazer, bem como a um padrão de vida capaz de assegurar a si e à sua família saúde e bem-estar, inclusive alimentação, vestuário, habitação, cuidados médicos, e serviços sociais indispensáveis, o direito à segurança em casos de desemprego, doença, invalidez, viuvez, velhice, ou outros casos de perda dos meios de subsistência em circunstâncias fora de seu controle.

Assim, o direito de moradia cuida, entre nós, simultaneamente de direito fundamental (direitos da pessoa reconhecidos e positivados na esfera do Direito Constitucional de determinado Estado), e direito humano (reconhecido e protegido na esfera dos direitos internacionais).

A proteção internacional do direito de moradia (direitos humanos) consolida o rol de direitos fundamentais do Estado brasileiro (art. 5º, § 2º, da CF), além de permitir o seu reconhecimento com força equivalente à das emendas constitucionais, uma vez tenham sido aprovados, em cada Casa do Congresso Nacional, em dois turnos, por três quintos dos votos dos respectivos membros (§ 3º). É preciso ressaltar que o próprio Supremo Tribunal Federal,[32] em diversos julgados, vem adotando a tese do Ministro Gilmar Mendes de que os tratados internacionais de direitos humanos subscritos pelo Brasil possuem *status* normativo supralegal, o que torna inaplicável a legislação infraconstitucional com eles conflitantes, seja ela anterior ou posterior ao ato de ratificação e que, desde a ratificação, pelo Brasil, sem qualquer reserva, do Pacto Internacional dos Direitos Civis e Políticos.

A ausência, no texto constitucional, de uma definição mínima de um conteúdo para o direito à moradia impõe, como bem leciona Ingo Wolfgang Sarlet,[33] a necessidade de se utilizar as disposições contidas nos diversos tratados e outros documentos dos quais o Brasil seja signatário e que já estejam incorporados ao nosso ordenamento jurídico.

Nesse sentido, o Comentário Geral n. 4 do Comitê de Direitos Econômicos, Sociais e Culturais das Nações Unidas assegura, como conteúdo mínimo do direito de moradia, as seguintes condições: (1) segurança jurídica da posse; (2) disponibilidade dos serviços, materiais, benefícios e infraestrutura (acesso à água potável, à energia, serviço de aquecimento e iluminação, instalações sanitárias, entre outros); (3) gastos suportáveis (os Estados devem criar subsídios de moradia para os incapazes de obtê-la); (4) habitabilidade (a moradia adequada deve ser habitável, oferecendo aos seus habitantes o espaço adequado e protegendo-os do frio, da umidade, do calor, da chuva, do

32. STF (RE 466343/SP, rel. Min. Cezar Peluso, 22/11/2006).
34. Algumas Anotações a Respeito do Conteúdo e Possível Eficácia do Direito à Moradia na Constituição de 1988. RTDP 42/55, p. 64.

vento ou de outras ameaças à saúde, dos perigos estruturais e dos vetores de doença; (5) acessibilidade (os grupos em condições de desvantagem devem ter acesso pleno e sustentável aos recursos adequados para conseguir uma moradia); (6) e localização (a moradia adequada deve encontrar-se em um lugar que permita o acesso às opções de emprego, ao transporte, aos serviços de saúde, às escolas, às creches e a outros serviços públicos essenciais).

Percebe-se, portanto, que a proteção do direito de moradia compreende um complexo de direitos de cunho positivo e negativo, e, como tal, encontra-se presente em todas as atividades estatais, desde a intervenção estatal no domínio social (políticas públicas e atividade de fomento administrativo), passando pela gestão de bens públicos, dos serviços públicos e no próprio exercício do poder de polícia administrativo e o dever de respeitar e não afetar o direito de moradia com agressões injustas.

No âmbito dos direitos fundamentais (rol de direitos assegurados pela ordem constitucional vigente), a Constituição Federal de 1988 trouxe um elenco de normas constitucionais relevantes para a compreensão da verdadeira dimensão da proteção constitucional do direito de moradia, destacando-se:

> Art. 1º, III. Fundamento do Estado Democrático de Direito – dignidade da pessoa humana.
> Art. 3º, III. Objetivos da República Federativa do Brasil – erradicação da pobreza, da marginalização e da redução das desigualdades sociais e regionais.
> Art. 5º, X e XI. Direitos fundamentais – direitos de inviolabilidade da intimidade e do domicílio.
> Art. 5º, XXII e XXIII. Direito fundamental – direito de propriedade e garantia da função social da propriedade.
> Art 5º, XXVI. Atividade estatal de fomento – impenhorabilidade da pequena propriedade rural, desde que trabalhada pela família, dispondo a lei sobre os meios de financiar o seu desenvolvimento.
> Art. 6º, *caput*. Direito de moradia como garantia ao mínimo existencial.
> Art. 23, IX e X. Competências administrativas – é competência comum da União, dos Estados, do Distrito Federal e dos Municípios promover programas de construção de moradias e a melhoria das condições habitacionais e de saneamento básico e combater as causas da pobreza e os fatores de marginalização, promovendo a integração social dos setores desfavorecidos.
> Art. 170, III. Princípio da Ordem Econômica – função social da propriedade.
> Art. 182. Política urbana – função social da propriedade urbana; o dever do Poder Público Municipal de ordenar o pleno desenvolvimento das funções sociais da cidade e garantir o bem-estar de seus habitantes; sanções ao proprietário desidioso e usucapião *pro moradia*.
> Arts. 185, 186 e 191. Política rural – função social da propriedade rural; sanções ao proprietário desidioso e proteção à pequena e média propriedade rural.
> Art. 188, *caput*, e § 1º. Função social do bem público – destinação da área pública compatibilizada com a política agrícola e com o plano nacional de reforma agrária.

> Art. 203. Assistência social – proteção à família, à infância e à velhice; amparo às crianças e adolescentes carentes.
> Art. 225. Meio ambiente – proteção ao meio ambiente ecologicamente equilibrado.
> Art. 227. Direito de proteção à família – é dever da família, da sociedade e do Estado assegurar à criança e ao adolescente, com absoluta prioridade, o direito à vida, à saúde, à alimentação, à educação, ao lazer, à profissionalização, à cultura, à dignidade, ao respeito, à liberdade e à convivência familiar e comunitária, além de colocá-los a salvo de toda forma de negligência, discriminação, exploração, violência, crueldade e opressão.
> Art. 230. Direito de proteção ao idoso – a família, a sociedade e o Estado têm o dever de amparar as pessoas idosas, assegurando sua participação na comunidade, defendendo sua dignidade e bem-estar e garantindo-lhes o direito à vida.

Percebe-se, portanto, que a Constituição de 1988 adotou as seguintes técnicas de positivação do chamado direito prestacional de moradia:

1. Positivação sob a forma de normas programáticas definidoras de tarefas e fins do Estado de conteúdo eminentemente social (arts. 1º, III; 6º; 23, IX; 170, III).
2. Positivação dos direitos sociais na qualidade de normas de organização atributivas de competência para a emanação de medidas relevantes no plano social (arts. 6º; 23, IX; 188, § 1º).
3. Positivação dos direitos sociais pela consagração de garantias institucionais, obrigando o legislador a proteger a essência de certas instituições (família, criança e idoso) e a adotar medidas estritamente conexionadas com o valor social eminente dessas instituições (arts. 203; 225; 227; 230).

5. A função administrativa de intervenção no domínio social: políticas públicas e atividade de fomento administrativo

A doutrina, de um modo geral, define a evolução dos direitos fundamentais em três gerações básicas, a saber: (1) direitos fundamentais de primeira geração (direitos civis e políticos), que compreendem as liberdades clássicas, negativas ou formais, realçando o princípio da liberdade; (2) direitos fundamentais de segunda geração (direitos econômicos, sociais e culturais), que identificam-se com as liberdades positivas, reais ou concretas, acentuando o princípio da igualdade; (3) e os direitos fundamentais de terceira geração, que materializam poderes de titularidade coletiva atribuídos genericamente a todas as formações sociais, consagrando o princípio da solidariedade.

A ordem social adquiriu dimensão jurídica a partir do momento em que as constituições passaram a discipliná-la sistematicamente, o que teve início com a Constituição mexicana de 1917. No Brasil, a primeira Constituição a inscrever um título sobre a ordem econômica e social foi a de 1934, sob a influência da Constituição alemã de Weimar (1919), o que continuou nas constituições posteriores.

A Constituição de 1988 inovou o cenário jurídico ao trazer um capítulo próprio sobre os direitos sociais. Isso porque, as constituições anteriores não disciplinavam a ordem social como capítulo autônomo, mas como um mero objetivo a ser alcançado pela Ordem Econômica e atrelada ao respeito das normas trabalhistas.

O art. 6º mostra muito bem o conteúdo mínimo essencial à sadia qualidade de vida, quando diz que são direitos sociais a educação, a saúde, o trabalho, a moradia, o lazer, a segurança, a previdência social, a proteção à maternidade e à infância, a assistência aos desamparados, na forma desta Constituição (redação dada pela Emenda Constitucional nº 26, de 2000).

Os direitos sociais, seguindo as lições de Gomes Canotilho,[34] são prestações positivas proporcionadas pelo Estado, direta ou indiretamente, enunciadas em normas constitucionais, que possibilitam melhores condições de vida aos mais fracos, direitos que tendem a proporcionar as condições materiais mais propícias ao auferimento da igualdade real.

É preciso lembrar que a Ordem Econômica não constitui, ou não deveria constituir, um entrave às garantias fundamentais da pessoa humana; muito ao contrário, os direitos econômicos constituem pressupostos de existência dos direitos sociais, já que orientados pelas mesmas diretrizes constitucionais destinadas a assegurar a todos existência digna e redução das desigualdades sociais (art. 170, *caput*, e VII).

Desse modo, é inquestionável que a Constituição de 1988 adotou a técnica de positivação jurídico-constitucional dos direitos sociais sob a forma de normas programáticas definidoras de tarefas e fins do Estado e de conteúdo eminentemente social, obrigando, assim, o legislador, o juiz e o administrador a proteger o núcleo essencial e vital da pessoa humana.

Não desconhecemos, contudo, as dificuldades apontadas pelos mais variados setores da sociedade em matéria de implementação de direitos sociais. O Professor Canotilho[35] destaca, em especial, os seguintes problemas:

1. A otimização das prestações jurídicas pressupõe sempre uma reserva econômica do possível, condicionando a implementação de uma política social aos programas de governo.

2. Assiste-se a uma inversão do objeto do direito subjetivo: classicamente, os direitos subjetivos estão voltados ao direito de defesa e a uma pretensão de omissão dos poderes públicos perante a esfera jurídica privada; os direitos a prestações postulam uma proibição de omissão, impondo-se ao Estado uma intervenção ativa de fornecimento de prestações.

3. Enquanto a densidade, nas normas consagradoras de direitos de defesa, permite a justificalidade destes direitos jurídico-individualmente acionadas, os preceitos consagradores dos direitos a prestações estabelecem imposições constitucionais vagas e indeterminadas, dependentes da interposição do legislador e demais órgãos concretizadores.

35. José Joaquim Gomes Canotilho, *Estudos sobre direitos fundamentais*, pp. 35, 69.
36. Idem, ibidem, p. 52.

4. A ideia de correlatividade deixa em aberto alguns problemas. Uma coisa é afirmar que o cidadão tem direito a uma prestação, outra coisa é determinar quais os modos ou formas de proteção desse direito. Diferentemente do que acontece na dimensão negativa de imposição ao Estado, na segunda dimensão, positiva, existe um relativo espaço de discricionariedade do poder público quanto à escolha dos meios para tornar efetivo o direito na sua dimensão mínima. Ressalta, porém, que essa discricionariedade não é absoluta, porquanto o constituinte adotou a técnica da positivação dos chamados direitos a prestações.

O Professor Canotilho arremata: o grande problema da Constituição Dirigente reside no desafio da concretização constitucional no tocante à eficácia das cláusulas sociais, dos direitos sociais, econômicos e culturais previstos constitucionalmente, o que implica a transformação de estruturas.

A dignidade da pessoa humana expressa um conjunto de valores civilizatórios incorporados ao patrimônio da humanidade. O conteúdo jurídico do postulado vem associado aos direitos fundamentais e tem como núcleo material elementar o mínimo existencial, locução que identifica o conjunto de bens e utilidades básicas para a subsistência física e indispensável ao desfrute da própria liberdade. Aquém daquele patamar, ainda quando haja sobrevivência, não há dignidade.[36]

De fato, a dignidade da pessoa é um valor espiritual e moral inerente à pessoa, que se manifesta singularmente na autodeterminação consciente e responsável da própria vida e que traz consigo a pretensão ao respeito por parte das demais pessoas, constituindo-se um mínimo invulnerável que todo estatuto jurídico deve assegurar, de modo que, somente excepcionalmente, possam ser feitas limitações ao exercício dos direitos fundamentais, mas sempre sem menosprezar a necessária estima que merecem todas as pessoas como seres humanos.[37] A dignidade da pessoa humana, mais que bem jurídico, cuida-se de um valor geral presente em vários bens jurídicos e que se revela essencial ao Homem, sem o qual não é possível uma sã convivencialidade.[38]

Para promover o atendimento das necessidades do cidadão, proporcionando-lhe condições de viver em harmonia, ter prosperidade e atingir o bem-estar social, o Estado é dotado de poder político ou autoridade (governo). Na definição de José Afonso da Silva,[39] governo é "o conjunto de órgãos mediante os quais a vontade do Estado é formulada, expressada e realizada, ou conjunto de órgãos supremos a quem incumbe o exercício das funções do poder político".

Política pública é definida pelo Professor Celso Antônio Bandeira de Mello como "um conjunto de atos unificados por um fio condutor que os une ao objetivo comum de empreender ou prosseguir um dado projeto governamental para o País".[40] O Professor

---

37. Luís Roberto Barroso, *Interpretação e aplicação da constituição*, pp. 334, 336.
38. Alexandre de Moraes, *Direitos humanos fundamentais. Teoria Geral*, p. 46.
39. Maria da Conceição Ferreira da Cunha, *Constituição e crime:* uma perspectiva da criminalização e da descriminalização, p. 89
40. José Afonso da Silva, *Curso de direito constitucional positivo*, p. 109.
41. Celso Antônio Bandeira de Mello, *Curso de direito administrativo*, p. 802.

Celso Antônio, portanto, reconhece o tema das políticas públicas sobre o enfoque da atividade administrativa.

Do mesmo modo, Maria Paula Dallari Bucci formula um conceito sobre política pública, dispondo que "são normas de ação governamental visando coordenar os meios à disposição do Estado e as atividades privadas, para a realização de objetivos socialmente relevantes e politicamente determinados".[41]

O controle judicial das políticas públicas ainda é objeto de controvérsia na jurisprudência.

Recentes decisões ainda são reticentes em admitir o controle judicial dos atos de governo, sob pena de violação ao princípio da separação dos poderes e afronta à margem da discricionariedade que norteia a atividade do administrador público. Nesse sentido, acórdão do Superior Tribunal de Justiça:

> **Ação civil pública. Poder discricionário. Administração.** Trata-se de ação civil pública em que o Ministério Público pleiteia que a municipalidade destine um imóvel para instalação de abrigo e elaboração de programas de proteção à criança e aos adolescentes carentes, que restou negada nas instâncias ordinárias. A Turma negou provimento ao recurso do MP, com fulcro no princípio da discricionariedade, pois a municipalidade tem liberdade de escolher onde devem ser aplicadas as verbas orçamentárias e o que deve ter prioridade, não cabendo, assim, ao Poder Judiciário intervir. Precedentes citados: REsp 169.876-SP, DJ 21/09/1998, e Ag no REsp 252.083-RJ, DJ 26/03/2001. (REsp 208.893-PR. Rel. Min. Franciulli Netto, julgado em 19/12/2003).

É inaceitável, contudo, a posição do Poder Judiciário de não intervir no controle das políticas públicas, sob os fundamentos da discricionariedade administrativa e da independência entre os poderes, em afronta ao Estado Democrático de Direito. Cuida-se de afronta ao princípio da inafastabilidade do controle jurisdicional diante da lesão ou ameaça a direito (art. 5º, XXXV, CF).

O mesmo se diga para refutar o argumento da discricionariedade como causa ensejadora da insindicabilidade da política pública. Quanto ao aspecto do controle da legalidade do ato discricionário, pouca ou nenhuma divergência existe na doutrina e na jurisprudência. No mérito, porém, a questão é mais acirrada.

Para o Professor Celso Antônio Bandeira de Mello,[42] o mérito do ato administrativo pode ser sindicado pelo Poder Judiciário sempre que o seu conteúdo for marcado por termos vagos, fluidos ou imprecisos, como "comportamentos indecorosos", "perturbação da tranquilidade pública", "urgência", dentre outros, tendo em vista que o "campo recoberto por estes conceitos carecerá de uma linha demarcatória definida com rigor e precisão indisputáveis. Aí haverá necessidade do Judiciário proceder à qualificação dos motivos". Especificamente sobre o tema, o ilustre administrativista doutrina que

42. Maria Paula Dallari Bucci, *Direito administrativo e políticas públicas*, p. 239.
43. Celso Antônio Bandeira de Mello, *Discricionariedade e controle jurisdicional*, p. 90.

"se é possível controlar cada ato estatal, deve ser também possível controlar o todo e a movimentação rumo ao todo". Assim, sendo ainda mais preciso, o Professor conclui "como agredir um princípio é mais grave que transgredir uma norma, empreender uma política – que é o plexo de atos – que seja em si mesma injurídica é mais grave que praticar um simples ato contraposto ao direito. Logo, se é possível atacar o menos grave, certamente será possível atacar o mais grave".[43]

No mesmo sentido, adverte Derly Barreto: "Nem se diga que a sindicabilidade dos atos políticos significaria uma intervenção na seara da política, pois o Poder Judiciário limitar-se-á a decidir juridicamente a questão política posta".[44]

A discricionariedade e a interdependência entre os poderes não podem constituir obstáculos ao controle judicial das políticas públicas, em especial da moradia, sob pena de afronta ao princípio da inafastabilidade do controle do Poder Judiciário diante da lesão ou ameaça de lesão a direitos constitucionalmente assegurados.

A responsabilidade do Estado pode advir do mau gerenciamento das políticas públicas (moradia, educação, segurança pública), dado que, cuidando-se de dever-poder do Estado, está claro que a incúria administrativa ensejará a sindicabilidade judicial.

> A margem de discricionariedade da Administração no cumprimento da ordem constitucional social é bastante limitada, o que ocasiona a possibilidade de maior judicialização dos conflitos, pois que as políticas públicas podem ser questionadas judicialmente, cabendo ressaltar a atuação do Ministério Público na correção dos atos omissivos, ou seja para a implantação efetiva de políticas públicas visando a efetividade da ordem social prevista na Constituição Federal de 1988.[45]

No mesmo sentido, precedentes do Superior Tribunal de Justiça, como se vê pelo REsp nº 429.570-RS, relatora Ministra Eliana Calmon:

> 1. Na atualidade, a Administração Pública está submetida ao império da lei, inclusive quanto à conveniência e oportunidade do ato administrativo; 2. Comprovado tecnicamente ser imprescindível, para o meio ambiente, a realização de obras de recuperação do solo, tem o Ministério Público legitimidade para exigi-la; 3. O Poder Judiciário não mais se limita a examinar os aspectos extrínsecos da administração, pois pode analisar, ainda, as razões de conveniência e oportunidade, uma vez que essas razões devem observar critérios de moralidade e razoabilidade; 4. Outorga de tutela específica para que a Administração destine do orçamento verba própria para cumpri-la; 5. Recurso Especial provido.

44. Idem, *Curso de direito administrativo*, p. 802.
45. Derly Barreto, Controle jurisdicional dos atos políticos do Poder Executivo, *Revista Trimestral de Direito Público*, pp. 133, 134.
46. Luíza Cristina Fonseca Frischeisen. A atuação do Ministério Público na implantação de políticas públicas estabelecidas na Constituição Federal. *Jornal da Ajufesp – Associação dos Juízes Federais de São Paulo e Mato Grosso do Sul*, p. 11, set. 1998.

As divergências apontadas pela doutrina e pela jurisprudência não são capazes de afastar o entendimento consagrado de que, relativamente ao direito à vida, o cidadão tem o direito subjetivo de invocar prestações mínimas perante o Estado. Compartilha do mesmo entendimento Celso Antônio Pacheco Fiorillo:

> ... uma vida com dignidade reclama a satisfação dos valores (mínimos) fundamentais descritos no art. 6º da Constituição Federal, de forma a exigir do Estado que sejam assegurados, mediante o recolhimento dos tributos, educação, saúde, trabalho, moradia, segurança, lazer, entre outros direitos básicos, indispensáveis ao desfrute de uma vida digna. O art. 6º da Constituição fixa um piso vital mínimo de direitos que devem ser assegurados pelo Estado (que o faz mediante a cobrança de tributos), para o desfrute da sadia qualidade de vida.[46]

A Constituição Federal, no inciso IX do art. 23, definiu como matéria de competência administrativa comum da União, dos Estados, do Distrito Federal e dos Municípios promover programas de construção de moradias e a melhoria das condições habitacionais e de saneamento básico. Percebe-se, portanto, que a questão da moradia já era reconhecida como uma expressão dos direitos sociais, antes mesmo da reforma promovida pela Emenda Constitucional nº 26, de 14/02/2000.

A inclusão de tal direito possibilitará ao intérprete, nas questões de moradia, tratar do tema sob a roupagem constitucional, o que permitirá ao Poder Público maior cuidado do tema, pois mais do que nunca a sua atuação estará moldada pelo caráter programático da norma.[47]

A moradia, como direito social, passa a se revestir de aplicabilidade imediata, como determinada o § 1º do art. 5º da Constituição Federal, porquanto inserida na base do mínimo existencial à vida digna. Do mesmo entendimento compartilha Jacques Távora Alfonsin,[48] que, a par de criticar o chamado mínimo vital, põe-se de acordo com a posição garantista de que a eficácia do princípio da dignidade da pessoa humana requer a observância da alimentação e da moradia como "necessidades vitais básicas".

Do mesmo modo, leciona Celso Antônio Pacheco Fiorillo:

O direito à moradia, no plano das cidades sustentáveis, deve ser compreendido, portanto, como o direito a um espaço de conforto e intimidade destinado a brasileiros e estrangeiros residentes no País, adaptado a ser verdadeiro reduto de sua família. Assegurado no plano do Piso Vital Mínimo, por força do que estabeleceu a Emenda Constitucional nº 26, de 14/02/2000, o direito à moradia tem previsão constitucionalmente estabelecida (art. 6º), traduzindo de forma didática a determinação constitucional prevista no art. 225 de assegurar a todos o direito a um meio ambiente ecologicamente equilibrado, ou seja, um direito à vida da pessoa humana relacionada com o local onde se vive.[49]

47. Celso Antônio Pacheco Fiorillo, *Curso de direito ambiental*, pp. 64, 65.
48. Luiz Alberto David Araujo; Vidal Serrano Nunes Júnior, *Curso de direito constitucional*, p. 218.
49. Jacques Távora Alfonsin, *O acesso à terra como conteúdo de direitos humanos fundamentais à alimentação e à moradia*, p. 22.
50. Celso Antônio Pacheco Fiorillo, op. cit., p. 273.

O direito de moradia tem característica predominantemente de direito difuso, por ser de natureza transindividual, indivisível, de titularidade dispersa entre pessoas indeterminadas e ligadas por circunstâncias de fato, no interesse geral de proteção ao mínimo existencial pelo Estado.

A Ação Civil Pública constitui importante mecanismo de controle judicial do direito à moradia, na medida em que a eficácia do princípio da dignidade da pessoa humana atinge o interesse de titulares indeterminados que ficariam inviabilizados se fossem exercidos em tutela individual ou coletiva em litisconsórcio multitudinário.

Assim é que a doutrina vai demarcando novas áreas para a judicialização de conflitos metaindividuais, pois o objeto da Ação Civil Pública é o mais amplo possível, graças à inserção da cláusula "qualquer outro interesse difuso ou coletivo" (inciso IV, art. 1º da Lei nº 7.347/1985, pelo art. 110 do Código de Defesa do Consumidor). Inexiste, pois, taxatividade de objeto para a defesa judicial de interesses transindividuais pelo Ministério Público ou por quaisquer outros legitimados.

A legitimidade ativa do Ministério Público para a tutela do mínimo existencial (art. 6º, CF) reforça a garantia da aplicabilidade imediata dos direitos fundamentais, pois, ainda a entender-se programática, essa norma não pode converter-se em promessa constitucional inconsequente, sob pena de o Poder Público, fraudando justas expectativas nele depositadas pela coletividade, substituir, de maneira ilegítima, o cumprimento de seu impostergável dever, por um gesto irresponsável de infidelidade governamental ao que determina a própria Lei Fundamental do Estado.[50]

Nessa vertente, Lúcia Valle Figueiredo:

> O orçamento não é uma peça livre para o Administrador. Há valores que são priorizados pelas Constituições Federal e Estadual. Aqui, também, por vezes, o administrador não tem qualquer discricionariedade, pois, do contrário, seria lhe dar o poder de negar, pela via transversa, a escala de prioridades e de urgência que, no Brasil e no Estado de São Paulo, foi constitucionalmente fixada. Nessa linha de raciocínio, vejo como possível a cumulação de pedidos em ação civil pública, um referente à obrigação de não fazer (deixar de lançar efluentes não tratados) e outro pertinente à inclusão da respectiva despesa no orçamento do ano seguinte.[51]

É preciso lembrar que o Estado atravessa, ao longo do século XX, três fases bem distintas. A primeira delas, identificada como pré-modernidade ou Estado Liberal, exibe um Estado de funções bem reduzidas, confinadas à segurança, justiça e serviços essenciais. É a fase em que foram reconhecidos direitos como liberdade de contrato, propriedade privada e livre iniciativa.

---

51. Nesse sentido RExt 247.900 do STF, decisão do Min. Rel. Marco Aurélio e ADPF 45, 29/04/2004 (Rel. Min. Celso de Mello).

52. Lúcia Valle Figueiredo. Ação Civil pública. Ação popular. A defesa dos interesses difusos e coletivos. Posição do Ministério Público. *Revista Trimestral de Direito Público*, n. 16, p. 27.

Na segunda fase, referida como modernidade ou Estado Social, o Estado assume diretamente alguns papéis econômicos, tanto como condutor do desenvolvimento como outros de cunho distributivista. Novos conceitos são introduzidos, como os de função social da propriedade e da empresa, assim como a consolidação dos chamados direitos sociais.

A quadra final do século XX corresponde à terceira fase, a pós-modernidade, em que o discurso passa a ser a desregulamentação, a privatização e das organizações não governamentais. No plano dos direitos sociais, ganham corpo os conceitos de direitos difusos: proteção do meio ambiente, ao consumidor e os bens e valores históricos e paisagísticos.[52]

Como adverte com muita precisão Héctor Jorge Escola, que, após traçar um interessante panorama sobre a evolução das atividades estatais desde a fase inicial de concepção nitidamente abstencionista, demonstra que

> *Sin embargo, con el correr del tiempo y como resultado de la complejidad siempre creciente de las relaciones sociales y económicas, se pudo advertir que la posición abstencionista, que había generado un derecho administrativo también limitado, servía para asegurar el efectivo goce de las libertades y derechos individuales, sino que, por el contrario, posibilitaba que, en la realidad, esas liberdades y derechos fueran muchas veces desconocidos, vulnerados o restringidos impunemente. Nacen las primeras formas del intervensionismo estatal, y la administración pública irrumpe en terrenos que antes le habían estado claramente vedados, tomando a su cargo no sólo realizar obras, servicios y actividades, sino también regular, dirigir, limitar, fomentar, prohibir, y actuar sobre los particulares de una forma cada vez más directa, aunque siempre dentro del marco de la Constituición y de las leyes.*
>
> *El Estado, que en el pasado se concentraba en garantizar al hombre su derecho de existir, mediante las libertades civiles y políticas, y su derecho a poser, mediante la formulacíon de su derecho a la propiedad, debe ahora garantizarle la afirmación de su personalidad, mediante el reconocimiento y goce de su derecho a ser feliz, su derecho a ser, en su condición plena de hombre, con todo lo que ello significa (Caio Tácito). (...) Ya todos sabemos y admitimos que cada uno de nosostros, por si mismo, no puede proveer a su sustento de una manera adecuada, ni atender a su educación y cultura, ni salvaguardar su salud etc., por lo que se hace imprescindible la intervención estatal para realizar obras y prestar servicios , y dirigir, regular, controlar, fomentar y actuar de modo que cada individuo pueda alcanzar aquello que le es menester para lograr ese bienestar, y, como transunto, el de la comunidad en que vive.*[53]

---

53. Luís Roberto Barroso. Modalidades de intervenção do Estado na ordem econômica. *Revista Trimestral de Direito Público*, n. 18.
54. Héctor Jorge Escola. *El Interes Público como Fundamento del Derecho Administrativo*, pp. 22, 23.

Nesse contexto, além da tutela do direito de moradia como uma garantia difusa, a Constituição Federal, no inciso IX, art. 23, é mais ampla e estabelece o dever de promover os programas de construção de moradias e da melhoria das condições habitacionais e de saneamento. O Estado, no exercício da atividade administrativa, tem por missão constitucional promover o fomento dessas atividades, facilitando e estimulando a participação da sociedade na implementação de políticas públicas voltadas ao acesso a um teto onde se abrigue com a família de modo permanente e em condições de habitabilidade.

Como ensina Ingo Wolfgang Sarlet,[54] como direito a prestações, a efetivação do direito à moradia depende tanto de medidas normativas (como se dá conta, entre nós, a edição do assim designado Estatuto da Cidade) como de prestações materiais, que podem abranger a concessão de financiamentos a juros subsidiados para a aquisição de moradias, como até mesmo o fornecimento de material para a construção de uma moradia própria.

Com efeito, a atividade administrativa de fomento é definida pelo Professor Sílvio Luis Ferreira da Rocha como

> ... a ação da Administração com vista a proteger ou promover as atividades, estabelecimentos ou riquezas dos particulares que satisfaçam necessidades públicas ou consideradas de utilidade coletiva, sem o uso da coação e sem a prestação de serviços públicos, ou, mais concretamente, a atividade administrativa que se destina a satisfazer indiretamente certas necessidades consideradas de caráter público, protegendo ou promovendo as atividades dos particulares, sem empregar a coação.[55]

O Professor Sílvio[56] ressalta, ainda, que a atividade de fomento deve sempre buscar a incentivar ou preservar uma atividade privada que satisfaça necessariamente um interesse geral. A atividade de fomento que não persiga um fim de interesse geral, não é lícita. Do mesmo modo, a atividade de fomento deve obediência aos princípios da razoabilidade e da proporcionalidade, que impõem limites à configuração normativa de sua atividade, exigindo que ela se revele adequada, necessária e ponderada aos valores constitucionais.

A atividade de fomento encontra-se, também, orientada pelo princípio da repartição de riscos ou do risco compartilhado, o que impede considerar que a atividade de fomento seja suportada por apenas uma das partes envolvidas no exercício da atividade, exigindo uma substanciosa participação da iniciativa particular em contrapartida aos incentivos efetuados pelo Poder Público.

Assim, parece equivocada a decisão do Supremo Tribunal Federal ao reconhecer a constitucionalidade do art. 3º, VII, da Lei nº 8009/1990, que admite a penhora

---

55. Ingo Wolfgang Sarlet, op. cit., p. 352.
56. Sílvio Luis Ferreira da Rocha, *Terceiro setor*, p. 24.
57. Op. cit., p. 25.

do único imóvel do fiador, sob o fundamento de que o Direito Constitucional de moradia não se confunde com o direito à propriedade imobiliária ou com o direito de ser proprietário de imóvel e que, na verdade, a Lei do Bem de Família atua como estímulo ou incremento da oferta de imóveis para fins de locação habitacional, mediante o reforço das garantias contratuais dos locatários. Ao que parece, a decisão da mais alta Corte do País afrontou a garantia do mínimo existencial, além dos princípios da proporcionalidade e do compartilhamento dos riscos da atividade.[57]

No corpo do acórdão, o Ministro Carlos Ayres Britto, com a propriedade que lhe é peculiar, asseverou que a Constituição Federal utiliza o termo "moradia" em três oportunidades: a primeira, no art. 6º, para dizer que a moradia é direito social; a segunda, no inciso IV, art. 7º, para dizer, em alto e bom som, que a moradia se inclui entre as "necessidades vitais básicas" do trabalhador e da sua família; e, na terceira, a Constituição usa o termo "moradia" como política pública, inserindo-a no rol de competências materiais concomitantes do Estado, da União, do Distrito Federal e dos Municípios (art. 23, IX). Conclui o Ministro Ayres que a garantia da moradia como necessidade vital do trabalhador e de sua família afasta a possibilidade de penhora sobre bem de feições nitidamente indisponíveis.

Do mesmo modo, e em abono à tese da impenhorabilidade do imóvel do fiador, o Ministro Celso de Mello ressaltou a essencialidade do direito de moradia e o seu reconhecimento, inclusive, em sede das Declarações Internacionais de Direitos Humanos. O ministro utilizou como um de seus fundamentos o inciso IX do art. 23 da Constituição Federal e o consequente dever imposto ao Estado de dispensar tutela efetiva às pessoas em geral, notadamente àquelas postas à margem das grandes conquistas sociais, assegurando-lhes, mediante adoção de medidas apropriadas, a proteção do patrimônio mínimo fundada em postulados inderrogáveis, como o princípio da dignidade da pessoa humana, que representa – como um dos fundamentos da República (CF, art. 1º, III) – valor revestido de centralidade em nosso sistema constitucional.

Por fim, cabe apenas mencionar que o princípio da proporcionalidade deve ser observado na definição do conteúdo e na imposição de limitações sobre o direito de propriedade. No caso, o legislador estará obrigado a concretizar um modelo social fundado, de um lado, no reconhecimento da propriedade privada, de outro, no princípio da função social, não restringindo a liberdade além do estritamente necessário.[58]

Alguns exemplos de atividade de fomento ao direito de moradia podem ser citados: (1) participação do terceiro setor na atividade (Lei nº 9.790/1999, que institui a Organização da Sociedade Civil de Interesse Público) por meio de pessoas jurídicas, sem fins lucrativos, instituídas com objetivos sociais e voltadas à promoção do

58. REsp 407.688-SP. Rel. Min. Cezar Peluso, 08/02/2006. Vencidos os Ministros Eros Grau, Carlos Britto e Celso de Mello, que davam provimento ao recurso ao fundamento de que a exceção à regra da impenhorabilidade do bem de família não teria sido recepcionada pela CF. O Min. Marco Aurélio fez consignar que entendia necessária a audiência da Procuradoria-Geral da República, tendo em vista a questão constitucional.

59. Gilmar Mendes, O princípio da proporcionalidade na jurisprudência do Supremo Tribunal Federal: novas leituras. *Revista Diálogo Jurídico*, vol. I, n. 5, ago. 2001.

desenvolvimento econômico e social e combate à pobreza; (2) cooperativismo do setor imobiliário, por meio da formação de cooperativas populares de habitação e a formação de programas habitacionais pelo sistema de mutirão e autoconstrução; (3) participação estatal na pesquisa de materiais e outros recursos empregados na construção de moradias, visando garantir a qualidade e o barateamento da construção e o acesso pelas pessoas de baixa renda aos materiais empregados na construção de moradias populares; (4) e taxa de juros para os financiamentos concedidos aos adquirentes da casa própria celebrados no âmbito do Sistema Financeiro da Habitação (Lei nº 8.692/1993).

6. Gestão dos bens públicos e o direito de moradia

O Texto Constitucional, ao estabelecer expressamente que a propriedade deverá atender a sua função social (art. 5º, XXIII) e, especialmente, quando reputou como princípio da ordem econômica a existência digna de todos, conforme os ditames da justiça social (art. 170, II e III), provocou o surgimento de uma nova estrutura interna do conceito de propriedade.[59]

Os preceitos constitucionais mencionados têm aplicabilidade imediata e interferem na própria estrutura e no conceito da propriedade, valendo como regra que fundamenta um novo regime jurídico desta, transformando-a numa instituição de Direito Público.

Com efeito, como muito bem leciona o Professor Carlos Ari Sundfeld,[60] a função social da propriedade "traz ao Direito Privado algo até então exclusivo do Direito Público: o condicionamento do poder a uma finalidade".

Daí a advertência, que se impõe considerar, de que se formou, no âmbito de nosso sistema jurídico, um novo paradigma a ser observado pelos aplicadores do direito, pois, como bem assinalado pela Professora Maria Celina B. Moraes,[61]

> ... no Estado Democrático de Direito, delineado pela Constituição de 1988, que tem entre os seus fundamentos a dignidade da pessoa humana e os valores sociais do trabalho e da livre iniciativa, o antagonismo público-privado perdeu definitivamente o sentido. Os objetivos constitucionais de construção de uma sociedade livre, justa e solidária e de erradicação da pobreza colocaram a pessoa humana – isto é, os valores existenciais – no vértice do ordenamento jurídico brasileiro, que de modo tal é o valor que conforma todos os ramos do direito. Daí decorre a urgente obra de controle de validade dos conceitos jurídicos tradicionais, especialmente os do Direito Civil, à luz da consideração metodológica que entende que toda norma do ordenamento dever ser interpretada conforme os princípios da Constituição Federal. Desse modo, a normativa fundamental passa a ser a justificação direta de cada norma ordinária que com aquela deve se harmonizar.[62]

60. José Afonso da Silva. *Curso de direito constitucional positivo*, pp. 281-283.
61. Carlos Ari Sundfeld, Função social da propriedade. In.: Adilson Abreu Dallari e Lúcia Valle Figueiredo (Coord.). *Temas de direito urbanístico 1*, p. 21.
62. Maria Celina B. Moraes. A caminho de um direito civil constitucional. *Revista Estado, Direito e Sociedade*.
63. Maria Celina B. Moraes, A caminho de um direito civil constitucional. *Revista Estado, Direito e Sociedade*.

Essa aproximação entre a dicotomia público/privado refletiu no direito de propriedade com a inserção do conceito de função social da propriedade, pois "traz ao Direito Privado algo até então exclusivo do Direito Público: o condicionamento do poder a uma finalidade".[63]

O Professor Sílvio Luis Ferreira da Rocha, em trabalho específico sobre o tema,[64] percebeu muito bem essa aproximação entre os regimes jurídicos e manifesta posição favorável de que os bens públicos também estão submetidos ao cumprimento de uma função social, pois servem de instrumentos para o atendimento dos fins públicos, e não a fins particulares. O Professor Sílvio afirma categoricamente que

> A finalidade cogente informadora do domínio público não resulta na imunização dos efeitos emanados do princípio da função social da propriedade, previsto no texto constitucional. Acreditamos que a função social da propriedade é princípio constitucional que incide sobre toda e qualquer relação jurídica de domínio, público ou privado.[65]

Com efeito, a Constituição Federal conferiu especial proteção à posse decorrente da moradia sempre que analisada em detrimento daquele proprietário que não atende a sua função social. O art. 5º, XXIII, ao condicionar o direito de propriedade ao atendimento de uma função social, quer torná-la útil não só para o seu proprietário ou possuidor, mas também para aqueles que vivem na República Federativa do Brasil marcada por objetivos de construção de uma sociedade livre, justa e solidária e com propósito de erradicar a pobreza e reduzir as desigualdades sociais.

É marcado por esses propósitos que surge o Estatuto da Cidade, que consolidou quatro marcos jurídicos importantes no contexto do ordenamento brasileiro: a noção da função social da propriedade, a gestão democrática da cidade, os instrumentos jurídicos-urbanísticos para a gestão do solo urbano e, finalmente, o direito de permanência dos ocupantes de terras para fins de moradia em assentamentos informais. Todos esses pontos têm relação direta ou indireta com o direito à moradia.

Os principais instrumentos constitucionais para promover a proteção da moradia são: a impenhorabilidade da pequena propriedade rural trabalhada pela família (art. 5º, XXVI); o dever do Poder Público Municipal de ordenar o pleno desenvolvimento das funções sociais da cidade e garantir o bem-estar de seus habitantes (art. 182); a usucapião especial urbana do imóvel utilizado para a moradia (art. 183); a impenhorabilidade da pequena e média propriedade rural (art. 185); usucapião especial rural (art. 191).

No mesmo contexto, adverte Ana Rita Vieira de Albuquerque que

---

64. Carlos Ari Sundfeld, Função social da propriedade. In: Adilson Abreu Dallari; Lúcia Valle Figueiredo (coord.), op. cit., p. 21.
65. Sílvio Luis Ferreira da Rocha. *Função social da propriedade pública*, p. 124.
66. Idem, *Função Social da Propriedade Política*, p. 125.

> ... torna-se evidente que o instituto da posse não pode deixar de receber esse influxo constitucional, adequando às suas regras à ordem constitucional vigente como forma de cumprir a sua função de instituto jurídico, fruto do fato social em si, verdadeira emanação da personalidade humana e que, por isso mesmo, é ainda mais comprometido com os próprios fundamentos e objetivos do Estado Democrático e a efetividade do princípio da dignidade da pessoa humana.[66]

O Professor Sílvio Luis Ferreira da Rocha, apresentou seguinte indagação aos seus leitores: "pode o princípio da função social justificar a permanência dos ocupantes em área pública, mesmo que eles não tenham o direito ao denominado direito real de moradia?".[67]

No caso, é evidente a relação de tensão entre o domínio estatal e o direito de moradia dos administrados. Na verdade, a colisão ocorre entre deveres igualmente estatais, quais sejam, de um lado o Estado tem o dever de garantir, na maior medida possível, a operacionalidade da gestão dos bens públicos para a satisfação dos interesses sociais; de outro lado, ao próprio Estado compete promover o direito de moradia. Ao que parece, deve prevalecer o direito de moradia já concretizado em face de uma garantia de interesse público ainda não implementado ou concretizado, mas apenas difuso, indeterminado ou meramente potencial e sem prazo definido.

O Professor Celso Antônio Bandeira de Mello parece compartilhar desse entendimento, quando considera defesa hábil e suficiente, de direito, a invocação da função social para a garantia, em juízo, dos economicamente desamparados em situação de ocupação de áreas abandonadas. É que o Poder Judiciário estará dando cumprimento a sua missão específica de fulminar, com fundamento na Carta Constitucional, providências incompatíveis com o sentido da norma.[68]

A jurisprudência também responde afirmativamente a essa indagação, a exemplo do Egrégio Tribunal de Justiça do Rio Grande do Sul, que deixou consignado no caso dos autos:

> A área em questão, mesmo sendo pública, não estava atingindo a sua finalidade social já há muitos anos, conforme se constata da prova testemunhal, havendo somente a intenção de se implantar programas habitacionais no local. Enquanto isso, de outro lado, temos uma família que, diante do *deficit* habitacional e das parcas condições econômicas, não teria onde morar se não fosse a casa que construíram no terreno objeto da presente ação.

Certo é que o Poder Público não precisa deter fisicamente a posse ou habitar e praticar atos de vigilância permanentemente, mas há de dar uma destinação ao bem,

---

67. Ana Rita Vieira de Albuquerque, *Da função social da posse*, p. 16.
68. Em sua tese de livre-docência na PUC-SP, Sílvio Luis Ferreira da Rocha, *Função Social da Propriedade Pública*, p. 132.
69. Celso Antônio Bandeira de Mello, *Eficácia das Normas Constitucionais sobre justiça social*, RDP-57-58, p. 250.

até mesmo na forma de um projeto concreto, do contrário, não há falar na prática de esbulho por quem enfrenta verdadeiro estado de necessidade, ausente o direito à moradia, assegurado pela própria Carta Magna no seu art. 6º, no capítulo *"Dos Direitos Sociais"*, a ser providenciado pelo Poder Público.

Se é certo que a Constituição Federal, em seu art. 5º, XXII, garante o direito de propriedade, no mesmo art. 5º, inciso XXIII, dispõe que esta deve atender sua função social. Mais. Está previsto no art. 1º da mesma Carta, que a República Federativa do Brasil tem como fundamentos, dentre outros, a cidadania e a dignidade da pessoa humana. E em seu art. 6º, garante como direito social a moradia e a assistência aos desamparados.

In casu, o réu provou ser possuidor e sua posse está atendendo à função social como acima explicitado. E o autor não provou a posse anterior, além disso, está a desatender a função social da posse.[69]

Em outro julgado, o mesmo Egrégio Tribunal de Justiça gaúcho[70] deu idêntico fundamento ao recurso interposto contra a decisão liminar de primeira instância, que determinava a retirada dos moradores de uma área do município de Itaara. Na oportunidade, o relator ressaltou o aspecto político social do caso, a condição de miserabilidade dos ocupantes da área e a necessidade do Poder Judiciário de garantir um mínimo de dignidade do ser humano, qual seja, o mínimo existencial associado ao direito de moradia.

A garantia do mínimo existencial também será preservada quando o Poder Judiciário, ainda que não reconheça o exercício possessório frente aos bens públicos em estado de prolongado abandono, assegura, ao menos, uma indenização pela respectiva construção a ser demolida, conferindo a possibilidade da pessoa dotada de parcos recursos financeiros reunir condições para a sua nova instalação em outra localidade. Nesse sentido vale trazer à colação interessante acórdão do Egrégio Tribunal de Justiça de Minas Gerais, com a seguinte ementa:

> **Interdito Proibitório – art. 932 do CPC – Imóvel público – Insuscetível de Posse.** – Os bens públicos são insuscetíveis de posse pelo particular, sendo passíveis de permissão de uso, a título precário. – Evidenciada a boa-fé do particular que edifica em imóvel público, e transcorrido vasto lapso temporal sem qualquer fiscalização ou contrariedade da Administração Pública, impõe-se assegurar àquele o direito à indenização pela respectiva construção, a ser demolida, "ex vi" do art. 547 do CC/1916.[71]

No corpo do acórdão em exame percebe-se que o Poder Judiciário, sob a alegação de que os bens públicos são insuscetíveis de serem adquiridos por usucapião, afastou

70. Décima Sétima Câmara Cível do E. Tribunal de Justiça do Rio Grande do Sul, no julgamento da Apelação Cível nº 70016241440, da Comarca de Esteio.

71. Décima Oitava Câmara Cível do E. Tribunal de Justiça do Rio Grande do Sul, no julgamento do Agravo de Instrumento nº 70011797305, Rel. Des. Mário Rocha Lopes Filho.

72. Processo n. 1.0024.03.041508-7/001, Rel. Des. Silas Vieira, julgado em 02/03/2004.

o pleito da autora de permanecer no imóvel litigioso, que é, induvidosamente, de propriedade do município de Belo Horizonte, mas reconheceu a desídia da municipalidade e o consequente estado de boa-fé do morador proporcionado pelo longo abandono do imóvel, inclusive, quanto ao direito de retenção por benfeitorias até que sobrevenha a indenização devida.

Desse modo, percebe-se que a propriedade alijada de sua função social, posto que subutilizada ou abandonada, falece de fundamento constitucional de merecimento de tutela e, na escala de preponderância entre as garantias constitucionais, deve ceder frente à função social da posse decorrente do direito de moradia, como garantia ao mínimo existencial, desde que demonstrada a fixação séria no imóvel por longo período de tempo, ainda que em detrimento do bem público, mas em estado de abandono ou subutilização.

7. Poder de polícia e a proteção constitucional do direito de moradia

O Professor Clóvis Beznos define o poder de polícia como sendo uma atividade administrativa, exercida sob previsão legal, com fundamento em uma supremacia geral da Administração, e que tem por objeto ou reconhecer os confins dos direitos, através de um processo meramente interpretativo, quando derivado de uma competência vinculada, ou delinear os contornos dos direitos, assegurados no sistema normativo, quando resultante de uma competência discricionária, a fim de adequá-los aos demais valores albergados no sistema, impondo aos administrados uma obrigação de não fazer.[72]

É preciso considerar que o poder de polícia, como limite ou condicionamento ao direito de propriedade, não se confunde com a sua função social. Os limites e os condicionamentos da atividade de polícia recaem sobre o proprietário; a função social, por outro lado, diz respeito à própria estrutura do direito de propriedade.

Para dar cumprimento à tarefa de garantir a harmônica convivência entre as pessoas, o poder de polícia é dotado de atributos que lhe são próprios, quais sejam: a discricionariedade, a autoexecutoriedade e a coercibilidade.

Haverá discricionariedade sempre que estiver presente a liberdade de escolha pelo administrador quanto ao melhor momento de agir, o meio de atuação que considerar mais adequado e qual a sanção cabível.

A executoriedade é o poder que tem a Administração de, com os próprios meios, pôr em execução as suas decisões, sem a necessidade de recorrer previamente ao Poder Judiciário.

A Professora Maria Sylvia Zanella Di Pietro[73] lembra que alguns autores desdobram o atributo em dois: a exigibilidade e a executoriedade. A exigibilidade resulta do imperativo de que dispõe a Administração de tomar decisões executórias, ou seja, decisões que dispensam a Administração de dirigir-se preliminarmente ao juiz para

73. Clóvis Beznos, *Poder de polícia*, p. 76.
74. Maria Sylvia Zanella Di Pietro, *Direito Administrativo*, pp. 97, 98.

impor obrigação ao administrado, ainda que contrariamente à sua concordância. A executoriedade, por sua vez, consiste no poder que tem a Administração, quando já tomou a decisão executória, de realizar diretamente a execução forçada, usando, se for o caso, da força pública para obrigar o particular a cumprir a decisão.

Pelo atributo da exigibilidade, a Administração se vale de meios indiretos de coação. São exemplos: a multa e a impossibilidade de licenciamento do veículo, enquanto não pagas as multas de trânsito.

Pelo atributo da executoriedade, a Administração compele materialmente o administrado, usando meios diretos de coação. Por exemplo, ela dissolve uma reunião, apreende mercadorias, interdita estabelecimentos.

A autoexecutoriedade não existe em todas as medidas de polícia. Para que a Administração possa compelir materialmente o particular, é necessário que a lei autorize expressamente, ou que se trate de medida urgente, sem a qual poderá ser ocasionado prejuízo maior para o interesse público. Não há dúvida, porém, de que mesmo nas situações de urgência, o Poder Público deve agir em conformidade com o ordenamento jurídico e com os princípios próprios da atuação administrativa.

Por fim, a coercibilidade é a imposição coativa das medidas adotadas pela Administração. De fato, todo ato de polícia é imperativo ao particular que lhe deverá obediência independente de sua concordância.

Mas, ao lado das prerrogativas, existem as restrições a que está sujeita a Administração, limitando a atividade administrativa à consecução da finalidade pública e à observância dos princípios da Administração. É o caráter condicionante do dever sobre o poder.

No mesmo sentido, destaca Carías:

> *Es decir, la policía administrativa es una actividad y una fuerza reservada al Estado, en sus tres niveles territoriales, lo que significa atribuición exclusiva en el sentido de que sólo el Estado puede organizar el uso de la fuerza pública, particularmente en materia de orden público general, de tranquilidad, seguridad, moralidad y salubridad en la calle, no pudiendo los particulares establecer fuerzas, con armas, para realizar actividades de policía. Ello es campo esencial del derecho administrativo, particularmente por las garantías que este prevé respecto de los derechos de los individuos en relación con la actividad policial, que es actividad que se traduce en actos administrativos, sometidos a control de la jurisdicción contencioso administrativa.*[74]

A jurisprudência, sem ignorar as prerrogativas do Poder de Polícia, dentre as quais avulta a **autoexecutoriedade**, não tolera, nem chancela arbitrários ataques ao direito de propriedade, como ilustra o acórdão do Egrégio Tribunal de Justiça do Rio Grande do Sul:

75. Allan R. Carías. Derecho Administrativo. *Princípios del derecho público, Administração Pública e Direito Administrativo*, p. 243.

> Demolição de muro e de rancho de Canoa. Processo Administrativo. Notificação não comprovada. Direito de defesa violado. Princípio do Devido Processo Legal. ART. 5º, LIV e LV, da CRFB. Medida Liminar Concedida.
>
> Havendo contradições acerca da regularidade ou não da edificação autuada, visto que expedido alvará de construção pelo órgão competente, e não tendo o procedimento administrativo atendido ao princípio do devido processo legal, haja vista que não cientificado o administrado sobre a sanção a ele imputada e impedido, de conseguinte, o seu direito de defesa, adequada a concessão da medida liminar que suspendeu a demolição da obra.[75]

Nesse sentido, ressalte-se decisão do Egrégio Tribunal de Justiça do Estado de São Paulo, que em sede de recurso de Agravo de Instrumento não apenas reconheceu implicitamente o direito à moradia dos assentados de determinada área ocupada irregularmente, que sofria ação de desocupação, por estar esta em local de risco, como, também, afastou a alegação de que a classificação de determinada área como de risco possibilita a desocupação sem que o Poder Público tenha a obrigação de prover habitação aos ocupantes da área em questão. Esse entendimento pode ser verificado na transcrição de parte do citado acórdão:

> A Municipalidade, é certo, sustenta que a favela está localizada em área classificada como de risco, e alega não ser de sua competência prover habitação aos ocupantes do local. Contudo, de acordo com o art. 4º, da Medida Provisória nº 2220/2001, no caso de ocupação em área de risco, o Poder Público garantirá aos ocupantes o exercício do direito em outro local.[76]

Nesse contexto, o entendimento esposado pelo eminente Desembargador José Francisco Pellegrini, do Egrégio Tribunal de Justiça gaúcho, em apelação Cível, ao tratar do cuidado e da sensibilidade do julgador quando envolve a questão da moradia, *verbis*:

> Tenho tido especial cuidado nessas ações de reintegração de posse, quando a parte autora é exatamente aquela a quem deferida a tarefa de encaminhar o problema habitacional na sua seara. Também porque, muito embora singela a decisão no sentido de demolir moradia e se afastar do local, trata-se de providência de extrema gravidade para a parte atingida que, é verdade, atinge o Direito Constitucional de moradia e agride o ser humano na sua dignidade. Então, só em situações excepcionais, bem evidenciado o direito da parte autora é que, em circunstâncias tais, defiro a reintegração.[78]

---

76. Apelação Cível nº 2006.022930-9, Balneário Piçarras, Rel. Des. Dr. Newton Janke.
77. TJSP – 10ª Câm. Dir. Púb. – Agravo nº 711.429-5/5-00, julgado em 10/12/2007.
78. Apelação Cível nº 70009761727, julgado em 08/03/2005.

Interessante questão foi submetida à apreciação do Egrégio Tribunal Regional Federal da 4ª Região acerca do confronto entre o direito de moradia e o poder de polícia de segurança nas margens de rodovia federal. No caso, o TRF-4 negou provimento ao recurso de apelação para reconhecer a prevalência do Direito Constitucional de moradia, impondo ao Poder Público Federal o dever de assegurar a manutenção dos ocupantes no bem público até que sejam adotadas as providências necessárias para a alocação dos moradores em outra propriedade.

Nesse sentido, dispõe a emenda do acórdão proferido em julgamento da Apelação Cível, a relatora Desembargadora Federal Vânia Hack de Almeida:

> Civil. Ação demolitória. Edificações em faixa de domínio. Extensão. Princípio da Razoabilidade. Invasão do Mérito Administrativo. Inocorrência. Direito à Moradia. Prevalência no Caso Concreto.
>
> - Evidencia-se no feito dois interesses públicos distintos. O primeiro relativo à segurança no trânsito, invocado pelo DNER para embasar o pedido de demolição e retirada dos réus das casas edificadas na faixa de domínio da rodovia federal (BR - 53). O segundo diz respeito ao direito social à moradia, consagrado no art. 6º, *caput*, da Constituição Federal, e que não se trata, como quer fazer crer o apelante, de mero interesse de cada um dos réus, mas verdadeiro direito fundamental.
>
> - Diante do inequívoco conflito entre os interesses expostos, cumpre ao juiz fazer preponderar aquele que no caso concreto atenda aos critérios de justiça e razoabilidade, conferindo-lhe, assim, a respectiva tutela.
>
> (...)
>
> - Deve ser afastado o argumento de que o Poder Judiciário não pode adentrar no mérito do ato administrativo sob pena de ofensa ao princípio constitucional da Separação de Poderes. Em face do princípio da universalidade da jurisdição (art. 5º, XXXV, CF), não há óbice para o controle judicial dos atos discricionários que transmudam-se em verdadeiras ilegalidades.
>
> - O que é vedado ao Judiciário é a substituição da discricionariedade da Administração por um juízo de oportunidade e conveniência levado a efeito no processo, hipótese inocorrente neste feito. Com efeito, limita-se o julgado a reconhecer que a extensão da faixa de domínio em 50,00 m constitui medida desarrazoada, e, portanto, ilegítima. A invasão do mérito administrativo estaria caracterizada se o Juiz determinasse a extensão da faixa de domínio para aquele local.
>
> - O direito à moradia, direito fundamental de 2ª geração, acarreta ao Poder Público o dever de adotar as medidas necessárias para implementar um programa que conceda aos cidadãos o direito à uma vida digna (art. 1º, III, CF).
>
> - No entanto, a implantação de um programa efetivo torna-se extremamente tormentosa em um país de poucos ou mal aplicados recursos como o nosso, de modo que não cabe ao Poder Judiciário eximir-se da análise da questão.

- Conferindo a devida eficácia ao direito fundamental à moradia, conclui-se por sua prevalência sobre à segurança no trânsito no caso concreto.
- Embora possa causar espanto a manutenção de estranhos em faixa de domínio de rodovia federal, especialmente ante a impossibilidade de usucapião de bens públicos, os postulados de justiça social impõem que os réus permaneçam no local nesse momento visto que a ocupação é situação consolidada ao longo dos anos.
- Apelação improvida.[78][79]

O acórdão confirma, com muita propriedade, que o exercício do poder de polícia sempre deve ser desempenhado em conformidade com os limites legais e com absoluto respeito aos direitos fundamentais. O ato de polícia, como manifestação da função administrativa, deve ser motivado, de sorte a evidenciar o interesse público direto e imediato que o legitima.

8. Considerações finais

1. A função administrativa é eminentemente teleológica, porquanto está adstrita a satisfazer os reais interesses da comunidade e, para tanto, encontra-se lastreada em dois princípios basilares, quais sejam: o da supremacia do interesse público sobre o privado, e o da indisponibilidade dos interesses públicos.

2. A Constituição Federal de 1988, abriu um artigo específico para as finalidades do Estado brasileiro, cuja consecução deve figurar como vetor interpretativo de toda a atuação dos órgãos públicos (art. 3º), em especial no exercício da função administrativa.

3. O exercício das prerrogativas do Estado só estará legitimado quando presente, de fato, o interesse público, não um suposto interesse público do Estado, ou de seu governante (difuso, indeterminado, totalmente divorciado da realidade), mas aquele representativo dos verdadeiros interesses da comunidade.

4. O administrado tem o direito subjetivo público de exigir do administrador omisso a conduta comissiva imposta pelos princípios e regras constitucionais, a exemplo do inciso IX do art. 23, que incumbe ao Estado promover programas de construção de moradias e de melhoria das condições habitacionais e de saneamento básico.

5. A dignidade da pessoa humana funciona como metanorma ou estrutura para a aplicação de outras normas (princípios ou regras), servindo como modo de raciocínio e de argumentação.

6. O direito de moradia recebe proteção ampla pela Constituição Federal e pelos Tratados Internacionais sobre Direitos Humanos, desde a proteção máxima da moradia, atrelada ao próprio direito de propriedade, até a dimensão mínima do Direito Constitucional de preservação da intimidade pessoal e da tutela às pessoas desamparadas e em situação de risco (idosos, menores em estado de abandono).

78. Apelação Cível nº 200272030008247/SC, Terceira Turma, proferido em 18/01/2006.

7. A tutela do direito de moradia apresenta-se como uma garantia difusa, que deve ser assegurada por meio de políticas públicas e programas estatais de facilitação e estímulo à implementação de políticas voltadas ao acesso a um teto onde se abrigue com a família e em condições de habitabilidade.

8. É possível que haja colisão entre o domínio estatal (bem público abandonado) e o direito de moradia dos administrados, que, na verdade, representam deveres igualmente estatais, prevalecendo o direito de moradia já concretizado em face de uma garantia de interesse público ainda não implementada ou concretizada, mas apenas difusa ou indeterminada.

9. O atributo da autoexecutoriedade do poder de polícia sempre deve ser desempenhado em conformidade com os limites legais e com absoluto respeito aos direitos fundamentais.

9. Referências bibliográficas

ALMEIDA, João Batista de. *Aspectos controvertidos da Ação Civil Pública*. São Paulo: Revista dos Tribunais, 2001.

ARANHA BANDEIRA DE MELLO, Oswaldo. *Princípios gerais de direito administrativo*. 1. ed. v. I. Rio de Janeiro: Forense, 1969.

AZAMBUJA, Darcy. *Teoria Geral do Estado*. 4 ed. Porto Alegre: Globo, 1963.

BANDEIRA DE MELLO, Celso Antônio. *Conteúdo Jurídico do Princípio da Igualdade*. São Paulo: Malheiros Editores, 1997.

________. *Curso de direito administrativo*. 10. ed. São Paulo: Malheiros Editores, 1998.

________. *Discricionariedade e controle jurisdicional*. 2. ed., 2. tir. São Paulo: Malheiros Editores, 1996.

BARRETO, Derly. Controle Jurisdicional dos atos políticos do Poder Executivo. São Paulo: *Revista Trimestral de Direito Público*, v. 8, 1994.

BARROSO, Luís Roberto. *Interpretação e aplicação da Constituição*. 6. ed., 4. tir. São Paulo: Ed. Saraiva, 2008.

BIELSA, Rafael. *Ciencia de la administración*. Buenos Aires: Rosario Universidad Nacional del Litoral, 1937.

BONAVIDES, Paulo. *Curso de Direito Constitucional*. 6. ed. São Paulo: Malheiros Editores, 1996.

BUCCI, Maria Paula Dallari. (Org.). *Políticas Públicas – Reflexões sobre o conceito jurídico*. São Paulo: Ed. Saraiva, 2006.

CANOTILHO, José Joaquim Gomes. *Direito Constitucional*. 4. ed. Coimbra: Livraria Almedina, 1989.

________. *Estudos sobre os direitos fundamentais, tomemos a sério os direitos fundamentais*. Coimbra: Livraria Almedina.

CARÍAS, Allan R.

CARRAZZA, Roque Antônio. *Curso de Direito Constitucional Tributário*. 7. ed. São Paulo: Malheiros Editores, 1995.

COMPARATO, Fábio Konder. *O poder de controle na sociedade anônima*. 3. ed. Rio de Janeiro: Forense, 1983.

DAVID ARAUJO, Luiz Alberto e NUNES JÚNIOR, Vidal Serrano. *Curso de Direito Constitucional.* 11. ed. São Paulo: Ed. Saraiva, 2007.

ESCOLA, Héctor Jorge. El Interes Público como fundamento del derecho administrativo. Buenos Aires: Ediciones Depalma, 1989.

FERREIRA DA ROCHA, Sílvio Luis. *Função Social da Propriedade Pública*, Coleção Temas de Direito Administrativo. São Paulo: Malheiros Editores, 2005.

FIGUEIREDO, Lúcia Valle. Ação Civil Pública – Ação Popular – A defesa dos interesses difusos e coletivos – Posição do Ministério Público. *Revista Trimestral de Direito Público*, n. 16, Boletim de Direito Administrativo, 1996.

________. *Curso de direito administrativo.* 3. ed. São Paulo: Malheiros Editores, 1998.

FIORILLO, Celso Antônio Pacheco. *Curso de direito ambiental brasileiro.* 7. ed. São Paulo: Ed. Saraiva, 2006.

FREITAS Juarez. *O controle dos atos administrativos e os princípios fundamentais.* 2. ed. São Paulo: Malheiros Editores, 1999.

MANCUSO, Rodolfo de Camargo. *Ação Civil Pública em Defesa do meio ambiente, do Patrimônio Cultural e dos consumidores.* 9. ed. São Paulo: Revista dos Tribunais, 2004.

MEIRELLES, Hely Lopes. *Direito administrativo brasileiro.* 24. ed. São Paulo: Malheiros Editores, 1999.

MENDES, Gilmar. O Princípio da proporcionalidade na Jurisprudência do Supremo Tribunal Federal: novas leituras. *Revista Diálogo Jurídico*, v. I, n. 05/08/2001.

MILARÉ, Édis. *Direito do ambiente – doutrina, jurisprudência e glossário.* 3. ed. São Paulo: Revista dos Tribunais, 2004.

NETO, Diogo de Figueiredo Moreira. *Curso de direito administrativo.* 9. ed. Rio de Janeiro: Forense, 1990.

ROCHA, Cármen Lúcia Antunes. (Coord.). *O direito à vida digna.* Belo Horizonte, Editora Fórum, 2004.

SARLET, Ingo Wolfgang. *Dignidade da pessoa humana e direitos fundamentais.* Porto Alegre: Livraria do Advogado Editora, 2008.

SILVA, José Afonso da. *Curso de Direito Constitucional Positivo.* 10. ed. São Paulo: Malheiros Editores, 1995.

SUNDFELD, Carlos Ari. *Fundamentos de Direito Público.* 3. ed. São Paulo: Malheiros Editores, 1998.

TALAMINI, Eduardo. *Tutela relativa aos deveres de fazer e de não fazer.* São Paulo: Revista dos Tribunais, 2001.

Capítulo

6

Determinação da filiação e abortamento sob o amparo da Constituição Federal de 1988

Patrícia Marques Freitas*

Introdução

Os avanços científicos que impulsionam cada vez mais a Biotecnologia trazem no seu bojo uma série de questões de cunho ético que adentram os consultórios médicos, hospitais, laboratórios e universidades. Caminhando nesse sentido, acabam por atingir a sociedade e é aí que o biodireito surge para decidir e impor limitações. Dentre as várias questões que fazem parte desse embate ético está a determinação da filiação e o abortamento.

A filiação apresenta-se designada em variadas espécies, entretanto, a Constituição Federal de 1988 igualou os filhos colocando-os em uma mesma categoria, tanto os ilegítimos quanto os adotados terão os mesmos direitos do filho legítimo, e, ainda, condena qualquer tipo de discriminação relacionada aos filhos. Isso modifica sobremaneira a condição daqueles que eram tidos fora do casamento, dando uma nova dimensão à ideia de responsabilidade paternal.

* Mestre em Direito Constitucional pela PUC-SP. Especialista em Direitos Difusos e Coletivos pelo Centro Universitário do Pará. Advogada e associada do Instituto Brasileiro de Direito Constitucional (IBDC).

Os critérios para a determinação da filiação também sofrem modificações, impondo a quebra de antigos paradigmas para dar lugar a outras formas de definição da paternidade. Antes, o único critério possível para a determinação da paternidade era a presunção desta com a simples constância do casamento; posteriormente, a verdade biológica passa também a ser tida como critério de definição e com a possibilidade de maior precisão dada pelo exame de DNA, este passou a ser um critério definitivo para aferir a paternidade quando contestada.

Contudo, os avanços da Biotecnologia indo mais além, inovam no campo da reprodução humana e desafiam os critérios da determinação da paternidade com a inseminação artificial heteróloga, nesta a mulher – esposa ou convivente – tem seu óvulo inseminado por esperma de outro homem que não o seu marido ou convivente. Diferente da inseminação homóloga, em que a mulher tem seu óvulo inseminado com sêmen do próprio marido ou convivente, a inseminação artificial heteróloga inaugura um novo capítulo na determinação da filiação, e força a necessidade de se estabelecer outro critério, qual seja, o da verdade socioafetiva, na qual os vínculos sociais e os afetivos que devem permear a relação de pai e filho é que seriam decisivos na determinação da paternidade.

A inseminação artificial traz ainda um problema bastante real, pois, aquele que doa o esperma para ser inseminado permanece anônimo, o que acaba por tirar da criança o seu direito ao conhecimento da herança genética, que inclusive é tido por especialistas como um direito inerente à dignidade da pessoa humana. A questão toda está em que o direito ao conhecimento da identidade genética entra em conflito com o direito à inviolabilidade da intimidade, ou seja, o doador teria então o direito de manter-se anônimo, o que é também bastante coerente, uma vez que aqueles que doam o sêmen ou óvulo o fazem apenas com a intenção de ajudar o casal a ter filhos e não desejam ter um filho seu, proveniente dessa doação.

Outro tema também crivado de polêmicas que será tratado neste capítulo é o abortamento. Sempre presente nas discussões éticas e morais da bioética, o tema do abortamento também está intimamente ligado aos avanços científicos, uma vez que a Fetologia ou estudo dos fetos vem permitindo que o desenvolvimento intrauterino seja acompanhado como jamais fora. É possível a verificação do estado de saúde do feto no ventre materno nos seus mais minuciosos aspectos. Com base nisso, muitas teorias do início da vida surgem na tentativa de determinar quando deve ser garantida a proteção desse pequeno ser em formação.

A legislação brasileira é categórica ao determinar que desde o momento da concepção, a proteção à vida do nascituro deve ser garantida. Portanto, adotando a teoria concepcionista, também defendida atualmente pela Igreja Católica, o abortamento no Brasil é visto como crime, salvo quando a gravidez é decorrente de estupro ou quando esta põe em risco a vida da mãe, casos em que o abortamento será permitido.

Os pedidos de descriminalização do aborto continuam sendo feitos, mas um deles chama mais atenção, qual seja, o caso do abortamento de feto anencéfalo, que traz à pauta a discussão sobre o abortamento eugênico. Este deve ser entendido como a interrupção da gravidez motivada por um critério artificial de seleção, como a malformação do feto, por exemplo, que é o caso da anencefalia. Essa questão se tornou ainda mais polêmica em razão da Arguição de Descumprimento de Preceito Fundamental impetrada pela Confederação Nacional dos Trabalhadores na Saúde solicitando a descriminalização do abortamento quando o feto fosse vítima da anencefalia, e que teve liminar autorizada pelo Ministro Marco Aurélio do Supremo Tribunal Federal, posteriormente cassada pelos demais ministros do Supremo.

Contra ou a favor ao abortamento, o importante é que se vá além da esfera do sim e do não para tratar desse tema com mais profundidade, ultrapassando o superficial e analisando os caminhos filosóficos que perfazem os argumentos contrários e favoráveis, nunca perdendo de vista o bem jurídico tutelado, no caso a vida, e ainda a defesa do princípio que caracteriza o atual Estado Democrático de Direito, qual seja, o respeito à dignidade da pessoa humana.

2. Determinação da filiação

2.1 Filho

Para iniciar o assunto da determinação da filiação, um dos temas abordado neste capítulo, de antemão deve-se tratar do conceito de filho e das espécies de filiação. Assim, de acordo com o *Dicionário jurídico brasileiro Acquaviva*[1] a palavra filho deriva do latim *filius* e da raiz indo-europeia *dhe*, que significa dar de mamar, aleitar. O conceito se restringe ao indivíduo que descende diretamente de outro, ou que a este se vincula como adotado. O *Dicionário Aurélio* reforça a definição, designando filho como o descendente, aquele que é procedente ou resultante.[2]

Dentre as espécies de filiação o *Dicionário Acquaviva* destaca as de filho adulterino, ou seja, advindo de relação extraconjugal; filho bastardo ou filho das ervas, também conhecido como espúrio; filho ilegítimo, proveniente de pais não unidos pelo casamento; filho incestuoso, oriundo de pais cujo parentesco impede o casamento; filho natural, que tem o mesmo conceito que o ilegítimo; filho póstumo, ou seja, nascido após a morte do pai; e, filho sacrilégio, fruto da violação de castidade de padre ou freira.

A Constituição Federal de 1988 lança uma concepção mais igualitária a respeito do conceito de filho e em seu art. 227, § 6º, estabelece, *in verbis*: "Os filhos, havidos ou não da relação do casamento, ou por adoção, terão os mesmos direitos ou qualificações, proibidas quaisquer designações discriminatórias relativas à filiação". Desse modo, ainda que estejam descritas as espécies de filiação, tanto os filhos ilegítimos quanto os adotados se encontram na mesma categoria que os filhos legítimos, e seus direitos considerados iguais aos do último.

Na esteira da Lei Magna, o Estatuto da Criança e do Adolescente, Lei nº 8.069/1990, equipara, da mesma forma, o adotado à condição de filho, é o que dispõe o art. 41 da

1. Marcus Cláudio Acquaviva. *Dicionário jurídico Acquaviva*. São Paulo: Ed. Jurídica Brasileira, 2000.
2. Aurélio Buarque de Holanda Ferreira. Miniaurélio: o minidicionário da língua portuguesa. 6. ed. Curitiba: Posigraf, 2004.

Lei, *in verbis*: *"A adoção atribui a condição de filho ao adotado, com os mesmos direitos e deveres, inclusive o sucessório, desligando-o de qualquer vínculo com pais e parentes, salvo os impedimentos matrimoniais"*.

2.2 Critérios para determinação da paternidade

O advento da Constituição Federal de 1988 torna iguais os filhos, garantindo-lhes direitos antes negados, e de certa forma alterando a classificação dos critérios utilizados para a determinação da filiação, uma vez que estes se encontram subordinados à determinação da paternidade. Considerando que esta se verificava tão somente com a constância do matrimônio, a partir da Constituição de 1988, esse critério, somado aos avanços tecnológicos obtidos na área da engenharia genética, evolui para novos paradigmas na questão da filiação.

Assim é que, dentre os critérios para a determinação da paternidade, tem-se em um primeiro momento a Presunção de Paternidade. Esse primeiro critério remonta aos tempos de Napoleão, que, através do código que leva seu nome, estabelecia que legítimos eram todos os filhos havidos na constância do casamento. Isso se justificava pela concepção da sociedade na época, ou seja, em uma sociedade na qual os filhos ilegítimos eram alijados de seu seio, seria melhor então que a paternidade não fosse questionada através de investigação da paternidade, ao contrário do que ocorre atualmente.

A presunção de paternidade só seria contestada quando da absoluta impossibilidade física do marido para ter conjunção carnal com sua esposa nos primeiros 120 dias dos 300 que houvessem precedido o nascimento do filho. Com isso, a afirmação de uma filiação legítima estava pautada somente na existência de um casamento válido, que seria capaz de gerar uma família em termos jurídicos, ou seja, o matrimônio oficialmente constituído é que poderia proporcionar a regulamentação da relação paterno-filial.

Sobre o tratamento dado aos filhos ilegítimos, Silvana Carbonera assevera que:

> Em se tratando de filhos nascidos fora de uma relação matrimonializada, pertenciam eles a uma categoria diversa e eram denominados de ilegítimos. Estes não tinham acesso ao estatuto da filiação de modo automático, como acontecia com os filhos legítimos. O sistema vigente quando da promulgação do Código Civil de 1916 estabeleceu um sistema de acesso ao referido estatuto pautado na pouca probabilidade de produção de risco para uma relação conjugal matrimonializada de um ou de ambos os genitores. (...) Todavia, se um dos genitores já fosse casado, o filho seria considerado ilegítimo e para ele havia um obstáculo quase intransponível para chegar ao estabelecimento de uma relação paterno-filial assentada na existência de um vínculo biológico.[3]

3. Silvana Maria Carbonera. Algumas considerações sobre os sentidos jurídicos de paternidade: ou simplesmente "quero ser silva". In: Elídia Aparecida de Andrade Corrêa (Coord.). *Biodireito e dignidade da pessoa humana*. Curitiba: Juruá, 2008, pp. 303, 304.

Posteriormente, com os avanços que se seguiram, principalmente na área da Biotecnologia através do exame de DNA, a Verdade Biológica passa a prevalecer como critério para a determinação da paternidade. Entretanto, para tratar do critério da verdade biológica, necessário se faz um apanhado histórico a respeito.

Segundo Reinaldo Pereira e Silva, o que caracterizava as primeiras sociedades humanas era a indiferença quanto ao critério de sangue na identidade paterna, ou seja, para os povos primitivos a noção de que a reprodução se dá com a união dos sexos não era clara como hodiernamente. Pensava-se que somente a mulher era responsável na geração de um novo filho.[4]

Em consequência desse desconhecimento, as primeiras sociedades humanas, de uma forma geral, eram organizações sociais matrilineares, isto é, sociedades em que o sistema de parentesco se dava em linha materna. Apesar disso, não deve ser concluído que na pré-história tenha vigorado o matriarcado, ou seja, que o poder era conferido às mulheres, isso não ocorria porque, ainda que a linha de parentesco fosse de origem materna, cabia ao irmão mais velho a tarefa de proteger as mulheres e crianças, tornando-se este o chefe do clã.

Nas sociedades matrilineares estava vigente o parentesco classificatório, no qual não há distinção entre os integrantes do clã, permanecendo todos em uma mesma categoria parental, isto é, todos eram tidos como irmãos, por exemplo. Ao contrário do que acontecia com a família patrilinear onde o sistema de parentesco é descritivo, ou seja, cada integrante do clã é designado pelo título parental que lhe é próprio: o pai, a mãe, o irmão, o primo, o tio etc.

Este segundo tipo de sociedade, caracterizado pela constituição das famílias patrilineares, surge com as descobertas que ao longo dos tempos modificaram a noção quanto à reprodução humana, pois, aos poucos se percebeu que a concepção também exigia a participação do gênero masculino, portanto, a descoberta da paternidade biológica. Mas, as famílias patrilineares somente se firmam como instituição social na idade dos heróis, tendo por cenário guerras e conquistas. Assim, com a formação da classe dos guerreiros e dos conquistadores, a família patrilinear foi assegurando a progressiva adoção do sistema de parentesco descritivo, supramencionado, onde foram identificados o pai e a mãe e discriminados os irmãos e irmãs dos primos e primas.[5]

A partir da concepção patrilinear da procriação, à mulher é atribuída a obrigação de preservar a pureza da descendência, o que deveria fazer através da manutenção da castidade, e, após o casamento, respeitando a fidelidade conjugal. Essa era a função da mulher, o que configura bem os moldes de uma sociedade patriarcal. Será na família patrilinear com a adoção do sistema parental descritivo, que a mulher, como mãe, terá um papel mais bem definido na sociedade. Isso não significa, entretanto, que a noção de maternidade era respeitada, pois a mãe era considerada mera guardiã do embrião semeado.

4. Reinaldo Pereira e Silva. *Biodireito a nova fronteira dos direitos humanos*. São Paulo: LTr, 2003.
5. Idem, ibidem.

Outra importante mudança trazida juntamente com a formação das famílias patrilineares, com relação ao comportamento entre os clãs, vem a ser a inversão das migrações interclânicas, ou seja, as moças também passaram a se relacionar com outros clãs, destituindo-se de sua inamovibilidade do clã original. Além disso, a exogamia, isto é, a prática de relações sexuais com indivíduos sem parentesco, toma maior alcance, na medida em que o incesto deixa de ser dirigido exclusivamente à mãe e passa a compreender o pai e os irmãos entre si.

Para Reinaldo Pereira e Silva essas modificações representam grandes avanços para as relações sociais da humanidade e acabam por pautar o conceito atual de família universalmente entendido, segundo o qual esta se constitui sobre as bases de dois vínculos, um de natureza conjugal que uniria um homem a uma mulher, e outro, biológico que os une como pai e mãe, a seus filhos e filhas. Concepção esta que seria advinda da descoberta da paternidade de acordo com o sentido biológico, da exogamia que lhe alicerça e finalmente o parentesco descritivo que lhe dá uma de suas principais características.[6]

Sobre as inovações que o exame de DNA impõe à sociedade e ao próprio direito, Silvana Carbonera revela:

> A insuficiência do sistema na produção de respostas jurídicas a partir de seus próprios valores pode ser constatada com a análise de suas próprias transformações. Na medida em que ele se abre para novos valores, acaba abrindo espaço também para outras buscas que atendam de forma mais efetiva as necessidades que existem no mundo do ser. Vale dizer, na medida em que o hermético sistema de acesso ao estatuto da filiação codificado foi se abrindo e tutelando a filiação ilegítima, assim denominada até a Constituição Federal de 1988, gradativamente foi se operando a valorização de um elemento que até então não fazia parte do centro das preocupações sistematizadas: o filho. A utilização do exame em DNA para determinar quem é seu genitor é uma forma de tutela direta ao seu interesse tanto de conhecer suas origens genéticas, quanto de ter um pai.[7]

Como critério jurídico, a verdade biológica se fundamenta, principalmente, na possibilidade de precisão quanto aos resultados obtidos em uma investigação da paternidade proporcionada pelo exame de DNA. Isso, contudo, não abrange os maiores avanços que a Biotecnologia proporcionou no que diz respeito à reprodução humana assistida; a partir dela o critério da verdade biológica cai por terra, especialmente no caso da inseminação artificial heteróloga, em que é inseminado no óvulo materno, espermatozoide de outro homem que não o marido da mãe.

Com essa recente tecnologia vem a exigência na mudança de paradigmas quanto aos critérios que determinam a paternidade, surgindo assim um novo modelo que

6. Idem, ibidem.
7. Silvana Maria Carbonera, op. cit., p. 306.

seria o da Verdade Socioafetiva, na qual os critérios de sangue e do próprio vínculo matrimonial dão lugar aos laços afetivos que devem envolver a relação de pais e filhos, o que realmente nos distingue como seres mais humanos. Dessa forma, Reinaldo Pereira e Silva citando Bronislaw Malinowsky observou:

> ... a família é o agrupamento biológico em relação ao qual se estabelece invariavelmente todo o parentesco. Porém, a função dos laços familiares permanentes é condicionada pela cultura e não pela utilidade biológica. Contrariamente aos demais animais, a cultura humana é que cria a necessidade de conservar estreitas ligações entre os pais e os filhos por toda a vida.[8]

A própria adoção é um desafio ao critério da verdade biológica, e como a Constituição Federal de 1988 equipara a condição do adotado ao do filho legítimo, as diferenças deixam de existir. O Novo Código Civil (Lei nº 10.406, de 10/01/2002) enveredando pelo caminho da Constituição estabelece em seu art. 1.596, *in verbis*: "Os filhos, havidos ou não da relação de casamento, ou por adoção, terão os mesmos direitos e qualificações, proibidas quaisquer designações discriminatórias relativas à filiação".

Silvana Maria Carbonera, tratando do tema da verdade socioafetiva, assim o conceitua:

> O outro valor tem como critério a existência de um vínculo socioafetivo que, para ter existência real, não parte necessariamente nem da preexistência nem de um vínculo jurídico e tampouco de uma ligação genética. Em tais situações, a realidade existente remete a uma relação paterno-filial, construída a partir de uma relação afetiva, onde os papéis de pai e de filho consolidam-se quotidianamente e se mantêm pela recíproca vontade de ambos.[9]

A mesma autora, comentando a afirmação supraexposta, complementa:

> As transformações sentidas pelo sistema jurídico revelam-se claramente neste momento: a incansável busca de uma certeza jurídica, caracterizadora da estruturação do próprio sistema, concomitante a uma nova realidade, pautada na valorização da pessoa-gente e na busca de mecanismos que garantam a efetivação da tutela integral da pessoa, ancorada na tutela da dignidade garantida constitucionalmente. Revela-se, neste ponto, a pluralidade de valores que podem informar as reflexões jurídicas, sejam eles pautados num aspecto técnico ou num aspecto afetivo.[10]

8. Reinaldo Pereira e Silva, op. cit, 2003, p. 179.
9. Silvana Maria Carbonera, op. cit., 2008, p. 299.
10. Idem, ibidem, p. 299.

No que tange à determinação da paternidade, o Código Civil de 2002 mantém o que já era anteriormente tratado quanto à presunção de paternidade, a novidade está nos incisos III, IV e V do art. 1.597, nos quais são abordados os casos da inseminação artificial homóloga, ocorrida com a inseminação praticada na esposa ou convivente com sêmen do marido ou convivente, em vida deste ou após sua morte. Essa modalidade é contemplada pela verdade biológica, o que já não ocorre com o outro caso abordado no inciso V, que vem a ser o da inseminação artificial heteróloga que, como previamente exposto, ocorre com a inseminação feita na mulher casada ou convivente, na constância do casamento ou união estável com espermatozoide de terceiro. No segundo caso, o critério da verdade biológica se torna insuficiente como fator de determinação da paternidade, caso em que deve prevalecer a verdade socioafetiva.

O Código Civil de 2002, que é tido como uma reformulação frente ao ultrapassado Código Civil de 1916, dispõe quanto à filiação, *in verbis*:

> *Art. 1.597. Presumem-se concebidos na constância do casamento os filhos:*
> *I - nascidos cento e oitenta dias, pelo menos, depois de estabelecida a convivência conjugal;*
> *II - nascidos nos trezentos dias subsequentes à dissolução da sociedade conjugal, por morte, separação judicial, nulidade e anulação do casamento;*
> *III - havidos por fecundação artificial homóloga, mesmo que falecido o marido;*
> *IV - havidos, a qualquer tempo, quando se tratar de embriões excedentários, decorrentes de concepção artificial homóloga;*
> *V - havidos por inseminação artificial heteróloga, desde que tenha prévia autorização do marido.*

Maria Helena Diniz ao tratar do assunto da reprodução assistida se manifesta entendendo que:

> ... com a fertilização assistida, no porvir poder-se-á ter uma legião de seres humanos feridos na sua constituição psíquica e orgânica, e, além disso, o anonimato do doador do material fertilizante traz em si a perda da identidade genética do donatário, a possibilidade de incesto e de degeneração da espécie humana. Essa conquista científica não poderá ficar sem limites jurídicos, que dependerão das convicções do legislador, de sua consciência e de seu sentimento sobre o que é justo.[11]

Nas palavras de Maria Helena Diniz fica bastante evidente o conflito que se estabelece entre o direito ao conhecimento da origem biológica daquele que nasceu a partir do sêmen ou óvulo doado, com o direito da inviolabilidade da intimidade

11. Maria Helena Diniz. *O estado atual do biodireito*. 2. ed. São Paulo: Ed. Saraiva, 2002, p. 477.

do doador. Na Inglaterra já há uma lei que permite ao donatário saber quem cedeu o material biológico para seu nascimento. Havia medo por parte dos laboratórios que essa lei pudesse inibir as demais doações, o que é bastante provável, pois, aquele que faz a doação prefere manter-se anônimo posto que sua intenção não seria a de ter um filho, mas tão somente ajudar outro casal a tê-lo.

Vale ressaltar que sob o aspecto jurídico há muitas implicações no tocante ao conhecimento do doador, como, por exemplo, a questão sucessória. Contudo, o direito ao conhecimento da herança genética é defendido como um direito próprio da dignidade da pessoa humana. Mas como resolver tal questão? Um dos pontos ainda bastante polêmicos nessa seara é o próprio teste do DNA, pois basta um simples fio de cabelo ou mesmo um pouco de saliva na bagana do cigarro para que o teste seja realizado, ainda que não haja a autorização do doador.

Sobre o assunto, destaca-se o conteúdo da Súmula nº 301 do STJ, segundo a qual, *in verbis*: "Em ação investigatória, a recusa do suposto pai a submeter-se ao exame de DNA induz presunção *juris tantum* de paternidade". De acordo com Carbonera, a interpretação dessa Súmula deve ser feita com cautela pelo juiz, além disso, é imprescindível que outros elementos probatórios sejam agregados à comprovação do vínculo paterno-filial. Dessa forma, conclui a autora:

> A incidência da Súmula 301 do STJ é possível sempre que a negativa de coleta de material estiver acompanhada por um conjunto probatório forte por trazer significativos indícios que apontem para a prévia existência de um relacionamento entre o investigado e a mãe do investigante, o que permite presumir a existência de relações sexuais férteis entre ambos. (...) Entretanto, se a investigatória de paternidade estiver alicerçada somente na produção de prova decorrente de exame em DNA, sem que a produção de outras provas seja pedida ou possível, não há que se cogitar a possibilidade da incidência da presunção prevista na referida Súmula pois o investigado pode exercitar seu direito de não se submeter àquela produção de provas.[12]

Encampando a área da polêmica proveniente dos avanços biotecnológicos é o caso da clonagem de seres humanos, que, para Maria Celeste Cordeiro Leite Santos, significa simplesmente a própria dissolução da identidade das pessoas. Se, por um lado, a reprodução humana assistida pode trazer prejuízo psíquico para aquele que deixa de ter direito à sua herança genética, a clonagem, por sua vez, compromete como um todo a identidade do indivíduo, pois torna-se delicada a definição dos seus genitores e a finalidade da sua criação. Ainda de acordo com Albin Eser, com a clonagem, o princípio da dignidade da pessoa humana é totalmente ferido, visto que "o caráter individual e único de um potencial sujeito" é suprimido.[13]

12. Silvana Maria Carbonera, op. cit., p. 309.
13. Maria Celeste Cordeiro Leite Santos. *O equilíbrio do pêndulo, a bioética e a lei*. São Paulo: Ícone Editora, 1998.

3. Abortamento

O presente capítulo ainda trata da questão do aborto, em virtude da polêmica que também gira em torno do tema, provocada pelos avanços da Biotecnologia. A palavra aborto deriva do latim *abortu*, *abortare*; o sufixo *ab* significa privação, *ortus* significa nascimento, vale dizer, impedir o nascimento. Usualmente, fala-se em aborto para designar o abortamento, mas aborto em termos jurídicos é o feto que foi expulso do ventre materno, enquanto abortamento é o ato em si de expulsar o feto.[14]

Paulo José da Costa Júnior[15] conceitua o abortamento como a interrupção voluntária da gravidez, com a consequente morte do produto da concepção, e assevera que a Lei Penal brasileira não faz distinção entre o óvulo fecundado, embrião ou feto. Complementando o posicionamento, o autor afirma que no rigor etimológico, abortamento vem a ser o ato de abortar, uma vez que o feto, normalmente, é expulso do ventre. Porém, pode haver a mumificação ou a calcificação do feto, de modo que este permanece no útero materno.

O abortamento pode ser acidental ou provocado; o último é apenado quando criminoso, havendo dois casos, porém, em que o abortamento é permitido – quais sejam, o abortamento moral ou em caso de gravidez resultante de estupro, disposto no art. 128, II, do Código Penal, e o necessário ou terapêutico, praticado pelo médico para salvar a vida da gestante, art. 128, I, do Código Penal, *in verbis*:

> *Art. 128. Não se pune o aborto praticado por médico: Aborto necessário*
> *I - se não há outro meio de salvar a vida da gestante; Aborto no caso de gravidez resultante de estupro;*
> *II - se a gravidez resulta de estupro e o aborto é precedido de consentimento da gestante ou, quando incapaz, de seu representante legal.*

Maria Celeste Cordeiro Leite Santos,[16] quando trata, em sua obra, sobre as concepções relacionadas ao *status* do embrião, discute as diversas teorias relacionadas ao início da vida. Essas teorias definem quando a vida começa e por isso podem ser utilizadas para a justificação daqueles que são a favor ou daqueles que são contra.

Para os católicos e pela Lei brasileira, a vida se inicia com a concepção, que se dá dezesseis horas após a fecundação, quando ocorre a formação do zigoto. O art. 2º do Código Civil deixa a questão bem clara ao prescrever a preservação do direito do nascituro desde a concepção. Assim como a Constituição Federal, que no art. 5º defende a inviolabilidade do direito à vida. Ora, ao proteger a vida, significa que seja necessário permitir que esta se desenvolva, desenvolvimento este entendido desde o momento em que a concepção se dá.

---

14. Marcus Cláudio Acquaviva, op. cit.
15. Paulo José da Costa Júnior. *Curso de direito penal*. São Paulo: Ed. Saraiva, 1991.
16. Maria Celeste Cordeiro Leite Santos, op. cit.

A Convenção Americana de Direitos Humanos (Pacto de São José da Costa Rica) aceita pelo Brasil, em seu art. 4º, § I, caminhando no mesmo sentido que a legislação brasileira estabelece que: "Toda pessoa tem direito a que se respeite a sua vida. Esse direito deve ser protegido pela lei e, em geral, desde o momento da concepção. Ninguém pode ser privado da vida arbitrariamente". Portanto, segundo a Convenção, o início da vida ocorre desde o momento da concepção.

Para Ives Gandra da Silva Martins,[17] o primeiro instante de vida pode ser constatado nos animais com o encontro do elemento feminino com o masculino, através da penetração do espermatozoide no óvulo. Será nesse momento que se forma o zigoto, correspondendo este ao estágio inicial, inclusive do próprio ser humano, o ovo ou zigoto é o portador do mapa genético que comanda a nova vida em formação e que torna o indivíduo único.

Há, porém, aqueles que defendem que a vida só teria seu início de sete a oito semanas após a concepção, quando o embrião passa a responder a estímulos, e os que advogam a ideia de que a vida começa quando o embrião é capaz de expressar sensação ou volição. Há os que entendem que só há vida a partir dos movimentos do feto sentidos pela mãe, o que é criticado pelo fato de que os movimentos fetais existem antes mesmo que possam ser sentidos pela mãe, e ainda, os que defendem a teoria da viabilidade, que seria aquela em que o feto teria vida independente da mãe.

Em contraposição à teoria de que a vida acaba com a morte encefálica, surge a teoria do início da vida, ou seja, de que esta se daria com o início das ondas cerebrais. O que vale notar, entretanto, são os argumentos filosóficos e morais que sustentam cada teoria e o quanto elas podem ser decisivas no caso da descriminalização do abortamento.

Segundo Maria Celeste,[18] há três correntes filosóficas preponderantes referentes às teorias do início da vida, quais sejam, uma que promove a personificação imediata desde o início da fecundação; outra que fixa a personificação ao nascer, quando são possíveis a vida independente e as relações humanas; e, finalmente, a que adota um ponto intermediário, em que há o reconhecimento gradual do *status* do embrião a determinados estágios do desenvolvimento biológico, o que de acordo com alguns autores pode ser entendida como uma visão mecanicista.

A visão mecanicista traduz a ideia de que o embrião está sujeito a um desenvolvimento escalonado, ou seja, dividido em diversas fases capazes de defini-lo em aspectos distintos. Tal posição se opõe à noção do ser humano como um projeto contínuo, que teria início em um determinado ponto e se desenvolveria, posto que cada fase depende da antecedente e assim segue até a formação de um indivíduo integral e único.

É interessante utilizar como referência da ideia de um ser humano contínuo, a Recomendação 1.046 do Conselho da Europa, sancionada por sua Assembleia Parlamentar: "... desde o momento da fertilização do óvulo, a vida humana se desenvolve

17. Ives Gandra da Silva Martins (Coord.). *Direito fundamental à vida*. São Paulo: Quartier Latin/Centro de Extensão Universitária, 2005.
18. Maria Celeste Cordeiro Leite Santos, op. cit.

como um projeto contínuo, e que não é possível fazer uma distinção nítida durante as primeiras fases (embrionárias) do seu desenvolvimento, e que a definição do *status* do embrião é, portanto, necessária".[19]

Outro importante conceito sobre vida foi proferido por José Afonso da Silva, que juridicamente estabelece que vida: "É mais processo (processo vital), que se instaura com a concepção (ou germinação vegetal), transforma-se, progride, mantendo sua identidade, até que muda de qualidade, deixando, então, de ser vida para ser morte. Tudo que interfere em prejuízo deste fluir espontâneo e incessante contraria a vida".[20]

3.1 Abortamento eugênico

Um dos pontos bastante polêmicos que envolve o abortamento vem a ser o caso do abortamento eugênico. O termo eugênico, trazido por Francis Galton, significa o estímulo da reprodução entre pessoas hereditariamente saudáveis, correspondendo a uma eugenia positiva, e o impedimento da reprodução entre pessoas tidas como hereditariamente doentes havendo assim eugenia negativa. Com isso, o abortamento eugênico deve ser entendido como a interrupção da gravidez motivada por critérios artificiais de seleção.[21]

A eugenia é praticada desde a sociedade romana, isso acontecia em decorrência do poder exacerbado do *pater-famílias* romano. O *Patria Potestas* tem origem com o casamento, legitimação dos filhos ou adoção; suas características principais eram os direitos personalíssimos que não se estendiam à mulher e aos filhos, a duração perpétua, e a prerrogativa atribuída somente aos homens e com a morte do pai, o pátrio poder era adquirido pelo filho mais velho. Era atribuído ainda ao pai o direito de vida e morte sobre sua mulher e filhos.

De acordo com Antônio Carlos Wolkmer,[22] a sociedade romana era bastante desigual; o direito formal permitia, usualmente, apenas aos mais fortes beneficiar-se do sistema jurídico. Assim, o abortamento e o enjeitamento das crianças eram tidos como práticas legais, motivados pela malformação dos fetos ou por questões econômicas, tanto no caso em que as famílias eram miseráveis como no caso de famílias que, mesmo não tendo problemas econômicos, não queriam dividir o investimento da educação de um filho com outro que nascia, a mesma regra valia para as sucessões.

Era costume, na época, o pai levantar o filho em sinal de reconhecimento, caso isso não acontecesse, a criança era exposta diante da casa ou em um monturo público e quem quisesse poderia recolhê-la.

O enjeitamento de crianças ou o abortamento não são tidos mais como práticas lícitas na sociedade brasileira atual. Contudo, situações de exclusão social têm levado muitos pais a rejeitarem seus filhos, "e mesmo que seja considerado ilegal pelo Código

19. José Afonso da Silva. *Introdução ao biodireito:* investigações político-jurídicas sobre o estatuto da concepção humana, São Paulo: LTr, 2002, p. 254.
20. Idem. *Curso de direito constitucional positivo*. São Paulo: Malheiros Editores, 1999, p. 200.
21. Idem. *Biodireito a nova fronteira dos direitos humanos*. São Paulo: LTr, 2003.
22. Antônio Carlos Wolkmer. *Fundamentos de história do direito*. 2. ed. Belo Horizonte: Del Rey, 2004.

Penal brasileiro, muitos abortamentos são cometidos, um número que não se pode precisar em razão da própria ilicitude do ato".

O importante é que não se perca de vista que o abortamento eugênico deve ser lembrado por ter um aspecto negativo muito forte. Não permitir que uma criança venha ao mundo por causa da malformação que possa apresentar, por medo dos obstáculos que enfrentará, reflete uma sociedade que alija do seu seio os deficientes físicos e mentais, remetendo-se aos tempos de barbárie.

3.2 Abortamento de fetos anencéfalos

Ao se tratar do tema do abortamento eugênico, não se pode esquecer do abortamento dos fetos anencéfalos. A anencefalia é uma doença decorrente de um defeito no fechamento do tubo neural (DFTN), que ocorre entre o 26º e 28º dias de vida embrionária. A anencefalia se caracteriza, ainda, pela ausência da calota craniana e hemisférios cerebrais rudimentares ou ausentes, vindo a responder por cerca de metade dos casos de DFTN. A incidência de anencefalia é de um em cada mil nascidos vivos, variando em razão da localização geográfica e da condição socioeconômica.[23]

A profilaxia da anencefalia deve ser feita, segundo a prescrição médica, através da ingestão de ácido fólico antes da gravidez, o que implicaria uma gravidez planejada. Infelizmente, na realidade brasileira a gravidez está longe de ser planejada; cerca de 10 milhões de mulheres engravidam todo ano sem planejamento.

Outro importante dado é que a anencefalia tem maior ocorrência na população de baixa renda e subnutrida; alguns médicos recomendam o acréscimo do ácido fólico à alimentação industrializada. Nesse sentido, entendemos que a anencefalia deveria ser tratada como uma questão de saúde pública, uma vez que todo cidadão tem direito à alimentação de qualidade, sabe-se, porém, que isso não ocorre no atual contexto social do país. Assim, ao problema de saúde somam-se os problemas sociais.

A polêmica do abortamento de fetos anencéfalos se tornou mais acirrada com a Arguição de Descumprimento de Preceito Fundamental de nº 54, impetrada pela Confederação Nacional dos Trabalhadores na Saúde (CNTS) com o fim de solicitar a declaração da inconstitucionalidade, com eficácia abrangente e efeito vinculante, da interpretação dos arts. 124, 126 e 128, incisos I e II, do Código Penal – Decreto-Lei nº 2.848/1940 –, como impeditiva da antecipação terapêutica do parto em casos de gravidez de feto anencéfalo, diagnosticados por médico habilitado, reconhecendo-se o direito subjetivo da gestante de assim agir sem a necessidade de apresentação prévia de autorização judicial ou qualquer outra forma de permissão específica do Estado.

Em julho de 2004, o Ministro Marco Aurélio, do Supremo Tribunal Federal, autorizou liminar que permitia o abortamento em caso de anencefalia. A Confederação Nacional dos Bispos rapidamente se posicionou contrária à decisão. A posição do ministro parece ser inconstitucional, pois, ainda que a possibilidade de sobrevivência da criança seja praticamente zero, no ventre materno ela não está morta, portanto, a

23. Marcelo Zugaib et al. *Medicina fetal*. São Paulo: Ed. Atheneu, 1997.

interrupção dessa gravidez seria abortamento e não interrupção terapêutica do parto como pretendem alguns. Sobre a decisão do Ministro Marco Aurélio, Ives Gandra assim se manifestou:

> No caso dos anencéfalos, em que a autorização para a realização do aborto – segundo decisão do meu caríssimo amigo e brilhante jurista, Ministro Marco Aurélio de Mello – pode ser dada até o último dia da gravidez, está-se perante a seguinte absurda situação: matar a criança no ventre materno, em momento anterior ao parto, é permitido, não sendo tal ato de eliminação da vida considerado crime. Já matar o anencéfalo um minuto depois do nascimento, é proibido e o ato é considerado criminoso.[24]

É sabido que a gravidez de bebê anencéfalo provoca bastante sofrimento aos pais da criança, em especial à mãe que perpassa todos os meses correspondentes ao período gestacional sabendo que sua criança não irá sobreviver. Contudo, coaduno com a opinião do Ministro Cezar Peluso que, em entrevista feita a um jornal, referindo-se ao caso da anencefalia, entendeu que "o sofrimento em si não é coisa que degrade a dignidade da pessoa humana".[25]

O mérito da ADPF ainda não foi julgado, entretanto estão ocorrendo muitas decisões permitindo o abortamento em caso de anencefalia, como a 3ª Câmara Criminal do Tribunal de Justiça do Rio Grande do Sul que, no dia 19/09/2005, concedeu a interrupção da gravidez de feto anencéfalo, tendo a desembargadora Elba Aparecida Nicolli Bastos, relatora do processo, afirmado que "não se pode exigir da gestante que prossiga carregando a morte, já que a vida é impossível".

Por outro lado, é possível encontrar argumentos em contrário, como no caso de uma jovem em Brasília, que relatou sua experiência em uma gravidez de feto anencéfalo. Apesar da recomendação dos médicos de que interrompesse a gestação, a jovem decidiu levar a gravidez até o fim e, após o nascimento da criança e sua consequente morte, a jovem mãe afirmou que fora mãe, ainda que seu filho tenha vivido por um dia, ela podia dizer que teve a experiência de ter sido mãe.[26]

No ano de 2008, o tema do abortamento de fetos anencéfalos é retomado no STF. Já foram realizadas três sessões que compõem uma audiência pública na qual

---

24. Ives Gandra da Silva Martins, op. cit., p. 31.

25. Francisco Leali. "Uma história Severina: drama de agricultora com feto anencéfalo que tentou fazer aborto e foi impedida pelo STF vira filme". *O Globo*, Rio de Janeiro, 01/10/2005.

26. Depoimento de Janaína: "Ele nasceu às 13h15 do dia 09/07/2002, foi registrado como cidadão brasileiro e faleceu às 11h25 do dia 10/07/2002. Tive a oportunidade de segurá-lo no colo e de me despedir dele. Hoje trago uma linda e real lembrança de uma gravidez que teve algumas dificuldades intrínsecas à situação, mas que me trouxe muitos benefícios como pessoa humana e me deu uma grande alegria: a de ser mãe. Sou mãe do Thalles, vivo ou morto, bonito ou feio, presente ou ausente. Sou mãe dele porque ele efetivamente existiu e foi gerado em mim, o tempo que ele permaneceu com a minha família e toda a multidão que ia vê-lo na incubadora, foi um grande lucro. Antes da liberação do aborto, o que as mães de filhos anencéfalos necessitam é de esclarecimento, valendo ressaltar as incoerências que têm sido divulgadas, e apoio. A atitude do governo deve ser a da prevenção, com a distribuição de ácido fólico, com o combate ao uso de drogas, enfim, não vai ser por esse caminho, aparentemente mais fácil, que as mães terão a sua dificuldade sanada, mas no acolhimento e na solidariedade". Disponível em: <www.providaanpolis.org.br>. Acesso em: 24/11/2005.

representantes de associações, médicos, sociólogos e até mesmo representantes de segmentos religiosos se manifestaram dando seus pareceres a respeito do assunto. Se de um lado os médicos apresentam o aparato técnico para tornar clara a doença para a compreensão de leigos, de outro lado têm-se mulheres participantes de entidades feministas defensoras do direito da mulher escolha. Entretanto, apesar de divergentes as opiniões, é interessante analisar os argumentos que envolvem cada ponto de vista. Para Ronald Dworkin, as opiniões não podem ser colocadas entre favoráveis de um lado e contrárias de outro, pois, segundo ele, as posições podem variar de acordo com a situação concreta:

> Sem dúvida, as opiniões das pessoas sobre o aborto não têm apenas duas únicas variantes, uma conservadora e outra liberal. De ambas as partes existem graus de opinião, desde as posições extremas até as moderadas, e também há diferenças de opinião que não podem, de modo algum, situar-se no espectro conservador-liberal – por exemplo, o ponto de vista de que um aborto tardio é pior do que um aborto prematuro não pode ser identificado claramente como mais liberal ou mais conservador.[27]

Como já foi citado neste capítulo, a corrente que defende o abortamento nos primeiros meses de gestação se pauta em uma justificação mecanicista na qual o desenvolvimento do embrião, no útero materno, pode ser determinado em fases distintas. A partir dessa ideia, ficaria mais fácil definir em qual delas começa a vida. Além disso, a defesa do abortamento também estaria sujeita ao imediatismo de uma sociedade de consumo. Segundo Bernhard Häring,[28] para a sociedade de consumo, a atividade sexual é considerada um mero artigo que não tem em conta o amor, o compromisso ou a responsabilidade social.

Além disso, a doutrina que advoga a causa do abortamento por motivos eugênicos tem em seu bojo a ilusão do indivíduo geneticamente normal, que deve ser combatida uma vez que se baseia em critérios preconceituosos – ao não aceitar na sociedade pessoas que possam apresentar algum tipo de deficiência.

Em sentido oposto, há os que são contrários ao abortamento e argumentam sobre os auspícios de uma ética deôntica fundamentada na defesa dos direitos humanos, a qual entende o desenvolvimento embrionário como algo contínuo, não podendo ser definido em fases distintas, portanto, contrária à visão mecanicista.

Nesse diapasão, entende-se que o feto deve ser defendido como ser humano em formação, uma vida potencial. Assim, deve ser respeitado o princípio da dignidade da pessoa humana referente ao feto, portanto, sua simples existência já implica uma dignidade que deve ser levada em conta.

---

27. Ronald Dworkin. *Domínio da vida:* aborto, eutanásia e liberdades individuais, 2003, p. 42.
28. Bernhard Häring, 1985, apud Reinaldo Pereira e Silva. *Biodireito a nova fronteira dos direitos humanos*. São Paulo: LTr, 2003, p. 132.

No que concerne aos que apresentam algum tipo de deformidade ou são portadores de necessidades especiais, consideramos coerentes as palavras de Dworkin:

> Nos casos em que as deformidades físicas de uma criança forem tão dolorosas ou incapacitantes que nos levem a crer que, em nome de seus interesses fundamentais, seria melhor deixá-la morrer, podemos dizer que o aborto também atenderia aos interesses fundamentais da criança. Mas as coisas não são assim em todos os casos nos quais a concepção liberal paradigmática admite o aborto; mesmo as crianças com terríveis deformidades podem estabelecer relações, dar e receber amor, lutar e, até certo ponto, superar suas deficiências. Se suas vidas valem a pena, como então teria sido melhor, para elas, que fossem mortas quando ainda no útero?[29] (DWORKIN, 2003:47).

Portanto, para aqueles que se posicionam de forma contrária ao abortamento, a vida deve ser entendida em toda a sua inteireza; sendo o ser humano não um ser que se desenvolve em fases, mas, ao contrário, um ser que é formado continuamente. Assim, apresentam-se de acordo com a Constituição Federal brasileira de 1988, pois, considerando que a vida é um processo contínuo, a Constituição salvaguarda, em seu art. 5º, a inviolabilidade do direito à vida.

4. Considerações finais

A Biotecnologia vem desenhando um novo cenário no qual os institutos jurídicos presentes precisam ser remodelados para que possam abranger os conflitos antes inimagináveis, como é o caso da inseminação artificial heteróloga, por exemplo.

Pensar que a ciência pudesse chegar a tal ponto, desafiando mesmo os conceitos morais familiares instituídos ao longo de tantas eras, parecia devaneio da imaginação dos autores de ficção.

Nesse contexto, os parâmetros legais precisam ser reformulados e a discussão moral e ética deve ser mais do que constante. As novas técnicas de reprodução humana assistida, de um lado, e os equipamentos sofisticados de precisão com relação ao desenvolvimento do feto no estágio intrauterino, de outro, impõem dilemas éticos à determinação da filiação e ao tema do abortamento que não devem ser olvidados.

Sempre que o tema envolve o ser humano diretamente, não se pode considerar apenas seu aspecto biológico, mas sim toda sua estrutura psíquica, moral e emocional para que as decisões jurídicas possam atingi-lo como um todo e reflitam suas reais necessidades. É justamente nesse sentido que se espera que o biodireito atue, como disciplina capaz de reter o instrumental necessário para a solução de conflitos na área da bioética, pelo menos no que couber ao aspecto jurídico destes.

O Estado brasileiro se configura como um Estado Democrático de Direito, o qual permite que todos os setores da sociedade possam se manifestar a respeito das questões que trazem polêmicas. Porém, mister se faz ter em consideração que a Constituição

29. Ronald Dworkin, op. cit., p. 47.

Federal de 1988 resguarda em seu texto o princípio da dignidade da pessoa humana, bem como a inviolabilidade do direito à vida.

A vida é um bem jurídico tutelado, tido como indisponível, e sua preservação se torna indispensável. A vida deve ser valorizada, e proteger o ser humano em desenvolvimento, parece de caráter imprescindível. Proteção esta que considere o ser humano em toda sua inteireza, como um ser contínuo e ininterruptamente capaz de vencer e transpor desafios à primeira vista inatingíveis.

5. Referências bibliográficas

ACQUAVIVA, Marcus Cláudio. *Dicionário jurídico brasileiro Acquaviva.* 11. ed. São Paulo: Editora Jurídica Brasileira, 2000.

CARBONERA, Silvana Maria. Algumas considerações sobre os sentidos jurídicos da paternidade: ou simplesmente "quero ser silva!"... In: CORRÊA, Elídia Aparecida de Andrade (Coord.). *Biodireito e dignidade da pessoa humana.* Curitiba: Juruá, 2008, p. 297-317.

COSTA JÚNIOR, Paulo José da. *Curso de direito penal.* São Paulo: Ed. Saraiva, 1991.

DINIZ, Débora. *Admirável nova genética*: bioética e sociedade. Brasília: UnB, 2005.

DINIZ, Maria Helena. O estado atual do biodireito. 2 ed. São Paulo: Ed. Saraiva, 2002.

DWORKIN, Ronald. *Domínio da vida:* aborto, eutanásia e liberdades individuais. São Paulo: Ed. Martins Fontes, 2003.

FERREIRA, Aurélio Buarque de Holanda. *Miniaurélio:* o minidicionário da língua portuguesa. 6. ed. Curitiba: Posigraf, 2004.

HABERMAS, Jürgen. *O futuro da natureza humana.* São Paulo: Ed. Martins Fontes, 1402004.

LEALI, Francisco. Uma história Severina: drama de agricultora com feto anencéfalo que tentou fazer aborto e foi impedida pelo STF vira filme. *O Globo,* Rio de Janeiro, 01/10/2005.

MARTINS, Ives Granda da Silva (Coord.). *Direito fundamental à vida.* São Paulo: Quartier Latin/Centro de Extensão Universitária, 2005.

PEGORARO, Olinto A. *Ética e bioética, da subsistência à existência.* Petrópolis: Editora Vozes, 2002.

PEREIRA, Rodrigo da Cunha. *Afeto, ética, família e o novo Código Civil.* Belo Horizonte: Del Rey, 2004.

PLATTS, Mark. *Dilemas éticos.* México: Universidad Nacional Autónoma de México, 1997.

SANTOS, Maria Celeste Cordeiro Leite. *O Equilíbrio do pêndulo a bioética e a lei.* São Paulo: Ícone Editora, 1998.

SILVA, José Afonso da. *Curso de Direito Constitucional Positivo.* São Paulo: Malheiros Editores, 1999.

SILVA, Reinaldo Pereira e. *Biodireito a nova fronteira dos direitos humanos.* São Paulo: LTr, 2003.

________. *Introdução ao biodireito*: investigações político-jurídicas sobre o estatuto da concepção humana. São Paulo: LTr, 2002.

WOLKMER, Antônio Carlos. *Fundamentos de história do direito.* 2. ed. Belo Horizonte: Del Rey, 2004.

ZUGAIB, Marcelo; PEDREIRA, Denise Araújo Lapa; BRIZOT, Maria de Lourdes et al. *Medicina fetal.* São Paulo: Editora Atheneu, 1997.

Capítulo

7

O princípio da igualdade aplicado ao direito de acesso à saúde

Ricardo Glasenapp*

Sumário: Introdução. 1. Os direitos fundamentais; 1.1 O princípio da igualdade; 1.2 O direito à vida; 1.3 O direito à saúde. 2. O acesso à saúde universal e igualitário. 3. O direito à saúde como norma programática. 4. A efetividade do acesso igualitário a tratamento médico. 5. Considerações finais. 6. Referências bibliográficas.

Introdução

A CONSTITUIÇÃO FEDERAL de 1988, chamada por muitos de "Constituição Cidadã", trouxe ao longo de seu texto diversos direitos aos cidadãos. Direitos estes que, por se tratarem de direitos historicamente constitucionais ou por estarem expressos no texto constitucional somente agora, passaram a ser tratados como "direitos constitucionais". Dentre eles podemos encontrar o direito à liberdade, direito à vida, direito de locomoção, direito de propriedade e tantos outros.

Dentro deste extenso rol de direitos, entretanto, encontramos alguns que, interrelacionados, são de suma importância para a sociedade, a despeito de não serem tão discutidos nem respeitos pelo Estado. São eles: direitos à vida, direito à saúde e, especialmente, o princípio da igualdade.

Neste capítulo analisaremos o inter-relacionamento desses direitos – direito à saúde, como via de mantença do direito à vida, e princípio da

* Especialista em Direito Constitucional pela ESDC – Escola Superior de Direito Constitucional, mestrando em Direito Constitucional pela PUC-SP com bolsa pela – Capes, professor-assistente do Prof. Luiz Alberto David Araujo, professor de Direito Público na Faculdade Anchieta e membro do Instituto Brasileiro de Direito Constitucional (IBDC) e do Observatório Constitucional Internacional.

igualdade –, relacionando-os, especialmente, ao direito ao acesso universal e igualitário às ações e serviços para a promoção, proteção e recuperação da saúde previsto no *caput* do art. 196 da Constituição Federal.

1. Os direitos fundamentais

Por fundamentais entendemos o conjunto de direitos necessários para a subsistência do ser humano. Como o próprio nome já diz, são os direitos que são fundamentais para que o ser humano sobreviva.

Com o passar dos anos, os direitos individuais, devido à sua transcendência – ou seja, à sua relação com o direito natural –, passaram a extrapolar os limites de cada Estado, para se tornarem uma questão de interesse internacional. Tanto isso é verdade que diversas declarações de direitos foram feitas em âmbito internacional, como a Declaração Universal dos Direitos do Homem, datada de 1948, por exemplo.

Essa Declaração preocupou-se, basicamente, em dividir os direitos individuais em quatro ordens. Celso Ribeiro Bastos afirma que,

> ... logo no início, são proclamados os direitos pessoais do indivíduo: direito à vida, à liberdade e à segurança. Num segundo grupo encontram-se expostos os direitos do indivíduo em face das coletividades: direito à nacionalidade, direito de asilo para todo aquele perseguido (salvo os casos de crime de direito comum), direito de livre circulação e de residência, tanto no interior como no exterior e, finalmente, direito de propriedade. Num outro grupo são tratadas as liberdades públicas e os direitos públicos: liberdade de pensamento, de consciência e religião, de opinião e de expressão, de reunião e de associação, princípio na direção dos negócios públicos. Num quarto grupo figuram os direitos econômicos e sociais: direito ao trabalho, à sindicalização, ao repouso e à educação.[1]

Para Norberto Bobbio, a Declaração Universal representa a consciência histórica que a humanidade tem dos próprios valores fundamentais na segunda metade do século XX, sendo essa Declaração uma síntese do passado e uma inspiração para o futuro.

Dentre os direitos fundamentais encontramos alguns que têm mais relevante importância à sobrevivência humana, como o princípio da igualdade, o direito à saúde e o direito à vida, que resumem em si toda a substância humana necessária à sobrevivência.

A seguir analisaremos, sem o objetivo de esgotar o assunto, os direitos supramencionados.

1.1 O princípio da igualdade

Primeiramente, antes de adentrarmos no tema central deste capítulo, faz-se necessário um pré-questionamento: O que vem a ser igualdade? O que torna as pessoas iguais ou desiguais?

1. Celso Ribeiro Bastos. *Curso de direito constitucional*. São Paulo: Ed. Saraiva, 2000, p. 38.

Igualdade, na célebre lição de Aristóteles, é tratar igualmente os iguais e desigualmente os desiguais. No princípio da igualdade, a regra é o tratamento igualitário, sendo a exceção o tratamento desigual. Entretanto, a regra de Aristóteles é tão somente uma regra hipotética, uma vez que ela não satisfaz por não ser capaz de informar quando ou como distinguir tais desigualdades. Assim, faz-se necessário encontrarmos critérios capazes de distinguir os elementos ou as situações de igualdade e desigualdade que autorizariam ou não o tratamento diferenciado.

Ao procurarmos por tais critérios, perceberemos que há uma relação entre os princípios da igualdade e o da razoabilidade; uma vez que para haver a exceção do tratamento desigual, há a necessidade de uma "argumentação suficiente por parte do operador jurídico". Por conseguinte, o princípio da igualdade somente seria violado quando surgisse tratamento desigual originado de uma atuação arbitrária por parte do legislador.[2] Diante da necessidade de encontrar critérios que distingam as possibilidades de desigualdade, o legislador precisou formalizar o princípio da igualdade, ou seja, precisou transformar o princípio em norma posta, norma formal.

Dessa forma, as Constituições ocidentais modernas passaram a ter em seus textos a previsão do princípio da igualdade. Em nosso Texto Constitucional encontramos o princípio da igualdade previsto, inicialmente, no art. 5º, que afirma: ***Todos são iguais perante a lei****, sem distinção de qualquer natureza, garantindo-se aos brasileiros e estrangeiros residentes no País a inviolabilidade do direito à vida, à liberdade, à igualdade, à segurança e à propriedade, nos termos seguintes* (grifo do autor).

Para Celso Antônio Bandeira de Mello,[3] o alcance do princípio constitucional da igualdade citado não se restringe a nivelar os cidadãos diante da norma legal posta, mas que a própria lei não pode ser editada em desconformidade com a isonomia. Reiterando tais ensinamentos, Francisco Campos[4] afirma que não há qualquer dúvida quanto ao destinatário da cláusula constitucional da igualdade perante a lei. Esse destinatário seria o próprio legislador e, em consequência, a legislação por ele feita. Dessa forma, o princípio da igualdade atuaria como uma limitação à discricionariedade do legislador face à realidade.

Portanto, como o legislador tem a discricionariedade em mãos, as leis elaboradas por ele nada mais fazem do que discriminar situações que deverão ser submetidas à regência de regras. Diante dessa constatação, faz-se necessário questionar quais são essas discriminações juridicamente intoleráveis.[5] Pimenta Bueno assevera que "a lei deve ser uma e a mesma para todos; qualquer especialidade ou prerrogativa que não for fundada só e unicamente em uma razão muito valiosa do bem público será uma injustiça e poderá ser uma tirania".[6] Assim, para Pimenta Bueno, somente uma razão

2. José Joaquim Gomes Canotilho apud Celso Antônio Bandeira de Mello. *O conteúdo jurídico do princípio da igualdade*. São Paulo: Malheiros, 2008.
3. Celso Antônio Bandeira de Mello, *O conteúdo jurídico do princípio da igualdade*, cit.
4. Francisco Campos *apud* Celso Antônio Bandeira de Mello, op. cit.
5. Celso Antônio Bandeira de Mello, op. cit.
6. Pimenta Bueno *apud*, Celso Antônio Bandeira de Mello, op. cit.

valiosa do bem público poderia justificar uma prerrogativa ou especialidade causadora de desigualdade. O princípio da igualdade valeria de acordo com concepções do legislador; o propósito do constituinte foi que as concepções do legislador valessem somente quando conformes ao princípio da igualdade.

John Rawls,[7] tratando do princípio da igualdade, e relacionando-o com o conceito de justiça como equidade, afirma que todas as pessoas têm igual direito a um projeto inteiramente satisfatório de direitos e liberdades básicas iguais para todos, projeto esse compatível com todos os demais; nesse projeto, as liberdades políticas, e somente estas, deverão ter o seu valor equitativo garantido. Para ele as desigualdades sociais e econômicas devem satisfazer dois requisitos: primeiro, devem estar vinculadas a posições e cargos abertos a todos, em condições de igualdade equitativa de oportunidades; e, segundo, devem representar o maior benefício possível aos membros menos privilegiados da sociedade. Assim, ao relacionarmos o segundo requisito ao direito à saúde – que é o tema central deste capítulo –, resta clara a necessidade de políticas públicas para beneficiar o acesso à saúde aos menos privilegiados da sociedade.

Para Robert Alexy,[8] se não há nenhuma razão suficiente que permita um tratamento desigual, então está ordenado um tratamento igual; e se há uma razão suficiente para ordenar um tratamento desigual, então está ordenado um tratamento desigual. Essas duas afirmações são as duas máximas de Alexy sobre o princípio da igualdade, o "mandato do tratamento igual" e o "mandato do tratamento desigual", respectivamente.

Gilmar Mendes[9] entende que, se houver uma concessão de vantagens ou benefícios a determinados segmentos ou grupos, sem contemplar outros que se encontram em condições idênticas, estaremos diante de uma exclusão de benefício incompatível com o princípio da igualdade; havendo, dessa forma, uma afronta ao princípio da igualdade.

Sendo o princípio da igualdade um dos princípios estruturantes do regime central dos direitos fundamentais existentes em uma Constituição, ele demonstra ser o princípio informador de toda a Constituição, expressa ou implicitamente contido, como pressuposto necessário às determinações constitucionais.[10] Assim, esse princípio relaciona-se com o direito à vida e o direito à saúde.

1.2 O direito à vida

Visto o princípio da igualdade, analisemos rapidamente o direito à vida para, então, passarmos ao direito à saúde.

O direito à vida é o mais básico de todos os direitos, no sentido de que surge como verdadeiro pré-requisito da existência dos demais direitos consagrados

7. John Rawls. *O liberalismo político*. 2. ed. São Paulo: 2000, p. 47-48.
8. Robert Alexy apud André Ramos Tavares, *Curso de direito constitucional*. São Paulo: Ed. Saraiva, 2007. p. 526.
9. Gilmar Ferreira Mendes. *Direitos fundamentais e controle de constitucionalidade*. São Paulo: Celso Bastos Editor, 1999, pp. 48, 49.
10. José Joaquim Canotilho, op. cit., p. 574.

constitucionalmente. O direito à vida assume duas vertentes: uma se traduz no direito de permanecer existente; a outra, no direito a um adequado nível de vida. É preciso que o Estado assegure, garanta, um nível mínimo de vida, compatível com a dignidade humana.[11] Para José Afonso da Silva, a vida constitui a fonte primária de todos os outros bens jurídicos.[12]

Ao abordarmos a necessidade de um adequado nível de vida e de qualidade de vida, é impossível não relacionarmos o direito à vida com o direito à saúde, uma vez que ambos os direitos constitucionais estão intimamente relacionados.

O direito à vida, em nossa Constituição Federal, está protegido no *caput*, do art. 5º, que garante aos brasileiros e estrangeiros residentes no País a inviolabilidade deste, além de outros direitos. Inserindo tal proteção no artigo constitucional tido como o mais importante para muitos, o poder constituinte originário fez com que o Estado avocasse a responsabilidade de garantir a todos a proteção à vida.

Uma consequência dessa responsabilidade estatal de proteção à vida é a garantia constitucional do acesso igualitário à saúde, pois sem saúde não há proteção à vida. Assim, objetivando proteger a vida, o Estado comprometeu-se a prestar a toda a população ações e serviços para a promoção, proteção e recuperação da saúde, conforme disposto no art. 196.

Também entende dessa forma o Min. Celso de Mello, que afirmou que "o direito à saúde – além de qualificar-se como direito fundamental que assiste a todas as pessoas –, representa consequência constitucional indissociável do direito à vida".[13]

1.3 O direito à saúde

Após termos visto o princípio da igualdade e, rapidamente, o direito à vida, discutiremos o direito à saúde.

A saúde é um dos direitos sociais constantes no *caput* do art. 6º da Constituição Federal, ao lado da educação, trabalho, moradia, lazer, segurança, previdência social, proteção à maternidade e à infância, a assistência aos desamparados.[14]

Para Marcus Orione Correia e Érica Paula Correia, entender o que significa a saúde "implica sua conceituação a partir da óptica de uma política destinada à prevenção e ao tratamento de males que afligem o corpo e a mente humanos, com a criação inclusive de um sistema organizado que atenda aos doentes".

Percorrendo o Texto Constitucional encontraremos novamente a saúde no teor do art. 196[15] da Constituição Federal, agora tratando do direito à saúde; esse artigo afirma que a saúde é direito de todos e dever do Estado, vindo a garantir o "acesso universal e igualitário às ações e serviços para sua promoção, proteção e recuperação".

11. André Ramos Tavares. 5. ed. rev. e atual. *Curso de direito constitucional*, 2007, p. 499.
12. José Afonso da Silva. 23. ed. ver. e atual. *Curso de direito constitucional positivo*, 2004, p. 197.
13. RE-AgR 271286 / RS AG.Reg. no Recurso Extraordinário.
14. Marcus Orione Correia; Érica Paula Correia apud André Ramos Tavares, op. cit., p. 754.
15. Art. 196. A saúde é direito de todos e dever do Estado, garantido mediante políticas sociais e econômicas que visem à redução do risco de doença e de outros agravos e ao acesso universal e igualitário às ações e serviços para sua promoção, proteção e recuperação.

Como se pode notar, o disposto nesse artigo está diretamente relacionado ao art. 5º, *caput*, já visto, o qual afirma que "*todos são iguais perante a lei, sem distinção de qualquer natureza, garantindo-se aos brasileiros e estrangeiros residentes no País* ***a inviolabilidade do direito à vida****, à liberdade, à igualdade, à segurança e à propriedade*" (grifo do autor). Isso se dá porque o poder constituinte originário, ao redigir sobre o tema saúde, fez com que esse direito passasse a ser um dever do Estado, e um direito do cidadão. E mais. Fez com que esse direito fosse dado pelo Estado de forma igualitária e sem restrições de tratamentos, uma vez que se utilizou do termo "acesso universal".

Olinda do Carmo Luiz[16] afirmou que a saúde é considerada um direito social, inserida no âmbito dos direitos de solidariedade, não vinculada apenas à possibilidade individual de compra da assistência, mas configurando-se como o direito a não ficar doente. Acompanhando os direitos fundamentais, a saúde aproxima-se da ideia central de qualidade de vida e constitui um dos elementos da cidadania. A equidade como um princípio ético, que deve, necessariamente, permear toda e qualquer formulação e prática na área da saúde.

O poder público, em suas ações e políticas sociais para proteção da saúde, tem promovido o mapeamento da disparidade das formas como as pessoas adoecem e morrem dentro dos segmentos da população brasileira. Tais estudos objetivam levantar dados suficientes para que haja uma melhora na prestação do serviço público de saúde onde ele ainda é deficitário, quando não inexistente.

Em texto publicado em uma revista médica, José Carlos de Souza Braga e Pedro Luiz Barros Silva afirmaram que "o sistema público de saúde, constitucionalmente aberto a todos, carece de qualidade em muitas de suas unidades; *naquelas que possuem inegável qualidade o acesso ainda é difícil para a maioria da população*" (grifo do autor).[17] Em outras palavras, onde a prestação do serviço público de saúde é de qualidade, o acesso para a maioria da população é restrito. Note-se o grande número de ambulâncias e de ônibus de municípios do interior do Estado de São Paulo, quando não de outros Estados, que se dirigem às capitais em busca de atendimento médico público de qualidade. Isso ocorre porque não há o cumprimento do disposto no Texto Constitucional: o acesso igualitário e universal à saúde.

A respeito do direito à saúde, Luís Roberto Barroso[18] diz que a "dicção ambígua do art. 196, que faz referência ao *direito* à saúde e ao *dever* do Estado, mas tem redação de norma programática – fala em políticas sociais e econômicas que não estão especificadas –, produziu vasta discussão jurisprudencial". No Supremo Tribunal Federal, a matéria foi enfrentada com ênfase em diferentes aspectos, tendo sido assim sistematizada pelo ministro Celso de Mello:

---

16. Olinda do Carmo Luiz. Direitos e equidade: princípios éticos para a saúde. *Arquivo Médico ABC*. 2005; 30 (2):69-75.
17. José Carlos de Souza Braga; Pedro Luiz Barros Silva. Unicamp – Instituto de Economia. A mercantilização admissível e as políticas públicas inadiáveis: estrutura e dinâmica do setor saúde no Brasil. In: *Brasil: radiografia da saúde*, 2001.
18. Luis Roberto Barroso. *O direito constitucional e a efetividade de suas normas:* limites e possibilidades da Constituição Brasileira. Rio de Janeiro: Renovar, 2003, p. 125.

a) O Direito Público subjetivo à saúde representa prerrogativa jurídica indisponível assegurada à generalidade das pessoas pela própria Constituição da República (art. 196). Traduz bem jurídico constitucionalmente tutelado, por cuja integridade deve velar, de maneira responsável, o Poder Público, a quem incumbe formular – e implementar – políticas sociais e econômicas idôneas que visem garantir aos cidadãos o acesso universal e igualitário à assistência farmacêutica e médico-hospitalar.

b) O direito à saúde, além de qualificar-se como direito fundamental que assiste a todas as pessoas, representa consequência constitucional indissociável do direito à vida. O Poder Público, qualquer que seja a esfera institucional de sua atuação no plano da organização federativa brasileira, não pode mostrar-se indiferente ao problema da saúde da população, sob pena de incidir, ainda que por censurável omissão, em grave comportamento inconstitucional.

c) O caráter programático da regra inscrita no art. 196 da Carta Política – que tem por destinatários todos os entes políticos que compõem, no plano institucional, a organização federativa do Estado brasileiro – não pode converter-se em promessa constitucional inconsequente, sob pena de o Poder Público, fraudando justas expectativas nele depositadas pela coletividade, substituir, de maneira ilegítima, o cumprimento de seu dever, por um gesto irresponsável de infidelidade governamental ao que determina a própria Lei Fundamental.

d) O reconhecimento judicial da validade jurídica de programas de distribuição gratuita de medicamentos a pessoas carentes, inclusive àquelas portadoras de vírus HIV/AIDS, dá efetividade a preceitos fundamentais da Constituição da República e representa, na concreção do seu alcance, um gesto reverente e solidário de apreço à vida e à saúde das pessoas, especialmente daquelas que nada têm e nada possuem, a não ser a consciência de sua própria humanidade e de sua essencial dignidade.[19]

2. O acesso à saúde universal e igualitário

A Lei nº 8.080/1990, em seu art. 2º, afirma que "*a saúde é um direito fundamental do ser humano, devendo o Estado prover as* ***condições indispensáveis ao seu pleno exercício***" (grifo do autor); vindo a reiterar o previsto no texto constitucional em seu § 1º, ao afirmar que "*o dever do Estado de garantir a saúde consiste na formulação e execução de políticas econômicas e sociais que visem a redução de riscos de doenças e de outros agravos e no estabelecimento de condições que assegurem* ***acesso universal e igualitário*** *às ações e aos serviços para a sua promoção, proteção e recuperação*" (grifo do autor).

O constituinte, ao inserir no Texto Constitucional o trecho "acesso universal e igualitário às ações e serviços" para a promoção, proteção e recuperação da saúde, quis, efetivamente, proteger a vida da população brasileira, assegurando a todos, sem qualquer distinção, o alcance a tratamento médico.

O Min. Celso de Mello afirmou em voto:

---

19. Ag. Reg. em RExt. nº 271286-RS.

> O Direito Público subjetivo à saúde representa prerrogativa jurídica indisponível assegurada à generalidade das pessoas pela própria Constituição da República (art. 196). Traduz bem jurídico constitucionalmente tutelado, por cuja integridade deve velar, de maneira responsável, o Poder Público, a quem incumbe formular – e implementar – políticas sociais e econômicas idôneas que visem a garantir, aos cidadãos, o acesso universal e igualitário à assistência farmacêutica e médico-hospitalar.[20]

Segundo o entendimento do Ministro Celso de Mello, o acesso universal e igualitário à assistência farmacêutica e médico-hospitalar é incumbência do Poder Público, tendo em vista que o direito à saúde é um bem jurídico tutelado pelo Texto Constitucional.

3. O direito à saúde como norma programática

Luís Roberto Barroso afirma que,

> na esteira do Estado intervencionista, surtido do primeiro pós-guerra, incorporaram-se à parte dogmática das Constituições modernas, ao lado dos direitos políticos e individuais, regras destinadas a conformar a ordem econômica e social a determinados postulados de justiça social e realização espiritual levando em conta o indivíduo em sua dimensão comunitária, para protegê-lo das desigualdades econômicas e elevar-lhe as condições de vida, em sentido mais amplo. Algumas dessas normas definem direitos, para o presente, que são os direitos sociais; outras contemplam certos interesses, de caráter prospectivo, firmando determinadas proposições diretivas, desde logo observáveis, e algumas projeções de comportamento, a serem efetivadas progressivamente, dentro do quadro de possibilidades do Estado e da sociedade. Surgem assim disposições indicadoras de fins sociais a serem alcançados.[21]

Ou, em outras palavras, as normas programáticas.

As normas programáticas são situadas por José Afonso da Silva,[22] dentre as normas constitucionais de eficácia limitada, como as definidoras de princípio programático. Pontes de Miranda as define como "aquelas em que o legislador, constituinte ou não, em vez de editar regra jurídica de aplicação concreta, apenas traça linha diretoras pelas quais se hão de orientar os poderes públicos. A legislação, a execução e a própria justiça ficam sujeitas a esses ditames, que são como programas dados à sua função".[23]

Quando da promulgação da Constituição Federal, em 1988, fazia sentido a existência de algumas normas constitucionais programáticas, ou seja, algumas normas

20. RE-AgR nº 393175-RS AG.Reg. no Recurso Extraordinário.
21. Luís Roberto Barroso. *Interpretação e aplicação constitucional.* São Paulo: Ed. Saraiva, 2004, p. 246.
22. José Afonso da Siva, op. cit., p. 156.
23. Pontes de Miranda. Comentários à Constituição de 1967, com a Emenda nº 1 de 1969. tomo I, 1969, pp. 126, 127.

constitucionais que o Estado precisaria de algum tempo para torná-la eficazes. Todavia, já se passaram quase vinte anos desde a promulgação daquela, e até a presente data algumas dessas normas constitucionais programáticas ainda não tiveram seus efeitos produzidos.

Entretanto, não podemos interpretar uma norma programática, depois de passados muitos anos da sua promulgação, de forma que elas permaneçam sem seus efeitos. É necessário "transformar" tais normas programáticas em normas de eficácia plena. Este é o entendimento do Min. Celso de Mello, que afirmou em voto:

> **A interpretação da norma programática não pode transformá-la em promessa constitucional inconsequente.**
> - O caráter programático da regra inscrita no art. 196 da Carta Política – que tem por destinatários todos os entes políticos que compõem, no plano institucional, a organização federativa do Estado brasileiro – não pode converter-se em promessa constitucional inconsequente, sob pena de o Poder Público, fraudando justas expectativas nele depositadas pela coletividade, substituir, de maneira ilegítima, o cumprimento de seu impostergável dever, por um gesto irresponsável de infidelidade governamental ao que determina a própria Lei Fundamental do Estado.[24]

Vezio Crisafulli entende que as normas programáticas seriam

> um programa político incorporado ao ordenamento jurídico e traduzido em termos de normas constitucionais, ou seja, dotado de eficácia prevalecente em relação às normas legais ordinárias: subtraído, portanto, às mutáveis oscilações e à variedade de critérios e orientações de partido e de governo e, assim, obrigatoriamente prefixados pela Constituição como fundamento e limite destes.[25]

Tais normas não conferem aos administrados fruição alguma, nem lhes permite exigir que desfrutem de algo, uma vez que as normas programáticas apenas explicitam fins, sem indicação dos meios previstos para alcançá-los. Por essa razão, não chegam a conferir aos cidadãos uma utilidade substancial, concreta, fruível positivamente e exigível quando negada.

Esse entendimento, entretanto, vem sendo alterado pela jurisprudência nacional de uns tempos para cá. Há algum tempo o Poder Judiciário passou a entender que cabe, sim, ao Poder Público o dever de prestar, *a todos e de maneira igual*, serviços de saúde através de políticas sociais e econômicas visando a redução do risco de doença e de outros agravos. Com tal entendimento, buscou-se efetivar o acesso igualitário a tratamento médico previsto no Texto Constitucional.

---

24. RE-AgR nº 271286-RS AG.Reg. no Recurso Extraordinário.
25. Vezio Crisafulli, apud Luís Roberto Barroso, *O direito constitucional e a efetividade de suas normas:* limites e possibilidades da Constituição Brasileira. Rio de Janeiro: Renovar, 2003, p. 181.

4. A efetividade do acesso igualitário a tratamento médico

Já é sabido que o Estado não oferece a toda a população prestação de serviço médico-hospitalar de qualidade; somente poucos têm acesso aos tratamentos mais modernos nos melhores hospitais públicos. O cotidiano é receber atendimento em prontos-socorros nos quais faltam desde funcionários até equipamentos hospitalares.

Carlos Octávio Ocké Reis afirma que

> num sistema como o brasileiro, em que coexistem um sistema público de natureza universal, ao qual todos os brasileiros têm direito de acesso e, diversas outras modalidades de acesso (particular, direto ou mediado por planos e seguros-saúde particulares ou empresariais), uma questão sempre posta no debate refere-se à forma como a população, em seus diferentes estratos de renda, atende suas demandas por serviços de saúde.[26]

Como os hospitais particulares são demasiadamente caros, da mesma forma como os planos de saúde o são para a maioria dos brasileiros, resta a estes buscarem socorro em hospitais públicos.

Objetivando efetivar o acesso à saúde, o Poder Judiciário tem condenado o Estado a prestar atendimento médico ou, em outros casos, a fornecer medicamentos para tratamentos de saúde que, em regra, não são atendidos pelos hospitais públicos.

Tais decisões têm repercutido tanto na sociedade como na mídia, e vêm alterando a forma com que eram tratadas as normas programáticas – tema que será verificado nos exemplos jurisprudenciais a seguir.

Quanto à mudança de entendimento, o Supremo Tribunal Federal já decidiu no sentido de condenar o Estado a fornecer medicamentos a pacientes hipossuficientes.[27] Como também já decidiu no sentido de obrigar o Estado a prestar internação hospitalar, na modalidade "diferença de classe", em razão das condições pessoais do doente, que necessitava de quarto privativo.[28]

26. Carlos Octávio Ocké Reis. Desigualdades no acesso aos serviços de saúde. In: *Brasil:* radiografia da saúde.

27. Fornecimento de medicamentos a paciente hipossuficiente. Obrigação do Estado. Paciente carente de recursos indispensáveis à aquisição dos medicamentos de que necessita. Obrigação do Estado em fornecê-los. Precedentes (AI nº 604.949-AgR, Rel. Min. Eros Grau, julgamento em 24/10/2006, DJ de 24/11/06). No mesmo sentido: AI nº 649.057-AgR, Rel. Min. Eros Grau, julgamento em 26/06/2007, DJ de 17/08/2007.

Doente portadora do vírus HIV, carente de recursos indispensáveis à aquisição dos medicamentos de que necessita para seu tratamento. Obrigação imposta pelo acórdão ao Estado. Alegada ofensa aos *arts. 5º, I,* e 196 da Constituição Federal. Decisão que teve por fundamento central dispositivo de lei (art. 1º da Lei nº 9.908/1993) por meio da qual o próprio Estado do Rio Grande do Sul, regulamentando a norma do art. 196 da Constituição Federal, vinculou-se a um programa de distribuição de medicamentos a pessoas carentes, não havendo, por isso, que se falar em ofensa aos dispositivos constitucionais apontados. (RE nº 242.859, Rel. Min. Ilmar Galvão, julgamento em 29/06/1999, DJ de 17/09/1999).

28. Acórdão recorrido que permitiu a internação hospitalar na modalidade "diferença de classe", em razão das condições pessoais do doente, que necessitava de quarto privativo. Pagamento por ele da diferença de custo dos serviços. Resolução nº 283/91 do extinto Inamps. O art. 196 da Constituição Federal estabelece como dever do Estado a prestação de assistência à saúde e garante o acesso universal e igualitário do cidadão aos serviços e ações para sua promoção, proteção e recuperação. O direito à saúde, como está assegurado na Carta, não deve sofrer embaraços impostos por autoridades administrativas, no sentido de reduzi-lo ou de dificultar o acesso a ele. O acórdão recorrido, ao afastar a limitação da citada Resolução nº 283/91 do Inamps, que veda a complementariedade a qualquer título, atentou para o objetivo maior do próprio Estado, ou seja, o de assistência à saúde." (RE 226.835, Rel. Min. Ilmar Galvão, julgamento em 14/12/1999, DJ de 10/03/2000). No mesmo sentido: RE 207.970, Rel. Min. Moreira Alves, julgamento em 22/08/2000, DJ de 15/09/2000.

Outro caso interessante, com jurisprudência no Supremo Tribunal Federal, é o que obrigou o Estado do Rio Grande do Sul a prestar atendimento médico para pacientes com esquizofrenia paranoide e doença maníaco-depressiva crônica, com episódios de tentativa de suicídio.[29]

Êxitos iguais aos alcançados no Supremo Tribunal Federal estão sendo obtidos junto às Justiças Estaduais. No Estado de São Paulo, o Tribunal de Justiça já proferiu decisões condenando o Estado a fornecer medicamentos,[30] a proceder cirurgia de

---

29. RE-AgR nº 393175/RS - Rio Grande do Sul. Ag.Reg., no Recurso Extraordinário. Rel. Min. Celso de Mello. J. 12/12/2006. Órgão Julgador: Segunda Turma. Publicação DJ 02/02/2007. Pp-00140. Ementa Vol-02262-08. Pp-01524. Parte(S). AGTE(S): Estado do Rio Grande do Sul. Adv. (A/S) Karina da Silva Brum. Agdo. (A/S) Luiz Marcelo Dias e outro (A/S). Adv. (A/S)* Lúcia Liebling Kopittke e outro(A/S). Ementa: Pacientes com esquizofrenia paranoide e doença maníaco-depressiva crônica, com episódios de tentativa de suicídio - Pessoas destituídas de recursos financeiros - Direito à vida e à saúde - Necessidade imperiosa de se preservar, por razões de caráter ético-jurídico, a integridade desse direito essencial - Fornecimento gratuito de medicamentos indispensáveis em favor de pessoas carentes - Dever constitucional do Estado (CF, arts. 5º, *caput*, e 196) - Precedentes (STF) - Abuso do direito de recorrer - Imposição de multa. Recurso de agravo improvido. O direito à saúde representa consequência constitucional indissociável do direito à vida. O direito público subjetivo à saúde representa prerrogativa jurídica indisponível assegurada à generalidade das pessoas pela própria Constituição da República (art. 196) Traduz bem jurídico constitucionalmente tutelado, por cuja integridade deve velar, de maneira responsável, o Poder Público, a quem incumbe formular - e implementar - políticas sociais e econômicas idôneas que visem a garantir, aos cidadãos, o acesso universal e igualitário à assistência farmacêutica e médico-hospitalar. - O direito à saúde - além de qualificar-se como direito fundamental que assiste a todas as pessoas - representa consequência constitucional indissociável do direito à vida. O Poder Público, qualquer que seja a esfera institucional de sua atuação no plano da organização federativa brasileira, não pode mostrar-se indiferente ao problema da saúde da população, sob pena de incidir, ainda que por censurável omissão, em grave comportamento inconstitucional. A interpretação da norma programática não pode transformá-la em promessa constitucional inconsequente. - O caráter programático da regra inscrita no art. 196 da Carta Política – que tem por destinatários todos os entes políticos que compõem, no plano institucional, a organização federativa do Estado brasileiro – não pode converter-se em promessa constitucional inconsequente, sob pena de o Poder Público, fraudando justas expectativas nele depositadas pela coletividade, substituir, de maneira ilegítima, o cumprimento de seu impostergável dever, por um gesto irresponsável de infidelidade governamental ao que determina a própria Lei Fundamental do Estado. Distribuição gratuita, a pessoas carentes, de medicamentos essenciais à preservação de sua vida e/ou de sua saúde* um dever constitucional que o Estado não pode deixar de cumprir. – O reconhecimento judicial da validade jurídica de programas de distribuição gratuita de medicamentos a pessoas carentes dá efetividade a preceitos fundamentais da Constituição da República (arts. 5º, *caput*, e 196) e representa, na concreção do seu alcance, um gesto reverente e solidário de apreço à vida e à saúde das pessoas, especialmente daquelas que nada têm e nada possuem, a não ser a consciência de sua própria humanidade e de sua essencial dignidade. Precedentes do STF. Multa e exercício abusivo do direito de recorrer. - O abuso do direito de recorrer - por qualificar-se como prática incompatível com o postulado ético-jurídico da lealdade processual - constitui ato de litigância maliciosa repelido pelo ordenamento positivo, especialmente nos casos em que a parte interpõe recurso com muito evidentemente protelatório, hipótese em que se legitima a imposição de multa. A multa a que se refere o art. 557, § 2º, do CPC possui função inibitória, pois visa a impedir o exercício abusivo do direito de recorrer e a obstar a indevida utilização do processo como instrumento de retardamento da solução jurisdicional do conflito de interesses. Precedentes.

30. Ação de mandado de segurança - Fornecimento de medicamentos denominados Rulutek e Lioresal - Paciente portador de esclerose lateral amiotrófica – Recurso de apelação e remessa de ofícios improvidos. (Apelação Cível nº 188.873-5/4 - São Paulo - 3ª Câmara de Direito Público - Rel. Gama Pellegrini - 25/05/2004 - V.U) Município - Fornecimento de medicamentos - Menor necessitado - Incapacidade financeira demonstrada - Sistema Único de Saúde - Responsabilidade concorrente entre União. Estados e Municípios, sem estabelecimento de ordem de preferência - Arts. 18, inciso I, da Lei Federal nº 8.080/1990, 196 da Constituição da República. 11, *caput*, e § 22, do Estatuto da Criança e do Adolescente - Fornecimento pela Municipalidade determinado - Ação civil pública procedente - Sentença confirmada - JTJ 252/178 Estado - Realização de exame de genotipagem e fornecimento de medicamentos para portador do vírus HIV - Tutela antecipada - Concessão - Admissibilidade - Risco de dano irreparável - Perigo de irreversibilidade da medida que não constitui óbice à sua concessão - Recurso não provido - JTJ 258/355 - Obrigação de fazer. - Fornecimento de medicamento - Paciente portadora de HIV - Dever imposto ao estado - Arts. 219, 222 e 223 da Constituição Estadual - Inexistência de violação ao sistema de separação de poderes - art. 2º da Constituição Federal - Direitos à vida e à saúde - Medicamentos que não constam da lista da secretaria da saúde - Impossibilidade de fornecimento - Recurso não provido. (Apelação Cível nº 276.843-5/4 - São Paulo - 1ª Câmara de Direito Público

transplante renal,[31] a realizar tratamento contra o HIV/AIDS com remédio ainda não registrado no Brasil,[32] a realizar tratamento de hepatite C,[33] e também para tratamento

- Rel. Roberto Bedaque- 05/11/2002 – V.U.) - Saúde Pública - Fornecimento gratuito de medicamentos, pelo Estado, a portadores do vírus da Aids - Admissibilidade, independentemente de dotação orçamentária - Doença de natureza grave, cuja demora no pronto atendimento pode trazer consequências irreversíveis - Inteligência dos arts. 5º, *caput*, 23, II, e 196 a 198 da CF e das Leis 8.080/90 e 9.313/96 (TJRJ) RT 757/303.

31. Fornecimento de medicamentos - Transplantado renal - Reexame necessário - Segurança concedida - Direito fundamental à vida assegurado - Aplicação do art. 196 da Constituição Federal - Recurso de ofício improvido. (Apelação Cível nº 150.723-5/8 - São Paulo. 3ª Câmara de Direito Público. Rel. Antônio Carlos Malheiros. 16/03/2004–V.U.)

32. Processo: REsp nº 684646/RS; Recurso Especial 2004/0118791-4 - Rel. Min. Luiz Fux (1122). Órgão Julgador TI. Primeira Turma. Data do Julgamento 05/05/2005 Data da Publicação/Fonte DJ 30/05/2005, p. 247 - Ementa - Recurso Especial. SUS.

Fornecimento de medicamento. Paciente portador do vírus hiv direito à vida e à saúde, dever do Estado. 1. Ação ordinária objetivando a condenação do Estado do Rio Grande do Sul e do Município de Porto Alegre ao fornecimento gratuito de medicamento não registrado no Brasil, mas que consta de receituário médico, necessário ao tratamento de paciente portador do vírus HIV. 2 O Sistema Único de Saúde – SUS visa a integridade da assistência à saúde, seja individual ou coletiva, devendo atender aos que dela necessitem em qualquer grau de complexidade, de modo que, restando comprovado o acometimento do indivíduo ou de um grupo por determinada moléstia, necessitando de determinado medicamento para debelá-la. Este deve ser fornecido, de modo a atender ao princípio maior, que é a garantia à vida digna. 3. Configurada a necessidade do recorrente de ver atendida a sua pretensão, posto legítima e constitucionalmente garantida, uma vez assegurado o direito à saúde e, em última instância, à vida. A saúde, como de sabença, é direito de todos e dever do Estado. 4. Precedentes desta Corte, entre eles, *mutadis mutandis*, o Agravo Regimental na Suspensão de Tutela Antecipada nº 83/MG, Rel. Min. Edson Vidigal, Corte Especial, DJ de 06/12/2004. "1. Consoante expressa determinação constitucional, é dever do Estado garantir, mediante a implantação de políticas sociais e econômicas, o acesso universal e igualitário à saúde, bem como os serviços e medidas necessários à sua promoção, proteção e recuperação (CF/88, art. 196). 2. O não preenchimento de mera formalidade - no caso, inclusão de medicamento em lista prévia - não pode, por si só, obstaculizar o fornecimento gratuito de medicação a portador de moléstia gravíssima, se comprovada a respectiva necessidade e receitada, aquela, por médico para tanto capacitado. Precedentes desta Corte. 3. Concedida tutela antecipada no sentido de, considerando a gravidade da doença enfocada, impor, ao Estado, apenas o cumprimento de obrigação que a própria Constituição Federal lhe reserva, não se evidencia plausível a alegação de que o cumprimento da decisão poderia inviabilizar a execução dos serviços públicos". 5. Ademais, o STF sedimentou entendimento no sentido de que "paciente com HIV/AIDS - Pessoa destituída de recursos financeiros - Direito à vida e à saúde - Fornecimento gratuito de medicamentos - dever constitucional do Poder Público (CF, Arts. 5º, *caput*, e 196) Precedentes (STF) - Recurso de agravo improvido. O direito à saúde representa consequência constitucional indissociável do direito à vida. - O direito público subjetivo à saúde representa prerrogativa jurídica indisponível assegurada à generalidade das pessoas pela própria Constituição da República (art. 196). Traduz bem jurídico constitucionalmente tutelado, por cuja integridade deve velar, de maneira responsável, o Poder Público, a quem incumbe formular - e implementar - políticas sociais e econômicas idôneas que visem a garantir, aos cidadãos, inclusive àqueles portadores do vírus HIV, o acesso universal e igualitário à assistência farmacêutica e médico-hospitalar. - O direito à saúde - além de qualificar-se como direito fundamental que assiste a todas as pessoas - representa consequência constitucional indissociável do direito à vida. O Poder Público, qualquer que seja a esfera institucional de sua atuação no plano da organização federativa brasileira, não pode mostrar-se indiferente ao problema da saúde da população, sob pena de incidir, ainda que por censurável omissão, em grave comportamento inconstitucional. A interpretação da norma programática não pode transformá-la em promessa constitucional inconsequente. - O caráter programático da regra inscrita no art. 196 da Carta Política - que tem por destinatários todos os entes políticos que compõem, no plano institucional, a organização federativa do Estado brasileiro - não pode converter-se em promessa constitucional inconsequente, sob pena de o Poder Público, fraudando justas expectativas nele depositadas pela coletividade, substituir, de maneira ilegítima, o cumprimento de seu impostergável dever, por um gesto irresponsável de infidelidade governamental ao que determina a própria Lei Fundamental do Estado. Distribuição gratuita de medicamentos a pessoas carentes. - O reconhecimento judicial da validade jurídica de programas de distribuição gratuita de medicamentos a pessoas carentes, inclusive àquelas portadoras do vírus HIV/AIDS, dá efetividade a preceitos fundamentais da Constituição da República (arts. 5º, *caput*, e 196) e representa, na concreção do seu alcance, um gesto reverente e solidário de apreço à vida e à saúde das pessoas, especialmente daquelas que nada têm e nada possuem, a não ser a consciência de sua própria humanidade e de sua essencial dignidade. Precedentes do STF." (RE nº 271286 AgR/RS, Rel. Min. Celso de Mello, Segunda Turma, DJ de 24/11/2000). 6. Recursos especiais desprovidos.

33. Processo: RMS 17903/MG. Recurso ordinário em mandado de segurança 2004/0022973-0 - Rel. Min. Castro Meira/125) - Órgão Julgador: T2 - Segunda Turma - DJ 10/08/2004 - Data da Publicação/Fonte: DJ 20/09/2004,

de esclerose múltipla.[34]

No Tribunal de Justiça do Rio Grande do Sul, encontramos decisões condenando o Estado a fornecer suplemento alimentar a paciente portador de gastroenterite e colite alérgica.[35] Outra decisão do Tribunal de Justiça gaúcho condenou o poder público a fornecer cadeira de rodas a criança portadora de paralisia nos membros inferiores.[36]

---

p. 215. Ementa constitucional recurso ordinário em mandado de segurança. Direito fundamental à vida e à saúde. Fornecimento de medicação. Hepatite C. Restrição. Portaria/Ms nº 863/02. 1. A ordem constitucional vigente, em seu art. 196, consagra o direito à saúde como dever do Estado, que deverá, por meio de políticas sociais e econômicas, propiciar aos necessitados não "qualquer tratamento", mas o tratamento mais adequado e eficaz, capaz de ofertar ao enfermo maior dignidade e menor sofrimento. 2. O medicamento reclamado pela impetrante nesta sede recursal não objetiva permitir-lhe, apenas, uma maior comodidade em seu tratamento. O laudo médico, colacionado aos autos, sinaliza para uma resposta curativa e terapêutica "comprovadamente mais / eficaz", além de propiciar ao paciente uma redução dos efeitos colaterais. A substituição do medicamento anteriormente utilizado não representa mero capricho da impetrante, mas se apresenta como condição de sobrevivência diante da ineficácia da terapêutica tradicional. 3. Assim sendo, uma simples restrição contida em norma de inferior hierarquia (Portaria/MS nº 863/02) não pode fazer tábula rasa do direito constitucional à saúde e à vida, especialmente, diante da prova concreta trazida aos autos pela impetrante e à míngua de qualquer comprovação por parte do recorrido que venha a ilidir os fundamentos lançados no único laudo médico anexado aos autos. 4. As normas burocráticas não podem ser erguidas como óbice à obtenção de tratamento adequado e digno por parte do cidadão carente, em especial, quando comprovado que a medicação anteriormente aplicada não surte o efeito desejado, apresentando o paciente agravamento em seu quadro clínico. 5. Recurso provido.

34. Processo: RMS H129/PR. Recurso Ordinário em Mandado de Segurança 1999/0078121-0. Rel. Min. Francisco Peçanha Martins (1094). Órgão Julgador T2 - Segunda Turma - DJ 02/10/2001 - Data da Publicação/Fonte DJ 18/02/2002, p. 279 LEXSTJ vol. 151, p. 57 - RSTJ vol. 152, p. 198 - Ementa Constitucional. Recurso ordinário. Mandado de segurança - fornecimento de medicação (interferon beta). Portadores de esclerose múltipla. Dever do estado - direito fundamental à vida e à saúde (cf. arts. 6º e 189) - precedentes do STJ e STF. 1. É dever do Estado assegurar a todos os cidadãos o direito fundamental à saúde constitucionalmente previsto. 2. Eventual ausência do cumprimento de formalidade burocrática não pode obstaculizar o fornecimento de medicação indispensável à cura e/ou a minorar o sofrimento de portadores de moléstia grave que, além disso, não dispõem dos meios necessários ao custeio do tratamento. 3. Entendimento consagrado nesta Corte na esteira de orientação do Egrégio STF. 4. Recurso ordinário conhecido e provido.

35. Tipo de processo: Apelação Cível nº 70024631384. Rel. José Ataídes Siqueira Trindade. Ementa: Apelação Cível. ECA. Direito à Saúde. Fornecimento de suplemento alimentar. Responsabilidade solidária dos entes federados. Direito à saúde assegurado constitucionalmente. Princípio da reserva do possível. 1. Constitui-se em dever do Estado *in abstrato* o fornecimento do suplemento alimentar adequado ao menor portador de Gastroenterite e Colite Alérgica (CID 52.2), considerando-se a importância dos interesses protegidos (art. 196, CF). 2. A asseguração do direito à saúde é da competência comum de todos os entes da federação, representando, a discussão acerca da divisão de responsabilidades, questão a ser apreciada somente na esfera administrativa, já que a parte pode escolher contra quem ofertar a demanda. 3. Comprovada, cabalmente, a necessidade de recebimento do tratamento pleiteado para a moléstia de que é portador o autor, e que seus responsáveis não apresentam condições financeiras de custeio, é devido o fornecimento pelo Município de Canoas, visto que a assistência à saúde é responsabilidade estatal decorrente do art. 196 da Constituição Federal. 4. Não há falar em malferimento do princípio da reserva do possível na espécie, porque não se está exigindo nenhuma prestação descabida do Estado, mas, tão somente, o fornecimento de tratamento indispensável à saúde do menor, já que seus responsáveis não podem prover as despesas com o tratamento. Apelação desprovida. (Apelação Cível nº 70024631384, Oitava Câmara Cível, Tribunal de Justiça do RS, Rel. José Ataídes Siqueira Trindade, Julgado em 12/08/2008).

36. Tipo de processo: Agravo de Instrumento nº 70025439340. Rel. José Ataídes Siqueira Trindade. Ementa: Agravo de instrumento. Ação ordinária. Fornecimento de cadeira de rodas. Ilegitimidade passiva do município de Uruguaiana afastada. Responsabilidade solidária dos entes federados. Direito à saúde assegurado constitucionalmente. 1) Constitui-se em dever do Estado *in abstrato* o fornecimento de cadeira de rodas ao infante portador de paralisia dos membros, problemas na coluna e no sistema muscular, considerando-se a importância dos interesses protegidos (art. 196, CF). Diante da competência compartilhada dos entes federados para assegurar tal direito, não se pode falar em ilegitimidade passiva *ad causam* do Município de Uruguaiana. 3) A asseguração do direito à saúde é da competência comum de todos os entes da federação, representando, a discussão acerca da divisão de responsabilidades, questão a ser apreciada somente na esfera administrativa, já que a parte pode escolher contra quem ofertar a demanda. Recurso desprovido. (Agravo de Instrumento nº 70025439340, Oitava Câmara Cível, Tribunal de Justiça do RS, Rel. José Ataídes Siqueira Trindade, Julgado em 18/08/2008).

Seguindo a mesma linha, o Tribunal de Justiça do Rio de Janeiro, obrigou o poder público a realizar procedimento cirúrgico em paciente hipossuficiente;[37] como também condenou ao fornecimento de medicamentos[38] a outro paciente.

5. Considerações finais

Carlos Octávio Ocké Reis afirma que "diminuir as desigualdades na utilização dos serviços de saúde é um dos princípios básicos para a construção de um sistema socialmente mais justo".[39] Tal afirmativa faz sentido uma vez que a diminuição das desigualdades na utilização dos serviços de saúde faria com que a sociedade passasse a ter maior acesso à saúde.

Consequência dessa mudança na atuação do Estado seria a desnecessidade da população, especialmente os hipossuficientes, se socorrer do Poder Judiciário para obtenção de tratamentos e/ou fornecimento de medicamentos necessários para a recuperação da saúde.

O que temos observadona realidade brasileira, entretanto, é exatamente o contrário: a omissão do Estado na prestação do direito à saúde à população. E diante dessa realidade, normalmente, a população, que não tem acesso à informação nem ao Poder Judiciário, fica obrigada a buscar atendimento em hospitais públicos despreparados para atender tal demanda.

E, aos poucos que podem se socorrer do Poder Judiciário, resta buscar a prestação judiciária para obtenção dos tratamentos médicos que não são prestados pelo Estado. Entretanto, em muitos casos a prestação judiciária chega tarde demais para o paciente.

37. 2008.001.45864. Apelacão Civel. 1ª Ementa. Des. Ismenio Pereira de Castro – Julgamento: 27/08/2008 – Décima Quarta Câmara Cível. Apelação Cível. Constitucional. Obrigação de fazer. Saúde Pública. Necessidade de hipossuficiente em ser submetida a procedimento cirúrgico, devidamente comprovado nos autos. Direito à vida e à saúde constitucionalmente assegurados ao cidadão. Cumpre ao município realizar ou custear o procedimento cirúrgico requerido, tornando possível a correspondente garantia constitucional da pessoa carente. Normas imperativas da Constituição Federal cometem à União, Estado. Distrito Federal e Municípios competência comum para cuidarem da saúde e assistência públicas, em face dos arts. 23, II, 196 e 198. Obrigatoriedade no cumprimento de relevante encargo, que visa proteger e garantir pessoas portadoras de graves males. Impossibilidade de recusa ao fornecimento de medicamentos, insumos ou cirurgias àqueles que sofram de doença grave, garantindo a sobrevivência dos portadores que sejam economicamente hipossuficientes, de acordo com o art. 30, VII, da Carta Magna. Sentença de procedência. Sucumbência. Honorários que merecem redução, em atenção aos ditames da razoabilidade. Art. 557, § 1º-A, do CPC. Provimento parcial do recurso para reduzir a verba honorária para 10% (dez por cento) do valor da causa.

38. 2008.001.47285. Apelacão cível. 1ª Ementa: Des. Carlos Eduardo Passos. Julgamento: 28/08/2008. Segunda Câmara Cível. Medicamentos. Atuação do judiciário na implementação de políticas públicas. Responsabilidade solidária dos entes federativos na consecução do direito à saúde. Direito à vida e à saúde, erigidos diretamente da Constituição Federal. Imposição da realização do exame pretendido. Poderes Legislativo e Executivo. Implementação de políticas públicas. Lícito ao Poder Judiciário a promover sua realização nas situações em que a omissão legislativa ou administrativa acarrete violação de direito ou princípio de *status* constitucional. Inexistência de ofensa ao princípio da separação dos poderes. Desnecessidade de interposição legislativa. Inteligência dos arts. 5º, § 1º, 6º e 196, da Lei Maior. Aplicabilidade imediata das normas definidoras de direito fundamentais, que não se compadece com a alegação de ausência de fonte de custeio. A reserva do possível não pode servir de escusa ao descumprimento de mandamento fundado em sede constitucional, notadamente quando acarretar a supressão de direitos fundamentais, em atenção ao mínimo existencial e ao postulado da dignidade da pessoa humana. Precedentes do STF e deste Tribunal. No dever de prestar saúde compreende-se a realização de exame. Apelo do Município face à condenação em honorários, os quais bem arbitrados. Autora que pleiteia possibilidade de substituição de utensílios e demais drogas que venha necessitar. Verbete 116 da Súmula deste Tribunal. Primeiro e segundo recursos a que se nega seguimento, terceiro provido.

39. Carlos Octávio Ocké Reis, op. cit.

Diante dessa situação, verificamos que o acesso universal e igualitário ao direito à saúde ainda é, para o Poder Público, uma norma programática existente no Texto Constitucional; com a mudança de entendimento dos magistrados, entretanto, e depois de decorridas quase duas décadas da promulgação da Constituição Federal, tais normas passaram a ter eficácia através de decisões condenatórias ao Estado.

Como visto nas jurisprudências comentadas neste capítulo, as decisões judiciais condenatórias têm feito com que o direito à saúde deixe de ser uma norma constitucional programática para ser uma norma constitucional de eficácia plena.

6. Referências bibliográficas

ARAUJO, Luiz Alberto David. NUNES JÚNIOR, Vidal Serrano. *Curso de direito constitucional.* 12. ed. atual. São Paulo: ed. Saraiva, 2008.

BANDEIRA DE MELLO, Celso Antônio. *O conteúdo jurídico do princípio da igualdade.* 3. ed. São Paulo: Malheiros Editores, 2008.

BARROSO, Luís Roberto. *O direito constitucional e a efetividade de suas normas* – limites e possibilidades da Constituição Brasileira. 7. ed. Rio de Janeiro: Renovar, 2003.

________. *Interpretação e aplicação da Constituição.* 6. ed. São Paulo: Ed. Saraiva, 2004.

BASTOS, Celso Ribeiro. *Curso de direito constitucional.* 21. ed. atual. São Paulo: Ed. Saraiva, 2000.

________. *Hermenêutica e interpretação constitucional.* 2. ed. rev. atual. São Paulo: Celso Bastos Editor, 1999.

BONAVIDES, Paulo. *O princípio da igualdade como limitação à atuação do Estado.* São Paulo: Escola Superior de Direito Constitucional, *Revista Brasileira de Direito Constitucional*, n. 2, 2003.

AMILO, Maria Virginia Righetti Fernandes. *A universalidade de acesso enquanto expressão do direito à saúde.* A trajetória histórica do Hospital das Clínicas da Unicamp: 1966-1996. Dissertação de Mestrado em Serviço Social apresentado à PUC-SP, 1997.

CANOTILHO, José Joaquim Gomes. *Estudos sobre direitos fundamentais.* 1. ed. São Paulo: Editora RT, 2008.

FRANÇA, R. Limongi. *Hermenêutica jurídica.* 8. ed. rev. atual. São Paulo: Editora RT, 2008.

GARCIA, Maria. *Implicações do princípio constitucional da igualdade.* , *Revista de Direito Constitucional e Internacional*, n. 31, São Paulo: Editora RT, 2000.

GRAU, Eros Roberto. *O direito posto e o direito pressuposto.* 7. ed. ver. atual. São Paulo: Malheiros Editores, 2008.

HÄBERLE, Peter. *Hermenêutica constitucional:* a sociedade aberta dos intérpretes da Constituição: contribuição para a interpretação pluralista e "procedimental" da Constituição. Porto Alegre: Sergio Antonio Fabris Editor.

LEITE, George Salomão. *Dos princípios constitucionais:* considerações em torno das normas principiológicas da Constituição. São Paulo: Malheiros Editores, 2003.

LUIZ, Olinda do Carmo. Direitos e equidade: princípios éticos para a saúde. Santo André: Faculdade de Medicina do ABC, *Arquivo Médico ABC*, n. 30, 2000.

MENDES, Gilmar Ferreira. *Direitos fundamentais e controle de constitucionalidade.* 2. ed. São Paulo: Celso Bastos Editor, 1999.

MORAES, Alexandre de. *Direitos humanos fundamentais*. Teoria Geral. Comentários aos arts. 1º a 5º da Constituição da República Federativa do Brasil. Doutrina e Jurisprudência. 8. ed. São Paulo: Atlas, 2007.

MORO, Sergio Fernando. *Desenvolvimento e efetivação judicial das normas constitucionais*. São Paulo: Max Limonad, 2005.

NEVES, Marcelo. *Entre Têmis e Leviatã:* uma relação difícil. 1. ed. São Paulo: Ed. Martins Fontes, 2006.

RAWLS, John. *O liberalismo político*. 2. ed. São Paulo: 2000.

REIS, Carlos Octávio Ocké. Desigualdades no acesso aos serviços de saúde. In: NEGRI, Barjas; DI GIOVANNI, Geraldo. *Brasil: radiografia da saúde*. Campinas, Unicamp, 2001.

SILVA, José Afonso da. *Curso de direito constitucional Positivo*. 23. ed. ver. atual. São Paulo: Malheiros Editores, 2004.

TAVARES, André Ramos. *Curso de direito constitucional*. 5. ed. rev. atual. São Paulo: Ed. Saraiva, 2007.

VIEIRA, Oscar Vilhena. *Direitos fundamentais:* uma leitura da jurisprudência do STF. São Paulo: Malheiros Editores, 2006.

Capítulo

8

Doença de Alzheimer e o biodireito: A tutela constitucional

Silas Mendes dos Reis*

Introdução

NOVOS DESAFIOS são lançados atualmente pela biomedicina, gerando o surgimento de inúmeras condutas humanas inexistentes no seio social. A par dessas transformações surge uma nova disciplina jurídica: o Biodireito, que consiste no

> estudo jurídico que, tomando por fontes imediatas a bioética e a biogenética, teria a vida por objeto principal, salientando que a verdade científica não poderá sobrepor-se à ética e ao direito, assim como o progresso científico não poderá acobertar crimes contra a dignidade humana, nem traçar, sem limites jurídicos, os destinos da humanidade.[1]

* Especialista em Direito Constitucional pela Escola Superior de Direito Constitucional de São Paulo. Mestrando em Direito Constitucional, PUC-SP. Membro do Instituto Brasileiro de Direito Constitucional (IBDC).

1. Maria Helena Diniz. *O estado atual do biodireito.* 4. ed. rev. e atual. São Paulo: Ed. Saraiva, 2007, pp. 7, 8.

Considera-se bioética o "conjunto de reflexões filosóficas e morais sobre a vida em geral e sobre as práticas médicas em particular",[2] sendo pautadas por quatro princípios básicos: princípio da autonomia, princípio da beneficência, princípio da não maleficência e princípio da justiça.[3] Há, dessa maneira, uma relação inseparável entre biodireito, bioética e direitos humanos.

Insere-se, ainda, nesse âmbito, as questões relacionadas à biogênese, ou seja, o princípio segundo o qual os seres vivos provêm de outros seres vivos, cuja evolução é objeto do estudo da biogenia. Essa atividade proporcionou a obtenção de informações utilizadas para o avanço da engenharia genética[4], propiciando um alargamento no tratamento de várias enfermidades de base genética.

Nesse contexto insere-se a doença de Alzheimer, possuidora de um quadro evolutivo, em geral, gradual, que provoca alterações significativas dos afetados, bem como de seus familiares. Tendo em vista que o aumento da expectativa de vida acarretará a possibilidade de maior incidência dessa enfermidade, ainda incurável, faz-se necessário o aprofundamento do impacto causado naqueles atingidos por essa doença, a família destes e a sociedade.

Hoje os progressos advindos da Bioinformática e a utilização de *microchips* ou *microarrays* permitirão o surgimento de novas pautas terapêuticas.

O estudo dos indicativos de Alzheimer é importante para o estabelecimento de políticas sanitárias, tendo em vista o aumento da expectativa de vida e a provável elevação dos números das pessoas atingidas por essa doença, ainda incurável. Estima-se que haja mais de 20 milhões de pessoas afetadas por essa doença no mundo. Roser González-Duarte alertou que os estudos sobre esse mal devem respeitar os direitos individuais – intimidade, privacidade, direito a não saber – e sociais, e estabelecer mecanismos claros de controle, que a população seja aproximada dos conhecimentos científicos e os legisladores sejam assessorados em relação ao tema.[5]

Evidencia-se o envelhecimento da população de forma crescente, fato que reclama a feitura de leis protetoras dos portadores de Alzheimer e de seus familiares, tendo em vista que os interesses entre os mesmos e a sociedade podem ser antagônicos. As medidas adotadas deverão respeitar os valores morais e jurídicos da sociedade, pois o Brasil é um país de base plural e democrática.

O presente capítulo pretende explorar aos aspectos jurídicos relacionados a essa doença, bem como assinalar algumas problemáticas por ela apresentadas. E ainda, nesse sentido, ressaltar a importância de mecanismos que possam auxiliar no aperfeiçoamento de políticas públicas sobre o tema, uma vez que o diagnóstico individual e o censo populacional permitiriam o recolhimento de dados que futuramente poderiam

2. Idem, ibidem, p. 11.
3. Idem, ibidem, pp. 13-16.
4. A engenharia genética preocupa-se com o "emprego de técnicas científicas dirigidas à modificação da constituição genética de células e organismos, mediante manipulação de genes". (Maria Helena Diniz, op. cit., p. 395).
5. Roser González-Duarte. Las bases genéticas de la enfermedad de Alzheimer. In: Maria Casado (Comp.). *El alzheimer: Problemas Éticos y Jurídicos*. Valencia: Editorial Tirant Lo Blanch, 2002, p. 11.

influenciar tanto individual como coletivamente em políticas públicas implementadas pela Administração. Abordaremos, também, a legislação e a jurisprudência do Superior Tribunal de Justiça, verificando o posicionamento adotado diante de ações originadas sobre a doença de Alzheimer.

1. A doença de Alzheimer

A doença de Alzheimer atinge a região do cérebro que controla a memória, o raciocínio e a linguagem, podendo atingir outras regiões e funções. Possui etiologia complexa, integrando o rol das doenças genéticas denominadas poligênicas, multifatoriais ou complexas.[6]

Algumas doenças hereditárias possuem relação direta entre o binômio gene-enfermidade, tais como a hemofilia e a talassemia, ou seja, as pessoas que herdam o gene deficiente serão afetadas e as que não herdaram não desenvolverão a doença. Hoje, é possível realizar o diagnóstico pré-natal e pré-sintomático e, uma vez detectado o gene causador, abre-se a possibilidade da execução de uma terapia gênica,[7] remediando o defeito molecular.

Algumas doenças, no entanto tais como o diabetes, a hipertensão arterial, a arteriosclerose e a doença de Alzheimer não apresentam uma relação tão nítida como aquelas descritas no parágrafo anterior. Há mais de um gene envolvido no processo que deflagra a enfermidade, e a manifestação dependerá de dois fatores: a combinação dos genes responsáveis pela alteração e o ambiente externo.

A doença de Alzheimer atinge, em geral, indivíduos maiores de 65 anos. Sabe-se que a mutação dos genes que antecedem a proteína beta-amiloide, a presenilina 1 e a presenilina 2 causam a referida enfermidade. No entanto, essas alterações explicam menos de 25% dos casos. A dificuldade apresenta-se porque a combinação de vários genes associados à ação do ambiente pode deflagrar a doença, motivo pelo qual estes são chamados de genes de susceptibilidade ou de predisposição.

A doença tem três estágios: (1) *estágio inicial* – por ser gradual, detectar o início da doença torna-se difícil porque é frequentemente considerada como parte do processo de envelhecimento; aparecem alguns sintomas tais como dificuldades de linguagem e na tomada de decisões, desorientação quanto ao binômio tempo e espaço, lapsos de memória referentes a fatos ocorridos recentemente e sinais de depressão; (2) *estágio intermediário* – há o agravamento dos problemas e a evidente modificação de comportamento; o portador apresenta dificuldade para administrar a casa ou a atividade profissional, necessita ajuda para sua higiene pessoal, tem problemas de vagância,

6. As enfermidades genéticas podem ser de três tipos: (1) monogênicas, controladas predominantemente por um único gene; (2) cromossômicas, provocadas por alterações mais grosserias do genoma, envolvendo a falta, excesso ou alterações na estrutura dos cromossomos ou parte deles; (3) multifatoriais ou doenças complexas, causadas por vários genes e com papel importante do ambiente. (Denise Hammerschmidt. *Intimidade genética e direito da personalidade.* Curitiba: Juruá Editora, 2007, pp. 46, 47).

7. Ensina Maria Helena Diniz: "A terapia gênica, ou Geneterapia, visa à transferência de informação genética, ou melhor, de genes de um organismo para outro para curar ou diminuir distúrbios, moléstias genéticas ou não genéticas" (Maria Helena Diniz, op. cit., p. 418).

alterações de humor, apatia, depressão, delírio e desinibição; (3) *estágio avançado* – ocorre o aumento da dependência e ficam acentuados os distúrbios de memória e o aspecto físico da enfermidade. Cada um desses estágios acarreta um desgaste físico e emocional acentuado nos familiares dos portadores, mormente no início dos sintomas, decorrente do desconhecimento do quadro clínico do vitimado. De igual forma, haverá reflexos sociais e na órbita jurídica, de acordo com o papel desempenhado pelo enfermo em cada uma das esferas a que pertença.

2. A dignidade da pessoa humana

O princípio da dignidade da pessoa humana repousa como um dos fundamentos do Estado Democrático de Direito, constituindo um dos pilares da República Federativa do Brasil.[8] De igual forma, nas relações internacionais o Brasil adota entre outros princípios, a prevalência dos direitos humanos.[9]

A partir do final da 2ª Guerra Mundial, foram resgatados por vários países os valores éticos como elementos a serem considerados pelo ordenamento jurídico. Nessa esteira, foi aprovada a Declaração Universal, em 10/12/1948, considerada o advento do aprofundamento e a definitiva internacionalização dos direitos humanos. Com ela, ocorrem a ampliação dos direitos, com a inclusão, ao lado dos direitos civis e políticos, direitos econômicos, sociais e culturais. Emerge, também, a universalidade dos direitos, visando à proteção e a promoção das prerrogativas de todos os seres humanos do planeta.

Nessa esteira, há a reconstrução do Positivismo, com a tendência das Constituições vindouras serem abertas a valores e princípios, com a formação e a especificação de parâmetros mínimos protetivos, conhecidos como "mínimo ético irredutível".

A Constituição Federal de 1988 institucionaliza os direitos humanos no Brasil, e se caracteriza como marco jurídico da transição democrática sofrida pelo País. Os fundamentos constantes no art. 1º da Constituição Federal devem ser observados, porquanto concedem unidade ao sistema e, assim, pode-se afirmar que o princípio da dignidade humana dá sentido à ordem jurídica, "sendo seu ponto de partida e seu ponto de chegada, para a hermenêutica constitucional contemporânea".[10]

Resta a dignidade, ainda que o ser humano não possua liberdade ou saúde. Vários são os conceitos referentes ao princípio da dignidade humana, não havendo univocidade sobre o seu alcance. A abertura do conceito de dignidade proporciona a harmonização entre as duas correntes que existem sobre a origem dos direitos humanos: naturalista e convencionalista.[11] No entanto, ambas as concepções valorizam mais o

---

8. Prescreve art. 1º da Constituição Federal de 1988: "*Art. 1º. A República Federativa do Brasil, formada pela união indissolúvel dos Estados e Municípios e do Distrito Federal, constitui-se em Estado Democrático de Direito e tem como fundamentos: I – a soberania; II – a cidadania; III – a dignidade da pessoa humana; IV – os valores sociais do trabalho e da livre iniciativa; V – o pluralismo político.*"
9. Art. 4º, inciso II, da Constituição Federal de 1988.
10. Flávia Piovesan. *Direitos humanos e o direito constitucional internacional.* 9. ed. rev. ampl. e atual. São Paulo: Ed. Saraiva, 2008, p.30.
11. Cf. Victor Méndez Baiges. El ser humano, el cuerpo y la dignidad. In: Maria Casado (Comp.), op. cit., pp. 24-28.

fator consciência/razão do que o corpo físico do ser humano. Em geral, o rompimento desses dois elementos ocorre com a morte; todavia, esse momento pode ser antecipado, quando ocorre, por exemplo, uma enfermidade que mantém o corpo íntegro mas inicia o escurecer da mente. Ainda que não haja mais a razão, o corpo no qual ela habitava mantém íntegra a dignidade que lhe é inerente.

A dignidade pode ser vista sob dois aspectos, um positivo e outro negativo. Mirentxu Corcoy Bidasolo ensina:

> O aspecto positivo do direito à dignidade é constituído pelo direito de viver em condições que sirvam à autoestima de cada pessoa, ou seja, um conceito de dignidade subjetivo (...) Em sentido negativo o direito à dignidade se concebe como um direito a não sofrer indignidade, a não ser tratado como um objeto, como uma coisa. Este aspecto negativo da dignidade é objetivo e exige em todo caso o respeito de qualquer pessoa e em qualquer condição.[12]

Relaciona-se o aspecto positivo com a expressão de liberdade, outorgando às pessoas o direito de conduzir sua vida de acordo com sua personalidade. Ressaltada, assim, a consciência de cada ser humano, formada por valores sedimentados ao longo de sua existência terrena.

No outro polo – *aspecto* negativo – temos o manto protetor do art. 5º, inciso III, da Constituição Federal de 1988, o qual dispõe que ninguém será submetido à tortura, a tratamento desumano ou degradante.

Dessa forma, a dignidade é o princípio que deve nortear a forma de tratamento dos portadores de Alzheimer, "atendendo o que essa pessoa pensava de si mesma, ou seja, a seu autorrespeito ou autoestima".[13]

Nessa seara, temos o advento de uma nova perspectiva investigativa, pois embora os indivíduos acometidos de Alzheimer estejam num processo crescente de degeneração neurológica e, assim, destituídos de avaliações morais, podem ser sujeitos passivos de danos morais. Esse entendimento está alicerçado no princípio da dignidade humana, que se manifesta por meio da percepção da realidade e dos sentimentos do portador da doença de Alzheimer, durante o estágio anterior ao desenvolvimento dos sintomas da enfermidade.

A Convenção Interamericana para Prevenir e Punir a Tortura dispõe, no art. 2º, que a tortura é todo ato pelo qual são infligidos intencionalmente a uma pessoa, penas ou sofrimentos físicos ou mentais, com fins de investigação criminal, como meio de intimidação, como castigo pessoal, como medida preventiva, como pena ou com qualquer outro fim. Considera ainda como tortura, a aplicação sobre uma pessoa, de métodos tendentes a anular a personalidade da vítima, ou a diminuir sua capacidade física ou mental, ainda que não causem dor física ou angústia psíquica.

12. Mirentxu Corcoy Bidasolo. Alzheimer y derechos de la persona. In: Maria Casado (Comp.), op. cit., p. 65.
13. Idem, ibidem, p. 66.

O traço distintivo entre tortura e trato degradante situa-se na intensidade da conduta praticada pelo agente ativo do ato. O tratamento degradante possui menor intensidade que a tortura e é adjetivado, em regra, pela habitualidade.[14]

Tais delineamentos trazem como conclusão que todas as pessoas possuem resguardado o direito à integridade moral, independentemente do estado físico ou psíquico que apresentem.[15]

Temos, assim, uma ampliação com o aumento da complexidade da dimensão de dignidade do ser humano, resgatada por Giovanni Pico Della Mirandola, que salientou ter o homem "o poder de se autodeterminar", e por isso, colocar-se "acima do mundo físico-biológico".[16] Já Kant coloca a liberdade como norteadora da lei moral, a qual deverá atingir uma abrangência universal, ou seja, agir "de modo tal que a máxima da tua vontade possa valer sempre ao mesmo tempo como princípio de uma legislação universal".[17] A dignidade humana passa a ser reafirmada por meio dos diversos tratados internacionais de proteção dos direitos humanos.

Mirentxu Corcoy Bidasolo advertiu que os portadores de Alzheimer são vítimas potenciais de tratos desumanos, em decorrência da impossibilidade de defesa oriunda da manifestação da enfermidade. Diz a autora: "O estado mental e físico não justifica nunca um tratamento humilhante, ainda que o cuidador possa pensar no estado mental em que se encontra o enfermo, este não possa advertir sobre o significado humilhante de uma determinada forma de atuação".[18]

Desde o caso "Schloendorf contra o New York Hospital" o denominado consentimento informado tornou-se o pré-requisito legitimador de qualquer intervenção médica. O tratamento da doença de Alzheimer dificulta a manifestação do consentimento, vez que presentes algumas peculiaridades: (1) dificuldade em avaliar a plena capacidade da pessoa acometida pela doença devido à gradual perda da capacidade; (2) e o sofrimento em decorrência da manifestação dos sintomas da doença, muitas vezes não perceptível.

Para saber a decisão do enfermo é necessário que este seja informado das consequências que sua escolha acarretará. Assim sendo, ausente a compreensão da realidade, afastada estará a autonomia da decisão eventualmente manifestada. Os chamados testamentos vitais poderiam suprir e orientar os desejos que seriam manifestados nessas situações extraordinárias, norteando a tarefa daqueles responsáveis pela colheita da vontade do impossibilitado de optar validamente.

Emerge das afirmações tecidas o direito ao respeito, elemento da "tábua básica de valores morais",[19] que visa evitar a violação por outrem da dignidade e decoro do ser humano.

---

14. Idem, ibidem, p. 69.
15. Com efeito, o art. 226, § 8º, prevê que "o Estado assegurará a assistência à família na pessoa de cada um dos que a integram, criando mecanismos para coibir a violência no âmbito de suas relações.
16. Cf. Mirandola. *Discurso sobre a dignidade do homem.* Introdução de Maria de Lurdes Sirgado Ganho, Lisboa: Edições 70, p. 29.
17. Georges Pascal. *Para compreender Kant.* 2. ed. Rio de Janeiro: Ed. Vozes, 2005, p. 37.
18. Mirentxu Corcoy Bidasolo, In: Maria Casado (Comp.), op. cit., p. 70.
19. Carlos Alberto Bittar. *Os direitos da personalidade.* 3. ed. Rio de Janeiro: Ed. Forense Universitária, 1999, p. 135.

3. Os direitos da pessoa portadora da doença de Alzheimer: o alcance de eficácia das vontades antecipadas

Ainda que haja uma cisão entre o corpo e a mente daquele acometido de Alzheimer, mantém-se íntegro o seu *status* de titular de direitos, malgrado ausente a capacidade de expressá-los em momento atual. Todavia, se possível o conhecimento de sua vontade esta deve ser considerada, porque foi deixada expressamente consignada em documento legítimo. Esse fato pode constar não somente de termo escrito, mas por meio de áudio ou audiovisual. A eficácia jurídica depende da recepção legal desses meios para que irradiem seus efeitos junto a terceiros e à sociedade em geral.

Quando falamos no princípio da beneficência consideramos que a escolha feita pelo indivíduo que cuida de outro será em favor de seus "melhores interesses". Em geral, a pessoa incapacitada não manifestara anteriormente sua vontade. Cada pessoa, entretanto, tem maneiras distintas de considerar o que seja melhor para si o que dificulta a fixação de critérios objetivos e gerais para definir o que seria de seu "melhor interesse".

Algumas considerações: situações podem ocorrer evidenciando conflitos entre valores tutelados pela carta de direitos fundamentais – às vezes para uma pessoa não é digno viver acometido da doença de Alzheimer. Poderia ele, por disposição anterior expressa, não ser submetido ao tratamento disponível ou ser conduzido à morte?

O portador de Alzheimer adquire a doença após um longo período de existência no qual se manteve lúcido, diferentemente de outras doenças mentais. No primeiro estágio possui ainda a capacidade de autodeterminação. Eventuais manifestações de vontade para cumprimento, quando a pessoa acometida está incapacitado de demonstrá-las, não poderiam constar do testamento tradicional, cuja eficácia somente se dará a partir do momento da morte do "*de cujus*".

No caso de manifestação de vontades antecipadas, o leque de disposições seria mais abrangente em comparação aos testamentos tradicionais, pois envolveria a forma de vida, bem como o modo de utilização de seus bens. Também a nomeação de um representante para cumprimento das disposições e do seu substituto, caso haja o afastamento do principal responsável. Propiciaria, também, maior legitimação ao denominado "consenso informado", pois anteciparia sua manifestação, mantendo íntegro o princípio da autonomia, vez que poderá estar inapto a opinar em decorrência da manifestação da enfermidade. De igual forma, poderá eleger aquele que será responsável pela diretriz a ser seguida, caso ocorra situação que não foi anteriormente abarcada por manifestação prévia do portador da enfermidade.[20]

4. Conflito de interesse: os cuidadores

Cuidadores são as pessoas não enfermas que prestam assistência aos portadores do mal de Alzheimer que sofrem restrições na vida quotidiana. Em geral são os familiares,

20. Sobre o princípio do consentimento livre e esclarecido como legitimação e fundamento do ato médico consultar Maria Helena Diniz , op. cit., pp. 610-616.

não raro uma mulher, que assumem a tarefa de atender às necessidades do portador dessa enfermidade.

Dispõe o art. 229 do texto constitucional que os filhos maiores têm o dever de ajudar e amparar os pais na velhice, carência ou enfermidade. Surge, assim, a obrigação constitucional de os filhos auxiliarem e dar suporte aos seus genitores no momento vital em que estarão mais vulneráveis.

Não obstante a Constituição prescreva que o Estado tem, ao lado da família e da sociedade, o dever de amparar as pessoas idosas, defendendo sua dignidade e bem-estar,[21] verificamos que o aparelho estatal não dispõe de mecanismos para atender à demanda em relação a essa doença, possuindo tão somente tratamento para minimizar os efeitos provocados pela enfermidade, cuja cura ainda não foi descoberta.

Alguns questionamentos surgem com referência a esse tema: o familiar tem a obrigação de cuidar dos vitimados por Alzheimer, se isso implicar a perda de sua liberdade, problemas familiares e de saúde? Se a saúde pública é universal, os órgãos públicos poderiam ser responsabilizados pela assistência e cuidados ao enfermo, eximindo os familiares dessa incumbência? Caso o familiar assuma o compromisso de ser o cuidador, abdicando de eventual trabalho remunerado, teria ele o direito de ser ressarcido pelo Estado?

Ressalta o § 1º, do art. 230, da Constituição Federal, que os programas de amparo aos idosos sejam executados preferencialmente em seus lares.

Essas e outras indagações surgem a respeito do tema e todas possuem a influência da questão econômica. Tal conflito suscitará opções de cunho filosófico, ético, político e religioso. Relaciona-se diretamente com o aumento da expectativa de vida e com os avanços científicos que prolongam a vida. Todavia, essa enfermidade, ainda incurável, demandará, cada vez mais, debates e medidas de políticas públicas.

5. O Estado e a doença de Alzheimer

As estatísticas e indicadores referentes à saúde da população propiciam a eleição dos interesses públicos e coletivos que serão priorizados pela Administração nessa área.

A partir de dados colhidos junto à sociedade, poderão, entre outras, ser adotadas medidas concernentes aos direitos dos portadores da doença de Alzheimer como consumidor e usuário do serviço sanitário, mormente quanto à prevenção da saúde pública. Nesse sentido poderão ser tomadas medidas quanto ao fornecimento de material genético, e ainda a determinação da responsabilidade extracontratual da Administração por eventual erro ocorrido no sigilo dos dados, bem como formas de assegurar às pessoas o direito de não ser informado sobre sua predisposição ou quadro clínico.

Deve o Estado intervir na esfera preventiva por meio da disponibilidade de recursos orçamentários, não apenas para informar e conscientizar a população sobre as consequências advindas dessa enfermidade, como também assegurar a existência digna do enfermo, quando sua vida se prolongue, ainda que destituída da razão?

21. Art. 230, *caput*, da Constituição Federal de 1988.

Por outro lado, deve ser garantido o direito de participação dos interessados nas medidas implantadas, relacionadas ao tema?

Com as medidas legislativas, sedimenta-se a dimensão objetiva da proteção aos portadores de Alzheimer, abrindo uma porta para que os acometidos por essa doença possam exercer os direitos subjetivos a eles assegurados. Calha deixar consignado, que a efetivação material e o alcance de medidas que serão tomadas pelo Estado encontram limites, pois estão condicionadas às possibilidades orçamentárias da União, Estados, Municípios e Distrito Federal para a sua efetiva implementação.

Verificamos, assim, que a proteção à saúde do afetado pela doença de Alzheimer terá maior eficácia, tendo em vista: (1) a organização sanitária que estará acompanhando o desenvolvimento do quadro; (2) que poderá, legitimamente, optar sobre o caminho a ser trilhado em relação à sua enfermidade, inclusive quanto ao aspecto médico administrativo; (3) sua participação por intermédio das organizações existentes sobre a doença, com sugestões sobre normas e medidas que serão propostas; 4) a possibilidade de optar, visando o resguardo de sua intimidade e sobre os dados colhidos sobre a referida doença.[22]

Tudo quanto dito encontra respaldo no preâmbulo da Constituição que proclama como objetivo a ser alcançado pela República Federativa do Brasil o bem-estar, além de outros valores, respeitando-se o exercício dos direitos sociais e individuais.[23]

Sabemos que o texto constitucional visa, ainda, a atuação preventiva do Estado no tratamento de enfermidades, caracterizando-o como Estado Social. O art. 196 da Lei Maior prescreve que a saúde, como direito de todos e dever do Estado, é garantida mediante políticas sociais e econômicas, que objetivem a redução do risco de doença e de outros agravos. No exercício desse mandamento constitucional, o Estado deverá observar a dignidade humana, a proporcionalidade, a finalidade da norma e sua justificativa.[24] Esses requisitos devem nortear a feitura da legislação que regulará as medidas preventivas, tendo em vista as consequências que a norma poderia causar. Consideremos, por exemplo, que a realização de testes genéticos pode acarretar danos à intimidade, integridade física ou à dignidade humana, e o que seria utilizado para proteger a pessoa acabaria se voltando contra ela.

Cabe ressaltar os ensinamentos de Maria Helena Diniz:

> Imprescindível será a edição de normas que tutelem a inviolabilidade da herança genética contra qualquer manipulação artificial, impondo a esta

22. Maria Jesús Montoro Chiner. Las consecuencias desde el punto de vista del Estado. In: Maria Casado (Comp.), op. cit., pp. 129, 130.
23. Diz o preâmbulo da Constituição Federal de 1988: "*Nós, representantes do povo brasileiro, reunidos em Assembleia Nacional Constituinte para instituir um Estado Democrático, destinado a assegurar o exercício dos direitos sociais e individuais, a liberdade, a segurança, o bem-estar, o desenvolvimento, a igualdade e a justiça como valores supremos de uma sociedade fraterna, pluralista e sem preconceitos, fundada na harmonia social e comprometida, na ordem interna e internacional, com a solução pacífica das controvérsias, promulgamos, sob a proteção de Deus, a seguinte Constituição da República Federativa do Brasil*".
24. Maria Jesús Montoro Chiner, op. cit., p. 133.

> limites para proteger a pessoa humana e sua dignidade contra aplicação não terapêutica de algum ato e para preservar os interesses da saúde pública e o meio ambiente em face de uma possível contaminação causada por experiências biotecnológicas.[25]

Alerta Maria Jesús Montoro Chiner que as medidas que forem adotadas devem considerar o impacto nos interesses públicos e privados, estes representados pelo direito de os descendentes conhecerem os dados biológicos relativos à enfermidade de seus ascendentes e aqueles representados pela prevenção e proteção da saúde.[26]

Discutível, no entanto, a obrigatoriedade de a pessoa submeter-se ao exame, ainda que contra sua vontade.

5.1 Proteção de dados e da intimidade

A Constituição Federal assegura no art. 5º, incisos X e XII, a inviolabilidade da intimidade, da vida privada e o sigilo de dados. Considerando a possibilidade de testes para a detecção de gene deflagrador do mal de Alzheimer, o interessado deverá ter resguardado o sigilo dos referidos dados, bem como sua adequada utilização. Como o gene, por si só, não deflagra a doença, e em razão disso temos a complexidade dessa patologia, deve o Estado proteger as informações – colhidas para fins de políticas públicas e pesquisas terapêuticas –, para evitar que seja o enfermo prejudicado pela revelação pública do fato, quando assim não consentir. Nesse sentido, a proteção dos dados pessoais integra o direito ao respeito da vida privada.[27] Por outro lado, protege-se o direito à intimidade, o qual "consiste na não exposição a conhecimento de terceiro de elementos particulares da esfera reservada da pessoa",[28] restando ilícita a transmissão de dados sobre seu estado de saúde física ou psíquica, caso não haja o consentimento expresso do interessado.

Tal medida resta salutar, vez que previne algumas possibilidades discriminatórias, como, por exemplo, no âmbito das relações de trabalho e no setor de seguros.[29]

Paulo José da Costa Júnior destaca a figura dos círculos concêntricos da esfera da vida privada, *verbis:*

> A esfera da vida particular ou privada poderia ser subdividida em esferas outras, de dimensões progressivamente menores, na medida em que a intimidade se for restringindo.
>
> Assim, o âmbito maior seria abrangido pela esfera privada *stricto sensu (Privatsphäre)*. Nele estão compreendidos todos aqueles comportamentos e acontecimentos que o indivíduo não quer que se tornem do domínio público.

25. Maria Helena Diniz, op. cit., p. 436.
26. Maria Jesús Montoro Chiner, op. cit., p. 136.
27. José Adércio Leite Sampaio. *Direito à intimidade e à vida privada.* Belo Horizonte: Del Rey, 1998, p. 126.
28. Marcos de Almeida Villaça Azevedo. *Aids e responsabilidade civil.* São Paulo: Atlas, 2002, p. 63.
29. Cf. Denise Hammerschmidt, op. cit., pp. 173, 187.

> Além da esfera privada, situam-se os processos, episódios e condutas de natureza pública. Acham-se eles ao alcance da coletividade em geral, de um círculo indeterminado de pessoas. Por estarem fora da esfera privada, tais fenômenos encontram-se juridicamente excluídos do campo dos chamados delitos de indiscrição. No bojo da esfera privada está contida a esfera da intimidade (*Vertrauensphäre*) ou esfera confidencial (*Vertraulichkeitssphäre*). Dela participam somente aquelas pessoas nas quais o indivíduo deposita certa confiança e com as quais mantém certa intimidade. Fazem parte desse campo conversações ou acontecimentos íntimos, dele estando excluídos não só o *quivis ex populo*, como muitos membros que chegam a integrar a esfera pessoal do titular do direito à intimidade. (...) Por derradeiro, no âmago da esfera privada, está aquela que deve ser objeto de especial proteção contra a indiscrição: a esfera do segredo (*Geheimsphäre*). Ela compreende aquela parcela da vida particular que é conservada em segredo pelo indivíduo, do qual compartilham poucos amigos, muito chegados. Dessa esfera não participam sequer pessoas da intimidade do sujeito. Consequentemente, a necessidade de proteção legal, contra a indiscrição, nessa esfera, faz-se sentir mais intensa.[30]

Podemos assim conceituar intimidade genética "como o direito a determinar as condições de acesso à informação genética".[31] Apodera-se o interessado do controle integral de seus dados genéticos.

Tanto o sigilo documental quanto o sigilo profissional buscam resguardar a intimidade do indivíduo. O sigilo documental é caracterizado por um elemento objetivo e o sigilo profissional caracteriza-se pelo elemento subjetivo. Decorre o último da reciprocidade de assistência existente na sociedade. O paciente relata sua intimidade ao médico, para resguardar a defesa de um bem psíquico ou material.[32]

5.2 A responsabilidade extracontratual do Estado

Todos os dados recolhidos pelo Estado, constantes de registros públicos, devem ser sigilosos. Em relação à doença de Alzheimer, eventuais informações colhidas devem estar adequadamente protegidas, para que não sejam utilizadas em malefício da pessoa que porventura seja identificada como portadora do gene potencialmente capaz de deflagrar o processo de degeneração neurológica.

Com efeito, caso haja indevida utilização dos dados colhidos pelo órgão público, a vítima poderá utilizar a ação competente para que seja ressarcida dos prejuízos oriundos da prática ilícita efetuada pela Administração, *ex vi* do art. 37, § 6º, da Constituição, que determina: "As pessoas jurídicas de Direito Público e as de Direito Privado prestadoras de serviços públicos responderão pelos danos que seus agentes, nessa qualidade, causarem a terceiros, assegurado o direito de regresso contra o responsável nos casos

30. Paulo José da Costa Jr. *O direito de estar só*: tutela penal da intimidade. 2. ed. rev. e atual. São Paulo: Ed. Revista dos Tribunais, 1995, pp. 36, 37.
31. Denise Hammerschmidt *apud* Carlos Miguel Ruiz, 2001, p. 150.
32. Sergio Carlos Covello. *As normas de sigilo como proteção à intimidade.* São Paulo: Editora Sejac, 1999, p. 24.

de dolo ou culpa". Vislumbra-se que direito violado está ancorado na responsabilidade objetiva do Estado, expressamente prevista na Constituição Federal.

5.3 Determinação legal da conscientização sobre a doença de Alzheimer

A Lei nº 11.736, de 10/07/2008, instituiu o dia 21 de setembro como o Dia Nacional de Conscientização da Doença de Alzheimer, dando suporte legal para que a Administração efetue campanhas publicitárias que esclareçam sobre essa patologia, auxiliando com dados estatísticos as futuras estratégias que serão tomadas pelo Estado, direcionadas ao novo desenho da enfermidade no quadro nacional. De acordo com o art. 1º da Lei nº 11.736/2008, o texto legal objetiva a conscientização da população brasileira sobre a importância da participação de familiares e amigos nos cuidados dispensados aos portadores desse mal.

As peculiaridades da Doença de Alzheimer advêm do fato de manifestarem-se, na maioria dos casos, pela combinação de fatores genéticos com outros relacionados ao meio ambiente em que a pessoa interage. Com esclarecimentos, o indivíduo estaria apto a adotar medidas preventivas que julgasse necessárias, tais como a feitura de testamentos vitais, disposições sobre as medidas a serem tomadas quanto à sua pessoa, no caso de incapacidade decorrente da doença de Alzheimer. De igual forma, o Estado também estaria nutrido de dados estatísticos para a composição de políticas de saúde, com a finalidade de minimizar os efeitos indesejáveis que a enfermidade acarretará.

Concluindo, a informação poderá gerar uma programação eficiente relacionada com os vários aspectos que circundam aqueles afetados direta ou indiretamente pela doença de Alzheimer, principalmente a sociedade e o Estado.

5.4 A jurisprudência sobre a doença de Alzheimer

A seguir, são colacionados acórdãos proferidos por cortes brasileiras, envolvendo matérias relacionadas à doença de Alzheimer. Tendo em vista o tema apresentado e o exíguo número de decisões, foram acrescentadas partes de algumas fundamentações para melhor compreensão dos resultados.

Imposto de renda

Tributário. Imposto de Renda. Portadora do mal de Alzheimer. Alienação mental reconhecida. Direito à Isenção.

I - O art. 6º, inciso XIV, da Lei nº 7.713/1988 dispõe que o alienado mental é isento do Imposto de Renda.

II - Tendo o Tribunal de origem reconhecido a alienação mental da recorrida, que sofre do mal de Alzheimer, impõe-se admitir seu direito à isenção do Imposto de Renda.

III - Recurso especial improvido.

REsp 800543-PE; Recurso Especial 2005/0197801-1; Rel. Min. Francisco Falcão; Primeira Turma; DJ 10/04/2006, p. 154.

Sequestro de valores para o fornecimento de medicamentos

O Ministro Humberto Martins, do Superior Tribunal de Justiça, com fundamento no art. 557, § 1º-A, do CPC, deu provimento a recurso especial, para reconhecer a legalidade de bloqueio, nas contas do Estado do Rio Grande do Sul, do valor referente aos medicamentos postulados na inicial, dos quais necessitava a parte recorrente, para tratar de diversas enfermidades. Entre elas a doença de Alzheimer (CID G30). Reconheceu que houve violação aos arts. 461, § 5º e 461-A, do Código de Processo Civil.

Na decisão consta que a negativa de fornecimento de um medicamento de uso imprescindível, cuja ausência gera risco à vida ou grave risco à saúde, é ato que, *per se*, viola a Constituição Federal, pois a vida e a saúde são bens jurídicos constitucionalmente tutelados em primeiro plano.

A decisão de fornecimento de medicamento não está sujeita ao mérito administrativo, ou seja, à conveniência e à oportunidade de execução de gastos públicos, mas à verdadeira observância da legalidade. O bloqueio da conta bancária da Fazenda Pública possui características semelhantes ao sequestro e encontra guarida no art. 461, § 5º, do CPC, uma vez tratar-se não de norma taxativa, mas exemplificativa, autorizando o juiz, de ofício ou a requerimento da parte, a determinar as medidas assecuratórias para o cumprimento da tutela específica.

Assim, afasta-se a "Teoria da Reserva do Possível", porquanto presente no caso *sub judice* a preservação dos direitos à vida e à saúde, considerados bens máximos, cuja proteção não pode ser postergada. (Decisão no REsp 1059540/RS; DJ 06/08/2008).

No mesmo sentido: REsp 843505-RS, DJ 14/09/2006, Rel. Min. Eliana Calmon. REsp 850391-RS, DJ 24/08/2006, Rel. Min. Eliana Calmon.

Fornecimento de medicamento

Recurso Especial. SUS. Fornecimento de medicamento. Paciente com mal de ALZHEIMER. Direito à Vida e à Saúde. Dever do Estado. Julgamento *Extra e Ultra Petita*. Condenação Genérica e Incerta. Inocorrência.

1 - O Sistema Único de Saúde (SUS) visa à integralidade da assistência à saúde, seja individual ou coletiva, devendo atender aos que dela necessitem em qualquer grau de complexidade, de modo que, restando comprovado o acometimento do indivíduo ou de um grupo por determinada moléstia, necessitando de determinado medicamento para debelá-la, este deve ser fornecido, de modo a atender ao princípio maior, que é a garantia à vida digna.

2 - Configurada a necessidade da recorrida de ver atendida a sua pretensão posto legítima e constitucionalmente garantida, uma vez assegurado o direito à saúde e, em última instância, à vida. A saúde, como de sabença, é direito de todos e dever do Estado.

3 - Proposta a ação objetivando a condenação do ente público ao fornecimento gratuito dos medicamentos necessários ao tratamento do mal de Alzheimer, resta inequívoca a cumulação de pedidos, posto umbilicalmente interligados o tratamento e o fornecimento de medicamento. É assente que os pedidos devem ser interpretados, como manifestações de vontade, de forma a tornar o processo efetivo, o acesso à justiça

ampla e justa a composição da lide. Precedentes: REsp 625329-RJ, Min. Luiz Fux, DJ 23/08/2004; REsp 735477-RJ, DJ 26/09/2006; REsp 813957-RJ, DJ 28/04/2006.

4. A decisão que ante a pretensão genérica do pedido defere tratamento com os medicamentos consectários, não incide no vício *in procedendo* do julgamento *ultra* ou *extra petita*.

5. Recurso especial a que se nega seguimento (CPC, art. 557, *caput*). REsp 877026-RS, DJ 20/09/2007, Rel. Min. Luiz Fux. No mesmo sentido: Mandado de Segurança nº 10.664-DF (2005/0086082), Rel. Min. João Otávio De Noronha, DJ 10/06/2005.

Aposentadoria por invalidez

Mandado de Segurança. Processo administrativo. Decadência. Inocorrência.

O prazo decadencial para impetração de mandado de segurança conta-se do ato denegatório do pedido, quando se tornar ele, na via administrativa, irrecorrível.

2 - Professor Estadual. Invalidez. Doença grave. Alienação mental. Mal de Alzheimer.

Aposentadoria integral. Direito líquido e certo. Comprovada a existência de doença grave, mesmo que reconhecida na inatividade (alíneas *c* e *d*, inciso I, art. 264 da Lei nº 10.460/1988 e inciso I, § 1º, art. 40 da CF/1988), é mister a conversão dos proventos proporcionais para integrais. Segurança concedida à unanimidade de votos. (MS nº 2006/0194647-1; Primeira Turma Julgadora da Segunda Câmara Cível do Egrégio Tribunal de Justiça do Estado de Goiás).

Anulação de contrato de compra e venda

No Julgamento do Agravo 701601 – GO (2005/0136396-2), publicado no DJ em 15/09/2006, o relator Ministro Castro Filho cita a decisão pelo Tribunal de Justiça de Goiás, exarada nos seguintes termos:

Embargos Infringentes. Anulação de Ato Jurídico. Contrato de compra e venda. Mal de ALZHEIMER. Incapacidade. Não comprovada. Impossibilidade de anulação.

1 - O ato jurídico somente se considera nulo em razão da incapacidade do agente quando este não tiver discernimento necessário para gerir seus bens, sua pessoa e realizar os atos de sua vida civil.

2 - O fato de o indivíduo ser portador do mal de Alzheimer, em fase inicial, não induz inexoravelmente a sua incapacidade de forma peremptória.

3 - A incapacidade somente restará caracterizada se tal patologia retirar do doente o seu discernimento.

4 - *In casu,* não restou comprovada a incapacidade contemporânea à celebração do contrato de compra e venda, porquanto, em que pese estar acometido por doença mental, não há provas de que tal fato tenha impedido o agente de atuar validamente na esfera das relações jurídicas, sobretudo em razão do caráter incipiente da doença.

5 - A anulação de atos realizados antes de sentença declaratória de interdição demanda a prova indiscutível no sentido de que a causa da incapacidade é contemporânea ao ato jurídico.

6 - Recurso conhecido e provido.

O Ministro não acolheu o recurso, por demandar reexame de provas, acrescentando excertos das razões desenvolvidas no aresto impugnado, *verbis:*

> Conforme se infere das breves considerações acima tecidas, o cerne da divergência entre os votos vencedores e vencidos reside na comprovação da incapacidade do genitor dos embargantes à época da celebração do contrato que se pretende ver anulado. Compulsando as argumentações apresentadas pelas partes, as provas produzidas nos autos e, sobretudo, as razões adotadas como fundamento tanto no voto vencedor como no voto divergente, entendo que a decisão apoiada no voto proferido pelo ilustre Desembargador Gilberto Marques Filho, acompanhado pela insigne Desembargadora Marília Jungmann Santana, é a que melhor se coaduna com o ordenamento legal vigente à época da celebração do contrato vergastado, bem como com a melhor doutrina e jurisprudência e com a realidade fática que se infere dos autos.
>
> Isto porque, nos termos do Código Civil de 1916, legislação que deve ser considerada no caso em comento, em respeito ao consagrado princípio jurídico do *tempus regit actum*, o ato jurídico somente pode ser anulado quando restar demonstrada e comprovada a incapacidade, absoluta ou relativa, de ao menos um dos agentes que praticaram o negócio jurídico.
>
> Inicialmente, é preciso estabelecer a premissa de que o falecido contratante, genitor dos embargantes, efetivamente padecia da doença mental conhecida pelo nome de "mal de Alzheimer", conforme restou evidenciado nos autos, sobretudo em razão do laudo pericial realizado no processo de interdição daquele, feito este que não obteve pronunciamento jurisdicional definitivo em razão do superveniente óbito do interditando.
>
> Todavia, o *punctum dolens* da controvérsia ora em debate não é perquirir se o contratante era ou não portador de tal debilidade, mas sim se esta patologia, à época da celebração do contrato de compra e venda cuja anulação é pleiteada pelos embargantes, retirou-lhe o discernimento necessário a ter plena capacidade para gerir seus bens e praticar os atos de sua vida civil.
>
> Desta forma, este deve ser o cerne da *quaestio juris* a ser apreciada pelo Poder Judiciário no presente caso concreto.
>
> Neste aspecto, verifico que existem nos autos dois laudos médicos, um dos quais, inclusive, realizado por perito judicial, que constatam a ocorrência da doença "mal de Alzheimer", sendo que ambos os laudos afirmam que tal patologia teve início provável no mês de janeiro de 1996.
>
> O contrato de compra e venda de imóvel rural em debate foi celebrado no dia 14/03/1996, menos de três meses, portanto, do início provável da debilidade mental que acometeu o falecido pai dos embargantes.

Insta notar, ainda, que também foi carreado aos autos laudo médico particular realizado pelo Dr. Ailton Cotrim Barra, no qual restou constatado que o contratante em questão não estava acometido por doença mental que lhe afetasse a capacidade civil.
Este laudo particular foi realizado um dia antes da celebração do contrato fustigado, em 13/03/1996, portanto, com o evidente propósito de assegurar as partes contratantes da lisura e higidez do negócio que seria entabulado. (...)
Desta forma, nada impede que o falecido genitor dos embargantes, em que pese já com quadro inicial de desenvolvimento do mal de Alzheimer, estivesse, no momento em que se submeteu ao exame em tela e quando celebrou o contrato profligado, no gozo de suas faculdades mentais, estando, portanto, dotado de capacidade civil plena. Isto porque, conforme também asseverado pelo próprio perito que realizou o exame médico que constatou a patologia mental, o mal de Alzheimer leva, em média, de cinco a dez anos para evoluir e atingir o seu estágio máximo de comprometimento mental do doente.
Portanto, não se pode adotar, *in casu*, a posição apriorística no sentido de que a só existência da patologia em questão torna o indivíduo inábil a gerir seus próprios bens e realizar os atos de sua vida civil, uma vez que a incapacidade, nem mesmo a relativa, não se atesta em razão da presença de uma doença qualquer, haja vista que somente se caracteriza quando, de forma concreta, o discernimento da pessoa se mostra de tal forma comprometido que lhe retira a capacidade civil.
(...)
No presente caso concreto, não restou comprovada a existência da causa de incapacidade contemporânea à celebração do contrato de compra e venda objurgada, bem como não há nos autos elementos suficientes a ilidir a presunção de boa-fé que milita em favor dos embargados.
(...)
Desta forma, o conjunto probatório produzido nos autos denota que o falecido genitor dos embargantes, muito embora tenha iniciado a desenvolver o mal de Alzheimer, tinha, ao tempo em que celebrou o contrato de compra e venda com o segundo embargado, total capacidade de discernimento e, portanto, de gerência de seus bens, tanto assim que onze meses após, prestou depoimento em audiência de instrução e julgamento (fls. 389) em ação de embargos à execução, de que era autor. Não sendo viável conceber que quase um ano antes, estivesse impedido de dispor de seu patrimônio como melhor lhe conviesse.
(...)
Ademais, não há indícios, quanto menos provas, suficientes a ilidir a presunção de boa-fé que milita em favor dos embargados, no sentido de que o negócio jurídico entabulado foi realizado com lisura e em conformidade com as válidas vontades manifestadas pelos contratantes. Esta é a conclusão que melhor se harmoniza com os elementos probatórios que instruem os presentes autos.

Determinação de astreinte

O Min. Teori Albino Zavascki, ao decidir o Recurso Especial nº 785.471-RS (2005/0164207-2), DJ 08/06/2006, negando seguimento ao recurso, mencionou a aresto impugnado, proferido pelo Tribunal de Justiça do Estado do Rio Grande do Sul, assim ementado:

Agravo de Instrumento. Direito à saúde. Doença de Alzheimer. Medicamentos. Antecipação de tutela. Multa. Recursos para excluí-la.

1. A entrega de medicamentos caracteriza obrigação de fazer, logo, obedecidos aos critérios de adequação e da suficiência, comporta multa diária de caráter coativo à adimplência (astreinte). Por outro lado, é inerente à natureza da decisão estabelecer a consequência, portanto, nada obsta que a multa seja fixada de ofício, ainda mais quando, pelo histórico do réu em processos idênticos, há fundada suspeita de descumprimento, justificando ainda mais a atuação preventiva. Exegese conjugada dos arts. 600-1, e dos arts. 461-A, § 3º, e 461, §§ 3º e 4º, todos do CPC.

2. Desprovimento.

Interdição de portador de Alzheimer

O Min. Carlos Alberto Menezes Direito negou provimento ao agravo de instrumento interposto em face do despacho que não admitiu o recurso especial, referente ao acórdão, *in verbis:*

Apelação. Ação de Interdição. Idosa octogenária portadora de mal de Alzheimer. Nomeação de filho para o exercício da curatela.

A senilidade e os desajustes causados pelo mal de Alzheimer autorizam a interdição de idosa octogenária que já não consegue gerir sua vida e seus bens, sendo a curatela atribuída ao filho que já desempenhava as funções de cuidado e administração dos bens e proventos da interditanda. Negaram provimento. Unânime. (Agravo de Instrumento nº 736.679-RS (2006/0012752-0), DJ 06/06/2006).

Contrato de seguro-saúde – Reembolso de despesas de tratamento

Recurso Especial nº 300.867-SP (2001/0007535-5). Min. Nancy Andrighi. Publicação DJ 03/06/2003.

Ementa: Processual civil. Recurso especial. Dissídio jurisprudencial. Comprovação. Prequestionamento. Interpretação de cláusula contratual.

- Deve-se demonstrar a similitude fática entre os casos confrontados para se evidenciar a existência de dissídio jurisprudencial.

- O recurso especial carece de prequestionamento a respeito de tema não debatido no acórdão recorrido.

- É inadmissível a interpretação de cláusula de contrato em sede de recurso especial.

Recurso especial a que se nega seguimento.

Assevera a relatora em sua decisão:

Cuida-se do recurso especial interposto por Sidney Vella, com fundamento nas alíneas *a* e *c* do permissivo constitucional, contra acórdão do TJSP. O recorrente ajuizou ação de cobrança c/c obrigação de fazer em face de Itaú Seguros S/A. Alegava ter contratado em 1983 um contrato de seguro-saúde pelo qual teria direito ao reembolso dos valores gastos com tratamento médico. Contudo, em 1993 o autor descobriu ser portador do mal de Alzheimer, necessitando ser internado em clínica particular especializada. Ao solicitar o pagamento das despesas com este procedimento médico, a seguradora respondeu que o mal de Alzheimer estaria excluído da cobertura. Alegando a abusividade desta exclusão, requeria o reembolso das despesas médicas já efetuadas e a condenação da seguradora a continuar cobrindo os custos do tratamento da referida doença. Julgado procedente o pedido, apelou a seguradora-recorrida, tendo sido provido o apelo em acórdão assim ementado: O contrato dito de seguro-saúde não necessita cobrir todas as despesas relativas à saúde, desde que seu objeto e consequentemente os riscos excluídos resultem de cláusulas não abusivas e que tenham redação clara, que mesmo os leigos possam compreender [fl. 75].

Interpostos embargos de declaração, estes foram rejeitados. Daí o presente recurso especial, no qual se alega ofensa aos arts. 47 e 51, IX, § 1º, I e II, e § 2º, do CDC, além de dissídio jurisprudencial, porque é abusiva a exclusão da cobertura securitária do mal de Alzheimer.

Testamento

Agravo de Instrumento nº 481.861-RS (2002/0145515-8). Rel. Min. Carlos Alberto Menezes Direito. DJ 18/03/2003.

Consta da referida decisão:

Insurge-se, no apelo extremo, contra Acórdão assim ementado:

Sucessão. Anulação de testamento público. Vício de consentimento. Testadora, pessoa de idade avançada, alegadamente com saúde mental abalada e com restrições de locomoção e visuais. Apelo improvido [fls. 121].

Os embargos de declaração [fls. 125 a 129] foram rejeitados]fls.130 a 132].

Decido.

O art. 98 do Código Civil, que trata da coação, não foi prequestionado. Assevera o recorrente que o testamento foi realizado de acordo com a legislação, não havendo qualquer prova de que a autora estava fora de seu juízo quando testou. Diz inexistir incapacidade. Analisando a questão, os julgadores assim se posicionaram: (...)

A testadora, pessoa de avançada idade e com deficiência visual, motora e aparentemente mental, não emitiu, de forma livre, manifestação de vontade para alteração de testamento. O próprio médico que atendeu à testadora até a morte desta, Jarbas Mendonça Aurélio, depoimento de fl. 47, aponta que a emitente da manifestação de vontade apresentava, além de arteriosclerose, quadro de doença mental descrita como "tipo Alzheimer", incapacitante para gerência dos próprios atos, agravada com o tempo e sem possibilidade de ocorrência de hiatos de lucidez. (...)

Assim, dúvidas pairam sobre a livre manifestação de vontade pela testadora, a autorizar a declaração de nulidade do testamento em tela [fls. 123/124].

Ultrapassar esses fundamentos demandaria o reexame de provas, o que é vedado nesta sede. Incidência da Súmula nº 07/STJ. O dissídio também não procede. Isso porque também aqui incide a Súmula nº 07/STJ. Além disso, não foi realizado o cotejo analítico, o que seria de rigor. "Ante o exposto, nego provimento ao agravo".

6. Considerações finais

Os avanços científicos na área da biomedicina propiciaram o surgimento do biodireito. A incidência da doença de Alzheimer, tendo em vista o aumento da expectativa de vida da população, deve aumentar. Todavia, ainda não há cura para essa enfermidade, que possui etiologia complexa, integrando o rol das denominadas doenças poligênicas, multifatoriais ou complexas.

O princípio da dignidade da pessoa humana funciona como vetor das políticas públicas sanitárias, que irão buscar meios preventivos para auxiliar os portadores da doença de Alzheimer. Embora haja a cisão entre o corpo e a razão no desenvolver da doença, a dignidade do corpo resta incólume como bem jurídico a ser tutelado pelo Estado.

Quanto à figura do cuidador, diretamente ligada aos vitimados por essa patologia, este deverá ser sujeito de atenção especial, principalmente quando pertencer ao núcleo familiar do enfermo. Isso decorre da alteração que sofre sua vida com o diagnóstico da doença.

De igual modo, o Estado deve estar aparelhado para atender às necessidades dos portadores da doença de Alzheimer, regulando as relações jurídicas por ela originadas.

Com o avanço e o progresso na área da informação, a proteção de dados e da intimidade deve ser assegurada. Caso haja prejuízo ao enfermo por ato do Estado, evidenciada estará a responsabilidade objetiva da União, Estado, Distrito Federal ou Município, restando garantido o ressarcimento da vítima por eventuais prejuízos sofridos.

Recentemente, foi promulgada a Lei nº 11.736/2008, que ressaltou a importância da conscientização nacional quanto à doença de Alzheimer.

Há jurisprudência sobre o tema, mas devem ser criados mecanismos que possam auxiliar na consecução dos desejos dos vitimados, como as chamadas "vontades antecipadas", ainda não disciplinadas legalmente por nosso ordenamento jurídico.

O médico e o Estado possuem papéis fundamentais, devendo zelar pela valorização da vida humana.[33]

A tolerância é uma das palavras-chave para o tratamento dessa questão. Voltaire mencionou que o princípio universal do direito humano e do direito de natureza consiste em: "Não faças o que não gostarias que te fizessem".[34] E acrescentou que "o direito da intolerância é, pois, absurdo e bárbaro; é o direito dos tigres, e bem mais horrível, pois os tigres só atacam para comer, enquanto nós exterminamo-nos por parágrafos".[35]

---

33. Giorgio Agamben alerta para questões envolvendo a biopolítica moderna e a íntima ligação existente nesse tema entre a política e a medicina (vide Giorgio Agamben. *Homo Sacer.* O poder soberano e a vida nua. Belo Horizonte: Editora UFMG, 2002, pp. 143-150).
34. Voltaire. *Tratado sobre a tolerância.* 2. ed. São Paulo: Ed. Martins Fontes, 2000, p. 33.
35. Idem, ibidem, p. 34.

Bobbio, ao discorrer sobre a tolerância, concluiu que:

> ... a superação dos contrastes de fé, de crenças, de doutrinas, de opiniões, deve-se ao império da áurea regra segundo a qual minha liberdade se estende até o ponto em que não invada a liberdade dos outros, ou, para usar as palavras de Kant, "a liberdade do arbítrio de um pode subsistir com a liberdade de todos os outros segundo uma lei universal" (que é a lei da razão).[36]

Todos os seres humanos possuem o direito a uma existência digna. A respiração é o ato que atesta a condição vital e, enquanto o ar infla os pulmões, a dignidade mantém-se inalterada, esteja ou não a mente revestida da razão.

7. Referências bibliográficas

AGAMBEN, Giorgio. *Homo Sacer.* O poder soberano e a vida nua. Trad. Henrique Burigo. Belo Horizonte: Ed. UFMG, 2002.

ALZHEIMER. Disponível em: <http://www.alzheimer.org.br>. Acesso em: 28/08/2008.

AZEVEDO, Marcos de Almeida Villaça. *Aids e responsabilidade civil.* São Paulo: Atlas, 2002.

BAIGES, Victor Méndez. El ser humano, el cuerpo y la dignidad. In: CASADO, Maria (Comp.). *El Alzheimer: Problemas Éticos y Jurídicos.* Valencia: Editorial Tirant Lo Blanch, 2002.

BIDASOLO, Mirentxu Corcoy. Alzheimer y derechos de la persona. In: CASADO, Maria (Comp.). *El Alzheimer: Problemas Éticos y Jurídicos.* Valencia: Editorial Tirant Lo Blanch, 2002.

BITTAR, Carlos Alberto. *Os direitos da personalidade.* 3. ed. Rio de Janeiro: Forense Universitária, 1999.

BOBBIO, Norberto. *A era dos direitos.* Trad. Carlos Nelson Coutinho. Rio de Janeiro: Elsevier, 2004.

BOTELHO, Laura. *Alzheimer a doença da alma.* 1. ed. Campinas: Russel Editores, 2008.

BRASIL, Supremo Tribunal Federal. Disponível em: <http://www.stf.gov.br>. Acesso em: 09/09/2008.

BRASIL, Presidência da República. Disponível em: <http://www.presidencia.gov.br>. Acesso em: 09/09/2008.

COSTA JR., Paulo José da. *O direito de estar só:* tutela penal da intimidade. 2. ed. rev. e atual. São Paulo: Ed. Revista dos Tribunais, 1995.

CHINER, Maria Jesús Montoro. Las consecuencias desde el punto de vista del Estado. In: CASADO, Maria (Comp.). *El Alzheimer: Problemas Éticos y Jurídicos.* Valencia: Editorial Tirant Lo Blanch, 2002.

COVELLO, Sergio Carlos. *As normas de sigilo como proteção à intimidade.* São Paulo: Ed. Sejac, 1999

DE PLÁCIDO E SILVA, *Vocabulário jurídico.* 27. ed. Rio de Janeiro: Forense, 2008.

36. Bobbio, Norberto. *A era dos direitos.* Trad. Carlos Nelson Coutinho. Rio de Janeiro: Elsevier, 2004, p. 218.

DINIZ, Maria Helena. *O estado atual do biodireito*. 4. ed. rev. e atual. São Paulo: Ed. Saraiva, 2007.

GONZÁLEZ-DUARTE, Roser. Las bases genéticas de la enfermedad de Alzheimer. In: CASADO, Maria (Comp.). *El Alzheimer: Problemas Éticos y Jurídicos*. Valencia: Editorial Tirant Lo Blanch, 2002.

HAMMERSCHMIDT, Denise. *Intimidade genética e direito da personalidade*. Curitiba: Juruá Editora, 2007.

MIRANDOLA, Giovanni Pico Della. *Discurso sobre a dignidade do homem*. Trad. Maria de Lurdes Sirgado Ganho. Lisboa: Edições 70. Coleção Textos Filosóficos.

PASCAL, Georges. *Para compreender Kant*. 2. ed. Rio de Janeiro: Editora Vozes, 2005.

PIOVESAN, Flávia. *Direitos humanos e o direito constitucional internacional*. 9. ed. rev. ampl. e atual. São Paulo: Ed. Saraiva, 2008.

SAMPAIO, José Adércio Leite Sampaio. *Direito à intimidade e à vida privada*. Belo Horizonte: Del Rey, 1998.

SILVA, José Afonso da. *Curso de direito constitucional positivo*. 17. ed. São Paulo: Malheiros Editores, 2000.

VOLTAIRE. *Tratado sobre a tolerância*. Trad. Paulo Neves. 2. ed. São Paulo: Ed. Martins Fontes, 2000.

Parte

III

O DIREITO DA VIDA

Capítulo

9

Vivissecção e a dignidade dos animais não humanos sob o prisma do biodireito constitucional*

Juliane Caravieri Gamba**

Sumário: Introdução. 1. Vida animal: algumas reflexões. 2. Declaração Universal dos Direitos dos Animais; 2.1 Igualdade e dignidade entre os animais; 2.2 Os direitos dos animais e o papel do homem; 2.3 Maus-tratos e atos cruéis; 2.4 Direito à liberdade; 2.5 O animal e seu *habitat;* 2.6 Direito à vida; 2.7 O animal no trabalho; 2.8 Experimentos com animais; 2.9 Animais que servem à alimentação; 2.10 Divertimento com animais; 2.11 Morte de animais (biocídio); 2.12 Morte de espécies (genocídio); 2.13 Respeito aos animais; 2.14 Associação de proteção de animais. 3. Os animais não humanos na ordem constitucional brasileira. 4. Experimentação com animais vivos: a vivissecção. 5. Considerações finais. 6. Referências bibliográficas.

"Cumpre-nos ter certo respeito não somente pelos animais, mas também por tudo o que encerra vida e sentimento, inclusive árvores e plantas. Aos homens devemos justiça; às demais criaturas capazes de lhes sentir os efeitos, solicitude e benevolência."[1]

"Talvez chegue o dia em que o restante da criação venha a adquirir os direitos que jamais poderiam ter-lhe sido negados a não ser pela mão da tirania. Os franceses já descobriram que o escuro da pele não é motivo para que um ser humano seja irremediavelmente abandonado aos caprichos de um torturador. É possível que algum dia se reconheça que o número de pernas, a vilosidade da pele ou a terminação do osso sacro são razões igualmente insuficientes para se abandonar um ser senciente ao mesmo destino. O que mais deveria traçar a linha intransponível? A faculdade da razão, ou, talvez a capacidade da linguagem? (...) A questão não é 'Eles são capazes de raciocinar?', nem 'São capazes de falar?', mas, sim: 'Eles são capazes de sofrer?'."[2]

* Dedico este capítulo a Mila, minha companheira de patas.

** Advogada e professora universitária, graduada em Ciências Econômicas pela Universidade Estadual Paulista (UNESP); graduada em Direito e Especialista em Economia Empresarial pela Universidade Estadual de Londrina (UEL); especialista em Direito do Trabalho pela Universidade Braz Cubas (UBC); mestre em Direito do Estado pela PUC-SP.

1. Michel Eyquem de Montaigne (1533–1592), escritor e ensaísta francês.

2. Jeremy Bentham (1748–1892), filósofo e jurista inglês.

Introdução

O TEMA DO presente capítulo é relevante e atual, pois no século 20 despontaram novos direitos, dentre os quais se destaca o biodireito constitucional que busca a proteção da vida em termos amplos: a humana (*Bios*), a vegetal e a animal (*Zoés*), pautando sua força normativa na Constituição.

Sob essa perspectiva, avançou a ideia da proteção da vida numa visão *biocêntrica* ou *ecocêntrica*, pois todas as formas de vida (animal humano, animal não humano e vegetal) possuem significado e importância jusfilosóficos próprios.

Nesse contexto, a vivissecção se mostra uma prática ilícita e inconstitucional, no vigente Estado Democrático e Social de Direito, pois houve a consolidação do valor intrínseco da vida e da dignidade dos animais não humanos como princípios norteadores da ordem constitucional brasileira delineada após 1988.

1. Vida Animal: algumas reflexões

O termo *vida*, em dicionário da língua portuguesa, significa:

> 1. modo de viver; conjunto de hábitos; 2. propriedade que caracteriza os organismos cuja existência evolui do nascimento até a morte; 3. conjunto de atividades e funções orgânicas que constituem a qualidade que distingue o corpo vivo do morto; 4. o período de um ser vivo compreendido entre o nascimento e a morte etc.[3]

Nicola Abbagnano informa que *vida*, do latim *vita*,

> ... é a característica que têm certos fenômenos de se produzirem ou se regerem por si mesmos, ou a totalidade de tais fenômenos. (...) Desde a antiguidade os fenômenos da vida têm sido caracterizados com base em sua capacidade de autoprodução, vale dizer, com base na espontaneidade com que os seres vivos se movem, se nutrem, crescem, se reproduzem e morrem, de um modo que, pelo menos aparente e relativamente, não depende das coisas externas.[4]

O atributo da vida não é exclusividade do ser humano, mas é uma "força" ou um *animus* inerente a todo e qualquer ser vivo, seja animal ou vegetal, somente não estando presente nos bens imateriais (rocha, terra, ar, água etc.). Os animais não humanos, como dotados do valor *vida*, devem ser tutelados pelo direito, mesmo que sejam considerados como espécies "irracionais",[5] desprovidas de razão ou de racionalidade, pois o

---

3. *Dicionário Houaiss Eletrônico*. Disponível em: <http:www.houaiss.uol.com.br>. Acesso em: 19/05/2009.

4. Nicola Abbagnano. *Dicionário de filosofia*. Trad. e rev. Ivone Castilho Benedetti. 5. ed. São Paulo: Ed. Martins Fontes, 2007, pp. 1000, 1001.

5. Esse fato é questionado nos dias atuais em face das pesquisas científicas realizadas a respeito da *psique* dos animais. De acordo com reportagem do *UOL Bichos – Notícias Reuters*, de 08/12/2008, os "cachorros podem farejar situações injustas e apresentar uma emoção simples similar à inveja ou ciúmes, relataram pesquisadores austríacos. Cães zangaram-se e recusaram-se a 'cumprimentar' outros cachorros que ganharam prêmios, caso eles não ganhassem também, disse o

atributo da vida não é algo exclusivo do homem. Todos os seres vivos têm direito à vida e a viver dentro das peculiaridades de sua espécie e de acordo com suas características.

Porém, o homem (*homo sapiens*) julga-se superior às demais espécies animais devido à sua capacidade de raciocinar logicamente, pois acredita que é o único ser detentor dessa atividade. Ele supõe que pode dominar os demais seres vivos, em especial os animais, porque julga que o meio ambiente (flora e fauna) existe exclusivamente para ser usado em seu benefício próprio, graças à difusão do pensamento racionalista antropocêntrico.

No Ocidente, consolidou-se essa visão antropocentrista a partir de uma interpretação equivocada das Sagradas Escrituras, conhecidas como Pentateuco,[6] onde o homem foi criado à imagem e semelhança de Deus (*imago Dei*), sendo compreendido num aspecto de transcendência divina.[7] O homem é visto como um ser que possui posição de prevalência na criação divina, em detrimento dos demais seres animais, em especial pelos dizeres contidos no Livro do Gênesis, no Antigo Testamento, onde Deus teria outorgado ao homem o domínio sobre os peixes do mar, as aves do céu, os animais domésticos, todas as feras e todos os répteis que rastejam sobre a Terra.[8] O homem foi incumbido pelo próprio Deus de dar a cada um dos animais um nome,[9] demonstrando a sua importância no âmbito da criação divina do mundo. Consta, ainda, nesse mesmo livro que, após o episódio do Dilúvio, Deus teria abençoado Noé e seus filhos, dizendo: "Sejai fecundos, multiplicai-vos e povoai a Terra. Vós sereis objeto de temor e de assombro para todos os animais da terra, todas as aves do céu, tudo o que se arrasta sobre o solo e todos os peixes do mar: eles são entregues nas vossas mãos. Tudo o que se move e vive vos servirá de alimento, dou-vos tudo isso como vos dei a erva verde".[10]

Desse modo, o homem se considera amo e senhor da vida, do bem-estar e da felicidade de todos os demais seres vivos que devem apenas servi-lo como bens para a garantia de seus objetivos, notadamente aqueles de cunho econômico-utilitarista. O ser humano entende-se senhor absoluto da natureza e dos animais, podendo utilizá-los como bem quiser, pois teria o "domínio outorgado por Deus" sobre todas as coisas.

---

psicólogo de comportamento animal Friederike Range, da Universidade de Viena, que liderou o estudo sobre emoções caninas. 'É um sentimento ou emoção mais complexa do que normalmente atribuiríamos a animais', disse Range. O estudo, publicado na revista *Proceedings of the National Academy of Sciences*, também mostrou que os cachorros se lambem ou se coçam e agem de modo estressado quando se veem sem os prêmios dados a outros cachorros". Disponível em: <http://bichos.uol.com.br/ultnot/reuters/ult297u845.jhtm>. Acesso em: 19/05/2009.

6. Pentateuco do latim *Pentateuchus*, os cinco primeiros livros do Antigo Testamento atribuídos a Moisés: Gênesis, Êxodo, Levítico, Números e Deuteronômio; chamado de Torá pelos judeus.

7. "*A semelhança com Deus põe em luz o fato de que a essência e a existência do homem, são, constitucionalmente, relacionadas com Deus do modo mais profundo.* É uma relação que existe por si mesma, não começa, por assim dizer, num segundo momento e não se acrescenta a partir de fora. Toda a vida do homem é uma pergunta e uma busca por Deus. Essa relação com Deus pode ser tanto ignorada como esquecida ou removida, mas nunca pode ser eliminada. Dentre todas as criaturas, com efeito, somente o homem é 'capaz de Deus' (*homo est Dei capax*). O ser humano é um ser pessoal criado por Deus para a relação com Ele, que somente na relação pode viver e exprimir-se, e que tende naturalmente a Ele" (v. *Compêndio da doutrina social da igreja;* São Paulo: Paulinas, 2005, p. 73 [grifo do autor]).

8. Bíblia Sagrada. Edição Pastoral. São Paulo: Paulus, 1990, Gênesis 1,26.

9. Idem, ibidem, Gênesis 2,19-20.

10. Idem, ibidem, Gênesis 9,1-4.

Entretanto, essa interpretação das Sagradas Escrituras é totalmente equivocada porque, na realidade, o homem – como ser racional que é –, tem o dever de proteger as demais espécies animais e vegetais, respeitando sua dignidade e seus direitos como o guardião da flora e da fauna, pois somente nessa "função" garantirá a própria existência da vida humana no planeta Terra. François Ost corrobora esse posicionamento:

> Seria limitativo interpretar estes textos como conferindo ao homem um poder absoluto sobre a Criação. A Bíblia contém muitas passagens, que incitam à moderação e à responsabilidade na utilização dos recursos naturais. (...) o relato da Aliança que Deus estabelece, não apenas com os homens mas com a própria terra; não apenas com os homens, mas "com todos os seres vivos que estão à vossa volta" (Gênesis IX, 9). Daqui se pode deduzir toda uma *doutrina do mandato limitado; se, por um lado, o homem tem mandato de gestão dos recursos naturais, os seus poderes não são, contudo, os poderes ilimitados do proprietário soberano, mas antes os do administrador prudente que deverá apresentar contas ao Senhor.* (...) o homem ocupa claramente uma posição intermediária: criado à semelhança dos outros seres vivos, ele dispõe, no entanto, do privilégio exclusivo de participar no plano de Deus, como criado à sua imagem. Desde logo, tudo parece dever passar-se de acordo com uma lógica de delegação em escada: Deus cria o homem à sua imagem, enquanto, por sua vez, a natureza é subordinada à vontade do homem, de modo a que este a molde para seu usufruto. Dupla separação (entre Deus e a Criação, o homem e a natureza), à qual corresponde uma dupla hierarquia (grifo do autor).[11]

Danielle Tetu Rodrigues apresenta conclusões semelhantes: "o homem, como ser racional, tem obrigação de proteger os animais não somente para o bem-estar social e continuidade da vida sobre o planeta, mas também em razão do direito inerente a cada ser vivo. Inaceitável o argumento de que a vida humana possua valor liderante sobre a de outros seres vivos".[12]

Ao longo da história, o ser humano foi posto pelo racionalismo antropocentrista[13] como o "centro do mundo", resgatando-se as concepções de alguns filósofos gregos, tais como Protágoras[14] que preceituou: "O homem é a medida de todas as coisas, das coisas que são, enquanto são, das coisas que não são, enquanto não são"; e de filósofos

---

11. François Ost. *A natureza à margem da lei: a ecologia à prova do direito*. Lisboa: Instituto Piaget, 1995, pp. 34, 35.
12. Danielle Tetu Rodrigues. *O direito & os animais:* uma abordagem ética, filosófica e normativa. Curitiba: Juruá, 2008, p. 61.
13. O antropocentrismo é uma concepção que "atribui ao ser humano uma posição de centralidade em relação a todo o universo, seja como um eixo ou núcleo em torno do qual estão situadas espacialmente todas as coisas (cosmologia aristotélica e cristã medieval), seja como uma finalidade última, um *télos* que atrai para si todo o movimento da realidade (teleologia hegeliana)" (*Dicionário Houaiss Eletrônico*. Disponível em: <http:www.houaiss.uol.com.br>. Acesso em: 19/05/2009).
14. Protágoras, filósofo grego, nasceu em 480 a.C. em Abdera, Trácia (Grécia) e morreu em 410 a.C. na Sicília, Itália; viajou ensinando por toda a Grécia, especialmente em Atenas, onde teve grande êxito, sobretudo entre os jovens.

renascentistas como Giovanni Pico della Mirandola[15] que apreendeu o homem como o milagre da criação divina que, devido ao seu livre arbítrio, seria a centralidade do mundo, o mediador das realidades terrena, celeste e divina, ou seja, o sujeito central da *polis* e da *communitas*,[16] influenciando a filosofia e as ciências naturais e humanas no período após o Renascimento.[17]

Assim, o próprio homem subverteu seu papel de guardião/gestor da flora e da fauna, influenciado pela difusão do antropocentrismo que foi reforçado, no século 17, pelo pensamento de René Descartes,[18] e exposto no *Discurso do Método*, publicado em 1637. Bertrand Russell discorre acerca desse pensador:

> Basicamente, o método de Descartes é o resultado do seu interesse pela matemática. No campo da geometria, ele já demonstrara como esta podia levar a consequências de longo alcance pois, com o método analítico, era possível descrever as propriedades de famílias inteiras de curvas por meio de simples equações. Descartes acreditava que o método, que fora tão bem-sucedido no campo da matemática, poderia ser estendido a outros campos, possibilitando que o investigador alcançasse o mesmo tipo de certeza que obtinha na matemática. O *Discurso* tem por objetivo mostrar quais são os preceitos que devemos seguir para fazer bom uso do nosso equipamento racional.[19]

Na quinta parte de *Discurso*, aplicando o método cartesiano racionalista, René Descartes sedimentou a defesa na utilização de animais em experimentos científicos, em especial da vivissecção, comparando-os a meros autômatos destituídos de sentimentos, pois somente possuiriam corpo, na chamada teoria do "animal-máquina".[20] Esse pensador francês defendeu

> a ideia de que os animais podem ser equiparados a máquinas móveis ou autômatos, já que, diferentemente do homem, que é composto de corpo e

15. Giovanni Pico della Mirandola nasceu em Mirandola, próximo a Modena, Itália, em 24/02/1463, morrendo aos 31 anos de idade em Florença, em 17/11/1494, ficando conhecido como "a fênix dos gênios", em função da amplitude e precocidade de seu saber.
16. Giovanni Pico della Mirandolla, *Discurso sobre a dignidade do homem*. Lisboa: Edições 70, 2006.
17. "Movimento intelectual que, entre fins do século XIII e meados do século XVII, preconizou a recuperação dos valores e modelos da Antiguidade greco-romana, contrapondo-os à tradição medieval ou adaptando-os a ela, e que renovou não apenas as artes plásticas, a arquitetura e as letras, mas também a organização política e econômica da sociedade" (*Dicionário Houaiss Eletrônico*. Disponível em: <http:www.houaiss.uol.com.br>. Acesso em: 19/05/2009).
18. René Descartes nasceu na França em *La Haye en Touraine* em 31/03/1596 e faleceu em Estocolmo em 11/02/1650, foi considerado o fundador da filosofia e matemática modernas e um dos pensadores mais influentes da história do pensamento ocidental.
19. Bertrand Russel. *História do pensamento ocidental:* a aventura dos pré-socráticos a Wittgenstein. Rio de Janeiro: Ediouro, 2001, p. 278.
20. De acordo com Tamara Bauab Levai, "Descartes acreditava que os animais, longe de possuírem alma, funcionavam como máquinas: quando um animal geme, não é uma queixa, é apenas o ranger de um mecanismo que funciona mal. Quando a roda de uma charrete chia, isso não quer dizer que o veículo sofra, mas apenas que ela não está lubrificada. Devemos entender da mesma maneira os gemidos dos animais, e é inútil lamentar o destino de um cachorro dissecado vivo num laboratório" (*Vítimas da ciência:* limites éticos da experimentação animal. Campos do Jordão: Ed. Mantiqueira, 2001, p. 24).

> alma (e, portanto, nunca poderia ser identificado com uma simples máquina), apenas possuem corpo. Ao afirmar que os animais não possuem nenhuma razão e, portanto, tampouco valor intrínseco, Descartes abriu caminho para a separação entre ser humano e Natureza que até hoje marca a abordagem científica em quase todas as áreas do conhecimento, bem como para o processo de instrumentalização e apropriação da Natureza e dos recursos naturais, o que, em grande medida, tem nos conduzido ao atual estágio preocupante de degradação ambiental.[21]

Essas concepções consolidaram o ser humano como o sujeito central de todas as preocupações científicas, filosóficas e jurídicas no mundo moderno e contemporâneo em detrimento dos demais animais não humanos que foram considerados seres inferiores e desmerecedores de qualquer respeito ou mesmo de dignidade. Ao contrário dessa visão, estudos científicos recentes apontam que os animais, como seres vivos, possuem senciência, ou seja, a capacidade de sentir dor e prazer, de terem conhecimento de si mesmos, de sentimentos e de sensações, talvez em níveis semelhantes aos dos seres humanos, apenas com características diferenciadas. Nesse sentido, destacam-se as assertivas de Virgínia Moreli: (1) *Uek, Corvo-da-nova-caledônia*: resolve problemas, cria e utiliza ferramentas, atividades antes consideradas exclusivas dos primatas; (2) *Azy, orangotango*: exibe processos cognitivos tão complexos quanto os dos chimpanzéns e preserva tradições culturais; (3) *Shanthi, elefante asiático*: guarda lembranças, assim como vínculos sociais, tem consciência de si; (4) *ciclídeos africanos* (espécie de peixe): definem a posição social por meio da observação, o que é um passo no processo de raciocínio lógico; (5) *Alex, papagaio-cinza-africano*: contava; distinguia cores, formas e tamanhos; tinha entendimento básico do conceito de zero; (6) *Edward, carneiro black*: reconhece rostos individuais e lembra-se deles por longo período; (7) *Aristides, lêmure-de-cauda-anelada*: exibe habilidades que lançam luz sobre os precursores evolutivos da capacidade de contar e ordenar sequências; (8) *Besty, border collie*: entende um vocabulário crescente e equivalente ao de uma criança pequena.[22]

Diante dessas reflexões, é possível afirmar que o homem é um animal superior aos demais animais não humanos? Pode-se entender que é ético, justo e lícito sujeitar os demais seres vivos, em especial os animais, como bem aprouver à espécie humana? É notório que não.

Atualmente, levantam-se vozes contrárias ao uso indiscriminado dos animais como ***coisas ou bens*** argumentando-se que é necessário compreender e aceitar a dignidade dos animais não humanos, respeitando os seus direitos, pois os animais são seres vivos, possuem vida que deve ser amplamente protegida pelo direito. É necessário destacar

21. Ingo Wolfgang Sarlet e Tiago Fensterseifer. Algumas notas sobre a dimensão ecológica da dignidade da pessoa humana e sobre a dignidade da vida em geral. *Revista de Direito Público-IOB*, n. 19, p. 14, jan.-fev. 2008.
22. Virgínia Moreli. Mentes que brilham: os animais são mais espertos do que você imagina. Revista *National Geographic* Brasil, pp. 30-55, mar. 2008.

o posicionamento de Irvênia Prada, Professora Emérita da Faculdade de Medicina Veterinária da Universidade de São Paulo, acerca da vida e da alma (mente) dos animais:

> A publicação desse meu livro, *A alma dos animais*, tem uma história interessante. Quando eu era presidente da Comissão de Ética da FMVZ-USP, pretendi elaborar um regulamento para a utilização de animais em ensino e pesquisa, na faculdade. E da minuta desse regulamento, que foi apreciado pelos diversos órgãos administrativos, constava, por diversas vezes, a expressão "mente", em relação aos animais. Fiquei surpresa com a rejeição que esse termo sofreu, por parte de vários colegas que o julgavam de referência específica para o ser humano. Publiquei então um artigo em revista da nossa faculdade, com o título "Os Animais têm Alma?". *Apesar de provocativo, o termo "alma" estava sendo empregado como tradução da raiz latina "animus", com o significado de mente, psique ou psiquismo. Meu objetivo era dizer ao meio acadêmico, em linguagem científica, que os animais têm, sim, essa dimensão abstrata*. No passo seguinte, surgiu a edição do livro, com a mesma temática. Eu acho fundamental que os médicos veterinários e mesmo os estudantes tenham a firme convicção de que *os animais não são simples máquinas automatizadas, como se acreditava antigamente. Pelo contrário, pesquisas em Etologia e em Neurociência, realizadas às dezenas, nas últimas décadas, vêm demonstrando de maneira inquestionável que os animais são seres sencientes, isto é, têm a capacidade de fruir sensações tanto de alegria, bem-estar e conforto quanto de dor e de sofrimento, além de serem inteligentes*. Com essa visão de que os animais têm direito à própria vida e a situações de bem-estar, nossa postura se modifica para melhor. Nós nos tornamos pessoas melhores e interagimos melhor com tudo e com todos (grifos do autor).[23]

Danielle Tetu Rodrigues polemiza a questão da proteção da vida dos animais e de sua dignidade, a esse respeito posicionou-se:

> ... ao abordar a questão do valor da vida do ser senciente, embora não consciente de si, reitera-se o posicionamento de que a valorização da vida deve ser estendida a todos os seres capazes de possuir sentimento de dor e prazer. Ou seja, a valorização da vida consiste na capacidade de dor e prazer que o ser pode sentir. *Não há que se permitir que seres sencientes e conscientes, porém não racionais e autoconscientes, não sejam considerados pessoas, pois se essa concepção fosse correta, não só os animais mas também os bebês humanos, bem como os seres humanos portadores de deficiência mental, estariam sujeitos à morte de acordo com a vontade do homem. (...) Será que a vida de um chimpanzé dotado de consciência vale menos ou mais que a vida de um ser humano*

23. Irvênia Prada. Se queremos um mundo melhor para todos, precisamos nos tornar seres humanos melhores. Entrevista concedida a *Notícias da Arca*, após o Segundo Seminário Arca Brasil. Disponível em: <http://www.arcabrasil.org.br/noticias/301105_irvenia.html>. Acesso em: 02/04/2008.

> *com deficiências mentais e, portanto, não deve ser considerado pessoa, titular de direitos e obrigações, mas com capacidade para o sistema jurídico? Qual seria o critério de avaliação?* Poder-se-ia valorar vidas de seres diferentes? Brilhantemente, Singer[24] pondera que "*deveríamos admitir que, do ponto de vista dos próprios seres diferentes, cada vida tem igual valor. (...) Não podemos dizer que uma vida é mais ou menos valiosa do que a outra*". *Na realidade, cada vida tem valor próprio, vale por si própria. A proteção aos animais deflui de uma postura ético-moral que considera a vida como o bem supremo de qualquer criatura* (grifos do autor).[25]

Visto que os animais são seres vivos, logo, possuem vida e *animus* e, como já demonstrado cientificamente, são seres sencientes, não se pode considerá-los como simples coisas ou bens na forma simplista disposta no Código Civil,[26] pois a *vida* possui um valor próprio que lhe é inerente independentemente da espécie do ser vivo. Portanto, os animais, por serem possuidores de *vida*, devem ser respeitados em sua dignidade e em seus direitos, e protegidos pela espécie animal *homo sapiens* que tem a tarefa de guardiã da flora e da fauna, como condição de garantia da própria vida humana no planeta.

2. Declaração Universal dos Direitos dos Animais

No século 20, os animais tornaram-se uma das preocupações internacionais dos Estados, estando cristalizada, em especial, na Conferência das Nações Unidas sobre o Meio Ambiente Humano, reunida em Estocolmo de 05 a 16/06/1972, que aprovou uma declaração contendo 26 princípios que orientariam os povos na preservação e na melhoria do meio ambiente.

Essa Declaração, em seu Preâmbulo, afirma que

> 1 - *O homem é, ao mesmo tempo, criatura e criador do meio ambiente, que lhe dá sustento físico e lhe oferece a oportunidade de desenvolver-se intelectual, moral, social e espiritualmente.*
>
> (...)
>
> 2 - *A proteção e melhoria do meio ambiente humano constituem desejo permanente dos povos do globo e dever de todos os Governos, por constituírem o aspecto mais relevante que afeta o bem-estar dos povos e o desenvolvimento do mundo inteiro.*[27]

---

24. A autora se refere à obra *Ética prática*, de Peter Singer.
25. Danielle Tetu Rodrigues, op. cit., p. 49.
26. Citam-se, a título de exemplos, o art. 82: "*São móveis os bens suscetíveis de movimento próprio, ou de remoção por força alheia, sem alteração da substância ou da destinação econômico-social*"; o art. 936: "*O dono, ou detentor, do animal ressarcirá o dano por este causado, se não provar culpa da vítima ou força maior*"; e o art. 1.263: "*Quem se assenhorar de coisa sem dono para logo lhe adquire a propriedade, não sendo essa ocupação defesa por lei*", todos do Código Civil Brasileiro.
27. Texto da Declaração de Estocolmo sobre o Meio Ambiente, conforme Valério de Oliveira Mazzuoli (Org.). *Coletânea de direito internacional*. 7. ed. rev., atual. e ampl., São Paulo: Revista dos Tribunais, 2009, p. 1109.

Evidencia-se, assim, que o ser humano possui o papel de guardião da natureza em face da interdependência entre todos os seres vivos no meio ambiente (a ideia de "teia da vida"[28] desenvolvida por Fritjot Capra).

Dos 26 princípios expressos dessa declaração, destacam-se o Princípio 2º e o Princípio 4º que dispõem, respectivamente:

> Os recursos naturais da Terra incluídos o ar, a água, a terra, a flora e a fauna e, especialmente, parcelas representativas dos ecossistemas naturais, devem ser preservados em benefício das gerações atuais e futuras, mediante um cuidadoso planejamento ou administração adequada.
> (...)
> O homem tem a responsabilidade especial de preservar e administrar judiciosamente o patrimônio representado pela flora e fauna silvestres, bem assim o seu *habitat*, que se encontram atualmente, em grave perigo por uma combinação de fatores adversos. Em consequência, ao planificar o desenvolvimento econômico, deve ser atribuída importância à conservação da natureza, incluídas a flora e a fauna.[29]

Desse modo, os Estados[30] e a comunidade,[31] ao planejarem o desenvolvimento socioeconômico, devem atribuir importância à conservação da natureza, incluídas a flora e a fauna, objetivando o seu bem-estar e a sua preservação como forma de garantia da própria vida humana na Terra. Posteriormente à Estocolmo,[32] como um dos pilares em prol da proteção do meio ambiente, firmou-se um documento específico para a tutela dos direitos dos animais, a *Declaração Universal dos Direitos dos Animais*,[33] proclamada pela Organização das Nações Unidas para a Educação (Unesco), em 27/01/1978, em Bruxelas, Bélgica, com o intuito de proteger os animais das crueldades e dos maus-tratos, educando o ser humano para que mantenha uma relação saudável e

28. De acordo com Fritjot, a teia da vida representa a dependência existencial entre as espécies animais e vegetais que habitam o planeta Terra, constituindo, em termos metafóricos, uma grande teia. Essa concepção foi desenvolvida na obra intitulada *A teia da vida*: uma nova compreensão científica dos sistemas vivos, Trad. Newton Roberval Eichemberg. 10. ed. São Paulo: Cultrix, 2000.

29. Valério de Oliveira Mazzuoli, op. cit., 2009, p. 1110.

30. Consoante preceitua Dalmo de Abreu Dallari, o Estado é "uma ordem jurídica soberana cuja finalidade é o bem comum do povo situado em determinado território" (*Elementos de teoria geral do Estado*. 21. ed. atual. São Paulo: Ed. Saraiva, 2000, p. 107).

31. Preferiu-se o termo comunidade, ao invés de sociedade, por se entender mais pertinente ao presente estudo, pois representa a *vida em comum*, adotando-se, para esse *mister*, o conceito de comunidade formulado por André Franco Montoro: "são 'comunidades' todas as instituições em que os homens participam solidariamente na realização de um bem comum" (Comunidade, uma nova ideologia, *Folha de São Paulo*, Caderno Tendências/Debates, 24/09/1977).

32. Foram firmados diversos tratados e convenções internacionais para a proteção do meio ambiente (flora e fauna), citando, como exemplos, a Declaração do Rio de Janeiro sobre Meio Ambiente e Desenvolvimento (1992); a Convenção-Quadro das Nações Unidas sobre Mudança do Clima (1992); a Convenção sobre Diversidade Biológica (1992); o Protocolo de Quioto à Convenção-Quadro das Nações Unidas sobre Mudança do Clima (1997); e o Protocolo de Cartagena sobre Biossegurança da Convenção sobre Diversidade Biológica (2000).

33. Texto da Declaração, cf. João Marcos Adede y Castro, *Direito dos animais na legislação brasileira*. Porto Alegre: Sergio Antonio Fabris Editor, 2006; disponível, também, em: <http://www.propg.ufscar.br/pdf/etica_animais/direitos_universais-pdf>, acesso em: 19/05/2009.

equilibrada com o meio ambiente, respeitando todas as formas de vida, sejam humanas ou não (animais e vegetais).

Essa declaração não possui força normativa de tratado internacional, mas o Brasil como integrante da Organização das Nações Unidas (ONU) não poderia ignorar a sua existência. O Estado brasileiro não foi signatário desse documento, sendo para o seu direito interno somente uma carta de intenções ou uma declaração de direitos, não possuindo efeitos jurídicos coercitivos, entretanto, não se pode desprezá-la como norma integrante do direito costumeiro internacional, sobretudo em face de seu conteúdo protetivo de direitos.

O Preâmbulo da Declaração Universal dos Direitos dos Animais dispõe que:

> todo o animal possui direitos; o desconhecimento e o desprezo desses direitos têm levado e continuam a levar o homem a cometer crimes contra os animais e contra a natureza; o reconhecimento pela espécie humana do direito à existência das outras espécies animais constitui o fundamento da coexistência das outras espécies no mundo; os genocídios são perpetrados pelo homem e há o perigo de continuar a perpetrar outros; o respeito dos homens pelos animais está ligado ao respeito dos homens pelo seu semelhante e a educação deve ensinar desde a infância a observar, a compreender, a respeitar e a amar os animais.[34]

Posteriormente, a declaração apresenta, de modo mais explícito, em 14 artigos recomendatórios os direitos a serem tutelados, evidenciando que os animais não humanos devem ser respeitados pelo homem, devendo essa conscientização ser transmitida às futuras gerações através de uma educação ambiental programada, responsável e ética.

2.1 Igualdade e dignidade entre os animais

> Art. 1º. Todos os animais nascem iguais perante a vida e têm os mesmos direitos à existência.

No art. 1º, a declaração afirma que os animais são iguais diante da vida, possuem um *animus*, devendo ser tratados com respeito e dignidade porque são seres vivos.

Essa previsão inclui todas as espécies animais, sejam silvestres, exóticas ou domésticas, ou seja, a fauna de um modo amplo, pois "o que deve determinar o respeito ao animal não é sua beleza, seu porte, sua utilidade, seu valor de mercado, mas o simples fato de que é uma vida".[35]

2.2 Os direitos dos animais e o papel do homem

> Art. 2º.
> 1. Todo o animal tem o direito a ser respeitado.

34. Disponível em: <http://www.propg.ufscar.br/pdf/etica_animais/direitos_animais.pdf>, acesso em: 19/05/2009.
35. João Marcos Adede y Castro, op. cit., p. 18.

> 2. O homem, como espécie animal, não pode exterminar os outros animais ou explorá-los violando esse direito; tem o dever de pôr os seus conhecimentos ao serviço dos animais.
> 3. Todo o animal tem o direito à atenção, aos cuidados e à proteção do homem.

Reafirma-se a dignidade intrínseca aos animais como seres vivos e possuidores do valor vida. João Marcos Adede y Castro preceitua que "o homem também é um animal, só que de outra espécie, mas isto não lhe dá o direito de exterminar as demais espécies. Ao contrário, (...) porque pensa, tem responsabilidade redobrada de trabalhar para preservar todas as demais espécies".[36]

Assim, a declaração deixa expressa a posição de que o homem é o guardião e o gestor da fauna, como ser possuidor de racionalidade, assumindo o dever de proteção das demais espécies animais e vegetais, enfim, do meio ambiente em sua integralidade.

2.3 Maus-tratos e atos cruéis

> Art. 3º.
> 1. Nenhum animal será submetido nem a maus- tratos nem a atos cruéis.
> 2. Se for necessário matar um animal, ele deve ser morto instantaneamente, sem dor e de modo a não provocar-lhe angústia.

Esse artigo da declaração dos direitos dos animais foi incorporado à Constituição brasileira de 1998, em seu art. 225, *caput*,[37] e § 1º, inciso VII,[38] no intuito da proteção dos animais contra atos cruéis, degradantes e maus-tratos.

Ademais, foi editada a Lei nº 9.985, de 18/07/2000, que regulamentou o art. 225, § 1º, incisos I, II, III e VII da Constituição, instituindo o Sistema Nacional de Unidades de Conservação da Natureza e estabelecendo diversas políticas públicas com vistas à proteção da flora e da fauna.

2.4 Direito à liberdade

> Art. 4º.
> 1. Todo o animal pertencente a uma espécie selvagem tem o direito de viver livre no seu próprio ambiente natural, terrestre, aéreo ou aquático e tem o direito de se reproduzir.
> 2. Toda a privação de liberdade, mesmo que tenha fins educativos, é contrária a este direito.

---

36. Idem, ibidem, pp. 18, 19.
37. *"Todos têm direito ao meio ambiente ecologicamente equilibrado, bem de uso comum do povo e essencial à sadia qualidade de vida, impondo-se ao Poder Público e à coletividade o dever de defendê-lo e preservá-lo para as presentes e futuras gerações."*
38. *"Proteger a fauna e a flora, vedadas, na forma da lei, as práticas que coloquem em risco sua função ecológica, provoquem a extinção de espécies ou submetam os animais a crueldade."*

O art. 4º deixa explícito que o animal selvagem deve ser mantido preferencialmente em seu ambiente natural para que sejam preservadas as características de sua espécie, pois a liberdade é um direito que lhe assiste.

Corroborando esse posicionamento, João Marcos Adede y Castro dispõe que,

> ... ao incorporar animais selvagens a meio estranho, o homem cria condições artificiais de sobrevivência, o que determina, no mais das vezes, a morte ou a modificação, para pior, de suas características, o que dificulta, em muito, sua reinserção no ambiente natural. O animal selvagem passa a ser alimentado artificialmente pelo homem, perdendo suas características de caçador. Quando liberado, sem preparo prévio e readaptação, é presa fácil para os demais ou, simplesmente, morre de fome.[39]

2.5 O animal e seu *habitat*

> Art. 5º.
> 1. Todo o animal pertencente a uma espécie que viva tradicionalmente no meio ambiente do homem tem o direito de viver e de crescer ao ritmo e nas condições de vida e de liberdade que são próprias da sua espécie.
> 2. Toda a modificação deste ritmo ou destas condições que forem impostas pelo homem com fins mercantis é contrária a este direito.

O art. 5º objetiva a proteção daqueles animais que convivem no mesmo ambiente do homem; são geralmente os animais domésticos (espécie canina e felina, por exemplo) e os domesticados (bovinos, equinos, muares, suínos, aves etc.) que, mesmo integrados ao "modo de vida" humano, devem viver e crescer de acordo com o ritmo e as condições de vida e liberdade inerentes à sua espécie.

2.6 Direito à vida

> Art. 6º.
> 1. Todo o animal que o homem escolheu para seu companheiro tem direito a uma duração de vida conforme a sua longevidade natural.
> 2. O abandono de um animal é um ato cruel e degradante.

Nesse artigo há a proteção dos animais que o homem escolheu para lhe fazer companhia (domésticos), normalmente cães e gatos, garantindo-lhes uma vida confortável com alimento, saúde e moradia, ou seja, com dignidade e respeito, sendo o abandono considerado um ato de extrema crueldade.

39. João Marcos Adede y Castro, op. cit., p. 20.

2.7 O animal no trabalho

> Art. 7º. Todo o animal de trabalho tem direito a uma limitação razoável de duração e de intensidade de trabalho, a uma alimentação reparadora e ao repouso.

A declaração permite o uso de animais saudáveis no trabalho em benefício do homem, porém estabelece uma limitação razoável de tempo e de intensidade determinando que sejam devidamente alimentados e estejam descansados.

Entretanto, essa disposição normativa se aplica aos animais utilizados em serviço de tração de cargas, tais como: bovinos, equinos e muares que possuem musculatura e estrutura óssea compatível para o exercício dessas atividades, sendo inadmissível o uso de espécies animais não fisiologicamente adequadas para esse tipo de trabalho, como por exemplo os cães.

2.8 Experimentos com animais

> Art. 8º.
> 1. A experimentação animal que implique sofrimento físico ou psicológico é incompatível com os direitos do animal, quer se trate de uma experiência médica, científica, comercial ou qualquer que seja a forma de experimentação.
> 2. As técnicas de substituição devem ser utilizadas e desenvolvidas.

A declaração estabelece explicitamente a incompatibilidade no uso de animais em experimentação, seja médica, científica ou comercial, quando implicarem dor e sofrimento físico e psicológico, pois é adotado o posicionamento de que os animais são seres completos dotados de corpo e *animus* (mente), portanto, dotados de vida.

Ademais, foi prevista a necessidade do emprego de técnicas substitutivas às experimentações com animais vivos, o que foi extremamente facilitado no mundo contemporâneo com a modernização da informática e da tecnologia, permitindo o emprego de modelos virtuais, de simuladores e da computação gráfica nos experimentos científicos, de modo a não serem sacrificados os animais vivos.

2.9 Animais que servem à alimentação

> Art. 9º. Quando o animal é criado para alimentação, ele deve de ser alimentado, alojado, transportado e morto sem que disso resulte para ele ansiedade e dor.

A maioria dos povos utiliza a carne animal na alimentação, embora, atualmente, existam alternativas, alimentos mais saudáveis que fornecem a mesma carga proteica, tais como a soja e seus derivados, que substituem com vantagens nutricionais o consumo de carne animal. Ante a predominância no consumo da carne, a Declaração prevê que o animal, a ser utilizado na alimentação, deva ser alimentado, alojado, transportado e morto de forma digna, sem que sofra ansiedade, dor física e psicológica.

No Brasil, o Ministério da Agricultura, da Pecuária e do Abastecimento estabeleceu a Instrução Normativa nº 3, de 17/01/2000, disciplinado o **Abate Humanitário de Animais de Açougue**, com o intuito de limitar o uso de práticas cruéis antes, durante e após o abate dos animais utilizados na alimentação humana. Essa instrução, em seu item dois, define o abate humanitário como

> ... o conjunto de diretrizes técnicas e científicas que garantam o bem-estar dos animais desde a recepção até a operação de sangria. São classificados como animais de açougue os mamíferos (bovídeos, equídeos, suínos, ovinos, caprinos e coelhos) e aves domésticas, bem como os animais silvestres criados em cativeiro, sacrificados em estabelecimentos sob inspeção veterinária.[40]

Essa instrução normativa visa o estabelecimento de regras mínimas a serem respeitadas durante o abate de animais de açougue e aves domésticas, bem como de animais silvestres criados em cativeiro para alimentação. Entretanto, devido à motivação utilitarista das atividades econômicas que envolvem o comércio de animais para o consumo humano, questiona-se se realmente essas técnicas do abate humanitário são efetivamente utilizadas e respeitadas, visto que geram custos adicionais, encarecendo o produto final a ser consumido (a carne).

2.10 Divertimento com animais

> Art. 10.
> 1. Nenhum animal deve de ser explorado para divertimento do homem.
> 2. As exibições de animais e os espetáculos que utilizem animais são incompatíveis com a dignidade do animal.[41]

A Declaração proíbe categoricamente o uso dos animais para o divertimento do homem, afirmando que as exibições e os espetáculos são incompatíveis com a dignidade de animais não humanos, pois estes são submetidos a maus-tratos e forçados a apresentações artísticas com repetições de movimentos que acarretam danos físicos.

As frequentes viagens e o confinamento em jaulas pequenas impedem uma vida saudável, como a que teriam caso estivessem em seu *habitat* natural. Existem inclusive, casos de animais que ficam deitados para se alimentar porque a jaula é baixa e impede que fiquem em pé. O uso de animais em espetáculos, portanto, é prática cruel e degradante que viola a vida e a dignidade desses seres vivos.

40. Disponível em: <http://www.agricultura.gov.br>, acesso em: 19/05/2009.
41. A Declaração, em 1978, já fazia menção expressa à dignidade dos animais não humanos.

2.11 Morte de animais (biocídio)

> Art. 11. Todo o ato que implique a morte de um animal sem necessidade é um biocídio, isto é um crime contra a vida.

O art. 11 da Declaração estabelece que a morte de um animal sem necessidade é considerada um biocídio, ou seja, um crime contra a vida. Nesse sentido, João Marcos Adede y Castro preceitua que "o segredo da vida na Terra está em conviver, harmoniosamente, com as outras espécies vivas e com os valores estabelecidos pela própria natureza humana e que, somados, formam um mosaico riquíssimo, nem sempre considerado".[42]

Entretanto, a Declaração não delimita claramente o que se entende por morte "sem necessidade", o que poderia permitir uma interpretação extensiva desse termo, utilizando-o em prol de uma visão utilitarista dos animais e justificando mortes indiscriminadas.

2.12 Morte de espécies (genocídio)

> Art. 12.
> 1. Todo o ato que implique a morte de grande um número de animais selvagens é um genocídio, isto é, um crime contra a espécie.
> 2. A poluição e a destruição do ambiente natural conduzem ao genocídio.

Consoante dispõe o art. 12 da declaração, a morte de um animal representa um crime contra a vida, assim, a morte de muitos animais, levando ao aniquilamento de uma espécie, é tratado como genocídio.

No Brasil, a Constituição de 1988, no inciso VII, § 1º, art. 225, vedou, também, expressamente práticas que provoquem a extinção de espécies ou submetam os animais à crueldade, sinalizando no sentido de se reconhecer o valor vida inerente aos animais e incorporando a proteção contida no art. 12 da Declaração Universal dos Direitos dos Animais, apesar de não utilizar o termo genocídio.

2.13 Respeito aos animais

> Art. 13.
> 1. O animal morto deve de ser tratado com respeito.
> 2. As cenas de violência de que os animais são vítimas devem de ser interditas no cinema e na televisão, salvo se elas tiverem por fim demonstrar um atentado aos direitos do animal.

João Marcos Adede y Castro afirma

42. João Marcos Adede y Castro, op. cit., p. 28.

> ... até mesmo depois de morto o animal deve ser tratado com respeito. Não é dado ao homem o direito de vilipendiar o cadáver, arrastá-lo pelas ruas, pisoteá-lo, ou praticar qualquer ato que não praticaria com um ser humano. (...) Nenhuma cena de morte de animal deve ser apresentada nos meios de comunicação de forma que desrespeite o animal morto ou incentive a prática do ato. Os meios de comunicação só devem utilizar cenas ou figuras de animais mortos quando tal divulgação colaborar para que se passe a ideia de que a preservação das espécies é uma obrigação de todos.[43]

Verifica-se que os Estados não promovem uma conscientização de seus nacionais em favor do respeito ao animal morto – o que seria possível mediante uma educação ambiental responsável e ética desde o ensino fundamental –, de modo que muitas pessoas chegam a ter prazer em vilipendiar o cadáver de um animal.

2.14 Associação de proteção de animais

> Art. 14.
> 1. Os organismos de proteção e de salvaguarda dos animais devem estar representados em nível governamental.
> 2. Os direitos do animal devem ser defendidos pela lei como os direitos do homem.

A Declaração é enfática ao afirmar que os direitos dos animais devem ser defendidos pela lei como os direitos do homem, sendo essa disposição de fundamental importância para a proteção desses seres vivos.

No Brasil, a representação jurídica dos animais é função do Ministério Público (como curador dos animais) a partir de uma interpretação sistemática e teleológica dos dispositivos constitucionais, em especial dos art. 127, *caput*, e art. 129, inciso III, da Constituição.

Fica evidente, portanto, ao longo do texto da Declaração Universal dos Direitos dos Animais, uma ampla preocupação ético-filosófica e jurídica, no nível internacional, com a proteção e tutela efetiva dos animais e de seus direitos.

3. Os animais não humanos na ordem constitucional brasileira

O direito da vida encontra-se previsto no art. 225 da Constituição brasileira de 1988, disciplinando a proteção da vida em todas as suas formas ao afirmar que todos têm direito ao meio ambiente ecologicamente equilibrado e à sadia qualidade de vida. De acordo com Diogo de Freitas do Amaral,"já não é mais possível considerar a proteção da natureza como um objetivo decretado pelo homem em benefício exclusivo do próprio homem. A natureza tem que ser protegida também

43. Idem, ibidem, p. 30.

em função dela mesma, como um valor em si, e não apenas como um objeto útil ao homem".[44]

No âmbito dessa visão biocêntrica avança a proteção da vida em todas as formas: a humana (*Bios*), a vegetal e a animal (*Zoés*) porque o **biodireito constitucional** – como um sistema de normas e princípios intimamente relacionado à Constituição e ao direito da vida, na medida em que pauta sua força normativa na ordem constitucional concretizada – promove a tutela da vida e da dignidade como valores jurídicos com significado e importância próprios.

De acordo com Maria Garcia, o biodireito é "ramo específico que se desenvolverá com fundamento no *direito à vida*, ampliando-se necessariamente para uma 'biologização do direito', algo além do meramente biológico – o direito da vida – como algo em si, suscetível de proteção por si mesma, onde quer que se encontre".[45,46]

São pertinentes, ainda, as assertivas de Maria Helena Diniz acerca do biodireito:

> ... como o direito não pode furtar-se aos desafios levantados pela biomedicina, surge uma nova disciplina, o *biodireito*, estudo jurídico que, tomando por fontes imediatas a bioética e a biogenética, teria a vida por objeto principal, salientando que a verdade científica não poderá sobrepor-se à ética e ao direito, assim como o progresso científico não poderá acobertar crimes contra a dignidade humana, nem traçar, sem limites jurídicos, os destinos da humanidade.[47]

Portanto, sob o prisma do biodireito constitucional, verifica-se que o art. 225 da Constituição apresenta alguns princípios[48] norteadores do direito da vida, dentre os quais se destacam: o princípio do desenvolvimento sustentável,[49] o princípio do

44. Diogo de Freitas do Amaral apud Celso Antônio Pacheco Fiorillo. *Curso de direito ambiental brasileiro*. 6. ed. ampl. São Paulo: Ed. Saraiva, 2005, p. 18. Celso Antônio Pacheco Fiorillo é defensor da visão antropocêntrica do direito ambiental da qual não se comunga no presente trabalho.

45. Maria Garcia. *Limites da ciência:* a dignidade da pessoa humana, a ética da responsabilidade. São Paulo: Revista dos Tribunais, 2004, pp. 162, 163.

46. Maria Garcia entende, ainda, que há "muitas indagações já levantadas e ainda por vir, nas questões tratadas pelo direito civil e direito penal, centralizadas no que se denominaria biodireito constitucional porque a Constituição trata, em caráter de supremacia, da pessoa, da vida, da liberdade" (Biodireito constitucional: uma introdução, São Paulo: Revista dos Tribunais, *Revista de Direito Constitucional e Internacional*, ano 11, n. 42, jan.-mar. 2003, p. 106).

47. Maria Helena Diniz, op. cit., pp. 7, 8.

48. Nas lições de Miguel Reale os princípios "são verdades fundantes de um sistema de conhecimento, como tais admitidas, por serem evidentes ou por terem sido comprovadas, mas também por motivos de ordem prática de caráter operacional, isto é, como pressupostos exigidos pelas necessidades da pesquisa e da práxis" (*Lições preliminares de direito*. 24. ed. São Paulo: Ed. Saraiva, 1999, p. 299). Ronald Dworkin denomina "'princípio' um padrão que deve ser observado, não porque vá promover ou assegurar uma situação econômica, política ou social considerada desejável, mas porque é uma exigência de justiça ou equidade ou alguma outra dimensão da moralidade" (*Levando os direitos a sério*. São Paulo: Ed. Martins Fontes, 2002, p. 36). Assim, os princípios são os fundamentos que norteiam o sistema jurídico construído e positivado, devendo acompanhar a dinâmica social e política da vida em comunidade.

49. Esse princípio se encontra cristalizado no *caput* do art. 225 da Constituição, assegurando a todos um meio ambiente sadio e equilibrado, estabelecendo que o Poder Público e a coletividade devem preservá-lo e defendê-lo, assim, impõe a proteção da vida em todas as suas formas sob uma relação harmônica entre o homem e a natureza (flora e fauna).

poluidor-pagador,[50] o princípio da prevenção,[51] o princípio da participação,[52] e o princípio da ubiquidade,[53] explicitando, ainda, um rol de direitos e deveres impostos ao Poder Público e à comunidade.

Assim, à luz dessa perspectiva biocêntrica ou ecocêntrica de proteção da vida está caminhando o Estado Democrático e Social de Direito no Brasil após a Constituição de 1988, ou seja, um Estado Socioambiental de Direito, conforme afirmam Ingo Wolfgang Sarlet e Tiago Fensterseifer,[54] fundamentado na *dignidade da vida em geral* e não somente na dignidade da pessoa humana.

Antes mesmo da Constituição de 1988, a Lei de Política Nacional do Meio Ambiente (Lei nº 6.938/1981), ainda em vigor, já sinalizava a necessidade da proteção da *vida digna* da fauna e da flora, numa perspectiva biocêntrica, ao estabelecer em seu art. 3º, inciso I que "*o meio ambiente é o conjunto de condições, leis, influências e interações de ordem física, química e biológica que permite, abriga e rege a vida em todas as suas formas*".

A Constituição, no *caput* do art. 225, dispôs nesse mesmo sentido: "*Todos têm direito ao meio ambiente ecologicamente equilibrado, bem de uso comum do povo e essencial à sadia qualidade de vida, impondo-se ao Poder Público e à coletividade o dever de defendê-lo e preservá-lo para as presentes e futuras gerações*",[55] recepcionando os preceitos

---

50. Está consagrado no art. 225, § 3º, da Constituição, estabelecendo que "as condutas e atividades consideradas lesivas ao meio ambiente sujeitarão os infratores, pessoas físicas ou jurídicas, a sanções penais e administrativas, independentemente da obrigação de reparar os danos causados". O poluidor deverá arcar com as despesas de prevenção de danos ao meio ambiente, havendo na norma um caráter preventivo (evitar a ocorrência de danos ambientais), e um caráter repressivo (ocorrido o dano ambiental, faz-se necessário sua integral reparação).

51. Previsto no art. 225, *caput*, da Constituição, o princípio da prevenção é um *megaprincípio ambiental*, pois a comunidade como um todo deve possuir uma consciência ecológica para que seja estabelecida uma contínua prevenção aos danos ambientais, desenvolvendo-se uma política de educação ambiental, desde as crianças até os mais idosos, com o intuito da proteção e da preservação de todas as formas de vida.

52. Esse princípio, também consagrado no *caput* do art. 225 da Constituição, dispõe que a defesa do meio ambiente é um dever do Estado e da sociedade civil, sendo uma ação conjunta de todos os cidadãos e do Poder Público. Entretanto, para a efetivação dessa ação conjunta, faz-se necessária a difusão, na vida em comunidade, da informação e da educação ambientais para a conscientização do povo acerca da preservação da vida.

53. Esse princípio evidencia que toda a ação (norma jurídica, atividade, obra, política pública etc.) deve considerar o meio ambiente integrado com o homem (*A teia da vida*), com o intuito de garantir a tutela constitucional da vida em todas as suas formas, não se podendo pensar no meio ambiente separado da comunidade, do povo e dos Estados, pois a degradação ambiental é um problema que não possui fronteiras, atingindo todo o planeta.

54. Ingo Wolfgang Sarlet; TiagoFensterseifer. "Algumas notas sobre a dimensão ecológica da dignidade da pessoa humana e sobre a dignidade da vida em geral", *Revista de Direito Público-IOB*, n. 19, jan.-fev./2008, pp. 7-26.

55. A Constituição não se limitou a tutelar o meio ambiente e o direito da vida no Capítulo VI do Título VIII da Ordem Social (art. 225), mas o disciplinou de forma pontual ao longo de todo o seu texto, representando uma significativa evolução na valorização da flora, da fauna e do ambiente. Destacam-se o art. 5º, inciso LXXIII, que legitima qualquer cidadão a propor ação popular que vise anular ato lesivo ao meio ambiente e ao patrimônio histórico e cultural; o art. 23, incisos III, VI e VII, estabelece competência comum da União, dos Estados, do Distrito Federal e dos Municípios para proteger os documentos, as obras e outros bens de valor histórico, artístico e cultural, os monumentos, as paisagens naturais notáveis e os sítios arqueológicos; proteger o meio ambiente e combater a poluição em qualquer de suas formas; preservar as florestas, a fauna e a flora; o art. 24, incisos VI, VII e VIII, confere competência concorrente à União, aos Estados e ao Distrito Federal para legislar sobre florestas, caça, pesca, fauna, conservação da natureza, defesa do meio ambiente, defesa do solo e dos recursos naturais, proteção do meio ambiente e controle da poluição; proteção ao patrimônio histórico, cultural, artístico, turístico e paisagístico; responsabilidade por dano ao meio ambiente, a bens e direitos de valor artístico, estético, histórico etc.; no art. 170, inciso VI, a defesa do meio ambiente se converte em princípio norteador da Ordem Econômica, estabelecendo o desenvolvimento econômico sustentável (o grande desafio do Estado no mundo contemporâneo), entre outros dispositivos constitucionais.

normativos da Lei de Política Nacional do Meio Ambiente. Portanto, há a proteção da vida em todas as suas formas e não somente à vida humana, pois tanto as normas constitucionais como as normas infraconstitucionais[56] deixam transparecer esse objetivo ao estabelecer a proteção da flora, da fauna e do meio ambiente.

Verifica-se, em especial, no art. 225, § 1°, inciso VII, da Constituição uma proteção específica da fauna e da flora, vedadas àquelas práticas que provoquem a extinção das espécies ou submetam os animais à crueldade. A fauna engloba todos os animais silvestres e domésticos, conforme disposição expressa do art. 2º da Portaria nº 93 do Instituto Brasileiro do Meio Ambiente e dos Recursos Naturais Renováveis (Ibama):

> Art. 2º. Para efeito desta Portaria, considera-se:
> I - **Fauna Silvestre Brasileira**: são todos aqueles animais pertencentes às espécies nativas, migratórias e quaisquer outras, aquáticas ou terrestres, que tenham seu ciclo de vida ocorrendo dentro dos limites do Território Brasileiro ou águas jurisdicionais brasileiras.
> II - **Fauna Silvestre Exótica**: são todos aqueles animais pertencentes às espécies ou subespécies cuja distribuição geográfica não inclui o Território Brasileiro e as espécies ou subespécies introduzidas pelo homem, inclusive domésticas em estado asselvajado ou alçado. Também são consideradas exóticas as espécies ou subespécies que tenham sido introduzidas fora das fronteiras brasileiras e suas águas jurisdicionais e que tenham entrado em território brasileiro.
> III - **Fauna Doméstica**: Todos aqueles animais que através de processos tradicionais e sistematizados de manejo e/ou melhoramento zootécnico tornaram-se domésticos, apresentando características biológicas e comportamentais em estreita dependência do homem, podendo apresentar fenótipo variável, diferente da espécie silvestre que os originou.[57]

Ingo Wolfgang Sarlet e Tiago Fensterseifer propõem uma mudança do paradigma jurídico antropocêntrico clássico para o reconhecimento da dignidade da vida em geral e da dignidade do animal não humano no ordenamento constitucional brasileiro:

> ... se a dignidade consiste em um valor próprio e distintivo que nós atribuímos à determinada manifestação existencial – no caso da dignidade da pessoa

56. Cita-se, de modo exemplificativo, a Lei nº 4.771, de 15/09/1965 (institui o novo Código Florestal); a Lei nº 5.197, de 03/01/1967 (dispõe sobre a proteção à fauna); a Lei nº 7.643, de 18/12/1987 (proíbe a pesca de cetáceo nas águas jurisdicionais brasileiras); a Lei nº 7.802, de 11/07/1989 (dispõe sobre agrotóxicos); a Lei nº 9.433, de 08/01/1997 (institui a Política Nacional de Recursos Hídricos e cria o Sistema Nacional de Gerenciamento de Recursos Hídricos); o Decreto nº 3.842, de 13/06/2001 (promulga a Convenção Interamericana para a Proteção e a Conservação das Tartarugas Marinhas, concluída em Caracas em 01/12/1996); o Decreto nº 4.256, de 03/06/2002 (promulga o Protocolo Adicional ao Acordo para a Conservação da Fauna Aquática nos Cursos dos Rios Limítrofes entre o Governo da República Federativa do Brasil e o Governo da República do Paraguai, celebrado em Brasília em 19/05/1999); entre outros dispositivos normativos.

57. Art. 2º da Portaria nº 93 do Instituto Brasileiro do Meio Ambiente e dos Recursos Naturais Renováveis (Ibama), de 07/07/1998. Disponível em: <http://www.ibama.gov.br>, acesso em: 19/05/2009.

> humana, a nós mesmos – é possível o reconhecimento do valor "dignidade" como inerente a outras formas de vida não humanas. A própria vida, de um modo geral, guarda consigo o elemento dignidade, ainda mais quando a dependência existencial entre as espécies naturais é cada vez mais reiterada no âmbito científico, consagrando o que Fritjot Capra denominou de "teia da vida".[58]

Mas, afinal, como se pode conceituar a dignidade dos animais não humanos e a dignidade da vida em geral?

Em dicionário da língua portuguesa, a palavra *dignidade*, substantivo, significa:

> 1. qualidade moral que infunde respeito; consciência do próprio valor; honra, autoridade, nobreza; 2. qualidade do que é grande, nobre, elevado; 3. modo de alguém proceder ou de se apresentar que inspira respeito; solenidade, gravidade, brio, distinção; 4. respeito aos próprios sentimentos, valores, amor-próprio; 5. prerrogativa, honraria, título, função ou cargo de alta graduação.[59]

Em obra de De Plácido e Silva, lê-se:

> Derivado do latim *dignitas* (virtude, honra, consideração), em regra se entende a *qualidade moral*, que, possuída por uma pessoa, serve de base ao próprio respeito em que é tida. Compreende-se também como o próprio procedimento da pessoa, pelo qual se faz merecedor do conceito público. Mas, em sentido jurídico, também se entende como a *distinção* ou *honraria* conferida a uma pessoa, consistente em *cargo* ou *título* de alta graduação. No Direito Canônico, indica-se o *benefício* ou *prerrogativa* decorrente de um cargo eclesiástico.[60]

Nicola Abbagnano,quando se refere à *dignidade* em seu *Dicionário de filosofia*, faz menção direta a Immanuel Kant e sua Segunda Formulação do Imperativo Categórico, sistematizada na Fundamentação da Metafísica dos Costumes, que dispõe: "Age de tal forma que trates a humanidade, tanto na tua pessoa como na pessoa de qualquer outro, sempre também como um fim e nunca unicamente como um meio".[61] Esse imperativo categórico deve, também, ser utilizado no tratamento jurídico dispensado aos animais não humanos e à vida de modo geral, abrangendo a compreensão da dignidade dos seres sencientes, notadamente em face de sua tutela pelo biodireito constitucional.

58. Ingo Wolfgang Sarlet; Tiago Fensterseifer, op. cit., p. 20.
59. *Dicionário Houaiss eletrônico*. Disponível em: <http:www.houaiss.uol.com.br>. Acesso em: 19/05/2009.
60. De Plácido e Silva. *Vocabulário jurídico*. 26. ed. Rio de Janeiro: Ed. Forense, 2005, p. 458.
61. Nicola Abbagnano, op. cit., p. 326.

Tiago Fensterseifer propõe um conceito de dignidade dos seres sensitivos,[62] o qual é adotado neste capítulo, *in verbis*:

> A qualidade intrínseca e distintiva reconhecida em cada ser vivo sensitivo que o faz merecedor de respeito e consideração por parte do Estado e da comunidade humana, implicando, neste sentido, um complexo de direitos (dos animais humanos e não humanos) e deveres (dos seres humanos) que assegurem o animal sensitivo tanto contra todo e qualquer ato de cunho degradante e desumano, como venham a lhe garantir as condições existenciais mínimas para uma vida saudável e com equilíbrio ecológico, além de propiciar e promover o seu desenvolvimento de forma livre e autônoma nos destinos da própria existência e da vida em comunhão com os demais seres vivos (presentes e futuros).[63]

Portanto, todos os animais não humanos devem ser vistos como *um fim em si mesmo*, possuidores do valor *dignidade* e não como meros objetos descartáveis na comunidade de consumo contemporânea, sobretudo em face do atributo da *vida* que lhes é inerente. Assim, é possível afirmar que a Constituição de 1988, em seu art. 225, § 1º, inciso VII, consagrou a proteção da dignidade dos animais não humanos, sinalizando a mudança do paradigma antropocêntrico para o biocêntrico, quando disciplinou a tutela jurídica da vida em geral (flora e fauna), consoante, igualmente, preceitua Ingo Wolfgang Sarlet e Tiago Fensterseifer:

> A Constituição Federal brasileira, no seu art. 225, § 1º, VII, enuncia de forma expressa a vedação de práticas que "provoquem a extinção de espécies ou submetam os animais à crueldade", o que sinaliza o reconhecimento, por parte do constituinte, do valor inerente a outras formas de vida não humanas, protegendo-as, inclusive, contra a ação humana, o que revela que não está buscando proteger (ao menos diretamente e em todos os casos) apenas o ser humano. *É difícil de conceber que o constituinte, ao proteger a vida de espécies naturais em face da sua ameaça de extinção, estivesse a promover unicamente a proteção de algum valor instrumental de espécies naturais; pelo contrário, deixou transparecer uma tutela da vida em geral nitidamente não meramente instrumental em relação ao ser humano, mas numa perspectiva concorrente e interdependente.* Especialmente no que diz com à vedação de práticas cruéis contra os animais, *o constituinte revela de forma clara a*

62. Paulo Vinicius Sporleder de Souza, João Alves Teixeira Neto e Juliana Cigerza entendem que "o bem jurídico dignidade do animal é um bem supraindividual coletivo, cujo portador ou titular é toda a classe ou coletividade dos animais (não humanos), representada pelos anfíbios, mamíferos, répteis, etc." *Experimentação em animais e direito penal:* comentários dogmáticos sobre o art. 32, § 1º, da Lei nº 9.605/1998, e o bem jurídico "dignidade do animal", in: Molinaro, Carlos Alberto; Medeiros, Fernanda Luiza Fontoura de; Sarlet, Ingo Wolfgang; Fensterseifer, Tiago (Org.). A dignidade da vida e os direitos fundamentais para além dos humanos: uma discussão necessária. Belo Horizonte: Fórum, 2008, p. 225.
63. Op. cit., 2008, p. 225.

> *sua preocupação com o bem-estar dos animais não humanos e a refutação de uma visão meramente instrumental da vida animal. (...) Dessa forma, está a ordem constitucional reconhecendo a vida animal como um fim em si mesmo, de modo a superar o antropocentrismo kantiano.* (...) A ampliação da noção de dignidade da pessoa humana (a partir do reconhecimento da sua necessária dimensão ecológica) e *o reconhecimento de uma dignidade da vida não humana apontam para uma releitura do clássico contrato social em direção a uma espécie de contrato socioambiental (ou ecológico)*, com o objetivo de contemplar um espaço para tais entes naturais no âmbito da comunidade estatal(grifos do autor).[64]

A ordem constitucional brasileira avançou na tutela de todas as formas de vida, em especial das não humanas, conferindo-lhes os valores jusfilosóficos *vida* e *dignidade* a serem protegidos integralmente porque os animais devem ser vistos como *um fim em si mesmo* e não como meras "máquinas" a serem utilizadas pelo ser humano a seu bel-prazer, pois são seres sencientes, possuidores de vida e não podem ser considerados como meras "coisas" na forma simplista prevista na lei civil, pois, como assevera Eros Roberto Grau,[65] "a interpretação do direito é interpretação *do direito*, no seu todo, não de textos isolados, desprendidos *do direito*. Não se interpreta o direito em tiras, aos pedaços" (grifos do autor).

Portanto, não se pode mais negar que a vigente ordem constitucional acolheu o paradigma biocêntrico ao proteger a dignidade dos animais não humanos, tutelando amplamente a vida (humana, vegetal ou animal não humana), sendo imprescindível a mudança da consciência do próprio ser humano, dos Estados e mesmo do direito em prol de uma postura ético-jurídica que agregue esses novos valores à vida em comunidade.

Ademais, alguns doutrinadores[66] entendem que os animais não humanos podem ser ***sujeitos de direito***[67] na atual ordem jurídico-constitucional, pois a Constituição ao estabelecer no art. 225 que "todos" têm direito ao meio ambiente ecologicamente equilibrado e à sadia qualidade de vida não fez distinção entre seres humanos, animais ou vegetais e o inciso VII, § 1º, art. 225, ao vedar expressamente práticas que provoquem a extinção de espécies ou submetam os animais à crueldade, sinalizou que a norma constitucional reconheceu o valor inerente a todas as formas de vida não humanas (flora e fauna), adentrando no campo da ética e revelando que os animais e

64. Ingo Wolfgang Sarlet e Tiago Fensterseifer. "Algumas notas sobre a dimensão ecológica da dignidade da pessoa humana e sobre a dignidade da vida em geral". *Revista de Direito Público-IOB*, n. 19, jan.-fev./2008, pp. 21, 25.

65. Eros Roberto Grau. *Ensaio e discurso sobre a interpretação/aplicação do direito*. 4. ed. São Paulo: Malheiros Editores, 2006, p. 44.

66. Laerte Fernando Levai. *Direito dos animais*. 2. ed. rev. ampl. e atual. Campos do Jordão: Ed. Mantiqueira, 2004; Daniel Braga Lourenço. *Direito dos animais:* fundamentação e novas perspectivas. Porto Alegre: Sergio Antonio Fabris Editor, 2008; e Heron José de Santana Gordilho. "Direito animal: a legitimidade de ser parte". São Paulo, *Carta Forense*, ed. 70, maio 2009, pp. 32, 33, entre outros.

67. Essa visão já se encontrava consolidada na Declaração Universal dos Direitos dos Animais proclamada pela Unesco em 27/01/1978.

a natureza podem ser sujeitos de direito (personificação da natureza nas palavras de François Ost).[68]

Daniel Braga Lourenço discorre acerca dos animais como sujeitos de direito:[69]:

> A reprodução, mecânica e irrefletida, da visão de animais como coisas carece de qualquer compromisso com a realidade física e biológica dos seres sencientes, não devendo mais prosperar. Nessa linha, as normas protetivas dos animais individualmente considerados e da fauna (aspecto gregário/coletivo), ao ultrapassar esse superado entendimento, deveriam ser interpretadas como concessivas de efetivos direitos subjetivos aos animais. Essa mudança pauta-se numa exegese construtiva que teria por finalidade a tutela específica do interesse do próprio animal, como possuidor de valoração moral e jurídica intrínseca. (...) Animais são coisas? Devem as pessoas mudar seu comportamento? Deve a lei promover o bem-estar animal? Devem os animais possuir direitos? Tenho a nítida convicção de que, progressivamente, cada vez mais espaço será aberto para esse tipo de discussão. Sinto também que um grande número de pessoas aceita a ideia de que muitos animais sejam sencientes e de que existam direitos dos animais, muito embora não saibam o que realmente significam. Tribe considera que os argumentos normalmente utilizados para negar o reconhecimento dos direitos dos animais não passam de mitos. O primeiro deles consistiria no fato de que admitir animais não humanos como sujeitos de determinada esfera de direitos seria o mesmo que estatuir uma prerrogativa absoluta deles com relação aos direitos titularizados por seres humanos. A realidade, no entanto, é a de que direitos não são, nem jamais foram, absolutos e conferi-los a animais não implicaria torná-los imunes a eventuais ponderações diante de casos concretos. Outro mito é o de

68. François Ost não comungou da ideia de que os animais fossem sujeitos de direito, mas buscou a construção de um *estatuto jurídico do animal* que representasse um meio termo entre as noções do animal como sujeito de direito e como objeto. Em síntese, o estatuto jurídico proposto por François Ost se fundamenta na atribuição de deveres ao homem em relação aos animais, em contraposição à sua transformação em sujeitos de direitos (*A natureza à margem da lei:* a ecologia à prova do direito. Lisboa: Instituto Piaget, 1995, pp. 235-270).

69. Heron José de Santana Gordilho, Promotor de Justiça Ambiental na Bahia e Doutor em Direito pela Universidade Federal de Pernambuco, apresenta casos concretos ocorridos no âmbito do Poder Judiciário brasileiro, atribuindo a condição de sujeitos de direitos aos animais: "... um grupo de promotores de justiça, professores de direito, associações de defesa dos animais e estudantes de direito [impetraram] uma ordem de *Habeas Corpus* em favor da chimpanzé Suíça, que vivia enjaulada no Jardim Zoológico da cidade de Salvador. Em sentença publicada no Diário do Poder Judiciário de 05/10/2005 (data comemorada como o dia mundial dos animais) o Juiz Edmundo Lúcio da Cruz, da 9ª Vara Criminal do TJ/BA julgou o *Habeas Corpus* nº 833085-3/2005, abrindo um precedente histórico para o mundo jurídico, ao admitir uma chimpanzé como sujeito de direito em uma demanda judicial. [...] Em dezembro de 2008, o Ministro Antonio Herman Benjamin, da Segunda Turma do Superior Tribunal de Justiça (STJ), interrompeu o julgamento do *habeas corpus*, pedindo vista dos autos para melhor exame de um pedido de *Habeas Corpus* impetrado em favor de duas chimpanzés: Lili e Megh, trazidas do Zoológico de Fortaleza para São Paulo para o Santuário Caminhos da Evolução, filiado ao *Great Apes Project* (GAP) do Brasil e apreendidas pelo Ibama por ausência das licenças ambientais devidas. [...] Um passo como [esse], que terá o condão de destruir as bases do preconceito secular especista deverá incentivar ainda mais o uso do litígio judicial nas campanhas abolicionistas, pois o verdadeiro refinamento moral da humanidade, o esclarecimento, em uma palavra, o humanismo, somente se realizará por completo quando o homem entender que ele pode ter uma vida ética plena prescindindo de toda e qualquer violência contra os animais" ("Direito animal: a legitimidade de ser parte". São Paulo, *Carta Forense*, n. 70, maio 2009, p. 33).

> que o sistema jurídico nunca tenha atribuído direitos subjetivos a entidades que não sejam o ser humano. Nada mais equivocado. Entes absolutamente incorpóreos, inanimados e mesmo fictícios, tais como as pessoas jurídicas, detêm personalidade jurídica e são sujeitos de direitos. Desta maneira, a ampliação do círculo de sujeitos de direito, ou mesmo da esfera da personalidade jurídica, é mais uma questão de aculturação do que de quebra de barreiras conceituais.[70]

Laerte Fernando Levai corrobora a existência de um direito dos animais ao vê-los como sujeitos:

> O reconhecimento de que existe um direito dos animais, a par do direito dos homens, não se restringe a divagações de cunho abstrato ou sentimental. Ao contrário, é de uma evidência que salta aos olhos e se projeta no campo da razão. Ainda que nosso ordenamento jurídico aparentemente defira apenas ao ser humano a capacidade de assumir direitos e deveres (no âmbito civil) e de figurar no polo passivo da ação (no âmbito penal) – como se as pessoas, tão somente elas, fossem capazes de integrar a relação processual na condição de sujeitos de direito – podem ser identificados imperativos éticos que, além da perspectiva biocêntrica, se relacionam ao bem-estar dos animais. O mandamento do art. 225, § 1º, inciso VII, da Constituição Federal, não se limita a garantir a variedade das espécies ou a função ecológica da fauna. Adentrou no campo da moral. Ao impor expressa vedação à crueldade, permite considerar os animais como sujeitos jurídicos. Conclui-se, nessa linha de raciocínio, que o discurso ético em favor dos animais decorre não apenas da dogmática inserida neste ou naquele dispositivo legal protetor, mas dos princípios morais que devem nortear as ações humanas. O direito dos animais envolve, a um só tempo, as teorias da natureza e os mesmos princípios de Justiça que se aplicam aos homens em sociedade, porque cada ser vivo possui singularidades que deveriam ser respeitadas. E o que representa uma lei repressiva senão a implícita confissão da própria torpeza do homem?[71]

Corroborando o entendimento de que os animais não humanos são sujeitos de direito, a Constituição dispõe no art. 127, *caput*, que o Ministério Público é instituição permanente, essencial à função jurisdicional do Estado, incumbindo-lhe a defesa da ordem jurídica, do regime democrático e dos interesses sociais e individuais indisponíveis e, ainda, prevê no art. 129, inciso III, que é função institucional do Ministério Público a promoção do inquérito civil e a ação civil pública para a proteção do patrimônio público e social, do meio ambiente (o que inclui a fauna e a flora) e de outros interesses difusos e coletivos.Logo, entende-se que o *Parquet* poderá atuar como curador dos animais[72] em sua representação judicial – semelhante ao que faz no caso

70. Daniel Braga Lourenço. *Direito dos animais:* fundamentação e novas perspectivas. Porto Alegre: Sergio Antonio Fabris Editor, 2008, pp. 484, 537-539.

71. Laerte Fernando Levai, op. cit., p. 137.

72. Laerte Fernando Levai dispõe acerca da função do Ministério Público como curador de animais: "... a proteção

da defesa de menores incapazes, que não deixam de ser sujeitos, sendo essa atuação um *munus* público estabelecido constitucionalmente –, corroborando a condição de sujeitos de direito desses seres sencientes. Desse modo, em face do comando cristalizado no art. 225, § 1º, inciso VII, da Constituição e dos princípios constitucionais do direito da vida (do desenvolvimento sustentável, da proteção ambiental, da ubiquidade e da participação), a partir de uma interpretação sistemática e teleológica, compreende-se que os animais podem ser sujeitos de direito, devendo evoluir a concepção das relações entre homem-ambiente no sentido da superação das visões pautadas na "coisificação" dos animais e no antropocentrismo excludente.[73]

Outrossim, o **Princípio da Igualdade de Consideração de Interesses** defendido por Peter Singer[74] reforça a tese que considera os animais como sujeitos de direitos, pois, no que se refere às diferenças entre seres humanos e animais, ele afasta a ideia de que a autoconsciência dos seres humanos deva ser usada como argumento para a priorização de seus interesses em detrimento dos animais não humanos, utilizando como exemplo o caso dos seres humanos com deficiências mentais os quais acabariam sendo prejudicados se esse critério fosse utilizado como base para decisões éticas.

Peter Singer faz, contudo, uma advertência: não pretende diminuir o *status* dos seres humanos mas, sim, elevar o dos animais, assim, ele aponta a preocupação com a vida dos animais sob uma perspectiva biocêntrica:

> O argumento para estender o princípio de igualdade além da nossa própria espécie é simples, tão simples que não requer mais do que uma clara compreensão da natureza do princípio da igual consideração de interesses. Como já vimos, esse princípio implica que a nossa preocupação com os outros não deve depender de como são, ou das aptidões que possuem (muito embora o que essa preocupação exige precisamente que façamos variar, conforme as características dos que são afetados por nossas ações). É com base nisso que podemos afirmar que o fato de algumas pessoas não serem membros de nossa raça não nos dá o direito de explorá-las e, da mesma forma, que o fato de algumas pessoas serem menos inteligentes que outras não significa que os seus interesses possam ser colocados em segundo plano. O princípio, contudo, também implica o fato de que os seres não pertencerem à nossa

---

constitucional do ambiente foi atribuída ao Ministério Público, seja no âmbito estadual (promotores de justiça), seja na esfera federal (procuradores da república). Considerando que o amplo conceito de 'meio ambiente' inclui a fauna toda, mesmo a doméstica, isso significa – em termos práticos – que os promotores de justiça tornaram-se os curadores dos animais, tendo à sua disposição inúmeros instrumentos administrativos, criminais ou cíveis para o fiel desempenho dessa função. Nem sempre bem compreendida pelos juristas, tal atribuição tutelar inspira-se em alguns princípios filosóficos que norteiam a atuação funcional do Ministério Público: a justiça social, o combate à ilegalidade e à opressão, o respeito à vida e à integridade física e moral, a não violência, o repúdio aos preconceitos e à intolerância, a compreensão da natureza e, corolário disso tudo, a busca de uma sociedade mais pacífica e menos injusta. No rol de suas prioridades ambientais – defesa do ar, das águas, do solo, da flora e da fauna – há que se incluir, também, a tutela jurídica dos animais como seres sensíveis, individualmente considerados, não somente como recursos da natureza" (Laerte Fernando Levai, op. cit. pp. 106, 107).

73. Para maiores detalhes, consulte Daniel Braga Lourenço. *Direito dos animais:* fundamentação e novas perspectivas, Porto Alegre: Sergio Antonio Fabris Editor, 2008.

74. Peter Singer. *Ética prática*. 2. ed. São Paulo: Ed. Martins Fontes, 1998.

> espécie não nos dá o direito de explorá-los, nem significa que, por serem os outros animais menos inteligentes do que nós, possamos deixar de levar em conta os seus interesses.[75]

Portanto, no contexto biocêntrico que se está consolidando no Estado Democrático e Social de Direito após a Constituição de 1988, através de contribuições de uma ética ambiental, é necessário considerar o valor intrínseco da vida e da dignidade dos animais não humanos e da própria natureza (dignidade da vida em geral) rumo a um contrato socioambiental ou ecológico em substituição ao, então vigente, contrato social antropocentrista. É no âmbito dessa visão que o uso de animais em experimentos científicos será analisado.

4. Experimentação com animais vivos: a vivissecção

A experimentação animal[76] representa todo o ato que empregue animais em atividades de investigação científica para fins experimentais, podendo ser utilizados em testes de segurança de cosméticos, de químicos perigosos, de armamento, de alimentos, de tabaco, de drogas e fármacos, em investigação biomédica ou comportamental etc.

Essa prática é conhecida como *vivissecção*[77] que, em dicionário da língua portuguesa, representa "qualquer operação feita em animal vivo com o objetivo de realizar estudo ou experimentação; dissecção praticada num animal vivo para estudo".[78] A *dissecção* significa "seccionar e individualizar, sob determinado método, os elementos anatômicos de um organismo (ser humano, animal ou vegetal)".[79] Os métodos vivisseccionistas mais comumente empregados nos experimentos com animais são:

> a) **Método Draize**: *shampoos*, pesticidas, herbicidas, produtos de limpeza e da indústria química são testados em olhos de coelhos conscientes.
> b) **Teste de Dose Letal (LD 50)**: administrar nos animais uma dose de certos produtos, tais como pesticidas, cosméticos, drogas, produtos de limpeza etc., para verificar a toxidade. O teste mede a quantidade da substância que, em uma única dose, mata 50% dos animais testados.

75. Idem, ibidem, p. 66.
76. Maria Júlia Manso Alves e Walter Colli apontam algumas estatísticas referentes ao uso de animais na vivissecção: "é difícil estimar o número de animais empregados atualmente, em todo o mundo, em experimentos científicos ou no ensino. Um cálculo aproximado sugere algumas dezenas de milhões por ano, sendo 15 milhões nos Estados Unidos, 11 milhões na Europa, 5 milhões no Japão, 2 milhões no Canadá e menos de 1 milhão na Austrália (no Brasil, o número é desconhecido, mas insignificante diante dos totais mundiais). Pode-se dizer que 80% dos animais experimentais são roedores – camundongos, ratos e cobaias – criados para essa finalidade, e que outros 10% são peixes, anfíbios, répteis e pássaros. Um terceiro grupo abrange coelhos, cabras, bois, porcos e, em menor quantidade, cachorros, gatos e algumas espécies de macacos" ("Experimentação com animais: uma polêmica sobre o trabalho científico". São Paulo: Universidade de São Paulo, *Revista Ciência Hoje*, v. 39, n. 231, out. 2006, p. 25).
77. A vivissecção é um tema polêmico e atual que, inclusive, foi objeto de discussões na 60ª Reunião Anual da Sociedade Brasileira para o Progresso da Ciência (SBPC), sob a temática Energia, Ambiente e Tecnologia, realizada de 13/07/2008 a 18/07/2008 na Universidade Estadual de Campinas (Unicamp), apresentando na programação científica o núcleo temático intitulado "Experimentação com Animais de Laboratório".
78. *Dicionário Houaiss Eletrônico*. Disponível em: <http:www.houaiss.uol.com.br>. Acesso em: 19/05/2009.
79. *Dicionário Houaiss Eletrônico*. Disponível em: <http:www.houaiss.uol.com.br>. Acesso em: 19/05/2009.

> c) **Testes de toxidade alcoólica e tabaco**: animais são obrigados a inalar fumaça e se embriagar para que sejam dissecados posteriormente.
> d) **Experimentos na área da psicologia**: estudo comportamental, incluindo privação da proteção materna e privação social para se observar o medo; uso de estímulos aversivos e choques elétricos para aprendizagem.
> e) **Experimentos armamentistas**: os animais são submetidos a radiações de armas químicas e biológicas, assim como a descargas de armas tradicionais e expostos a gases. São, ainda, baleados na cabeça para o estudo da velocidade dos mísseis.
> f) **Pesquisas dentárias**: os animais são forçados a manter dieta nociva com açúcares e hábitos alimentares errôneos para, ao final, adquirirem cáries e terem gengivas descoladas e a arcada dentária removida.
> g) **Estômago de Pavlov**: esse método consiste em seccionar, cirurgicamente, o pescoço de um cão para que, após um período de convalescença, o seu esôfago fique aberto para o exterior. Nessa situação tudo o que o animal deglutir não chegará ao estômago, pois o alimento cairá para fora através dessa abertura realizada em seu pescoço. Essa experiência visava provar que o animal diante da visão do alimento tinha salivação e a secreção imediata de sucos gástricos.[80]

Tamara Bauab Levai, bióloga e especialista em histologia, descreve os horrores de técnicas de vivissecção realizadas em animais que se assemelham ao holocausto:

> Sempre liderando as estatísticas da crueldade, os animais destinados às experiências são martirizados, de forma inimagináveis, em prol de um suposto progresso científico. (...) os experimentos ocorrem com maior frequência nas áreas neurológicas, psico-comportamentais, nos testes armamentistas e nas pesquisas relacionadas ao fumo, ao álcool e aos cosméticos (...) *Neles os infelizes animais, uma vez presos a aparelhos de contenção, acabam sofrendo verdadeiro ritual de tortura: inoculações de vírus e cancros, amputações de membros, escaldamentos e dissecações, cirurgias bizarras e propositadas lesões físicas, tudo isso em vida. Abrem-se-lhes o crânio, extirpam-lhes o cérebro ou destroem-no com substâncias químicas. Têm os órgãos mais sensíveis feridos ou retirados; o intestino costurado, a uretra ligada, a medula espinhal seccionada; os nervos expostos e, o que é mais doloroso, submetidos a descargas elétricas.* Tudo isso para viabilizar teses acadêmicas de questionável valor científico e, acima de tudo, mover poderosos ramos da indústria. Não se deve ignorar que, na prática, a maioria dessas experiências é realizada *sem o emprego de anestesia*, cuja utilização – segundo cientistas – afeta as funções orgânicas do animal a ponto de alterar o resultado das pesquisas. *Já os vertebrados de maior porte – macacos, cães e gatos, por exemplo – levados à mesa cirúrgica*

80. Cf. João Marcos Adede y Castro, *Direito dos animais na legislação brasileira*, Porto Alegre: Antonio Fabris Editor, 2006, p. 184, e Tâmara Bauab Levai, *Vítimas da ciência:* limites éticos da experimentação animal, Campos do Jordão: Ed. Mantiqueira, 2001, pp. 27-33.

> *experimental, costumam ser desvocalizados (têm as cordas vocais seccionadas ou queimadas), para que seus gritos não causem incômodo ou embaraços ao trabalho do pesquisador* (grifos do autor).[81]

No mesmo sentido, é o posicionamento de Laerte Fernando Levai:

> A experimentação animal, definida como toda e qualquer prática que utiliza animais para fins didáticos ou de pesquisa, decorre de um erro metodológico que a considera o único meio para se obter conhecimento científico. Abrange a vivissecção, que é um procedimento cirúrgico realizado em animal vivo. No Brasil, a exemplo do que ocorre em quase todo o mundo, diariamente milhares de animais perdem a vida em experimentos cruéis, submetidos a testes cirúrgicos, toxicológicos, comportamentais, neurológicos, oculares, cutâneos etc., sem que haja limites éticos – ou mesmo relevância científica – em tais atividades. *Macabros registros de experiências com animais praticadas nos laboratórios, nas salas de aula, nas fazendas industriais ou mesmo na clandestinidade, revelam os ilimitados graus de estupidez humana. Sob a justificativa de buscar o progresso da ciência, o pesquisador prende, fere, quebra, escalpela, penetra, queima, secciona, mutila e mata. Em suas mãos o animal vítima tornar-se apenas coisa, a matéria orgânica, enfim, a máquina-viva. Por que não ouvimos os gritos inconsoláveis dessas criaturas?* (Grifos do autor).[82]

Verifica-se que, em qualquer caso e independentemente do procedimento ou método utilizado, a experimentação animal, seja física ou psicológica, é sempre profundamente dolorosa e traumatizante para os animais usados, pois se trata da ceifação indiscriminada da vida de seres sencientes com vistas a atender os interesses utilitaristas do homem.

Maria Webb – Doutora em Biologia, Professora na Universidade Nova de Lisboa e Presidente da Sociedade Portuguesa de Antrozoologia – afirma que existem métodos alternativos[83] aos testes com animais vivos, apresentando uma lista com os principais grupos desses métodos aprovados pelo *European Center for the Validation of Alternative Methods* (ECVAM), destacando-se: (1) modelos, manequins e simuladores mecânicos; (2) filmes e vídeos interativos; (3) utilização de material de origem vegetal; (4) trabalho de campo; (5) corpos de animais (morte natural); (6) estudos *in vitro*; (7) e realidade virtual, softwares interativos e simulações computacionais. Ademais, ela apresenta as vantagens provenientes da utilização dos métodos alternativos em face da vivissecção:

> 1. Por vezes as experiências utilizando animais não correm da melhor forma e o aluno não obtém os dados esperados – "a experiência deu mal". Com a utilização de métodos alternativos é possível repetir as vezes necessárias,

81. Tamara Bauab Levai, op. cit., pp. 12, 13.
82. Laerte Fernando Levai, op. cit., p. 63.
83. Método alternativo é aquele que substitui outro método, fornecendo a mesma informação sem que se recorra à utilização de animais vivos.

sem que isso custe a vida a mais animais e evitando o sentido de frustração e de fracasso ao aluno e que acabe por obter "os dados do colega do lado". Com a utilização de métodos alternativos o aluno terá o reflexo do seu próprio trabalho na obtenção e desenvolvimento dos saberes e competências delineadas no programa.

2. Os métodos alternativos podem ser adaptados e ajustados às diferentes capacidades de aprendizagem dos alunos, permitindo-lhes encontrar e trabalhar de acordo com o seu próprio ritmo (HSUS, 1993).
3. O processo de distribuição das alternativas é fácil (Nab, 1989).
4. O aluno pode repetir a mesma experiência, técnica etc., o número de vezes que entender e necessitar e em qualquer lugar (ECVAM, 1999).
5. As simulações computacionais apresentam um elevado grau de interatividade, garantindo assim um envolvimento e atividade por parte dos alunos (ECVAM, 1999).
6. A atenção dos alunos pode ser orientada a partir das técnicas para os conceitos, tendo como base o material proveniente das aulas e da bibliografia adotada (OTA, 1988).
7. As simulações fornecem resultados imediatos, através da manipulação do fator tempo. Os processos lentos podem ser acelerados e os processos rápidos têm a hipótese de verem o seu tempo de duração aumentado (OTA, 1988).
8. A relação causa-efeito e regulação por retroação é compreendida com mais facilidade (Nab, 1989).
9. Um modelo alternativo tem, em geral, uma secção relativa à avaliação de conhecimentos que pode mais facilmente orientar o aluno no seu trabalho para atingir os objetivos desejados (ECVAM, 1999).
10. Com as sofisticadas técnicas de audiovisuais existentes presentemente, tornou-se possível demonstrar certos fenômenos não observáveis no animal, tais como animações do funcionamento de células e órgãos e diversos sistemas, como o circulatório (ECVAM, 1999).
11. As simulações de determinadas experiências podem fornecer dados de qualidade, em quantidade suficiente para possibilitar aos alunos a aplicação de análise estatística (Luka e Oelrichs, 1999).
12. A realidade virtual oferece possibilidades de treino avançado para alunos de medicina e de medicina veterinária. A cirurgia pode ser ensaiada com a utilização dessa técnica que cria ao mesmo tempo a situação ideal em contextos que exigem manipulação de imagem (Thanki, 1998).
13. Diversos fatores e variáveis podem ser estudados e abordados em simultâneo, sendo possível uma visão pormenorizada de órgãos e de sistemas. A histologia é uma das disciplinas que beneficia grandemente da aplicação desta metodologia (OTA, 1988).
14. As simulações permitem aos alunos a exploração de desenho experimental.[84]

84. Ética e interactividade no ensino/aprendizagem das ciências da vida. Disponível em: <http://www.proformar.org/revista/edicao_13/etica_interactividade.pdf>. Acesso em: 01/04/2008.

Assim, há alternativas ao uso da vivissecção,[85] evitando o sofrimento e a matança de milhões de animais inocentes, vítimas da ciência que não possui limites. Os métodos alternativos são reconhecidos pela comunidade científica como eficientes em relação às possibilidades de estudo e demonstração dos resultados propostos pelas pesquisas, sendo desnecessário o uso da vivissecção que somente mata, mutila e impõe sofrimento físico-psíquico a diversos animais.

Visto que a "morte desses animais, independente do sofrimento a que possam ser submetidos, é justificada pela ciência médica como 'mal necessário', expressão eufemística correlata à máxima maquiavélica de que 'os fins justificam os meios'",[86] ***caberá ao direito estabelecer os limites da ciência***,[87] não podendo permanecer incólume no mundo ético-jurídico os métodos vivisseccionistas, pois são métodos de tortura e de crueldade que causam a lesão, a deformação e a morte dos animais.

Peter Singer apresenta significativas considerações contra a matança de animais:

> Alguns animais não humanos parecem ser racionais e conscientes de si, concebendo-se como seres distintos que possuem um passado e um futuro. Quando assim for, ou, até onde sabemos quando assim possa ser, as razões contra tirar-lhes a vida são fortes, tão fortes quanto as que dizem respeito à eliminação de seres humanos com deficiências mentais permanentes num nível mental semelhante. (...) No estado atual de nosso conhecimento, essa forte argumentação contra o assassinato pode ser mais categoricamente invocada contra o assassinato de chimpanzés, gorilas e orangotangos. Com base no que hoje sabemos sobre esses nossos parentes próximos, devemos imediatamente estender-lhes a mesma proteção plena contra o assassinato que estendemos a todos os seres humanos. Ainda que em graus variáveis de convicção, a mesma argumentação pode ser defendida com relação a baleias, golfinhos, macacos menores, cães, gatos, porcos, focas, ursos, bois, vacas, carneiros etc., talvez até mesmo chegando ao ponto de incluir todos os mamíferos nessa relação – muita coisa depende de até onde estamos preparados para ir em nossa extensão do benefício da dúvida, nos casos em que exista alguma dúvida. Contudo, mesmo que fiquemos circunscritos às espécies que

85. Maria Júlia Manso Alves e Walter Colli são defensores do uso de animais em experimentos científicos e apontam que "os experimentos com animais, antes mesmo da aprovação de um código de conduta internacional, já seguiam as diretrizes conhecidas internacionalmente como os 'três Rs', das palavras inglesas *reduce* (reduzir), *refine* (refinar) e *replace* (substituir). Essas diretrizes, propostas em 1959 pelo zoólogo William M. S. Russel (1925-2006) e pelo microbiólogo Rex L. Burch (1926-1996), ambos britânicos, são as de reduzir o número de animais para o mínimo necessário, refinar o experimento para ter certeza de que o animal sofra o mínimo possível e substituir o uso de animais por outras metodologias sempre que possível" ("Experimentação com animais: uma polêmica sobre o trabalho científico", São Paulo: Universidade de São Paulo, *Revista Ciência Hoje*, v. 39, n. 231, out. 2006, p. 28). Entretanto, discorda-se desse posicionamento difundido no âmbito da comunidade de consumo e defende-se a necessidade de substituição total da vivissecção por métodos alternativos que não utilizem os animais vivos nos experimentos, sejam científicos ou empresariais, porque eles possuem vida e dignidade tuteladas pela ordem constitucional brasileira, não podendo ser tratados como meras "coisas ou objetos descartáveis".

86. Tamara Bauab Levai, op. cit., p. 12.

87. Cf. Maria Garcia. "Cabe ao direito estabelecer os limites da ciência". São Paulo: *O Estado de S.Paulo*, 09 mar. 2008, p. J4.

> nomeei – excluindo o restante dos mamíferos –, a nossa discussão colocou um enorme ponto de interrogação diante da justificabilidade de um grande número de assassinatos de animais praticados pelos seres humanos.[88]

Desse modo, uma vez que os animais possuem vida (*animus*) – e uma vez que a própria vida como valor jurídico guarda consigo o elemento dignidade –, e são seres sencientes com capacidade de terem conhecimento de si mesmos, de fruir sentimentos e sensações (alegria, bem-estar, dor e sofrimento), além de serem inteligentes, não se pode permitir a sua utilização nos experimentos científicos de vivissecção, que os aniquilam e os matam aos milhares, como se fossem meras "coisas imateriais e descartáveis", noções próprias da comunidade de consumo presente na era contemporânea.

No Brasil, a Lei nº 6.638, de 08/05/1979, estabelecia normas para a prática didático-científica da vivissecção, determinando diversos preceitos, dentre os quais a proibição de quaisquer procedimentos sem o emprego de anestesia; sem a supervisão de técnico especializado; com animais que não tenham permanecido mais de quinze dias em biotérios legalmente autorizados etc.

Recentemente, foi aprovada a Lei nº 11.794, de 08/10/2008,[89] que revogou expressamente a Lei nº 6.638/1979 e estabeleceu novos procedimentos para o uso científico de animais. Em termos gerais, essa nova lei não significou uma maior proteção ético-jurídica ao uso de animais vivos em procedimentos científicos, não inovando em nada em relação à lei anterior, além, é claro, de conceder maior autonomia e independência aos Comitês de Ética no Uso de Animais (CEUAs)[90] para continuar realizando as práticas vivisseccionistas sob um manto de legalidade.

---

88. Peter Singer. *Ética prática*. op. cit., p. 141.
89. Em razão dos limites do presente capítulo, não será realizada uma análise pormenorizada da Lei nº 11.794/08, composta de 27 artigos, que passou a regulamentar a vivissecção no Brasil. Até o presente momento, não foi arguido o vício da inconstitucionalidade dessa norma, seja no controle difuso de constitucionalidade a ser realizado por qualquer Juízo ou Tribunal, seja no controle concentrado de constitucionalidade perante o Supremo Tribunal Federal.
90. "Art. 8º É condição indispensável para o credenciamento das instituições com atividades de ensino ou pesquisa com animais a constituição prévia de Comissões de Ética no Uso de Animais – CEUAs. [...] Art. 10. Compete às CEUAs: I – cumprir e fazer cumprir, no âmbito de suas atribuições, o disposto nesta Lei e nas demais normas aplicáveis à utilização de animais para ensino e pesquisa, especialmente nas resoluções do Concea; II – examinar previamente os procedimentos de ensino e pesquisa a serem realizados na instituição à qual esteja vinculada, para determinar sua compatibilidade com a legislação aplicável; III – manter cadastro atualizado dos procedimentos de ensino e pesquisa realizados, ou em andamento, na instituição, enviando cópia ao Concea; IV – manter cadastro dos pesquisadores que realizem procedimentos de ensino e pesquisa, enviando cópia ao Concea; V – expedir, no âmbito de suas atribuições, certificados que se fizerem necessários perante órgãos de financiamento de pesquisa, periódicos científicos ou outros; VI – notificar imediatamente ao Concea e às autoridades sanitárias a ocorrência de qualquer acidente com os animais nas instituições credenciadas, fornecendo informações que permitam ações saneadoras. § 1º. Constatado qualquer procedimento em descumprimento às disposições desta Lei na execução de atividade de ensino e pesquisa, a respectiva CEUA determinará a paralisação de sua execução, até que a irregularidade seja sanada, sem prejuízo da aplicação de outras sanções cabíveis. § 2º. Quando se configurar a hipótese prevista no § 1º deste artigo, a omissão da CEUA acarretará sanções à instituição, nos termos dos arts. 17 e 20 desta Lei. § 3º. Das decisões proferidas pelas CEUAs cabe recurso, sem efeito suspensivo, ao Concea. § 4º. Os membros das CEUAs responderão pelos prejuízos que, por dolo, causarem às pesquisas em andamento. § 5º. Os membros das CEUAs estão obrigados a resguardar o segredo industrial, sob pena de responsabilidade" da Lei nº 11.794/2008. Disponível em: <http://www.planalto.gov.br/ccivil_03/_Ato2007-2010/2008/Lei/L11794.htm>. Acesso em: 19/05/2009.

Tércio Sampaio Ferraz Jr. preceitua que no mundo contemporâneo o próprio direito é visto como bem de consumo, sendo instrumento de dominação do homem sobre outro homem:

> ... com o advento da sociedade do *animal laborans*,[91] ocorre radical reestruturação do direito, pois sua congruência interna deixa de assentar-se sobre a natureza, sobre o costume, sobre a razão, sobre a moral e passa reconhecidamente a basear-se na uniformidade da própria vida social, da vida social moderna, com sua imensa capacidade para a indiferença. Indiferença quanto ao que valia e passa a valer, isto é, aceita-se tranquilamente qualquer mudança. Indiferença quanto a valer, isto é, aceita-se tranquilamente a inconsistência e convive-se com ela. Indiferença quanto às divergências de opinião, isto é, aceita-se uma falsa ideia de tolerância, como maior de todas as virtudes. Este é afinal o mundo jurídico do homem que labora, para o qual o direito é apenas e tão somente um bem de consumo.[92]

Nesse sentido, entende-se que o direito torna-se, em algumas situações, instrumento de dominação do homem sobre os demais seres vivos, com ênfase no caso dos animais não humanos utilizados em experimentos científicos que são destituídos de qualquer significado pela própria norma jurídica – em específico pela Lei nº 6.638/1979 e pela vigente Lei nº 11.794/2008 –, que permite o uso amplo e irrestrito de animais nas cruéis práticas de vivissecção, desconsiderando os valores *vida* e *dignidade* inerentes à fauna e à flora. Assim, é necessário que o biodireito constitucional reverta esse "estado de coisas" consolidado no âmbito da comunidade de consumo no mundo contemporâneo, direcionando-se para a proteção integral da vida animal.

Ademais, está vigente no ordenamento jurídico brasileiro o art. 32, *caput* da Lei nº 9.605, de 12/12/1998, Lei dos Crimes Ambientais, que prevê a detenção de três meses a um ano e multa a quem praticar ato de abuso, maus-tratos, ferir ou mutilar animais silvestres, domésticos ou domesticados, nativos ou exóticos. Dispõe, ainda, que incorrerão nas mesmas penas aqueles que realizarem experiência dolorosa ou cruel em animal vivo, ainda que para fins didáticos ou científicos, quando existirem recursos alternativos, sendo a pena aumentada de um sexto a um terço, se ocorrer

91. Tércio Sampaio Ferraz Jr. faz menção ao conceito de *animal laborans* formulado por Hannah Arendt – na obra *A condição humana* – que, refletindo sobre o que os homens fazem na era moderna (a chamada *vita activa* em contraposição à *vita contemplactiva*), definiu três atividades principais que correspondem às condições básicas da vida humana (os pressupostos da condição humana): o labor (atividade do trabalho), o trabalho (obra ou fabricação) e a ação. O *labor* (trabalho) é a atividade inerente ao corpo humano no que tange à exigência de manter-se vivo. O labor é a condição de vida comum a homens e a animais sujeitos à necessidade de prover sua própria subsistência, assim o uso da denominação *animal laborans* para o homem enquanto ser que labora para prover a sua própria subsistência. O *trabalho* (obra) é a atividade correspondente à criação de coisas artificiais, diferentes do ambiente natural, correspondendo ao caráter não natural da existência humana, estando associado ao *homo faber*. Finalmente, a *ação* é a única atividade que se dá diretamente entre os homens, sem mediação de qualquer objeto natural ou artificial e corresponde à condição humana da pluralidade, pois todos são seres humanos e racionais. (Cf. Hannah Arendt, *A condição humana*, 10. ed., Rio de Janeiro: Forense Universitária, 2008).

92. Tércio Sampaio Ferraz Jr. *Introdução ao estudo do direito*: técnica, decisão, dominação. 5. ed. São Paulo: Atlas, 2007, p. 28.

a morte do animal (o art. 32, § 1º). Portanto, é considerado crime qualquer conduta que cause danos aos animais em experimentos científicos quando existirem meios alternativos ao uso desses procedimentos, o que efetivamente há, conforme demonstrou Maria Webb, conferindo a natureza jurídica de ilícito penal às práticas de vivissecção de animais.

Há nítida proibição jurídica ao uso dos métodos vivisseccionistas, seja oriunda de normas infraconstitucionais, seja da própria Constituição de 1988 (art. 225, § 1º, inciso VII) que acolheu a proteção integral da vida e da dignidade dos animais não humanos, pois existem meios alternativos ao experimento com animais que são mais eficientes quanto às possibilidades de estudo e demonstração, sobretudo em face do desenvolvimento tecnológico-científico, no nível nacional e internacional, vivenciado na comunidade do século XXI.

A compreensão da ilicitude que envolve as práticas da vivissecção, no ordenamento jurídico brasileiro, não pode ser dissociada de uma interpretação dos princípios constitucionais norteadores do direito da vida (princípio da dignidade do animal não humano, princípio do desenvolvimento sustentável, princípio do poluidor-pagador, princípio da prevenção, princípio da participação e princípio da ubiquidade), pois "são o conjunto de normas que espelham a ideologia da Constituição, seus postulados básicos e seus fins (...) são as normas eleitas pelo constituinte como fundamentos ou qualificações essenciais da ordem jurídica que institui".[93]

Dessa maneira, o regime jurídico-constitucional, delineado após 1988, considerou o valor intrínseco da vida, da dignidade dos animais não humanos e da dignidade da vida em geral, caminhando rumo a um contrato socioambiental, protegendo os animais da "coisificação" vigente sob a égide do contrato social antropocentrista e afastando quaisquer condutas "ditas éticas" no âmbito da vivissecção. Esse novo referencial refletiu-se nas normas infraconstitucionais, em especial na Lei de Crimes Ambientais que proibiu o uso da experimentação animal, pois não há que se pensar em ética e em princípios éticos na vivissecção, pois ela, em si mesma, implica o uso de práticas cruéis e degradantes que mutilam e ceifam a vida de milhares de animais.

5. Considerações finais

O homem não é o senhor absoluto da natureza e dos animais, não podendo usá-los como bem quiser, mas tem o dever de protegê-los, respeitando sua dignidade e seus direitos como um guardião da flora e da fauna, pois esse papel é condição de garantia da própria existência da vida humana no planeta Terra devido à interdependência entre todos os seres vivos no meio ambiente (a ideia de "teia da vida" de Fritjot Capra).

Os animais possuem vida e *animus* e, como está sendo demonstrado cientificamente, são seres sencientes, ou seja, têm a capacidade de ter conhecimento de si mesmos, de fruir sentimentos e sensações, tanto de alegria e de bem-estar quanto de

93. Luís Roberto Barroso, *Interpretação e aplicação da Constituição*: fundamentos de uma dogmática constitucional transformadora. 6. ed. rev., atual. e ampl. São Paulo: Ed. Saraiva, 2008, p. 151.

dor e de sofrimento, não podendo ser considerados como simples coisas ou bens na forma simplista apregoada pela lei civil.

É necessário que o homem compreenda e aceite a dignidade dos animais não humanos à luz do *biodireito constitucional*, pois eles possuem o valor *vida*, avançando a ideia de proteção do direito da vida numa visão *biocêntrica ou ecocêntrica*. A Constituição de 1988 ao estabelecer no art. 225 que "todos" têm direito ao meio ambiente ecologicamente equilibrado e à sadia qualidade de vida não fez distinção entre seres humanos, animais ou vegetais, pois todas as formas de vida foram protegidas. O inciso VII, § 1º, art. 225, vedou expressamente as práticas que provoquem a extinção de espécies ou submetam os animais à crueldade, sinalizando em prol do reconhecimento da dignidade inerente a todas as formas de vida não humanas (flora e fauna).

No âmbito dessa visão biocêntrica, os experimentos científicos com animais vivos (a vivissecção) devem ser totalmente proibidos porque representam práticas cruéis que causam sofrimento e matam vidas inocentes, afrontando a Declaração Universal dos Direitos dos Animais e demais pactos e tratados internacionais relativos à proteção do meio ambiente, violando, ainda, os princípios constitucionais da dignidade e da vida.

Independentemente do procedimento ou método utilizado, a vivissecção é sempre profundamente dolorosa e traumatizante para os animais utilizados, pois se trata da ceifação da vida com vistas a atender aos interesses utilitaristas do ser humano. Há alternativas ao uso da experimentação com animais vivos, evitando o sofrimento de milhões de seres inocentes, pois cabe ao **biodireito constitucional** estabelecer limites no intuito de que os métodos vivisseccionistas não permaneçam incólumes no mundo ético-jurídico.

Desse modo, a Constituição brasileira de 1988, ao consagrar o direito da vida e a dignidade do animal não humano como princípios basilares (art. 225) e ao proibir as práticas de tortura e de crueldade contra os animais (art. 225, § 1°, inciso VII), não havia recepcionado a Lei nº 6.638/1979 que era ilegal e inconstitucional e, no tocante à Lei nº 11.794/2008, verifica-se que está eivada do vício da inconstitucionalidade porque afronta flagrantemente os princípios constitucionais de tutela da vida, incluindo, a dignidade do animal não humano. Ademais, essa norma está em patente conflito com o art. 32 da Lei nº 9.605/1998 – Lei de Crimes Ambientais (norma especial na seara criminal) –, que considera a vivissecção como ilícito penal. Logo, não pode continuar vigente sob o manto da constitucionalidade e da licitude a Lei nº 11.794/2008 que protege os "eliminadores" de milhões de animais inocentes, vítimas de uma ciência utilitarista sem limites.

Portanto, no Brasil, é necessária a proibição ampla e total no uso da vivissecção como método de pesquisa científica e empresarial, no intuito de que se garanta efetivamente a valorização da vida e da dignidade do animal não humano em respeito às diretrizes constitucionais que caminharam rumo a um contrato socioambiental no presente Estado Democrático e Social de Direito, protegendo os animais da "coisificação" excludente que ainda persiste no século XXI no âmbito da chamada "comunidade de consumo".

6. Referências bibliográficas

ABBAGNANO, Nicola. *Dicionário de filosofia*. Revisão da tradução e tradução dos novos textos Ivone Castilho Benedetti. 5. ed., São Paulo: Ed. Martins Fontes, 2007.

ALVES, Maria Júlia Manso; COLLI, Walter. "Experimentação com animais: uma polêmica sobre o trabalho científico". *Revista Ciência Hoje*. São Paulo: Universidade de São Paulo, v. 39, n. 231, out. 2006, pp. 24-29.

ARENDT, Hannah. *A condição humana*. 10. ed., Rio de Janeiro: Forense Universitária, 2008.

BARROSO, Luís Roberto. *Interpretação e aplicação da Constituição:* fundamentos de uma dogmática constitucional transformadora, 6. ed. rev., atual. e ampl. São Paulo: Ed. Saraiva, 2008.

BÍBLIA Sagrada. Tradução, introdução e notas de Ivo Storniolo. São Paulo: Paulus, 1990.

CAPRA, Fritjot. *A teia da vida*: uma nova compreensão científica dos sistemas vivos, trad. Newton Roberval Eichemberg, 10. ed., São Paulo: Cultrix, 2000.

CASTRO, João Marcos Adede y. *Direito dos animais na legislação brasileira*. Porto Alegre: Sergio Antonio Fabris Editor, 2006.

DALLARI, Dalmo de Abreu. *Elementos de teoria geral do Estado*. 21. ed. atual. São Paulo: Ed. Saraiva, 2000.

DICIONÁRIO Houaiss Eletrônico, disponível em: <http:www.houaiss.uol.com.br>.

DINIZ, Maria Helena. *O estado atual do biodireito*. 6. ed. rev., aum. e atual. São Paulo: Ed. Saraiva, 2009.

DWORKIN, Ronald. *Levando os direitos a sério*. Tradução e notas de Nelson Boeira. São Paulo: Ed. Martins Fontes, 2002.

FERRAZ JR., Tércio Sampaio. *Introdução ao estudo do direito:* técnica, decisão, dominação. 5. ed. São Paulo: Atlas, 2007.

FIORILLO, Celso Antônio Pacheco. *Curso de direito ambiental brasileiro*. 6. ed. ampl. São Paulo: Ed. Saraiva, 2005.

GARCIA, Maria. "Biodireito constitucional: uma introdução". *Revista de Direito Constitucional e Internacional*, São Paulo: Revista dos Tribunais, ano 11, n. 42, jan.-mar. 2003.

_________. "Cabe ao direito estabelecer os limites da ciência". São Paulo: *O Estado de S.Paulo*, 09 mar. 2008, p. J4.

_________. *Limites da ciência: a dignidade da pessoa humana, a ética da responsabilidade*. São Paulo, Revista dos Tribunais, 2004.

GORDILHO, Heron José de Santana. "Direito animal: a legitimidade de ser parte, Carta Forense". São Paulo, ed. 70, maio de 2009.

GRAU, Eros Roberto. *Ensaio e discurso sobre a interpretação/aplicação do direito*. 4. ed. São Paulo: Malheiros Editores, 2006.

LEVAI, Laerte Fernando. 2. ed. rev. ampl. e atual. *Direito dos animais*. Campos do Jordão: Ed. Mantiqueira, 2004.

LEVAI, Tâmara Bauab. *Vítimas da ciência:* limites éticos da experimentação animal. Campos do Jordão: Ed. Mantiqueira, 2001.

LOURENÇO, Daniel Braga. *Direito dos animais:* fundamentação e novas perspectivas. Porto Alegre: Sergio Antonio Fabris Editor, 2008.

MAZZUOLI, Valério de Oliveira (Org.). *Coletânea de direito internacional*. 7. ed. rev., atual. e ampl. São Paulo: Revista dos Tribunais, 2009.

MIRANDOLLA, Giovanni Pico della. Discurso sobre a dignidade do homem (*Oratio de Hominis Dignitate*). Trad. Maria de Lurdes Sirgato Ganho (edição bilíngue). Lisboa: Edições 70, 2006.

MOLINARO, Carlos Alberto; MEDEIROS, Fernanda Luiza Fontoura de; SARLET, Ingo Wolfgang, FENSTERSEIFER, Tiago (Org.). *A dignidade da vida e os direitos fundamentais para além dos humanos:* uma discussão necessária. Belo Horizonte: Fórum, 2008.

MONTORO, André Franco. "Comunidade, uma nova ideologia". São Paulo: *Folha de S.Paulo*, Caderno Tendências/Debates, 24 set. 1977.

MORELI, Virgínia. "Mentes que brilham: os animais são mais espertos do que você imagina". Revista *National Geographic* Brasil, mar. 2008, pp. 30-55.

NOGUEIRA, Salvador. "Dublês de corpo". *Revista Galileu*. São Paulo: Ed. Globo. n. 202, maio 2008, pp. 38-47.

OST, François. *A Natureza à Margem da Lei: a Ecologia à Prova do Direito*. Lisboa: Instituto Piaget, 1995.

PONTIFÍCIO Conselho "Justiça e Paz". Compêndio da doutrina social da Igreja, tradução da Conferência Nacional dos Bispos do Brasil (CNBB). 3. ed. São Paulo: Paulinas, 2006.

PRADA, Irvênia. Se queremos um mundo melhor para todos, precisamos nos tornar seres humanos melhores. Entrevista concedida a "Notícias da Arca". Disponível em: <http://www.arcabrasil.org.br/noticias/301105_irvenia.html>. Acesso em: 02/04/2008.

REALE, Miguel. *Lições preliminares de direito*. 24. ed. São Paulo: Ed. Saraiva, 1999.

RODRIGUES, Danielle Tetu. *O direito & os animais:* uma abordagem ética, filosófica e normativa. Curitiba: Juruá, 2008.

RUSSELL, Bertrand. *História do pensamento ocidental:* a aventura dos pré-socráticos a Wittgenstein, tradução de Laura Alves e Aurélio Rebello. Rio de Janeiro: Ediouro, 2001.

SARLET, Ingo Wolfgang; FENSTERSEIFER, Tiago. "Algumas notas sobre a dimensão ecológica da dignidade da pessoa humana e sobre a dignidade da vida em geral". *Revista de Direito Público-IOB*, n. 19, jan.-fev. 2008, pp. 7-26.

SINGER, Peter. *Ética prática*. Trad. Jefferson Luís Camargo. 2. ed. São Paulo: Ed. Martins Fontes, 1998.

SILVA, De Plácido e. *Vocabulário jurídico*. 26. ed. atual. por Nagib Slaibi Filho; Gláucia Carvalho. Rio de Janeiro: Forense, 2005.

SILVA, José Afonso da. *Direito ambiental constitucional*. 7. ed. São Paulo: Malheiros Editores, 2007.

WEBB, Maria. Ética e interactividade no ensino/aprendizagem das ciências da vida. Disponível em: <http://www.proformar.org/revista/edicao_13/etica_interactividade.pdf>. Acesso em: 01/04/2008.

Capítulo

10

Biodiversidade e biopirataria: Proteção e combate por meio de uma consciência ética universal

Maria Cristina Cintra Machaczek*

"O homem e a natureza têm um vínculo, sem que, no entanto, se possam reduzir um ao outro."

FRANÇOIS OST

"Se o homem intervém na natureza sem abusar e sem danificá-la, pode-se dizer que intervém não para modificar a natureza, mas para ajudar a desenvolver-se segundo a sua essência aquela da criação, a mesma querida por Deus."

PAPA JOÃO PAULO, II

Introdução

O PRESENTE CAPÍTULO consiste em expor algumas reflexões sobre a biodiversidade e o meio ambiente como realidades que existem em função do ser humano e por este necessitam ser protegidos e conservados. A degradação e a exploração dos recursos naturais no planeta Terra representam questão relevante que vem sendo combatida através da positivação de leis tanto no direito interno como no internacional, na tentativa de conter o uso abusivo dos recursos naturais, especialmente daqueles países que ainda os possuem. Para tanto, não bastam apenas leis, mas, impõe-se uma ética universal voltada às questões ambientais, além da conscientização advinda dos próprios beneficiários desses recursos.

* Advogada, graduada nas Faculdades Metropolitanas Unidas (FMU); especialista em Direito do Trabalho pela Faculdade Autômona de Direito (FADISP) e Mestranda em Direito Constitucional na Pontifícia Universidade Católica de São Paulo (PUC-SP).

1. Biodiversidade: a relação homem-ambiente

Os antigos gregos deram à terra o nome de Gaia, que simboliza a terra viva, possuindo uma natureza forte e o poder da geração. A terra é o *habitat* (casa) de todos os seres; com mais de 7 milhões de espécies e organismos vivos, possui a mais complexa e miraculosa diversidade biológica que surgiu, especialmente após o período cretáceo, oferecendo até hoje a sustentação do planeta. A mitologia grega explica a criação do mundo e dos seres; antes veio o Caos:[1]

> Uma informe e confusa massa, mero peso morto, no qual, contudo, jaziam latentes as sementes das coisas. A terra, o mar e o ar estavam todos misturados; assim, a terra não era sólida, o mar não era líquido e o ar não era transparente. Deus e a Natureza intervieram finalmente e puseram fim a essa discórdia, separando a terra do mar e o céu de ambos. Sendo a parte ígnea a mais leve, espalhou e formou o firmamento; o ar colocou-se em seguida, no que diz respeito ao peso e ao lugar. A terra, sendo mais pesada, ficou para baixo, e a água ocupou o ponto inferior, fazendo-a flutuar.[2]

Além da terra, advinda da desordem, era imprescindível a existência de um animal racional. Então, foi criado o homem à imagem e à semelhança dos deuses. Segundo conta a mitologia, "Prometeu[3] tomou um pouco dessa terra e, misturando-a com água, fez o homem à semelhança dos deuses. Deu-lhe o porte erecto, (...) de maneira que, o homem levantava cabeça para o céu e olhava as estrelas". Prometeu e seu irmão Epimeteu, concederam ao homem habilidades superiores aos dos animais no intuito de assegurar sua superioridade.[4] Prometeu foi castigado por Zeus, que o privou do fogo, pois estava inconformado com a situação de ignorância da humanidade, e entregou-o novamente aos homens juntamente com o poder do conhecimento (inteligência) sobre todas as coisas.

A exemplo da saga de Prometeu,[5] a pessoa humana busca a felicidade e a vida

1. "... para os gregos, sobretudo os pré-socráticos, a natureza *(physis)* é vista como ordem inspiradora, sobretudo no período denominado cosmológico, em que a relação entre *physis e kósmos* era fundamental [...]. Os gregos não tinham a ideia da criação como temos, pois para eles o mundo no início era um caos desordenado e, aos poucos, os deuses foram colocando cada coisa em seu devido lugar, até chegar a ordem denominada cosmos (*kósmos*)" (Josafá Carlos de Siqueira. *Ética e meio ambiente.* 2. ed. São Paulo: Edições Loyola, 2002, p. 29).
2. Thomas Bulfinch (1796-1867). *O livro de outro da mitologia grega*: (a idade da fábula); histórias de deuses e heróis. Trad. David Jardim Junior. Rio de Janeiro: Ediouro, 2005, p. 19.
3. Prometeu habitou a terra antes do homem, juntamente com seu irmão Epimeteu foram encarregados de criar o homem, e garantir-lhes, e as outras espécies animais, todos os recursos essenciais à sua existência e preservação.
4. Destaca Thomas Bulfinch que, "... o fogo lhe forneceu o meio de construir as armas com que subjugou os animais e as ferramentas com que cultivou a terra; aquecer sua morada, de maneira a tornar-se relativamente independente do clima, e, finalmente, criar a arte da cunhagem das moedas, que ampliou e facilitou o comércio" (Thomas Bulfinch, op. cit., p. 20).
5. Conforme refere Werner Jaeger: "Ésquilo descobriu nesta façanha o germe dum imortal símbolo humano: prometeu é o que traz luz à humanidade sofredora. O fogo, essa força divina, torna-se símbolo sensível da cultura. Prometeu é o espírito criador da cultura que penetra e conhece o mundo, que o põe a serviço de sua vontade por meio da organização das forças dele de acordo com os seus fins pessoais, que lhe descobre tesouros e assenta em bases seguras a vida débil e oscilante do Homem". (Werner Jaeger, *Paideia: a formação do homem grego.* São Paulo: Ed. Martins Fontes, 1979, p. 287.)

eterna movido pela curiosidade e desejos profanos.[6] Isso tem resultado na ruptura com os valores éticos podendo acarretar na consolidação da concepção utilitarista de que "bom é o que é útil".

O termo biodiversidade[7] apareceu na década de 1980 juntamente com a preocupação da degradação acelerada e generalizada da natureza e a extinção de espécies. A Convenção sobre a Diversidade Biológica (CDB),[8] proclamada em 1992, ofereceu em seu art. 2º uma definição sobre o termo biodiversidade, ou seja, "é a variedade de organismos vivos de todas as origens, compreendendo, dentre outros, os ecossistemas, terrestres, marinhos e outros ecossistemas aquáticos e os complexos ecológicos de que fazem parte: compreendendo ainda, a diversidade dentro das espécies, entre espécies, e de ecossistemas".

Portanto, a biodiversidade é a diversidade biológica que compreende a conjugação contínua da diversidade de espécies, diversidade genética, e diversidade de ecossistemas, ou seja, é a diversidade dos seres vivos em seu conjunto, incluindo o patrimônio e material genético.

Conforme ensina Milaré, antes do surgimento do termo biodiversidade, a Biogeografia cuidava da "distribuição das espécies animais e vegetais a partir dos condicionamentos de ordem biogeográfica, tais como, solo, clima, recursos hídricos existentes em determinada área".[9]

Mas, o termo biodiversidade vai além da Biogeografia, pois, contempla a biologia e a ecologia, que por sua vez englobam uma grande variedade de espécies vivas e sua associação com o ecossistema, vivendo e integrando uns aos outros. A resposta à pergunta, de onde vieram todas as espécies, ainda é objeto de estudos e descobertas; Charles Darwin, acreditou que "todos os animais se originam de quatro ou cinco formas primitivas no máximo, e todas as plantas de um número igual ou mesmo menor".[10]

Christian Lévêque ensina que a biodiversidade está ligada a três níveis biológicos hierárquicos, e é pertinente descrevê-los, nesse ponto, no sentido de esclarecer algumas concepções próprias à matéria objeto do presente capítulo:

6. Giorgio Agamben trabalha a ideia de que "sagradas ou religiosas eram as coisas que de algum modo pertenciam aos deuses". "Sacrilégio era todo ato que violasse ou transgredisse esta sua especial indisponibilidade". A palavra 'profanar' por sua vez significava restituí-las ao livre uso dos homens". Isso vale dizer que após ocorrido a profanação, a violação do que é considerado sagrado, o bem violado não mais se presta ao uso dos deuses, mas ao uso comum dos homens (Giorgio Agamben. *Profanações*. São Paulo: Boitempo, 2007).

7. Biodiversidade pode ser compreendida como "diversidade biológica, ou biodiversidade refere-se à variedade de vida no planeta terra, incluindo a variedade genética dentro das populações e espécies da flora, da fauna e de microorganismos, a variedade de funções ecológicas desempenhadas pelos organismos nos ecossistemas; e a variedade de comunidades, habitats e ecossistemas formados pelos organismos. Biodiversidade refere-se tanto ao número (riqueza) de diferentes categorias biológicas quanto a abundância relativa (equitabilidade) dessas categorias; inclui variabilidade ao nível local (alfa diversidade), complementariamente biológica entre hábitats (beta diversidade) e variabilidade entre paisagens (gama diversidade). Biodiversidade inclui, assim, a totalidade de recursos vivos, ou biológicos, e dos recursos genéticos, e seus componentes". Disponível em: <http://www.mma.gov.br/port/sbf/index.cfm>. Acesso em: 17/07/2008.

8. Em 1992, no Rio de Janeiro, houve a assinatura da Convenção sobre a Diversidade Biológica (CDB), durante a Conferência das Nações Unidas sobre o meio ambiente e o Desenvolvimento abriu-se às discussões sobre os recursos genéticos.

9. Édis Milaré. *Direito do ambiente*. São Paulo: Revista dos Tribunais, 2004, p. 209.

10. Charles Darwin. *A origem das espécies*. Trad. Eduardo Fonseca. Rio de Janeiro: Ediouro, 2004, p. 317.

> A *diversidade das espécies*: a identificação das espécies e seu inventário constituem a maneira mais simples de apreciar a diversidade biológica de uma área geográfica. Foi a evolução biológica que deu forma, no decorrer do tempo, a esta imensa diversidade de formas de espécie.
> *Diversidade genética*: cada espécie é diferente das outras de ponto de vista da sua constituição das espécies (genes, cromossomos). Da mesma forma, as pesquisas em biologia molecular colocaram em evidência a existência de uma variedade genética entre populações isoladas pertencentes a uma mesma espécie, bem como entre indivíduos no seio de uma população. A diversidade genética é o conjunto de informação genética contido dentro de todos os seres vivos, correspondendo à variabilidade dos genes e dos genótipos entre espécies e no seio de cada espécie.
> *Diversidade ecológica*: os ecossistemas estão constituídos pelos complexos de espécies (ou biogenoses) e seu ambiente físico. Distinguimos numerosos tipos de ecossistemas naturais, como as florestas tropicais, os recifes de coral, os manguezais, as savanas as tundras etc., bem como os ecossistemas agrícolas. Cada um desses ecossistemas abriga uma combinação característica de plantas e de animais. Os próprios ecossistemas evoluem em função do tempo, sob o efeito das variações climáticas sazonais ou em longo prazo (grifos do autor).[11]

Por outro lado, a exemplo de Pandora,[12] os seres humanos munidos de uma curiosidade insuperável encontraram no conhecimento e na tecnologia outro meio de corromper o espírito humano. Nesse sentido, Paulo Bonavides alerta que:

> O progresso tecnológico, desvirtuado de seus fins, degenera o homem, perverte a sociedade ao mesmo passo que fere na substância a dignidade da pessoa humana, a sua espiritualidade, os seus valores, os seus mandamentos éticos. Nisto se cifra a traição da ciência, o crime tecnológico contra a vida, a inconfidência destrutiva dos bens morais cuja privação faz a existência humana perder significado, conteúdo e verdade.[13]

A razão, *logos*, que distingue a pessoa humana dos demais seres irracionais, se não associada à ética, *êthos*, acarretará a perda da esperança e extinção da humanidade em contraprestação à violação do maior segredo do universo: o mistério da vida.

Nesse desiderato, Maria Garcia infere que "esse saber que sabemos conduz a uma ética inescapável, uma ética que emerge da consciência da estrutura biológica e social

11. Christian Lévêque. *A biodiversidade*. Trad. Valdo Mermeltein. Bauru: Edusc, 1999, pp. 16-18.
12. Segundo a mitologia, ou pelo menos nessa versão, Pandora encontrou uma caixa onde Epimeteu guardava bens malignos; eivada de muita curiosidade em descobrir, conhecer seu conteúdo a destampou, neste momento escaparam todas as pragas e coisas malignas que atingiram o homem; rapidamente ao fechar a caixa, a única coisa que restou foi a esperança. A esperança significa que ainda existe possibilidade de refutar todos os males espalhados.
13. Paulo Bonavides. "Introdução. Biodireito". Art. extraído da Carta Mensal, Rio de Janeiro, v. 47, n. 563, fev., 2002, pp. 73-81.

dos seres humanos, que brota da reflexão humana e a coloca no centro como fenômeno social construtivo".[14]

A incansável busca do conhecimento científico visando à satisfação da curiosidade e da necessidade a qualquer custo esbarra de um lado nos impeditivos legais, e de outro, nos limites impostos por uma consciência ética universal e inarredável e imprescindível, que, por sua vez, deverá prevalecer sempre que as ações humanas visem à sua própria destruição e das espécies imprescindíveis à sua sobrevivência.

1.1 Biopirataria: uma realidade danosa

A biopirataria normalmente ocorre com a transferência ilegal da biodiversidade de um país para outro, sem o pagamento de *royalties*,[15] especialmente sobre matéria-prima extraída da natureza visando à fabricação de medicamentos. Isso ocorre tendo em vista que a biodiversidade contém o patrimônio genético constituído pelo conjunto de elementos genéticos, cuja finalidade é manter as espécies vivas e, esses recursos são objeto de desejo e cobiça, principalmente, dos países que normalmente não os possuem.

Nas palavras de David Hathaway, a biopirataria significa "a apropriação, [....] de materiais biológicos, genéticos, e/ou dos conhecimentos comunitários associados a eles em desacordo com as normas sociais, ambientais e culturais vigentes, e sem o consentimento prévio fundamentado de todas as partes interessadas".[16]

Contudo, a biopirataria da biodiversidade, além de ser uma prática ilegal, acarreta danos à própria natureza, pois existem espécies animais e vegetais que não podem ser adaptadas em ambientes diferentes da original, podendo inclusive resultar em danos irreversíveis ao meio ambiente, como a proliferação de pragas e doenças.

Acrescente-se também, que os danos à biodiversidade não provêm somente do comércio ilegal ou ilícito de espécies vivas, mas também existem outras causas, as quais são elencadas por Édis Milaré[17] por riscos globais e locais. Os riscos globais, explica o autor, advém do efeito estufa com a ruptura da camada de ozono (ozônio O3)[18] e "alterações climáticas e as radiações nucleares [...]". Em consequência, esses riscos globais, acarretam "sequelas difíceis de prever e avaliar, uma vez desencadeado o processo, é praticamente impossível mantê-lo sob controle". Os riscos locais são vários, como: "erosão do solo, a desertificação, os desmatamentos e queimadas, a caça e a pesca predatória [...]".[19] Dessa forma, Édis Milaré conclui que:"

14. Maria Garcia. *Limites da ciência*. A dignidade da pessoa humana. A ética da responsabilidade. São Paulo: Editora Revista dos Tribunais, 2004, p. 31.

15. A Lei nº 9.279/96, que reza sobre a Lei das Patentes, prescreve que países que utilizarem matéria prima de outros, especificamente para fabricação de medicamentos, pagarão *royalties*

16. Artigo sobre biopirataria no Brasil de David Hathaway. "Seria melhor mandar ladrilhar, biodiversidade: como, para que e por quê". Organização Nurit Bensusan. São Paulo: Petrópolis; Brasília: Ed. UNB, 2008, p. 182.

17. Édis Milaré, op. cit., p. 212.

18. Ozono (O3), ou Ozônio, significa: "variedade alotrópica do oxigênio formada na alta atmosfera que serve de filtro de radiações ultravioleta nocivas aos seres vivos" (Houaiss, Antônio e Villar, Mauro de Salles. Minidicionário: Houaiss da língua portuguesa. Rio de Janeiro: Objetiva, 2004, p. 539).

19. Idem, ibidem, p. 212.

> ... é preciso notar que os riscos globais resultam da soma das causas locais. É sabido que a destruição da biodiversidade tem sua gênese maior na destruição dos *habitats*. E tais fenômenos e causas têm em sua origem, de modo geral, interesses econômicos ou ações mal orientadas, decorrentes da falta de consciência científica ou ética a respeito das intervenções que afetam radicalmente os recursos naturais e o equilíbrio do meio.[20]

A legislação brasileira, além de escassa, não abrange todas as situações que possam combater de forma efetiva a exploração ou a comercialização da biodiversidade. No âmbito internacional, o único instrumento normativo que faz menção e indica medidas de combate à biopirataria é a Convenção da Diversidade Biológica. Porém, para alcançar resultados positivos no combate à biopirataria, por causa da extensão do território brasileiro, o Estado necessita implementar políticas públicas no âmbito do direito ambiental, no sentido de promover a preservação e defesa da biodiversidade. Não restam dúvidas, especialmente diante do atual cenário, de que a melhor forma de repelir as ameaças à biodiversidade e reforçar o comprometimento da comunidade em relação ao ambiente é por meio de sua conscientização daquela.

1.2 Exploração e dominação da biodiversidade

O desenvolvimento tecnológico trouxe avanços e retrocessos. Hoje o ser humano vive à margem de um desenvolvimento sustentável, pois, utilizamos os recursos naturais da terra e de outros seres vivos, inclusive o humano, como se fossem fontes inesgotáveis. Todos, indistintamente, somos responsáveis pela proteção e manutenção da biodiversidade, independentemente de interesses egoísticos que venham colocar em risco a manutenção da vida humana, animal ou vegetal na terra.

Vale lembrar que a exploração da biodiversidade brasileira pelos estrangeiros data desde a colonização e ainda prossegue de forma irregular, especialmente para fins comerciais e pesquisas científicas. Na história do Brasil é relatada a cobiça dos portugueses pelos recursos naturais, a exemplo cita-se a forma como exterminaram o pau-brasil, uma árvore nativa brasileira que foi utilizada precipuamente para fabricação de móveis e extração de sua essência corante. Esse triste evento ajudou a devastar a Mata Atlântica e também os animais silvestres ali existentes. Porém, esse foi somente o início de uma história baseada na exploração dos recursos naturais existentes no território brasileiro, pois passados aproximadamente 500 anos de exploração, parece que essa situação está longe de ser revertida.

Diante desse cenário, faz-se necessário a promoção de uma conscientização geral visando divulgar a importância e a necessidade da preservação dos recursos naturais, no sentido de que os mesmos não devam ser destinados a simples objeto de desejo e consumo indiscriminado, mas apenas para suprir as carências essenciais da pessoa humana.

---

20. Idem, ibidem, p. 212.

Para alcançar esse fim, Nalini propõe que devemos "formar uma consciência ambiental ética, contudo, mostra-se como única alternativa para viabilizar a vida num planeta sujeito a tantas degradações. Uma ética ambiental que inverta a pretensiosa concepção de que a natureza é apenas um meio e os objetivos do homem o único fim".[21]

Acrescenta-se ainda, no sentido de reforçar as ideias expostas até aqui, a lição de Christian Lévêque, que ensina que a pessoa humana tem três razões para dar atenção à questão da biodiversidade:

> *Motivo econômico*: contribui para o fornecimento de vários produtos alimentares, é matéria-prima para as indústrias, medicamentos, materiais de construção e uso doméstico. É a base de toda a produção agrícola. Oferece perspectivas de valorização no domínio das biotecnologias. Vislumbra uma atividade econômica ligada ao turismo ou ligada à atração de paisagens.
>
> *Motivo ecológico:* mantém os processos de evolução do mundo vivo. Tem um papel de regulador da homeostase ambiental, contribui para a fertilidade do solo e sua proteção, assim como para a regulação do ciclo hidrológico, tem a capacidade de absorver e decompor poluentes orgânicos e participa da purificação das águas.
>
> *Motivos éticos e patrimoniais:* o homem tem o dever moral de não eliminar as outras formas de vida; segundo os princípios de igualdade entre gerações, nós devemos transmitir aos nossos filhos a herança que recebemos. Os ecossistemas naturais e suas espécies são verdadeiros laboratórios para se compreender os processos de evolução. A biodiversidade está carregada de normas de valor; aquilo que é vulnerável, aquilo que é bom para o homem e para a sobrevivência da humanidade.[22]

Nota-se que o ser humano, ao exercer a dominação sobre a natureza e sobre si mesmo, transformou a natureza em simples "cenário no centro do qual reina o homem, que se autoproclama, 'dono e senhor'".[23] A biodiversidade, suporte direto da vida, vem sendo explorada continuamente desde sua existência, de forma incontrolável, como se os recursos fossem eternos e totalmente autopoiéticos. Associado a essa questão, o crescimento demográfico no mundo acelerou a derrubada da cobertura florestal do planeta, transformando-a em áreas agrícolas, e a consequente perda de espécies nela existentes.

A equivocada interpretação conferida ao pensamento aristotélico, de que as criações naturais tinham uma razão de existir e o papel dos seres humanos em relação aos animais está descrito na Bíblia, ofereceu ensejo a uma dominação tirana do ser humano sobre os demais seres vivos. Para quem aceita essa hipótese, pode ser um ponto de partida o contido em Gênesis 1,26: "Deus disse: Façamos o homem a nossa imagem

21. Jose Renato Nalini. *Ética ambiental*. Campinas: Millennium Editora, 2003, p. XXXV.
22. Christian Lévêque, op. cit., p. 246.
23. François Ost. *A natureza à margem da lei*. Lisboa: Instituto Piaget, 1997, p. 10.

e semelhança, para que domine sobre os peixes do mar, as aves do céu, os animais domésticos e todos os animais selvagens e todos os répteis que se arrastam sobre a terra".

Em nosso sentir, à luz de uma interpretação sistemática, o termo dominação, usado em Gênesis, está relacionado primeiramente ao poder racional inerente dos seres humanos e sua relação de dependência com a natureza, indispensável à sua própria sobrevivência. O ser humano, em virtude de suas carências, necessita não somente procurar, mas produzir seu alimento, e diante de sua fragilidade física comparada à de muitos animais irracionais torna-se caçador-dominador.

A afirmação contida em Gênesis 1,28: "Crescei e dominai a terra", não pode ser interpretada de forma literal, entendida como a liberdade para dominar e explorar a terra de modo irresponsável. Essa afirmação bíblica não pode ser tida como um exemplo a ser seguido, pois na Bíblia existem muitas passagens que emprestam ao ser humano o papel de protetor da natureza e dos animais, por exemplo, quando Deus incumbiu Noé de salvar e preservar todos os animais, vegetais e a própria vida humana. Em outra passagem, lê-se: "Javé Deus tomou o homem e colocou-o no jardim paradisíaco do Éden de delícias para o cultivar e guardar" (Gn 2,15). Isso significa dizer que os seres humanos, embora ocupem a posição central de toda criação, uma vez que são dotados de razão, encontram-se vinculados à natureza. Essas argumentações tocam no cerne da importância da natureza para existência humana.[24]

A necessidade do ser humano de possuir coisas além de suas necessidades essenciais faz com que as ações perpetradas em busca de sua sobrevivência resultem numa sequência de destruição e domínio sobre os recursos naturais – muitos dos quais, talvez nem sejam descobertos. No Brasil, restam menos de 8% de Mata Atlântica, que sobreviveram e tentam sobreviver ao flagelo imposto em nome do progresso. O desafio da conservação da biodiversidade consiste em ampliar o alcance da ação de economias baseadas na diversidade, descentralizar e reduzir o alcance das economias baseadas em monoculturas, e incentivar a sustentabilidade.[25]

Conforme análise de Eliana Fonte,[26] já estamos usando 45% do total líquido de produtividade da terra e 55% da água disponível. A autora ressalta, ainda, que na época da revolução industrial, há 250 anos, havia 1 bilhão de pessoas no planeta e que em 1950 havia 2,5 bilhões de pessoas. Hoje somos 6 bilhões, e há uma expectativa de que em 2020 chegaremos a 12 bilhões. Existe um estado latente de crise entre o ser humano e a natureza, para o qual impõe limites ao seu poder de persuasão racional sobre o irracional.

Aristóteles, ao tratar da natureza humana, concluiu que o homem é um ser social, "um animal político", e que desde seu nascimento necessita da presença do outro

24. A visão de que o homem é o centro do universo faz parte da concepção antropocêntrica, em contraponto com a visão ecocêntrica. Esse pensamento foi difundido na história com os filósofos que entendiam os seres humanos superiores aos demais seres vegetais e animais. Assim, Protágoras (481 a.C.–411 a.C) afirmou que "o homem é a medida de todas as coisas"; Aristóteles (384 a.C.–322 a.C) disse que os animais não têm outra finalidade senão de servir ao homem.

25. Shilva Vandana. *Biopiratаria:* a pilhagem da natureza e do conhecimento. Petrópolis: Vozes, 2001, p. 98.

26. Eliana Maria Gouveia Fontes. "Painel sobre a proteção jurídica da biodiversidade. Brasília: *E. CUJ*, n. 8, maio-ago. 1999, pp. 119-142.

para sobreviver em sociedade. Nesse diapasão, acrescente-se a dependência da pessoa humana em relação aos animais e vegetais. Ao contrário de nossos ancestrais, dependentes apenas dos recursos da natureza, estamos criando um abismo instransponível desvalorizando a natureza e supervalorizando a tecnologia. Por exemplo, cada vez mais a humanidade fabrica carros, que embora essencial nos grandes centros, tornou-se um grande vilão emissor de poluentes e consequentemente destruidor da natureza. Nessa esteira, ressalta-se que, infelizmente, os meios de transporte público nas grandes cidades do território brasileiro são ineficientes e não suprem as necessidades da comunidade.

A dominação humana sobre os recursos naturais aliada a um desenvolvimento desequilibrado e irresponsável nos transforma em escravos de uma sociedade irracional em busca de um desejo profano. Boaventura de Sousa Santos alerta que, apesar de todo avanço tecnológico, no século XXI morreram mais pessoas de fome:

> A promessa da dominação da natureza, e do seu uso para o benefício comum da humanidade, conduziu a uma exploração excessiva e despreocupada dos recursos naturais, à catástrofe ecológica, à ameaça nucelar, à destruição da camada de ozono, e à emergência da biotecnologia, da engenharia genética e da consequente conversão do corpo humano em mercadoria última. A promessa de uma paz perpétua, baseada no comércio, na racionalização científica dos processos de decisão e das instituições, levou ao desenvolvimento tecnológico da guerra e a um aumento sem precedentes do seu poder destrutivo. A promessa de uma sociedade mais justa e livre, assente na criação da riqueza tornada possível pela conversão da ciência em força produtiva, conduziu à espoliação do chamado Terceiro Mundo e a um abismo cada vez maior entre o Norte e o Sul.[27]

Urge (re)pensar sempre que seremos vítimas de nosso próprio delito: a degradação da biodiversidade. Os resultados são visíveis, em todas as esferas – política, econômica e social. A tecnologia não impediu as mudanças climáticas, a escassez de recursos hídricos e a falta de incentivo à monocultura, ao contrário, ela resultou em aumento da exclusão social – ao fazer com que indivíduos abandonem a terra natal e se vejam obrigados a viver em grandes centros urbanos para obter outros meios de subsistência.

A visão do ser humano, de que o mundo é somente destinado ao seu uso, vem com a necessidade de sobrevivência. Aristóteles reconheceu que "as plantas foram criadas por causa dos animais e os animais por causa do homem", Protágoras afirmou que "o homem é a medida de todas as coisas". Interessante observar que tomar essas máximas em sua literal interpretação significa dizer que os bens valiosos que o ser humano necessita para sua existência podem ser simplesmente "coisificados", perde-se, com

27. Boaventura de Sousa Santos. *A crítica da razão indolente:* contra o desperdício da experiência. Para um novo senso comum. A ciência, o direito e a política na transição paradigmática. 6. ed. São Paulo: Cortez, 2007, p. 56.

isso, o vínculo e os limites da relação humana com a natureza. Como bem enfatizou François Ost, "como qualquer outra espécie, o homem, só pela sua presença, pesa sobre os ecossistemas que o abrigam".[28] Isso reforça a necessidade de um pensamento ecocêntrico.

1.3 Consciência ético-ambiental

Heráclito, filósofo grego pré-socrático, ensinou que "na circunferência de um círculo, o começo e o fim são comuns".[29] Também é dele a colocação de que "o ethos é o destino de cada homem". O ser humano se esforça para alcançar coisas que o levarão à felicidade, e apropria-se da natureza para que esta sirva aos seus propósitos. Giorgio Agamben, ao dispor sobre o meio de alcançar a felicidade e a relação com a ética e a moral, afirmou que "viver bem e viver feliz são duas coisas diferentes".[30] Isso não significa dizer que a felicidade é merecida mesmo que alcançada por caminhos tortuosos.

Considerando o ser humano em relação aos animais, o primeiro é um ser com carências, nasce frágil e sem autonomia de movimentos; ao nascerem adquirem sua independência em poucos dias. Isso quer dizer que os animais nascem ajustados ao meio ambiente, e a pessoa humana, para sobreviver e suprir suas necessidades biológicas, ajusta para si o meio ambiente através da sua capacidade natural de aprendizado e adaptação. Assim, como forma de suprir essas carências e tornar a vida mais confortável, a pessoa procura criar artifícios e maquinários.

A "revolução científica" iniciada no século XVI através de Copérnico, Galileu e Newton influenciou no surgimento de uma "revolução industrial" que, por sua vez, deu ensejo ao desenvolvimento tecnológico, a qual proporcionou na aquisição de novos meios de consumo de massa e na manutenção do capitalismo. Como adverte Boaventura de Sousa Santos,[31] "[...] o risco é atualmente o da destruição maciça através da guerra ou do desastre ecológico; a opacidade é atualmente a opacidade dos nexos de causalidade entre as ações e suas consequências [...]".

Exercício de poder, ou não, para o bem ou para o mal, a ciência moderna conduz e provoca uma fase de transição, pois ao mesmo tempo que traz esperança, semeia dúvidas. Nas palavras de Boaventura de Sousa Santos, "se uns parecem sustentar, de modo convincente, que a ciência moderna é a solução de nossos problemas, outros parecem defender, com igual persuasão, que a ciência moderna é ela própria parte dos

---

28. François Ost, op. cit., pp. 30-34.
29. Heráclito (500 a.C.) é considerado pelos filósofos o precursor da ética, "mostra que existe uma razão, um logos, imanente no universo, que se mostra na oposição e dos contrários. Ess/te logos, não está na superfície mas, na profundidade das coisas. Há na natureza uma harmonia invisível feita na oposição. A natureza ama ocultar-se e nunca manifesta-se claramente aquilo que é". (Josafá Carlos de Siqueira. *Ética e meio ambiente*. 2. ed. São Paulo: Edições Loyola, 2002, p. 32).
30. Giorgio Agamben, op. cit., p. 23.
31. "A ciência e a tecnologia aumentaram a nossa capacidade de ação de uma forma sem precedentes e, com isso, fizeram expandir a dimensão espaço-temporal dos nossos atos. Enquanto anteriormente os atos sociais partilhavam a mesma dimensão espaço-temporal das suas consequências, hoje em dia a intervenção tecnológica pode prolongar as consequências, no tempo e no espaço, muito para além da dimensão do próprio ato através de nexos de causalidade cada vez mais complexos e opacos". (Boaventura de Sousa Santos, op. cit., p. 58).

nossos problemas".[32] Essa preocupação não há de ser apenas com o fim último que a pessoa humana visa alcançar com a ciência, mas, sobretudo com os meios empregados para alcançar os possíveis resultados.

Propagar a ideia de uma ética ambiental pode ser um grande desafio que só será enfrentado por meio da promoção de informações destinadas aos atores sociais sobre o uso responsável e sustentável da natureza em prol da conservação do que ainda existe. Somos levados a crer que o crescimento tecnológico trará a liberdade e a felicidade; no mundo contemporâneo, onde consumismo e egocentrismo são meios de prazer, já não é suficiente buscar a satisfação das necessidades essenciais para sobrevivência. Esperamos sempre que algo satisfaça nossas carências, nos alienem da realidade, mesmo que para isso nos tornemos menos humanos. Impõe-se destacar a afirmação de Karl Max[33] de que o ser foi substituído pelo ter, e quanto mais se tenha, mais alienada será a vida.

Diante das questões levantadas até aqui, provavelmente a geração futura não terá oportunidade de conhecer e usar os recursos hoje existentes – talvez reste pouco para compor uma segunda arca de Noé.

Reafirmando a necessidade de uma conscientização voltada aos princípios fundados na ética, Naline ressalta que "somente a ética[34] poderia resgatar a natureza, refém da arrogância humana".[35]

Mas que ética seria essa? Max Weber[36] fala sobre a ética da responsabilidade, na medida em que somos responsáveis pelos atos previsíveis, melhor dizendo, devemos responder pelas consequências previsíveis de nossos atos, uma vez que é inaceitável abrir qualquer concessão ao princípio de que os fins justificam os meios. As leis de proteção à diversidade ambiental não têm surtido efeito, por isso, urge a necessidade de uma conscientização coletiva sobre as consequências dos atos (in)voluntários em relação à vida humana, animal e vegetal.

Na lição de Aristóteles "prazer e dor se estendem pela vida inteira, dando força e movimento à virtude e a vida feliz: pois que todos procuram as coisas agradáveis e fogem às dolorosas", em contrapartida, a felicidade seria o "fim das ações humanas".[37] A felicidade e o caminho para alcançá-la distinguem o ser humano dos demais, pois

32. Idem, ibidem, p. 58.
33. Karl Max. *The abolition of men: Haw Education Develops Man's Sense of Morality*. Nova York: Macmillan Publishing.
34. Com relação à ética insta acrescentar o pensamento de Fábio Konder Comparato em que "O sistema ético em vigor na sociedade exerce sempre a função de organizar ou ordenar a sociedade, em vista de uma finalidade geral. Não existe ordem social desvinculada de um objetivo último, pois é justamente em função dele que se pode dizer se o grupo humano é ordenado ou desordenado; se se está diante de uma reunião ocasional de pessoas, ou de uma coletividade organizada"(p. 23), "... para a introdução de novos valores, ou a defesa dos que já vigoram no meio social, não basta o recurso à força. É indispensável um mínimo de justificação ética. A consciência do bem e do mal, como o consequente sentimento de justiça ou injustiça, é inerente à condição humana"(p. 25), "... os perigos do desenvolvimento da técnica sem um correspondente progresso ético são claramente apontados" (p. 35). "... à medida que o homem acumula saber tecnológico nos mais diferentes campos, ele se sente efetivamente 'senhor e possuidor da natureza' como disse Descartes". (Fábio Konder Comparato. *Ética: direito, moral, religião no mundo moderno*, São Paulo: Companhia das Letras, 2006, p. 45).
35. Jose Renato Nalini. *Ética ambiental*. 2. ed. Campinas: Millennium Editora, p. 2.
36. Max Weber. *A política como vocação. Ciência e política – Duas vocações*. São Paulo: Cultrix, 1993, pp. 113-115.
37. Aristóteles. *A Ética*. Trad. e notícia histórico-biográfica Cássio M. Fonseca. Coleção Universidade. Rio de Janeiro: Ediouro, pp. 131, 151ss.

aquele possui razão, é capaz de raciocinar, governa os demais seres no sentido de realizar sua felicidade.

Na visão utilitarista,[38] os animais e os vegetais se prestariam a mera utilidade, na medida em que, o ser humano para atingir seus fins utiliza-se de "meios" considerados sagrados e vitais à sua própria existência. Segundo Jeremy Bentham, o termo utilidade está relacionado à:

> ... propriedade existente em qualquer coisa, propriedade em virtude da qual o objeto tende a produzir ou proporcionar benefício, vantagem, prazer, bem ou felicidade (tudo isso, no caso presente, se reduz à mesma coisa), ou, (o que novamente equivale à mesma coisa) a impedir que aconteça o dano, a dor, o mal, ou a infelicidade para a parte cujo interesse está em pauta; se essa parte for a comunidade em geral, tratar-se-á da felicidade da comunidade, ao passo que, em se tratando de um indivíduo em particular, estará em jogo a felicidade do mencionado indivíduo.[39]

"Como forma de minimizar os efeitos nefastos da visão utilitarista, é premente a implantação de uma concepção com ações e comportamentos voltados a um comportamento ético e consciente em relação aos meios de sobrevivência, os quais o desordenado progresso científico coloca em risco e os subjugam a meros instrumentos utilizáveis e coisificados pelo ser racional. A pesquisa e a biotecnologia avançam rapidamente, por questões econômicas, e é humanamente impossível avaliar os riscos e consequências dessa prática.

Porém, até que ponto a ciência e o desenvolvimento tecnológico irão contribuir para diminuir as desigualdades sociais, acabar com a fome ou aumentar a solidariedade em nome da dignidade humana?

A promoção de uma ética ambiental deve ser implementada tendo como fundamento a defesa do patrimônio ambiental de toda a coletividade e, consequentemente, isso resultará em mudanças de hábitos, estilo de vida e de pensamento. Mesmo porque é ilusão pensar que, um dia, mesmo diante de todos os possíveis avanços nas áreas da medicina e tecnologia, seremos beneficiários de inventos que tornem nossa vida mais confortável e feliz. Cada ação corresponderá a uma reação. Por isso, a ética (*êthos*) deve preceder a toda ação ou comportamento social, individual, político, científico, administrativo ou profissional, no sentido de minimizar ou então anular as consequências advindas da própria natureza.

Hans Kung[40] salienta a importância e urgência de uma ética mundial, ou seja, uma consciência ética voltada a toda humanidade com o fim de manter sua sobrevivência

---

38. Segundo Antonio Marchionni, "os utilitaristas adotam como princípio basilar do agir humano a inexistência de qualquer regra vinda do passado". (Antônio Marchionni. *Ética*: a arte do bom. Petrópolis: Vozes, 2008, p. 215).

39. Jeremy Bentham. *Uma introdução aos princípios da moral e da legislação*. Trad. Luis João Baraúna. 2. ed. São Paulo: Abril Cultural, 1979, p. 4.

40. *"Y, sin moral, sin normas éticas universalmente obligantes, sin global Standards, las naciones se van a ver abocadas, por decenios de acumulación de problemas, a una crisis colapsante, es decir, a ala ruina econômica, el desmoronamiento social y la catastrofe política"* (Hans Kung. *Proyecto de una Ética Mundial*. Madrid: Trotta, 1990, p. 43).

na terra. Para que exista responsabilidade nas ações em prol da preservação do planeta Terra, é necessário um comprometimento incondicional e verdadeiramente humano frente aos desafios impostos pela modernidade. Kung assinala que, desde a 1ª Guerra Mundial, a ciência tem-se desenvolvido ilimitadamente, e as consequências se mostram perigosas para as gerações futuras. Como exemplo, o autor cita a energia nuclear e a tecnologia genética: "*Si exige, pues, una nueva ética preocupada por el futuro respetuosa de la naturaleza*".[41]

Acrescente-se ainda, a veemência do comentário de Paulo Bonavides em que: "vida, ética e direito são três faces desta larga problemática, que se torna cogente e imperativa em busca de soluções impostergáveis, ante aos desafios, às ameaças, às incertezas, às apreensões causadas no mundo moral e jurídico pelos avanços materiais da ciência e da tecnologia da vida".[42]

Ilya Prigogine, ao criticar a visão racionalista da ciência moderna, concebeu uma nova reflexão sobre a complexidade e as incertezas advindas da criatividade do ser humano, pois no seu sentir o homem é parte integrante da natureza, assim afirmou que nasceu uma nova ciência trazendo consigo conceitos novos acarretando "processos irreversíveis de não equilíbrio, o aparecimento na terra seria inconcebível".[43]

1.4 Educação ambiental

Educar significa, sinteticamente, ensinar, instruir, criar com o fim de desenvolver as aptidões físicas e mentais da pessoa humana. Ou seja, através da educação são adquiridas concepções éticas, artísticas, intelectuais, dentre outras, necessárias para adquirir o respeito aos direitos e liberdades inerentes à pessoa humana, para que se torne capaz de exercer sua cidadania.

A Constituição Federal de 1988 trata da educação ambiental como direito de todos a um meio ambiente ecologicamente equilibrado impondo à coletividade o dever de defender e preservar o meio ambiente. A concretização de uma educação ambiental, constitucionalmente assegurada e garantida a todos, constitui relevante ação estatal, tanto no combate à destruição quanto na preservação da natureza, em razão da realidade de alienação ditada pelo desenvolvimento tecnológico; no combate à destruição e ao mesmo tempo na preservação ambiental.

É necessário provocar os meios de comunicação com o fim de divulgar e informar a respeito de questões ambientais para toda sociedade. Além disso, é preciso desenvolver e incrementar a educação ambiental nas escolas, para que o maior número de indivíduos tenha acesso às informações necessárias para estabelecer um verdadeiro vínculo de respeito à natureza.

41. Idem, ibidem, p. 49.
42. Paulo Bonavides. "Introdução ao biodireito". Art. extraído da Carta Mensal, Rio de Janeiro, v. 47, n. 563, pp. 73-81, fev., 2002, p. 74.
43. Ilya Prigogine. *O fim das certezas*. Tempo, Caos e as Leis da Natureza. Trad. Roberto Leal Ferreira. São Paulo: Unesp, p. 12.

A respeito da necessidade da veiculação da informação, Lydia Feito Grande, enfatiza essa importância, pois, é tratada como um instrumento de poder, mas um poder–liberdade que o indivíduo tem de optar:

> *En el ambito de los seres humanos la información és poder porque amplia el campo de la libertad, entendida como capacidade de elección. Por eso quién dispone de una información que afecta a otros sujetos y no se le ofrece, está adquiriendo sobre ellos un domínio, una capacidad de dominarlos, que puesta en marcha se convierte en instrumentalización. Quien detenta el monopolio de la información puede conducir a quienes carecen de Ella donde él desea, sin que ellos lo advirtan.*[44]

A educação ambiental, "nos estimula a refletir e repensar as práxis sociais, dentro de modelos contínuos e permanentes",[45] educando a pessoa humana para ter conhecimento e reconciliar-se com a natureza, com o meio ambiente em que vive e dele depende. Não bastam apenas leis, "promover a educação ambiental em todos os níveis de ensino e conscientização pública para a preservação do meio ambiente constitui meio de conscientização ecológica que propiciará, no futuro, o exercício de práticas conscientemente preservacionistas".[46] Note-se que, novamente, retornamos o centro da questão ambiental, que é a conscientização, por meio da educação.

2. Meios de proteção legal: do Código Civil à Convenção da Diversidade Biológica (CDB)

Por que proteção ambiental? Para os ativistas do utilitarismo ou aqueles que ignoram a importância dos recursos naturais para preservação da vida humana na terra, propõe com muita clareza José Afonso da Silva:

> A *proteção ambiental*, abrangendo a preservação da natureza, em todos os seus elementos essenciais à vida humana e à manutenção do equilíbrio ecológico, visa tutelar a qualidade do meio ambiente em função da *qualidade de vida*, como uma forma de direito fundamental da pessoa humana.[47]

É notório que o mundo vive um cotidiano de degradação ambiental ilimitada, acarretando o desequilíbrio da diversidade biológica. Em 1972, realizou-se, em Estocolmo,[48] a Conferência das Nações Unidas[49] sobre o Meio Ambiente Humano, onde foram

44. Lydia Feito Grande. *Estudios de Bioética*. Madrid: Editorial Dynkinson, 1997, p. 44.
45. Josafá Carlos de Siqueira, op. cit., p. 65.
46. José Afonso da Silva, op. cit., p. 53.
47. Idem, ibidem, p. 59.
48. Esclarecendo, "A Declaração de Estocolmo abriu caminho para que as Constituições supervenientes reconhecessem o meio ambiente ecologicamente equilibrado como um direito fundamental entre os direitos sociais do homem, com sua característica de direitos a serem realizados e direitos a não serem perturbados" (José Afonso da Silva, op. cit., p. 70).
49. Nessa assembleia houve a necessidade de estabelecer uma visão geral e princípios comuns que serviriam de inspiração para a humanidade na preservação e conservação do ambiente humano, sendo estabelecido no seu primeiro enunciado que "o homem tem o direito fundamental à liberdade, à igualdade e ao desfrute de condições de vida adequadas, em

acirraradas as discussões sobre a necessidade de uma Convenção Internacional que estabelecesse obrigações a serem cumpridas pelos países signatários no intuito da conservação da biodiversidade, seu uso sustentável, o acesso à tecnologia, entre outros temas. Esse diálogo global resultou na Convenção da Diversidade Biológica.

Nessa conferência foi proclamada a Declaração do Meio Ambiente com 26 princípios fundamentais, que discorrem sobre o valor do meio ambiente e medidas a serem tomadas no sentido de sua proteção e preservação. Posteriormente, outros princípios foram acrescentados no que refere ao desenvolvimento sustentável e ao meio ambiente os quais conferem e reafirmam, de um lado, o direito ao desenvolvimento e, de outro, o direito a uma vida saudável. Dentre os princípios destacam-se três, a saber: considerar o valor intrínseco da biodiversidade, ou seja, além de encarar a biodiversidade como recurso explorável, valorizar as propriedades fundamentais, como a manutenção do equilíbrio ecológico e a diversidade genética, além dos aspectos sociais, científicos, educacionais, recreacionais e estéticos; reafirmar o direito soberano dos Estados sobre seus próprios recursos biológicos e genéticos; reafirmar a responsabilidade dos Estados pela conservação de sua biodiversidade e pela utilização sustentável de seus recursos biológicos.

Esses princípios reafirmam valor da biodiversidade; e como acrescenta José Joaquim Canotilho Gomes que, além de um direito do ambiente, é necessário um direito de proteção do ambiente, pois:

> A ideia de proteção especificamente referenciada ao ambiente significa, desde logo, que o Estado tem o dever: (1) de combater os perigos (concretos) incidentes sobre o ambiente, a fim de garantir e proteger outros direitos fundamentais imbricados com o ambiente (direito à vida, à integridade física, à saúde; (2) de proteger os cidadãos (particulares) de agressões ao ambiente e a qualidade de vida perpetradas por outros cidadãos (particulares).[50]

O termo "meio ambiente" foi tratado somente com o advento da Constituição de 1988, em seu art. 225, *caput*, (Capítulo VI do Título VIII – "Da Ordem Social"). Isso resultou na positivação e na formação de um "direito ao meio ambiente".[51] Além disso, foi reconhecida outra dimensão de direitos fundamentais calcados na fraternidade.

O meio ambiente é um bem jurídico que deve ser tutelado e protegido por todos, cabendo ao Poder Público, por meio de ações concretas, defendê-lo e preservá-lo.

Alguns doutrinadores enquadram o meio ambiente entre os direitos de terceira geração, os quais são, nas palavras de Paulo Bonavides:

---

um meio ambiente de qualidade que lhe permita levar uma vida digna e gozar do bem-estar, e é portador solene da obrigação de proteger e melhorar o meio ambiente, para as gerações presentes e futuras".

50. José Joaquim Gomes Canotilho. *Estudo sobre direitos fundamen*tais. São Paulo: Ed. Revista dos Tribunais; Coimbra: Coimbra Editora, 2008, p. 188.

51. Direito do meio ambiente: "considerando como complexo de princípios e normas coercitivas reguladoras da atividade humanas que, direita ou indiretamente, possam afetar a sanidade do ambiente em sua dimensão global, visando a sua sustentabilidade para as presentes e futuras gerações" (Édis Milaré, op. cit., p. 134).

> Dotados de altíssimo teor de humanismo e universalidade, os direitos da terceira geração tendem a cristalizar-se no século XX enquanto direitos que não se destinam especificamente à proteção dos interesses de um indivíduo, de um grupo ou de um determinado Estado. Tem primeiro por destinatário o gênero humano mesmo, num momento expressivo de sua afirmação como valor supremo em termos de existencialidade concreta.[52]

Jose Afonso da Silva leciona que o direito ambiental é ramo do Direito Público, "tal é a forte presença do Poder Público no controle da qualidade do meio ambiente, em função da qualidade de vida concebida como uma forma de direito fundamental da pessoa humana; especialmente o é o Direito Ambiental Constitucional".[53] A defesa do meio ambiente está prevista na Constituição de 1988, como um princípio da atividade econômica (inciso VI, art. 170), uma vez que cabe à ordem econômica assegurar a todos uma vida digna conforme os ditames da Justiça Social.

Nesse desiderato, é certo que não se trata, simplesmente, do direito ao meio ambiente, mas de um meio ambiente "ecologicamente equilibrado" – o que é imprescindível para a qualidade de vida –, cabendo ao direito impor os devidos limites.

A competência para regular o acesso à biodiversidade está prevista no art. 24, inciso VI, da Constituição Federal brasileira, onde se lê que compete à União, aos Estados e ao Distrito Federal legislar concorrentemente sobre florestas, caça, pesca, fauna, conservação da natureza, defesa do solo e dos recursos naturais, proteção do meio ambiente e controle da poluição. Também foi estabelecida uma competência concorrente entre os Estados-Membros da Federação para legislar sobre a preservação dos recursos genéticos nativos e produtos derivados, em face do relevante interesse público envolvido.

Mesmo antes da Conferência de Estocolmo, o Brasil já tinha leis relacionadas ao meio ambiente. No período republicano, com o Código Civil de 1919, foram elencadas algumas normas de cunho ecológico destinadas à proteção de direitos privados relativos a conflitos de propriedade. Posteriormente, surgiram alguns diplomas legais sobre o meio ambiente, dentre eles destacamos:

> Decreto nº 16.300, de 31/12/1923 – Regulação da saúde pública.
> Decreto nº 23.793, de 23/01/1934 – Código Florestal.
> Decreto nº 24.643, de 10/07/1934 – Regulamento de defesa sanitária vegetal.
> Decreto nº 24.643, de 10/07/1934 – Código de Águas.
> Decreto-Lei nº 25, de 30/11/1937 – Patrimônio Cultural (organiza a proteção do patrimônio histórico e artístico nacional).
> Decreto-Lei nº 794, de 19/10/1938 – Código de Pesca.
> Decreto-Lei nº 1.985, de 29/01/1940 – Código de Minas.

52. Paulo Bonavides. *Curso de direito constitucional.* São Paulo: Malheiros Editores, 2003, p. 569.
53. José Afonso da Silva, op. cit., p. 41.

Decreto-Lei nº 2.848, de 07/12/1940 – Código Penal.
Lei nº 4.504, de 30/11/1964 – Estatuto da Terra.
Lei nº 4.771, de 15/09/1965 – Código Florestal.
Lei nº 5.197, de 03/01/1967 – Proteção à Fauna.
Decreto-Lei nº 221, de 28/02/1967 – Código de Pesca.
Decreto-Lei nº 227, de 28/02/1967 – Código de Mineração.
Decreto-Lei nº 248, de 28/02/1967 – Política Nacional de Saneamento. Básico.

Decreto-Lei nº 303, de 28/02/1967 – Criação do Conselho Nacional de Controle da Poluição Ambiental.
Lei nº 5.318, de 26/09/1967 – Política Nacional de Saneamento.
Lei nº 5.357, de 17/11/1967 – Estabelece penalidades para embarcações e terminais marítimos ou fluviais que lanarem detritos ou óleo em águas brasileiras.
Decreto-Lei nº 1.413, de 14/08/1975 – Controle da poluição do meio ambiente provocado por atividades industriais.
Lei nº 6.938, de 31/08/1981 – Lei da Política Nacional do Meio Ambiente.
Lei nº 7.347, de 24/07/1985 – Ação Civil Pública.
Lei nº 9.605, de 12/02/1998 – Lei dos Crimes Ambientais.

A legislação infraconstitucional de proteção ao meio ambiente necessita caminhar junto e na mesma velocidade do progresso tecnológico e científico, especialmente com o fim de coibir de forma eficaz as causas que levam à degradação da diversidade ecológica. Mas somente uma grande variedade de legislação ambiental não é o bastante, é preciso sua real aplicação e concretização por parte dos poderes públicos exigindo seu cumprimento. Além disso, como já exposto neste capítulo, é necessário a consecução de políticas públicas destinadas a afirmar e reafirmar a conscientização dos cidadãos e sua responsabilidade social frente aos recursos naturais.

Para tentar frear a destruição e ao mesmo tempo recuperar os recursos naturais foi necessário, por meio de discussões, reiniciar os trabalhos na União Internacional de Conservação da Natureza (UICN),[54] na década de 1980, e posteriormente, mesmo diante de um cenário de conflitos de interesses entre os diversos países, culminou em 1992, na elaboração do texto final da Convenção da Diversidade Ecológica, e sua entrada em vigor em 29/12/1993.

A missão e o objetivo dos trabalhos realizados para a realização da Convenção da Diversidade Biológica (CDB) também incluíram consolidar os documentos já existentes sobre a conservação e preservação ambiental. Essas ações resultaram no texto final, que por sua vez, consagra em seu artigo primeiro, três obrigações a serem obedecidas

54. A UICN é uns organismos internacionais independentes, fundados em 1948, com sede na Suíça, que coopera com a Organização das Nações Unidas e outras agências internacionais. Tem como missão promover medidas de conservação da natureza, a partir de uma base científica, sendo composta de organizações não governamentais, agências governamentais e representações de mais de cem países e mais de 5 mil voluntários.

pelos países signatários, quais sejam: (1) a conservação da biodiversidade biológica, (2) a utilização sustentável de seus componentes e (3) a repartição justa e equitativa dos benefícios derivados da utilização dos recursos genéticos, a transferência de tecnologias pertinentes e o financiamento adequado.

Como infere Sarita Albagli,[55] existe uma dificuldade em "prover um estatuto jurídico, por meio desta convenção, tendo em vista a soberania dos Estados nacionais sobre seus recursos naturais (genéticos e biológicos)". Diz que "embora, a CDB tenha força de lei nos países que a ratificaram, não está assegurado o seu cumprimento, pois, no plano interno dos países o abandono do princípio da herança comum e a afirmação do princípio da soberania dos Estados...". Isso porque, a Declaração do Rio de Janeiro de 1992 adotou o mesmo princípio esculpido na Carta das Nações Unidas, que diz que "os Estados em conformidade com a Carta das Nações Unidas e os princípios de direito internacional, têm o direito soberano de explorar seus recursos naturais de acordo com suas próprias políticas".

2.1 A Constituição de 1988

Conforme já exposto anteriomente, o termo é previsto na Constituição de 1988, em um capítulo que integra o título da Ordem Social. Assim, o meio ambiente, consta no Capítulo VI – "Do Meio Ambiente". Cita-se abaixo a previsão constitucional que trata sobre o direito ao meio ambiente e as formas de sua preservação:

> *Art. 225. Todos têm direito ao meio ambiente ecologicamente equilibrado, bem de uso comum do povo e essencial à sadia qualidade de vida, impondo-se ao Poder Público e à coletividade o dever de defendê-lo e preservá- lo para as presentes e futuras gerações.*
> *§ 1º Para assegurar a efetividade desse direito, incumbe ao Poder Público:*
> *I - preservar e restaurar os processos ecológicos essenciais e prover o manejo ecológico das espécies e ecossistemas;*
> *II - preservar a diversidade e a integridade do patrimônio genético do País e fiscalizar as entidades dedicadas à pesquisa e manipulação de material genético;*
> *III - definir, em todas as unidades da Federação, espaços territoriais e seus componentes a serem especialmente protegidos, sendo a alteração e a supressão permitidas somente através de lei, vedada qualquer utilização que comprometa a integridade dos atributos que justifiquem sua proteção;*
> *IV - exigir, na forma da lei, para instalação de obra ou atividade potencialmente causadora de significativa degradação do meio ambiente, estudo prévio de impacto ambiental, a que se dará publicidade;*

55. Sarita Albagli ainda revela a dificuldade de "prover um estatuto jurídico, por meio desta Convenção, tendo em vista a soberania dos Estados nacionais sobre seus recursos naturais (genéticos e biológicos)". Diz que embora "a CDB tenha força de lei nos países que a ratificaram, não está assegurado o seu cumprimento, pois, no plano interno dos países o abandono do princípio da herança comum e a afirmação do princípio da soberania dos Estados" (Sarita Albagli. Convenção sobre a diversidade biológica: uma visão a partir do Brasil. In: Irene Garay e Bertha K. Becker (Org.). *Dimensões humanas da biodiversidade.* Petrópolis: Ed. Vozes, 2006, p. 116).

> *V - controlar a produção, a comercialização e o emprego de técnicas, métodos e substâncias que comportem risco para a vida, a qualidade de vida e o meio ambiente;*
> *VI - promover a educação ambiental em todos os níveis de ensino e a conscientização pública para a preservação do meio ambiente;*
> *VII - proteger a fauna e a flora, vedadas, na forma da lei, as práticas que coloquem em risco sua função ecológica, provoquem a extinção de espécies ou submetam os animais a crueldade.*
> *§ 2º Aquele que explorar recursos minerais fica obrigado a recuperar o meio ambiente degradado, de acordo com solução técnica exigida pelo órgão público competente, na forma da lei.*
> *§ 3º As condutas e atividades consideradas lesivas ao meio ambiente sujeitarão os infratores, pessoas físicas ou jurídicas, a sanções penais e administrativas, independentemente da obrigação de reparar os danos causados.*
> *§ 4º A Floresta Amazônica brasileira, a Mata Atlântica, a Serra do Mar, o Pantanal Mato-Grossense e a Zona Costeira são patrimônio nacional, e sua utilização far-se-á, na forma da lei, dentro de condições que assegurem a preservação do meio ambiente, inclusive quanto ao uso dos recursos naturais.*
> *§ 5º São indisponíveis as terras devolutas ou arrecadadas pelos Estados, por ações discriminatórias, necessárias à proteção dos ecossistemas naturais.*
> *§ 6º As usinas que operem com reator nuclear deverão ter sua localização definida em lei federal, sem o que não poderão ser instaladas.*

Tendo em vista a previsão constitucional de proteção e defesa do meio ambiente, pode-se afirmar serem atitudes e condutas impostas a todos, indistintamente. Isso porque, como alerta José Afonso da Silva,[56] ao conceituar a palavra "ambiente", infere que ela "indica a esfera, o círculo, o âmbito que nos cerca, em que vivemos". O autor adverte ainda que a palavra "meio" significa o mesmo que ambiente, mas é assim usado no sentido de reforçar-lhe o sentido oferecendo mais precisão de significado. O autor enfatiza que:

> O conceito de meio ambiente há de ser, pois, globalmente, abrangente em toda a natureza original e artificial. Bem como os bens culturais correlatados, compreendendo, portanto, o solo, a água, o ar, a flora, as belezas naturais, o patrimônio histórico, artístico, turístico, paisagístico e arqueológico.[57]

Nesse sentido, a palavra "meio ambiente" designa não somente a biodiversidade, matéria objeto do presente estudo, mas também outros elementos necessários ao desenvolvimento da vida.

Outro conceito legal de meio ambiente que fornece importantíssimos e preciosos aspectos no campo jurídico, foi proclamado pela Lei nº 6.938/1981 (Política Nacional

56. José Afonso da Silva, op. cit., p. 19.
57. Idem, ibidem, p. 20.

do Meio Ambiente), no art. 3º, I: "o conjunto de condições, leis, influências e interações de ordem física, química e biológica, que permite, abriga e rege a vida em todas as suas formas", e conjugado com o inciso V, esclarece que são recursos ambientais: "a atmosfera, as águas interiores, superficiais e subterrâneas, os estuários, o mar territorial, o solo, o subsolo, os elementos da biosfera, a fauna, a flora".

3. O meio ambiente como um bem jurídico

O mundo tem passado por severas transformações desde a 2ª Grande Guerra Mundial, exigindo do direito que acompanhe essas mudanças. Se por um lado o avanço da tecnologia trouxe benefícios e conforto, por outro criou novos riscos sociais que acarretaram mudanças de pensamento e comportamento da sociedade. Com o advento da Carta Magna de 1988, tendo em vista a complexidade dos bens jurídicos ambientais, a tutela ambiental se estendeu a vários bens. Édis Milaré, ao tratar do meio ambiente como um bem jurídico autônomo consagrado na Constituição, diz que ao

> se incluir na Constituição o meio ambiente como um bem jurídico autônomo, a Carta brasileira erigiu-o à categoria de um daqueles valores ideais da ordem social, dedicando-lhe, a par de uma constelação de regras esparsas, um capítulo próprio, que definitivamente institucionalizou o direito ao ambiente sadio como um direito fundamental do indivíduo.[58]

Se assim é, insta ressaltar que a proteção do meio ambiente é condição necessária à preservação de outro valor fundamental: o direito à vida previsto no art. 5º, da Constituição de 1988. Por isso, o meio ambiente foi considerado um bem jurídico sujeito de direitos, sobre os quais o ordenamento jurídico já prescreve tutelas específicas e capazes de assegurar sua proteção e defesa. .

3.1 Bem jurídico: um conceito amplo

O ser humano em razão de suas carências físicas e psíquicas, está sempre à procura de coisas que deseja, e pelas quais disputa, para satisfação ou para atender necessidades próprias e a busca da plena felicidade. Por isso, se o objeto de desejo é um bem relevante, indispensável e perseguido, necessita ser protegido através de normatização. Em consequência, o bem tutelado, legalmente, passa a ser um bem jurídico. Em sentido mais amplo, o bem jurídico pode ser concebido como tudo aquilo que tem valor para a pessoa humana. Normalmente, o termo "bem jurídico" é utilizado no ramo do direito penal no sentido de tutela através do direito de um bem valioso e procurado.

Não é muito explorado pela doutrina, a relação existente entre bem jurídico e o meio ambiente. Mas, pode-se dizer que o meio ambiente é um bem jurídico, uma vez que aquele refere-se a um bem valioso e fundamental à existência e manutenção dos seres (humano, animal e vegetal) na terra.

58. Édis Milaré, op. cit., p. 306.

Para Maria Helena Diniz, bem jurídico significa:

> ... bem individual, que é, concomitantemente, bem social protegido pela ordem jurídica, sendo punido aquele que atentar contra ele, por ser fundamental ao indivíduo e à sociedade. O direito, ao protegê-lo, está garantindo a manutenção e o desenvolvimento do indivíduo como membro da sociedade como unidade de indivíduos.[59]

O conceito de bem jurídico normalmente é usado em direito penal com o fito de legitimar e dar validade às normas penais, sob o argumento de que não pode haver lei penal sem bem jurídico para tutelar. A concepção de bem jurídico do direito penal, entretanto, migrou para outras áreas do direito visando regular condutas diversas, situações e temas, como no caso do meio ambiente como um bem jurídico constitucionalmente tutelado.

Aproveitamos a explicação de forma sucinta, porém clara, de Régis Luiz Prado, que concebe que "o bem jurídico em sentido amplo é tudo aquilo que tem valor para o ser humano".[60] Ainda, o autor considera o bem jurídico como coisas, valores materiais ou imateriais, que têm um sentido e valem pelo que são.

A despeito da dificuldade de encontrar um significado preciso de bem jurídico, Maria da Conceição Ferreira da Cunha[61] apresentou duas teorias que partem da perspectiva da criminalização, ou seja, a chamada teoria funcionalista de Amelung e a teoria do consenso de Habermas. Maria da Conceição Ferreira da Cunha entende que a teoria de Amelung[62] não é capaz de proteger a pessoa humana contra a instrumentalização imposta pelo sistema, e nesse caso seria necessário recorrer a outras instâncias para impor limites ao próprio sistema, evitando assim danos à pessoa.

Contrário à teoria de Amelung, em que a pessoa humana seria destinada a mero instrumento, Emanuel Kant enalteceu a importância da pessoa humana ao afirmar que:

> O homem e, de uma maneira geral, todo ser racional existe como fim em si mesmo, não como meio para o uso arbitrário desta ou daquela vontade. Pelo contrário, de todas as duas ações, tanto as que se dirigem a ele mesmo como as que se dirigem a outros seres racionais, ele tem sempre de ser considerado simultaneamente fim (...) Os seres cuja existência depende, não em verdade da nossa vontade, mas da natureza, têm, contudo, que são seres irracionais, apenas um valor relativo como meio, e por isso se chamam coisas, ao passo que os

59. Maria Helena Diniz. *Dicionário jurídico*. São Paulo: Ed. Saraiva, v. 1, 2005.

60. Régis Luiz Prado. *Bem jurídico penal e Constituição*. São Paulo: Revista dos Tribunais, 1997, p. 18.

61. Maria da Conceição Ferreira da Cunha. *Constituição e Crime. Uma Perspectiva da Criminalização e da Descriminalização*. Porto: Editora Universidade Católica Portuguesa, 1995, pp. 70-114.

62. Teoria de Knut Amelung; jurista alemão que escreveu em 1972 a obra *Rechtsgurterschutz und Schutz der Gesellschaft* [Proteção dos bens jurídicos e proteção da sociedade] com o propósito de orientar o legislador, desenvolveu uma teoria em que pretendia encontrar um conceito de danosidade social com inspiração iluminista, contrário à visão positivista, sem entrar no mérito da teoria do bem jurídico, ou seja, fora da teoria do bem jurídico. Recorreu à doutrina funcionalista, onde o que importa é a funcionalidade do sistema, tendo o direito apenas como garantidor de funções e estruturas (manter certa ordem).

> seres racionais se chamam pessoas, porque a sua natureza os distingue já como fins em si mesmos, quer dizer, como algo que não pode ser empregado como simples meio e que, por conseguinte, limita nossa medida todo o arbítrio.[63]

Sinteticamente expondo, consta na teoria do Consenso de Jürgen Habermas que o conceito de bem jurídico deveria ser baseado no consenso racional, de forma que o ponto de partida da avaliação da legitimidade das decisões deve estar fundado no "consenso social",[64] na medida em que, para criminalização das condutas, é necessária uma uniformidade de decisões racionais advindas da sociedade e não impostas através do sistema. Ou seja, cabe ao direito, na procura de uma decisão racional, garantir a existência de um diálogo isento de subordinação ou dominação, em que se cria oportunidade de participação aos destinatários das normas. Na opinião de Maria da Conceição Ferreira da Cunha, essa concepção, apenas contribui para apontar um processo legítimo para se atingirem, de uma forma evolutiva, a verdade e justiça, através de um processo isento e racional.

Finalmente, pode-se afirmar que a biodiversidade é um bem jurídico, e como tal deve ser tutelado através de leis eficientes, tanto no plano nacional como no plano internacional, de forma que impeça sua utilização para fins egoísticos, utilitaristas ou até políticos. Contudo, aliado a esse conjunto normativo é necessário que a pessoa humana adote comportamentos racionais e éticos, visando, acima de tudo, preservar e garantir a diversidade biológica ainda existente, imprescindível à preservação da própria vida humana."

4. Considerações finais

A biopirataria é uma ação perpetrada contra a biodiversidade, uma vez que há a transferência da diversidade biológica de forma ilegal e desordenada de um país para outro, normalmente com finalidades comerciais e pesquisas. Essa ação é facilitada por

---

63. Immanuel Kant. *Fundamentação da metafísica dos costumes*. São Paulo: Editora Abril, Coleção Os Pensadores, 1973.

64. Habermas entendeu necessário desenvolver uma teoria e se propôs ressaltar o agir socialmente, com a participação e integração do cidadão na sociedade. Mas essa teoria, embora valorosa, não tem aplicabilidade no campo prático, pois o que é válido para uma pessoa pode não ser para outra. Não existe um princípio universal do agir direcionado a todos os indivíduos (Maria da Conceição Ferreira da Cunha, op. cit.). Nesse sentido, insta acrescentar alguns esclarecimentos sobre a teoria de Habermas em que indaga se as sociedades complexas podem formar uma Identidade Racional de si mesmas. Essa tese adveio de Hegel, em que, a sociedade moderna encontrou sua identidade racional no Estado constitucional soberano e cabe à filosofia, representar essa identidade como racional. O autor considera impossível devido à legitimação do Estado imaginar que uma doutrina filosófica, tal como a religião, seja capaz de se tornar bem comum da inteira população. Também foi procurada em Luhmann a resposta para entender como as sociedades complexas podem construir uma identidade racional de si mesmas, que afirma que as sociedades complexas não são mais capazes de produzir identidade através da consciência dos membros de seu sistema. Luhmann leva em conta que a "evolução social foi além da situação na qual tenha sentido referir o homem às relações sociais". Por isso, o autor critica essas afirmações através da teoria dos sistemas: uma integração suficiente de sistemas da sociedade não representa nenhum equivalente funcional para a medida exigida de integração social. Não existe possibilidade de conservar um sistema social se não forem satisfeitas as condições de conservação de seus membros. Ele conclui afirmando que, em sociedades complexas, caso se pudesse formar uma identidade coletiva, ela teria a forma de uma identidade própria da comunidade, das que formam discursiva e experimentalmente o seu saber relacionado à identidade através de projeções de identidade concorrentes entre si, ou seja, na "memória crítica da tradição" ou estimuladas pela ciência, pela filosofia e pela arte. Jürgen Harbermas. *Reconstrução do materialismo histórico*. 2. ed. São Paulo. Ed. Brasiliense, 1990.

falta de uma legislação específica que defina as regras de uso dos recursos naturais brasileiros. Os prejuízos são imensuráveis, por isso, faz-se necessário instituir programas e políticas voltados a uma educação ambiental, no intuito de restabelecer o vínculo e o compromisso da pessoa humana com a natureza. Além disso, também é necessário formar uma consciência ético-ambiental, para que as pessoas reconheçam que os recursos naturais não se tratam de meros instrumentos de uso incontínuo e desordenado. Esses recursos (a biodiversidade) existem para manter e preservar não apenas o equilíbrio na terra, mas a própria sobrevivência humana, por isso nossas ações devem ser guiadas por um espírito ético e responsável.

5. Referências bibliográficas

AGAMBEN, Giorgio. *Profanações*. Trad. e apresentação de Selvino José Assmann. São Paulo: Boitempo, 2007.

ARISTÓTELES. *A ética*. Trad. e notícia histórico-biográfica Cássio M. Fonseca. Coleção Universidade. Rio de Janeiro: Ediouro.

BENSUSAN, Nurit. (Org.). *Seria Melhor mandar ladrilhar, Biodiversidade: Como, para que e porque*. (A Biopirataria no Brasil, artigo de David Hathaway) São Paulo: Petrópolis; Brasília, UNB, 2008.

BENTHAM, Jeremy. *Uma Introdução aos princípios da moral e da legislação*. Trad. Luis João Baraúna. São Paulo: Abril Cultural, 1979.

BLACKBURN, Simon. *Dicionário Oxford de filosofia*. Rio de Janeiro: Jorge Zahar Editor, 1997.

BONAVIDES, Paulo. *Curso de direito constitucional*. São Paulo: Malheiros, 2003.

BULFINCH, Thomas. *O livro de ouro da mitologia grega:* (a idade da fábula); histórias de deuses e heróis. Trad. David. Jardim Junior. Rio de Janeiro: Ediouro, 2005.

CANOTILHO, José Joaquim Gomes. *Estudo sobre direitos fundamentais*. São Paulo: Ed. Revista dos Tribunais. Coimbra: Coimbra Editora, 2008.

________. Carta Mensal, Rio de Janeiro, v. 47, n. 563, fev. 2002. Artigo de Paulo Bonavides, *Introdução. Biodireito*.

COMPARATO, Fábio Konder. *Ética:* direito, moral, religião no mundo moderno. São Paulo: Companhia das Letras, 2006.

CUNHA, Maria da Conceição Ferreira da. *Constituição e crime*. Uma Perspectiva da Criminalização e da Descriminalização. Porto: Editora Universidade Católica Portuguesa, 1995.

DARWIN, Charles. *A origem das espécies*. Trad. Eduardo Fonseca. Rio de Janeiro: Ediouro, 2004.

DINIZ, Maria Helena. *Dicionário jurídico*. v. 1, 2. ed. São Paulo: Saraiva, 2005.

FONTES, Eliana Maria Gouveia. *Painel sobre a proteção jurídica da biodiversidade*. Brasília: CEJ, n. 8, pp. 119-142, maio/ago. 1999.

GARAY, Irene e Bertha K. Becker. (Orgs.). Dimensões Humanas da Biodiversidade (Artigo de Sarita Albagli. *Convenção sobre a Diversidade Biológica: Uma Visão a partir do Brasil)*. Petrópolis: Vozes, 2006.

GARCIA, Maria. *Limites da ciência. A dignidade da pessoa humana*. A ética da responsabilidade. São Paulo: Revista editora dos Tribunais, 2004.

GRANDE, Lydia Feito. *Estudios de bioética*. Madrid: Editorial Dynkinson, 1997.

HABERMAS, Jürgen. *Reconstrução do materialismo histórico*. São Paulo: Brasiliense, 1990.

JAEGER, Werner. *Paideia:* a formação do homem grego. São Paulo: Martins Fontes, 1979.

KANT, Immanuel. *Fundamentação da metafísica dos costumes*. São Paulo: Editora Abril, Coleção Os Pensadores, 1973.

KÜNG, Hans. *Proyecto de una ética mundial*. Madrid: Trotta, 1990.

LÉVÊQUE, Christian. *A biodiversidade*. Trad. Valdo Mermeltein. São Paulo: Edusc, 1999.

MARCHIONNI, Antônio. *Ética*: a arte do bom. Petrópolis: Vozes, 2008.

MAX, K. *The abolition of men: How Education Develops Man's Sense of Morality*. Nova York: Macmillan Publishing Company, XXXX.

MILARÉ, Édis. *Direito do ambiente*. São Paulo: Revista dos Tribunais, 2004.

NALINI, José Renato. *Ética ambiental*. 2. ed. Campinas: Millennium Editora, 2003.

OST, François. *A Natureza à Margem da Lei*. A ecologia à prova do direito. Lisboa: Instituto Piaget, 1995.

PONTIFÍCIO Conselho Justiça e Paz. Compêndio da doutrina social da Igreja. São Paulo: Paulinas, 2008.

PRADO, Régis Luiz. *Bem jurídico penal e Constituição*. São Paulo: Revista dos Tribunais, 1997.

PRIGOGINE, Ilya. *O fim das certezas*. 3. reimpr. Tempo, Caos e as Leis da Natureza. Trad. Roberto Leal Ferreira. São Paulo: Unesp.

SANTOS, Boaventura de Sousa. *A crítica da razão indolente:* contra o desperdício da experiência. Para um novo senso comum. A ciência, o direito e a política na transição paradigmática. São Paulo: Cortez, 2007.

SILVA, José Afonso da. *Direito ambiental constitucional*. São Paulo: Malheiros, 2003.

SIQUEIRA, Josafá Carlos de. *Ética e meio ambiente*. São Paulo: Loyola, 2002.

VANDANA, Shilva. *Biopirataria:* a pilhagem da natureza e do conhecimento. Petrópolis: Vozes, 2001.

WEBER, Max. A política como vocação. Ciência e política. Duas vocações. São Paulo: Cultrix, 1993.

Capítulo

11

O meio ambiente urbano e a sadia qualidade de vida à luz do art. 225, *caput*, da Constituição Federal de 1988

Mariana Novis*

Introdução

PRETENDE-SE ANALISAR neste capítulo alguns aspectos referentes ao *meio ambiente urbano* associado ao *direito da vida*, na forma prevista no art. 225 da Constituição Federal, ressaltando-se aqui especificamente a sua relação com a figura do Homem, matéria que acaba compreendendo igualmente parte do biodireito, campo este que abrange, de um lado, o estudo do Homem e, de outro, o seu entorno.

É comum associarmos a expressão "meio ambiente" a áreas naturais, normalmente rurais, reservando-se um importante enfoque à vegetação, como, por exemplo, a preservação de florestas. Mas a área urbana de um município, ou seja, a área em que há construções de prédios, arruamentos, praças públicas, também compõe o conceito de meio ambiente. Trata-se do que denominamos de "meio ambiente urbano" ou "meio ambiente artificial".

No meio ambiente urbano deparamo-nos com todas as preocupações socioambientais que se inserem no meio ambiente rural natural, agregando-se fortemente o fator humano e suas obras, dentre as quais

* Advogada, graduada em Direito pela PUC-SP; Especialista em Direito Administrativo pela PUC-SP; Mestranda em Direito do Estado pela PUC-SP.

merecem destaque a habitação, os meios de locomoção, as vias públicas. O conceito ora tratado compreende também as condições relativas ao ambiente de trabalho interno e externo de empresas ou indústrias.

Com a urbanização, o ser humano transformou ambientes naturais, criando outros artificialmente em uma complexa teia de obras para atender todas as suas necessidades como ser social. Tal fato implica problemas relacionados ao ambiente, sua conservação e qualidade.

Daí ser importante estudar e conhecer profundamente o meio ambiente urbano, para que se possa garantir a *sadia qualidade de vida*, expressão abarcada pela Constituição Federal de 1988, em seu art. 225, *caput*, dentro das aglomerações urbanas.

É possível constatar uma especial atenção reservada pela Lei Maior em sede de matéria ambiental relacionada à qualidade de vida através da leitura dos artigos colacionados a seguir, não se tratando de um elenco taxativo nesse sentido, mas meramente exemplificativo:

> **Art. 23, inciso VI**: estabelece a competência comum da União, dos Estados, do Distrito Federal e dos Municípios para proteção do meio ambiente e combate à poluição em qualquer de suas formas.
> **Art. 24, incisos VI e VIII**: determina a competência concorrente a cargo da União, dos Estados e do Distrito Federal para legislar sobre florestas, caça, pesca, fauna, conservação da natureza, defesa do solo e dos recursos naturais, proteção do meio ambiente e controle da poluição, além de responsabilidade por danos ao meio ambiente.
> **Art. 170, inciso VI**: classifica a defesa do meio ambiente como um dos princípios regedores da ordem econômica.
> **Art. 182, *caput***: afirma que o desenvolvimento urbano tem por objetivo ordenar o pleno desenvolvimento das funções sociais da cidade e garantir o bem-estar de seus habitantes.
> **Art. 186, inciso II**: traz a preservação do meio ambiente como um dos quesitos que compõe a função social da propriedade rural.
> **Art. 225, *caput***: consagra o direito ao meio ambiente ecologicamente equilibrado essencial à sadia qualidade de vida impondo-se ao Poder Público e à coletividade o dever de defendê-lo e preservá-lo para as presentes e futuras gerações.

Como se disse, todos esses dispositivos, ao tratarem do meio ambiente de forma explícita ou implícita, estão sempre almejando não apenas a preservação do entorno por si só, mas, em última análise, estão buscando *a preservação da sadia qualidade de vida do seres que vivem nesse entorno.*

Logo, ao se falar em preservação do meio ambiente, verifica-se um claro objetivo de se proporcionar uma *vida digna a todos*, invocando-se aqui o art. 1º, III, da Magna Carta, que versa sobre o princípio da dignidade da pessoa humana, um dos valores basilares conformador da República Federativa do Brasil.

Conclui-se, assim, que para o nosso sistema constitucional vigente não basta a garantia de que a pessoa viva, mas que viva com dignidade, qualidade. Essa a máxima que norteou o trabalho de pesquisa e a análise jurídica desenvolvidos neste capítulo.

1. Uma breve retrospectiva

Quando se fala em ambientes urbanos, há dois fenômenos que merecem destaque, especialmente no Brasil, quais sejam, (1) a rápida industrialização, notadamente a partir do pós-guerra; (2) e a urbanização acelerada que se seguiu a partir de então.

Em contrapartida, os fenômenos apontados não foram acompanhados de uma efetiva observância e aplicação de regras concernentes à proteção ao meio ambiente e ao cidadão.

Diferentemente de países desenvolvidos, como os Estados Unidos ou Alemanha, apenas a partir do ano de 1970 o Brasil começou a voltar-se para as questões ambientais, de saneamento e de controle da poluição. A partir de então, os grandes problemas ambientais do País vêm sendo identificados, mas nem sempre o controle dessas situações contam com a velocidade e a intensidade que merecem.

Aproximadamente, desde 1950, a formação das cidades brasileiras vem construindo um cenário de contrastes, típico das grandes cidades do Terceiro Mundo. A maneira como se deu a criação da maioria dos municípios acabou atropelando os modelos de organização do território e gestão urbana tradicionalmente utilizados e mostrou-se inadequada. O resultado tem sido o surgimento de cidades sem infraestrutura e desprovidas de disponibilidade de serviços urbanos capazes de comportar o crescimento provocado pelo contingente populacional que migrou para as cidades.

Os grandes assentamentos urbanos concentram também os maiores problemas ambientais, tais como poluição do ar, sonora e hídrica, e destruição dos recursos naturais. Muitas vezes, as formas de ocupação do solo, o provimento de áreas verdes e de lazer, o gerenciamento de áreas de risco, o tratamento dos esgotos e a destinação final do lixo coletado deixam de ser tratados com a prioridade que invocam. Mas os problemas ambientais e suas causas não são prerrogativas do Brasil. Outros países viveram problemas semelhantes e buscaram soluções que garantiram a qualidade de vida dos cidadãos e o simultâneo crescimento econômico.

No âmbito internacional há dois bons exemplos de superação de problemas comumente ressaltados pelos estudiosos da matéria em foco. O primeiro deles refere-se à cidade de Detroit (EUA); entre os anos de 1920 e 1930, ela foi considerada a mais poluída do mundo e hoje é uma referência no que se refere ao controle de qualidade do ar. Naquela oportunidade, os norte-americanos construíram uma mentalidade voltada para questões relacionadas à proteção da natureza e o seu entorno. Nesse ponto, verifica-se, na prática, o importante papel que a educação ambiental desempenha para fins de alcance de um meio ambiente sadio e equilibrado. O segundo exemplo é a Grã-Bretanha, onde se verificou um grande esforço no sentido de se recuperar o rio Tâmisa.

Um dos diferenciais em relação ao Brasil é que, por se tratar de um país jovem, somente na virada do último milênio começou-se a enfrentar o desafio de um desenvolvimento socioeconômico que preserve o patrimônio natural do País para as próximas gerações.

De outro lado, não se pode deixar de reconhecer que o Brasil, através de ações governamentais e de iniciativas da população, tem procurado buscar alternativas que preservem o patrimônio natural e possibilitem seu crescimento econômico. Resta saber se a legislação vigente já pode ser considerada apta para fins de enfrentamento efetivo dos problemas relacionados às questões ambientais. Antes, porém, de examinar a questão proposta, constitui uma etapa obrigatória e irrenunciável socorrer-se de uma abordagem de cunho conceitual relativa às cidades e às funções a que se acham submetidas.

2. Funções sociais e ambientais da cidade

Atualmente, pode-se dizer que certas características como posição geográfica, clima, costume local, localização das cidades em relação a outras, dentre outros fatores, determinarão que certos aspectos sejam preponderantes em cada localidade.

Neste capítulo, vamos reservar um destaque especial à repercussão de fatores ambientais nos centros urbanos, bem como apurar de que modo a seara ambiental afeta a qualidade de vida de seus habitantes.

Preliminarmente, cumpre alertar que embora a Constituição Federal de 1988 tenha conferido especial ênfase ao papel normativo a ser desempenhado pelos municípios, uma vez que tais entes são regidos por leis orgânicas próprias e podem dispor sobre questões que envolvam interesse local, é de se ressaltar que situações de ordem ambiental muitas vezes acabam por extravasar os limites geográficos das cidades, por afetar outras áreas não necessariamente delimitadas por fronteiras estabelecidas apenas a título formal, para fins políticos.

Nesse sentido, vale ressaltar um trecho de um artigo formulado por Francisco Van Acker, então assessor jurídico da Secretaria do Meio Ambiente do Estado de São Paulo:

> A Constituição Federal de 1988 fortaleceu os municípios, elevando-os à condição de partícipes da Federação, regidos por leis orgânicas próprias. Porém, de outro lado, o fato da grande maioria da população viver nas cidades faz com que deixem de ser peculiar interesse local muitas questões que antes eram resolvidas apenas no âmbito do município. (...) A tudo isso acresce que o meio ambiente, definido no art. 225 da Constituição como "bem de uso comum do povo e essencial à sadia qualidade de vida" é um bem essencialmente difuso que se caracteriza pela relação harmônica entre os diversos bens, naturais ou culturais. Destarte, não cabe limitá-los a espaços geográficos politicamente definidos, nem mesmo ao espaço nacional. (...) É por todas essas razões que a Constituição, apesar de exaltar a autonomia do município, reduziu suas competências exclusivas ao aumentar sensivelmente as matérias de competência concorrente ou comum, a cargo da União, do Estado e dos Municípios. Entre elas, o próprio ordenamento urbano e a proteção ao meio ambiente, bem difuso e sem fronteiras locais, regionais e mesmo nacionais.[1]

1. Francisco Van Acker. "O Município e o Meio Ambiente na Constituição de 1988". São Paulo: Ed. Revista dos Tribunais, *Direito Ambiental* – Revista, ano 1, jan.-mar., 1996, p. 97.

Feita essa breve e importante consideração que acaba por revelar a amplitude e o alcance que comporta a matéria ambiental, passa-se, na sequência, a tratar das funções de cunho social e ambiental que norteiam as cidades de um modo geral.

Em primeiro lugar, vale salientar que cumpre às cidades organizarem-se de tal forma que seja possível garantir, no mínimo, o atendimento às **necessidades básicas do Homem**. Para isso, algumas funções urbanas elementares são essenciais a fim de alcançar o pleno atendimento das cidades.

Há um documento em específico que cuidou de indicar as funções urbanas essenciais. Trata-se da *Carta de Atenas*, firmado na Grécia no ano de 1933. Segundo consta do seu texto, as funções básicas que toda cidade deverá sempre prover aos seus habitantes são as seguintes: **habitar, trabalhar, recrear e circular**. E constitui papel do urbanismo estabelecer normas de desenvolvimento, funcionalidade, conforto e estética da cidade. Nesse ponto, ganham relevância fatores tanto de ordem social, como ambiental das cidades.

Julio César de Sá da Rocha,[2] em obra que versa sobre a função social e ambiental da cidade, ensina-nos que "a efetivação da função social da cidade estabelece-se quando o direito à cidade pode ser exercido em sua plenitude, ou seja, a cidade cumpre sua função social quando os cidadãos possuem os direitos urbanos". Ato seguinte, o autor esclarece que o direito à cidade afigura-se como um direito difuso e, segundo o seu entendimento, "o pleno direito à cidade inclui o direito à vida com dignidade, à moradia, à alimentação, à saúde, à segurança, ao meio ambiente ecologicamente equilibrado". O teor dessa afirmação reflete-se no disposto no art. 182, *caput*, da Constituição Federal de 1988, *in verbis:*

> *Art. 182.* ***A política de desenvolvimento urbano, executada pelo Poder Público municipal, conforme diretrizes gerais fixadas em lei, tem por objetivo ordenar o pleno desenvolvimento das funções sociais da cidade e garantir o bem-estar de seus habitantes*** (grifo do autor).

É assim que, vale repisar, quando nos reportamos à **função social das cidades**, estamos basicamente nos referindo ao oferecimento de forma efetiva de boas condições de moradia, transporte, recreação e condições satisfatórias de trabalho aos moradores da cidade. O objetivo que se deve ter em mente é o de garantir o alcance do **bem-estar** por todos.

E o que se pode entender por "bem-estar"? Segundo a definição apresentada no *Dicionário Aurélio*, a expressão corresponde à "situação agradável do corpo ou do espírito; conforto". Diante disso, cabe indagar: Para garantir o bem-estar de todos, basta o atendimento à função social da cidade?

É justamente nesse ponto que entra a questão ambiental como complementar ao fenômeno social, formando-se entre eles um binômio inseparável. A função ambiental

2. Julio César de Sá da Rocha. *Função ambiental da cidade* – Direito ao meio ambiente urbano ecologicamente equilibrado. São Paulo: Ed. Juarez de Oliveira, 1999, p. 36.

da cidade estaria associada a um "conjunto de atividades que visa garantir a todos o direito constitucional de desfrutar um meio ambiente equilibrado e sustentável, na busca da sadia e satisfatória qualidade de vida, para a presente e futuras gerações".[3]

Interessante notar que a responsabilidade pela garantia da função ambiental da cidade não está exclusivamente alocada na atuação do Poder Público, mas toda a coletividade deve cooperar nesse sentido.

Nesse ponto, é de suma importância destacar o papel a ser desempenhado pela educação ambiental. Esta se presta a conscientizar toda a população sobre a importância da preservação do meio ambiente, bem como a ensinar de que forma a sociedade pode contribuir para alcançar tal desiderato.

Trata-se de ferramenta que mereceu alusão expressa na Constituição Federal e na Lei Orgânica de São Paulo. Sobre o tema, cumpre trazer à baila um breve trecho extraído da obra *Questão Ambiental Urbana – Cidade de São Paulo*, coordenada pela Prefeitura de São Paulo em conjunto com a Secretaria Municipal do Verde e do Meio Ambiente, contemplando inúmeros artigos de autoria de arquitetos e engenheiros, que faziam parte do quadro de funcionários da Administração Municipal:

> Entendemos a Educação Ambiental como um conjunto de ações que proporcionem ao indivíduo a plena consciência de que suas atitudes podem contribuir para melhorar a qualidade de vida, da qual, em última análise, ele será o maior beneficiado. (...) A Educação Ambiental desempenha o papel de auxiliar do indivíduo na percepção do espaço onde vive. A sua relação com tal espaço deve ser conquistada por intermédio de sensibilidade, percepção e reflexão.
> A conscientização constitui pré-requisito para a efetiva participação do homem no processo de preservação ambiental, desenvolvendo o sentimento de cidadania, formado de direitos e deveres.[4]

A educação no contexto ambiental invoca necessariamente o problema dos vícios negativos de comportamento do ser humano, estes, representados por atos de agressão ao meio ambiente em todas as suas facetas. É justamente nesse ponto que a educação ambiental se apresenta como um instrumento de ação para transformação da realidade. A filósofa Hannah Arendt traz o conceito de "ação" exatamente no contexto que se pretende exprimir no trecho supracitado:

> A Ação, única atividade que se exerce diretamente entre os homens sem a mediação das coisas ou da matéria, corresponde à condição humana da pluralidade, ao fato de que homens, e não o Homem, vivem na terra e habitam o mundo. Todos os aspectos da condição humana têm alguma relação

3. Mariana Senna Sant'Anna. Planejamento urbano e qualidade de vida – Da Constituição Federal ao Plano Diretor. In: Adilson Abreu Dallari e Daniela Campos Libório di Sarno (Coord.). *Direito urbanístico ambiental coordenado.* São Paulo: Ed. Fórum, p. 153.
4. Idem, ibidem, pp. 29, 30.

> com a política; mas esta pluralidade é especificamente a condição de toda a vida política.[5]

Vale dizer que, para Hannah Arendt, é através da "ação", esta não considerada simplesmente em seu caráter individual, que os homens estarão aptos a exercer influência no seu entorno, trazendo efeitos à sociedade como um todo. Daí a conexão dessa ideia com a educação na qualidade de prática social e política que, em última instância, visa à transformação da realidade.

Assim é que uma vez esclarecido o papel fundamental que exercem as funções sociais e ambientais no âmbito das cidades, bem como o peso que a educação ambiental passa a adquirir em um cenário em que a preservação ambiental constitui uma diretriz urbana fundamental, passaremos a examinar mais diretamente o objeto sobre o qual se assenta o presente capítulo: o *sentido e alcance do direito ao meio ambiente ecologicamente equilibrado associado à sadia qualidade de vida, nos termos do art. 225 da Constituição Federal de 1988.*

3. O meio ambiente ecologicamente equilibrado e a sadia qualidade de vida

Se estamos a tratar do direito constitucional ao meio ambiente ecologicamente equilibrado associado à sadia qualidade de vida, nada mais adequado que iniciar o presente tópico com o conceito legal de "meio ambiente".

José Afonso da Silva, em poucas palavras, nos traz, de forma clara e precisa, a definição de "meio ambiente" nos seguintes termos:

> O meio ambiente é, assim, a interação do conjunto de elementos naturais, artificiais e culturais que propiciem o desenvolvimento equilibrado da vida em todas as suas formas. A integração busca assumir uma concepção unitária do ambiente compreensiva dos recursos naturais e culturais.[6]

Na sequência, o autor complementa o raciocínio ressaltando a importância da preservação do meio ambiente pelo Poder Público, na medida em que "ele forma a 'ambiência' no qual se move, desenvolve, atua e se expande a vida humana".

De acordo com o art. 3º, inciso I, da Lei Federal n. 6.938/1981 que dispõe sobre a Política Nacional do Meio Ambiente, a expressão "meio ambiente" é relacionada ao "conjunto de condições, leis, influências e interações de ordem física, química e biológica, que permite, abriga e rege a vida em todas as suas formas".

Nesse ponto, torna-se inevitável destacar o conteúdo do art. constitucional 225, especialmente seu *caput*:

> *Art. 225. Todos têm direito ao meio ambiente ecologicamente equilibrado, bem de uso comum do povo e essencial à sadia qualidade de vida, impondo-se ao Poder*

5. Hannah Arendt. *A condição humana.* Rio de Janeiro: Forense Universitária, 1989, p. 15.
6. José Afonso da Silva. *Direito ambiental constitucional.* São Paulo: Malheiros Editores, 1994, p. 2.

> *Público e à coletividade o dever de defendê-lo e preservá-lo para as presentes e futuras gerações.*

Posteriormente, o § 1º do art. 225 destaca, nos sete incisos subsequentes, as condições que visam a assegurar a efetividade desse direito. O que norteou a formulação de todas as regras que se seguiram nos parágrafos seguintes foi justamente o direito garantido a todos – às presentes e futuras gerações – de desfrutarem de um meio ambiente ecologicamente equilibrado essencial a uma "sadia qualidade de vida".

Mais uma vez, vale trazer à baila o pensamento de José Afonso da Silva, sobre a sadia qualidade de vida associada à qualidade do meio ambiente:

> "A qualidade do meio ambiente em que a gente vive, trabalha e se diverte influi consideravelmente na própria qualidade de vida. O meio ambiente pode ser satisfatório e atrativo, e permitir o desenvolvimento individual, ou pode ser nocivo, irritante e atrofiante", adverte Harvey S. Perloff. A qualidade do meio ambiente transforma-se, assim, num bem ou patrimônio, cuja preservação, recuperação ou revitalização se tornou num imperativo para o Poder Público, para assegurar uma boa qualidade de vida que implica boas condições de trabalho, lazer, educação, saúde, segurança, enfim boas condições de bem-estar do homem e de seu desenvolvimento.[7]

Paulo Affonso Leme Machado, igualmente, traz importantes elementos que se inserem no conteúdo do princípio relativo à "sadia qualidade de vida", *in litteris*:

> As Constituições escritas inseriram o "direito à vida" no cabeçalho dos direitos individuais. No século 20 deu-se um passo a mais ao se formular o conceito de "direito à qualidade de vida". (...) Não basta viver ou conservar a vida. É justo buscar e conseguir a "qualidade de vida". (...) A saúde dos seres humanos não existe somente numa contraposição a não ter doenças diagnosticadas no presente. Leva-se em conta o estado dos elementos da Natureza – águas, solo, ar, flora, fauna e paisagem – para se aquilatar se esses elementos estão em estado de sanidade e de seu uso advenham saúde ou doenças e incômodos para os seres humanos.
>
> Essa ótica influenciou a maioria dos países, e em suas Constituições passou a existir a afirmação do direito a um ambiente sadio. O Protocolo Adicional à Convenção Americana de Direitos Humanos prevê, em seu art. 11, que: "1. Toda pessoa tem direito de viver em meio ambiente sadio e a dispor dos serviços públicos básicos. 2. Os Estados Partes promoverão a proteção, preservação e melhoramento do meio ambiente".[8]

7. Idem, ibidem, p. 6.
8. Paulo Affonso Leme Machado. *Direito ambiental brasileiro*. 12. ed. São Paulo, Malheiros Editores, 2004, pp. 48, 49.

Mais adiante, esse autor reconhece a estreita ligação entre sadia qualidade de vida e a existência de um meio ambiente ecologicamente equilibrado:

> "A sadia qualidade de vida só pode ser conseguida e mantida se o meio ambiente estiver ecologicamente equilibrado. Ter uma sadia qualidade de vida é ter um meio ambiente não poluído".
> Além de ter afirmado o direito ao meio ambiente ecologicamente equilibrado, a Constituição faz um vínculo desse direito com a qualidade de vida. Os constituintes poderiam ter criado somente um direito ao meio ambiente sadio – isso já seria meritório. Mas foram além.
> O direito à vida foi sempre assegurado como direito fundamental nas Constituições Brasileiras. Na Constituição de 1988 há um avanço. Resguarda-se a dignidade da pessoa humana (art. 1º, inciso III), e é feita a introdução do direito à sadia qualidade de vida.
> "São conceitos que precisam de normas e de políticas públicas para serem dimensionados completamente. Contudo, seus alicerces estão fincados constitucionalmente para a construção de uma sociedade política ecologicamente democrática e de direito."[9]

O próprio Ministério Público, ao tratar do conteúdo do art. 225, dentre outros relacionados à matéria ambiental, em sede de obra sobre temas relacionados a direito urbanístico, reforça a seguinte ideia:

> ... ao meio ambiente está vinculada a característica de sadia qualidade de vida, existindo absoluta simetria entre essa tutela e o direito à vida, pois a interpretação desses dispositivos não se resume na análise pura e simples do direito à vida humana, mas sim ao direito caracterizado pela condição de sadia qualidade de vida em todas as suas formas.[10]

Realmente não há dúvida de que o conceito de qualidade de vida está diretamente vinculado à preservação do meio ambiente, por força do já mencionado art. 225, da Carta Brasileira. A grosso modo, poder-se-ia extrair do texto constitucional a seguinte equação: **condição essencial à sadia qualidade de vida = direito ao meio ambiente ecologicamente equilibrado.**

Quando se fala em *sadia* qualidade de vida, está-se a clamar por uma vida "saudável". E o adjetivo "saudável" está intimamente relacionado ao conceito de saúde.

A Organização Mundial de Saúde classificou os elementos conformadores do estado de saúde, sendo eles: *estado de completo bem-estar físico, mental, social do ser, adequadas condições de alimentação, habitação, saneamento, educação, renda, meio ambiente, trabalho, transporte, empresa, lazer, liberdade, acesso e posse da terra e acesso a serviços de saúde.*

9. Idem, ibidem, pp. 112, 113.
10. Ministério Público do Estado de São Paulo. In: Temas de Direito Urbanístico 3, São Paulo: Ministério Público-Imprensa Oficial, 2001, p. 161.

De outro lado, é de se ressaltar que a expressão constitucional "meio ambiente ecologicamente equilibrado" não está a se referir apenas à preservação de área verde. A interpretação sistemática da nossa Constituição aponta que o conceito é muito mais amplo do que pode parecer à primeira vista e, portanto, engloba diversas facetas que não apenas a preservação do meio ambiente natural, mas também de ordem cultural, além de busca de condições para o pleno desenvolvimento das funções sociais da cidade e garantia do bem-estar geral de seus habitantes, conforme já abordado neste capítulo.

A legislação ambiental vigente tem corroborado a amplitude do tema. Por exemplo, a Lei Federal nº 9.795/1999, que dispõe sobre a Política Nacional de Educação Ambiental, estabeleceu como um de seus princípios básicos "a concepção do meio ambiente em sua totalidade, considerando a interdependência entre o meio natural, o socioeconômico e o cultural, sob o enfoque da sustentabilidade" (art. 4°, inciso II). A lei classifica, ainda, como um dos objetivos fundamentais da já aclamada educação ambiental "o desenvolvimento de uma compreensão integrada do meio ambiente em suas múltiplas e complexas relações, envolvendo aspectos ecológicos, psicológicos, legais, políticos, sociais, econômicos, científicos, culturais e éticos" (art. 5º, inciso I).

Em outras palavras, de acordo com o texto constitucional e com os conceitos apresentados, não basta simplesmente a salvaguarda do direito de viver. Todos têm direito não apenas à vida, mas, como se disse anteriormente, deve-se contar com condições de sobrevivência dotadas de qualidade.

Como se vê, o texto constitucional apresentou um importante avanço em matéria ambiental. O *caput* do art. 225 já se mostrou suficientemente robusto nesse sentido, (1) ao atribuir a *todos* – abarcadas nessa expressão as presentes e futuras gerações, brasileiros ou estrangeiros – o direito a um meio ambiente ecologicamente equilibrado; (2) ao imputar ao Poder Público e à própria coletividade o dever de defender e preservar o meio ambiente; (3) e ao classificar o meio ambiente como um bem de uso comum do povo e essencial à sadia qualidade de vida.[11]

O contexto apresentado nos aponta que a diversidade de interesses que repercutem na área do direito ambiental enseja a sua comunicação com diversos outros campos do direito. Dentre eles, merece destaque o direito urbanístico. A interação entre essas duas áreas tem sido salientada pela doutrina principalmente em vista da repercussão do direito ambiental em relação ao crescente desenvolvimento do meio ambiente artificial.

Ou seja, o direito ambiental não está mais exclusivamente debruçado no estudo do meio ambiente natural mas passou a se interessar igualmente pelo exame dos possíveis prejuízos de índole ambiental em razão dos aglomerados urbanos.

E é exatamente nesse sentido que o direito urbanístico detém um compromisso com a proteção do meio ambiente. O Estatuto da Cidade deixa claro esse vínculo logo no seu art. 1º, dentre diversos outros dispositivos, ao dispor que o diploma "*estabelece normas de ordem pública e interesse social que regulam o uso da propriedade urbana em prol do bem coletivo, da segurança e do bem-estar dos cidadãos, bem como do* ***equilíbrio ambiental***".

11. Cf. José Afonso da Silva, op. cit., p. 31.

Espera-se que a parceria delineada entre o direito urbanístico e ambiental seja um importante passo rumo ao enfrentamento dos problemas ambientais que vivenciam os grandes centros urbanos e para o alcance do principal objetivo que preconiza a nossa Constituição em seu art. 225: "*uma sadia qualidade de vida para as presentes e futuras gerações*".

4. Cidade de São Paulo: situação fática atual

Diante das considerações apresentadas até aqui, entendeu-se interessante apurar como, na prática, as questões relacionadas ao meio ambiente urbano vêm repercutindo especialmente na cidade de São Paulo. Com isso pretende-se verificar se o município hoje proporciona às gerações presentes, e é apto para viabilizar às gerações futuras, uma sadia qualidade de vida nos moldes traçados pelo art. 225 da Lei Maior.

Porém, antes de versar especificamente sobre os dados pesquisados em relação à matéria em testilha, importa, em sede de preliminar, proceder ao destaque de uma manifestação colhida em obra voltada ao estudo da origem desse município que constitui a maior metrópole brasileira. Vejamos:

> A região metropolitana de São Paulo não é aquele imenso descampado "onde um pode torar dez, quinze léguas, sem topar com casa de morador". Mas trabalhar e viver nesta cidade, que é uma das maiores aglomerações urbanas do mundo, não é nada tranquilo. (...) A insegurança dos moradores da cidade de São Paulo revela-se em vários aspectos: o medo de viver em uma cidade onde o homicídio é a principal causa de morte da população adulta e onde outras manifestações de violências vêm constantemente à tona (...) a inquietação com a saúde, diante da deterioração das condições ambientais e do depauperamento do corpo pelo trabalho; a crescente incerteza quanto ao teto próprio ou alugado (...)a precariedade dos transportes e as dificuldades de circulação num trânsito caótico.[12]

O trecho foi extraído de uma obra que, embora revele pesquisas especificamente relacionadas à cidade de São Paulo, não pretende apenas circunscrever os problemas apurados a um determinado espaço geográfico, mas utilizar os dados colhidos para tratar das soluções a serem implantadas em todas as grandes cidades, quando a comparação puder ser feita.

É importante ressaltar que, não obstante a obra tenha sido editada no ano de 1989, os mesmos problemas ainda persistem nos dias de hoje. É o que se passa a expor.

4.1 Questões urbanas que repercutem em sede ambiental

Quando nos reportamos à cidade de São Paulo, há alguns setores que de plano merecem atenção. O primeiro deles diz respeito à **moradia**. O tema é controvertido na medida em que a forma desordenada de ocupação de espaços nessa cidade resultou

12. Vinícius Caldeira Brant (Coord.). *São Paulo:* Trabalhar e viver. 1. ed. São Paulo: Ed. Brasiliense, 1989, pp. 13, 14.

em habitações dotadas de condições precárias, insalubres e perigosas, com falta de infraestrutura adequada para a manutenção de pessoas vivendo nesses locais.

Mas isso não é tudo. Outros desdobramentos redundam dessa situação. Dentre eles, cite-se o total descontrole no consumo de recursos naturais, sem contar os inúmeros casos de ocupação de áreas de proteção ambiental, como mananciais. Além da poluição das águas, agregue-se mais um ponto de extrema relevância a ser salientado. Este, como não poderia deixar de ser, corresponde à crescente **poluição do ar** em decorrência de uma série de fatores, dentre eles, o transporte de 5 milhões de automóveis. Em contrapartida, o transporte público é ainda insuficiente para deslocar a totalidade de trabalhadores que circulam da periferia à área central da cidade.

No tocante à **lazer**, as ofertas de um ambiente natural e saudável não dão conta de atender a toda a população. Basta atentar para os aspectos anteriormente abordados que, automaticamente, se pode afirmar que a população paulista – e de um modo geral verificamos o mesmo nas grandes cidades brasileiras – não conta com as funções básicas às quais as cidades devem atender, citadas na Carta de Atenas, quais sejam, *habitação, trabalho, transporte e lazer.*

Não há dúvida de que esses prejuízos decorrem de uma série de fatores mas, inegavelmente, encontra uma de suas raízes principais na ocupação indiscriminada e desordenada das áreas urbanas e seus entornos.

Os efeitos dessa situação fática, ignorada pelo Governo anos a fio, e que hoje procura-se contornar através de novos instrumentos legais, como o Estatuto da Cidade, por exemplo, conduzem à inegável conclusão de que a comunidade nesses grandes centros, quando é capaz de sobreviver, certamente, o faz sem qualidade de vida.

4.2 O problema da poluição atmosférica

A questão da poluição atmosférica constitui um tema de grande repercussão na capital paulistana, e no Estado de São Paulo como um todo. Importante lembrar que São Paulo é considerada a quinta cidade mais poluída do mundo, de acordo com pesquisas realizadas pelo Centro de Informações e Pesquisa atmosférica da Inglaterra, tomando-se por base um ranking que engloba vinte das maiores metrópoles mundiais.

A primeira importante fonte de emissão de poluente decorre da atividade industrial. O tema é tratado por uma série de diplomas legais voltados tanto para o tratamento de matéria ambiental, como para o campo do direito urbanístico visando-se, em ambos os casos, proteger o meio ambiente dos malefícios oriundos desse tipo de atividade.

Outro fator que gera poluição atmosférica em grandes proporções é a emissão de poluentes por veículos automotores. Nessa seara, a legislação ambiental é ainda mais expressiva, contando com lei específica sobre o assunto em pauta, como, por exemplo, a Lei Federal nº 8.723/1993, que dispõe sobre a redução de emissão de poluentes por veículos automotores, seguida de regulamentação editada pelo Conselho Nacional do Meio Ambiente (Conama).

Essa questão é complexa em vista do crescente número de veículos circulando na cidade. Note-se, por exemplo, que a proposta de rodízio de veículos no âmbito do Município de São Paulo não se mostrou eficaz para a solução do problema ambiental. O sistema foi preservado por ter se mostrado benéfico para a diminuição do trânsito, o que não deixa de contribuir para melhorar a qualidade de vida dos moradores, ainda que permaneça caótico o tráfego, principalmente na capital.

A matéria referente à poluição atmosférica vem sendo tratada pela imprensa de forma sistemática. Um tradicional jornal paulistano publicou matéria em que relaciona o alto nível de poluição atmosférica na cidade de São Paulo a problemas cardíacos. Segundo reportagem, o

> ... Incor detecta alta de casos de arritmia em dias nos quais a qualidade do ar é considerada boa pelo Conama. Mesmo quando a qualidade do ar é classificada como boa em São Paulo, os paulistanos respiram poluição suficiente para provocar um colapso no coração. O alarme foi dado após divulgação da pesquisa do Instituto do Coração (Incor), do Hospital das Clínicas. Ficou comprovado que ainda que a concentração de gases tóxicos não "incomodem" as estações de medição, a ocorrência de ataques cardíacos já aumenta entre 7% e 12% por causa dos níveis de poluentes. O estudo avaliou 3.300 pessoas, que recorreram, nos últimos 20 meses, ao Pronto-Socorro do Incor com diagnóstico de arritmia (aceleração exacerbada dos batimentos cardíacos). Os pesquisadores atestaram que os dias mais movimentados de pacientes com "pane no coração" eram também os mais poluídos.[13]

Outra informação alarmante é que "as mortes causadas por poluentes superam as vidas perdidas nos acidentes de trânsito (4 por dia) e homicídios (6,5 diários) na capital".

Os seguintes alertas foram salientados ao final da reportagem: (1) O motorista que fica 20% de tempo a mais que o habitual nos congestionamentos dobra as chances de ter um enfarte; (2) A poluição provoca efeitos parecidos com os do cigarro também para quem não fuma; (3) os gases tóxicos matam mais do que acidentes e homicídios; (4) o movimento em hospitais aumenta até 30% em dias com alta concentração de poluentes.

No mesmo passo, outro jornal paulistano tem divulgado repetidamente matérias sobre a situação degradante que se encontra o Estado de São Paulo. Ilustre-se com a publicação de uma reportagem que informava que, segundo levantamento realizado pela Cetesb, "São Paulo tem 14 áreas com nível severo de poluição".[14] Segundo a matéria, nível "severo" de poluição constitui o índice mais alto entre as classificações da Cetesb. O órgão realiza um levantamento de concentração de poluentes em 80 pontos de monitoramento. Apontou-se o ozônio como o principal inimigo que atua contra a qualidade do ar no Estado, esclarecendo-se que quando a qualidade do ar

13. Fernanda Aranda. "Saúde pública". São Paulo: *O Estado de S. Paulo*, 13/03/2008.
14. Afra Balazina e José Ernesto Credencio em reportagem publicada em 12/06/2008 no jornal *Folha de S.Paulo*.

"está ruim por ozônio, pessoas com doenças respiratórias têm os sintomas agravados, e a população em geral pode apresentar ardor nos olhos, nariz e garganta, tosse seca e cansaço".

A classificação a que se refere o artigo jornalístico teve por fim orientar o programa que pretende restringir a emissão de poluentes nas áreas consideradas mais comprometidas. O programa acha-se previsto em legislação estadual que traz em seu bojo uma série de medidas que visam combater a poluição do ar, dentre elas, encontra-se o condicionamento de licenças para instalação de empreendimentos em áreas saturadas, e a implantação de obrigações que se prestem a combater a poluição, assemelhando-se ao sistema de créditos de carbono. Nesses casos, "se uma empresa pretende emitir mais poluentes, terá de financiar a redução deles com investimentos na região em que opera".

Por fim, a reportagem indica que na capital paulistana o Parque do Ibirapuera e a Cidade Universitária incluem-se entre as estações classificadas em situação "severa". De acordo com o texto da reportagem, ambos são locais que sofrem mais com a presença de ozônio, principalmente por receberem muita luz solar.[15]

Paralelamente, estudos realizados por universidades de peso vêm sendo amplamente divulgados como um alerta importante sobre os variados efeitos da poluição atmosférica na cidade de São Paulo. Em pesquisa realizada no website da USP foram encontrados diversos artigos publicados que confirmam exatamente as informações reproduzidas pela imprensa.

Em um deles, intitulado "O Preço da Poluição", o autor, Daniel Fassa, informava que os níveis atuais de poluição em São Paulo reduzem a expectativa de vida em cerca de um ano e meio devido a três motivos principais: *câncer de pulmão e de vias aéreas superiores, infarto agudo do miocárdio e arritmias, bronquite crônica e asma*, e apontava que os veículos constituem um dos principais causadores da poluição atmosférica:

> ... diante da gravidade da poluição gerada pelos veículos, no início dos anos 1980, a Companhia de Tecnologia e Saneamento Ambiental (Cetesb) implantou em São Paulo o Programa de Controle da Poluição do Ar por Veículos Automotores (Proconve), definindo limites para a emissão de veículos leves e pesados. A medida estimulou a introdução de novas tecnologias como o catalisador, a injeção eletrônica e a melhoria da qualidade dos combustíveis, o que conduziu a uma redução significativa dos níveis de poluição. Hoje, no entanto, o problema persiste e os limites da Cetesb já estão abaixo dos padrões internacionais sugeridos pela Organização Mundial da Saúde.[16]

Outro artigo encontrado no website do Sesc São Paulo dizia que em um estudo promovido pelo Laboratório de Poluição Atmosférica Experimental da Faculdade de Medicina da Universidade de São Paulo demonstrou que adultos saudáveis não estão

15. A reportagem esclarece que "o ozônio se forma a partir de reações químicas entre óxidos de nitrogênio e compostos orgânicos voláteis na presença de luz solar – por isso, em dias sem nuvens a poluição é pior no caso desse poluente."
16. Daniel Fassa. "O Preço da Poluição". *Revista Espaço Aberto*, n. 83, <http://www.usp.br/espacoaberto>. Acesso em abril de 2008.

isentos de sofrer alterações cardiovasculares associadas à poluição. A seguir, alguns trechos do artigo que se reporta ao estudo:

> Durante meses, funcionários da Companhia de Engenharia de Tráfego (CET), conhecidos como "marronzinhos", que monitoram o trânsito da cidade foram periodicamente examinados durante o horário de trabalho. A conclusão que se extraiu foi a de que os períodos de maior poluição causam arritmia, aumento da pressão arterial e alterações na coagulabilidade do sangue. Os "marronzinhos" são pessoas que, pela natureza do seu trabalho, precisam ter um condicionamento físico acima da média. Se a poluição também os afeta de modo tão identificável, "então isso está acontecendo com todos", segundo relatou o coordenador do laboratório da USP.[17]

O artigo mencionava um estudo da arquiteta Maria Cristina Haddad Martins, indicando a pobreza como mais um fator de risco:

> Comparando regiões paulistanas com perfil socioeconômico bem distinto, ela [Maria Cristina Haddad Martins] comprovou que, para a mesma elevação do nível de determinado poluente, havia um crescimento maior do número de internações de idosos nas regiões mais pobres. Se isso ocorre devido a dificuldade de acesso a serviços de saúde, carências nutricionais ou outros motivos, é uma questão para investigações futuras. O que ficou demonstrado é que as classes menos favorecidas estão mais sujeitas a sofrer os efeitos da poluição.[18]

Havia outros dados interessantes coletados em pesquisas:

> ... constatou-se a relação entre a poluição e o baixo peso ao nascer: quanto mais exposta a altas concentrações de poluentes durante os três primeiros meses de gestação, prova a pesquisa, maiores as chances de a mãe dar à luz um bebê com peso abaixo do que seria esperado; (...) a partir do cruzamento de dados de internações com os da qualidade do ar, os autores faziam uma projeção impressionante: com medidas que reduzissem a poluição em apenas 10%, seriam evitadas 64 mil mortes prematuras (incluindo óbitos infantis), 65 mil casos de bronquite crônica e 37 milhões de dias/pessoa de atividade prejudicada ou faltas no trabalho em São Paulo, Santiago do Chile, Cidade do México e Nova York de 2001 até 2020; (...) a cada dia, aumenta a proporção de carros menos poluidores, mas, como a frota não para de crescer, um fator anula o outro. Para prosseguir melhorando o ar, é preciso tocar em outras variáveis. O relatório de qualidade ambiental no Estado de São Paulo de 2002 trouxe uma novidade preocupante: as motocicletas, mesmo

17. Escrito por Roberto Homem de Mello. In: "Problemas Brasileiros", n. 363, maio-jun. 2004.
18. Idem.

> em número bem mais reduzido, já têm participação expressiva na poluição da cidade, menor que a dos veículos pesados e dos carros a gasolina, mas maior que a dos movidos a álcool. Isso porque, individualmente, uma moto polui muito mais que um automóvel. Como a frota de motocicletas é a que mais cresce – aumentou 60% de 1998 a 2002 –, o efeito geral já é significativo.[19]

O tema aqui tratado esbarra não apenas na questão da poluição atmosférica, ele repercute na preservação do meio urbano, que igualmente compõe a qualidade de vida dos cidadãos. Isso porque não se pode olvidar a existência de outros efeitos do transporte nas cidades no que diz respeito ao meio ambiente urbano, como ruídos em geral, além de influência no quadro estético das vias e lazer.

Um possível caminho para a melhoria da qualidade do ar nas cidades será o investimento em transportes públicos, como o metrô e o ônibus elétrico, além de incremento de intervenções ambientais e urbanísticas para melhorar a qualidade do ar.

Diante do quadro apresentado, há elementos suficientes para passar, a seguir, às considerações finais, tornando-se possível tecer algumas conclusões e, mais do que isso, suscitar provocações que aguCem a nossa reflexão, mesmo que elas não remetam, imediatamente, a respostas prontas e acabadas.

5. Considerações finais

Não obstante o presente capítulo tenha focado a atenção sobre os efeitos negativos causados não apenas pela poluição atmosférica, mas por uma série de fatores que geram a má qualidade de vida dos moradores principalmente das grandes cidades brasileiras, vale a pena lançar uma última provocação sobre o tema que merece reflexão mais associada à *origem* de toda a problemática em tela.

É que a outra faceta da mesma moeda, além das considerações jurídicas expostas aliadas a dados alarmantes sobre a matéria, está em questionar a *raiz* dos problemas apresentados. Nesse sentido, não há dúvida de que fatores de ordem social e econômica contribuíram inevitavelmente para se chegar à situação caótica de hoje, principalmente na cidade de São Paulo.

Dentre as inúmeras indagações resultantes da análise da questão, uma que certamente constitui a pedra de toque de toda problemática que envolve a má qualidade da vida urbana – ou ao menos uma delas – é a seguinte: Por que será que temos assistido há décadas a um importante êxodo de pessoas que moram em outros Estados brasileiros e mesmo em outras cidades dentro do próprio Estado de São Paulo rumo à capital paulistana? Isso constitui, sem sombra de dúvida, um importante fator que gerou a ocupação desordenada de espaços desprovidos de infraestrutura e representa uma contribuição maciça para a formação da moradia irregular, o que enseja inúmeros desdobramentos do ponto de vista ambiental e urbanístico, prejuízo levantado ao longo do presente capítulo.

19. Ibidem.

A questão não passou desapercebida em obra outrora já citada (p. 238) que aborda os problemas ambientais na cidade de São Paulo (*Questão ambiental urbana* – Cidade de São Paulo). Com efeito, ao tratar dos sérios problemas ambientais enfrentados especialmente na capital paulistana, os autores deram ênfase ao que denominaram de "poluição social", e ofereceram dados alarmantes sobre o tema, *in litteris:*

> *O ambiente urbano é o que afeta de modo mais imediato a rotina de vida de uma parcela cada vez maior da humanidade. A poluição do ar, a poluição dos rios, a poluição sonora e a visual são flagelos que castigam mais duramente a população urbana, que representa 70% do total da população brasileira. No caso de São Paulo, maior cidade do hemisfério sul e uma das maiores do mundo, a todas as formas mencionadas de poluição, soma-se uma outra, mais perversa*: a poluição social.
>
> Espelhando a desigualdade regional do processo de desenvolvimento brasileiro, a cidade de São Paulo, atraiu, na década de 1950 à de 1980, um imenso contingente de migração interna. *Ainda assim, até os anos 1970, o município não tinha uma população favelada significativa* (grifos do autor).[20]

Candido Malta Campos Filho reporta-se a alguns dos efeitos oriundos da migração campo-cidade em relação a países de Terceiro Mundo na América Latina: "Na maioria das cidades latino-americanas, a oferta de empregos urbanos não se faz ao mesmo ritmo que a chegada dos migrantes, gerando os bairros de extrema miséria conhecidos por barriadas, favelas, mocambos, cortiços e palafitas".[21]

Agregue-se ao quanto exposto pelo autor acima, que o fator migração não apenas gera péssimas condições de moradia, como representa na mesma medida sérios prejuízos ambientais, conforme amplamente abordado ao longo do presente estudo.

Deveras, principalmente no caso da cidade de São Paulo, é certo que uma única cidade não vem sendo capaz de prover, de forma eficiente, condições de sobrevivência àqueles que chegam de outras localidades – o que acaba por afetar a qualidade de vida de toda a população paulistana.

A questão em pauta, ainda que costumeiramente destinada pela doutrina à capital paulista, tem aplicação em situações correlatas vivenciadas em grandes cidades brasileiras e certamente remete a uma resposta direta e objetiva: inexistência de políticas públicas – e tal crítica se aplica a todas as esferas federativas – capazes de proporcionar às populações locais uma sadia qualidade de vida que motive a permanência das pessoas em suas cidades natais.

O que se pretende concluir com essa alusão é que não basta que os Estados cuidem de formular leis e regulamentos destinados ao contorno de malefícios que encontram suas raízes calcadas, em primeiro lugar, na ineficiência governamental. Sem dúvida,

20. Artigo denominado "Problemas Ambientais de São Paulo", p. 17.
21. Candido Malta Campos Filho. *Cidades brasileiras:* seu controle ou o caos. São Paulo: Nobel, 1989, p. 5.

o combate aos efeitos do problema afigura-se como um passo obrigatório rumo à civilização, mas não suficiente para resolver a questão frente à amplitude que o tema invoca.

Alie-se às necessárias e salutares medidas de combate aos efeitos negativos da devastação do meio ambiente, vale repisar, a obrigação inafastável pertinente aos Estados brasileiros no sentido de formular políticas públicas capazes de bem atender às necessidades locais, criando a infraestrutura necessária para a sobrevivência saudável daqueles que habitam seus espaços.

Certamente, a adoção de novos paradigmas políticos estimularia a população de baixa renda, imbuída da ilusão de que nas grandes metrópoles alcançarão uma boa qualidade de vida, a deixar de buscar tão desesperadamente melhores condições de sobrevivência nesses locais. Para tanto, não basta, porém, o planejamento urbano. Este deve necessariamente estar associado ao planejamento econômico e social.

Vale trazer à baila trecho extraído das considerações finais da obra supracitada, onde se concluiu que:

> Para que a cidade de São Paulo possa inserir-se na perspectiva do desenvolvimento sustentável (extrema complexidade em áreas metropolitanas do Terceiro Mundo), torna-se fundamental a compatibilização de seu desenvolvimento urbano e humano e a preservação e proteção de seu patrimônio ambiental. Para tanto é imprescindível uma ampla integração político-institucional que congregue os vários níveis de governo, os setores econômicos, as comunidades.[22]

Diante de todos os problemas expostos neste capítulo, não é demais repetir que o tema relativo ao meio ambiente urbano demanda uma visão abrangente, que contemple uma série de áreas que devem agir conjunta e reciprocamente para alcançar os fins pretendidos pela Lei Maior.

De outra banda, há de se admitir que o texto constitucional vigente nos apresenta princípios absolutamente claros no sentido da busca pela qualidade de vida da sociedade como um todo. Com efeito, a Constituição de 1988 já apresenta, por si só, a existência de normas, representadas por princípios e regras, que traduzem uma ação positiva do Poder Público e da própria sociedade no sentido de resguardar o direito da vida. Desde então, o arcabouço legal e regulamentar vem amadurecendo ao longo dos anos e hoje contamos com um conjunto cada vez maior de regras imperativas e calcadas na preservação do meio ambiente urbano.

Além do Estatuto da Cidade, editado em 2001, há outros instrumentos passíveis de garantir o desenvolvimento urbano equilibrado, harmônico e sustentável. Inúmeras cidades lançaram mão de planos diretores, após a previsão constante da Constituição Federal de 1988.

22. *Cidades Brasileiras:* Seu controle ou o caos, p. 755.

Parece que estamos a caminho da consolidação de normas regulamentando o direito constitucional à sadia qualidade de vida. A questão que se coloca em pauta está mais centrada na *efetividade* dessas normas, problema muito bem destacado por Norberto Bobbio[23] sob o prisma dos direitos humanos. Muitas das garantias classificadas como direitos do Homem encontram ligação direta com toda a problemática abordada neste capítulo e acham-se perfeitamente legitimadas no ordenamento jurídico, mas do ponto de vista prático, ainda não vem sendo plenamente aplicadas.[24]

Com efeito, pretende-se alertar para o fato de que não se pode perder de vista a necessária implementação dos direitos já garantidos no ordenamento jurídico. Há de se ter em mente duas premissas indissociáveis.

A primeira delas consiste na obrigatória avaliação do tema relativo ao meio ambiente aliada à profundidade e à abrangência que lhe são inerentes. Nesse sentido, o Poder Público deverá formular e aplicar soluções que afetem a origem dos problemas vivenciados nas esferas social e econômica e não apenas cuidar dos efeitos negativos de ordem ambiental decorrentes e demais consequências atualmente existentes.

A segunda premissa reside na busca pela garantia de que as regras já estabelecidas em ambos os sentidos, vale dizer, econômico-social e ambiental, sejam efetivamente implementadas. Nesse último ponto, vale acrescentar que a efetividade dos valores conclamados no sistema dependerá essencialmente de uma atuação proativa e positiva do Poder Público em parceria com a comunidade que, cada vez mais, terá de se conscientizar da relação direta entre *meio ambiente ecologicamente equilibrado e a sadia qualidade de vida*. É certo, como tratado à saciedade, de que a educação ambiental constitui um instrumento de suma relevância nesse processo de conscientização das pessoas.

Paralelamente, o Poder Judiciário igualmente desempenhará um papel definitivo no deslinde de controvérsias que envolvam a proteção do meio ambiente. O quadro legal hoje vigente confere ferramentas importantes para a implementação judicial da preservação do meio ambiente, o que obviamente dependerá de uma análise acurada caso a caso. Nesse ínterim, vejamos que valores prevalecerão no âmbito judicial quando da interpretação das normas constitucionais que estarão em jogo diante do caso concreto.

Apenas a título de breve elucidação, foram levantadas algumas decisões judiciais proferidas no Supremo Tribunal Federal que, de alguma forma, se relacionam com a matéria ambiental e, não obstante a variação de posições verificada nos casos julgados, há um conceito formulado através do voto do ministro Celso de Mello, bastante elucidativo, que diz respeito à conceituação do direito ao meio ambiente.

---

23. Segundo Bobbio: "O problema fundamental em relação aos direitos do homem, hoje, não é tanto o de justificá-los, mas o de protegê-los. Trata-se de um problema não filosófico, mas político. (...) Não se trata de saber quais e quantos são esses direitos, qual é sua natureza e seu fundamento, se são direitos naturais ou históricos, absolutos ou relativos, mas sim qual é o modo mais seguro para garanti-los, para impedir que, apesar das solenes declarações, eles sejam contnuamente violados" (Norberto Bobbio. *A era dos direitos*. 5. reimpr. Rio de Janeiro: Elsevier, 2004, pp. 35, 45).

24. Com isso, não se está a dizer que as normas relacionadas ao assunto em pauta são perfeitas. Obviamente, há muitas leis a serem editadas. Além disso, as políticas públicas em prol da sociedade, do ponto de vista social e econômico, ainda deixam muito a desejar e, por isso mesmo, deverão ser eficientemente articuladas de modo a garantir condições saudáveis de sobrevivência à comunidade.

Com efeito, definiu-se o direito ao meio ambiente como "um típico direito de terceira geração que assiste, de modo subjetivamente indeterminado, a todo o gênero humano, circunstância essa que justifica a especial obrigação – que incumbe ao Estado e à própria coletividade – de defendê-lo e de preservá-lo em benefício das presentes e futuras gerações".[25]

O entendimento restou reiteradamente afirmado em outros acórdãos posteriores.

Traçadas as considerações sobre a temática em exame, do ponto de vista do três poderes – Legislativo, Executivo e Judiciário –, finaliza-se o capítulo, trazendo-se à tona um pensamento sobre o tema "cidade" formulado pela Professora Maria Garcia, em obra sob sua coordenação e autoria,[26] muito apropriado frente a tudo quanto exposto ao longo deste capítulo: "A Cidade é a casa, o País, o mundo: é o âmbito político de uma existência que se inicia, decorre e termina localmente; portanto, também um âmbito subjetivo, individual e pessoal". Dando seguimento ao raciocínio, a autora cita Aristótoles em diversas passagens de seu texto, quando o filósofo contextualiza o conceito de "cidade". Um dos trechos que ganha especial relevo para o fim de corroborar a ideia central norteadora do presente capítulo é o seguinte:

> ... não é somente para viver, mas para viver felizes, que os homens estabeleceram entre si a sociedade civil; por outra poder-se-ia dar o nome de cidade a uma associação de escravos e mesmo de outros serem animados; não que ela não mereça esse título, mas que os membros todos não participariam da felicidade, nem da faculdade de viver na medida de seus desejos.[27]

Transcrevemos um trecho que revela a conclusão de Aristóteles sobre o que verdadeiramente caracterizaria a cidade:

> O que constitui a cidade não é o fato de habitarem os homens os mesmos lugares, não se prejudicarem uns aos outros e terem relações comerciais – embora tais condições sejam necessárias para que a cidade exista; mas por si sós, elas não fazem o característico essencial da cidade. A única associação que forma uma cidade é a que faz participarem as famílias e os seus descendentes da felicidade de uma vida independente, perfeitamente ao abrigo da miséria.[28]

Em poucas palavras, o pensamento de autoria do filósofo grego traduz exatamente o verdadeiro objetivo a que se propõe a Constituição Federal de 1988 e o arcabouço legal existente, bem como aquele que há de vir a partir da conscientização quanto aos verdadeiros problemas que envolvem a preservação do meio ambiente urbano. Note-se

25. MS 22.164-0-SP, j. 30/10/1995, DJU 17/11/1995.
26. Maria Garcia. *A Cidade e seu Estatuto*. A Cidade e o Estado. Políticas Públicas e o espaço urbano. São Paulo: Ed. Juarez de Oliveira, 2005, p. 27.
27. Idem, ibidem, p. 29; citação de Aristóteles, *A Política*, Rio de Janeiro: Ediouro, (Livro III), pp. 52, 53.
28. Idem, ibidem, p. 30; citação de Aristótoles, op. cit., pp. 60, 61, §§ 11, 12, 13.

que a máxima segundo a qual a única associação capaz de formar uma cidade está calcada, traduzindo-se o entendimento filosófico em destaque, na criação de condições necessárias para a "felicidade de uma vida independente, perfeitamente ao abrigo da miséria" corresponde justamente a um dos principais pilares que sustentam os princípios e valores que regem o ordenamento jurídico vigente.

6. Referências bibliográficas

ACKER, Francisco Van. "O município e o meio ambiente na Constituição de 1988. *Direito ambiental*. São Paulo: Editora Revista dos Tribunais, ano 1, jan.-mar. 1996.

ARANDA, Fernanda. "Saúde Pública". Jornal *O Estado de S.Paulo,* em 13/03/2008.

ARENDT, Hannah. *A condição humana*. Rio de Janeiro: Forense Universitária, 1989.

BALAZINA, Afra; CREDÊNCIO, José Ernesto. Jornal *Folha de S. Paulo*, em 12/06/2008.

BOBBIO, Norberto. *A era dos direitos*. 5ª reimpr. Rio de Janeiro: Elsevier, 2004.

BRANT, Vinícius Caldeira (Coord.). *Trabalhar e viver*. São Paulo: Ed. Brasiliense, 1989.

FASSA, Daniel. "O preço da poluição". *Revista Espaço Aberto*, n. 83, www.usp.com.br/espacoaberto. Acesso em abril de 2008.

FILHO, Candido Malta Campos. *Cidades brasileiras*: seu controle ou o caos. São Paulo: Ed. Nobel, 1989.

GARCIA, Maria. A Cidade e o Estado. *Políticas públicas e o espaço urbano*. A Cidade e seu Estatuto, São Paulo: Ed. Juarez de Oliveira, 2005.

MACHADO, Paulo Affonso Leme. *Direito ambiental brasileiro*. 12. ed. São Paulo: Malheiros Editores, 2004.

MELLO, Roberto Homem de. Saídas para o Sufoco. *Problemas Brasileiros*, n. 363, maio-jun. 2004, www.sescsp.org.br.

MINISTÉRIO Público do Estado de São Paulo. *Temas de direito urbanístico 3*. São Paulo: Ministério Público – Imprensa Oficial, 2001.

PREFEITURA de São Paulo e Secretaria Municipal do Verde e do Meio Ambiente. *Questão ambiental urbana* – Cidade de São Paulo. São Paulo, 1993.

ROCHA, Julio César Sá da. *Função ambiental da cidade* – Direito ao meio ambiente urbano ecologicamente equilibrado. São Paulo: Ed. Juarez de Oliveira, 1999.

SANT'ANNA, Mariana Senna. *Planejamento urbano e qualidade de vida* – Da Constituição Federal ao Plano Diretor. In: DALLARI, Adilson Abreu; DI SARNO, Daniela Campos Libório (Coord.). *Direito urbanístico ambiental*. São Paulo: Ed. Fórum, 2007.

SILVA, José Afonso da. *Direito ambiental constitucional*. São Paulo: Malheiros Editores, 1994.

Capítulo

12

Os povos indígenas à luz da Constituição Federal de 1988: Os direitos do índio sobre a terra

Renata Falson Cavalca*

> *"A terra, pois, no que diz respeito aos índios, transcende ao aspecto meramente patrimonial. Ela se apresenta como condição de existência, de vida desses povos. E é a vida não apenas física, biológica, mas em suas múltiplas referências. Além da sobrevivência física de cada um dos membros da comunidade, busca-se garantir a sobrevivência de indivíduos numa intersubjetividade de compreensão. Retirar-lhes a terra é retirar-lhes o direito à vida, valor fundante de toda a ordem jurídica, que tem no homem a sua referência primeira, e que, por esta razão, não se submete a direito ou interesse de ordem meramente patrimonial, sob pena de inversão indevida de valores."*[1]

* Assistente Jurídica do Ministério Público do Trabalho/Procuradoria Regional do Trabalho da 15ª Região; ex-procuradora do Município de São Carlos-SP; ex-advogada da Assistência Judiciária da Procuradoria Geral do Estado de São Paulo (Campinas); especialista em Direito Público pela Escola Superior do Ministério Público de São Paulo (ESMP-SP) e em Direito Administrativo pela PUC-SP; mestranda em Direito Constitucional pela PUC-SP; associada do Instituto Brasileiro de Direito Constitucional (IBDC) e do Grupo de Estudos Constitucionais da Escola Superior de Direito Constitucional de São Paulo (ESDC).

1. Deborah Macedo Duprat de Britto Pereira (Procuradora da República). *A defesa dos direitos socioambientais no judiciário.* São Paulo: Instituto Sócio-Ambiental, 2003, p. 12.

Introdução

A QUESTÃO INDÍGENA[2] tem despertado interesse de vários ramos do conhecimento, com estudos sob várias perspectivas.[3]

Geralmente, porém, o índio é mais estudado e visto no campo do conhecimento antropológico, histórico e geográfico, e pouco analisado sob a óptica jurídica. A preocupação do direito na solução da questão indígena brasileira, no entanto, apesar de secular, até o presente momento, raros são os estudos jurídicos sobre o índio, como, também, concluiu o Núcleo de Direitos Indígenas.[4]

Nesse sentido, pondera Raymundo Laranjeira: "Diante da problemática indígena brasileira, não há como esconder que parte da literatura que tomou curso em nosso país, com seriedade científica, principalmente a partir dos estudos de Eduardo Galvão e Darcy Ribeiro, vem sendo oriunda da lavra dos cultores da antropologia".[5]

A Constituição de 1988 dedicou um capítulo ao tema, destacando sua organização social, costumes, línguas, crenças e tradições, e, também, os direitos originários sobre as áreas que tradicionalmente ocupam. No aspecto legal, a Constituição de 1988 trouxe nova orientação ao consagrar um capítulo exclusivo aos índios, além de outros dispositivos constitucionais. Permanece em vigor, porém, o Estatuto do Índio (Lei nº 6.001, de 19/12/1973), observando a Convenção de Genebra, nº 107 da OIT, de 26/06/1957, e o Código Civil Brasileiro, Lei nº 10.406, de 10/01/2002, além de outros diplomas legais com temas específicos sobre a questão indígena, como é exemplo a demarcação de áreas indígenas.

O direito e o índio, assim, é o tema a ser desenvolvido, como fundamento teórico-jurídico deste capítulo, em face do ordenamento jurídico brasileiro. Trata-se de um estudo do direito em relação ao índio brasileiro; pesquisa da atividade exercida na terra pelo índio e a conformação do módulo rural necessário ao exercício da atividade agrária dessa população.[6]

2. Interessante o filme *500 Almas*, do diretor Joel Pizzini, que mescla documentário e ficção para contar a história dos guatós, índios dados como mortos. O filme levou mais de dez anos para ser concluído. O tema da proliferação das línguas e culturas, umas pelas outras, é o fundo sobre o qual se projeta a figura do guató, esse homem do coração do Pantanal canoeiro, meio nômade, que os especialistas julgavam desaparecido. *Folha de S.Paulo*, Ilustrada E3, 28/06/2007. Também o filme *Terra Vermelha* aborda enfrentamento pela posse da terra entre índios e fazendeiros no Mato Grosso do Sul. O roteiro, assinado pelo chileno de origem italiana Marco Bechis, coproduzido por Brasil e Itália, foi filmado no Mato Grosso do Sul, com índios guarani-kaiowá. *Folha de S.Paulo*, Ilustrada E4, 16/10/2008.

3. Choque de civilizações. *Folha de S.Paulo*, Ilustrada E4, 29/07/2007. O lançamento de série da Cultura sobre o Xingu em aldeia Kuikuro dá margem a visões distintas sobre relações entre índios e brancos. Documentário que também registra a questão social indígena, "É Tudo Verdade", direção de Eduardo Coutinho. O filme retoma uma questão pendente desde as origens do país: o extermínio indígena pelo ocupante branco. Trata-se de uma visão completa da dinâmica social e econômica na qual o índio se encontra acuado. *Folha de S.Paulo*, Ilustrada E10, 28/03/2009.

4. Juliana Satilli (Coord.). *Os direitos indígenas e a Constituição*. Porto Alegre: Fabris, 1993, p. 8.

5. Raymundo Laranjeira. *Direito agrário*: perspectivas críticas. São Paulo: LTr, 1984, p. 177.

6. Antonio C. Vivanco. *Teoría de Derecho Agrário*. La Plata, Argentina: Ediciones Librería Jurídica, v. 1, 1967, p. 19. "Atividade é o âmbito de ação em que uma pessoa desenvolve suas aptidões. Agrário, por sua vez, do latim, vem de *agrarius*, originado de *ager/agri*, referindo-se à vida e ao trabalho no campo. Atividade agrária constitui uma forma de atividade humana que tem por objetivo fazer a natureza orgânica produzir certos tipos de vegetais e de animais, com a finalidade de aproveitar seus frutos e produtos."

Cabe esclarecer, no entanto, que ao tratarmos de Direito Indígena, referimo-nos ao direito que o Estado brasileiro reconhece aos índios – também tido como direito indigenista, e não ao direito dos índios propriamente dito, este já compreendido como o conjunto de normas próprias que regulam a conduta interna de cada povo indígena no Brasil. O Direito Indígena no Brasil consubstancia-se basicamente nos dispositivos da Constituição Federal de 1988 e no Estatuto do Índio, como já mencionado.

1. Constituição

Preliminarmente ao enfrentamento do tema proposto, faz-se necessária uma breve digressão em torno de algumas questões relevantes para a sua melhor compreensão.

1.1 Constituição e constitucionalismo

Diversas são as acepções atribuídas ao vocábulo Constituição, exatamente porque se trata de um conceito insigne de sentidos variáveis. É o que esclarece Hannah Arendt: "A palavra é obviamente equívoca, já que significa tanto o ato de constituir, como a lei ou normas do governo que são constituídas.[7] A distinção aparece com nitidez no conceito de Thomas Paine: Uma Constituição não é o ato de um governo, mas de um povo que constitui um governo". No conceito de Hesse, "Constituição é o estatuto jurídico do fenômeno político".[8] Assim, para José Afonso da Silva

> ... a Constituição do Estado, considerada sua lei fundamental, seria, então, a organização dos seus elementos essenciais: um sistema de normas jurídicas, escritas ou costumeiras, que regula a forma de Estado, a forma de seu Governo, o modo de aquisição e o exercício do Poder, o estabelecimento de seus órgãos, os limites de sua ação, os direitos fundamentais do homem e as respectivas garantias. Em síntese, a Constituição é o conjunto de normas que organiza os elementos constitutivos do Estado.[9]

No dizer de Carl Schmitt "*La concreta situación de conjunto de la unidad política y ordenación social de un cierto Estado*".[10]

Dos conceitos transcritos extraem-se algumas conclusões: a constituição pode ser vista no plano jurídico-normativo ou no plano fático-político; e, a Constituição sofre os mesmos influxos da vida social e política na qual está inserida.

Com efeito, é Meirelles Teixeira quem apresenta um conceito preciso de Constituição como:

> ... o conjunto de normas fundamentais, constantes de documento escrito, solene e inalterável por lei ordinária, reguladoras da própria existência do Estado, da sua estrutura, órgãos e funções, do modo de exercício e limites da

7. Hannah Arendt. *Da revolução*. Brasília: Ática/UNB, 1988.
8. Konrad Hesse. *A força normativa da Constituição*. Trad. Gilmar Ferreira Mendes. Porto Alegre: Fabris, 1991, p. 25.
9. José Afonso da Silva. *Curso de direito constitucional positivo*. 20 ed. São Paulo: Malheiros Editores, 2002, pp. 37 e 38.
10. Carl Schmitt. *Teoría de la Constitución*. Madrid: Alianza, 1982, p. 30.

> soberania, dos seus fins e interesses fundamentais, das liberdades públicas, dos direitos e deveres dos cidadãos.[11]

Além do mais, uma Constituição que se equilibra entre as pretensões de estabilidade e de mudança não pode prescindir de mecanismos formais e informais de atualização. Assim refere Meirelles Teixeira:

> Seria errôneo, entretanto, e mesmo ingênuo, pensar-se que as Constituições rígidas somente pudessem sofrer alteração através dessas técnicas jurídicas expressa e previamente estabelecidas, e que o impacto da evolução política e social somente pudesse atuar sobre elas através desses canais, em que a vida deveria necessariamente acomodar-se, em seu eterno fluxo de renovação e de progresso, dobrando-se com docilidade ao sabor dessas fórmulas e apenas ao juízo de políticos e legisladores.[12]

2. O encontro de mundos e de direitos

As novas terras da América foram achadas, ou descobertas como se diz hoje, em momento de expansão europeia e, provavelmente, já se sabia não só de sua existência, como de homens e mulheres nelas vivendo. Os primeiros relatos não expressam surpresa com o encontro de gentes, mas com seus costumes, sua beleza e sua mansidão.

Seguramente, afirma Carlos Frederico Marés de Souza Filho, a ideia que se fazia na Europa era de homens e mulheres selvagens, violentos e desumanos, praticamente animais. Todos os primeiros relatos são pródigos em elogios à terra e às gentes e não se cansam de enaltecer a humanidade dos habitantes, inclusive sua beleza física, sua saúde e sua solidariedade.

Conta Pero Vaz de Caminha em sua Carta ao Rei Dom Manuel que na quarta-feira, dia 23/04/1500, deu-se o primeiro encontro dos portugueses com os habitantes do Brasil, na região que veio a ser chamada de Porto Seguro:

> *E o capitão mandou no batel em terra, Nicolau Coelho, para ver aquele rio. E tanto que ele começou para lá dir, acudiram pela praia homens, quando dous, quando três, de maneira que quando o batel chegou à boca do rio, eram ali 18 ou 20 homens, pardos, todos nus, sem nenhuma cousa que lhes cobrisse suas vergonhas. Traziam arcos nas mãos e suas setas. Vinham todos rijos para o batel e Nicolau Coelho fez sinal que pusessem os arcos; e eles os puseram.*[13]

Essa foi a ideia que ficou marcada nos descobridores, não só existia uma terra vasta, como populosa, de gente bondosa e bela. Não demorou muito para que o mundo intelectualizado da época criasse a imagem do bom selvagem e teorizasse sobre uma

11. José Horácio Meirelles Teixeira. *Curso de direito constitucional*. São Paulo: Forense Universitária, 1991, p. 75.
12. Idem, ibidem, p. 141.
13. Pero Vaz de Caminha. *Carta ao Rei Dom Manuel sobre o descobrimento do Brasil*. Introdução, atualização do texto e notas de M. Viegas Guerreiro. Lisboa: Imprensa Nacional – Casa da Moeda, 1974, pp. 34, 35.

ilha chamada Utopia. Se por um lado os descobrimentos causaram imediata reação nos pensadores que passaram a germinar teorias e reflexões que até hoje influenciam o pensamento contemporâneo, os governantes dos países europeus descobridores, Portugal e Espanha, que já tinham previamente repartido entre si essa parte do mundo, imediatamente começaram a teorizar um Direito a ser por aqui aplicado, independente do aqui existente.

Conforme refere José Maria Sanchez:

> ... a organização social e o direito de cada um dos povos indígenas que habitavam o imenso território da América difere muito entre si, porque diferentes são suas cosmoviões. Povos como os incas, maias, astecas revelam grandes e preciosos conhecimentos do mundo sem separar o saber do sentir. O calendário maia e asteca, a marca precisa do equinócio por culturas pré-incaicas, a domesticação da mandioca e outras demonstrações de grandes conhecimentos matemáticos, biológicos e geográficos revelam um modo de pensar o mundo, mantido em grande parte até nossos dias, integrados à realidade social, natural e mística. O direito nessas sociedades não pode ser concebido como normas programadas, preparadas e orientadas para reger a sociedade, mas normas que se confundem com a própria sociedade. Exatamente por isso estes direitos, de forma geral, não conhecem instâncias de modificação formal, mas sua mutação acompanha a mutação existente internamente na sociedade. [14]

Por fim, com propriedade, Afonso Arinos de Mello Franco conclui:

> É verdade que hoje não há mais dúvida de que as sociedades indígenas pré-colombianas ou atuais, têm uma organização social e são regidas por normas jurídicas próprias. O direito diferente, o direito do outro é reconhecido pelos historiadores como Direito. Hoje, portanto, não faz mais sentido discutir se aquela organização social era ou não mantida por um Direito.[15]

Nesse contexto, Diego Iturralde afirma:

> *Los movimientos indígenas vienen planteando una manera creciente el reconocimiento, vigencia y privilegios de un derecho propio que regule la vida social indígena. Este reclamo es un medio para oponerse a un orden normativo que no reconece la diversidad y que penaliza las prácticas que la constituyen y se funda en la idea de que el derecho es una pieza clave en la estrategia del Estado para disolver las particularidades de los pueblos y asegurar las condiciones que hacen posible el ejercicio de la hegemonía".*[16]

14. José Maria Sanchez, pensador e filólogo basco, apresentou sua tese no 49º Congresso Internacional Americanista, realizado em Quito, entre os dias 05 e 09/07/1997.
15. Afonso Arinos de Mello Franco. *O índio e a revolução francesa:* as origens brasileiras da bondade natural. Rio de Janeiro: José Olympio, 1937, p. 335.
16. Diego Iturralde. Demandas indígenas y reforma legal: retos y paradojas. Alteridades, 7, 1997, pp. 81-98.

O fato é que o descobrimento das Américas, ou melhor, a expansão da Europa para a América, trouxe não apenas profundas alterações nesse continente, alterando substancialmente o ritmo e rumo do desenvolvimento, como também alterou o desenvolvimento europeu. A partir do século XVI a Europa começou a mudar, e tão profundamente, que um novo modo de produção surgiu, culminando com a revolução francesa que "constitui" os Estados e o Direito contemporâneos. Ou como afirma Marilena Chauí: "Quando, no século 18, fazendo a crítica iluminista da civilização e anunciando o romantismo, Rousseau criou a figura do bom-selvagem, apenas concluiu o caminho aberto no final do século 15".[17]

2.1 A questão indígena

O pequeno número de índios no Brasil tem levado as autoridades estatais a um descaso histórico em relação a eles. Há muito pouco tempo, a importância política dos índios e das questões indígenas era praticamente nula nas relações de poder do Estado brasileiro. Nenhum partido político fazia sequer referência aos problemas indígenas em seus programas. É muito recente a preocupação política com esses povos, rigorosamente, somente a partir de 1988, com o processo constituinte, se pôde sentir a existência da sociedade civil organizada preocupada com o tema, antes disso somente a comunidade universitária estava inteirada do tema.

Por outro lado, a riquíssima diversidade cultural dos índios no Brasil não foi ainda entendida pela sociedade brasileira. O próprio termo índio, genérico, insinua que todos esses povos são iguais. Assim, observa Aracy Lopes da Silva:

> ... o senso comum entende que todos têm uma mesma cultura, língua, religião, hábitos e relações jurídicas civis e de família. Esta falsa ideia é disseminada nas escolas através dos livros didáticos, que não raras vezes misturam os índios brasileiros, seus costumes, com os índios norte-americanos que aparecem, também esteriotipados, nos filmes do velho oeste.[18]

Não é possível entender a relação entre índios e direito no Brasil se não se levar em conta a diminuta relação populacional e a absoluta diversidade étnica encontrada, além do permanente, eficaz e traiçoeiramente processo de extermínio.

2.2 A mentalidade indigenista

Pensar o índio, observando sua cultura e respeitando a escala de valores da comunidade sob apreciação, com seus usos, costumes e tradições é o primeiro passo para se buscar solução à problemática apresentada.

Não se pode falar em direito do índio sem antes colocar a mentalidade social, para formação de algum entendimento. Somente após ter essa consciência social é que se

---

17. Marilena de Souza Chauí. *500 anos-caminhos da memória, trilhas do futuro*. Brasília: Ministério da Educação e do Desporto, 1994, p. 12.
18. Aracy Lopes da Silva. *A temática indígena na escola*. Brasília: MEC/Unesco, 1995, p. 575.

pode formar a mentalidade indigenista, mentalidade social que deve ser comum a todos os princípios, figuras e institutos dos direitos do índio. O importante, portanto, é a formação de uma mentalidade indigenista, ou seja, ter uma visão e analisar os problemas indígenas com os valores indígenas.

O Direito Indígena, no ordenamento jurídico brasileiro, tem como propósito preservar a cultura dessa população e integrá-la, progressiva e harmoniosamente, à comunhão nacional, conforme disposto no art. 1º do Estatuto do Índio.

Ressalte-se, no entanto, que pouco adiantaria a existência de normas de proteção ao índio, se as pessoas que utilizam essas normas a fizessem com a escala de valores preexistentes do não índio.

Parafraseando Paulo Torminn Borges,[19] pode-se clamar que é necessário formar mentalidade indigenista, assim como, no Direito, há a constitucionalista, civilista, penalista, agrarista. Ressalte-se, ainda, que o direito do índio não poderá ser entendido nem justificado, se for interpretado como uma exceção às regras do Direito Civil ou Agrário. Deve-se observar a orientação de que o Direito Indígena tem delineamentos próprios, exigindo que seja interpretado de dentro para fora, como contexto, não como simples texto.

Segundo Alcir Gursen de Miranda, "somente com mentalidade indigenista, pode-se entender o preceito constitucional de que são reconhecidos aos índios sua organização social, costumes, línguas, crenças e tradições, e os direitos originários sobre as terras que tradicionalmente ocupam"[20] (art. 231 da Constituição Federal de 1988).

Como adverte Miguel Reale, "numa época cada vez mais marcada pelo humanismo ecológico, ninguém vai pretender recusar aos nossos índios o *habitat* condizente com suas atividades naturais, mas o bom senso dita limites prudentes à ação do Estado".[21]

2.3 O direito e a cultura indígena

Cultura conceitua-se como:

> ... o complexo dos padrões de comportamento, das crenças, das instituições e de outros valores espirituais e materiais transmitidos coletivamente e característicos de uma sociedade; ainda, cultura é o desenvolvimento de um grupo social, uma nação; que é fruto do esforço coletivo pelo aprimoramento desses valores.[22]

De outro lado, aculturação "é a adoção de novos traços ou padrões no decorrer do contato cultural; é o processo pelo qual um povo aprende de outro e, com isso, enriquece sua própria vida".[23]

---

19. Paulo Torminn Borges. *Institutos básicos do direito agrário*. São Paulo: Ed. Saraiva, 1991, p. 79.
20. Alcir Gursen de Miranda. *O direito e o índio*. Belém: Cejup, 1994.
21. Miguel Reale. "O mito do índio". *O Estado de S.Paulo*, 28/06/1992.
22. Aurélio Buarque de Holanda Ferreira. *Novo dicionário da língua portuguesa*. 2 ed. Rio de Janeiro: Nova Fronteira, 1989, p. 508.
23. Leonard Broom. *Elementos de sociologia*. Rio de Janeiro: Livros Técnicos e Científicos, 1979, p. 90.

Daí que o ordenamento jurídico brasileiro reconhece aos índios sua organização social, costumes, crenças e tradições, nos termos do disposto no art. 231 da Constituição Federal de 1988. Inclusive, as áreas indígenas devem ser necessárias à sua reprodução física e cultural (art. 231, § 1º). Assegura-se, assim, o respeito ao patrimônio cultural das comunidades indígenas, seus valores artísticos e meios de expressão, como determina, expressamente, o art. 47 do Estatuto do Índio. Tanto que, a alfabetização dos índios deve ser feita na língua do grupo a que pertença, e em português, salvaguardado o uso da primeira (art. 49, Estatuto do Índio – EI).

A própria Convenção 169 da OIT, sobre povos indígenas, preconiza o apoio aculturador e integrador, respeitados o desejo dos índios e seus usos, costumes e valores culturais. A Declaração Universal sobre a Diversidade Cultural de 2001, ao correlacionar os direitos humanos e a diversidade cultural, estabelece que "a defesa da diversidade cultural é um imperativo ético, inseparável do respeito à dignidade humana. Ela implica o compromisso de respeitar os direitos humanos e as liberdades fundamentais, em particular os direitos das pessoas que pertencem a minorias e os dos povos autóctones".[24]

Observando-se, em especial, a orientação básica para a integração na comunhão nacional, a educação do índio será feita mediante processo de gradativa compreensão dos problemas gerais e valores da sociedade nacional, bem como do aproveitamento das suas aptidões individuais (art. 50, EI). Assim, será proporcionada ao índio a formação profissional adequada, de acordo com o seu grau de aculturação (art. 52, EI).

Destaca-se, ainda, considerando a escala de valores dos indígenas e o respeito que têm pelas crianças, o disposto no art. 51 do Estatuto do Índio, *in verbis*: *"Art. 51. A assistência aos menores, para fins educacionais, será prestada, quanto possível, sem afastá-los do convívio familiar ou tribal"*.

Cumpre à União, aos Estados e aos Municípios, bem como aos órgãos das respectivas administrações indiretas, nos limites de sua competência, para a proteção das comunidades indígenas e a preservação dos seus direitos (art. 2º, EI), especialmente, respeitarem, no processo de integração do índio à comunhão nacional, a coesão das comunidades indígenas, os seus valores culturais, tradições, usos e costumes (art. 2º, VI, EI).

É certo, no entanto, que se deve garantir aos índios a permanência voluntária no seu *habitat*, proporcionando-lhes ali recursos para o seu desenvolvimento e progresso (art. 2º, V, EI). Com efeito, o aspecto cultural envolve não apenas a organização social, costumes, línguas e tradições, mas, sobretudo, as crenças dos índios e das comunidades indígenas.

Nesse contexto, convém lembrar o art. 58, I, do Estatuto do Índio, ao estabelecer que constitui crime contra os índios e a cultura indígena escarnecer de cerimônia, rito, uso, costume ou tradição culturais indígenas, vilipendiá-los ou perturbar, de qualquer modo, essas práticas.

24. O Capítulo 26 da Agenda 21 estabelece o reconhecimento e fortalecimento do papel dos povos indígenas e de suas comunidades. Todavia, a Agenda 21 não reconhece os "direitos inalienáveis" dos povos indígenas à sua terra.

Não sem razão, portanto, que o ordenamento jurídico brasileiro consagra no nível constitucional entre os direitos e garantias fundamentais, nos termos dos incisos VI e VIII, do art. 5º da Constituição de 1988, que é inviolável a liberdade de consciência e de crença, sendo assegurado o livre exercício dos cultos religiosos e garantida, na forma da lei, a proteção aos locais de culto e as suas liturgias, assim como ninguém será privado de direitos por motivo de crença religiosa.

Observa Juliana Santilli:

> ... a questão indígena no Brasil tem se ocupado primordialmente do direito à terra e à utilização dos recursos naturais existentes, o que, aliás, não poderia deixar de ser, tendo em vista a situação de fato dos povos indígenas em nosso país, exigir uma atenção redobrada a esses temas. Entretanto, isto não justifica que se relegue a questão dos direitos culturais, mais especificamente, o reconhecimento às estruturas de direito interno dos índios, a um plano de abordagem secundária.[25]

2.4 Conceito de índio: um vocábulo equivocado

À palavra "índio", muitas vezes se agregam outros conceitos, como selvagem, preguiçoso. Melhor seria usar a expressão povo ou grupo indígena em vez da expressão índio, um conceito colonialista.

Atualmente, os antropólogos afirmam que ser indígena não é uma questão biológica ou racial, pois esses critérios estão superados. Ser indígena é uma questão cultural que diz respeito às ligações históricas com o passado. De acordo com essa concepção, indígenas "são todos aqueles que se consideram distintos da sociedade nacional, por apresentarem uma ligação histórica com as sociedades pré-colombianas, sendo, portanto, descendentes dos primeiros ocupantes do continente americano".[26]

Em sentido comum, são chamados índios os habitantes das terras americanas ao chegarem os descobridores europeus. O Direito brasileiro adotou também o termo silvícola, com a mesma significação, como o habitante das selvas, ou que vive fora da civilização. Para produzir os efeitos legais, no ordenamento jurídico brasileiro, o Estatuto do Índio estabelece o seguinte conceito, *in verbis*:

> *Art. 3º Para os efeitos de lei, ficam estabelecidas as definições a seguir discriminadas:*
> *I- Índio ou silvícola – É todo indivíduo de origem e ascendência pré-colombiana que se identifica e é identificado como pertencente a um grupo étnico cujas características culturais o distinguem da sociedade nacional.*
> *II- Comunidade Indígena ou Grupo Tribal – É um conjunto de famílias ou comunidade índias, quer vivendo em estado de completo isolamento em relação aos outros setores da comunhão nacional, quer em contatos intermitentes ou permanentes, sem, contudo, estarem neles integrados.*

25. Juliana Santilli, op. cit., p. 239.
26. André Akoun. *Dicionário de antropologia*. Lisboa: Verbo, 1983, p. 610.

Clóvis Beviláqua esclarece que: "O Código Civil usa a palavra silvícola para tornar claro que se refere aos habitantes da floresta e não aos que se acham confundidos na massa geral da população, aos quais se aplicam os preceitos do Direito comum".[27]

Darcy Ribeiro, reconhecendo a dificuldade de formular uma definição, sugeriu que:

> Indígena é, no Brasil de hoje, essencialmente aquela parcela da população que apresenta problemas de inadaptação à sociedade brasileira, em suas diversas variantes, motivados por conservação de costumes, hábitos ou meras lealdades que a vinculam a uma tradição pré-colombiana. Ou, ainda mais amplamente: Índio é todo indivíduo reconhecido como membro por uma comunidade de origem pré-colombiana, que se identifica como etnicamente diversa da nacional e é considerada indígena pela população brasileira com que está em contato.[28]

3. Evolução histórica

3.1 Noções gerais

Algumas legislações latino-americanas se referiam de forma mais ou menos envergonhada às terras indígenas, excluindo-as, sem o dizer, da dicotomia público-privado, como a Lei de Terras de 1850, no Brasil, e o sistema de resguardos colombianos. Tanto a lei colombiana como a brasileira entregam ao Estado a possibilidade de reservar terras para os povos indígenas. No Brasil assumiu-se uma figura jurídica nova e pouco desenvolvida, e menos aplicada, que deu origem a que os juristas da época chamassem de indigenato. Na Colômbia, o Estado Republicano de 1824 se propôs a continuar o trabalho de evangelização da colônia e a civilizar os índios pagando as missões católicas – em 1874 se já falava em redução de índios selvagens – e toda a legislação, farta aliás, pressupunha a integração dos povos "selvagens" à vida nacional.

Há países que ignoram a existência dos índios e os convertem em camponeses, alterando a adaptando o sistema jurídico, especialmente o agrário, à realidade do país a que pertence. Nessa adaptação invariavelmente o sistema jurídico acaba por ficar incompleto e os povos indígenas, à beira da destruição. Nesse caso está o México, com a Constituição de 1917, e a Bolívia, com a Lei da Reforma Agrária de 1953.

Ensina Mendes Júnior:

> Em todos os países, portanto, os territórios indígenas sempre estiveram inadequados ao sistema e têm sido um permanente exemplo negativo de sua plenitude e completude. Quer dizer, independentemente do nome jurídico que cada sistema nacional adotou, ou o instituto que se lhe aproxime, não foi possível para um sistema de Direito individual privado adequar a realidade de território indígena, ficando tanto mais difícil quanto maior a população indígena de uma região.[29]

27. Clóvis Beviláqua. *Código Civil dos Estados Unidos do Brasil comentado*. Rio de Janeiro: Ed. Rio, 1979, pp. 193, 194.
28. Darcy Ribeiro. *Os índios e a civilização*. São Paulo: Companhia das Letras, 1996, pp. 284, 285.
29. João Mendes Júnior. *Os indígenas do Brasil, seus direitos individuais e políticos*. São Paulo: Typ. Hennies Irmãos,

Essa situação de inadequação dos povos indígenas para o sistema jurídico clássico ou burguês ou contemporâneo é, também, uma demonstração da própria incompletude do sistema. E essa incompletude se dá, não por se tratarem de povos que vivem em sociedade não contemporânea, não burguesa nem capitalista, mas por conceberem a vida e a sociedade de forma diferente, por terem uma cultura e cosmovisão diferentes, relações diferentes e evidentemente, outro direito.

Por isso mesmo, nada é mais dramaticamente parecido com a realidade dos direitos dos povos indígenas, escravos, camponeses e outros segmentos discriminados da sociedade latino-americana do que o conto de Kafka, "Diante da Lei". Um camponês passa a vida inteira diante da porta da Lei esperando para entrar, sempre há um impedimento, uma ressalva, uma proibição momentânea, uma ameaça, até que o homem morre. No momento de sua morte, vê que o porteiro fechará a porta e, interrogando a razão do fechamento, descobre que a porta estivera aberta somente para ele durante todo o tempo, e já que ele não iria entrar, não havia mais razão para a porta permanecer aberta.[30]

Pondera Carlos Frederico Marés:

> Quando os oprimidos chegam à porta da lei, encontram um obstáculo, dificuldade, impedimento ou ameaça, mas o Estado e o Direito continuam afirmando que a porta está aberta, que a lei faz todos os homens iguais, que as oportunidades, serviços e possibilidades de intervenção do Estado estão sempre presentes para todos, de forma isonômica e cega. Aos olhos da lei a realidade social é homogênea e na sociedade não convivem diferenças profundas geradas por conflitos de interesses de ordem econômica e social.[31]

Ressalte-se ainda, que a religião, a língua e o direito somente têm sentido enquanto vivos na relação social, enquanto praticados coletivamente, mas se traduzem em direitos individuais, como o direito individual de falar a língua, de professar determinada crença. O exercício desses direitos individuais pode se contrapor à lei estatal que determina o uso de idioma oficial nas declarações públicas e nas formas de documentos, por exemplo.

Isso significa que o direito ao exercício da cultura, quando transformado em direitos individuais não é mais do que direito à liberdade, que só pode ser restringida pela lei estatal.

3.2 A territorialidade

A ideia de território, ou espaço geográfico onde cada povo exerce seu poder, é fundada nos mitos, crenças e cultura, fazendo com que os critérios da própria ocupação e da defesa contra a ocupação por terceiros sejam diferentes. Cada povo indígena

1912, p. 86.

30. O conto "Diante da Lei" está inserido no romance de Franz Kafka (trad. e posf. Modesto Carone. *O processo*. São Paulo: Brasiliense, 1997, pp. 79ss).

31. Carlos Frederico Marés de Souza Filho. *O renascer dos povos indígenas para o direito*. Curitiba: Juruá, 2008, p. 69.

tem, portanto, uma ideia própria de território, ou limite geográfico de seu império, elaborada por suas relações internas de povo e externas com outros povos e na relação que estabelecem com a natureza onde lhes coube viver.

Assim, a invasão, a conquista e a colonização das Américas desconheceram qualquer conceito indígena de territorialidade e investiram contra povos, dividindo-os, impondo-lhes inimizades imaginadas e falsas alianças forçadas. Para Carlos Frederico Marés:

> A noção de direitos territoriais, como limites a serem respeitados e onde se exercesse a jurisdição, e a disputa sobre eles, nasce com a constituição dos Estados-nacionais e as lutas de independência, que marcaram novas e preciosas fronteiras e sempre buscaram impor aos povos indígenas um novo direito que já se dizia latino-americano, apesar de conceitos e institutos de forte sotaque neocolonial.[32]

Os Estados latino-americanos, ao se constituírem, esqueceram seus povos indígenas.[33] Não porque estivessem muito longe, geograficamente, dos centros de poder, nem porque tivessem se omitido nas lutas de independência. Ao contrário, os povos indígenas tiveram em cada um dos novos países participação decisiva nas lutas de independência, mas ganharam apenas o direito, de dificílimo exercício, de serem chamados de cidadãos.

O século XIX foi marcado, na América Latina, pela criação de Estados nacionais, alguns majoritariamente indígenas, mas construídos à imagem e semelhança dos antigos colonizadores: Estado único e Direito único, na proposta de acabar com privilégios e gerar sociedades de iguais, mesmo que para isso tivesse que reprimir de forma violenta ou sutil as diferenças culturais, étnicas, raciais, de gênero, estado ou condição.

3.3 Áreas indígenas: histórico no direito brasileiro

Historicamente, no Brasil, no que diz respeito às áreas indígenas,[34] pode-se anotar, na época colonial, a Lei de 30/07/1609 declarando os índios pessoas livres e confiando o seu protetorado aos padres jesuítas, os quais tinham, inclusive, a permissão de retirá-los das florestas e instalá-los em aldeamentos. No ano de 1611, com a Carta Régia de 10 de setembro, reconheceu-se que "os gentios são senhores de suas fazendas nas

32. Idem, ibidem, p. 46.

33. Fernando Sarango é jurista e linguista quéchua do Equador, líder da importante organização indígena Confederação Nacional dos Indígenas do Equador (Conaie). Fez essa afirmação e o demonstrou durante o Curso Internacional de Direito dos Povos Indígenas, realizado em junho de 1997, no México, organizado pelo Instituto Nacional Indigenista.

34. "Cada pedaço desta terra é sagrado para o meu povo. Cada ramo brilhante de um pinheiro, cada punhado de areia nas praias, a penumbra na floresta densa, cada clareira e inseto a zumbir, são sagrados na memória e na experiência de meu povo. A seiva que percorre o corpo das árvores carrega consigo as lembranças do homem vermelho. Somos parte desta terra e ela faz parte de nós. As flores perfumadas são nossas irmãs; o cervo, o cavalo, a grande águia, são nossos irmãos. Os picos rochosos, os sulcos úmidos nas campinas, os potros com seu corpo quente e o homem – todos pertencem à mesma família. Essa terra é sagrada para nós. Essa água brilhante que corre pelos riachos e rios não é apenas água, mas é sangue de nossos antepassados. O murmúrio das águas é a voz de nossos ancestrais. Os rios são nossos irmãos e saciam nossa sede" (carta antológica do Cacique Seatle em resposta ao Presidente dos Estados Unidos, que propunha a compra de suas terras).

povoações, como o são na serra, sem lhes poderem ser tomadas, nem sobre elas se lhes fazer moléstia ou injustiça alguma; nem poderão ser mudadas contra suas vontades das capitanias e lugares que lhes forem ordenados, salvo quando eles livremente o quiserem fazer".[35]

No entanto, pode-se registrar como marco inicial, alvará régio de 01/04/1680, que mandou respeitar as terras indígenas reconhecendo, expressamente, serem os indígenas "senhores de suas fazendas, como o são no sertão", pois foram "os primeiros ocupantes e donos naturais destas terras"; posteriormente, foi ratificado pela lei de 06/07/1755, que confirmou ao índio a condição de homem livre, no uso e gozo de seus bens. Verifica-se, porém, que as leis de 1609 e 1680, foram de "curta duração".[36] Cabe destacar, ainda, que esse alvará tratava apenas dos índios dos Estados do Maranhão e do Pará, e que somente foi ampliado a todos os índios do Brasil, no século seguinte, através do alvará de 08/05/1758.

Com o Decreto nº 426, de 24/07/1845, regulamentaram-se as missões de catequese e civilização dos índios e, assim, procurava-se estabelecer as diretrizes sérias, mais administrativas do que políticas, para o governo dos índios aldeados.

É importante anotar, ainda, o instituto jurídico da guerra justa utilizado pelos portugueses em relação aos índios. Não apenas como meio de escravização, mas, principalmente, como forma de conquista e ocupação das terras. A lei de 09/04/1611 já tratava do assunto, porém, com a Carta Régia de 02/12/1808 são declaradas terras devolutas as terras conquistadas por guerra justa.

Durante o século XIX foram editadas várias leis pertinentes às áreas indígenas, cabendo ressaltar a famosa Lei de Terras do Império (Lei nº 601, de 18/09/1850), principal marco histórico no ordenamento fundiário brasileiro:

> Dispõe sobre as terras devolutas do império e acerca das que são possuídas por título de sesmaria sem preenchimento das condições legais, bem como por simples título de posse mansa e pacífica; e determina que, mediadas e demarcadas as primeiras, sejam elas cedidas a título oneroso, assim para empresas particulares, como para o estabelecimento de colônias nacionais e de estrangeiros, autorizado o governo a promover a colonização estrangeira na forma que se declara.[37]

No art. 12, a Lei de Terras dispõe expressamente que, *in verbis*: "*Art. 12. O governo reservará das terras devolutas as que julgar necessárias: 1º - para colonização dos indígenas*".

O Decreto nº 1.318, de 30/01/1854, que é o "regulamento para execução da Lei nº 601, de 18/04/1850, no capítulo I, trata das terras reservadas, onde, no art. 72 estabelece, *in verbis*: "*Serão reservadas terras devolutas para colonização, e aldeamentos de indígenas nos distritos, onde existirem hordas selvagens*".

35. Manuela Carneiro da Cunha. *Os direitos dos índios-ensaios e documentos*. São Paulo: Ed. Brasiliense, 1987, p. 58.
36. Nádia Farage. *As muralhas dos sertões:* os povos indígenas do Rio Branco e a colonização. Rio de Janeiro: Paz e Terra/Anpocs, 1991, p. 29.
37. Art. 38 da Lei nº 601, de 18/09/1850.

O regulamento da Lei de Terras, que aborda o assunto ainda nos artigos seguintes, já define o usufruto das áreas indígenas, *in verbis*: "*Art. 75. As terras reservadas, para colonização de indígenas, e por eles distribuídas, são destinadas ao seu usufruto; e não poderão ser alienadas, enquanto o governo imperial, por ato especial, não lhes conceder o pleno gozo delas, por assim o permitir o seu estado de civilização*".

Com a República, apesar de a primeira Constituição republicana não tratar do tema indígena, no ano de 1910 foi criado o Serviço de Proteção ao Índio. Com o Decreto nº 736, de 06/04/1936, o SPI, nos termos do art. 3º, alínea *a*, fica autorizado a "*impedir que as terras habitadas pelos silvícolas sejam tratadas como se devolutas fossem*".

Em 05/06/1957 houve a Convenção de Genebra nº 107, da Organização Internacional do Trabalho, sobre a "Proteção e integração das populações indígenas e outras populações tribais e semitribais de países independentes", a qual foi aprovada no Brasil pelo congresso Nacional através do Decreto Legislativo nº 20, de 1965, e promulgada pelo Decreto nº 58.824, de 14/07/1966. A parte II da Convenção trata das "terras" que, no art. 11, dispõe, *in verbis*: "*Art. 11. O direito de propriedade, coletivo ou individual, será reconhecido aos membros das populações interessadas sobre as terras que ocupam tradicionalmente*".

A Lei nº 5.371, de 05/12/1967, que autorizou a criação da Fundação Nacional do Índio, fixou os princípios e diretrizes da política indígena, baseados, principalmente, no respeito à pessoa do índio e na garantia à posse permanente das terras que habitam, nos termos expressos no art. 1º, inciso I, alínea *b*, *in verbis*:

> *Art. 1º Fica o governo autorizado a instituir uma fundação com patrimônio próprio e personalidade jurídica de Direito Privado, nos termos da lei civil, denominada Fundação Nacional do Índio, com as seguintes finalidades: I- estabelecer as diretrizes e garantir o cumprimento da política indigenista, baseada nos princípios a seguir enumerados: b) garantir a posse permanente das terras que habitam e ao usufruto exclusivo dos recursos naturais e de todas as utilidades nelas existentes.*

É o Estatuto do Índio (Lei nº 6.001, de 19/12/1973), porém, que trata especificamente no Título III, "Das Terras dos Índios", regulando suas formas e defesa, dos arts. 17 ao 38, sob a orientação seguinte, *in verbis*: "*Art. 17. Reputam-se terras indígenas: I- as terras ocupadas ou habitadas pelo silvícolas, a que se referem os arts. 4º, IV, e 198, da Constituição; II- as áreas reservadas de que trata o capítulo III deste título; III- as terras de domínio das comunidades indígenas ou de silvícolas*".

As duas primeiras constituições: a de 1824, do Império, e a de 1891, a primeira da República, são omissas sobre o assunto. Somente a Constituição Federal de 1934 dispôs em seu art. 129: "*Será respeitada a posse de terras dos silvícolas que nelas se achem permanentemente localizados, sendo-lhes, no entanto, vedado aliená-las*".

É o passo inicial no trato da matéria, com privilégio constitucional mantido, praticamente, com a mesma redação nas duas Constituições posteriores.

A Constituição de 1937, no art. 154, dispõe, *in verbis*: "*Será respeitada aos silvícolas a posse das terras em que se achem localizados em caráter permanente, sendo-lhes, porém, vedada a alienação das mesmas*".

Já a Constituição de 1946, no art. 216, reza, *in verbis*: "*Será respeitada aos silvícolas a posse das terras onde se achem permanentemente localizados, coma condição de não a transferirem*".

A Constituição de 1967, no assunto, "foi mais liberal e, para ser mais preciso, foi mais justa"[38] ao determinar no art. 186, que, *in verbis*: "*É assegurada aos silvícolas a posse permanente das terras que habitam e reconhecido o seu direito ao usufruto exclusivo dos recursos naturais e de todas as utilidades nelas existentes*".

Foi a Emenda Constitucional nº 1, de 17/10/1969, no art. 198, no entanto, que desdobrou a matéria e ampliou a proteção dos silvícolas quanto às terras indígenas, não apenas no aspecto da sua inalienabilidade e do usufruto exclusivo das riquezas naturais, mas, também, quanto à nulidade e à extinção dos efeitos jurídicos que tenham por objeto o domínio, a posse e a ocupação dessas terras.

A Constituição Cidadã, de 1988, dedica um capítulo aos índios, sendo a primeira no sentido de tentar sistematizar as normas de proteção aos direitos e interesses dos indígenas e suas comunidades, com tratamento específico sobre as terras que tradicionalmente ocupam. O Capítulo VIII, "Dos Índios", faz parte do Título VIII, "Da Ordem Social".

Por fim, nos termos do § 1º, do art. 231, da Constituição de 1988, as terras tradicionalmente ocupadas pelos índios têm o seguinte conceito, *in verbis*: "*Art. 231. São terras tradicionalmente ocupadas pelos índios as por eles habitadas em caráter permanente, as utilizadas para suas atividades produtivas, as imprescindíveis à preservação dos recursos ambientais necessários a seu bem-estar e as necessárias a sua reprodução física e cultural, segundo seus usos, costumes e tradições*".[39]

Lamentavelmente, a disputa das áreas indígenas e de sua riqueza, constitui o núcleo da questão indígena hoje no Brasil. Outras questões indígenas fundamentais são relegadas a um plano inferior, em especial, o aspecto cultural indígena, seus usos, costumes e tradições. Mais grave, porém, é o aspecto da religiosidade, haja vista a existência de verdadeira guerra santa de entidades religiosas pelo domínio de determinada área indígena, com a destruição do verdadeiro sentido espiritual do indígena.

Em relação à destinação das áreas indígenas, Raymundo Laranjeira, numa abordagem objetiva, leciona:

> A fixação do índio à terra, não tem como fito apenas a garantia dos condicionamentos alimentares ou de matéria-prima para simples artesanato,

38. Alair Gursen de Miranda. *O direito e o índio*. Belém: Cejup, 1994, pp. 39ss.

39. Walter Ceneviva. "Índios nos limites constitucionais". *Folha de S.Paulo*, Cotidiano C2, 13/09/2008. Comentando o citado parágrafo do art. 231, Walter Ceneviva enfatiza que "a definição constitucional não é evidente por si mesma. Compreende elementos sujeitos a valorações contrastantes, caso de dados históricos, pesquisas regionais, distinção de situações territoriais".

quando se o pratica; mas, sobretudo, conseguir um maior volume de produção e melhoria dos níveis de produtividade, carreados os excedentes para os mercados próximos, onde os índios podem buscar também os bens que lhes interessa. Quer-se o estímulo ao índio-produtor, com o que então se formará caminho para a justiça social necessária às massas camponesas, onde se acham imiscuídos os índios. Para que se mantenha a política indigenista de integração, com o seu pressuposto de preservação de identidade étnica, é mister estimular a própria coesão do ordenamento tribal, com peculiar base associativa formada na própria experiência dos índios.[40]

4. O direito positivo brasileiro

4.1 A tutela jurídica na Constituição de 1988

O Estado brasileiro, imperial, nascido com a Constituição de 1824 herdou da Colônia uma silente legislação acerca dos povos indígenas, além de um bom número de escravos e muitas situações não definidas.[41] Sem alterar a política integracionista, o Império brasileiro tratou de estabelecer novas regras jurídicas e, por lei de 27/10/1831, exonerou de servidão todos os índios que assim se encontrassem naquela data. Em 1845 editou lei regulamentando especificamente a relação índios-Estado, o Decreto nº 426, de 24/07/1845, que anunciava na ementa: "Contém o regulamento acerca das missões de catequese e civilização dos índios". Apesar de criar uma estrutura administrativa para cuidar das questões indígenas, com a designação de funcionários e competências de proteção e aldeamento dos povos encontrados, o Estado entregava à Igreja grande parte da responsabilidade de atendimento a esses povos.

Em 1850 iniciou-se a preocupação legal com as terras indígenas. A Lei nº 601, de 18/09/1850, inaugurou uma nova diretriz para a ocupação territorial brasileira, revogando definitivamente a legislação portuguesa e estabelecendo novos conceitos jurídicos que permanecem até hoje, como terras devolutas, registro de imóveis e reservas indígenas. Ainda sem abandonar a ideia integracionista, a legislação brasileira avançava no sentido de garantir aos índios "restantes" alguns direitos sobre as terras que ocupavam. A prática do Estado, porém, continuava a trabalhar contra.

A Constituição democrática de 1988 revolucionou a relação entre o Estado e os povos indígenas porque reconheceu o direito de permanecerem para sempre como índios. O texto aprovado avançou significativamente em relação a todo o sistema anterior porque ampliou os direitos dos índios reconhecendo sua organização social, seus usos, costumes, religiões, línguas e crenças; considerou o direito à terra como originário, isto é, anterior à lei ou ato que assim o declare; conceituou terra indígena

40. Raymundo Laranjeira. *Direito agrário:* perspectivas críticas. São Paulo: LTr, 1984, p. 202.

41. Em ação que durou mais de 30 anos, o povo Krenak conquistou o direito de voltar à própria terra. Esse povo sofreu guerra do Império no começo do século XVIII, e viu suas terras serem transformadas em devolutas pelo Governo de Minas Gerais. Todos os atos de usurpação foram anulados em histórica decisão do Supremo Tribunal Federal, baseado no voto do Ministro Francisco Rezek. Para fazer cumprir o acórdão, o povo enfrentou novas lutas políticas e, somente em 1997, voltaram às terras que sempre foram suas.

incluindo não só aquelas necessárias à habitação, mas à produção, preservação do meio ambiente e as necessárias à sua reprodução física e cultural; pela primeira vez, no nível constitucional, admitiu-se no Brasil que existem direitos indígenas coletivos, seja reconhecendo a organização social indígena, seja concedendo à comunidade o direito de opinar sobre o aproveitamento dos recursos naturais e o de postular em juízo; tratou com mais detalhes, estabelecendo assim melhores garantias, da exploração dos recursos naturais, especialmente os minerais, para o que exige prévia anuência do Congresso Nacional; proibiu a remoção de grupos indígenas, dando ao Congresso Nacional a possibilidade de estudo das eventuais e estabelecidas exceções; e acima de tudo, chamou os índios de índios e lhes deu o direito de continuarem a sê-lo.

Para Frederico Marés, essas premissas em que se assentam as relações jurídicas para com os povos indígenas podem ser resumidas em:

> reconhecer os seus direitos originários, isto é, reconhecer que os povos têm direitos anteriores ao Direito e aos Estados; reconhecer a exclusividade de seu uso sobre as terras que habitam, nisto incluindo o entendimento de que elas dispõem como território e não com propriedade e, por último, oferecer proteção e garantia do Estado nacional para que os povos indígenas vivam segundo seus direitos originários e não sejam usurpados pelo próprio Estado que os protege, por outros Estados e por cidadãos de qualquer Estado.[42]

Assim, a Constituição de 1988 abriu, sem dúvida, um novo capítulo na história das relações entre o Estado e os povos indígenas, o conteúdo dessa relação foi revisto. A tônica de toda a legislação indigenista, desde o descobrimento, é a integração, dita de modo diverso em cada época e diploma legal. "Se tente a sua civilização para que gozem dos bens permanentes de uma sociedade pacífica e doce" (1808); "despertar-lhes o desejo do trato social" (1845); "até a sua incorporação à sociedade civilizada" (1928); "integrá-los, progressiva e harmoniosamente, à comunhão nacional" (1973). A lei brasileira constantemente deu comandos com forma protetora, mas com forte dose de intervenção, isto é, protegia-se para integrar, com a ideia de que integração era um bem maior que se oferecia ao gentio, uma dádiva que em muitos escritos está isenta de cinismo porque o autor crê, sinceramente, que o melhor para os índios é "viver em civilização".

Conforme observa Dalmo de Abreu Dallari, "o Direito Indigenista não foi criado pelos índios, mas lhes foi imposto pelos brasileiros não índios e se define como um conjunto de regras pelas quais a sociedade brasileira enquadrou os povos indígenas dentro do seu sistema jurídico".[43]

---

42. Carlos Frederico Marés de Souza Filho, op. cit., pp. 90, 91.
43. Dalmo de Abreu Dallari. A tutela indígena. *Boletim da Comissão Pró-Índio de São Paulo*. Ano II, n. 4, pp. 3-6, nov. 1984.

Por outro lado, é somente no século XX que se têm mais claras a importância da diversidade e a possibilidade real de entender-se o diferente sem juízo de valor. A Constituição de 1988 reconhece aos índios o direito de ser índio, de manter-se como índio, com sua organização social, costumes, línguas, crenças e tradições. Além disso, reconhece o direito originário sobre as terras que tradicionalmente ocupam. Essa concepção é nova, e juridicamente revolucionária porque rompe com a repetida visão integracionista. A partir de 05/10/1988, o índio, no Brasil, tem o direito de ser índio.

Coerente com esse entendimento, fundamento de uma nova ordem na relação entre Estado e povos indígenas, a Constituição de 1988 dá um comando ao Estado brasileiro, no sentido de que deverá proteger e fazer respeitar todos os seus bens. Esse é o novo parâmetro que deve pautar a futura legislação indigenista brasileira.

4.2 O conteúdo dos direitos indígenas

Índio é todo ser humano que se identifica e é identificado como pertencente a uma comunidade indígena. Direitos indígenas, portanto, são direitos humanos – ou ditos fundamentais, quando inseridos em algum Texto Constitucional –, referidos aos índios e suas comunidades.

A primeira Constituição Brasileira a mencionar os indígenas foi a de 1934, desde logo atribuindo à União competência para legislar sobre "incorporação dos silvícolas à comunhão nacional" (art. 5º, XIX, *m*) e reconhecendo-lhes a "posse de terras" nas quais se encontrem "permanentemente localizados" (art. 129).

A Constituição de 1937 restringiu-se a repetir disposição anterior quanto ao reconhecimento à posse da terra ocupada em caráter permanente (art. 154).

A Constituição de 1946 retomou a política "integracionista" (art. 5º, XV, *r*), a ser levada a cabo pela União, repetindo a disposição quanto à posse da terra (art. 216).

Todas essas Constituições tiveram a preocupação de declarar que as terras possuídas pelos "silvícolas" eram inalienáveis. Alteração significativa mesmo ocorreu com a Constituição de 1967, que transferiu para o domínio da União as "terras ocupadas pelos silvícolas" (art. 4º, IV), embora o reconhecimento tenha sido condicionado "à posse permanente das terras que habitam" (art. 186). Com efeito, esses dois dispositivos devem ser sistematicamente interpretados, sob pena de equivocadamente confundirmos "ocupação" e "posse", institutos jurídicos distintos. Disposição inovadora, ainda no mesmo dispositivo (art. 186) era atribuir aos indígenas o "usufruto exclusivo dos recursos naturais e de todas as utilidades nelas [terras] existentes". Segundo Helder Girão Barreto, "pode-se identificar na última disposição a raiz da maioria dos conflitos e das contestações envolvendo os direitos indígenas".[44]

A Carta de 1967 repetiu a política integracionista, o que já era tradicional (art. 8º, XVII, alínea "o").

A Constituição de 1969, sob a carga do autoritarismo, manteve o mesmo regime jurídico quanto à posse das terras indígenas (art. 198), mas inovou significativamente

44. Helder Girão Barreto. *Direitos indígenas:* vetores constitucionais. Curitiba: Juruá, 2006, p. 98.

em dois pontos: declarou nulos e extintos os "efeitos jurídicos de qualquer natureza que tenham por objeto o domínio, a posse ou a ocupação de terras habitadas pelos silvícolas" (§ 1º); e, negou aos ocupantes prejudicados direito a "qualquer ação ou indenização contra a União e a Fundação Nacional do Índio" (§ 2º). De resto, manteve os mesmos regimes quanto ao domínio da União sobre as "terras indígenas" (art. 4º, IV) e a política integracionista (art. 8º, XVII, *o*), remetendo à legislação federal o regramento da "inalienabilidade" daquelas terras.

Finalmente, a Constituição de 1988, como nenhuma outra, tratou com tal profundidade e extensão os "direitos indígenas", especificamente nos arts. 231 e §§ 232, 20, 22, 109, bem como art. 67 do ADCT.

Esclarece Helder Barreto que:

> ... da leitura dos dispositivos constitucionais é possível identificar dois momentos: antes da CF/88, os direitos indígenas reconhecidos eram basicamente restritos ao direito de posse sobre a terra, isto é, estritamente de natureza civil; a partir da CF/88, houve uma significativa ampliação destes direitos, sobretudo como consequência do reconhecimento de sua organização social, costumes, línguas, crenças e tradições e da legitimação processual para sua garantia e efetivação. Percebe-se, assim, que a Constituição Federal de 1988, pelo menos quanto aos direitos indígenas, representou uma verdadeira mudança de paradigma.[45]

De outro lado:

> ... não vislumbra que a Constituição Federal de 1988 tenha elencado exaustivamente o conteúdo dos direitos indígenas, mas apenas sinalizou o que denomina de "conteúdo mínimo", ou seja, todos aqueles direitos que decorram direta ou indiretamente do reconhecimento e da proteção da "organização social, costumes, línguas, crenças e tradições, e os direitos originários sobre as terras (art. 231, *caput*), dos índios, suas comunidades e organizações".[46]

4.3 Os direitos à terra e ao território

4.3.1 A terra: direito humano fundamental indígena[47]

Conforme Enrique Ricardo Lewandowski,

45. Idem, ibidem, p. 100.
46. Idem, ibidem, p. 101.
47. Selena Maria de Almeida. *A Defesa dos direitos socioambientais no Judiciário*. São Paulo: Instituto Socioambiental, 2003, p. 12. A autora é desembargadora federal do Tribunal Regional Federal da 4ª Região. "A Constituição de 1988, além da posse, reconhece os direitos dos índios a etnodiversidade e a multiculturalidade. Isto quer dizer que o Constituinte reconheceu, pela primeira vez em quinhentos anos de história, o Direito Indígena de ter sua língua, crença, tradições e modo de viver. O maior direito coletivo dos índios é continuar a ser índio, mas para tanto precisa de um território."

> ... a ideia de direitos humanos tem origem no Iluminismo e no Jusnaturalismo, desenvolvidos na Europa entre os séculos 17 e 18. Tratam-se de direitos inalienáveis e imprescritíveis, decorrentes da própria natureza humana e existentes independentemente do Estado. Passou-se a entender, desde então, que tais direitos não podem ser, em hipótese alguma, vulnerados por governantes ou quaisquer indivíduos.[48]

Pertinente, então, a lição de Antonio Truyol:

> *Decir que hay derechos humanos o derechos del hombre en el contexto histórico-espiritual que es el nuestro, equivale a afirmar que existen derechos fundamentales que el hombre posee por el hecho de ser hombre, por su propia naturaleza y dignidad; derechos que lê son inherentes, y que, lejos de nacer de una concesión de la sociedad política, han de seer por esta consagrados y garantizados.*[49]

Os direitos humanos[50] independem do reconhecimento pelo Estado, da inserção em Constituições e até mesmo da existência de instrumentos que lhe assegurem contra-ataques do Poder Público como dos particulares. Assim, o Direito Indígena à terra deve ser concebido como direito inalienável e imprescritível. Decorre da própria natureza humana indígena, posto que índio e terra estão de tal sorte ligados que dificilmente se poderia conceber a existência do primeiro sem a segunda. Além do mais, os direitos basilares, dentre os direitos humanos, vida e liberdade, no caso dos índios, estão condicionados à garantia da terra. Sem a terra, o índio não terá vida nem liberdade.

Para as populações indígenas a terra não é meramente um objeto de posse e produção; com ela mantêm uma relação especial e profundamente espiritual, condição essencial para sua existência como índios e para suas crenças, costumes, tradições e culturas. Nesse sentido, manifestaram-se os índios, no III Congresso Nacional da Anuc, na Colômbia, em 1974: "... para nós, índios, a terra não é apenas objeto de nosso trabalho, a fonte dos alimentos que consumimos, mas o centro de toda nossa vida, a base de nossa vida, de nossa organização social, a origem de nossas tradições e costumes".[51]

Também os organismos internacionais, preocupados com a proteção dos direitos indígenas, têm insistido sobre a relação especial e diferenciada das populações indígenas com suas terras – acentuando a necessidade de garantia por parte dos governos –, nesses

48. Enrique Ricardo Lewandowski. *Proteção dos direitos humanos na ordem internacional*. Rio de Janeiro: Forense, 1984, p. 1.
49. Antonio Truyol apud German J. Bidart Campos. *Teoría General de los Derechos Humanos*. México: Universidad Nacional Autónoma: Instituto de Investigaciones, 1989, p. 16.
50. James Anaya. "Direitos dos índios não são ameaça". *Folha de S.Paulo*, Tendências/Debates, Opinião A3, 15/09/2008. O autor é professor do Programa de Direito e Política Indígena da Universidade do Arizona (EUA), é relator especial das Nações Unidas para Direitos Humanos e Liberdades Fundamentais dos Povos Indígenas. "Os povos e indivíduos indígenas, suas culturas e modos de visão estão à altura de todos os outros em dignidade e valor".
51. Marco Antônio Barbosa. *Direito antropológico e terras indígenas no Brasil*. São Paulo: Plêiade/ Fapesp, 2001, p. 116.

termos. A Convenção 169 da Organização Internacional do Trabalho, adotada em 1989, enfatiza que: "os governos devem respeitar a importância especial que reveste para a cultura e os valores espirituais dos povos interessados a relação que eles têm com as terras ou territórios, ou com os dois, segundo o caso, que eles ocupam ou utilizam de uma outra maneira, e em particular dos aspectos coletivos desta relação".

4.3.2 Povo e território

Como refere José Afonso da Silva, no tocante aos direitos sobre as terras indígenas, "a questão da terra se transformou no ponto central dos direitos constitucionais dos índios, pois, para eles, ela tem um valor de sobrevivência física e cultural".[52] Não se ampararão seus direitos se não se lhes assegurar a posse permanente e a riqueza das terras por eles tradicionalmente ocupadas, pois a disputa dessas terras e de sua riqueza, como lembra Manuela Carneiro da Cunha, constitui o núcleo da questão indígena hoje no Brasil.[53]

O direito à terra, entendida como o espaço de vida e liberdade de um grupo humano, é a reivindicação fundamental dos povos indígenas brasileiros e latino-americanos. É evidente que a questão da territorialidade assume a proporção da própria sobrevivência dos povos – um povo sem território, ou melhor, sem o seu território, está ameaçado de perder suas referências culturais. Essa afirmação é válida, observa Frederico Marés, porque:

> o conceito de povo está ligado a relações culturais que por sua vez se interdependem com o meio ambiente. Deste modo, a existência física de um território, com um ecossistema determinado e o domínio, controle ou saber que tenha o povo sobre ele, é determinante para a própria existência do povo. É no território e em seus fenômenos naturais que se assentam as crenças, a religiosidade, a alimentação, a arte de cada povo.[54]

No tocante ao conceito jurídico, para a cultura constitucional, o território é um dos elementos formadores do Estado[55] e, fisicamente, o limite de seu poder. Principalmente nos séculos XIX e XX, as leis não admitem o nome território para indicar o espaço vital dos povos indígenas, chamando-as simplesmente de terras, como se se tratassem de terras particulares dentro do território nacional.

No sistema jurídico brasileiro atual, a terra indígena é propriedade da União Federal mas destinada à posse permanente dos índios, a quem cabe o usufruto exclusivo do solo, dos rios e dos lagos nelas existentes. Com efeito, ressalva Frederico Marés, "o

52. José Afonso da Silva, op. cit., p. 816.
53. Manuela Carneiro da Cunha, op. cit., pp. 22ss.
54. Carlos Frederico Marés de Souza Filho, op. cit., p. 120.
55. Dalmo de Abreu Dallari. *Elementos de teoria geral do estado.* São Paulo: Ed. Saraiva, 1995, pp. 73, 101. Assim refere Dalmo de Abreu Dallari, quando conceitua Estado como "a ordem jurídica soberana que tem por fim o bem comum de um povo situado em determinado território". E explica que "a noção de território, como componente necessário do Estado, só apareceu com o Estado Moderno".

território não pode se confundir com o conceito de propriedade da terra, tipicamente civilista; o território é jurisdição sobre um espaço geográfico, a propriedade é um direito individual garantido pela jurisdição".[56]

Marçal de Souza – líder Guarani assassinado em novembro de 1983 –, bem definiu a relação com a terra como espaço vital dizendo ao Papa João Paulo II, por ocasião de sua primeira visita ao Brasil: "O nosso chão, aquilo que para nós representa a nossa própria vida e a nossa sobrevivência", essa fala dá o conteúdo, a importância e a imprescritibilidade dos direitos territoriais indígenas.

4.4 A proteção constitucional

Os dispositivos constitucionais sobre a relação dos índios com suas terras e o reconhecimento de seus direitos originários sobre elas nada mais fizeram do que consagrar e consolidar o indigenato, velha e tradicional instituição jurídica luso-brasileira que deita suas raízes já nos primeiros tempos da Colônia, quando o Alvará de 01/04/1680, confirmado pela Lei de 06/06/1755, firmou o princípio de que nas terras outorgadas a particulares seria sempre reservado o direito dos índios, primários e naturais senhores delas.

Com bem explica Mendes Júnior,

> o indigenato não se confunde com a ocupação, com a mera posse. O indigenato é a fonte primária e congênita da posse territorial; é um direito congênito, enquanto a ocupação é título adquirido. O indigenato é legítimo por si, não é um fato dependente de legitimação, ao passo que a ocupação, como fato posterior, depende de requisitos que a legitimem.[57]

A relação entre o indígena e suas terras, portanto, não se rege pelas normas do Direito Civil. Sua posse extrapola a órbita puramente privada, porque não é uma simples ocupação da terra para explorá-la, mas base de seu *habitat*, no sentido ecológico de interação do conjunto de elementos naturais e culturais que propiciam o desenvolvimento equilibrado da vida humana. Esse tipo de relação não pode encontrar agasalho nas limitações individualistas do Direito Privado, daí a importância do texto constitucional em exame, porque nele se consagra a ideia de permanência, essencial à relação do índio com as terras que habita.

4.5 As terras indígenas no Estatuto do Índio

O Estatuto do Índio, Lei nº 6.001, de 19/12/1973, estabelece em 21 artigos o regime jurídico das terras indígenas, em capítulo intitulado "Das Terras dos Índios". A Lei as divide em três categorias, as ocupadas ou habitadas "pelos silvícolas", as reservadas, e as terras de domínio das comunidades ou de silvícolas. Isso significa que, além das

56. Carlos Frederico Marés de Souza Filho, op. cit., 2008, p. 128.

57. João Mendes Júnior. *Os indígenas do Brasil:* seus direitos individuais e políticos. Edição fac-similar. São Paulo: Typ. Hennies Irmão, 1912, p. 57.

duas categorias já conhecidas tradicionalmente pela lei brasileira, desde o século XVII, foram acrescentadas as de propriedade particular das comunidades indígenas e dos índios individualmente. Todas são protegidas, todas devem ser demarcadas, todas são destinadas ao uso e posse direta dos indígenas, em todas está permitida a caça e a pesca e a extração e coleta de frutos.

4.6 A demarcação de terras indígenas

A demarcação das terras indígenas é o ápice do processo de reconhecimento do seu caráter ou natureza. Afirma Marés que:

> a demarcação não é ato administrativo que constitui a terra indígena, mas é mero ato de reconhecimento, de natureza declaratório. No regime da atual Constituição Federal, basta que as terras sejam tradicionalmente ocupadas para que sobre elas os povos tenham direitos originários, independentes de qualquer ato ou reconhecimento oficial.[58]

Contudo, são enormes os interesses econômicos que disputam território com os povos indígenas: madeira, minérios, combustíveis fósseis, vias de comunicação férrea, fluvial, rodoviária ou até mesmo aérea, com a instalação de aeroportos na selva.

O Estatuto do Índio, a Lei nº 6.001, de 19/12/1973, em seu art. 65, determina que o Poder Executivo proceda à demarcação das terras indígenas ainda não demarcadas em 5 anos. No mesmo sentido dispõe o art. 67 do Ato das Disposições Constitucionais Transitórias.

O *caput* do art. 231 da Constituição Federal de 1988 estabelece a obrigação de promover a demarcação à União. Com efeito, a demarcação de terras indígenas passa por um longo processo de conhecimento, desde a "descoberta" de um grupo indígena, sua identificação, que importa em interdição de grande área, até a demarcação propriamente dita.

Segundo os ensinamentos de Pontes de Miranda, "os direitos de não índios sobre terras indígenas é nenhum: São nenhuns quaisquer títulos, mesmo registrados, contra posse dos silvícolas, ainda anteriores à Constituição de 1934, se à data da promulgação havia tal posse".[59]

A demarcação de terras indígenas[60] é fonte de polêmicas e de disputas judiciais e doutrinárias intermináveis. O certo é que, a cada nova tentativa de demarcação, o reconhecimento dos direitos indígenas é empurrado ainda mais para o campo do litígio. Pondera Paulo Bonavides: "Não é sem razão que a demarcação das reservas indígenas,

58. Carlos Frederico Marés de Souza Filho, op. cit., p. 149.
59. Pontes Miranda. *Comentários à Constituição de 1967, com emenda nº 1 de 1969*. São Paulo: Revista dos Tribunais, 1972, p. 436.
60. Walter Ceneviva. Índios nos limites constitucionais. *Folha de S.Paulo*, Cotidiano C2, 13/09/2008. Para o autor, "o melhor será preservar áreas de uso exclusivo pelos índios, suficientes para sua sobrevivência e progresso individual, na definição constitucional. Esse o limite que o Supremo Tribunal Federal tem a missão de definir. Guardar e assegurar".

ocorrendo mediante pressão internacional, em verdade não corresponde aos interesses do nosso índio, mas aos desígnios predatórios da cobiça imperalista, empenhada já na ocupação dissimulada do espaço amazônico".[61]

Com efeito, para os índios brasileiros, a terra não é um valor econômico, mas um bem essencial para sua sobrevivência. Isso é muito diferente da concepção dos que invadem áreas indígenas visando aumentar o patrimônio sem pagar pelas terras de que se apossam ilegalmente, sem consideração de ordem ética e sem respeito pela vida e dignidade dos seres humanos que são os índios. E as "autoridades públicas", por sua vez, "que deveriam ser um padrão de dignidade, simulando preocupação com o Direito, a Justiça e a soberania nacional, acobertam e auxiliam os grileiros das terras indígenas, colaborando com a espoliação do patrimônio público e a consumação de inconstitucionalidades", ressalva Dalmo de Abreu Dallari.[62]

Trata-se do caso da área indígena Raposa Serra do Sol, vizinha ao Estado de Roraima, há séculos ocupada por etnias indígenas. O Supremo Tribunal Federal aprovou a retirada de não índios da Raposa Serra do Sol. Os ministros do Supremo Tribunal Federal confirmaram no dia 19/03/2009, por dez votos a um, que a demarcação daquela terra indígena em Roraima deve ser contínua, com a consequente saída dos não índios da área. Apesar de o Supremo ter declarado que o cumprimento da decisão será "imediato", ficou a cargo do relator da ação, Min. Carlos Ayres Britto, definir os prazos para a retirada dos arrozeiros.

Considerada histórica pelos próprios ministros, a decisão põe fim a uma polêmica iniciada durante o governo de Fernando Henrique Cardoso (1994-2002), quando a área foi demarcada. A reivindicação dos índios, do uso exclusivo da terra, durava há quase 30 anos. A decisão servirá de referência para outras 22 ações que tramitam no STF e se referem especificamente a demarcações de terras indígenas.[63]

À luz dos arts. 20, inciso XI, e 231 da Constituição de 1988, fica óbvio que a ocupação indígena não se limita aos agrupamentos das habitações em que dormem, mas abrange toda a área onde os índios obtêm o indispensável para sua sobrevivência digna, colhendo os frutos da natureza, plantando, criando gado ou pescando, dependendo das condições de cada região.

Além disso, é na área circundante às habitações que o índio identifica, colhe e utiliza plantas medicinais, bem como o material necessário à edificação das casas e à fabricação de roupas, utensílios, enfeites e objetos destinados aos seus rituais, como também suas armas. Ainda mais, é nesse espaço circundante que eles enterram os seus mortos, pelos quais têm grande respeito e veneração. Por tudo isso, conclui Dalmo Dallari,

61. Paulo Bonavides. *Do país constitucional ao país neocolonial*. 2. ed. São Paulo: Malheiros Editores, 2002, p. 183.

62. Dalmo de Abreu Dallari. "O STF deve manter a demarcação da reserva indígena Raposa/Serra do Sol em área contínua?" *Folha de S.Paulo*, Tendências/Debates, Opinião A3, 23/08/2008.

63. Acerca do julgamento vide: "Após decisão do STF, Raposa terá batalha por indenização", *Folha de S.Paulo*, Brasil A8, 18/03/2009; "STF aprova retirada de não índios, mas não define prazo", *Folha de S.Paulo*, Brasil A10, 20/04/2009; "Arrozeiros têm prazo até 30 de abril para deixar reserva", *Folha de S.Paulo*, Brasil A12, 26/03/2009.

> ... a demarcação das terras indígenas é, necessariamente, de áreas contínuas, em rigorosa obediência à norma constitucional que define como indígenas todas as terras tradicionalmente ocupadas pelos índios, não havendo um só caso de ocupação de "ilhas", deixando intervalos vagos, sem ocupação, entre um e outro espaço ocupado por aldeamentos. Assim sendo, é absurda e inconstitucional a pretensão de anular a demarcação de áreas contínuas, abrindo espaço para que aventureiros, agredindo a Constituição, criem barreiras entre as aldeias da mesma etnia.[64]

4.7 Os direitos sociais e coletivos dos povos indígenas

Até 1973, a Lei brasileira considerava apenas o índio individualmente. A Lei nº 6.001/1973 – Estatuto do Índio – introduziu o conceito de comunidade indígena ou grupo tribal: "*... um conjunto de famílias ou comunidades índias, quer vivendo em estado de completo isolamento em relação aos outros setores da comunhão nacional, quer em contatos intermitentes ou permanentes, sem, contudo, estarem neles integrados*" (art. 3º, II).

Segundo Dallari,

> as comunidades indígenas não têm apenas existência de fato, mas também de direito. A comunidade indígena é uma forma especial de associação, que não se subordina às formalidades exigidas para outras espécies de associações. O Estatuto do Índio, em vários de seus artigos, determina que sejam respeitados os usos, costumes e tradições das comunidades indígenas. E nenhuma lei diz como funciona uma comunidade indígena, embora o Direito brasileiro reconheça a comunidade como existente e lhe assegure inúmeros direitos.[65]

Com efeito, a Constituição de 1988 introduziu o termo organização social dando *status* constitucional à legitimidade das comunidades indígenas para estarem em juízo em defesa de seus direitos, nos termos do disposto no art. 232 da Constituição Federal de 1988.

Nesse contexto, pondera José Afonso da Silva:

> ... a propósito, a Constituição fala em populações indígenas (art. 22, XIV) e comunidades indígenas ou dos índios (art. 232), certamente como comunidades culturais, que se revelam na identidade étnica, não propriamente como comunidade de origem que se vincula ao conceito de raça natural, fundado no fator biológico, hoje superado, dada a "impossibilidade prática de achar um critério que defina a pureza da raça". Nem é comunidade nacional que não é redutível a fatores particulares ou parciais, porque se integra de todos, como realização do princípio do Estado nacional, traduzindo, no nosso caso, a unidade comunitária dos brasileiros que envolve a todos.[66]

---

64. Dalmo de Abreu Dallari. Índios, cidadania e direitos. In: *O índio e a cidadania*. São Paulo: Brasiliense, 1983, pp. 52-58.
65. Idem.
66. José Afonso da Silva. *Curso de direito constitucional positivo*. 15 ed. São Paulo: Malheiros Editores, p. 814.

Assim, os direitos e interesses dos índios têm natureza de direito coletivo, direito comunitário. Como tal, concerne à comunidade toda e a cada índio em particular como membro dela. Essa ideia reconduz à comunidade de direito que existia no seio da gentilidade. "Os bens da gens pertenciam conjuntamente a todos os gentílicos. E este direito se distinguia do de cada um em particular, por não ser exclusivo, mas indiviso e inalterável e indissoluvelmente ligado à qualidade de membro da coletividade".[67]

Por isso é que a Constituição de 1988 reconhece legitimação para defendê-los em juízo aos próprios índios, às suas comunidades e às organizações antropológicas e pró-índios, intervindo o Ministério Público em todos os atos do processo.

Os temas indígenas devem ser tratados como explicitou Aracy Lopes da Silva: "... é o convívio da diferença; a afirmação da possibilidade e a análise das condições necessárias para o convívio construtivo entre segmentos diferenciados da população brasileira, visto como processo marcado pelo conhecimento mútuo, pela aceitação das diferenças, pelo diálogo".[68]

Assim, "a Constituição de 1988, ao reconhecer os direitos coletivos dos índios e suas respectivas organizações sociais, acertadamente", defende Carneiro da Cunha, "do ponto de vista antropológico, associa ao índio (pessoa) sua organização social (sociedade). O índio não existe isoladamente, a sua definição somente é possível no contexto de sua sociedade, de sua comunidade".[69]

Portanto, a pessoa indígena e sua sociedade são indissociáveis. Essa subordinação da pessoa à comunidade, segundo Etxeberria, "fundamenta a reivindicação dos povos indígenas ao direito de serem comunidades culturalmente específicas, assentadas em um território próprio e com possibilidades de autogoverno, portanto, ao reconhecimento dos direitos coletivos desses povos".[70] Por outro lado, os povos têm direitos. Inclusive um direito evidentemente coletivo, o da autodeterminação, que se transfere ao Estado ao ser ele constituído. Os direitos coletivos dos povos são direitos a um governo próprio, aos recursos naturais, ao território, à própria cultura, à liberdade.

No tocante aos direitos coletivos dos povos indígenas, há que se distinguir dois diferentes: um que pertence a toda a humanidade e pode ser chamado de direito à sociodiversidade,[71] que é o direito de todos à existência e manutenção de todos os povos (este é quase uma imposição, porque obriga cada povo a respeitar o outro). É um verdadeiro direito à alteridade e tem estreita relação com o da biodiversidade. O direito aqui é o direito à existência de todos os povos e de todas as espécies naturais,

67. José Afonso da Silva. *Ação popular constitucional*. São Paulo: Revista dos Tribunais, 1968, p. 12.
68. Aracy Lopes Silva. *A temática indígena na escola*. Brasília: MEC/Unesco, 1995, p. 575.
69. Manuela Carneiro da Cunha. *Os direitos do índio*. São Paulo: Brasiliense, 1987, p. 25.
70. Xavier Etxeberria. *El Desafio del Otro Indígena*. Deusto: Letras Deusto, v. 28, n. 79. abr.-jun. 1998, pp. 53 e 54.
71. As novas Constituições americanas vão reconhecendo a sociodiversidade: A Colômbia reconhece e protege a sua diversidade étnica e cultural (1991); o México (1992) assume que tem uma "composição pluricultural"; o Paraguai (1992), além de reconhecer a existência dos povos indígenas, se declara como um país pluricultural e bilíngue, considerando as demais línguas patrimônio cultural da nação; o Peru, em sua Constituição outorgada em 1993, apenas admite como línguas oficiais, ao lado do castelhano, o quéchua, o aimara e outras línguas "aborígenes"; a Bolívia em 1994, com sua maioria indígena, se define como multiétnica e pluricultural, e a Argentina determina a seu Congresso reconhecer a preexistência de povos indígenas.

como povos e espécies, sem se importar com os indivíduos; Outro, direito coletivo dos povos e das minorias, que não pertencem a todos, mas apenas àquele povo, comparam-se aos direitos nacionais quanto à titularidade, somente são titulares os membros da comunidade. Não são mera soma de direitos subjetivos individuais, pertencem a um grupo sem pertencer a ninguém em especial, cada um é obrigado a promover a sua defesa, que beneficia a todos. São imprescritíveis, impenhoráveis, intransferíveis, indivisíveis entre seus titulares.

5. Considerações finais

A Constituição de 1988 assegurou aos índios o direito à diferença – o direito dos índios receberem tratamento diferenciado –, é dizer, a Constituição reconhece aos índios direito de terem cultura diferente, relações diferentes e direitos diferentes. A Constituição reconheceu multietnicidade do país, rompeu e relativizou a postura universal predominante excludente – , imposta por regras fundadas em ideologia homogeneizante –, das diferenças criadoras do sujeito abstrato, individual e formalmente igual. E mais, revelou um grande esforço do Constituinte no sentido de preordenar um sistema de normas que pudesse efetivamente proteger os direitos e interesses dos índios. "E o conseguiu num limite bem razoável, porém, não alcançou um nível de proteção inteiramente satisfatório",[72] ressalva José Afonso da Silva.

O Estado Moderno, ao completar 200 anos, está velho e em crise, afirma Frederico Marés. Criado para garantir a igualdade, a liberdade, a segurança e a propriedade, como solenemente proclamava a Constituição Francesa de 1793, o Estado já não é suficiente para os povos indígenas. Defende Bartolomé Clavero,

> A agonia do Estado Moderno repõe discussões fundamentais aos povos indígenas, especialmente a relação povo/Estado, porque em uma nova lógica de Estado começa a não ficar tão absurda a reivindicação de que os indígenas exerçam jurisdição sobre o seu território, aqui entendido não apenas como o espaço geográfico, mas a força de suas leis a todos os considerados como integrantes de povo.

O Direito, a partir do compromisso constitucional, deve se reestruturar, encontrando novos paradigmas e, principalmente, revendo a lógica do Estado, a fim de se construir uma sociedade fraterna, porque humana; igual, porque tolerante; livre, porque justa.

Ressalte-se que, consoante o entendimento de Marco Antônio Barbosa,

> não é exatamente a necessidade de se proteger, reconhecer e admitir o Direito Indígena à terra. O que importa fundamentalmente e que está antes disso, muito embora a terra aí esteja incluída, é o fato mesmo do respeito, da necessidade de se reconhecer, proteger e admitir a própria existência desses povos como eles são, apoiando-os a virem a ser aquilo que suas próprias aptidões os levarem a ser.[73]

72. José Afonso da Silva. *Curso de direito constitucional positivo*. 15. ed. São Paulo: Malheiros Editores, 1997, pp. 813ss.
73. Bartolomé Clavero. *Derecho Indígena y Cultura Constitucional en América*. México: Siglo XXI, 1994, p. 210.

Outro aspecto a ser considerado é que, de acordo com Fernando Antônio de Carvalho Dantas:

> a grande dificuldade dos sistemas jurídicos modernos em aceitar, reconhecer e abrir espaços públicos institucionalizados de participação, para as diferenças étnicas e culturais dos povos indígenas e as formas diferenciadas de organização social que lhes são inerentes reside na forma acabada, presumivelmente verdadeira e única de ver e interpretar o mundo desde um só ponto de vista, desde o olhar da cultura moderna ocidental.[74]

A coexistência, a convivência com uma pluralidade de valores, de formas de vida e de expressões historicamente tratadas com preconceito etnocentrista, em razão da arraigada racionalidade moderna, impõe determinadas consequências conflituosas para as quais a modernidade ocidental não apresenta soluções satisfatórias. Lévi-Strauss, ao assinalar a importância da colaboração entre culturas, lembra que:

> ... os sistemas de vida peculiares a cada sociedade correspondem a uma maneira própria que cada uma escolheu para se exprimir e satisfazer o conjunto das aspirações humanas. Assim, não existe cultura superior. O desenvolvimento alcançado pela sociedade moderna não seria possível sem a contribuição decisiva das sociedades antigas. Vivenciamos apenas uma etapa de um longo percurso civilizatório. Por outro lado, em relação às sociedades tradicionais, existem ritmos diferentes de acumulação. Considerar uma sociedade como estagnada por causa de seu ritmo lento de acumulação, importa em exigir que todas as sociedades tenham a mesma velocidade, o que evidencia uma injusta discriminação. O respeito à sua peculiaridade de desenvolvimento reflete-se também na observância da capacidade de renovação dos recursos naturais.[75]

No tocante à terra, convém anotar que para os povos indígenas, cuja compreensão dos direitos e de qualquer atividade política se vincula ao contexto, ao espaço da vida e aos modos de viver, a dignidade vincula-se ao espaço territorial da sobrevivência. A terra é, para os povos indígenas, espaço de vida e liberdade. O espaço entendido como lugar de realização da cultura.

A Constituição de 1988 define a categoria jurídica das terras indígenas como aquelas tradicionalmente ocupadas pelos índios, habitadas em caráter permanente, utilizadas para suas atividades produtivas, imprescritíveis à preservação dos recursos ambientais necessários a seu bem-estar, necessárias à reprodução física e cultural, segundo seus usos, costumes e tradições. Assim, a dignidade humana dos povos indígenas está condicionada ao respeito aos seus territórios, aos seus modos de vida e às

74. Marco Antônio Barbosa. *Direito antropológico e terras indígenas no Brasil.* São Paulo: Plêiade/Fapesp, 2001, p. 116.
75. Fernando Antônio de Carvalho Dantas. As Sociedades Indígenas no Brasil e seus Sistemas Simbólicos de Representação: Os direitos de ser. In: *Socioambientalismo:* uma realidade. Curitiba: Funai, 2007, pp. 39-58.

suas instituições, como garantia prévia e imprescritível à satisfação das necessidades básicas. Portanto, o espaço e as formas de vida, como direitos consuetudinários, devem ser protegidos, sendo esse o comando constitucional.

Simbolizadas pela cultura, essas terras constituem verdadeiros territórios indígenas, porque orientados pelo evidente princípio que encerra a disposição constitucional, qual seja, a ocupação indígena é definida a partir dos usos, costumes e tradições de cada povo. Nesse sentido, afirma Souza Filho que usos, costumes e tradições "quer dizer direito, e, mais, direito consuetudinário indígena".[76] E no dizer de Dantas,

> ... há a necessidade de construção do espaço institucional plural pela participação democrática dos povos indígenas, por meio do diálogo. Nesse sentido, o diálogo intercultural como proposta cognitiva, metodológica, hermenêutica, política e jurídica funda-se no pressuposto do pluralismo e da complexidade.[77]

Ainda para o mesmo autor: "Para se ter diálogo a condição básica é o reconhecimento das diferenças culturais dos sujeitos dialogantes".[78] Portanto, exige-se superação das posturas universalistas.

Destarte, "dar o devido reconhecimento às pessoas e grupos, bem como às suas respectivas identidades culturais, não se confunde com mera cortesia. Trata-se de uma necessidade humana vital",[79] refere Joaquim B. Barbosa Gomes. Interessante notar que somos acostumados a discorrer e defender o "direito à igualdade", quando o que parece mais adequado aos tempos de hoje seria propugnar pelo "direito à diferença",[80] sendo necessárias ações pedagógicas que despertem uma "sensibilidade para as diferenças".[81] Também pondera Leitão: "A nova mentalidade assegura espaço para uma interação entre esses povos e a sociedade envolvente em condições de igualdade, pois que se funda na garantia do direito à diferença".[82]

No caso indígena, sobretudo, a "diferença" é condição mesma da própria identidade. Além disso, outro aspecto a se considerar é que todos os países americanos se confrontaram com a questão indígena. É indiscutível que em todos eles a relação entre europeus colonizadores e a população nativa foi originariamente conflituosa. Esse conflito conduziu ao extermínio das populações costeiras (Brasil), levando os nativos a se refugiarem no interior remoto de cada um desses países. É a partir, sobretudo do século XIX, que se diferenciam a conduta dos europeus e a de seus descendentes nas Américas. Nos Estados Unidos, a opção da população branca foi o extermínio dos nativos: "*a good indian is a dead indian*".

76. Claude Lévi-Strauss. *Raça e história*. São Paulo: Abril Cultural, Coleção Os Pensadores, 1976, p. 89.
77. Carlos Frederico Marés de Souza Filho, op. cit., p. 134.
78. Fernando Antônio de Carvalho Dantas, op. cit., p. 103.
79. No sentido gadameriano de compreensão da alteridade, reconhecimento e aceitação do "outro". Hans George Gadamer. *Verdad y Método*. Salamanca: Ediciones Sígueme, 1977, p. 476.
80. Joaquim B. Barbosa Gomes. *Ação afirmativa e princípio constitucional da igualdade*. Rio de Janeiro: Renovar, 2001, pp. 2-5.
81. Luiz Alberto David Araujo; Vidal Serrano Nunes Júnior. *Curso de direito constitucional*. 5. ed. São Paulo: Ed. Saraiva, 2001, p. 57.
82. Jürgen Habermas. *A inclusão do outro*. São Paulo: Edições Loyola, 2002, p. 166.

O Brasil não teve política indigenista até o início do século XX. O índio foi romantizado por José de Alencar[83] e outros. Mas a conduta real, por parte dos que se adentraram pelo Oeste, foi de espoliação das terras indígenas, com violenta expulsão dos nativos. Com efeito, a política indigenista no Brasil não foi, originariamente, formulada pelo governo federal, e sim por esse grande pioneiro que foi o general Rondon.[84] Encarregada da extensão das linhas telegráficas até Cuiabá, a Missão Rondon, como foi designada, se defrontou com as populações indígenas do interior do país. A política adotada por esse desbravador foi a de total respeito aos índios, reconhecidos como legítimos proprietários das terras. O lema de Rondon era: "Morrer se necessário, matar, nunca".

A política indigenista de Rondon partia do pressuposto de que o índio era o brasileiro nativo, que devia ser tratado respeitosamente pelos civilizados e induzido, pacificamente, a se incorporar à cidadania, recebendo conveniente educação e assistência. A República manteve a política indigenista de Rondon. De acordo com suas ideias (ele mesmo tendo ascendência indígena), estimava-se que, gradualmente, a total população indígena, que era da ordem de 700 mil entre 190 milhões de habitantes, seria incorporada à cidadania brasileira.

Em anos mais recentes, a política indigenista brasileira passou a ser orientada por etnólogos. Estes, diversamente de Rondon, não intentavam a pacífica incorporação do índio, mas a preservação das culturas indígenas. Para isso, adotou-se a prática da delimitação de amplas áreas nos sítios povoados por índios, como reservas. No entendimento do sociólogo, Hélio Jaguaribe,

> a política de reservas vem sendo aplicada sem levar em conta os imperativos de defesa nacional. A política indigenista brasileira não pode ter outro objetivo

83. Ana Valéria N. Araújo Leitão. *Direitos culturais dos povos indígenas:* aspectos de seu reconhecimento. Porto Alegre: Fabris, 1993, p. 228.

84. José de Alencar, *O guarani* (1857). A história se passa nos arredores do Rio de Janeiro por volta de 1560. Os Índios aimorés e guaranis estão em guerra. Cecília, filha de D. Antônio de Mariz, velho fidalgo português e chefe dos caçadores de uma colônia lusitana, está comprometida por imposição paterna a casar-se com D. Álvaro, aventureiro português, apesar de a este os caçadores haverem prometido uma índia aimoré. Entretanto, Cecília enamora-se do índio Pery, líder da tribo guarani, que, por sua vez, apaixonado, resolve apoiar os caçadores em sua luta contra os aimorés. Em meio à contenda, Gonzáles, outro aventureiro português, hóspede de D. Antônio, planeja trair os companheiros, sequestrando Cecy, mas Pery descobre o plano e susta a tentativa. Durante a disputa, Cecy é aprisionada pelos aimorés e o Cacique destes, por sua vez, apaixona-se por ela. Pouco depois, também Pery é aprisionado pelos guerreiros. Ciente do amor entre Pery e Cecy, o Cacique resolve sacrificá-los. Entrementes, com a repentina chegada do velho D. Antônio e seus companheiros, tudo se resolve. Uma nova traição de Gonzáles faz com que D. Antônio e Cecília sejam encarcerados em seu próprio castelo. Pery vai em busca da amada, pois sabe que D. Antônio pretende matar-se e levá-la consigo. Pery implora por Cecília e D. Antônio, emocionado ante a força do sentimento que une os dois amantes, tomando da espada batiza Pery, tornando-o cristão. Cecília e Pery fogem e, ao longe, contemplam a explosão do castelo junto com D. Antônio, que resolveu sacrificar a vida para salvar a da filha. E Carlos Gomes (1836-1896), o maior compositor clássico do Brasil e quiçá do mundo lusófono, baseando-se na obra de Alencar, em 1870 criou a ópera *O guarani*, que por sinal se tornou famosa na Europa, e foi apresentada em vários teatros europeus. Outra obra do mesmo autor, *Iracema*, um de seus romances mais populares (1865), é um exemplo profundo dessa ansiosa mudança desejada pelo autor. A odisseia da musa Tupiniquim combina um perfeito encontro do colonizador português com os nativos da terra. Iracema é uma bela virgem tabajara e esta tribo é amiga dos franceses na luta contra os portugueses que tem como aliados os índios pitiguaras. Porém Martim, o guerreiro português, nas suas investidas dentro da mata descobre Iracema, e ambos são dominados pela paixão. Disponível em: <http://www.vidaslusofonas.pt/jose_alencar.htm>. Acesso em: 25/04/2008.

senão o da incorporação pacífica do índio à cidadania brasileira, para tal lhe dando toda a assistência requerida: sanitária, educacional e profissional.[85]

Por fim, retomando a questão da terra para os povos indígenas, tem-se que a Constituição de 1988 representa um marco no tratamento das terras indígenas no país, servindo de modelo para a criação das constituições de diversos Estados, e o Decreto nº 1775/1996, que regulamenta os arts. 84 e 231 da Constituição de 1988, disserta a respeito do procedimento de regularização das terras indígenas, agregando forte conteúdo ambiental ao conceito das terras indígenas, o que leva a crer que o assunto será abordado por outro aspecto, mais relevante.

Com efeito, assegurar a plena efetividade dos direitos indígenas é ainda um desafio. Trata-se de um processo lento, que passa pela educação do povo e dos representantes escolhidos para fazerem as vezes e representarem o povo, até pela educação de juízes quanto às modernas concepções do Direito, luta que não pode ser abandonada pelos grandes interessados, os povos indígenas, suas organizações, pelo Ministério Público, advogados e todos os que atuam nessa questão.

O importante, portanto, é pensar o índio como índio, haja vista que constitui fundamento da República Federativa do Brasil o princípio da dignidade da pessoa humana, previsto no art. 1º, inciso III, da Constituição Federal de 1988, tendo como objetivo fundamental "*promover o bem de todos, sem preconceitos de origem, ração, sexo, cor, idade e quaisquer outras formas de discriminação, pois, todos são iguais perante a lei, sem distinção de qualquer natureza*" (art. 3º, inciso IV). Para tanto, é preciso adotar políticas públicas[86] e formas de agir que assegurem a convivência harmônica entre as culturas diferentes. Cabe aos poderes constituídos, aos entes federados e aos cidadãos, a adoção de meios e formas de agir para que isso ocorra. Ao Judiciário compete a grave missão de tornar efetivas as garantias asseguradas aos índios na Constituição de 1988,

85. Marechal Cândido Mariano da Silva Rondon. "De origem indígena por parte de seus bisavós maternos (Bororo e Terena) e bisavó paterna (Guaná), Rondon tornou-se órfão precocemente, tendo sido criado pelo avô e, depois de sua morte, transferiu-se para o Rio de Janeiro para ingressar na Escola Militar: além dos estudos serem gratuitos, os alunos da escola recebiam – desde que assentassem praça – soldo de *sargento*. Alistou-se no 2º Regimento de Artilharia a Cavalo em 1881. Dentre outros estudos, cursou Matemática e Ciências Físicas e Naturais da Escola Superior de Guerra. Ainda estudante, teve participação nos movimentos abolicionista e republicano. Foi nomeado chefe do Distrito Telegráfico de Mato Grosso. Foi então designado para a Comissão de Construção da linha telegráfica que ligaria Mato Grosso e Goiás. O governo republicano tinha preocupação com a região oeste do Brasil, muito isolada dos grandes centros e em regiões de fronteira. Assim decidiu melhorar as comunicações construindo linhas telegráficas para o o Centro-Oeste. Rondon cumpriu essa missão abrindo caminhos, desbravando terras, lançando linhas telegráficas, fazendo mapeamentos do terreno e principalmente estabelecendo relações cordiais com os índios. Manteve contato com muitas tribos indígenas. Rondon cumpriu essa missão abrindo caminhos, desbravando terras, lançando linhas telegráficas, fazendo mapeamentos do terreno e principalmente estabelecendo relações cordiais com os índios. Manteve contato com diversos povos indígenas, porém, sem nunca levar a morte ou o horror dos brancos a eles. Desbravador do interior do país, criou o Serviço de Proteção ao Índio (SPI). Teve seu primeiro encontro com os índios (alguns hostis, outros escravos de fazendeiros) quando construía as linhas telegráficas que ligaram Goiás a Mato Grosso. Sempre preocupado com a vida e a cultura dos índios, o que lhe valeu o cognome Marechal da Paz. Os índios o chamavam do Grande Chefe e as linhas telegráficas que instalou de Línguas de Mariano. Seu nome foi enaltecido no Congresso das Raças reunido em Londres. Recebeu o Prêmio Livingstone, concebido pela Sociedade de Geografia de Nova York." Disponível em: <http://www.geocities.com>. Acesso em: 25/04/2008.

86. Hélio Jaguaribe. *Folha de S.Paulo*, Tendências e Debates, 26/04/2008.

na Convenção 169 da OIT,[87] e nos diplomas legais de regência, impondo eficácia ao direito à igualdade através do respeito à diferença, garantindo, dessa forma, de modo eficiente e eficaz, o direito à vida em todas as suas formas.

6. Referências bibliográficas

ARENDT, Hannah. *Da revolução*. Brasília: Ática/UNB, 1988.

AKOUN, André. *Dicionário de antropologia*. Lisboa: Verbo, 1983.

ARAUJO, Luiz Alberto David; NUNES JÚNIOR, Vidal Serrano. *Curso de direito constitucional*. 5. ed. São Paulo: Ed. Saraiva, 2001.

BARBOSA, Marco Antônio. *Direito antropológico e terras indígenas no Brasil*. São Paulo: Plêiade/Fapesp, 2001.

BARRETO, Helder Girão. *Direitos indígenas:* vetores constitucionais. 1. ed. Curitiba: Juruá, 2006.

BEVILÁQUA, Clóvis. *Código Civil dos Estados Unidos do Brasil comentado*. Rio de Janeiro: Ed. Rio, 1979.

BONAVIDES, Paulo. *Do país Constitucional ao país neocolonial*. 2. ed. São Paulo: Malheiros Editores, 2002.

BUCCI, Maria Paula Dallari. *Direito administrativo e políticas públicas*. São Paulo: Ed. Saraiva, 2006.

CAMINHA, Pero Vaz de. *Carta ao Rei Dom Manuel sobre o descobrimento do Brasil*. Introdução, atualização do texto e notas de M. Viegas Guerreiro. Lisboa: Imprensa Nacional/ Casa da Moeda, 1974.

CAMPOS, German J. Bidart. *Teoría General de los Derechos Humanos*. México: Universidad Nacional Autónoma: Instituto de Investigaciones, 1989.

CHAUÍ, Marilena de Souza. *500 anos-caminhos da memória, trilhas do futuro*. Brasília: Ministério da Educação e do Desporto, 1994.

CUNHA, Manuela Carneiro da. *Os direitos dos índios*: ensaios e documentos. São Paulo: Ed. Brasiliense, 1987.

DALLARI, Dalmo de Abreu. *Elementos de teoria geral do Estado*. São Paulo: Ed. Saraiva, 1995.

________. Índios, cidadania e direitos. In: *O índio e a cidadania*. São Paulo: Brasiliense, 1983.

________. A tutela indígena. In: *Boletim da Comissão Pró-Índio de São Paulo*, ano II, n. 4, pp. 3-6, nov. 1984.

________. "O STF deve manter a demarcação da reserva indígena Raposa/Serra do Sol em área contínua?" *Folha de S.Paulo*, Tendências/Debates, Opinião A3, 23/08/2008.

DANTAS, Fernando Antônio de Carvalho. As sociedades indígenas no brasil e seus sistemas simbólicos de representação: os direitos de ser. In: *Socioambientalismo:* uma realidade. Curitiba: Funai, 2007.

DINIZ, Maria Helena. *O estado atual do biodireito*. São Paulo: Ed. Saraiva, 2006.

ETXEBERRIA, Xavier. El Desafio del Otro Indígena. Deusto: Letras Deusto, v. 28, n. 79. abr./jun. 1998.

FARAGE, Nádia. *As muralhas dos sertões*. Os povos indígenas do Rio Branco e a colonização. Rio de Janeiro: Paz e Terra/Anpocs, 1991.

87. Maria Paula Dallari Bucci. *Direito administrativo e políticas públicas*. São Paulo: Ed. Saraiva, 2006.

FRANCO, Afonso Arinos de Mello. *O índio e a revolução francesa*: as origens brasileiras da bondade natural. Rio de Janeiro: José Olympio, 1937.

GADAMER, Hans George. *Verdad y Método*. Salamanca: Ediciones Sígueme, 1977.

GARCIA, Maria. Biodireito constitucional: uma introdução. *Revista de Direito Constitucional e Internacional*, São Paulo: RT, ano 11, n. 42, jan.-mar., 2003.

GOMES, Joaquim B. Barbosa. *Ação afirmativa e princípio constitucional da igualdade*. Rio de Janeiro: Renovar, 2001.

HABERMAS, Jürgen. *A inclusão do outro*. São Paulo: Edições Loyola, 2002.

________. Soberania popular como procedimento. *Novos Estudos Cebrap*. São Paulo, n. 26, p. 107, mar. 1990.

HECK, Egon; PREZIA, Benedito. *Povos indígenas*: terra é vida. 6. ed. São Paulo: Atual, 1999.

HESSE, Konrad. *A força normativa da Constituição*. Trad. Gilmar Ferreira Mendes. Porto Alegre: Fabris, 1991.

ITURRALDE, Diego. Demandas Indígenas y Reforma Legal: Retos y Paradojas. In: Estado Nacional, autodeterminación, y autonomías, Alteridades, ano 7, nº 14. México: UAM – Iztapalapa, 1997, pp. 81-98.

LARANJEIRA, Raymundo. *Direito agrário*: perspectivas críticas. São Paulo: LTr, 1984.

LEITÃO, Ana Valéria N. Araújo. *Direitos culturais dos povos indígenas*: aspectos de seu reconhecimento. Porto Alegre: Fabris, 1993.

LÉVI-STRAUSS, Claude. *Raça e história*. São Paulo: Abril Cultural, Coleção Os Pensadores, 1976.

LEWANDOWSKI, Enrique Ricardo. *Proteção dos direitos humanos na ordem internacional*. Rio de Janeiro: Forense, 1984.

MEIRELLES TEIXEIRA. *Curso de direito constitucional*. Rev. e atual. por Maria Garcia. Rio de Janeiro: Forense Universitária, 1991.

MENDES JÚNIOR, João. *Os indígenas do Brasil:* seus direitos individuais e políticos. Edição fac-similar. São Paulo: Typ. Hennies Irmão, 1912.

MILARÉ, Édis. *Direito do ambiente*. São Paulo: Revista dos Tribunais, 2000.

MIRANDA, Alair Gursen de. *O direito e o índio*. Belém: Cejup, 1994.

MIRANDA, Pontes. *Comentários à Constituição de 1967, com emenda nº 1 de 1969*. São Paulo: Revista dos Tribunais, 1972.

PEREIRA, Deborah Macedo Duprat de Britto. *A defesa dos direitos socioambientais no judiciário*. São Paulo: Instituto Sócio-Ambiental, 2003.

RIBEIRO, Darcy. *Os índios e a civilização*. São Paulo: Companhia das Letras, 1996.

ROCHA, Ana Flávia (Org.). *A Defesa dos direitos socioambientais no judiciário*. São Paulo: Instituto Sócio-Ambiental, 2003.

SANTILLI, Juliana (Coord.). *Os direitos indígenas e a Constituição*. Porto Alegre: Sergio Antonio Fabris Editor, 1993.

SCHMITT, Carl. *Teoría de la Constitución*. Madrid: Alianza, 1982.

SILVA, Aracy Lopes. *A temática indígena na escola*. Brasília: MEC/Unesco, 1995.

SILVA, José Afonso da. *Curso de direito constitucional positivo*. 15. ed. São Paulo: Malheiros Editores, 1997.

________. *Ação popular constitucional*. São Paulo: Revista dos Tribunais, 1968.

SOUZA FILHO, Carlos Frederico Marés de. *O renascer dos povos indígenas para o direito*. 1. ed. Curitiba: Juruá, 2008.

VIVANCO, Antonio C. *Teoría de derecho agrario*. La Plata, Argentina: Ediciones Librería Jurídica, 1967. v. 1.

Parte

IV

BIODIREITO E BIOÉTICA

Capítulo

13

Biodireito constitucional: Uma introdução

Ana Laura Vallarelli Gutierres Araujo*

Introdução

NOSSO PROPÓSITO neste capítulo se resume a demonstrar as repercussões do progresso da ciência e da biotecnologia e situá-las no lugar-comum da bioética e do biodireito. Se por um lado, a clonagem terapêutica, a geração de filhos aos casais inférteis, são consequências positivas dos avanços científicos, por outro, a possibilidade de se manipular os seres humanos, o genoma da humanidade desafiam a ética e o direito interferindo, indevidamente, na vida da presente e da futura gerações.

Diante desse quadro, dessas realidades antagônicas – dignidade e degradação do ser humano e da humanidade – deve-se questionar qual a postura necessária para o jurista atuar no sentido de possibilitar a coexistência dos valores concernentes à vida, à liberdade e à igualdade numa sociedade plural e complexa como a nossa, pautada na solidariedade humana.

A ciência evolui e deve evoluir sempre, mas necessita conectar-se à pessoa humana e aos valores que lhe são inerentes e lhe conferem dignidade: vida, liberdade, igualdade e solidariedade. Nesse sentido, torna-se importante a reflexão sobre essa nova realidade biotecnológica e suas

* Mestre em Direito Constitucional pela PUC-SP, advogada e professora universitária.

implicações ético-jurídicas. Temos, então, o lugar-comum da bioética e biodireito: vida e dignidade da pessoa humana. É nesse contexto que a ciência e a biotecnologia devem se desenvolver.

Neste artigo, teceremos algumas considerações sobre o constitucionalismo, a bioética e o biodireito com o intuito de contribuir para o estudo do biodireito constitucional, sem pretender, contudo, esgotar o tema.

1. O constitucionalismo e a "era dos direitos" de Bobbio

Consideramos *Constitucionalismo* um movimento ideológico e político com o propósito de estabelecer normas jurídicas racionais e obrigatórias para governantes e governados. Assim, percebemos que dois *elementos* lhe são inerentes: Constituição e Estado; essas duas ideias antigas, já estudadas desde a época greco-romana, ganharam contornos diferentes a partir do séc. XVII, quando da concepção do Estado Moderno. A principal característica do constitucionalismo consiste na ruptura da desigualdade existente entre governantes e governados submetendo todos ao império da lei.[1]

A história do constitucionalismo, assinala Loewenstein,[2] foi marcada pela busca das limitações ao poder absoluto exercido pelos detentores do poder, bem como o esforço de se estabelecer uma justificação espiritual, moral ou ética da autoridade. A semente do constitucionalismo é lançada na Inglaterra já em 1215 visando delimitar o poder absoluto do Estado e vai se desenvolvendo com o advento da Revolução Gloriosa (1689) e da Guerra de Independência (1776), irrompendo na Revolução Francesa (1789) e, a partir daí, fortalece suas raízes e produz os seus frutos: a liberdade e a igualdade formal foram as primícias. A igualdade substancial e a solidariedade, frutos serôdios.

O constitucionalismo não se manteve refratário às novas concepções e ideias que permearam a história, mas revolucionário, lapidando os valores éticos que surgiram e surgem em cada momento histórico, e incorporando-os em seu cerne: vida, liberdade, igualdade e solidariedade, daí a expressão: "era dos direitos", e ao abordarmos esse tema percebemos na doutrina a utilização dos termos "gerações" e "dimensões" de direitos fundamentais.

Willis Santiago Guerra Filho[3] explica que os direitos *gestados* em uma geração não desaparecem com o surgimento das mais novas, mas assumem uma outra dimensão, pois os direitos da geração mais recente tornam-se um pressuposto não só para

1. A necessidade de se formular leis e, inclusive, a submissão do governante aos seus ditames remonta à época de Moisés, embora num sistema teocrático, como se pode verificar da leitura do texto inserto no livro de Deuteronômio, capítulo 17, versículos 18 a 20, no tocante à eleição e os deveres de um rei: "também, quando se assentar no trono do seu reino, escreverá para si um traslado desta lei num livro, do que está diante dos levitas sacerdotes. E o terá consigo e nele lerá todos os dias da sua vida, para que aprenda a temer ao Senhor, seu Deus, a fim de guardar todas as palavras desta lei e esses estatutos, para os cumprir. Isto fará que o seu coração não se eleve sobre os seus irmãos e não se aparte do mandamento, nem para a direita nem para a esquerda; de sorte que prolongue os dias no seu reino, ele e seus filhos no meio de Israel". Entretanto, a teorização é formulada pelos gregos. "*El primer pueblo que praticó el constitucionalismo fueron los hebreos*", afirma Karl Loewenstein (*Teoría de la Constitución*, Barcelona: Editorial Ariel, 1970, p. 154.
2. Karl Loewenstein, *Teoría de la Contitución*, Barcelona: Editorial Ariel, 1970, p. 150.
3. Willis Santiago Guerra Filho. *Processo constitucional e direitos fundamentais*. 2. ed. rev. e ampl. São Paulo: Celso Bastos, 2001, p. 39.

entendê-los de forma mais adequada como também para melhor realizá-los. Guerra Filho prossegue elaborando o seguinte exemplo que esclarece o entendimento que tem acerca do tema: "o direito individual de propriedade, num contexto em que se reconhece a segunda dimensão dos direitos fundamentais, só pode ser exercido observando-se sua função social, e com o aparecimento da terceira dimensão, observando-se igualmente sua função ambiental".[4]

De qualquer modo, quer como gerações, quer como dimensões de direitos, a ideia que se pretende passar é a mesma, a saber, o caráter inclusivo dos direitos que foram sendo conquistados de forma paulatina, em decorrência das necessidades que foram surgindo em cada momento histórico, devido às transformações sociais, econômicas, políticas, culturais etc., ganhando novos matizes.

A Magna Carta (1215), a Lei de *Habeas-Corpus* (1679), *Bill of Rights* (1689), culminando com as Declarações de Independência dos Estados Unidos (1776), do "bom povo de Virgínia" (1787)[5] e, posteriormente com a Declaração dos Direitos do Homem e do Cidadão (1789),[6] marcaram a primeira fase, reforçando o individualismo. Essas são declarações que afirmam as liberdades civis e políticas dos cidadãos contra a interferência estatal.

Já as Constituições mexicana (1917) e de Weimar (1919) passaram a reconhecer os direitos econômicos e sociais, tendo como titulares desses direitos não só o indivíduo, mas aqueles grupos sociais marginalizados, flagelados pela miséria e pela fome, em decorrência do sistema capitalista de produção. Assim, os direitos fundamentais de segunda geração – direitos sociais, culturais e econômicos, bem como os direitos coletivos ou de coletividades – surgiram em virtude da ideologia e reflexão antiliberal e foram introduzidos no constitucionalismo das distintas formas de Estado social, conforme constata Bonavides.[7]

Após as grandes guerras mundiais, entretanto, abre-se espaço para um novo tipo de direito, o direito humanitário, tendo por base a solidariedade (fraternidade) e, como destinatário o gênero humano: direitos dos povos e direitos da humanidade. Destacam-se a Declaração Universal dos Direitos Humanos (1948) e a Convenção Internacional sobre Prevenção e Repressão do Crime de Genocídio (1948) como marcos inaugurais dessa nova fase, conforme aponta Fábio Konder Comparato.[8] Paulo Bonavides, citando Vasak, aponta cinco direitos da fraternidade: o direito ao desenvolvimento, o direito à paz, o direito ao meio ambiente, o direito de propriedade sobre o patrimônio comum da humanidade e o direito de comunicação.[9]

4. Idem, ibidem, p. 39.
5. Segundo Fábio Konder Comparato (*A afirmação histórica dos direitos humanos*. 2. ed. rev. ampl. São Paulo: Ed. Saraiva, p. 47), a Declaração de Virgínia constitui o nascimento dos direitos humanos na História.
6. Embora os postulados da Revolução Francesa fossem liberdade, igualdade e fraternidade, no entanto, na Declaração Francesa faltou o reconhecimento da fraternidade, que só foi reconhecida em 1948, com a Declaração Universal dos Direitos Humanos, conforme pondera Comparato (op. cit., p. 48).
7. Paulo Bonavides. *Curso de direito constituicional*. São Paulo: Malheiros, 1993, p. 518.
8. Fábio Konder Comparato, op. cit., p. 54.
9. Paulo Bonavides, op. cit., p. 523.

Atualmente se fala em quarta geração/dimensão de direitos fundamentais, ou seja, direitos voltados ao avanço biotecnológico. Destacam-se: Código de Nuremberg (1947), Declaração Universal dos Direitos do Homem (1948), Código Internacional de Ética (1949), Convenção Americana de Direitos Humanos (1966), Declaração de Helsinque 1 e 2 (1964, 1975, 1983, 1989), Declaração do Meio Ambiente de Estocolmo (1972), Declaração de Tóquio (1975), Declaração de Manilha (1980), Protocolo do Centro Internacional de Engenharia Genética e Biologia (1986), Diretrizes Éticas Internacionais para a Pesquisa Envolvendo Seres Humanos (Cioms e OMS em 1993), Declaração Universal do Genoma Humano e Direitos Humanos (1997). Todos esses documentos buscaram sopesar as consequências do avanço científico sob o aspecto positivo e também as consequências negativas.

Os ideais de igualdade, liberdade e fraternidade têm se plasmado e ganhado novas definições, novas formas, para poder dirimir os conflitos que ocorrem em cada momento histórico, para limitar o poder arbitrário, desvinculado do ser humano e de suas necessidades vitais.

1.1 A primeira geração de direitos: a vida, a liberdade

"Consideramos as seguintes verdades como autoevidentes, a saber, que todos os homens são criaturas iguais, dotadas pelo seu Criador de certos direitos inalienáveis, entre os quais a vida, a liberdade e a busca da felicidade."[10]

A primeira geração de direitos é considerada pela doutrina como sendo aquela categoria das liberdades negativas, que historicamente foram as primeiras a surgir com os ideais do Liberalismo, visando proteger o indivíduo contra o poder estatal. Caracterizam-se como "direitos de resistência ou de oposição perante o Estado".[11] Afirma Comparato que essa primeira geração de direitos decorre das duas revoluções ocorridas em dois continentes: Independência Americana e a Revolução Francesa.[12] Celso Lafer conclui que os direitos de primeira geração, considerados direitos inerentes à pessoa humana, baseiam-se no contratualismo de inspiração individualista, em que há clara demarcação entre Estado e não Estado.[13]

Temos, basicamente, o direito à vida, à liberdade (de reunião, de associação, de religião, de imprensa), à propriedade, pertencentes à primeira geração de direitos fundamentais.

O direito à vida é um direito primário. Hobbes afirmou que os pactos em que se estabeleça renúncia do direito à vida, ou seja, de não defender seu próprio corpo, serão nulos.[14] Locke exorta sobre os limites do legislativo, cujo poder não pode ser arbitrário sobre a vida e os bens do povo. Uma vez composto pelo poder conjunto de

10. Declaração da Independência dos Estados Unidos da América, 1776.
11. Paulo Bonavides, op. cit., p. 517.
12. Fábio Konder Comparato, op. cit., p. 49.
13. Celso Lafer. *A reconstrução dos direitos humanos:* um diálogo com o pensamento de Hannah Arendt. 4. reimpr. São Paulo: Compahia das Letras, 2001, p. 126.
14. Thomas Hobbes. *Leviatã ou matéria, forma e poder de um Estado eclesiástico e civil.* São Paulo: Ed. Nova Cultural, 2000, p. 133.

cada membro da sociedade, deve respeitar os direitos que essas pessoas entregaram à comunidade no momento do ingresso na sociedade política.[15]

Pode-se dizer, com Adriano de Cupis,[16] que a vida é um direito essencial e inato. Essencial, porque é um direito sem o qual todos os outros direitos subjetivos perderiam o interesse para o indivíduo, ou seja, se não existir, a pessoa não existe como tal. Inato, pois respeita o indivíduo pelo simples fato de este ter personalidade.

A ideia de liberdade também se fortalece e se torna o primado em decorrência do momento histórico, em que se visa romper com os laços da opressão estatal. O indivíduo passa a ser titular do direito de resistência e de oposição perante o Estado.

Vários são os significados do termo liberdade. Bobbio considera a liberdade indicadora de um modo de disposição ou situação pessoal, ou seja, como indivíduo, pessoa ou cidadão se deve ser livre. Analisa e classifica ainda a liberdade, sob a possibilidade do agir humano em sociedade, de negativa e positiva.

A liberdade pela perspectiva negativa é a possibilidade de ação, um agir qualificado por estar inserido no âmbito social, como um não impedimento ou um não constrangimento. Na esteira do entendimento de Hobbes[17], Locke[18] e Montesquieu,[19] a liberdade negativa "consiste em fazer (ou não fazer) tudo o que as leis, entendidas em sentido lato e não só em sentido técnico-jurídico, permitem ou não proíbem (e, como tal, permitem não fazer)".[20]

Por outro lado, a liberdade positiva, a de querer – que qualifica a vontade – consiste na autonomia; tutela o cidadão e, desse modo, busca a liberdade política – a democracia. Nesse sentido, a liberdade tem um significado político e, por conseguinte, preocupa-se com a participação política do cidadão.

Para Bobbio (2000, pp. 65 e 75), as duas liberdades não são incompatíveis, pois ele considera a história como produto da liberdade positiva (autodeterminação) tendo por meta a negativa (liberdade de não impedimento e de não constrangimento).[21]

Com o tempo, percebeu-se que o Liberalismo não era capaz de atender aos anseios de parcelas muito extensas da população e que havia necessidade tanto da abstenção do Estado como de sua atuação, gerando, em decorrência da última, obrigações positivas

15. "Segundo tratados sobre o governo civil", Livro II, cap. XI (In: "Dois tratados sobre o governo"). Destaca-se a seguinte afirmação: "Pois ninguém pode transferir mais poder que possui, e ninguém detém um poder arbitrário absoluto sobre si mesmo, ou sobre qualquer outro, para destruir a própria vida ou tomar a vida e a propriedade de outrem" (John Locke. Segundo tratados sobre o governo civil. In: Clarence Morris (Org.). *Os grandes filósofos do direito:* leituras ecolhidas em direito. São Paulo: Ed. Martins Fontes, 2002).

16. Adriano de Cupis. *Os direitos da personalidade.* Trad. Adriano Vera Jardim; Antonio Miguel Caieiro. Lisboa: Livraria Morais Editora, 1961, p. 64.

17. "Nos casos em que o soberano não tenha estabelecido uma regra, o súdito tem a liberdade de fazer ou de omitir, conforme a sua discrição", "Leviatã", cap. XXI, p. 177.

18. Locke, op. cit., Livro II, cap. IV. "Liberdade de seguir minha própria vontade em todas as coisas que a regra não prescreva, de não estar sujeito à vontade inconstante, incerta, desconhecida e arbitrária de outro homem, assim como a liberdade de natureza é não estar sob nenhuma outra restrição que não a lei da natureza".

19. "A liberdade é o direito de fazer tudo o que as leis permitem; se um cidadão pudesse fazer tudo o que elas proíbem, não teria mais liberdade, porque os outros também teriam tal poder". (Montesquieu. *O espírito das leis.* 1. ed. São Paulo: Ed. Abril, livro décimo primeiro, cap. III, 1973).

20. Norberto Bobbio. *Igualdade e liberdade*, 2000, pp. 49ss.

21. Idem, ibidem, 2000, pp. 65, 75.

para proporcionar ao corpo social a segunda geração de direitos, a saber, os econômicos e sociais.

Roosevelt proclama, em 1941, quatro liberdades humanas essenciais: liberdade de pensamento e expressão, liberdade de crença, liberdade de viver sem medo e de viver livre da necessidade.[22] A última liberdade – viver livre da necessidade – propaga-se e passa a ser considerada irrenunciável para o desenvolvimento e a integração dos Estados liberais, e introduz os direitos sociais em que o Estado precisa intervir para proteger o trabalhador, as crianças, as mulheres, os doentes, os deficientes etc.[23]

Na Declaração Universal dos Direitos Humanos de 1948 considera-se a liberdade em seu aspecto individual[24] e, também, no aspecto político,[25] na superação da dicotomia existente entre ambos os aspectos.

A liberdade, como direito fundamental, para que possa se efetivar na comunidade, não pode ser absoluta.[26] Deve harmonizar-se com os demais direitos, evitando-se, dessa maneira, o abuso das liberdades. Assinala Konrad Hesse que uma liberdade ilimitada pode afetar outros interesses, de terceiros ou da sociedade, por isso, há a necessidade de ordenar, por meio de um regime de relações, as garantias jurídico-fundamentais e outros bens jurídicos para que tenham eficácia uns e outros, pois compete ao Estado a tarefa de conciliar liberdade individual e bem comum, na medida do possível.[27] Por fim:

> Liberdade é o direito de viver e de se desenvolver e exprimir nossa personalidade de maneira a mais completa, conforme as leis da Natureza e da Razão e da essencial dignidade da pessoa humana, no que for compatível com igual direito dos nossos semelhantes e com as necessidades e interesses do bem comum, mediante o adequado conjunto de permissões e de prestações positivas do Estado.[28]

---

22. Maria Garcia. *Desobediência civil, direito fundamental.* São Paulo. Ed. Revista dos Tribunais, 1994, p. 15. Norberto Bobbio, *Teoria geral da política*, p. 506, cita o seguinte trecho do discurso de Roosevelt: "Para que o homem se liberte da necessidade, é preciso a intervenção do Estado para proteger o trabalho, dar trabalho a quem não tem, prover as aposentadorias aos idosos, as pensões por invalidez (...) desenvolver a possibilidade de obter tratamentos médicos adequados".

23. Norberto Bobbio, *Teoria geral da política*: a filosofia política e as lições dos clássicos. Org. por Michelangelo Bovero; tradução Daniela Beccaccia Versiani. Rio de Janeiro: Campus, 2000, p. 506.

24. Art. III. "Todo homem tem direito à vida, à liberdade e à segurança". Art. XIII, 1. "Todo homem tem direito à liberdade de locomoção e residência dentro das fronteiras de cada Estado. 2. Todo homem tem direito de deixar o país, inclusive o próprio, e a este regressar". O art. XVI dispõe sobre a liberdade de contrair matrimônio; o art. XVIII, sobre a liberdade de pensamento, consciência e religião; o art. XIX, sobre a liberdade de opinião e expressão; o art. XX declara a liberdade de reunião e associação pacíficas.

25. Nesses termos, o art. XXI, 1: "Todo homem tem o direito de tomar parte no governo de seu país, diretamente ou por intermédio de representantes livremente escolhidos".

26. Milagros Otero Parga. La Libertad. Una Cuestión de Axilogia Jurídica. *Boletim da Faculdade de Direito*, 1999, v. LXXV, p. 195.

27. Konrad Hesse. Significados de los derechos fundamentales. In: *Manual de Derecho Constitucional.* Trad. Antonio Lópes Pina. Madrid: Instituto Vasco de Administración Pública Marcial Pons, Ediciones Jurídicas y Sociales, 1996, p. 109.

28. José Horácio Meirelles Teixeira. *Curso de direito constitucional.* Rev. e atual. por Maria Garcia. Rio de Janeiro: Forense Universitária, 1991, p. 672.

Dado o último conceito, passaremos a abordar os direitos sociais, que também são direitos de liberdade porque, conforme esclarece Calamandrei, "constituem a premissa indispensável para assegurar a todos os cidadãos o gozo efetivo das liberdades políticas".[29]

1.2 A segunda geração de direitos: a igualdade substancial

A proibição de fazer acepção de pessoas data do Antigo Testamento: "Não farás injustiça no juízo, nem favorecendo o pobre, nem comprazendo ao grande; com justiça julgarás o teu próximo" (Levítico, 19:15). Desse modo, recomenda-se aos juízes: "Não sereis parciais no juízo, ouvireis tanto o pequeno como o grande" (Deuteronômio, 1:17a). O Cristianismo segue o mesmo princípio da igualdade de todos.[30]

A ideia de pessoa é incindível com a da igualdade perante os outros. Conforme demonstra Campos, é fundamento da própria personalidade do indivíduo e da personalidade do outro, que cada ser humano reconheça-se igualmente em todos os outros naquilo que são, apesar das diferenças de méritos, de funções ou no que têm.[31] Em sua substância, que é a característica própria de um ser, irradia a igualdade essencial de todo ser humano, inobstante as diferenças naturais, histórico-sociais, jurídicas, biológicas, culturais etc.[32] Para Hannah Arendt, na esfera do privado, tem-se a diferença e, na esfera pública, a igualdade.[33] Contudo, a filósofa contempla um ideal redistributivo, com o fim de proporcionar um mínimo de igualdade no plano econômico, para reduzir a distância entre miséria e riqueza, que dificulta o agir em conjunto. Para Arendt, a igualdade não é um dado, mas um construído com os outros e resulta da organização humana.[34]

Em um primeiro momento, a igualdade formal ou perante a lei era o ideal a ser perseguido, com o fim de romper privilégios outorgados a certas classes e extinguir a sociedade estamental, as discriminações de nascimento, dentre outras, seguidas da igualdade material, ou seja, igualdade em direitos e no gozo da liberdade. Por conseguinte, a liberdade formal se mostra insuficiente, uma vez que o individualismo exacerbado acentua os desníveis sociais e econômicos. Embora todos sejam livres e iguais perante a lei, não eram, de fato, tão livres nem tão iguais. Nesses termos, o

---

29. Bobbio (*Teoria geral da política*, p. 508) afirma ainda: "O indivíduo instruído é mais livre do que um inculto; um indivíduo que tem trabalho é mais livre do que um desempregado; um homem são é mais livre do que um enfermo". Desta forma, considera que alguns direitos sociais – educação, trabalho e saúde – são pressupostos ou precondição para o exercício efetivo de liberdade.

30. Paulo, a seu tempo, insiste na igualdade e unidade de todos em Cristo que supera as diferenças de raça, sexo, condições sociais, nacionalidade e cultura. Na Carta aos Gálatas, capítulo 3, versículo 28, e também na primeira carta aos Coríntios 12:13 e na epístola aos Colossenses averba: "no qual (no novo homem) não pode haver grego, nem judeu, circuncisão nem incircuncisão, bárbaro, cita, escravo, livre, porém Cristo é tudo em todos".

31. Diogo Leite de Campos. Lições de direitos da personalidade. *Boletim da Faculdade de Direito*, 1991, p. 196.

32. Cf. Comparato, "A afirmação histórica dos direitos humanos" (p. 19). Com Boécio, explica Comparato, não se vê o indivíduo como "persona", isto é, como a máscara de teatro, mas como *substância individual de natureza racional*, definição que foi adotada por São Tomás de Aquino, em que o homem seria um composto de substância espiritual e corporal.

33. Arendt *apud* Lafer, *A reconstrução dos direitos humanos*: um diálogo com o pensamento de Hannah Arendt. 4. reimpr. São Paulo: Companhia das Letras, 2001, p. 151.

34. Idem, pp. 151 e 152.

conceito de igualdade formal passa a ser enriquecido pelo da igualdade substancial, que tem por objetivo corrigir os desníveis entre o capital e trabalho.

Dalmo de Abreu Dallari apresenta a reformulação da concepção da igualdade, passando a acolher a *igualdade de possibilidades*, reconhecendo as diferenças entre os indivíduos e exigindo que as desigualdades não decorram de fatores artificiais.[35] Bobbio também pondera que a igualdade de ocasiões ou de oportunidades,[36] que ele denomina de social, requer não só a liberdade negativa ou política mas também a liberdade positiva, que só poderá ser efetivada com o reconhecimento dos direitos sociais, conceituando esses direitos como "o conjunto das pretensões ou exigências das quais derivam expectativas legítimas que os cidadãos têm, não como indivíduos isolados, uns independentes dos outros, mas como indivíduos sociais que vivem, e que não podem deixar de viver, em sociedade com outros indivíduos".[37] Os direitos sociais, portanto, inspiram-se no valor primário da igualdade que, nas palavras de Bobbio, procuram mitigar, corrigir ou, até mesmo, eliminar desigualdades que nascem tanto das condições de partida, econômicas e sociais, quanto das condições naturais de inferioridade física.[38]

As liberdades negativas, como vimos na seção anterior (item 1.1), demandam apenas uma abstenção; as liberdades positivas demandam prestações positivas por parte do Estado, para poderem, efetivamente, propiciar a fruição concreta desses direitos econômicos e sociais de segunda geração. Nesse caso, não basta apenas assegurar o direito de trabalho, como quer a liberdade clássica de cunho negativa, é preciso que o Estado se organize para também assegurar o direito ao trabalho, para propiciar condições de pleno emprego etc.

A Constituição mexicana de 1917, sem perder o postulado da igualdade formal, marca esse movimento inclusivo inserindo os direitos sociais como direitos fundamentais, conforme se depreende de seu art. 4º.[39] De igual forma, a Constituição de Weimar de 1919, na segunda parte, insere a par dos direitos individuais, os novos direitos de conteúdo social.

O art. 6º da Constituição Federal brasileira de 1988 consagra os direitos sociais nos seguintes termos: "*São direitos sociais a educação, a saúde, o trabalho, a moradia, o lazer, a segurança, a previdência social, a proteção à maternidade e à infância, a assistência aos desamparados, na forma desta Constituição*".

35. Dalmo de Abreu Dallari. Elementos de teoria geral do Estado, 1986, p. 258.

36. Norberto Bobbio. *Igualdade e liberdade*. Trad. Carlos Nelson Coutinho. 4. ed. Rio de Janeiro: Ediouro, 2000, p. 492.

37. Bobbio (*Teoria geral da política*, p. 501) entende o homem como "pessoa moral" e como "pessoa social". Enquanto pessoa moral, é titular dos direitos de liberdade e, como pessoa social, dos direitos sociais.

38. Norberto Bobbio. *Igualdade e liberdade*, p. 508.

39. *ARTÍCULO 4 - El varón y la mujer son iguales ante la ley. Esta protegerá la organización y el desarrollo de la familia. Toda persona tiene derecho a decidir de manera libre, responsable e informada sobre el número y el espaciamiento de sus hijos. Toda persona tiene derecho a la protección de la salud. La ley definirá las bases y modalidades para el acceso a los servicios de salud y establecerá la concurrencia de la Federación y las entidades federativas en materia de salubridad general, conforme lo que dispone la fracción XVI del artículo 73 de esta Constitución. Toda familia tiene derecho a disfrutar de vivienda digna y decorosa. La ley establecerá los instrumentos y apoyos necesarios a fin de alcanzar tal objetivo. Es deber de los padres preservar el derecho de los menores a la satisfacción de sus necesidades y a la salud física y mental. La ley determinará los apoyos a la protección de los menores, a cargo de las instituciones públicas.*

Todavia, não se pode confundir igualdade com igualitarismo: "igualdade de todos em tudo", ideia típica de uma sociedade totalizante e de um Estado intervencionista e dirigista. Há, também, que se fazer a distinção entre desigualdades e diferenças. As desigualdades são criações arbitrárias que estabelecem uma relação de superioridade e inferioridade entre as pessoas ou grupos em relação a outros grupos.[40] As diferenças existem e devem ser preservadas e protegidas, pois são inerentes ao próprio ser humano, e delas decorre a unicidade e a individualidade deste.

O direito à vida também é enriquecido. Na análise de Bobbio, não basta o direito de viver (comportamento negativo do Estado: não matar), mas deve-se reconhecer o direito de se ter o mínimo indispensável para viver (comportamento positivo), o que implica intervenção estatal para que o indivíduo não morra de fome, por exemplo.[41]

1.3 A terceira geração de direitos: solidariedade

Solidariedade significa:

> 1. Qualidade de solidário. 2. Laço ou vínculo recíproco de pessoas ou coisas independentes. 3. Adesão ou apoio à causa, empresa, princípio etc., de outrem. 4. Sentido moral que vincula o indivíduo à vida, aos interesses e às responsabilidades de um grupo social, duma nação, ou da própria humanidade. 5. Relação de responsabilidade entre pessoas unidas por interesses comuns, de maneira que cada elemento do grupo se sinta na obrigação moral de apoiar o(s) outro(s). 6. Sentimento de quem é solidário. 7. Dependência recíproca. 8. Jur. Vínculo jurídico entre credores (ou entre devedores) duma mesma obrigação, cada um deles com direito (ou compromisso) ao total da dívida, de sorte que cada credor pode exigir (ou cada devedor é obrigado a pagar) integralmente a prestação objeto daquela obrigação.[42]

E, ainda,

> Termo de ordem jurídica que, na linguagem comum e na filosófica, significa: 1º inter-relação ou interdependência; 2º assistência recíproca entre os membros de um mesmo grupo (p. ex. S. familiar, S. humana etc.). Neste sentido, fala-se de *solidarismo* para indicar a doutrina moral e jurídica fundamentada na S.[43]

Os textos supratranscritos trazem os significados que a palavra solidariedade carrega. Desses diversos conceitos destacam-se aqueles que demonstram a necessidade de engajamento da pessoa na comunidade à qual pertence.

40. Comparato, op. cit., p.200
41. Norberto Bobbio. *Igualdade e liberdade*, p. 498.
42. Dicionário Aurélio, 1994.
43. Cf. L. Bourgeois, *La solidarité*, 1897 (Nicola Abbagnano. *Dicionário de filosofia*. São Paulo: Martins Fontes, 2000, p. 918).

Vale ressaltar que a solidariedade é uma prática antiga. Encontramo-la na Teocracia do povo hebreu. Os pobres, as viúvas e os forasteiros eram protegidos no período do Antigo Testamento. A mesma lei deveria existir para o natural e forasteiro que peregrinasse com o povo de Israel e depois, a ordem negativa (não oprimir) e positiva (amar): "Se o estrangeiro peregrinar na vossa terra, não o oprimireis. Como natural, será entre vós o estrangeiro que peregrina convosco; ama-lo-eis como a vós mesmos, pois estrangeiros fostes na terra do Egito" (Levítico, 19:33, 34). Acrescente-se: "não perverterás o direito do estrangeiro e do órfão, nem tomarás em penhor a roupa da viúva" (Deuteronômio, 24:27).

A solidariedade, no sentido subjetivo, significa a consciência de pertença e, no sentido objetivo, a relação de pertença. Assim, consciência e relação fundamentam-se em um vínculo recíproco de cooperação nas vicissitudes entre os membros da comunidade. Identifica-se, em certa medida, com fraternidade.[44]

Temos então dois extremos: liberalismo e socialismo. Porém, a solidariedade aparece em uma espécie de terceira via, como uma necessidade de coordenar esforços entre as diversas instituições estatais.[45] José Casalta Nabais distingue solidariedade dos antigos e solidariedade dos modernos; solidariedade mutualista e solidariedade altruísta; solidariedade vertical e solidariedade horizontal.

A relação com os outros, a pertença a uma família, a amizade, a fraternidade são apontadas como sendo a solidariedade dos antigos. A esta incorpora-se uma nova dimensão, voltada à comunidade estatal, como comunidade político-social. Esse engajamento é denominado solidariedade dos modernos.

Quando a solidariedade é tida como uma maneira de criar riqueza em comum, é chamada de mutualista. Esta, de cunho assistencial, é insuficiente e passa a integrar a altruísta, aquela cuja ação solidária implica gratuidade, isto é, sem esperar qualquer contrapartida de parte dos beneficiários da atividade solidária.

No Estado social encontramos a solidariedade vertical, pois como provedor de políticas públicas esse Estado é, também, considerado devedor porque deve garantir a cada um de seus membros a efetivação dos direitos sociais. A solidariedade horizontal ou fraterna constitui deveres da sociedade civil, uma vez que o Estado social não consegue (nem deve) implementá-los, pois lhe falta aquilo que só a sociedade civil e cada um de seus membros (individual ou coletivamente) podem proporcionar, a saber, elementos de humanidade.[46]

Percebe-se, na história, a evolução ocorrida pela mudança de paradigmas: primeiro, no campo político, a conquista da liberdade e, assim, a contenção do Estado; depois, na esfera da igualdade, dando novos contornos à liberdade individual, traduzida no

44. José Casalta Nabais. Algumas considerações sobre a solidariedade e a cidadania. *Boletim da Faculdade de Direito*, 1999, pp. 148, 149).
45. Essa ideia retiramos do texto de José Casalta Nabais (op. cit., pp. 146, 147), em que afirma que essa terceira via "alicia tanto alguns teóricos como alguns políticos, destacando-se entre os primeiros o conhecido Director da London School of Economics and Political Science, Antony Giddens".
46. José Casalta Nabais, op. cit., pp. 153, 154.

"*laissez-faire, laissez-passer*",[47] e se expande com vistas à solidariedade como um dever jurídico; em seguida os direitos sociais, econômicos e culturais – trabalho, educação, saúde, previdência e assistência social, meio ambiente sadio e equilibrado, direitos do consumidor –, passam a ser inseridos, exigindo do Estado políticas públicas com o fim de garantir esses novos direitos que não são propriamente públicos nem privados.

Estado e cada cidadão cooperam, conciliam-se para a persecução de um mesmo fim, cada qual com suas tarefas e funções, visando a inclusão e a integração de todos no seio da comunidade, assegurando a dignidade da pessoa humana.

Temos, assim, o constitucionalismo comunitário. O binômio dignidade da pessoa humana e solidariedade é o primado, caracterizado pela abertura constitucional. A Constituição abre-se a outros conteúdos normativos (direito comunitário), extranormativos (usos e costumes), e metanormativos (valores e postulados morais), conforme demonstra Cittadino:

> "Liberdade, igualdade e fraternidade" – foram a máxima da Revolução Francesa. Contudo, a liberdade prevalece num primeiro momento, pois busca libertar-se da opressão do monarca absoluto. Com o passar do tempo, emerge a igualdade substancial, de oportunidades e, ato contínuo, a solidariedade, com os direitos de terceira dimensão que juntos ganham novos contornos para agregar os direitos de quarta geração.[48]

1.4 A quarta geração de direitos: a proteção da humanidade

> Contudo, o homem moderno sente-se inquieto e cada vez mais perplexo. Ele labuta e lida, mas tem uma vaga consciência da futilidade de seus esforços. Enquanto cresce seu poder sobre a matéria, sente-se impotente em sua vida individual e em sociedade. Embora tenha criado *maneiras* novas e melhores para dominar a Natureza, tornou-se enleado em uma teia desses meios e perdeu de vista o fim que lhe dá significado – o *próprio homem*. Embora se tenha tornado senhor da Natureza, converteu-se em escravo da máquina construída por suas próprias mãos. Com todos os seus conhecimentos a respeito da matéria, ele ignora o que se prende às questões mais importantes e fundamentais da existência humana: o que é o homem, como é que deve viver e como as tremendas energias que há *dentro* dele podem ser liberadas e usadas produtivamente.[49]
> A história política recente está repleta de exemplos indicativos que a expressão "material humano" não é simplesmente metáfora inofensiva. O mesmo se pode dizer a inúmeras experiências científicas modernas no campo da

47. "*Laissez faire, laissez passer, le monde va de lui-même*", máxima do liberalismo que significa "deixai-nos fazer, deixai-nos passar, o mundo anda por si mesmo".
48. Gisele Cittadino. *Pluralismo direito e justiça distributiva*. Elementos da filosofia constitucional contemporânea. 2. ed. Rio de Janeiro: Ed. Lumen Juris, 2000, p. 17.
49. Erich Fromm. *Análise do homem*. Trad. Octavio Alves Velho. Rio de Janeiro: Zahar, 1974, p. 14.

engenharia social, da bioquímica, da cirurgia cerebral etc., todas visando a manipular e modificar o material humano como se se tratasse de qualquer outro material. Essa atitude mecanicista é típica da era moderna. Quando visava a objetivos semelhantes, a antiguidade tendia a conceber o homem como um animal selvagem que devia ser domesticado. Em qualquer caso, o único resultado possível é a morte do homem, não necessariamente como organismo vivo, mas como homem.[50]

Os direitos de quarta geração se vinculam às ideias traçadas por Fromm e Arendt as quais questionam a ignorância do homem quanto à sua natureza e ao seu potencial, quer como indivíduo, quer como uma pessoa engajada na sociedade em que vive, bem como a reificação do ser humano. Assim, pressupõe a redefinição do papel do indivíduo e ainda a responsabilidade para com as futuras gerações.

Nesse sentido, o constitucionalismo atual volta-se ao ser humano e à sua dignidade, tendo em vista as alterações sociais no tocante aos avanços tecnológicos ligados à vida: seu início,[51] seu desenvolvimento,[52] e seu fim.[53] Nessa tarefa não se há de preterir a condição humana e o reconhecimento de sua fragilidade.

Com o intuito de reelaborar os papéis da ciência e do direito, compatibilizando-os, a Constituição tem como função apontar os limites e os fins da manipulação da vida, identificando os valores a serem preservados, relacionando-os com o progresso científico, para que possam, de forma coerente e coesa, compatibilizar técnica e direitos fundamentais.[54] Temos, assim, as três dimensões da ciência: filosófica, política e jurídica.

Para Maria Garcia, o problema do conhecimento se demonstra por meio da necessidade humana do saber (questão filosófica), pelo fenômeno do poder, de dominação da realidade (questão política) e, ainda, através da liberdade do homem e suas limitações (questão jurídica).[55]

50. Hannah Arendt. *A condição humana*. Trad. Robrto Raposo. 10. ed. Rio de Janeiro: Forense Universitária, 2000, p. 201.

51. A inseminação artificial *in vitro*, que pode proporcionar a tantos casais inférteis a possibilidade de constituir uma família, converte-se num dilema bioético: manipulações genéticas, escolha de embriões, criopreservação de embriões excedentários, superovulação da mulher, utilização de embriões excedentes para pesquisa, escolha de sexo, concepção em útero artificial, maternidade por substituição, doação de gametas, clonagem reprodutiva etc.

52. Os transplantes de órgãos e tecidos "*inter vivos*" e "*post mortem*" (para o receptor), transfusão de sangue, mercado de órgãos e tecidos humanos, transexualismo, prostituição infantil, esterilização humana, mapeamento genético e sua utilização, pesquisas e experiências em seres humanos, clonagem terapêutica, o direito à saúde, entre outras questões bioéticas que se ligam ao desenvolvimento da pessoa.

53. A eutanásia, os transplantes de órgãos "*post mortem*", criopreservação do corpo ou partes do corpo após a morte, redução embrionária, descarte de embriões, aborto, eugenia, entre outros problemas concernentes ao fim da vida.

54. Ernst Benda registra que se deve analisar a tensão existente entre liberdade e coerção, ou dito de outra forma, entre a autossuficiência do indivíduo e as necessidades, direitos e deveres que decorrem da vida em comunidade. *"La Ley Fundamental intenta equilibrar las tensiones entre individuo y res publica, por un lado, mediante la garantía de los derechos fundamentales; por otro, estableciendo límites y obligaciones sociales"*. Assim, uma forma de conciliar Liberalismo clássico com tendências coletivistas, resolvendo a polaridade indivíduo e comunidade, encontramos na declaração do Tribunal Constitucional, BVerfGE 4,7 (17), citado por Benda: *"El individuo debe asumir aquellos límites que, para cultivar y fomentar la vida en común, imponga el legislador a su libertad de acción, dentro de los márgenes de lo exigible y siempre que se garantice la autonomía de la persona"* (Ernst Benda et al. Dignidad Humana y derechos de la personalid. In: *Manual de Derecho Constitucional.* Madrid: Instituto de Administración Pública Marcial Pons, 1996, p. 119).

55. Maria Garcia. *A dignidade da pessoa e os limites da ciência:* a ética da responsabilidade. Tese de Livre-Docência apresentada na PUC-SP, 2001, p. 26.

A biotecnologia apresenta novos desafios para o direito. A limitação da ciência é um tema polêmico. Muitos defendem que ela não pode ser limitada sob pena de voltarmos ao obscurantismo, à idade das trevas. Outros, porém, já argumentam em sentido contrário, postulam que há a necessidade de estabelecer, no mínimo, princípios e diretrizes para que a ciência possa se desenvolver com o fim de estar a serviço do homem e de sua liberdade, considerando os direitos das futuras gerações. A interface – direito e bioética – estabelece a trilogia da temática da vida: o biológico, o ético e o jurídico.

A última linha de raciocínio é seguida por Daury Cesar Fabriz: "Se às ciências da vida cabe o livre exercício do especular em torno das várias possibilidades dos elementos que integram a vida, cabe ao Direito proceder ao enquadramento legal, no sentido de se preservar a integridade da vida e da pessoa".[56]

Sérgio Ferraz aborda os avanços científicos e a necessidade de regulação, uma vez que a ciência está agora permitindo "brincar de Deus".[57] Diante disso, prossegue postulando pela regulamentação, dada a impossibilidade de deixar esse cabedal de conhecimentos ao alvedrio exclusivo de seus criadores. De fato, esses temas não concernem tão somente aos cientistas, médicos, pesquisadores entre outros, e ainda não se restringem aos teólogos, filósofos, sociólogos e juristas, ele é do interesse de *todos os cidadãos*, conforme pondera o bioeticista Jean Bernard.[58] Vale salientar que os avanços biotecnológicos afetam a presente e a futuras gerações, pois são tecnologias voltadas às questões da vida.

Não podemos conceber o Estado científico de Aldous Huxley[59] nem na dominação da inteligência artificial, como nos mostra *Matrix*.[60] Entretanto, a eugenia legitimada

56. Daury Cesar Fabriz. *Bioética e direitos fundamentais:* A bioconstituição como paradigma ao biodireito. Belo Horizonte: Mandamentos, 2003, p. 273.

57. Sérgio Ferraz. *Manipulações biológicas e princípios constitucionais:* uma introdução. Porto Alegre: Sergio Antonio Fabris Editor, 1991, p. 75.

58. Jean Bernard. *A bioética.* Trad. Paulo Goya. São Paulo: Ed. Ática, 1998, p. 102.

59. Aldous Huxley. *Admirável mundo novo.* Rio de Janeiro: Ed. Globo, 1985. Garcia, "A dignidade da pessoa humana e os limites da Ciência: a Ética da responsabilidade", p. 42, sintetiza a proposta desta obra, da seguinte forma: "Como se sabe, na sua versão visionária talvez, Huxley propõe isso: uma sociedade estável, de homens e mulheres padronizados, em grupos uniformes. Sob o lema planetário 'Comunidade. Identidade. Estabilidade', uma sociedade planejada por segmentos de grupos humanos compondo 'seres vivos socializados, sob forma de Alfas ou de Ipsilons, Beta-Menos, etc.' produzidos como gêmeos idênticos 'não porém, em insignificantes grupos de dois ou três, como nos velhos tempos da reprodução vivípara, quando um ovo se dividia às vezes, acidentalmente, mas sim em dúzias, em vintenas de uma só vez' – como explica, entusiasmado, o 'Diretor de Incubação e Condicionamento'. Nas Salas de Condicionamento Neopavloviano as crianças são conduzidas a um ódio 'instintivo' aos livros e às flores".

60. *The Matrix* (Warner Home Vídeo), produzido por Joel Silver. No filme citado há um diálogo que destacamos o seguinte trecho, em que Morpheus (líder) passa a questionar Neo (que no filme é considerado o "predestinado", o "salvador"): – "O que é 'real'? Como você define o 'real'? Se está falando do que consegue sentir, do que pode cheirar, provar e ver... Então o 'real' são simplesmente sinais elétricos interpretados pelo cérebro". Mostra, para Neo, uma televisão e lhe diz: "Este é o mundo que você conhece. O mundo como era no final do séc. 20. Ele só existe agora como parte de uma simulação neurointerativa que chamamos de Matrix. Você vivia num mundo de sonhos, Neo. Este é o mundo... que existe hoje. Bem-vindo ao deserto... do real. Temos apenas pequenas partes de informação. Mas o que sabemos por certo é que no começo do séc. 21... a humanidade inteira estava celebrando. Estávamos encantados com a nossa própria grandeza por criarmos a IA". – Inteligência Artificial? – pergunta Neo. – Uma consequência singular que gerou uma raça inteira de máquinas. Não sabemos quem atacou antes, nós ou eles. Mas sei que fomos nós que queimamos o céu. Elas dependiam de energia solar... E acreditava-se que elas não conseguiriam sobreviver... sem uma fonte de energia tão abundante como o Sol. Ao longo da História, nós dependemos de máquinas para sobreviver. O destino, parece, não deixa de ser irônico. O corpo humano gera mais bioeletricidade do que uma bateria de 120 volts...

pela ciência relatada em *Gattaca experiência genética*[61] se torna comum em clínicas de reprodução humana assistida, na busca de embriões perfeitos.[62] A esse respeito, George Annas alerta que "no futuro seremos capazes de manufaturar crianças a partir do embrião, que será organizado por informações contidas em um catálogo".[63]

Indo além, Peter Sloterdijk constata a iminência do perigo "representado por uma *antropotécnica* política, cuja finalidade pode ser a neocriação de exemplares humanos mais próximos dos protótipos ideais".[64]

Bobbio vincula os direitos de quarta geração aos efeitos cada vez mais traumáticos da pesquisa biológica, uma vez que esta possibilita manipulações do patrimônio genético de cada indivíduo.[65] O autor segue demonstrando a historicidade dos direitos, que nascem conforme o aumento do poder do homem sobre o homem, e deduz que "o progresso da capacidade do homem de dominar a natureza e outros homens – ou cria novas ameaças à liberdade do indivíduo, ou permite novos remédios para suas indigências".[66] Ressalte-se que a par da historicidade dos direitos temos a indivisibilidade que, por sua vez, imprime a coexistência dos direitos de liberdade e dos direitos sociais; por isso, deve-se limitar esse poder – "impedir malefícios" –, e entrementes propiciar a intervenção de modo protetor – "obter benefícios". E, ainda sobre esses direitos, em outra obra Bobbio esclarece:

> Gostaria de acenar para uma quarta etapa, que só foi atingida nos últimos anos e à qual denominarei *especificação* dos direitos. A expressão habitual "direitos do homem" já não é suficiente. É demasiado genérica. Que homem? Desde o início foram diferenciados os direitos do homem em geral dos

---

e de mais 25 mil BTUs de calor corpóreo. Combinado com uma espécie de fusão... as máquinas encontraram mais energia do que jamais precisariam. Há campos, Neo, campos sem fim ... onde os seres humanos não mais nascem. Nós somos "cultivados". Durante muito tempo, eu não acreditei. Aí eu vi os campos, com meus próprios olhos. Eu os vi liquifazer os mortos... para que não fossem injetados na veia dos vivos. E lá, vendo tal precisão pura e aterrorizante acabei me dando conta da verdade óbvia. Então Neo pergunta: "– O que é a Matrix?". E responde: "– Controle. A Matrix é um mundo dos sonhos gerados por um computador... feito para nos controlar... para transformar o ser humano... nisto aqui" (mostra a Neo uma pilha).

61. O filme *Gattaca – Experiência Genética* se passa, conforme referência contida no próprio filme, "num futuro não muito distante". Produzido por Danny DeVito, Michal Shamberg e Stacey Sher, o filme, gravado pela Columbia Pictures Corporation e Jersey Films, foi lançado nos EUA em out. 1997, com o título original *Gattaca*. No filme encontramos expressões que enfatizam essa nova realidade: "in-válido, de-gene-rado, uterino, filho da fé, filho de Deus" – assim eram chamados os que não passaram pelo "controle de qualidade", mas foram gerados "segundo a vontade de Deus". O protagonista desta história inicia seu desabafo, nos seguintes termos: "Diziam que uma criança nascida do amor só poderia ser feliz. Hoje, não dizem mais. Nunca entendi por que minha mãe resolveu confiar em Deus e não nos geneticistas. Dez dedos nas mãos, dez nos pés. Era só o que importava. Hoje não. Hoje, após segundos do meu nascimento, a hora e a causa exatas da minha morte já são conhecidas". Essa ideia eugênica encontra-se em *República*, de Platão, pp. 102 e 105.

62. Afinal, como afirma o geneticista da trama: "Queremos dar ao seu filho as melhores condições. Acreditem, já temos imperfeições demais. Uma criança não precisa de mais um fardo. E ele herdará as características de vocês. As melhores que têm. Uma concepção natural jamais conseguiria tal resultado".

63. George Annas apud Chaves, 1991, p. 10.

64. Peter Sloterdijk apud Fabriz, 2003, p. 301.

65. Norberto Bobbio, *A era dos direitos*. Trad. Carlos Nelson Coutinho. Rio de Janeiro: Campus, 1992, p. 6.

66. Em sua obra sobre a *Teoria geral da política*, p. 484, Bobbio exorta que vão surgindo novos direitos como resposta às novas formas de opressão e desumanização, em decorrência do "vertiginoso crescimento do poder manipulador do homem sobre si mesmo e sobre a natureza".

> direitos do cidadão, no sentido de que ao cidadão podiam ser atribuídos direitos ulteriores em relação ao homem em geral. Mas uma ulterior especificação tornou-se necessária à medida que emergiam novas pretensões, justificadas com base na consideração de exigências específicas de proteção, seja em relação ao *sexo*, seja em relação às várias *fases* da vida, seja em relação às *condições*, normais ou excepcionais, da existência humana. Daí, em relação ao sexo, o reconhecimento de direitos específicos das mulheres; em relação às diferentes fases da vida, as particulares providências, sejam nacionais, sejam internacionais, para a infância e para os idosos; em relação às condições normais ou excepcionais, a particular atenção dirigida aos direitos dos enfermos, dos deficientes, dos doentes mentais, e assim por diante. Basta passar a vista pelo repertório das atividades realizadas pelas comissões internacionais que se ocupam dos direitos do homem para se dar conta dessa inovação. Sim, é verdade, trata-se de um fenômeno novo; mas, olhando bem, nada mais é do que um desenvolvimento consequente da ideia original do indivíduo considerado em todos os seus aspectos como titular de direitos, ou seja, de pretensões que lhe devem ser reconhecidas, em relação à sociedade grande ou pequena, ou até mesmo grandíssima, da qual faz parte.[67]

O constitucionalismo desse nosso século não pode se mostrar refratário frente a essas novas demandas sociais que exigem medidas eficazes para a proteção da pessoa (física, moral, intelectual e social) e proibição de abusos. O biodireito imbrica-se à era dos direitos, agregando-se como direito de quarta geração ou dimensão.

Surgem na história novas declarações que se unem às Declarações de primeira, segunda e terceira dimensões de direitos:[68] Código de Nuremberg (1947), Código Internacional de Ética (1949), Convenção Americana de Direitos Humanos (1966), Declaração de Helsinque 1 e 2 (1964, 1975, 1983, 1989), Declaração do Meio Ambiente de Estocolmo (1972), Declaração Universal do Genoma Humano e dos Direitos Humanos (1997),[69] dentre tantas outras que têm por escopo a harmonização entre o progresso da biotecnologia e a dignidade da pessoa humana e a proteção da humanidade, reforçando e enriquecendo o direito à vida, o direito à liberdade e o direito à igualdade, sem perder de vista a solidariedade. Esses direitos passam a ser redimensionados, considerando o indivíduo, a família, a sociedade, o cidadão, o cidadão do mundo e as futuras gerações.

67. Norberto Bobbio. *Igualdade e liberdade*, 2000, pp. 482 e 483.

68. Poderíamos partir da *Magna Charta Libertatum* (1215), Lei de *Habeas Corpus* (1679), *Bill of Rights* (1689), Declaração Universal dos Direitos Humanos (1948), Pacto Internacional dos Direitos Civis e Políticos (1966), Pacto Internacional dos Direitos Econômicos, Sociais e Culturais (1966) e assim por diante, para demonstrar os diretos de primeira, segunda, terceira e, agora de quarta geração de direitos, que passam a compor o constitucionalismo moderno. Pois, no dizer de Maria Garcia: "Importa determinar os direitos humanos fundamentais – cuja essencialidade caracteriza o *ser* humano – onde quer que se encontre, como tal" (*A dignidade da pessoa humana e os limites da ciência:* a ética da responsabilidade, p. 102).

69. Objetivando "impedir malefícios" e "obter benefícios" (Bobbio), no tocante às manipulações do genoma humano.

2. O direito à vida: a dignidade da pessoa humana

A Constituição Federal consagra não só o direito *à* vida e sua inviolabilidade, como também o direito ao respeito *da* vida (biodireito). Desde o momento da concepção essa inviolabilidade é garantida, proibindo quaisquer tipos de discriminações.

Ns lições de José Afonso da Silva a vida é o processo vital iniciado na concepção e o qual termina com a morte: "Ninguém pode ser privado arbitrariamente de sua vida".[70] Daí surgirem, os conflitos com as práticas abortivas, eutanásia etc., conclui Alexandre de Moraes.[71]

A vida humana, para Silva,[72] integra-se de elementos materiais (físicos) e imateriais (psicológicos e espirituais). No conteúdo de seu conceito estão envolvidos os direitos à dignidade da pessoa humana, à privacidade, à integridade físico-corporal, à integridade moral, especialmente o direito à existência.

A engenharia genética nos leva a revisitar a questão da titularidade dos direitos humanos, em virtude da existência de embriões, pré-embriões, o genoma humano, clones eventuais. Nessa linha de raciocínio, segue-se o questionamento de Garcia:[73] "Será possível, com efeito, a atribuição de direitos humanos?[74] Segue-se a resposta afirmativa: "O genoma, o pré-embrião, o embrião partilham desse processo vital denominado *vida* e como esta, na sua acepção jurídica de direito à vida, devem ter a proteção constitucional dos direitos compreensivos da personalidade humana, compondo o elenco dos direitos humanos fundamentais".[75] E, ainda, nas lições de Stela Marcos de Almeida Neves Barbas: "a humanidade, presente e futura, passa a ser sujeito de direitos".[76]

---

70. Para Silva o direito à existência "consiste no direito de estar vivo, de lutar pelo viver, de defender a própria vida, de permanecer vivo. É o direito de não ter interrompido o processo vital senão pela morte espontânea e inevitável" (José Afonso da Silva, *Curso de direito constitucional positivo*, 1990, pp. 176, 177).

71. Alexandre de Moraes. *Direitos humanos fundamentais:* teoria geral, comentários aos arts. 1º ao 5º da Constituição da República Federativa do Brasil, doutrina e jurisprudência. 2. ed. São Paulo: Atlas. Coleção Temas Jurídicos, v. 3, 1998. Em outra oportunidade, Moraes explica que a Constituição proclama o direito à vida, em sua dupla acepção e ao Estado compete assegurá-lo: direito de continuar vivo e ter vida digna quanto à subsistência. "A Constituição, é importante ressaltar, protege a vida de forma geral, inclusive uterina" (*Curso de direito constitucional positivo*. 6. ed. São Paulo: Ed. Atlas, 1999, p. 61).

72. José Afonso da Silva. *Curso de direito constitucional positivo*, p. 177.

73. Maria Garcia, *A dignidade da pessoa e os limites da ciência:* a ética da responsabilidade, p. 191.

74. Maria Garcia (2001, p. 112). E, para responder a questão lançanda, Garcia (2001, p. 157) parte da seguinte premissa: "Não existe *pessoa* senão a partir do pré-embrião, do embrião e seu código genético – o genoma. Nenhum desses elementos, isoladamente, tem significação senão em relação a um indivíduo, uma pessoa". Ainda, (p. 173), acrescenta: "Em suma, o nascimento não existe isolado: é uma fase de uma sucessão de fases" – e citando Barbas prossegue – "de modo que 'desde a concepção até a velhice é sempre o mesmo ser vivo que se desenvolve, amadurece e morre. As suas particularidades o tornam único e insubstituível (...) Consequentemente, o feto deve ser considerado geneticamente único, irrepetível e autônomo". Nesse sentido, Silmara J. A. Chinelato e Almeida, *Bioética e dano pré-natal*, pp. 70 e 71, na esteira do biólogo José Botella Lusia e do geneticista Jérome Lejeune e das Resoluções do Parlamento Europeu, Recomendações do Conselho da Europa: "O desenvolvimento do nascituro, em qualquer dos estágios – zigoto, mórula, blástula, pré-embrião, embrião e feto – representa apenas um *continuum* do mesmo ser que não se modificará depois do nascimento, mas apenas cumprirá as etapas posteriores de desenvolvimento, passando de criança a adolescente, e de adolescente a adulto".

75. De suas conclusões, op. cit., p. 333, destaca-se: "A 'totalidade unificada', ou seja, o ser humano passa a abranger o genoma, o pré-embrião, o eventual clone humano – tudo que detenha a qualidade de 'humano'".

76. Stela Marcos de Almeida Neves Barbas. *Direito ao patrimônio genético.* Coimbra: Livraria Almedina, 1998, p. 21.

Acrescente-se a posição de Paulo Otero, para quem a garantia constitucional da inviolabilidade da vida humana tem o seu início no momento da origem da vida: "saiba a ciência quando é que começa a vida humana que o Direito imediatamente tem de garantir a sua inviolabilidade".[77] Firma, ainda, seu entendimento no sentido de que a Constituição, quando protege a inviolabilidade do direito "de" (conservação da vida já nascida) e, também, "à" vida[78] (em todas as manifestações), prescinde do nascimento na medida em que, antes deste evento a vida humana já existe. Campos repudia o "instituto jurídico" do nascimento, pois este não é um começo e sim, um passo.[79] Como ser histórico, o homem tem seu início com a concepção, pois já é referido como alguém existente. A concepção natalista, para o autor, é considerada pré-científica e fundada na ignorância da vida pré-natal e fantasias (medo de gestar monstros e lobisomens), daí a expressão: "dar à luz" das "trevas" do ventre.

O art. 1º da Declaração Universal sobre o Genoma Humano e os Direitos do Homem (1997) estabelece: "O genoma humano subjaz à unidade fundamental de todos os membros da família humana e também ao reconhecimento de sua dignidade e diversidade inerentes. Num sentido simbólico, é a herança da humanidade".

Diante dessas considerações sobre a vida e a partir de quando se inicia sua tutela, outro questionamento se impõe: Se a par ao direito à vida há o direto de morrer – "morrer com dignidade".[80]

A vida é um bem intransmissível, irrenunciável, extrapatrimonial, pois emerge do *status* de indivíduo e está fora do comércio, uma vez que é despido de preço. Logo, torna-se intransmissível, "sendo inválida toda tentativa de sua cessão a outrem, por ato gratuito como oneroso".[81] É, também, irrenunciável, pois está vinculado à pessoa de seu titular, ou seja, não pode este abdicar dele, ainda que para subsistir.[82]

---

77. Paulo Otero. *Personalidade e identidade pessoal e genética do ser humano:* um perfil constitucional da bioética. Coimbra: Livraria Almedina, 1999, p. 40.

78. "Não é um direito à vida, no sentido de um direito a uma prestação" – afirma Campos (*Lições de direitos da personalidade*, p. 175) –, pois não se trata de concessão da sociedade e nem prestação do Estado, mas um "direito 'ao respeito' da vida perante as outras pessoas (grupos e Estado)".

79. Diogo Leite de Campos, op. cit., pp. 161, 162.

80. Quanto ao direito de morrer, emerge um questionamento de índole filosófica: se afirmamos que a Constituição reconhece o direito à vida segue-se que temos direito à morte? E, ainda, quando nos referimos à dignidade da pessoa humana podemos, *a contrario sensu*, admitir que há pessoa indigna? Este questionamento filosófico paira como espada de Dâmocles nas questões relacionadas com o início e o fim da personalidade: eutanásia, eugenia, experimentações e etc. Fato histórico ocorreu em Nova Jersey, os pais de Karen Ann Quinley pleitearam o desligamento do aparelho respirador que a mantinha viva e o Supremo Tribunal do Estado reconheceu o "direito de morrer em paz e com dignidade". Karen, mesmo com a retirada do respirador, continuou viva por quase dez anos. Ademais, a decisão tornou-se emblemática pelo fato de se formar o primeiro Comitê de Ética para aferir o prognóstico e a irreversibilidade de seu quadro neurológico.

81. Caio Mário da Silva Pereira. *Instituições de direito civil.* 19. ed. rev. e atual. Rio de Janeiro: Ed. Forense, 1998, p. 153.

82. Caio Mário da Silva Pereira, op. cit., p. 153. Destacamos mais três características: a imprescritibilidade, pois o decurso do tempo não acarreta a perda desse direito (I); a generalidade, porque basta ser indivíduo, pessoa, para que lhe seja atribuído, pelo ordenamento, independente da capacidade (II) e o caráter absoluto, porque pode ser oposto contra todos – *erga omnes* – impondo a todos o respeito e proíbe qualquer ato atentatório desse direito (III).

2.1 O ser humano: a pessoa, a personalidade

"Hominum causa omne jus constitutum est" – Justiniano[83]

A manipulação genética nos leva a questionar a manipulação da própria vida e a existência humana. Inclusive nos sugere questionamentos outros como: quem é o ser humano, qual a sua natureza e desde quando começa sua existência?

Na Grécia o termo *persona* designava a máscara que os atores utilizavam nas tragédias e comédias com o fim de amplificar a voz. Posteriormente, passou a significar a própria personagem:

> Lembra-te que és ator de um drama, breve ou longo, segundo a vontade do autor. Se é um papel (*prósopon*) de mendigo que ele te atribui, mesmo este representa-o com talento; da mesma forma, se é o papel de coxo, de magistrado, de simples particular. Pois cabe-te representar bem o personagem (*prósopon*) que te foi confiado, pela escolha de outrem.[84]

Boécio,[85] afastando-se da concepção grega, conclui: "*persona proprie dicitur naturae rationalis individua substantia*", isto é, diz-se propriamente pessoa a substância individual da natureza racional. Podemos notar que o ser humano deixa de ser considerado como ator, como a máscara teatral, para ser substância.

No aspecto jurídico encontramos o axioma de Miguel Reale: a pessoa humana *qua tale*, como valor-fonte dos direitos fundamentais.[86] Em outras palavras, "a criatura humana é pessoa porque vale de per si, como centro de reconhecimento e convergência dos valores sociais".[87] Como expressão da autonomia moral da pessoa, temos a personalidade.[88] Esta, para Adriano de Cupis,[89] "é um produto do direito positivo, e não uma realidade que se encontre já constituída na natureza e que se limite a registrar tal como a encontra".[90]

83. Justiniano, Digesto Romano 1.5.2: "Por causa do homem que existe o direito".
84. Texto de Epicteto apud Comparato, *A afirmação histórica dos direitos humanos*, p. 16.
85. Boécio apud Comparato, 2001, p. 19.
86. Miguel Reale (*O Estado Democrático de Direito e os conflitos das ideologias*. São Paulo: Ed. Saraiva, 1998, pp. 110, 111) esclarece: "O essencial, em suma, é reconhecer o *status* originário e primordial da pessoa humana como valor-fonte, evitando-se não somente o mal irreparável das ideologias totalitárias, mas também toda e qualquer forma de autoritarismo. Por fim, não é demais esclarecer que é o valor da pessoa humana que constitui o fundamento da ideologia ecológica, pois protege-se a natureza em razão dos interesses existenciais da criatura humana, desde os vitais aos estéticos".
87. Miguel Reale, *Lições preliminares de Direito*. 24. ed. São Paulo: Ed. Saraiva, 1999, p. 232.
88. Miguel Reale pontua: "A personalidade do homem situa-o como ser autônomo, conferindo-lhe dimensão de natureza moral" (*Lições preliminares de Direito*, p. 232).
89. Adriano de Cupis, op. cit., p. 13.
90. Mais adiante, Cupis afirma: "A personalidade, não se identifica com os direitos e com as obrigações jurídicas, constitui a pré-condição deles, ou seja, o seu fundamento e pressuposto" (p. 15). Considera a personalidade como "ossatura" – expressão utilizada por Sepker – destinada a ser revestida de direitos.

Já Goffredo Telles Júnior[91] assevera que personalidade não é um direito – e sim, qualidade natural, ou seja, que é própria de um ser, logo, é uma propriedade. Propriedade não no sentido jurídico, mas, entendida como qualidades próprias que caracterizam o indivíduo, aquilo que lhe é peculiar, um atributo necessário a cada ser humano, sem mediação de qualquer norma jurídica.[92]

Na abordagem dos conceitos de "pessoa" e "personalidade", surge a questão da condição jurídica do nascituro. O nosso Código Civil, art. 2º, estabelece que a personalidade civil da pessoa começa com o nascimento com vida, mas a lei põe a salvo, desde a concepção, direitos do nascituro. Se interpretarmos literalmente o artigo referido, temos, em sua primeira parte, que o ser humano adquirirá personalidade a partir de seu nascimento com vida, considerando o nascituro *spes hominis* (esperança de pessoa). Trata-se da teoria natalista.

Ocorre, porém, que essa interpretação desconsidera a parte final do dispositivo analisado, em que o ordenamento jurídico atribui, desde a concepção, direitos ao nascituro. Assim sendo, ao atribuir-lhe direitos, considera-o pessoa. Temos como seguidores dessa corrente, denominada teoria da concepção, Teixeira de Freitas, André Franco Montoro, Limongi França, Silmara Chinelato e Almeida, entre outros.

Assim, encontramos nas lições de França[93] que a condição do nascimento é importante para que a capacidade jurídica se consolide, mas não a personalidade, e conclui que o nascituro é pessoa no sentido filosófico e jurídico pois pertencem a estágios diferentes do desenvolvimento de um mesmo e único ser; ademais, todas as Nações civilizadas reconhecem a necessidade de protegê-los; e, ainda vários dispositivos legais atribuem direitos e obrigações ao nascituro.[94]

Todavia, um neologismo surge na Inglaterra: "pré-embrião". Considera-se pré-embrião a primeira etapa do desenvolvimento humano, isto é, o tempo que medeia a fecundação à fixação do embrião na parede interna do útero.

Maria Celeste Cordeiro Leite dos Santos[95] esclarece que o termo pré-embrião utilizado por Penelope Leach não tem comprovação científica e destina-se a justificar uma demanda utilitarista que pretende facilitar a aceitação popular e científica de

91. Goffredo Telles Júnior. *Iniciação na Ciência do Direito*. São Paulo: Ed. Saraiva, 2001, pp. 297, 298.

92. "Como *propriedade*, a personalidade é um *bem*"(...). É o bem que lhe pertence *antes* que outros bens lhe pertençam. É a primeira propriedade do homem, após os bens da vida e da integridade corporal. É o bem que lhe pertence como primordial *utilidade*, porque é o que, primeiro, lhe serve para que a pessoa seja como ela é, e para que continue sendo como ela é", assevera Telles Jr. (op. cit., pp. 297, 298). Semelhantemente, Campos (op. cit., pp. 161, 162), na sua explicação sobre a personalidade, afirma que a norma apenas reconhece o direito anterior e superior, assente na essência do homem que é a vida. O Direito, portanto, "reconhece o início da personalidade jurídica no começo da personalidade humana".

93. Limongi França. *Instituições de direito civil*. 5. ed. rev. atual. São Paulo: Ed. Saraiva, 1999, p. 44.

94. Roberto Andorno partilha desse entendimento. Em seu texto "*El embrión humano ¿merece ser protegido por el derecho?*", conclui que existem argumentos biológicos e fisiológicos para que se possa considerar o embrião humano como "pessoa". Disponível em: <http://www.bioeticaweb.com/Inicio_ de_la_vida/ embrion_humano.htm>. Acesso em: 04/09/2008.

95. Maria Celeste Cordeiro Leite Santos. *Imaculada concepção*. Nascendo *in vitro* e morrendo *in machina*. Aspectos históricos e bioéticos da procriação humana assistida no direito penal comparado. São Paulo: Ed. Acadêmica, 1993, pp. 79, 80.

manipulações, intervenções genéticas e, até mesmo, destruições, "a fim de torná-lo objeto de pesquisa e de possível intervenção eugênica".[96]

João Carlos Loureiro[97] comunga da mesma opinião, ou seja, que o conceito de pré-embrião busca legitimar a conversão deste em objeto de experimentação para utilização terapêutica dos tecidos e que isso, por sua vez, revela um processo de desumanização com o intuito de apropriação das matérias corporais.

Semelhantemente, Jean Bernard preleciona que o termo "pré-embrião" ou "proto-embrião" foi proposto "para designar os primeiríssimos tempos da vida, aqueles em que a pessoa não existe ainda e em que tudo é permitido",[98] não levando em consideração que desde a concepção, já estão presentes no genoma as condições necessárias para o seu desenvolvimento. Das suas considerações extraímos a seguinte ilação: "A *vida humana* passa a ser um *mero conceito operacional*", mas "a lei deve garantir o respeito e a dignidade de todo ser humano nascente".[99]

A Medicina avança a passos largos,[100] o que demanda um estudo mais aprofundado sobre a condição jurídica do nascituro, ou melhor, do concepto, *in vitro* ou *in utero*. É relevante essa tomada de posição, pois lançará novas luzes ao progresso da biotecnologia.

2.2 A dignidade da pessoa humana

Dignidade,

> Derivado do latim *dignitas* (virtude, honra, consideração), em regra se entende a *qualidade moral*, que, possuída por uma pessoa, serve de base ao próprio respeito em que é tida. Compreende-se também como o próprio procedimento da pessoa, pelo qual se faz merecedor do conceito público. Mas, em sentido jurídico, também se entende como a *distinção* ou *honraria* conferida a uma pessoa, consistente em *cargo* ou *título* de alta graduação.[101]

96. Idem, ibidem, p. 83.
97. João Carlos S. G. Loureiro. *Transplantações:* um olhar constitucional. Col. Argumentum, n. 9, Coimbra Editora, 1995, p.54.
98. Jean Bernard, op. cit., p. 72.
99. Maria Celeste Cordeito Leite Santos, op. cit., pp. 80, 83.
100. O jornal *O Dia* veiculou a seguinte notícia: "Parece ficção científica, mas pesquisadores já estudam a possibilidade de usar úteros artificiais para gerar bebês fora do corpo da mulher. Cientistas da Universidade de Cornell, em Nova York (EUA), anunciaram há duas semanas que já possuem um protótipo feito a partir de células do endométrio (tecido que reveste o útero) e células-tronco, modeladas no formato do órgão. Para testar a eficiência do invento, foram implantados embriões humanos descartados por clínicas de fertilização. Os embriões fixaram-se às paredes do útero artificial, como ocorre no organismo da mulher. A experiência foi interrompida após seis dias, mas os cientistas planejam deixar os embriões se desenvolverem até 14 dias, quando começa a formação do sistema nervoso, limite para uso de embriões humanos em testes. (Madalena Rome, Domingo, 03/03/2002, Disponível em: <http://odia.ig.com.br/index.htm>).
101. De Plácido e Silva, *Vocabulário Jurídico*, 15. ed. Rio de Janeiro: Ed. Forense, 1999, p. 267. Ainda no sentido jurídico, Diniz (*Dicionário jurídico*, p. 133): "1. Na *linguagem jurídica* em geral, quer dizer: a) qualidade moral que infunde a respeito; b) honraria; c) título ou cargo de elevada graduação; d) respeitabilidade; e) nobreza ou qualidade do que é nobre. 2. *Direito Canônico*. Prerrogativa que decorria do fato de um eclesiástico exercer elevadas funções ou de possuir título relevante em um cabido".

> Designa-se com este nome o princípio moral que enuncia que a pessoa humana não deve nunca ser tratada apenas como um meio, mas como um fim em si mesmo; ou seja, que o homem não deve jamais ser utilizado como meio sem se levar em conta que ele é, ao mesmo tempo, um fim em si.[102]".

Como atributo intrínseco, da essência da pessoa humana, temos a dignidade.[103]

O Cristianismo desempenha um papel muito importante no desenvolvimento da ideia da dignidade da pessoa humana, revelada no Antigo Testamento e confirmada no Novo Testamento.[104] Nas palavras de Ernst Benda, "*Históricamente, la garantía de la dignidad humana se encuentre estrechamente ligada ao cristianismo. Su fundamento radica en el hecho de que el hombre ha sido creado a imagen y semejanza de Dios*".[105]

Comparato[106] comenta que no período entre 600 e 480 a.C. ocorre o abandono do saber mitológico da tradição, passando-se a considerar o saber lógico da razão. Assim, surgem pelas várias regiões pensadores na lavra de Zaratustra (Pérsia), Buda (Índia), Lao-Tsê e Confúcio (China), Pitágoras (Grécia) e Isaías (Israel). O autor assinala, ainda, que nesse período houve a declaração dos grandes princípios e se estabeleceram as diretrizes fundamentais de vida, em vigor até hoje, pois o homem passa a

102. Lalande, André. *Vocabulário técnico e crítico de filosofia*. 2. ed. Trad. Fátima Sá Correia et al. São Paulo: Martins Fontes, 1996, p. 259. Em Abbagnano (*Dicionário de filosofia*, p. 276/277: "Dignidade (in *Dignity*; fr. *Dignité*; al *Wurde*; it. *Dignità*). Como "princípio da dignidade humana" entende-se a exigência enunciada por Kant como segunda fórmula do imperativo categórico: "Age de tal forma que trates a humanidade, tanto na tua pessoa como na pessoa de qualquer outro, sempre também como um fim e nunca unicamente com um meio" (*Grundlegung zur Met. Der Sitten*, II). Esse imperativo estabelece que todo homem, aliás, todo ser racional, como fim em si mesmo, possui um valor não relativo (como é, p. ex., um preço), mas intrínseco, ou seja, a dignidade. "O que tem preço pode ser substituído por alguma outra coisa *equivalente*; o que é superior a qualquer preço, e por isso não permite nenhuma equivalência, tem *D*." Substancialmente, a D. de um ser racional consiste no fato de ele "não obedecer a nenhuma lei que não seja também instituída por ele mesmo". A mortalidade, como condição dessa autonomia legislativa é, portanto, a condição da D. do homem, e moralidade e humanidade são as únicas coisas que não têm preço. Esses conceitos kantianos voltam em F. Schiller, *Graças e D.* (1793): "A dominação dos institutos pela força moral é a liberdade do espírito e a expressão da liberdade do espírito no fenômeno chama-se D" (*Werke*, ed. Karpeles, XI, p. 207). Na incerteza das valorações morais do mundo contemporâneo, que aumentou com as duas guerras mundiais, pode-se dizer que a exigência da D. do ser humano venceu uma prova, revelando-se como pedra de toque para aceitação dos ideais ou das formas de vida instauradas ou propostas; isso porque as ideologias, os partidos e os regimes que, implícita ou explicitamente, se opuseram a essa tese mostraram-se desastrosos para si e para os outros. DIGNIDADE (lat. *Dignitas*, *it. Degnità*). Foi assim que os escolásticos, na esteira de Boécio, traduziram a palavra *axioma* (cf., p. ex., Tomás, *In. Met.*, III, 5, 390). Vico conservou essa palavra em italiano e suas "D.", expostas na parte da *Scienza Nuova* intitulada *Dos elementos*, constituem os fundamentos de sua obra. "Propomos agora aqui os seguintes axiomas ou D. filosóficas e filológicas, algumas poucas perguntas racionais e discretas, com outras tantas definições esclarecidas; estas, assim como o sangue pelo corpo animado, devem fluir por dentro desta ciência e animá-la em tudo o que ela razoa sobre a natureza comum das nações".

103. José Afonso da Silva. "A dignidade da pessoa humana como valor supremo da democracia", p. 91.

104. Ingo Wolfgang Sarlet (*Dignidade da pessoa humana e direitos fundamentais na Constituição Federal de 1988*) relaciona dignidade da pessoa humana e direitos fundamentais, inicia a sua obra a pontuando a importância do cristianismo que trouxe o valor intrínseco da pessoa.

105. Ernst Benda, *Dignidad humana y derechos de la persona*. In: Manual de Derecho Constitucional. Trad. Antonio López Pina. Madrid: Instituto Vasco de Administración Pública Marcial Pons, Ediciones Jurídicas y Sociales, 1996, pp. 117-8. Nesse sentido, Diogo de Leite Campos (op. cit., p. 173) observa que o cristianismo liberou o homem da natureza e da pólis sem transformar num eremita.

106. Fábio Konder Comparato, op. cit., pp. 8, 9.

ser considerado em sua igualdade essencial, como ser dotado de faculdade de crítica racional da realidade e liberdade, não obstante à pluralidade existente entre os seres humanos em decorrência do sexo, raça, religião, costumes. Logo, emerge o reconhecimento de direitos universais inerentes à pessoa humana.

De base filosófica e metajurídica a dignidade da pessoa humana passa a integrar a esfera jurídica como direito fundamental.

A obra de Kant é referencial quando se discute dignidade, pois esta, conforme suas ilações, é algo acima de todo preço que não admite qualquer equivalência e, sim, "valor incondicional, incomparável, para o qual só a palavra respeito confere a expressão conveniente da estima que um ser racional deve lhe tributar", e continua, afirmando que a autonomia é "o fundamento da dignidade da natureza humana e de toda a natureza racional".[107]

Emerson Ike Coan, após avaliar os preceitos constitucionais, que devem ser observados, considera a dignidade da pessoa humana a essência e princípio fundamental, atribuindo-lhe caráter absoluto.[108] Silva considera a dignidade humana concernente à estruturação do ordenamento jurídico, não se tratando de princípio constitucional.[109] É fundamento da ordem jurídica, política, social (CF, art. 193),[110] econômica (art. 170, *caput*),[111] e cultural (CF, art. 205),[112] pois está na base de toda a vida nacional. É valor supremo e esse valor chama para si o conteúdo dos direitos fundamentais, desde o direito à vida.

Para Moraes, "a dignidade é um valor espiritual e moral inerente à pessoa, que se manifesta singularmente na autodeterminação consciente e responsável".[113]

No intento de fixar o conteúdo desta cláusula constitucional (CF, art. 3º, III), Ferraz apresenta os pontos que lhe parecem nítidos, a saber, que a dignidade é fundamento da própria existência do Estado brasileiro e, simultaneamente, fim permanente de todas as suas atividades. O Estado, nesse contexto, deve assegurar o desenvolvimento da pessoa e possibilitar a plena concretização de suas potencialidades e aptidões, criando e mantendo condições para que as pessoas sejam respeitadas, resguardadas e tuteladas, em sua integridade física e moral.[114]

107. Kant, 2003, p. 65.
108. Emerson Ike Coan, 2001, p. 258. Nesse sentido, Coan conclui: "a pessoa – digna e íntegra pela sua própria existência única e ao mesmo tempo partícipe do mundo –, deve ser respeitada e preservada em seu destino de continuar vivendo – com saúde – nas suas manifestações mais altas e sacras, como medida de todas as coisas, da Medicina e do Direito substancialmente" (*Biomedicina e biodireito.* Desafios bioéticos. Traços semióticos para uma hermenêutica constitucional fundamentada nos princípios da dignidade da pessoa humana e da inviolabilidade do direito à vida, p. 261).
109. José Afonso Silva, "A dignidade da pessoa humana como valor supremo da democracia", 1998, p. 90.
110. "*Art. 193. A ordem social tem como base o primado do trabalho, e como objetivo o bem-estar e a justiça social*".
111. "*Art. 170. A ordem econômica, fundada na valorização do trabalho humano e na livre iniciativa, tem por fim assegurar a todos existência digna, conforme os ditames da justiça social, observado os seguintes princípios: (...).*"
112. "*Art. 205. A educação, direito de todos e dever do Estado e da família, será promovida e incentivada com a colaboração da sociedade, visando ao pleno desenvolvimento da pessoa, seu preparo para o exercício da cidadania e sua qualificação para o trabalho.*"
113. Alexandre de Moraes. *Direito constitucional.* 6. ed. São Paulo: Atlas, 1998, p. 60.
114. Sérgio Ferraz, op. cit., 1991, p. 19.

Loureiro, por sua vez, considera a dignidade como "valor basilar do ordenamento jurídico, implica o '*respeito da contingência corporal do Homem*' (Podlech)".[115] A proteção da dignidade se projeta para além da morte respeitando a pessoa que se foi em vida.

Assim, a dignidade humana surge como *critério* de resolução de conflitos e como *fonte* de intervenção legislativa e de políticas públicas. Antes considerada como um valor metajurídico, hoje se insere no texto constitucional como princípio estruturante e fundante do Estado de Direito.

Oportuno o questionamento de Cleber Francisco Alves[116] a respeito da dignidade da pessoa humana, se trata-se de um princípio (dimensão normativa) ou valor (dimensão axiológica ou teleológica).[117] Alves, todavia, conclui que, quer como princípio, quer como valor, o sentido que se dá é unívoco, pois os doutrinadores de uma e de outra posição, quase de modo uniforme, propugnam pela força vinculante e cogente.[118]

Como pondera Garcia, "A dignidade da pessoa humana pode ser entendida como a compreensão do ser humano na sua integralidade física e psíquica, como autodeterminação consciente, garantida moral e juridicamente".[119]

Ingo Wolfgang Sarlet, em sua obra monográfica, propõe o seguinte conceito:

> Assim sendo, temos por dignidade da pessoa humana *a qualidade intrínseca e distintiva de cada ser humano que o faz merecedor do mesmo respeito e consideração por parte do Estado e da comunidade, implicando, neste sentido, um complexo de direitos e deveres fundamentais que assegurem a pessoa contra todo e qualquer ato de cunho degradante e desumano, como venham a lhe garantir as condições existenciais mínimas para uma vida saudável, além de propiciar e promover sua participação ativa e corresponsável nos destinos da própria existência e da vida em comunhão com os demais seres humanos.*[120]

Nesse sentido, temos José Alfredo de Oliveira Baracho que conceitua a dignidade humana como um "valor intrínseco, originariamente reconhecido a cada ser humano,

115. João Carlos S. G. Loureiro, op. cit., p. 23.
116. Cleber Francisco Alves. *O princípio constitucional da dignidade da pessoa humana:* o enfoque da doutrina social da igreja. Rio de Janeiro/São Paulo: Renovar, 2001, p. 195.
117. Para Robert Alexy (*Teoría de los Derechos Fundamentales*. Madrid: Centro de Estudios Políticos y Constitucionales, 2001, pp. 147, 138, 139) princípios e valores são o mesmo, contemplado em um caso sob um aspecto deontológico e sob um aspecto axiológico. Alves (op. cit., p. 120) comenta esse entendimento de Alexy esclarecendo que os princípios "traduzem em 'mandados de optimização', apresentam um caráter 'deontológico' – do 'dever ser'; já os valores situam-se na dimensão 'axiológica' – do que efetivamente 'é', segundo o juízo do bom e do mau". Alves conclui com Max Scheler: "*todo o dever-ser funda-se num valor*" e, assim, conclui: "no que se refere à dignidade da pessoa humana, podemos dizer, antes de definir um 'ideal' de vida digna o qual se deve perseguir – na dimensão do 'dever ser' –, que é preciso compreender ou ter presente o 'valor' próprio da pessoa humana, ou seja, aquilo que 'faz o ser humano ser *homem*'".
118. A ideia de dignidade da pessoa humana não é cláusula retórica ou de estilo, mas "verdadeira força vinculante, de caráter jurídico, apta a disciplinar as relações sociais pertinentes". Transcreve a posição de Ruy Samuel Espíndola, que entende a referida dignidade como "*fonte de direito subjetivo*, ou seja, como supedâneo de pretensões jurídicas deduzíveis em juízo".
119. Maria Garcia. "Biodireito constitucional: uma introdução", p. 112.
120. Ingo Wolfgang Sarlet, op. cit., p. 60.

fundado na sua autonomia ética, tendo como base uma obrigação geral de respeito da pessoa, traduzida num elenco de deveres e direitos correlatos".[121]

Para Jorge Miranda, no momento em que a dignidade foi consagrada no texto constitucional português (art. 1º), a pessoa passa a ser considerada fundamento e fim da sociedade e do Estado.[122] O referencial não é um ser abstrato, mas "o homem ou a mulher, tal como existe, que a ordem jurídica considera irredutível e insubstituível e cujos direitos fundamentais a Constituição enuncia e protege";[123] ressalte-se que Miranda distingue "dignidade humana" e "dignidade da pessoa humana". Esta se remete à pessoa concreta, individual, homem e mulher, pois, "em todo homem e em toda a mulher estão presentes todas as faculdades da humanidade". O autor, porém, adverte que, quando utilizamos a expressão "dignidade humana" referimo-nos à humanidade. Quando o texto constitucional consagra a dignidade da pessoa humana impede que se proceda a uma interpretação de forma transpessoal e/ou autoritária "que pudesse permitir o sacrifício dos direitos ou até da personalidade individual em nome de pretensos interesses colectivos".[124]

A Constituição Alemã (art. 1º, I),[125] como também as Constituições da Itália de 1947 (art. 3º), Grécia de 1975 (art. 7º), Portugal de 1976 (arts. 1º, 13, § 1º e 26, § 2º), Espanha de 1978 (art. 10, § 1º), Suíça, dentre outras, também consagram o princípio da dignidade da pessoa humana.

No Brasil, é consagrada no texto constitucional de 1988 como fundamento do Estado Democrático de Direito (art. 1º, III) e objetivo[126] fundamental da República Federativa (art. 3º); como finalidade da ordem econômica (art. 170); como princípio do planejamento familiar (art. 226, § 7º), dever da família, da sociedade e do Estado assegurar à criança, ao adolescente e ao idoso o direito à dignidade (arts. 227 e 230); como princípio da comunicação social (art. 221, IV). Pode, ainda, ser analisada em suas dimensões individual, coletiva (art. 5º) e social (arts. 6º, 7º, 193, 205). Esse rol, exemplificativo, revela o caráter aberto e agregador da dignidade da pessoa humana.

---

121. Baracho, 2000, p. 89.
122. Em nota de rodapé, Miranda averba a justificação do preceito no projeto de revisão total da Constituição da Suíça, consagrando a proteção da dignidade humana como o direito mais primário e o mais subsidiário de todos, em que será aplicado quando "todos os outros direitos fundamentais se revelasse excepcionalmente ineficaz" (Jorge Miranda, *Manual de direito constitucional*, p. 166).
123. Miranda, op. cit., p. 169.
124. Miranda (op. cit., t. II, p. 172) propõe que se aplique à Constituição o que Castanheira Neves afirma em sua obra *A revolução e o direito* (p. 207): "A dimensão pessoal postula o valor da pessoa humana e exige *o respeito incondicional da sua dignidade*".
125. Constituição alemã, art. 1º: "A dignidade do homem é intangível. Respeitá-la e protegê-la é obrigação (dever) de todo o poder público".
126. Destacamos o conceito de *objetivos* formulado por Bastos e Gandra [*Comentários à Constituição do Brasil* (promulgada em 05/10/1988), v. 1, p. 444], quando analisam o art. 3º da Constituição: "Os objetivos são, portanto, tarefas, metas, que visam a tornar concretas as mesmas ideias os propósitos assegurados em forma de princípio pela Constituição".

2.3 Autonomia: fundamento da dignidade humana (Kant)

"À toda evidência, dignidade e liberdade andam indissoluvelmente de mãos dadas".[127] Gunter Durig também sustenta a intrínseca ligação entre liberdade e dignidade. Ingo Sarlet transcreveu o estudo do doutrinador tedesco, que considera "cada ser humano é humano por força de seu espírito, que o distingue da natureza impessoal e que o capacita para, com base em sua própria decisão, tornar-se consciente de si mesmo, de autodeterminar sua conduta, bem como de formatar a sua existência e o meio que o circunda".[128]

O ser humano nasce livre. A liberdade é uma característica fundamental da pessoa humana.[129] Kant considera o homem livre como uma entidade moral, um homem ideal e ético, sujeitando o "eu" empírico ao "eu" racional.[130]

"... a liberdade é, sempre, o Outro", assim, Garcia[131] passa a analisar a questão da liberdade, na perspectiva kantiana, seguindo os esclarecimentos de Arendt,[132] e sintetiza: "Nesse sentido compreensivo do Outro, a Liberdade se exerce como juízo, num mundo compartilhado".[133]

Autonomia, nessa perspectiva, significa a capacidade de se determinar em conformidade com a lei própria, a lei da razão. A pessoa como centro autônomo de decisões. Embora tenha liberdade (autonomia), ela não pode perder de vista o princípio kantiano das ações humanas, ou seja, o imperativo prático que propugna: "age de tal maneira que possas usar a humanidade, tanto em tua pessoa como na pessoa de qualquer outro, sempre e simultaneamente como fim e nunca simplesmente como meio".[134]

Rosa Nery, partindo de Luigi Ferri, afirma que a "ideia de *autonomia da vontade* liga-se à vontade real ou psicológica dos sujeitos, no exercício pleno da liberdade própria de sua dignidade humana, que é a liberdade de agir, ou seja, a raiz ou a causa de

127. Bastos e Gandra, 1998, p. 145.

128. Gunter Durig *apud* Sarlet, *Dignidade da pessoa humana e direitos fundamentais na Constituição Federal de 1988*. Porto Alegre: Livraria do Advogado Editora, 2001, p. 44.

129. Para Kant há apenas um direito inato: a liberdade: "Existe somente um Direito Inato, o Direito Inato de Liberdade". A autonomia significa, para esse autor: "a independência do Arbítrio compulsório de outrem; e na medida em que pode coexistir com a Liberdade de todos de acordo com uma Lei universal, ela é o único Direito inato original que pertence a todo homem em virtude da sua Humanidade" (Filosofia do direito de Kant". In: *Os grandes filósofos do direito:* leituras escolhidas em direito, p. 243.

130. Ahrens apud Bonavides, 1993, p. 42.

131. Maria Garcia, 2001, p. 59.

132. Destacamos o seguinte trecho de Arendt: "Kant insistiu, contudo, na *Crítica do Juízo*, em um modo diverso de pensamento, ao qual não bastaria estar em concórdia com o próprio eu, e que consistia em ser capaz de 'pensar no lugar de todas as demais pessoas' e ao qual denominou uma 'mentalidade alargada' (*eine erweiterte Denkungsart*)" (Arendt, 2001, p. 274).

133. A liberdade, assim contextualizada, importa em responsabilidade. "O dogma da liberdade implica em responsabilidade; dizer que o homem é livre é admitir que é responsável (imputação normativa). A medida da liberdade é a responsabilidade pessoal", conclui Garcia (*A dignidade da pessoa e os limites da ciência*: a ética da responsabilidade, p. 301). Nas suas considerações finais (p. 334), afirma que "Conceito fundamental concerne ao indivíduo é o de autonomia (autodeterminação) que envolve a questão da conduta moral e, por consequência, da responsabilidade: campo normativo, pelo que, diante do risco decorrente do potencial técnico da ciência e da tecnologia, há exigência de uma ética da responsabilidade solidária (Apel) do homem-no-mundo e, portanto, do cientista".

134. Immanuel Kant, *Metafísica dos costumes*, p. 59.

efeitos jurídicos".[135] Em seguida explica que é o verso e o reverso da mesma medalha, pois reconhece de um espaço jurídico ora destinado à normatividade particular (sem intervenção estatal), ora vetado à liberdade negocial (incidência de normas cogentes, exclusivo do exercício do poder estatal).

Para Carlos Santiago Nino, o conceito do princípio da autonomia é vago mas permite identificar direitos básicos e indispensáveis para eleição e materialização de planos de vida que a pessoa pretende realizar: liberdade de ação (para praticar qualquer conduta que não prejudique a terceiros); vida consciente (para materializar a maior parte de projetos e planos de vida); integridade corporal e psíquica (pois amplifica a capacidade de eleição e realização de projetos de vida); educação (oferece meios para eleger de forma consciente e autônoma o seu próprio projeto de vida); liberdade de expressão; liberdade no desenvolvimento de sua vida privada; liberdade de associação; trabalho (como meio de acesso e preservação de recursos materiais) e períodos de ócio (para autorrealização individual).[136]

Colocada a autonomia nessa dimensão, segue-se a necessidade de indagarmos a respeito da autodeterminação dos mais fragilizados, como os embriões, as crianças e adolescentes, os enfermos, os que estão em estado comatoso, os que sofrem depressão, os deficientes mentais e físicos, os toxicômanos, os analfabetos, os encarcerados, dentre tantos outros, que por algum outro motivo de caráter pessoal, social, econômico, político, cultural etc., não puderem expressar sua autodeterminação, ou seja, escolher e realizar seu projeto de vida. Nesses casos, elucida Sarlet, manifesta-se a outra dimensão da dignidade da pessoa humana, como necessidade de sua proteção (assistência) por parte da comunidade e do Estado, pois

> ... a dignidade, na sua perspectiva assistencial (protetiva) da pessoa humana, poderá, dada as circunstâncias, prevalecer em face da dimensão autonômica, de tal sorte que, todo aquele a quem faltarem as condições para uma decisão própria e responsável (de modo especial no âmbito da biomedicina e bioética) poderá perder – pela nomeação eventual de um curador ou submissão involuntária a tratamento médico e/ou internação – o exercício pessoal de sua capacidade de autodeterminação, restando-lhe, contudo, o direito a ser tratado com dignidade (protegido e assistido).[137]

No campo da medicalização da vida,[138] e também da biotecnologia, várias questões

135. Rosa Nery. *Noções preliminares de direito civil*. São Paulo: Revista dos Tribunais, 2002, p. 115.

136. Carlos Santiago Nino. *Ética y derechos*. Un ensayo de fundamentación. 2. ed. ampl. y rev. Buenos Aires: Editorial Astrea, 1989, pp. 222-226.

137. Ingo Wolfgang Sarlet, op. cit., pp. 49, 50.

138. Fátima Oliveira, "Expectativas, falências e poderes da Medicina da Procriação: gênero, racismo e bioética", in *Tecnologias Reprodutivas*: gênero e ciência, p. 186, enfatiza a medicalização da vida e seus riscos. Adota o conceito de Sommer que propõe a medicalização como a "tendência de definir os acontecimentos e sentimentos como evento médico, o que conduz a um aumento da dependência dos serviços e de profissionais da medicina para que definam e resolvam problemas". Questiona, ainda, a medicalização da procriação que invadiu nossas vidas: "maternidade *post-mortem*; maternidade e paternidade pós-separação; erro na escolha do sêmen dá filho branco a casal negro; doutor

se levantam no tocante à autonomia da pessoa, de sua autodeterminação. Pondera Benda que estas não liberam o indivíduo do dever de respeitar os valores constitucionalmente protegidos.[139]

3. O biodireito constitucional

Percebe-se que a partir do momento em que ocorre a revolução biotecnológica, na qual o homem intervém nos sistemas biológicos, quer para criar, quer para modificar e transformar os seres vivos (vegetais, animais e humanos), requer-se um espaço para discussões sobre essa nova forma de poder. Na pauta dessas discussões estão a ética e sua intersecção com o direito. Fala-se, então, em *bioética* e *biodireito*.

A língua latina tem uma única palavra *vida* para traduzir dois termos gregos – *bíos* e *zoé* – que têm significados diferentes. Empregamos o vocábulo *vida* de modo equivocado. A verdadeira antítese de morte (*thanatos*) é *zoé* – *zoé* e *thanatos*. O termo *bíos* pode significar a vida no tempo, o período da duração da vida, relacionando-a com *Chronos*.[140] *Bíos* também significa os meios de subsistência, no sentido de posses, propriedade, opulência, recursos, bens dessa vida. Para os gregos *bíos* tem um conteúdo ético mais forte, pois enfatizava o *status* da pessoa. Com o cristianismo, a palavra-chave passa a ser *zoé*.[141]

Fermin Roland Schramm também aponta para essas distinções propondo o seguinte questionamento: "'zooética' ou bioética: ética da vida ou ética da qualidade de vida?".[142] Explica o bioeticista que vida como *zoé* é um conceito utilizado no sentido de vida orgânica, "como princípio vital, como natureza animada que contém o ímpeto (*tymós*) ou a alma (*psyché*), considerados como princípios do movimento de cada ser vivo", e *bíos*, "como modo em que o homem vive na prática sua vida, conforme aos melhores costumes e normas de convivência social".[143]

O presente século (XXI), marcado pela biotecnologia, é também marcado por interferências frequentes na vida de todos os seres – *bíos* e *zoé*. Como adendo necessário, a fim de compreendermos melhor a extensão do tema que ora se aborda, as ponderações de Jeremy Rifkin sobre os *sete fios* que compõem a matriz operacional do

---

fertilidade – caso de médicos que *doam*, escondido de suas clientes, o seu próprio sêmen, e, assim, possuem uma prole numerosa; gravidez pós-menopausa é movida a laser; teste genético facilita abortos de fetos não desejados; a industrialização e a comercialização dos óvulos obtidos do tecido ovárico de mulheres ainda vivas, de cadáveres de mulheres e de fetos abortados; China proíbe que casais com doenças genéticas tenham filhos (eugenia); e clonagem de embriões humanos".

139. Benda et al., op. cit., p. 114.

140. A língua grega tem duas palavras para designar o tempo: *chronos* e *chairos*. *Chronos* é o tempo que passa como deus que devora seus próprios filhos (Saturno). *Chairós* é o tempo como oportunidade.

141. Hans George Link. *O novo dicionário internacional de teologia do Novo Testamento*. São Paulo: Vida Nova, 1983, pp. 748, 749.

142. Fermin Roland Schramm. As diferentes abordagens da bioética. In: Marisa Palácios, André Martins et al. (Org.). *Ética, ciência e saúde:* desafios da bioética. Petrópolis: Ed. Vozes, 2001, pp. 33, 34.

143. Fermin Roland Schramm (op. cit.) toma como referência os ensinos de Ferrater Mora para conceituar *bíos*. Destaca a importância da distinção para poder entender os argumentos de quem propõe a bioética (que se ocupa da "moralidade resultante do respeito de princípios e normas humanas, mesmo que isso implique em não respeitar o finalismo intrínseco dos organismos vivos, inclusive o finalismo intrínseco dos organismos humanos") e de quem postula a zooética ("moralidade resultante do respeito do finalismo intrínseco dos organismos vivos").

novo século biotecnológico são esclarecedoras, a saber: (1) reservatórios de genes;[144] (2) patentes de vida;[145] (3) globalização de empresas da *vida*;[146] (4) mapeamento do genoma humano;[147] (5) novas correntes culturais;[148] (6) a fusão das tecnologias da computação e genética; (7) e uma nova narrativa cosmológica sobre a evolução. Em suma:

> O século biotecnológico traz uma nova base de recursos, um novo grupo de tecnologias transformadoras, novas formas de proteção comercial para estimular o comércio, um mercado global para ressemear a Terra com uma segunda Gênese artificial, uma ciência eugênica emergente, uma nova sociologia de apoio, uma nova ferramenta de comunicação para organizar e administrar a atividade econômica no nível genético e uma nova narrativa cosmológica para acompanhar a jornada. Juntos (...) refazem nosso mundo.[149]

Apreendendo e compreendendo a amplitude da questão, podemos prosseguir na análise da bioética e seus princípios e do biodireito e como esse diálogo repercute no biodireito constitucional.

3.1 Bioética: conceito e princípios

Atribui-se a utilização do termo bioética, pela primeira vez, ao oncologista Van Rensselaer Potter: "Eu proponho o termo bioética como forma de enfatizar os dois componentes mais importantes para se atingir uma nova sabedoria, que é tão desesperadamente necessária: conhecimento biológico e valores humanos".[150] Em 1998, Potter apresenta outra versão: "... nova ciência ética que combina humildade, responsabilidade e uma competência interdisciplinar, intercultural e que potencializa o senso de humanidade".[151]

144. Os genes – uma vez isolados, identificados, recombinados – tornam-se recurso primário bruto para futura atividade econômica, com o fim de manipular e explorar os recursos genéticos (Jeremy Rifkin, *O século da biotecnologia*. A valorização dos genes e a reconstrução do mundo. São Paulo: Makron Books, 1999, p. 9).

145. Esse fio concede ao mercado um incentivo para explorar esses novos recursos, no caso de se conceder o patenteamento *de genes, linha de células, tecido geneticamente desenvolvido, órgãos e organismos, bem como os processos usados para alterá-los*, esclarece Rifkin (op. cit., p. 9).

146. Nesse item, Rifkin aborda sobre a *Segunda Gênese*: a vida concebida em laboratório. E, ainda, alerta-nos sobre a consolidação e globalização das empresas da *vida* atuando sobre os recursos biológicos do planeta.

147. Para Rifkin (op. cit.), o mapeamento do genoma possibilitará a *alteração da espécie humana e o nascimento de uma civilização comercialmente eugênica*.

148. A nova sociobiologia propiciará a ampla aceitação das novas biotecnologias.

149. Rifkin, op. cit., pp. 9, 10.

150. Van Rensselaer Potter. *Bioethics: bridge to the future*, 1971, *apud*, *Definição de bioética* – Potter 1970". Disponível em: <http://www.ufrgs.br/bioetica/bioet70.htm>. Acesso em: 21/08/2008. No seu artigo *Bioethics, the science of survival*, preocupado com as questões ambientais e com o progresso, manifesta-se a favor de "uma ética da terra, uma ética para a vida selvagem, uma ética de populações, uma ética do consumo, uma ética urbana, uma ética internacional, uma ética geriátrica e assim por diante... Todas elas envolvem a bioética".

151. Disponível em: <http://www.ufrgs.br/HCPA/gppg/ bioet98.htm>. Acesso em: 21/08/2008. Para Potter, humildade "é a consequência apropriada que segue a afirmação '*posso estar errado*' e exige responsabilidade de aprender com as experiências e conhecimentos disponíveis".

Elio Sgreccia sintetiza bioética como filosofia moral da investigação e da prática biomédica, cuja função consiste em ensinar como usar o conhecimento (*knowledge how to use knowledge*), visando a sobrevivência do ecossistema.[152]

Os conceitos formulados por Potter e Sgreccia têm um denominador comum: ciência com consciência. É o conhecimento biotecnológico visando a preservação de valores éticos. Por conseguinte, emerge a necessidade de se estabelecer princípios para orientar a atividade médico-científica. Assim, grande parte dos bioeticistas cita a autonomia, a beneficência, a não maleficência e a justiça como princípios bioéticos.[153]

O Relatório Belmont, considerado um documento importante devido ao seu caráter principiológico, estabelece o *respeito à pessoa, a beneficência e a justiça* como axiomas bioéticos.

O **respeito à pessoa** tem um caráter dúplice que infere a autonomia e proteção. A autonomia se baseia no reconhecimento da liberdade da pessoa e de sua capacidade de autodeterminação, de acordo com uma lei própria, que é a da razão. A proteção implica considerar o estado vulnerável de determinados indivíduos, "que por quaisquer razões ou motivos, tenham a sua capacidade de autodeterminação reduzida, sobretudo no que se refere ao consentimento livre e esclarecido" (Resolução 196/96 do Conselho Nacional de Saúde).

O **princípio da beneficência** implica não só praticar o bem (*bonum facere*), como também evitar o mal (*non nocere*). Hipócrates já inseria esses deveres (positivo e negativo) em seu juramento: "Aplicarei os regimes para o bem do doente segundo o meu poder e entendimento, nunca para causar dano ou mal a alguém".

Pode-se notar que o avanço da ciência e da tecnologia deve respeitar o homem na inteireza de sua dignidade, fazendo o bem e evitando o mal.

O **princípio da justiça**, por sua vez, estabelece a imparcialidade na distribuição dos riscos e dos benefícios.

Diante do exposto, compete ao direito a ordenação desses princípios bioéticos, permitindo as condutas que tragam benefícios[154] atuais e futuros, impedindo os malefícios e proibindo o mercado humano,[155] atribuindo a todos o dever de

152. Elio Sgreccia, *Manual de Bioética I:* fundamentos e ética biomédica, São Paulo: Edições Loyola, 1996, p. 24.

153. Olinto Pegoraro, *Ética e bioética:* da subsistência à existência. Petrópolis: Editora Vozes, 2002, pp. 98-100; José Roque Junges, *Bioética:* perspectivas e desafios. São Leopoldo: Editora Unisinos, 1999, pp. 39-64. Para Jean Bernard, *A bioética*, p. 69, são quatro princípios norteadores, a saber, o respeito à pessoa, o respeito ao conhecimento, a recusa do lucro e a responsabilidade dos pesquisadores.

154. Berlinguer e Garrafa (*O mercado humano*: estudo bioético da compra e venda de partes do corpo. 2. ed. Brasília: UnB, 2001, p. 84) relatam o fato que ocorreu no ano de 1993 em Porto Alegre: para comemorar os 500 transplantes realizados na Santa Casa da cidade, por ocasião da partida final da Taça Brasil de futebol, "o público viu correr no campo, como árbitro, um indivíduo que havia sofrido um transplante de pulmão, enquanto dois bandeirinhas observavam e controlavam o jogo através de suas novas córneas, recebidas há pouco tempo" e cita outros benefícios como transplante de rins em pacientes renais mais graves para evitar diálises, doações de sangue, possibilidade de gerar filhos em condições normais, transplante de medula em casos de leucemia, o avanço da obstetrícia e da neonatologia, que permitem salvar mãe e filho, no caso de um parto complicado.

155. Berlinguer e Garrafa (op. cit.) iniciam a obra demonstrando a preocupação com esse comércio, em que tudo pode ser comprado e vendido, inclusive o corpo humano. Citam, para tanto, os seguintes casos: escravidão, servidão, prostituição, o próprio trabalho assalariado (na visão marxista de contrato de uso das capacidades físicas e mentais do corpo humano), adoções pagas, trabalho e prostituição infantil, aluguel de útero, amas de leite, cobaias humanas

respeitar a dignidade da pessoa humana,[156] o que dá origem, então, ao biodireito.

3.2 Biodireito: conceito

Zoé direito e *bíos* direito: direito *da* vida intensiva (*zoé*) e extensiva (*bíos*).[157] Desta feita, protege-se a vida em toda a sua plenitude, ou seja, como *zoé* – todo e qualquer processo vital – e como *biós* – quer considerado como período da duração da vida, quer como meios de subsistência, quer como manifestações externas e concretas, quer como modo de vida, ou ainda como movimento e ação.

Nesses termos, *biós* e *zoé* constituem o objeto do biodireito. Tutela-se a vida, nesse sentido amplo, como ideia da unidade do ser vivo, não se distinguindo a vida física da intelectual e moral – o homem é um todo, indivisível – e, ainda, seu ecossistema.[158]

(cancerosos e presos nos EUA), cobaias remuneradas (estudantes, na Itália). Mas com o advento da Biotecnologia, temos a possibilidade da "fragmentação comercial do ser humano", pois não dizem respeito ao corpo como um todo e, sim, cada uma de suas partes: "sangue e medula; gametas e órgãos de reprodução; placenta, embrião e feto; DNA e células, além dos órgãos utilizáveis para transplantes". Selecionam, ainda, casos que causaram polêmicas, como: o patenteamento de 2.375 sequências decifradas do DNA de células do cérebro humano (EUA); o caso Moore (EUA), que reivindicou a propriedade das células do sangue (linfócitos T) que foram extraídas de seu baço removido e, em seguida, foram modificadas em laboratórios, patenteadas e lançadas no comércio; a morte de, pelo menos, 250 hemofílicos na França porque os diretores do Centro de Transfusão do Estado e do Ministério da Saúde colocaram em circulação sangue contaminado pelo vírus HIV, para que não se jogasse fora um produto, avaliado em torno de 20 bilhões de liras; entre outros casos em que, após mencioná-los, conclui que embora diversos, há um fio condutor, a saber, a presença determinante do mercado.

156. Trazemos à colação a preleção de Santos (*Imaculada concepção.* Nascendo *in vitro* e morrendo *in machina*, p. 189) enfatizando que a "pessoa humana terá de ser resguardada de se transformar de sujeito em objeto e, ainda, respeitar a sua dignidade comporta, por conseguinte, salvar-lhe a identidade".

157. Diego Frigoli. *Linguaggio del corpo e rapporto uomo-natura.* Disponível em: <http://www.editcrea.it/ doc/ art3. doc>, esclarece: "Biós exprime a vida do indivíduo, e de tal termo deriva a palavra moderna biografia, que indica a história da vida da pessoa. Zoe em vez de indicar a vida como fenômeno geral, é uma palavra que definiremos com termo moderno o "vivente". A Zoe se exprime na vida particular das diversas Bios e toda Bios não pode existir se não radicado na Zoe; a ponte entre Zoe e Bios é representada pelo corpo. Mais precisamente, Zoe e Bios se encontram no corpo (ou melhor, no psicossoma) do homem" (tradução livre).

158. A Constituição Federal, art. 225, encontramos a tutela do meio ambiente, cujo desiderato é a proteção da vida (*zoé*): "*Todos têm direito ao meio ambiente ecologicamente equilibrado, bem de uso comum do povo e essencial à sadia qualidade de vida, impondo-se ao Poder Público e à coletividade o dever de defendê-lo e preservá-lo para as presentes e futuras gerações. § 1º Para assegurar a efetividade desse direito, incumbe ao Poder Público: I - preservar e restaurar os processos ecológicos essenciais e prover o manejo ecológico das espécies e ecossistemas; II - preservar a diversidade e a integridade do patrimônio genético do País e fiscalizar as entidades dedicadas à pesquisa e manipulação de material genético; III - definir, em todas as unidades da Federação, espaços territoriais e seus componentes a serem especialmente protegidos, sendo a alteração e a supressão permitidas somente através de lei, vedada qualquer utilização que comprometa a integridade dos atributos que justifiquem sua proteção; IV - exigir, na forma da lei, para instalação de obra ou atividade potencialmente causadora de significativa degradação do meio ambiente, estudo prévio de impacto ambiental, a que se dará publicidade; V - controlar a produção, a comercialização e o emprego de técnicas, métodos e substâncias que comportem risco para a vida, a qualidade de vida e o meio ambiente; VI - promover a educação ambiental em todos os níveis de ensino e a conscientização pública para a preservação do meio ambiente;VII - proteger a fauna e a flora, vedadas, na forma da lei, as práticas que coloquem em risco sua função ecológica, provoquem a extinção de espécies ou submetam os animais a crueldade. § 2º Aquele que explorar recursos minerais fica obrigado a recuperar o meio ambiente degradado, de acordo com solução técnica exigida pelo órgão público competente, na forma da lei. § 3º As condutas e atividades consideradas lesivas ao meio ambiente sujeitarão os infratores, pessoas físicas ou jurídicas, a sanções penais e administrativas, independentemente da obrigação de reparar os danos causados. § 4º A Floresta Amazônica brasileira, a Mata Atlântica, a Serra do Mar, o Pantanal Mato-Grossense e a Zona Costeira são patrimônio nacional, e sua utilização far-se-á, na forma da lei, dentro de condições que assegurem a preservação do meio ambiente, inclusive quanto ao uso dos recursos naturais. § 5º São indisponíveis as terras devolutas ou arrecadadas pelos Estados, por ações discriminatórias, necessárias à proteção dos ecossistemas naturais. § 6º As usinas que operem com reator nuclear deverão ter sua localização definida em lei federal, sem o que não poderão ser instaladas*".

Diante das conquistas advindas do constitucionalismo – vida, liberdade, igualdade e solidariedade –, podemos verificar que tais conquistas são dimensões do próprio sentido da vida, estando intimamente ligadas, relacionadas com esta: *zoé* (vida) e *bíos* (vida, liberdade, igualdade e solidariedade).

Partimos, portanto, deste postulado: que o biodireito – direito **da** vida – projeta sua proteção sobre *zoé* e *bíos*.

Com base em François Ost e María Cárcaba Fernandez, Garcia considera biodireito como: "Ramo específico que se desenvolverá com fundamento no direito à vida, ampliando-se necessariamente para uma 'biologização' do direito, algo além do meramente biológico, com implicações o Direito Público e o Direito Privado".[159] Com propriedade, ensina que

> ... onde há *vida* (biologia) e *coexistência* (bioética), há de haver *proteção* (biodireito). De tudo remanescem como princípios fundamentais do biodireito: que a humanidade é constituída de indivíduos iguais em dignidade e direitos e, ao mesmo tempo, diferentes na sua individualidade; que o reconhecimento da sua diversidade implica, simultaneamente, a aceitação da sua liberdade, igualdade e individualidade; que a dignidade do ser humano sobrepaira acima de tudo.[160, 161]

Fabriz observa que o biodireito representa a passagem do discurso ético (vida, dignidade, privacidade dos indivíduos) para a ordem jurídica e se materializa nos direitos humanos, sendo assim, inseparável destes.[162]

Observe-se, ainda, que iniciamos este capítulo relatando a história do constitucionalismo e como as revoluções tornaram-no dinâmico. Neste ponto, reiteramos o entendimento sobre o caráter inclusivo e agregador desse movimento. Destarte, "liberdade, igualdade e fraternidade", a máxima da Revolução Francesa, continua presente, porém, renovada. A revolução científica, por meio da engenharia genética, requer que se lancem novas luzes a esses princípios seculares.

Por sua vez, vida, liberdade, igualdade, solidariedade convergem na dignidade da pessoa humana. Segue-se que essa dignidade, como compreensão do ser humano na sua integralidade, torna-se princípio fundamental do biodireito, vetor de interpretação e fiel da balança, na tarefa de dirimir os conflitos que se instalam em decorrência dessa *revolução* biotecnológica.

---

159. "O biodireito – e um enfoque constitucional da vida em si, como direito humano fundamental – implica na *dignidade da pessoa*, princípio fundamental, pelo que a bioética e o biodireito adentram os domínios da Ciência", conforme pondera Garcia (*A dignidade da pessoa e os limites da ciência:* a ética da responsabilidade, p. 334). Para Heloisa Helena Barboza, a princípio, pode-se dizer que "o biodireito é o ramo do Direito que trata da teoria, da legislação e da jurisprudência relativas às normas reguladoras da conduta humana em face dos avanços da biologia, da biotecnologia e da medicina". "Princípios da bioética e do biodireito". Disponível em: <http://www.cfm.org.br/revista/ bio2v8.htm>. Acesso em: 05/09/2008/ Garcia, 2001, p. 170.

160. Maria Garcia. A dignidade da pessoa e os limites da ciência: a ética da responsabilidade, pp. 185, 186.

161. Sobre essa temática, Cesar Fabriz (op. cit., p. 324), averba: "A vida, a dignidade e integridade da pessoa humana são princípios que constituem o núcleo central irradiador da bioconstituição".

162. Fabriz, op. cit., p. 288.

Em suma, a par dos princípios jurídicos, temos os princípios bioéticos, que se correlacionam com as conquistas do constitucionalismo: autonomia (liberdade), justiça (igualdade), beneficência e não maleficência (solidariedade) os quais, semelhantemente, convergem à dignidade da pessoa humana. Passaremos, então, à analise do biodireito e Constituição.

3.3 Biodireito e Constituição: biodireito constitucional

Nesse passo, cumpre-nos conciliar Constituição e biodireito, inserindo este no contexto constitucional e, dessa forma, postular o biodireito constitucional, cujo objeto de conhecimento é a Bioconstituição.

Baracho[163] adota o termo "Bioconstituição" para indicar o

> conjunto de normas (princípios e regras) formal ou materialmente constitucionais, que tem como objeto as ações ou omissões do Estado ou de entidades privadas, com base na tutela da vida, na identidade e integridade das pessoas, na saúde do ser humano atual ou futuro, tendo em vista também as suas relações com a Biomedicina".[164]

Em aspecto mais restrito, Loureiro, uma vez que elabora uma análise constitucional especificamente sobre transplantações, enfoca o "Direito Constitucional da Medicina" e conceitua-o como "o conjunto de normas jurídico-constitucionais que disciplinam essencialmente a prática dos profissionais de saúde, sobretudo a relação médico-paciente".[165]

Com base nesses conceitos, extraímos as seguintes ilações: (1) o biodireito Constitucional é o estudo das normas constitucionais que regem as relações jurídicas que se estabelecem entre os Estados,[166] entre o Estado e o particular e, ainda entre os particulares (pessoas físicas e jurídicas), cujo objeto é a vida (vida humana e seu entorno); (2) a Bioconstituição é o conjunto de normas (princípios e regras) constitucionais que tem por objeto a tutela da vida (*zoé* e *biós*); (3) cada princípio – "mandamento nuclear de um sistema" – por sua generalidade e abrangência constitui vetor de interpretação na resolução dos conflitos; (4) e as regras, como preceptivas, incidem na ação ou omissão da pessoa, estabelecendo as condutas proibidas, permitidas e obrigatórias, não podendo violar os princípios.

163. José Alfredo de Oliveira Baracho. "A identidade genética do ser humano. Bioconstituição: bioética e direito". *Revista de Direito*, São Paulo: RT, v. 21, p. 91, jul.-set. 2000.

164. Fabriz (op. cit., p. 320) adota o conceito formulado por Baracho. Fabriz (op. cit., p. 309) assevera que o biodireito deve estabelecer princípios norteadores de toda a legislação a respeito dessa matéria, visando a preservação da vida.

165. João Carlos Simões Gonçalves Loureiro, op. cit., p. 16.

166. Nesse sentido, temos as Declarações Internacionais, os Tratados que, por força do art. 5º, § 2º, da Constituição Federal, em que os direitos provenientes desses instrumentos complementam o rol do referido artigo constitucional. Ademais, o art. 4º da Constituição estabelece dez princípios fundamentais que regem as relações internacionais, dentre os quais destacamos: II - prevalência dos direitos humanos; III - autodeterminação dos povos; VII - solução pacífica dos conflitos; VIII - repúdio ao terrorismo e ao racismo; IX - cooperação entre os povos para o progresso da humanidade". E o art. 7º dos atos das disposições constitucionais transitórias, dispõe: "O Brasil propugnará pela formação de um tribunal internacional dos direitos humanos".

Existe, no entanto, uma grande dificuldade em se estipular regras tendentes a modalizar o comportamento em permitido, proibido e obrigatório, tendo em vista a implementação de novas técnicas, novos conhecimentos, novos procedimentos que diariamente são conquistados e que podem não se enquadrar na moldura da norma preceptiva. As regras, nesse contexto, são insuficientes. Os princípios, portanto, destacam-se como vetores de interpretação, mesmo não havendo regras específicas, mesmo no silêncio do legislador.[167]

Dessa maneira, importa-nos, agora, tecer algumas considerações sobre os princípios, por serem essenciais ao estudo do biodireito e da Constituição, por servir-lhes de fundamento. Sobre essa temática, Ferraz ressalta a necessidade dos princípios constitucionais como única maneira de assegurar o progresso científico dentro dos marcos fundamentais livremente estabelecidos pela sociedade.[168]

Na clássica conceituação de Celso Antônio Bandeira de Mello, princípio é

> mandamento nuclear de um sistema, verdadeiro alicerce dele, disposição fundamental que se irradia sobre diferentes normas compondo-lhes o espírito e servindo de critério para sua exata compreensão e inteligência exatamente por definir a lógica e a racionalidade do sistema normativo, no que lhe confere a tônica e lhe dá sentido harmônico.[169]

Sendo assim, o princípio tem um grau de abstração maior, constituindo exigência de otimização e, por isso, intenta uma efetivação ampla.

Outra questão sempre em pauta refere-se ao conflito que pode ocorrer entre os princípios constitucionais. Maria Helena Diniz[170] e Rosa Maria de Andrade Nery[171] postulam o primado do direito à vida,[172] quando se constatar esse conflito, pois a vida humana é o ponto central de todas as preocupações jurídicas, inspirando o princípio da dignidade da pessoa humana. Esse princípio – fundamento axiológico do Direito – conforme as lições de Rosa Nery, expressa-se no binômio vida e liberdade.

O Pacto de San José da Costa Rica, ratificado pelo Brasil, estabelece: "Art. 4º. Direito à vida. Toda pessoa tem o direito de que se respeite sua vida. Esse direito deve

167. Maria Garcia averba que o silêncio do legislador não significa permissão e cita como exemplo a questão ecológica: "Nesse contexto, o silêncio do legislador significaria a permissibilidade para destruição do meio-ambiente pelo homem, parte integrante da natureza?! Certamente que não. Como agir porém, no silêncio da lei é um outro problema, de cada um e de todos", nesses termos, insere a responsabilidade como verdadeiro limite da liberdade jurídica , ou seja, dois pontos máximos opostos (liberdade e responsabilidade), nivelados e mediados ou centralizados pelo Direito ("Considerações sobre a relação entre liberdade jurídica e norma permissiva", pp. 60, 61).

168. Ferraz, op. cit., p. 16.

169. Celso Antônio Bandeira de Mello (*Curso de direito administrativo*, pp. 628, 629). Ainda nas lições desse autor, "violar um princípio é muito mais grave que transgredir uma norma qualquer", porque "representa insurgência contra todo o sistema, subversão de seus valores fundamentais, contumélia irremissível a seu arcabouço lógico e corrosão de sua estrutura mestra".

170. Maria Helena Diniz, *O estado atual do biodireito*. São Paulo: Saraiva, 2001, p. 25.

171. Rosa Maria de Andrade Nery. *Noções preliminares de direito civil*. São Paulo: Revista dos Tribunais, 2002, p. 111.

172. Maria Helena Diniz (*O estado atual do biodireito*, p. 25), por sua vez, fixa o primado da vida, uma vez que sem ela, nada faz sentido: "o direito à vida prevalecerá sobre qualquer outro, seja ele o de liberdade religiosa, de integridade física ou mental etc.".

ser protegido pela lei e, em geral, desde o momento da concepção. Ninguém pode ser privado da vida arbitrariamente".

No entanto, é preciso não perder de vista que essa colisão entre os princípios requer uma ponderação de valores, que permitam equacioná-los, "consoante o seu peso e a ponderação de outros princípios eventualmente conflitantes",[173], com o fim de coordená-los, harmonizá-los, impedindo a eleição de uns em detrimento de outros.[174]

De fato, o direito à vida colide, muitas vezes com o direito à liberdade religiosa e científica.[175] Esses princípios devem ser maximizados e coordenados. Mas como compatibilizar o direito à vida, que em um determinado momento exige que a pessoa receba uma transfusão de sangue para sua preservação, com a liberdade religiosa das testemunhas de Jeová? Essa, dentre tantas outras questões, desafia o direito, de tal sorte que passa a surgir como novo ramo, o biodireito.

Meirelles Teixeira,[176] quando abordou o caráter de compromisso das Constituições modernas, que permitem certa antinomia, certa tensão ou oposição, pondera que ao intérprete compete procurar conexões que existem entre motivos políticos e decisões fundamentais, bem como, valores explícitos e implícitos com o fim de extrair o sentido pleno, com todas as suas consequências.

Formulada nesses termos, a Constituição adquire um caráter dinâmico e converte-se em instrumento de mudança da organização social, desde que mantenha a coerência do ordenamento jurídico e coesão social e seus princípios, dentre os quais destacamos dignidade da pessoa, da inviolabilidade do direito à vida, da autonomia, da igualdade e da solidariedade e, ainda, irradiam-se sobre as normas atinentes ao biodireito, compondo-lhes o espírito e servindo de critério de interpretação.

4. Considerações finais

O constitucionalismo, como movimento ideológico e político, tem por finalidade a limitação do poder estatal, estabelecendo normas jurídicas obrigatórias para governantes e governados. Assim, como movimento, se perpetua no tempo e passa a agregar novos valores, novas ideias, que vão surgindo em cada momento histórico, cujo fio condutor é a proteção da vida e da pessoa humana.

173. José Joaquim Gomes Canotilho, op. cit., p. 174.

174. Esse balanceamento "impõe o estabelecimento de limites e condicionamentos recíprocos de forma a conseguir a harmonização ou concordância prática entre estes bens" (Canotilho, op. cit., p. 234). Assim, princípio se difere das regras, pois estas estabelecem normas de conduta, em que o "dever ser" se modaliza em proibido, obrigatório ou permitido, logo, são suscetíveis de aplicação direta, possuindo um grau de abstração relativamente reduzida. Ademais, caso antinômicas, as regras se excluem, aplicando-se ao caso o critério cronológico ou critério hierárquico ou, ainda, o critério da especialidade, conforme o ensinamento de BOBBIO, *Teoria do ordenamento jurídico* (idem, ibidem, p. 92).

175. Discutindo e justificando a respeito da relatividade do fundamento dos direitos do homem, Bobbio (*A era dos direitos*, p. 19), diferencia o direito à liberdade religiosa (professar ou não uma determinada religião) da liberdade científica. Explica que esta liberdade consiste, essencialmente, "no direito a não sofrer empecilhos no processo de investigação científica" (e não no direito de professar ou não uma determinada verdade científica). Embora trate de assunto diverso, essa posição de Bobbio indica o que ele entende, em linhas gerais, por liberdade científica. Todavia, embora esses direitos sejam fundamentais, não são absolutos e, assim, estão sujeitos a restrições.

176. Meirelles Teixeira, op. cit., 193.

Nesse sentido, podemos perceber da abordagem histórica que o constitucionalismo sofre os influxos das transformações sociais, ocorridas pela mudança de paradigmas e, com isso, a proteção da vida e da liberdade, a igualdade substancial e a solidariedade, gradativamente, vão ganhando novos contornos.

O constitucionalismo moderno se defronta com a revolução científica – engenharia genética – e assim requer que se lancem novas luzes à inviolabilidade do direito à vida, liberdade (autonomia), igualdade (respeitando a diferença) e solidariedade.

Assim, o biodireito, em sua atividade, há de preservar e proteger esses valores e, por certo, há de enriquecê-los, pois a inviolabilidade do direito à vida, à liberdade (autonomia), à igualdade (respeitando a diferença) e à fraternidade (solidariedade), densificam a dignidade da pessoa humana. Segue-se que essa dignidade, como compreensão do ser humano na sua integralidade se torna princípio fundamental do biodireito, vetor de interpretação e fiel da balança, na tarefa de dirimir os conflitos que se instalam em decorrência dessa *revolução* biotecnológica.

O progresso biotecnológico, nesses termos, deve ocorrer desde que respeite e proteja a dignidade da pessoa humana (vida, liberdade, igualdade e solidariedade) e a própria humanidade, sob pena de representar uma nova ameaça, um novo perigo, um novo instrumento de opressão.

5. Referências bibliográficas

ABBAGNANO, Nicola. *Dicionário de filosofia*. São Paulo: Ed. Martins Fontes. 2000.

ALEXY, Robert. *Teoría de los Derechos Fundamentales*. Madrid: Centro de Estudios Políticos y Constitucionales, 2001.

ALMEIDA, Silmara J. A. Chinelato e. "Bioética e dano pré-natal". *Revista do Advogado*, São Paulo, n. 58, mar. 2000.

ALVES, Cleber Francisco. *O princípio constitucional da dignidade da pessoa humana:* o enfoque da doutrina social da igreja. Rio de Janeiro/São Paulo: Editora Renovar, 2001.

ANDORNO, Roberto. El embrión humano ¿merece ser protegido por el derecho?. Disponível em: <http://www.bioeticaweb.com/Inicio_de_la_vida/embrion_humano.htm>. Acesso em: 04/09/2008.

ARENDT, Hannah. *Entre o passado e o futuro*. São Paulo: Editora Perspectiva, 2001.

________. *A condição humana*. Tradução de Roberto Raposo. 10. ed. Rio de Janeiro: Forense Universitária, 2000.

BANDEIRA DE MELLO, Celso Antônio. *Curso de direito administrativo*. 11. ed. rev., atual. e ampl. São Paulo: Malheiros Editores, 1999.

BARACHO, José Alfredo de Oliveira. "A identidade genética do ser humano. Bioconstituição: bioética e direito". *Revista de Direito Constitucional e Internacional*, São Paulo: RT, v. 32, jul.-set. 2000.

BARBAS, Stela Marcos de Almeida Neves. *Direito ao Património Genético*. Coimbra: Livraria Almedina, 1998.

BARBOZA, Heloisa Helena. Princípios da bioética e do biodireito. Disponível em: <http://www.cfm.org.br/revista/ bio2v8.htm>. Acesso em: 15/09/2009.

BENDA, Ernst et al. *Dignidad humana y derechos de la persona*. In: *Manual de Derecho Constitucional.* Trad. Antonio López Pina. Madrid: Instituto Vasco de Administración Pública Marcial Pons, Ediciones Jurídicas y Sociales, 1996.

BERLINGUER, Giovanni; GARRAFA Volnei. *O mercado humano:* estudo bioético da compra e venda de partes do corpo. 2. ed. Trad. Isabel Regina Augusto. Brasília: Editora Universidade de Brasília, 2001.

BERNARD, Jean. *A bioética*. Trad. Paulo Goya. São Paulo: Editora Ática, 1998.

BOBBIO, Norberto. *A era dos direitos*. Trad. Carlos Nelson Coutinho. Rio de Janeiro: Campus, 1992.

________. *Igualdade e liberdade*. Trad. Carlos Nelson Coutinho. 4. ed. Rio de Janeiro: Ediouro, 2000.

________. *Teoria do ordenamento jurídico*. 10. ed. Trad. Maria Celeste Cordeiro Leite dos Santos. Rev. téc. Cláudio De Cicco; apres. Tércio Sampaio Ferraz Jr. Brasília: Editora Universidade de Brasília, 1997.

________. *Teoria geral da política:* a filosofia política e as lições dos clássicos. Org. Michelangelo Bovero. Trad. Daniela Beccaccia Versiani. Rio de Janeiro: Campus, 2000.

BONAVIDES, Paulo. *Curso de direito constitucional*. São Paulo: Malheiros Editores, 1993.

CAMPOS, Diogo Leite de. Lições de direitos da personalidade. *Boletim da Faculdade de Direito*, v. LXVII, 1991.

CANOTILHO, José Joaquim Gomes. *Direito constitucional*. 5. ed. totalmente refundida e aumentada. Coimbra: Livraria Almedina, 1991.

CHAVES, Antonio. "Pesquisas em seres humanos". RT 672/10, out. 1991.

CITTADINO, Gisele. *Pluralismo, direito e justiça distributiva*. Elementos da filosofia constitucional contemporânea. 2. ed. Rio de Janeiro: Editora Lumen Juris, 2000.

COAN, Emerson Ike. Biomedicina e biodireito. Desafios bioéticos. Traços semióticos para uma hermenêutica constitucional fundamentada nos princípios da dignidade da pessoa humana e da inviolabilidade do direito à vida. In: Maria Celeste Cordeiro Leite dos Santos (Org.). *Biodireito:* ciência da vida, os novos desafios. São Paulo: Editora Revista dos Tribunais, 2001.

COMPARATO, Fábio Konder. *A afirmação histórica dos direitos humanos*. 2. ed. rev. e ampl. São Paulo: Ed. Saraiva, 2001.

CUPIS, Adriano de. *Os direitos da personalidade*. Trad. Adriano Vera Jardim e Antonio Miguel Caeiro. Lisboa: Livraria Morais Editora, 1961.

DALLARI, Dalmo de Abreu. *Elementos de teoria geral do Estado*. 12. ed. São Paulo: Ed. Saraiva, 1986.

DINIZ, Maria Helena. *Dicionário jurídico*. São Paulo: Ed. Saraiva. v. 2.

________. *O estado atual do biodireito*. São Paulo: Saraiva, 2001.

FABRIZ, Daury Cesar. *Bioética e direitos fundamentais:* a bioconstituição como paradigma ao biodireito. Belo Horizonte: Mandamentos, 2003.

FERRAZ, Sérgio. *Manipulações biológicas e princípios constitucionais:* uma introdução. Porto Alegre: Sergio Antonio Fabris Editor, 1991.

FERREIRA, Aurélio Buarque de Holanda. *Novo dicionário básico da língua portuguesa*. São Paulo: Folha de São Paulo e Editora Nova Fronteira.

FRANÇA, R. Limongi. *Instituições de direito civil.* 5. ed. rev. e atual. São Paulo: Ed. Saraiva, 1999.

FRIGOLI, Diego. Linguaggio del corpo e rapporto uomo-natura. Disponível em: <http://www.editcrea.it/ doc/art3.doc>. Acesso em: 24/04/2003.

FROMM, Erich. *Análise do homem*. Trad. Octavio Alves Velho. Rio de Janeiro: Zahar, 1974.

GARCIA, Maria. *A dignidade da pessoa e os limites da ciência*: a ética da responsabilidade. Tese de Livre-Docência apresentada na PUC-SP, 2001.

________. *Limites da ciência*. São Paulo: Revista dos Tribunais, 2004.

________. "Biodireito constitucional: uma introdução". *Revista de Direito Constitucional e Internacional*, São Paulo: Editora Revista dos Tribunais, n. 42, jan.-mar. 2003.

________. Considerações sobre a relação entre liberdade jurídica e norma permissiva. *Caderno de Direito Constitucional e Ciência Política*, ano 3, n. 12, jul.-set. 1995.

________. *Desobediência civil, direito fundamental*. São Paulo: Editora Revista dos Tribunais, 1994.

GUERRA FILHO, Willis Santiago. *Processo constitucional e direitos fundamentais*. 2. ed. rev. e ampl. São Paulo: Celso Bastos, 2001.

HESSE, Konrad. Significado de los derechos fundamentales. In: *Manual de Derecho Constitucional*. Trad. Antonio López Pina. Madrid: Instituto Vasco de Administración Pública Marcial Pons, Ediciones Jurídicas y Sociales, 1996.

HOBBES, Thomas. *Leviatã ou matéria, forma e poder de um Estado Eclesiástico e Civil*. Trad. João Paulo Monteiro e Maria Beatriz Nizza da Silva. São Paulo: Editora Nova Cultural, 2000.

JELLINEK, Georg. *La Dottrina Generale del Diritto dello Stato*. Trad. Modestino Petrozziello. Milano: Dott. A. Giuffrè Editore, 1949.

JUNGES, José Roque. *Bioética:* perspectivas e desafios. São Leopoldo: Ed. Unisinos, 1999.

KANT, Immanuel. Filosofia do direito de Kant. In: MORRIS, Clarence (Org.). Trad. Reinaldo Guarany; revisão técnica Sérgio Sérvulo da Cunha. *Os grandes filósofos do direito:* leituras escolhidas em direito. São Paulo: Ed. Martins Fontes, 2002.

________. *Fundamentos da metafísica dos costumes e outros escritos*. Trad. Leopoldo Holzbach. São Paulo: Editora Martin Claret, 2003.

________. *Fundamentos da metafísica dos costumes e outros escritos*. Trad. Leopoldo Holzbach. São Paulo: Editora Martin Claret, 2003.

LAFER, Celso. *A reconstrução dos direitos humanos:* um diálogo com o pensamento de Hannah Arendt. 4. reimpr. São Paulo: Companhia das Letras, 1998.

LALANDE, André. *Vocabulário técnico e crítico de filosofia*. São Paulo: Ed. Martins Fontes, 1996.

LINK, Hans-George. *O novo dicionário internacional de teologia do Novo Testamento*. vol. IV. Trad. Gordon Chow. São Paulo: Sociedade Religiosa Edições Vida Nova, 1983.

LOCKE, John. Segundo tratados sobre o governo civil. In: MORRIS, Clarence. *Os grandes filósofos do direito:* leituras escolhidas em direito. Trad. Reinaldo Guarany; revisão técnica Sérgio Sérvulo da Cunha. São Paulo: Ed. Martins Fontes, 2002.

LOEWENSTEIN, Karl. *Teoría de la Constitución*. Traducción y estudio por Alfredo Gallego Anabitarte. Barcelona: Editorial Ariel.

LOUREIRO, João Carlos Simões Gonçalves. *Transplantações:* um olhar constitucional. Coimbra: Coimbra Editora, Coleção Argumentum, n. 9, 1995.

MIRANDA, Jorge. *Manual de direito constitucional*. 2. ed. Coimbra: Coimbra Editora, Tomo IV, Direitos fundamentais, 1998.

MONTESQUIEU. *O espírito das leis*. 1. ed. São Paulo: Abril, Coleção Os Pensadores, v. XXI, 1973.

MORAES, Alexandre de. *Direito constitucional*. 6. ed. São Paulo: Atlas, 1999.

________. *Direitos humanos fundamentais:* teoria geral, comentários aos arts. 1º ao 5º da Constituição da República Federativa do Brasil, doutrina e jurisprudência. 2. ed. São Paulo: Atlas, Coleção Temas Jurídicos, v. 3, 1998.

NABAIS, José Casalta. Algumas considerações sobre a solidariedade e a cidadania. *Boletim da Faculdade de Direito*, Coimbra, v. LXXV, 1999.

NERY, Rosa Maria de Andrade. *Noções preliminares de direito civil*. São Paulo: Editora Revista dos Tribunais, 2002.

NINO, Carlos Santiago. *Ética y Derechos Humanos. Un Ensayo de Fundamentación*. 2. edición ampliada y revisada. Buenos Aires: Editorial Astrea, 1989.

OLIVEIRA, Fátima. Expectativas, falências e poderes da medicina da procriação: gênero, racismo e bioética. In: SCAVONE, Lucila (Org.). *Tecnologias reprodutivas:* gênero e ciência. São Paulo: Editora da Universidade Estadual Paulista, 1996.

OTERO, Paulo. *Personalidade e identidade pessoal e genética do ser humano:* um perfil constitucional da bioética. Coimbra: Livraria Almedina, 1999.

PARGA, Milagros Otero. La libertad. Una cuestión de axiologia jurídica. *Boletim da Faculdade de Direito*, Coimbra, v. LXXV, 1999.

PEGORARO, Olinto. *Ética e bioética:* da subsistência à existência. Petrópolis: Editora Vozes, 2002.

PEREIRA, Caio Mário da Silva. *Instituições de direito civil*. 19. ed. rev. e atual. Rio de Janeiro: Editora Forense, 1998. v. I.

PLÁCIDO E SILVA, De. In: *Vocabulário jurídico*. 15. ed. Rio de Janeiro: Editora Forense, 1999.

PLATÃO. *A República*. Trad. Enrico Corvisieri. São Paulo: Editora Nova Cultural, Coleção Os Pensadores, 1997.

POTTER, Van Rensselaer. *Bioethics: bridge to the future*, 1971 *apud* "Definição de bioética - Potter 1970". Disponível em: <http://www.ufrgs.br/bioetica/bioet70.htm>. Acesso em: 21/08/2008.

REALE, Miguel. *Lições preliminares de direito*. 24. ed. 3. reimpr. São Paulo: Ed. Saraiva, 1999.

________. *O Estado Democrático de Direito e os conflitos das ideologias*. São Paulo: Ed. Saraiva, 1998.

RIFKIN, Jeremy. *O século da biotecnologia*. A valorização dos genes e a reconstrução do mundo. Trad. e revisão técnica de Arão Sapiro. São Paulo: Makron Books do Brasil Editora, 1999.

RUIZ-CALDERÓN, J. M. Serrano. *Cuestiones de bioética*. 2. ed. Madrid: Editorial Speiro, 1992.

SANTOS, Maria Celeste Cordeiro Leite. *Imaculada concepção*. Nascendo *in vitro* e morrendo *in machina*. Aspectos históricos e bioéticos da procriação humana assistida no Direito Penal comparado. São Paulo: Editora Acadêmica, 1993.

SARLET, Ingo Wolfgang. *Dignidade da pessoa humana e direitos fundamentais na Constituição Federal de 1988*. Porto Alegre: Livraria do Advogado Editora, 2001.

SCHRAMM, Fermin Roland. As diferentes abordagens da bioética. In: Marisa Palácios, André Martins, Olinto A. Pegoraro (Org.). *Ética, ciência e saúde:* desafios da bioética. Petrópolis: Ed. Vozes, 2001.

SGRECCIA, Elio. *Manual de bioética I:* fundamentos e ética biomédica. São Paulo: Edições Loyola, 1996.

SILVA, José Afonso. *Curso de direito constitucional positivo.* 6. ed. rev. e ampl. de acordo com a nova Constituição. São Paulo: Editora Revista dos Tribunais, 1990.

________. "A dignidade da pessoa humana como valor supremo da democracia". *Revista de Direito Administrativo,* Rio de Janeiro: Renovar, n. 212, abr.-jul. 1998.

TEIXEIRA, José Horácio Meirelles. *Curso de direito constitucional.* Texto rev. e atual. por Maria Garcia. Rio de Janeiro: Forense Universitária, 1991.

TELLES JR., Goffredo. *Iniciação na ciência do direito.* São Paulo: Ed. Saraiva, 2001.

Capítulo 14

Pareceres de bioética: Uma nova perspectiva constitucional

Bruno Fraga Pistinizi*

Introdução

Ao longo da história da humanidade diversas indagações têm se mostrado inquietantes ao homem, sobretudo aquelas que não podem ser explicitadas em sua completude pela ciência, ou outras formas de experimentação metodologicamente convencionadas.

Uma das indagações que permeavam e ainda permeiam a humanidade diz respeito ao vocábulo "vida". Uma simples apreciação semântica da palavra resulta na definição segundo a qual "vida" representa um conjunto de propriedades e qualidades graças às quais animais e plantas se

* Advogado; Analista Processual vinculado ao Instituto Nacional de Colonização e Reforma Agrária, INCRA-SP; Mestre em Direito Constitucional pela PUC-SP; Membro do Instituto Brasileiro de Direito Constitucional, IBDC.

mantêm em contínua atividade – existência.[1] Sem dúvida o significado apresentado não é o único a retratar com fidelidade o conceito de "vida", tendo em vista a pluralidade de definições que o vocábulo apresenta, entre as quais um determinado lapso temporal que se estende do nascimento à morte, ou aquele que atribui à "vida" um momento de força, vitalidade.

Apesar da existência dos inúmeros sentidos que a palavra em comento possui, o termo "vida" se deriva do grego *bios*. Essa derivação apresentada, aliada aos seus mais variados aspectos, convida-nos a uma reflexão de que um dos sentidos que melhor agrega o contexto globalizado de nossa sociedade é aquele que vem a aglutinar a existência e atividade dos mais diferentes seres vivos, sobretudo os seres humanos, animais não humanos, além do meio ambiente composto pelas mais diversas espécies de plantas que, por sinal, não deixam também de ter vida.

O ser humano, concomitantemente à existência da vida, na busca incansável pelo aperfeiçoamento de sua espécie, jamais deixou de realizar pesquisas direcionadas a uma maior compreensão fenomenológica de sua existência, instigando sempre sua curiosidade, e por que não, uma explícita necessidade de prolongamento de sua espécie como forma de manutenção do bem-estar e da busca pela felicidade.

No entanto esse espírito desbravador do homem voltado à busca constante pelo conhecimento, em diversas situações, acarreta um desrespeito aos seus semelhantes, sem falar nos demais protagonistas que o acompanham nesse conceito do vocábulo "vida". A busca desenfreada pela cura de doenças, avanços nas pesquisas de clonagem de animais e seres humanos, além do incremento de técnicas de reprodução para casais que não podem, por meios naturais, gerar seus filhos, fez com que diversos profissionais que dedicavam seus trabalhos na área da ciência médica travassem uma verdadeira batalha para o alcance de resultados práticos e efetivos, capazes de levá-los a uma consagração pessoal e profissional sem precedentes.

Talvez, em nenhum outro momento da história humana a moral foi tão demandada no exercício da atividade de pesquisa científica na área médica, residindo tal moral na pureza da intenção, como propôs Kant em seus escritos. E o filósofo nos apresenta certos conceitos a serem seguidos por aqueles que desejam conduzir uma vida minimamente ética, ao ressaltar, apenas a título de exemplo, a situação do indivíduo que pratica a beneficência, mesmo que não se sinta inclinado a tal prática. Nesse caso o valor moral que circunda o ato é superior em relação àquele que se mostra benevolente por temperamento em momentos isolados de sua vida.[2]

Ao se confrontar o exemplo oferecido a nós por Kant com o exercício da atividade científica, temos um modo de raciocínio segundo o qual o valor moral extraído de uma certa ação não emana de seu objeto, tampouco do fim que por meio dela deva ser alcançado. A moral, nesse caso, advém do princípio do querer em que a ação a ser

1. Aurélio Buarque de Holanda Ferreira, *Minidicionário da língua portuguesa*. 3. ed. Rio de Janeiro: Nova Fronteira, 1993, p. 556.
2. Georges Pascal. *Compreender Kant*. Trad. Raimundo Vier. 3. ed. Petrópolis: Vozes, 2007, p. 120.

produzida (pesquisa científica) deve ser exercida sem levar em consideração vontades, desejos de cunho pessoal exclusivamente, mas sim uma "lei universal", um imperativo que conduza a atividade profissional para uma vertente ética que se mostre presente em respeito à supremacia da espécie humana. Dessa forma, dentre os meios a serem empregados para o reconhecimento da pesquisa pela comunidade internacional, deve-se atribuir especial menção à ética e sua aplicação nessa seara científica, que passa a receber, então, uma denominação própria de bioética.

Cabe observar que o intento deste capítulo não se concentra de maneira profunda à explicação quanto à origem histórica da ética aplicada à ciência e seu regular desenvolvimento. A preocupação concentrar-se-á em uma abordagem da evolução terminológica de bioética nos mais distintos momentos da história contemporânea, passando também pela caracterização de princípios éticos norteadores de pesquisas científicas e que até o presente momento simbolizam vetores de observação na tarefa do intérprete, no exercício de seu *mister* científico.

Com efeito, demonstraremos que, no cenário atual, o alcance do bem-estar coletivo, não fundamentalmente a saúde da humanidade, não mais pode estar concentrado em um desenvolvimento isolado da ciência sem vincular-se à necessária observância de outros pontos de vista igualmente relevantes, tais como: o político, o econômico, o ético e o jurídico, na medida em que a harmonia da sociedade restará por resguardada com a existência de um ordenamento jurídico apto a regular as relações entre os indivíduos. Mais uma vez não se pode deixar de fazer menção a Kant, para o qual agir com boa vontade (boa-fé) implica agir em conformidade com a lei.

Por essa razão é que a consolidação da bioética está atrelada a uma valorização principiológica junto a preceitos que se encontram ordenados na norma fundamental de um determinado Estado que, no caso brasileiro, é a Constituição Federal promulgada em 1988. Este inter-relacionamento que será debatido no decorrer do capítulo representa uma convergência dos preceitos da bioética junto aos princípios inseridos na Carta Magna, constituindo uma perfeita integração em defesa do ser humano e das características a ele inerentes.

Algumas considerações serão tecidas acerca de pareceres elaborados pelos comitês de bioética dos estabelecimentos hospitalares, conselhos de pesquisa científica e de medicina existentes, e a consequente apreciação sob pena de não valorizar os princípios relacionados à existência do ser humano que, neste caso, não encontra guarida apenas no direito à vida, mas, na própria dignidade da pessoa humana a ser respeitada por todos os indivíduos, sem exceção.

1. Evolução conceitual da bioética

A amplitude do tema a ser abordado nos proporciona um cabedal de indagações das mais diferentes formas, mas que encontram um ponto de conexão notabilizado pela evolução conceitual que a bioética sujeitou-se ao longo de décadas.

Como todo instituto marcado pela jovialidade de sua consolidação e características, a questão fundamental a ser respondida e debatida diz respeito à definição de bioética, haja vista que ao se tratar de uma derivação do estudo da própria ética, cuja menção inicial se deu há aproximadamente 40 anos. A busca por um conceito para o termo em apreço foi construída com base no assíduo acompanhamento das recentes descobertas da genética, bem como seu respectivo tratamento pelos diversos estudiosos da disciplina que adotaram maneiras distintas quando havia necessidade de um respeito ético junto aos experimentos realizados, logo, demandou-se uma tentativa de universalização do conceito.

Assim o vocábulo "bioética" surgiu de maneira pioneira na década de 1970, por meio do biólogo da Universidade de Wisconsin, EUA, Van Rensselaer Potter. Por constituir um marco histórico para uma nova disciplina que surgia, o autor se preocupou em estabelecer parâmetros de atuação nas pesquisas, marcados, acima de tudo, por uma participação racional e cautelosa quando da análise do processo de evolução biológica e cultural. A obra de Van Rensselaer Potter não restringiu as ideias apenas à espécie humana, como compromisso ético a ser firmado por parte dos cientistas e pesquisadores daquele momento em diante. Pelo contrário, sua preocupação expandiu-se também para uma sobrevivência ecológica do planeta, incentivando uma propagação do conhecimento com vistas a torná-lo democrático para todos os estudiosos e demais interessados.[3]

Por ser pioneiro na criação do termo, Potter almejou em sua obra traçar uma nítida distinção sobre os valores éticos que constituem a cultura humanista e os fatos biológicos que foram levados em consideração, em um primeiro momento, para a condução acelerada das pesquisas médicas sem dedicar atenção aos valores humanos existentes. Partidário de uma visão pluridisciplinar, capaz de interpretar de maneira organicista a manifestação da vida, Potter ressalta a necessidade de que a ciência biológica promova constantes questionamentos éticos sobre a relevância moral de sua intervenção na vida.

O estudioso no campo da bioética, Elio Sgreccia, comenta a obra de Potter trazendo uma concepção de bioética que, de acordo com o biólogo da Universidade de Wisconsin, ela se movimenta a partir de uma situação de alarme, em que a tomada de uma postura crítica simboliza o respeito do progresso da ciência bem como da sociedade. Além de expor sua dúvida sobre a capacidade de sobrevivência da humanidade por força do desenvolvimento científico, Potter assevera que as inúmeras descobertas relatadas no campo da engenharia genética possibilitam uma alteração junto ao estatuto das formas de vida das espécies e, fundamentalmente, dos indivíduos, o que poderia ser considerado como catastrófico para a evolução da humanidade.[4]

1.1 O exercício da bioética ao redor do mundo

Por força da pluralidade de pesquisas realizadas acerca da bioética, tivemos sua preponderância em diversos países ao redor do mundo. Conduto, a aglutinação das

3. Van Rensselaer Potter. *Bioethics: bridge to the future.* Nova Jersey: Prentice-Hall, 1971.
4. Elio Sgreccia. *Manual de bioética:* fundamentos e ética biomédica. Trad. Orlando Soares Moreira. São Paulo: Edições Loyola, 1996, pp. 44-45.

pesquisas centralizou-se preambularmente no fascinante trabalho dos filósofos que se destacavam à época.

Nesse contexto o filósofo Daniel Callahan e o psiquiatra Wilard Gauglin reuniram cientistas, pesquisadores e pensadores com o escopo de discutir de forma ampla os problemas geradores de angústias no avanço dos estudos no campo da pesquisa e da experimentação em âmbito biomédico. Contudo, chegou-se à conclusão de que a simples aglutinação das pesquisas não era suficiente devido à demanda por uma unificação sistemática do estudo da bioética, mediante a destinação de um espaço físico voltado à apreciação dos postulados éticos. O trabalho conjunto de ambos resultou na criação do Institute of Society Ethics and the Life Sciences, sediado em Hastings on Hudson, Nova York – comumente chamado de Hastings Center – onde se objetivou considerar todos os aspectos éticos, sociais e legais das ciências médico-sanitárias.[5]

Apenas a título de curiosidade, as atividades do referido instituto foram pautadas por graves problemas de ordem logística uma vez que, no início, o grupo de estudos contava com uma sala disponível na residência do filósofo Daniel Callahan, sendo financiado em parte por sua genitora. Já em 1988 a realidade apresentou-se de maneira distinta, alcançando esse importante centro de estudos bioéticos uma arrecadação anual de cerca de 1,6 mil dólares oriundos do governo norte-americano, bem como da própria iniciativa privada. Dotado de uma infraestrutura composta por mais de 24 membros do Comitê de Diretores, 30 membros da equipe e cerca de 130 bolsistas, não há como deixar de consignar o trabalho singular desempenhado pelo Hastings Center na tentativa de enfrentar e solucionar os problemas éticos que afloraram em consequência do progresso das ciências biomédicas e do cuidado que deveriam ter com as novas descobertas para educar o público em geral sobre os benefícios e malefícios que as mesmas poderiam ter em uma sociedade globalizada.

Movidos pelo pioneirismo do Hastings Center outros grupos de trabalho de pesquisa científica também encontraram seu espaço nos Estados Unidos, especialmente nas instituições de ensino superior, tais como a Georgetown University, de Washington D.C., que sob a batuta de André E. Hellegers deu início a um programa de pesquisa interdisciplinar de bioética direcionando seus escritos para um enfoque moral da bioética em apoio à evolução das pesquisas.

Acompanhando o crescente apoio do governo norte-americano junto aos institutos de pesquisa médico-científicas, também colaborou a família Kennedy, que deu início a um projeto de financiamento de iniciativa privada, particularmente o de algumas pesquisas sobre a proteção dos deficientes mentais congênitos. Tivemos assim, em 1971, a inauguração do Institute for the Study of Human Reproduction and Bioethics; sob a orientação de André E. Hellegers, que o dirigiu de maneira oficial, esse instituto já nasceu como um órgão de referência no estudo da bioética.

Vale lembrar que as atividades que marcaram a história do Kennedy Institute of Ethics (denominação recebida no ano de 1979, com a morte de Hellegers) se misturaram

5. Idem, ibidem, p. 26.

com a história da própria Georgetown University, cuja finalidade principal consistiu no fomento às pesquisas com uma metodologia interdisciplinar, na medida em que seus membros adotaram linhas de pesquisas de ciências humanas, sociais e da natureza.[6]

Uma das atividades do Institute of Ethics em parceria com a Georgetow University consistiu na criação de um serviço de informação bibliográfica disponibilizada sob a forma *on-line* com o apoio da National Library of Medicine de Bethesda, em Maryland, distribuído por meio de um sistema único e integrado para cerca de 2 mil centros nos Estados Unidos da América, além de outros lugares do mundo. A tarefa da compilação bibliográfica organizada para os interessados no estudo da bioética, possibilitou a reunião das publicações anglo-americanas mais importantes na área.

Ao redor do mundo nos deparamos com uma fiel correspondência quanto ao incremento dos estudos da bioética na medida em que os Estados Unidos se tornaram, desde a década de 1970, um país de referência no tocante aos avanços tecnológicos da medicina, bem como nos entraves médicos que marcaram o período, especialmente, a preocupação ética de tais entraves com o ser humano, conforme observaremos a seguir. Nos países da Ásia, por exemplo, o The Asian Bioethics Program foi criado com o propósito de se avaliar as implicações éticas que o avanço das pesquisas na área biomédica provocavam nos países asiáticos. A Europa, por sua vez, também avançou significativamente na esfera da pesquisa científica realizada sob o enfoque ético, o que se deu mediante a implantação do The European Program in Professional Ethics, cuja preponderância foi marcada preliminarmente pela instituição de programas educativos, sobretudo na Alemanha e, posteriormente, nos demais países europeus.

Em outros continentes, como a Oceania, mais precisamente na Austrália, a bioética recebeu um tratamento distinto daquele que vinha sendo praticado pelos centros de estudo norte-americanos, como se deu com o Center for Human Bioethics, na Monash University de Melbourne, onde o viés bioecologista do periódico daquela instituição de ensino, o *Bioethics*, retratou uma explícita alusão às pesquisas de Potter em sua obra *Bioethics: Bridge to the future*[7] [Bioética: uma ponte para o futuro], onde a sobrevivência do planeta sob o prisma da ecologia a norteou.

A extensão do estudo da bioética, considerada como disciplina autônoma, ao redor do mundo, possibilita um entendimento de como essa área do conhecimento assumiu destaque nos últimos 30 anos de nossa história, desde as pesquisas de Potter até o desenvolvimento filosófico de Daniel Callahan com o apoio do psiquiatra Wilard Gaylin. Os dois últimos são responsáveis pelo desenvolvimento de uma infraestrutura inicialmente ínfima, posteriormente sedimentada como um renomado centro de estudos de bioética, referência no apreço multidisciplinar da bioética em que o bem-estar da população deve sobrepor-se às pesquisas genéticas.

Apesar das variações que países europeus, asiáticos e recentemente os sul-americanos atribuíram à disciplina, o entendimento uníssono alcançado pelas nações que

6. Idem, ibidem, p. 27.
7. Van Rensselaer Potter, op. cit., 1971.

acolheram a bioética como campo de estudo consiste na preservação da dignidade da pessoa humana e uma preservação incontestável de nossa espécie, tendo como mote das pesquisas desenvolvidas a partir de um desenlace histórico motivado, sobretudo, por marcos históricos que simbolizaram a demanda por mudanças na forma da condução das pesquisas. Entretanto, como veremos adiante – ainda antes da obra de Potter, Hellegers e outros estudiosos –, certos acontecimentos contribuíram para o nascimento de um novo modelo de raciocínio, veiculador de um verdadeiro renascimento da bioética.

1.2 Os marcos históricos da bioética

Conforme já observado anteriormente o surgimento do vocábulo "bioética" e sua consequente implantação como parâmetro de pesquisa a ser estudado pelos muitos interessados na consecução de seus trabalhos deu-se na obra de Potter e na consolidação acadêmica preliminarmente trazida por André Hellegers, cuja proposta de formulação de um conceito sofreu inegável mutação no decorrer do tempo. O que passaremos a analisar neste momento são os marcos históricos que contribuíram na aplicação prática da bioética.

1.2.1 O nascimento da bioética segundo Albert Jonsen

Em sua obra *The Birth of Bioethics*,[8] Albert Jonsen trouxe à tona determinados acontecimentos que, segundo sua opinião, representaram verdadeiros marcos caracterizadores dessa nova disciplina em ascensão, denominada bioética.[9] Mesmo que em um primeiro momento não encontrássemos traços marcantes da consolidação do postulado ético no trato diário da medicina (excetuando-se o juramento de Hipócrates), a própria história do homem e sua convivência no meio social trouxeram a fundamentação moral para o nascimento da matéria em testilha.

O primeiro de tais acontecimentos culminou com o artigo da jornalista Sahra Alexander, cujo curioso título era "Eles decidem quem vive, quem morre", representando em apertada síntese uma ruptura inicial da supremacia do corpo clínico na tomada de decisões capazes de afetar diretamente os pacientes e a consequente ordem de prioridade existente. Publicado na revista *Life*, em 1962, o texto apresentou de maneira específica o andamento dos trabalhos a partir do momento em que foi criado um comitê direcionado aos casos de ética hospitalar no Estado de Washington, EUA.

Chamado de Comitê de Admissão e Políticas do Centro Renal de Seattle tinha como função a definição de prioridades para alocação de recursos na área da saúde. Com fulcro na impossibilidade de se extrair qualquer conclusão plausível sobre quem seria clinicamente beneficiado pelo tratamento renal, a comissão desenvolveu seus

8. Albert R. Jonsen. *The birth of bioethics*. Hastings Center Reports, v. 23, n. 6, nov.-dec., 1993. Special Supplement, p. 51-54.
9. Débora Diniz; Dirce Guilhem. *O que é bioética*. São Paulo: Brasiliense, 2005, p. 14.

trabalhos junto aos próprios pacientes, delegando a eles a responsabilidade da criação de mecanismos auxiliadores daqueles que viviam de forma degradante, sem acesso ao tratamento. Por força de um número superior de pacientes enfermos à disponibilidade de máquinas para o competente tratamento, os critérios de seleção de atendimento foram elaborados por um grupo reduzido de pessoas, leigos na medicina, mas que poderiam ponderar métodos até mais eficazes do que aqueles propostos pelo rigor da ética médica e pelos profissionais da área da saúde como um todo, que de forma invariável já haviam exercido seu juízo de valor.

Já no ano de 1966, Albert Jonsen retratou o que em seus estudos resultou no segundo acontecimento idealizador de uma bioética concentrada na dignidade da vida humana e sua consequente proteção. Desde a obra de Potter até o exercício da bioética nos países que se debruçaram no apreço à disciplina, a publicação de artigos em periódicos, monografias, coleta de dados, dentre outros, foi marcante para averiguarmos de que forma os pesquisadores encaravam o fenômeno da ética médica, ou a ausência dela em suas pesquisas, tal como ocorreu no segundo movimento experimental que incentivou uma nova visão da disciplina.

O anestesista Henry Beecher foi responsável pela divulgação de experimentos realizados por ele e que mobilizaram as mais diferentes áreas de associações científicas ao redor do mundo, todas condenando de forma veemente as pesquisas realizadas pelo médico em centros universitários norte-americanos. Equipararam seu trabalho àquele realizado por cientistas e demais pesquisadores durante o nazismo. Dá-se conta da existência de cerca de 22 experimentos em nome do médico quando em muitos deles foram envolvidos como cobaias indivíduos por ele denominados "cidadãos de segunda classe". Pautado na realização das pesquisas junto à classe de cidadãos por ele criada, a qual contou com grande fonte financiadora, órgãos e instituições governamentais e indústrias farmacêuticas, Henry Beecher direcionou sua atividade científica a adultos portadores de deficiências mentais, idosos, recém-nascidos, presidiários e pessoas internadas em hospitais de caridade.[10] Todos os indivíduos que de alguma forma fossem acometidos por uma anomalia capaz de impossibilitá-los de um exercício pleno de seu juízo moral poderiam ser, segundo o postulado moral propugnado por Beecher, uma "vítima" em potencial de sua pesquisa, sem que ele se preocupasse com implicações éticas que sua prática pudesse ocasionar na sociedade.

A particularidade do acontecimento envolvendo Beecher foi tamanha, que passou-se a estudar, concomitantemente às atrocidades cometidas pelo pesquisador, o próprio futuro da pesquisa médica do período, a qual estava exaustivamente comprometida graças o surgimento e a propagação da profissão de pesquisador médico. Ademais uma maior vinculação dos interesses que rodeiam a ciência médica com a convicção pessoal dos pesquisadores resultou no desejo de autopromoção que marcou o período. Era nítido o raciocínio da comunidade científica internacional que os experimentos

10. Henry Beecher. *Ethics and clinical research. The New England Journal of medicine*, v. 274, n. 24, jun., 16, 1996, pp. 1354-1360.

de Beecher não mais deveriam prosperar, especialmente nos casos que afrontavam direitos humanos já enraizados na natureza histórica do homem.

O desprezo ao atentado moral praticado pelo pesquisador não se restringiu ao plano estático de suas convicções dogmáticas sobre a prática científica. Muitos de seus experimentos foram rechaçados dada a explícita incompatibilidade dos instrumentos de pesquisa propostos por Beecher. Dentre eles podemos exemplificar casos em que houve a injeção de células vivas de câncer em pacientes idosos e senis hospitalizados sem a devida comunicação ou consentimento, apenas para promover o acompanhamento da doença no organismo humano, ou a ausência de aplicação de remédios indispensáveis em operários infectados por estreptococo.

Toda retaliação internacional em relação às pesquisas de Henry Beecher culminou em uma mudança de postura do próprio pesquisador, e ele propôs que diante de toda a experimentação ou pesquisa que envolvesse seres humanos, o profissional deveria obter um termo de consentimento antes de realizá-las. A mudança não se restringiu apenas à assinatura do paciente endossando atrocidades a serem cometidas pelos profissionais médicos, ela marcou o início de um novo procedimento a ser adotado em pesquisas, pois a partir daquele momento o profissional também confirmaria seu comprometimento para agir de forma responsável em relação à pesquisa e, sobretudo, à vida humana envolvida.

Por fim um terceiro acontecimento histórico incentivou o filósofo Albert Jonsen a compilar o material até então existente e atribuir tais eventos como componentes essenciais para o nascimento da bioética. Jonsen inicia o relato[11] reportando-se a 1967, ano em que o cirurgião cardíaco Christian Barnard foi o responsável pelo transplante do coração de uma pessoa praticamente morta, diagnosticada com morte cerebral, para um paciente com doença cardíaca já em estágio terminal, o que tornava a necessidade do procedimento ainda mais premente.

A controvérsia ética trazida à lume consistiu em uma profunda apreciação abrangendo a possibilidade de o cirurgião sul-africano constatar de maneira concreta, sem margem para incertezas, que o doador realmente se encontrava em um estado terminal, e cuja perspectiva de cura ou qualquer outra forma de sobrevida deveria ser afastada. Soma-se à controvérsia ética a predisposição de requisitos objetivos capazes de atestar com o máximo de eficiência o diagnóstico de morte cerebral. Na verdade, esse debate ético provocou uma tomada de decisão universalmente reconhecível por parte dos profissionais e de instituições de pesquisa na área médica. A difusão da celeuma instaurada expandiu-se a outros centros ao redor do globo que passaram a repercutir um tema da tamanha importância como já esposado.

No ano de 1968, a Escola Médica da Universidade de Harvard pronunciou-se acerca do problema, vindo a delimitar critérios delineadores da morte cerebral que poderiam ser aplicados a casos análogos ao do cirurgião Christian Barnard. Vale lembrar que no âmbito dos estudos médicos ainda não encontramos uma unanimidade

11. Albert R. Jonsen, op. cit.

quanto à sistematização de um modelo único de morte clínica. Contudo, tardou em excesso o mergulho a um debate ético deva ser instaurado, partindo do pressuposto de casos polêmicos vivenciados no âmbito da medicina e que exigiram do profissional médico uma ponderação de valores e princípios que o auxiliassem na adoção de uma postura minimamente ética perante seus pares e a coletividade. A medicina como um todo carecia até então de um novo modelo de pensamento aplicado às pesquisas que passaram a assumir uma proporção cada vez maior.

1.2.2 Breves considerações da ética aplicada à bioética

Para os estudiosos que compreendem a bioética como um perfil da ética aliada à biologia, ou seja, uma conjugação dos valores éticos juntamente com os fatos biológicos, não há como desconsiderar as notáveis contribuições trazidas pela ética no campo de uma nova disciplina que se evidencia.

Diante da amplitude do tema "ética", além da pluralidade de definições, apreende-se os momentos históricos em que a mesma se apresenta. Assim, urge que se faça uma singela restrição do tema, voltando seus postulados para uma adequação à bioética, que por seu turno corresponda de maneira íntima com as atividades de pesquisa diuturnamente desenvolvidas. Com efeito, as considerações abaixo tecidas enfocarão a ética sob o prisma de Hipócrates e sob a doutrina teológica.

Quanto ao pensamento de Hipócrates (460-370 a.C.) e seu "juramento", o foco do capítulo deve estar inserido nas considerações históricas que o pensador implementou em seu conteúdo.

Ao analisar a obra de Hipócrates encontramos uma estrutura ético-religiosa e uma interpretação histórico-filosófica[12] que nos encaminham para uma observação segundo a qual o juramento implica a expressão própria da cultura de um tempo em que não se obedecia de forma rigorosa a nenhuma lei, de maneira que um determinado grupo de indivíduos representando a categoria médica estava posicionado acima daquela. Para que uma parcela da comunidade pudesse receber algum privilégio no contexto social da época, ela não poderia desempenhar uma profissão considerada trivial, segundo os costumes locais. O exercício profissional do médico, à época, equiparava-se ao do rei ou do sacerdote, cujo pressuposto moral se apresentava irrefutável, expressado sob um viés religioso na estrutura do juramento, tal como o conhecemos e apreciamos.

Como reflexo dessa estrutura moral ofertada pelo juramento hipocrático, deparamo-nos com características singulares a norteá-lo tais como: a) uma postura compromissada por parte do profissional de respeito para com o mestre; b) transmissão gratuita do ensinamento recebido para os filhos do mestre; c) ensinar àquele que subscrevesse o referido julgamento; d) obrigação do médico de zelar pela terapia, ou seja, rejeitar determinadas ações, como ministrar veneno mesmo que o indivíduo postulasse junto ao profissional médico; e) coibir o abuso sexual na pessoa do doente

12. D. Gracia. *Fundamentos de bioética*. Madrid: Eudema Universidad, 1989, pp. 45, 84.

ou qualquer de seus familiares, o que conjuga de maneira concreta o respeito pelo segredo médico.

Paralelamente a esse fato concreto de respeito e valorização moral da profissão médica, temos também uma legítima invocação da diversidade introduzindo o juramento e norteando os postulados nele apresentados. A divindade trazida pelo escrito de Hipócrates conduz a uma interpretação histórica do seu advento segundo traços de uma moral natural e, principalmente, filosófica capazes de representar a cultura daquele tempo. É justamente por seguir essa vertente histórica que situações peculiares são encontradas, como a inclusão de sanções divinas, constantemente invocada no decorrer do juramento, e que concediam bênçãos no sentido positivo para os que observassem e o cumprissem. Por outro lado, a transgressão poderia acarretar a imposição de maldições ao conteúdo do texto ético da medicina.

A fundamentação ética do juramento de Hipócrates sempre foi alvo de interpretações distintas, em que o resultado do exercício interpretativo encaminharia para um paternalismo médico e exaltação suprema da profissão. Contudo, com o avanço da história e o passar dos séculos, constatou-se nela uma preocupação cada vez maior com o bem-estar do paciente, o que descaracterizou uma defesa da classe médica sob o manto da moralidade estrita. Na verdade, uma interpretação contemporânea do juramento hipocrático suscita a moralidade compreendida com ênfase no princípio sagrado da saúde do doente, uma vez que o médico, nessa função, conjuga o dever de guarda contínua da mesma. Nesse cenário a intenção de Hipócrates consistiu na fixação de critérios que melhor explicassem a moralidade segundo a percepção consciente de fundamentos objetivos, compilando pressupostos significativos, tais como a busca do bem em si aliado ao respeito do indivíduo em detrimento, muitas vezes, de seus próprios anseios individuais.

Superada essa análise ética e a relevante repercussão que o juramento imanente a atividade clínica representou para a consolidação de uma ética médica canalizada ao bem do paciente, não há como nos furtar a uma apreciação dos preceitos canônicos que foram difundidos ao longo do período que compreendeu a Idade Média. Desde a abordagem da concessão de bênçãos ou fatores de cunho negativo, consoante fiel observância ou transgressão do juramento, a construção da bioética apoiou-se na teologia cristã e, de maneira direta, na evolução do Cristianismo. Em verdade, novos valores e princípios foram apresentados segundo a educação cristã fundada numa prática assistencial que valorizasse o conceito de pessoa humana.

O prisma teológico, objeto de ricas considerações pelos estudiosos, configura uma árdua tarefa de entrelaçamento envolvendo a proteção do doente, o fiel exercício da medicina e sua inserção no ambiente católico. No Cristianismo o valor do homem se faz presente em um quadro de constante superação dualística entre corpo e mente em que não somente a alma seria considerada integralidade mas também toda a estrutura orgânica vital do homem. Por tal razão, uma constante unidade marcada pelo corpo e pelo espírito faz do homem uma criatura de Deus. O mistério da encarnação-redenção, tal como consta nas sagradas escrituras, especialmente no apoio do enfermo, resta por enobrecer o trabalho do médico, uma vez que sob o manto das escrituras bíblicas tudo aquilo que for feito em favor do enfermo é julgado sob a interpretação de que será praticado perante o próprio Deus.

O notável diferencial observado segundo a doutrina teológica diz respeito ao sentido cristão que agora é apoiado quando comparamos a manifestação divina que marcou o juramento de Hipócrates. Enquanto perdurou o juramento, especialmente durante o período da cultura clássica, a invocação da divindade se deu sob a forma de um julgamento moral do bem e do mal, não se deixou de invocar o paternalismo médico que fez da medicina um ofício descrito como "superior" em relação aos demais. Com a consolidação do cristianismo e da doutrina teológica a figura do médico sofre uma sensível mutação passando este a servir àqueles mais sofredores, emanando, assim, o dever de cuidar daqueles que são seus semelhantes, representando o que a parábola do "Bom Samaritano" figurou nas sagradas Escrituras e que agora se passa a uma interpretação analógica de que o médico vem a representar o próprio Cristo, cuidando da humanidade e fundamentalmente dos doentes, diferenciando-se do criador somente na medida em que o médico também se mostra como servo de Deus.

Assim as considerações da ética aplicada ao nascimento de um novo conceito de bioética simbolizaram uma íntima correspondência que a moral passou a ter quando colocada em um patamar mais elevado no exercício de sua proteção, além de servir como um instrumento de limitação na realização das pesquisas médicas. Independentemente do momento histórico, tanto o juramento de Hipócrates como a doutrina teológica pontuam que a bioética envolve um exercício ético-racional que parte da descrição de um determinado fato científico, biológico e médico, bem como uma análise da licitude da intervenção humana sobre o próprio homem.[13] Vale lembrar, outrossim, que a apreciação técnica quanto à correção das pesquisas médicas realizadas pelo profissional de medicina observa os postulados de uma verdadeira revelação cristã em que a referência última em Deus culmina em uma atenta alusão às correntes escolhidas para consecução da justificação filosófica. No auge de seus estudos os profissionais médicos estabeleceram parâmetros universais de pesquisa que os auxiliaram na árdua tarefa de elaborar um parecer conclusivo, depositando sobre este sua convicção e o valor moral, ambos responsáveis pela concretização da bioética.

2. Os princípios da bioética e a elaboração de novos vetores de interpretação

Esta seção se inicia com uma proposta de reflexão que marca de maneira salutar o deslinde de toda pesquisa realizada pelos profissionais da medicina e que versa sobre quaisquer formas de intervenção do homem sobre os seres vivos e a consequência dessas inserções em outras searas do conhecimento, tais como a política, a sociologia e o próprio direito.

13. Elio Sgreccia. *Manual de bioética:* fundamentos e ética biomédica. Trad. Orlando Soares Moreira. São Paulo: Edições Loyola, 1996, pp. 24, 25.

A subjetividade já mencionada – e que corresponde ao desafio do homem de agir não movido por uma mera inclinação mas pelo dever que emana da lei, na qualidade de um verdadeiro imperativo como nos ensina Kant –, faz com que o homem, e de maneira diferenciada o médico, reflita acerca do exercício ético de sua profissão em consonância com valores e normas capazes de guiar seu agir e preservar a liberdade de sua pesquisa científica, juntamente com a manutenção de outros valores igualmente relevantes e que não podem deixar de ser ponderados diante da apreciação de um caso concreto. Talvez nunca fosse tão importante a elaboração de critérios técnicos próprios da bioética, verdadeiros princípios universalmente aceitos pela comunidade médica internacional.

A adoção de princípios norteadores de uma ação ética voltada à elaboração constante de pesquisas biomédicas implica uma distinção explícita entre o aspecto objetivo que qualifica uma determinada ação juntamente com o pressuposto subjetivo diretamente relacionado ao âmbito do indivíduo. Nesse mesmo sentido, concomitantemente a essa necessidade de distinção dos aspectos objetivos e subjetivos, deparamo-nos também com uma vital necessidade de entrelaçamento do juízo de valor de cada um com o pressuposto lógico-objetivo que acompanha a própria ação. É por essa razão que a descoberta de um valor moral do ato em si assume importância como aspecto preambular na elaboração de princípios universais.

Inicialmente, ao ressaltarmos um juízo objetivo de valor, o imperativo legal remanesce como uma codificação previamente estabelecida cuja observação confronta uma hierarquização dos valores juntamente com a letra da lei, seja ela interpretada sob sua vertente natural ou racional, elaborada segundo um processo legislativo previsto no ordenamento jurídico do Estado. Vale lembrar que assumindo uma postura positivista da lei, a autoridade estatal elencou direitos inerentes ao homem, na medida em que outros Estados ou organismos internacionais também trouxeram importante repercussão na formação de uma convicção única de proteção ao homem e sua integridade livrando-o de qualquer ação maléfica que tendesse a desvirtuar essa garantia por quem quer que seja, sobretudo os profissionais da medicina.

Desde o advento da *Petition of Rights* em 1628, na Inglaterra, em que se sustentou uma ideia fundamental de vida, liberdade e propriedade, ratificado posteriormente pela *Bill of Rights* de 1684 (consagração da liberdade de expressão e vedação de punições cruéis), juntamente com a Declaração Universal dos Direitos do Homem de 1948, por meio da realização de sessão ordinária da Assembleia Geral das Nações Unidas, tivemos uma vasta compilação legislativa para garantir os direitos dos seres humanos, admitindo a necessidade de uma postura supraestatal no tratamento da matéria e sua consequente observância como valor objetivo capitaneador das ações dos indivíduos.[14]

Mais uma vez não há como não corroborarmos com a máxima segundo a qual a busca do bem comum caminha para uma confluência entre o exercício ético

14. Pietro de Jesús Lora Alarcón. *Patrimônnio genético humano e sua proteção na Constituição Federal de 1988*. São Paulo: Editora Método, 2004, pp. 69, 81.

desenvolvido pelo profissional e os valores racionais que se originam de ordenamentos jurídicos estatais e supraestatais. Sem dúvida, as dificuldades na interpretação e aplicação dos valores objetivos existem, especialmente na das normas jurídicas, diante da pluralidade de situações em que o arcabouço legal pode ser aplicado à multiplicidade operativa do mundo dos fatos que admitem semelhante aplicação, sem falar do choque principiológico que ainda guarda relação direta com a tutela do ser humano sob diferentes prismas.

Apenas a título de exemplo, trazemos à baila a necessidade de proteção da vida do nascituro, sem deixar de mencionar a vida da mãe, quando a ocorrência de fatos jurídicos assume graves riscos para ambos. Cabe ressalvar, contudo, que essa abordagem hermenêutica envolvendo a colisão de princípios jurídicos hierarquicamente equivalentes será aprofundada posteriormente quando do estudo da elaboração de pareceres médicos em conformidade com uma nova visão constitucional.

Logo, por força dessa vertente inicial direcionada aos aspectos objetivos e subjetivos que norteiam a moral como pressuposto da elaboração de princípios universais, resta-nos uma apreciação segundo a óptica subjetiva, como ato vital aliado ao conhecimento do próprio ser humano. Porém, o exercício e a busca do conhecimento não são suficientes sem a valorização da liberdade de maneira independente a todas as pressões que norteiam o ser humano, dentre as quais aquelas de cunho político e econômico. A prioridade concedida ao valor moral ou subjetivo sofre uma variação em concordância com o ambiente e o momento em que a apreciação valorativa se mostra presente, levando-nos a concluir que a mudança de uma valoração subjetiva do ato sobre uma mutação constante baseia-se no aspecto circunstancial do ato a ser praticado. Temos que a moralidade que circunda o subjetivismo das ações não tem o poder de anular e tampouco se sobrepor à moral objetiva do fato, ocorre na realidade um movimento inverso em que a subjetividade deve adequar-se à objetividade. O fundamento maior da busca do bem comum revela uma faceta objetiva em que a observância de valores subjetivos assume uma preponderância especial no cenário da bioética.[15] Muito mais do que uma valorização desenfreada do aspecto subjetivo do indivíduo, devemos ater à fiel correspondência desse pensamento a uma dimensão ética, que por sua vez não se circunscreve apenas a esfera técnico-científica.

2.1 A importância do Relatório Belmont para criação de novos princípios

Como já vimos, apenas com uma fiel sinergia entre os aspectos morais subjetivos do indivíduo e a valorização objetiva dos atos praticados é que o relacionamento firmado entre o profissional da área da saúde e seu respectivo paciente pode ser reconstruído com vistas a consolidar um modelo bioético ideal.

Os Estados Unidos da América, ao direcionarem seus estudos à evolução da ética médica voltada à bioética, instituíram nos anos 1960 e 1970 uma política diferenciada

15. Elio Sgreccia, op. cit., p. 150.

cujo foco principal incidiu em uma alteração da realidade vigente, marcada por escândalos motivados por pesquisas feitas com seres humanos.

No ano de 1974, tivemos a formação de um importante órgão denominado Comissão Nacional para a Proteção de Sujeitos Humanos na Pesquisa Biomédica e Comportamental, que direcionou seus trabalhos para o armazenamento de pesquisas que tratavam sobre o tema da biomedicina e sua relação com as ciências do comportamento.[16] A repercussão positiva do aludido órgão resultou em uma compilação do trabalho da comissão conhecido como "Relatório Belmont", considerado por muitos como um verdadeiro documento histórico, e por que não, normativo e regulador da bioética. Por essa razão é que a partir de sua redação os profissionais da biomedicina se depararam com um arcabouço principiológico para o exercício de um pensamento ético-racional materializado pelos pareceres de bioética.

Incentivado pela herança moral que a prática de certos atos de pesquisa biomédica deve proporcionar ao intérprete, a escolha dentre os inúmeros vetores de interpretação atualmente existentes comunga com a nova estrutura do pensamento moral. Passa-se a considerar, dentre outros, a apreciação quanto às tradições ocidentais e a sua consequente harmonização com os países periféricos que, a exemplo do estudo dos princípios éticos, permitem uma maior eficácia dos mesmos além do bem-estar da própria comunidade ao final considerada como destinatária de todas as políticas implementadas.

Entretanto, para uma coerente relação entre os princípios universais da bioética e os objetivos a ela atribuídos, ponderamos que o Relatório Belmont deu origem a uma verdadeira teoria principialista que, de forma não muito popular, simbolizou uma base de quatro princípios, que por um período preponderantemente assumiram um importante posto como teoria do estudo da disciplina "bioética".

Com efeito, a evolução da teoria principialista marcou a consolidação de certos princípios dentre os quais o respeito pelas pessoas (posteriormente chamado de "princípio da autonomia"), beneficência (pautada pelo compromisso por parte do pesquisador em sua atividade científica visando assegurar o bem-estar dos indivíduos diretamente envolvidos), não maleficência (princípio associado ao respeito à autonomia dos indivíduos resguardando igualmente um mecanismo de proteção e segurança dos interesses da coletividade, evitando-se qualquer desproporção, seja física ou moral), além do "princípio da justiça", este mais atrelado às bases da filosofia moral norte-americana da década de 1970 – em que pressupostos como a defesa e a busca por uma "equidade social" impunham a adoção de uma postura crítica acerca da real efetividade da justiça.[17] Portanto, apenas quando se observam os princípios apresentados, modulando-os aos preceitos ético-normativos de cada Estado, é que podemos nos ater a uma caracterização acadêmica da bioética, seguida por todos os profissionais independentemente do país onde eles realizam suas pesquisas.

16. David J. Rothman. Commissioning ethics. In: *Strangers at the Bedside:* a history of how law and bioethic transforme medical decision making. United States: Basic Books, 1991, pp. 168, 189.
17. Débora Diniz; Dirce Guilherme, op. cit., p. 23.

2.1.1 O princípio universal da autonomia

Um estudo pormenorizado dos valores éticos estudados pela bioética implica uma detida apreciação das obras bibliográficas que marcaram o período da evolução da disciplina e que até hoje tem uma repercussão nesse conceito mutável.

Sob a lucidez intelectual dos pesquisadores Beauchamp e Childress, a obra denominada *Principles of Biomedical Ethics*[18] [Princípios da Ética Biomédica] direcionou-se às mais diversas searas profissionais, sejam aquelas preocupadas com a medicina ou com o contexto dos fatos sociais, abrangendo inclusive estudantes que, apesar de não militarem de maneira específica em uma dada profissão, possuíssem interesse no apreço da bioética. Assim, em conformidade com a postura crítica adotada pelos autores, sendo a biomédica o exercício da ética aplicada a preservação de certos dogmas, tais como uma liberdade de prática terapêutica, esta aglutina uma oferta de serviços de saúde, simbolizando por seu turno uma prevalência da moral a uma oferta de interpretação e respeito aos profissionais preocupados com a manutenção da integridade dos direitos do homem.

Por outro lado, deparamo-nos com uma situação inversamente proporcional: profissionais que não respeitam a nova visão dessa importante disciplina preocupada de forma proeminente com a pacificação de conflitos morais.

Nessa obra, Beauchamp e Childress descrevem o princípio da autonomia como fator de destaque na construção ideal da sociedade e dos valores morais que o convívio mútuo leva em consideração para uma coexistência adequada dos que fazem parte dela.[19] Mais uma vez, uma correspondência entre o valor subjetivo e os fins morais a que a sociedade se sujeita se faz presente fundamentalmente pela condução outrora alcançada segundo a qual o valor subjetivo do pesquisador deve moldar-se ao valor objetivo do ato. Por essa razão, uma diferenciação deve ser fixada entre autonomia e respeito em si e o respeito ao seu exercício por cada indivíduo, pois, a pluralidade de indivíduos que compõe a sociedade abarca aqueles considerados suscetíveis a condutas deturpadoras da garantia subjacente da dignidade da pessoa humana – são eles os idosos, os portadores de deficiência, crianças e grupos minoritários que demandam a elaboração de políticas públicas para o alcance de sua liberdade.

A consolidação a autonomia parte da premissa de um exercício pleno da liberdade cuja debilidade apresentada resulta de patologia ou fator social impeditiva da concreta expressão da vontade individual. Esse é o ponto central da análise do princípio da autonomia aplicado à bioética em que o consenso quanto à aprovação moral da realização de uma certa pesquisa, ou a elaboração de um parecer médico, avoca a constante preservação da autonomia de cada ser humano em nome de um bem-estar coletivo de todos os membros da sociedade.

O trabalho do profissional médico consistirá na vigência desse princípio, ao levantar os problemas atinentes à pesquisa a ser realizada ou àquelas já em andamento e o

18. Tom L. Beaupchamp; James F. Childress. *Principle of Biomedical Ethics*. Nova York: Oxford University Press, 1979.
19. Tom L. Beaupchamp; James F. Childress, op. cit., pp. VII, VIII.

respectivo impacto ao paciente, principal destinatário do esforço médico em facilitar a recuperação de sua saúde. Contudo, um esclarecimento ao paciente, sobre o desenvolvimento do trabalho médico, não se mostra uníssono frente ao contexto informador que o princípio da autonomia passa a admitir a necessidade de consentimento do paciente. Ao externar sua concordância com a efetivação das pesquisas biomédicas, ratifica o exercício ético da profissão daqueles que se dedicam à fiel correspondência ética dos pacientes que almejam o bem-estar em suas vidas. Dessa forma, temos que apenas a capacidade de agir de maneira livre por parte do indivíduo pertencente a certos grupos faz com que o princípio da autonomia seja esclarecido como uma estratégia de proteção dos seus méritos em que uma decisão eticamente racional passa por um amplo domínio quanto às circunstâncias específicas do caso concreto, sem contar as possibilidades de recuperação dos indivíduos em um processo de captação de dados para a formação de convicções que, ao final, resultarão na tomada de decisões éticas.[20]

Assim de nada adiantará a prospecção do princípio da autonomia, caso não ocorra um apontamento quanto à valorização de fatores individuais que, por sua vez, versam a respeito de liberdades e direitos fundamentais garantidos a todos, independentemente de apresentarem ou não alguma enfermidade, e do grupo social ao qual pertencem. De maneira alguma, poder-se-á constituir-se em um fator inibitório no processo de decisão por parte dos indivíduos.

2.1.2 O princípio universal da não maleficência

O princípio universal da não maleficência traz consigo um postulado de benemerência do exercício profissional da medicina que, por sua vez, encontra respaldo no juramento hipocrático em que os pesquisadores, médicos e demais estudiosos da disciplina devem desenvolver seu trabalho de maneira que não venham a causar danos de qualquer ordem, especialmente por respeito à dignidade do paciente.

Uma fiel obediência aos ditames éticos que a disciplina bioética nos apresenta faz com que apreciemos o tema sob a batuta de um coerente juízo racional de ponderação e proporcionalidade, avaliando constantemente qual a extensão do ato praticado sob o indivíduo – paciente – sem deixar de considerar as consequências reflexas perante a coletividade. O crescimento desenfreado de novas técnicas e equipamentos para estudo e tratamento de inúmeras doenças hoje existentes exigem um debate contínuo entre os profissionais da área e toda a sociedade acerca dos benefícios e malefícios sociais que o desenvolvimento científico pode provocar. A avaliação contínua desses benefícios e os riscos que a evolução da bioética acarreta aos seus destinatários finais suscitam uma legítima indagação moral dos valores que seriam considerados para o alcance de uma decisão médica sobre um determinado caso concreto.

Os comentários aqui depositados sobre o princípio universal da não maleficência não têm a intenção de solucionar a controvérsia levantada sobre a prevalência dos interesses da ciência em detrimento dos valores concernentes ao ser humano, até porque

20. Idem, ibidem, pp. VII, VIII.

a constante evolução na seara bioética impede que se alcancem conceitos e princípios uníssonos, que discorram sobre o que é ou não ético. Mais uma vez, a proposição de princípios universais, especialmente o da não maleficência, não acarreta uma restrição à liberdade científica, ou sobre a amplitude de seu exercício de maneira imoderada. Esse princípio exige que antes de se concluir se determinado experimento ou tratamento clínico corresponde aos anseios éticos sejam observados os valores inseridos nesse princípio, especialmente a defesa do ser humano e sua dignidade.

2.1.3 O princípio da justiça no campo da bioética

A abordagem terminológica na elaboração de princípios universais não consistiu em sensível preocupação pela bioética, a qual sempre primou por postulados éticos transcendentes muito mais voltados à aplicação de pensamentos de cunho subjetivo aos valores objetivos em que a ação praticada pelo profissional representasse propostas de sobreposição da moralidade, aqui entendida como a moralidade coletiva pautada no respeito às liberdades individuais e o bem comum.

Foi a partir da eloquência que os princípios universais éticos receberam o princípio da justiça, talvez como o mais importante vetor de interpretação na árdua tarefa de compreensão da bioética contemporânea. Novamente nos reportamos à centralização teórica que os Estados Unidos atribuíram à disciplina, consolidando traços marcantes de filósofos do período, dentre eles John Rawls e seu ideal de equidade social, refletindo na realização de uma justiça retributiva preocupada sempre em defender uma solução de conflitos que circundam os anseios particulares e os desígnios coletivos, os quais merecem igual destaque e, por que não, uma prevalência na análise dos interesses postos em jogo. Por mais que na doutrina bioética de Beauchamp e Childress tenha prevalecido uma relação médico-paciente, o que por si só não premiaria o princípio da justiça com a importância merecida, entende-se que a bioética atual necessita cada vez mais de uma adequação estabelecida entre a autonomia dos indivíduos, os benefícios/malefícios decorrentes das atividades desempenhadas, além de uma potencialização cada vez maior dos conflitos morais, aqui considerados como primado da justiça. E por mais que tenham surgido distintos pontos de vista individualmente considerados, não há como não enxergar na lei um pilar capaz de elucidar os desafios propostos pela bioética.

3. A bioética e uma nova perspectiva constitucional

A constante evolução da biotecnologia e da engenharia genética ao longo dos anos retrata o engrandecimento do desafio de toda a sociedade para exercer um juízo interpretativo acerca da existência ou não de uma convivência harmônica entre a liberdade da pesquisa científica de fomento a atividades de livre manifestação e o respeito a postulados de proteção e garantia de efetivação de princípios concernentes a todos os indivíduos sem exceção.

Não se pode negar que em quase 40 anos de desenvolvimento de pesquisas e obras que cuidaram do tema bioética sob os mais distintos enfoques, essa disciplina ainda apresenta uma certa "fraqueza" quando nos deparamos com conflitos de ordem moral, capazes de colocar em lados opostos a integridade e o respeito à vida do ser humano. A liberdade plasmada em um valor subjetivo dos indivíduos que, pautados por interesses pessoais exigem uma autonomia que deve ser a eles disposta não devendo ser respeitada, mesmo que esta possa representar de maneira concreta um risco a toda a coletividade.

Por essa razão e seguindo a doutrina dos filósofos medievais, por óbvio que não se é possível uma regulação jurídica que venha a abarcar a esfera moral especialmente mediante a criação de normas que desempenhem em sua completude sobre a prática do bem e do mal. Entretanto, quando nos confrontamos com certas práticas, cujo impacto imediato possa irradiar efeitos sob a órbita individual do ser humano, colocando em risco não somente sua dignidade mas, sobretudo, sua vida, não podemos elaborar tão somente leis e dogmas que versem sobre a moral e deixar de lado a regulação jurídica do tema sob pena de não mais proteger o grande destinatário de toda a evolução científica e tecnológica: o homem.

Nesse contexto, a eficácia científica das pesquisas e dos avanços alcançados deverá caminhar ao lado e segundo preceitos éticos e morais dispostos em diplomas legais, que por sua natureza regulatória da conduta social carregam, por vezes, um aparato instrumental capaz de garantir a integração pacífica dos direitos da coletividade, desde a liberdade de manifestação científica até a proteção ao sagrado direito à vida. A regulação da conduta social foi organizada de maneira ampla, por meio de uma estrutura organizacional capaz de compilar um complexo de regras que discorrem sobre o exercício do poder, fixação de competências, garantia e proteção dos direitos básicos inerentes a todos os indivíduos.

Esse complexo de regras, simbolizando a estrutura base, recebeu o nome de Constituição; na lição do jurista José Afonso da Silva ele representa

> a organização dos seus elementos essenciais, um sistema de normas jurídicas, escritas ou costumeiras, que regula a forma do Estado, a forma de seu governo, o modo de aquisição e exercício do poder, o estabelecimento de seus órgãos, os limites de sua ação, os direitos fundamentais do homem e as respectivas garantias.[21]

Luiz Alberto David Araujo e Vidal Serrano Nunes Júnior descrevem a Constituição como a organização sistemática dos elementos caracterizadores do Estado, em que são definidas a forma e a estrutura do mesmo, sistema de governo, divisão e funcionamento dos poderes, regulação do modelo econômico, além dos direitos, deveres e garantias fundamentais.[22]

Conforme já descrito, a intenção deste capítulo não reside em uma análise pormenorizada das características, conceituações e classificações da Constituição. A singela menção feita sobre sua origem e definição emana de sua função de representar a base de todo o ordenamento jurídico do Estado, principalmente a disposição de direitos e

21. José Afonso da Siva. *Curso de direito constitucional positivo.* 25. ed. rev. atual. São Paulo: Malheiros Editores, 2006, p. 38.
22. Luiz Alberto David Araujo; Vidal Serrano Nunes Júnior. *Curso de direito constitucional.* 9. ed. São Paulo: Ed. Saraiva, 2006, p. 3.

garantias fundamentais a serem observados por todos os indivíduos sem exceção. É no bojo dessas disposições denominadas direitos fundamentais que se concentram o estudo da bioética e a defesa do direito à saúde e da dignidade da pessoa humana. O desafio proposto pela Constituição, como se pode observar, é estabelecer uma competente compatibilização entre os princípios nela esculpidos, para se evitar arbitrariedades e garantir, assim, sua supremacia como estatuto máximo protetor da coletividade.

3.1 Direitos fundamentais e a Constituição de 1988

A Carta Magna de 1988 procurou inserir em seus artigos uma total regulação jurídica a ser direcionada a todos os indivíduos, por meio de normas que possuam uma eficácia plena surtindo seus efeitos desde a entrada em vigor concomitantemente com as normas jurídicas que determinam, em seu conteúdo, matérias que, para ingressarem no ordenamento, demandam uma legislação infraconstitucional que determinará, em seu contexto, a extensão de sua aplicabilidade. Contudo, o arcabouço legislativo em comento concentra um rol de direitos cuja importância acaba por transcender o próprio contexto da Constituição, uma vez que tais direitos estão associados ao homem, especial destinatário das normas jurídicas como um todo.

Ingo Wolfgang Sarlet já destacava em sua obra *A eficácia dos direitos fundamentais*[23] a dificuldade terminológica que a expressão "direitos fundamentais" possui, sendo certo que outras expressões como "direitos humanos", "direitos do homem", "direitos subjetivos públicos", "liberdades públicas", dentre outros, implicam a aproximação terminológica proposta. A própria Carta Política de 1988, mesmo em uma aproximação de valores nela inseridos, conta com uma multiplicidade semântica de termos que os representam, como: direitos humanos (art. 4º, II); direitos e garantias fundamentais (art. 5º, § 1º); direitos e liberdades constitucionais (art. 5º, LXXI); e direitos e garantias individuais (art. 60, § 4º, IV); nossa Constituição utiliza esses termos para simbolizar os direitos correspondentes aos indivíduos e a toda coletividade.[24]

Por mais que tenhamos essa pluralidade de denominações, para efeitos doutrinários, entendemos que as terminologias "direitos humanos" e "direitos fundamentais" são as mais utilizadas, uma vez que à guisa de uma qualificação do ser humano são reconhecidas e devidamente positivadas no âmbito do direito constitucional enraizado pelo Estado. Nesse sentido, a expressão "direitos humanos" representa todo o complexo de documentos do direito internacional capaz de reconhecer o ser humano como dotado de direitos e valores individuais que não se prendem a uma determinada ordem constitucional, o que garante aos mesmos uma validade universal não somente pelo fato de não vincular-se ao ordenamento constitucional, como também a uma relação de direitos que recebem o desígnio de direito natural (podendo ser aplicado inclusive aos direitos fundamentais) devido ao homem por sua mera condição humana e respectiva existência.[25]

---

23. Ingo Wolfgang Sarlet. *A eficácia dos direitos fundamentais*. Porto Alegre: Livraria do Advogado Editora, 2007.
24. Idem, ibidem, pp. 33, 34.
25. Idem, ibidem, p. 36.

Superada a questão terminológica e conceitual referente aos direitos fundamentais, resta-nos uma livre apreciação sobre o posicionamento de tais direitos junto à Constituição Federal de 1988. O primeiro argumento de relevo pauta-se no fato de que os direitos fundamentais vêm integrar junto a outros importantes elementos e características do Estado a essência do chamado Estado constitucional, que admite uma apreciação de sua Constituição segundo dois diferentes aspectos: um formal e outro material, sendo o último considerado um importante elemento da Constituição, e sem o qual uma análise formal desta pode não ser alcançada.

A partir do momento em que ocorre o fenômeno da positivação dos direitos fundamentais sob a forma de princípios e valores reconhecidos pela ordem constitucional, concluímos que aludidos direitos condicionam a validade das normas produzidas no espectro legislativo estatal, especialmente as normas infraconstitucionais. De outra forma, além de nortear o legislador, os direitos fundamentais assumem uma postura "limitadora" da mesma atividade legislativa, reprimindo preceitos legais que venham a afrontar direitos e garantias fundamentais previstos na Constituição Federal. Os demais documentos que façam alusão a tais direitos, reconhecidos pela ordem jurídica nacional e supraestatal merecerão igual reprimenda. Temos, portanto, que em um regime democrático, tal como o brasileiro, os direitos fundamentais assumirão uma postura decisiva para a manutenção dos direitos e garantias de parcelas da coletividade que se apresentam sob a forma de minoria, valorizando também a autonomia dos indivíduos em um constante exercício de razoabilidade.

3.2 Localização sistemática dos direitos fundamentais

Todo o arrazoado histórico da evolução dos direitos fundamentais e sua respectiva inserção no texto constitucional implicam uma conclusão preliminar segundo a qual se outorga ao Estado Democrático de Direito, atualmente presenciado em nosso país, a efetivação e a defesa dos direitos inerentes ao ser humano, pelo menos na Carta Política vigente, que também desenvolveu a título de apaziguamento da questão instrumentos capazes de garantir a efetivação descrita.

O que nos cabe tratar nesta seção diz respeito à regulação sistemática que os direitos fundamentais possuem perante o corpo de normas responsáveis pela elaboração de diretrizes, para o pleno exercício das liberdades constitucionais dos responsáveis pela criação de regras fundamentais, para o exercício de direitos dos cidadãos. Ingo Wolfgang Sarlet faz menção ao tema aludindo a G. Durig,[26] defensor da corrente segundo a qual existe um autêntico sistema dos direitos fundamentais, onde a Lei Fundamental veio a consagrar um sistema de direitos correlatos ao homem tendo como premissa maior o princípio da dignidade humana.[27] Nossa Constituição Federal de 1988 denota a existência da ideia de que os direitos fundamentais vêm

26. Günter Dürig. *Der Grundsatz der Menschenwürde.* Entwurf eines praktikablen Wertsystems der Grundrechte aus Art. 1Abs. I in Verbindung mit Art 19 Als.II des Grudgesestzes in: AÖR nº 81 (1956), p. 9 e ss. Pp.119 e ss., *apud* Ingo Wolfgang Sarlet, op. cit., 83.

27. Ingo Wolfgang Sarlet, op. cit., p. 83.

a integrar um verdadeiro sistema em que a dignidade da pessoa humana prospera para consolidar um verdadeiro eixo norteador dos demais direitos que deverão respeitar, cada um obedecendo a temas intrínsecos ao ser humano, o principal objeto do presente capítulo.

Todavia, mesmo com a importância atribuída a esse rol de direitos, não há como sustentar a existência de um sistema fechado dos direitos fundamentais contemplados pelo texto constitucional. A positivação por parte do legislador constituinte de um catálogo de direitos capazes de garantir de maneira pontual os direitos básicos dos indivíduos não pode excluir outros de igual importância, hierarquicamente dispostos no mesmo diploma, mas que se encontram dispersos em outros artigos que não aqueles arrolados como pertencentes ao sistema anteriormente posto. Essa concepção de "autonomia" perante os demais dispositivos da Carta Magna não condiz com a perspectiva constitucional contemporânea, em que outros fundamentos garantidores do mesmo princípio podem ser observados até mesmo fora da Constituição. Vale dizer que a perspectiva federalista do Estado permite que a carta política estabeleça, em determinadas matérias, um compartilhamento da função criativa de normas jurídicas observando a repartição de competências que se podem apresentar sob a forma não cumulativa, valorizando assim a edição de normas gerais passíveis de serem pormenorizadas pelos demais entes da Federação.

Aplicando a noção de sistema de direitos fundamentais ao contexto descrito na Constituição de 1988, urge que se ressalte que os direitos fundamentais extrapolam em inúmeras vezes as fronteiras do ordenamento jurídico pátrio, na medida em que a ordem jurídica supraestatal também circunscreve valores, princípios, que efetivam direitos humanos comuns a todos os Estados, que no âmbito de sua legislação interna poderão dispor da maneira que melhor atenda os anseios de sua coletividade. No Brasil essa efetivação nos é trazida pelo § 2º do art. 5º da Constituição Federal, que não descarta a existência de direitos e garantias adotadas em tratados internacionais em que a República Federativa do Brasil seja parte integrante. Paralelamente, a pluralidade nas formas de manifestação dos direitos fundamentais impede a elaboração de um catálogo único de tais garantias frente a um cenário de constantes mudanças a que se sujeitam os princípios nela caracterizados.

A concepção de sistema proposta para a consolidação dos direitos fundamentais não pode ser admitida como algo fechado, incapaz de receber outros princípios e valores de igual relevância. A flexibilidade desse sistema de direitos fundamentais passa a ser palavra de ordem, não somente pelo desenvolvimento constante da sociedade, que acarreta por si só uma maior complexidade das relações estabelecidas, como também pela necessidade de coerência, harmonização que tais princípios devem guardar junto à ordem constitucional, pois a doutrina liberal-burguesa, que demandava uma clara distinção entre a sociedade e o Estado, não prospera quando confrontada a um contexto contemporâneo da sociedade globalizada.[28]

28. Antonio Henrique Perez Luño. *Los derechos fundamentales*. 6. ed. Madrid: Ed. Tecnos, 1995, pp. 150ss.

3.3 A proteção formal e material dos direitos fundamentais

O pressuposto da consolidação do sistema garantidor dos direitos fundamentais passa por uma coerência de unidade dos direitos concernentes ao homem.

O exercício constante de ponderação de princípios é marca registrada da necessidade humana de harmonização das posições jurídicas, que em determinadas situações podem vir a ser conflitantes entre si devido às posturas antagônicas lastreadas em valores subjetivos que cada parte, cada indivíduo, possui e defende, com a convicção de que a liberdade individual parte como premissa singular junto ao ordenamento jurídico. Além da valorização da liberdade individual, outros valores fundamentais também são trazidos à tona de maneira a fomentar uma dinâmica de argumentação tendente a firmar um convencimento junto ao intérprete das normas. Exemplo emblemático dessa pluralidade de valores defendidos é o que trazemos como nuance merecedora de destaque neste capítulo, qual seja, a liberdade de manifestação científica frente ao direito à vida e à saúde do indivíduo, alçados como direitos fundamentais compilados no texto constitucional vigente. Tendo em vista situações conflitantes como esta que envolve o coerente exercício da bioética, qual dos direitos fundamentais em questão deve prevalecer?

A resposta a essa indagação será dada no decorrer deste capítulo, fundamentalmente ao se associar os primados da bioética e sua inserção junto aos demais direitos presentes na Carta Política de 1988. Todavia, algumas assertivas podem ser desde já feitas, como aquela em que a afirmação do princípio da dignidade da pessoa humana constitui o ideal nuclear de todas as reivindicações, capaz de vincular o intérprete em sua atividade hermenêutica de apreço às normas constitucionais que, por sua vez, são dotados também de plena efetividade, gerando efeitos jurídicos de ampla aplicabilidade, como demonstra o art. 5º, § 1º, da Constituição Federal de 1988. Vale lembrar que o princípio da aplicabilidade imediata dos direitos fundamentais decorrente da análise do dispositivo supramencionado, faz com que, independentemente de qualquer outra produção legislativa infraconstitucional, o rol de princípios rotulados como "direitos fundamentais" possa irradiar seus efeitos em detrimento de outros que venham a afrontar sua eficácia e, de maneira reflexa, a própria soberania dos preceitos constitucionais.

Seguindo essa vertente de eficácia dos direitos fundamentais e a flexibilidade que decorre dos mesmos, reconhece-se a possibilidade de sua manifestação em outros diplomas legais e, por que não, da própria Constituição em outros dispositivos que não o rol do art. 5º.

Passemos, então, a averiguar a proteção dos direitos dos indivíduos no âmbito formal e material. Considerada em seu sentido formal, os direitos fundamentais devem constar de um documento escrito, que por conta de sua rigidez (como é o caso da Constituição brasileira) descreve a existência de limites formais representados por um procedimento mais inflexível de reforma, além dos limites materiais que abrangem as cláusulas pétreas (art. 60, § 4º, IV). A distinção sob o aspecto formal e material encontra em Canotilho seu principal defensor e precursor da atividade interpretativa do ordenamento jurídico lusitano.[29]

29. Joaquim José Gomes Canotilho. *Direito constitucional.* 5. ed. Coimbra: Livraria Almeida, 1992, p. 509.

Para o alcance de uma correta compreensão sobre a apreciação dos direitos fundamentais quanto à sua materialidade, impende asseverar, mais uma vez, que a certeza de sua inclusão perante o rol constante do Título II da Constituição Federal não se faz suficiente, por conta da amplitude que o próprio texto proporciona ao intérprete. Dessa forma, pode-se afirmar de maneira categórica que o sentido material dos direitos fundamentais permite uma equiparação de outros preceitos nela esculpidos ou não, fazendo com que os direitos fundamentais previstos em catálogo próprio não representem taxativamente os direitos a serem alçados como "fundamentais", por estarem de alguma forma valorizando o indivíduo. A integração e positivação dos direitos humanos na Carta Magna representam a importância que certos postulados assentados ou não em seu texto (direitos fundamentais não constantes dos elencados no art. 5º, e os decorrentes de tratados internacionais) possuam para a concretização do princípio da dignidade da pessoa humana. Mesmo com essa integração e positivação proposta, tanto a liberdade de criação quanto a manifestação científica estão plasmadas formal e materialmente na Constituição, exigindo uma maior profundidade na atividade de interpretação voltada à elaboração de pareceres de bioética.

3.4 O direito à liberdade de expressão e criação científica e a colisão de direitos fundamentais

A descrição histórica nos mostra que a evolução do conceito de bioética sofreu sensível mutação sempre visando a perfeita adequação aos mais recentes postulados e princípios que norteiam a atividade científica, não somente em nosso país mas em todo o mundo.

Como vimos, também é inegável que desde o legado deixado pelo juramento de Hipócrates, passando pelos princípios bioéticos da beneficência e não maleficência, o pesquisador médico sempre utilizou o expediente da autonomia para fomentar suas pesquisas, valorizando uma moral individual subjetiva, sob constante alegação de que a realização de sua pesquisa não poderia deixar de olvidar todos os esforços necessários à concretização daquela, uma vez que o fim último da mesma é o bem-estar do ser humano que vive de uma forma socialmente organizada.

Entretanto, o importe de verbas para pesquisas que abrangem o estudo do genoma humano, células-tronco, busca de uma cura para patologias crônicas, dentre outras, deve ser procedido de maneira uniforme com o princípio da dignidade da pessoa humana, levando-nos, assim, à formulação da ressalva de que a investigação genética demanda uma postura jurídica suficiente para lidar com possíveis problemáticas advindas de conflitos entre a possibilidade de realização de pesquisas científicas e a defesa de outros direitos fundamentais, como o direito à vida.

O ponto de equilíbrio entre o progresso científico e o avanço tecnológico passa por um entendimento de que o conhecimento dos princípios aliado às novas tecnologias vigentes não pode ser canalizado para o domínio do meio, ou dos indivíduos que compõem uma dada coletividade. Pelo contrário, os valores que entrelaçam os avanços científicos e tecnológicos somente serão bem-vindos quando preocupados com a repercussão que os atos praticados terão na esfera social, em que se diferenciem os benefícios e malefícios que a pesquisa científica pode ocasionar aos seus destinatários.

É justamente por conta do cenário ético-normativo proposto que apresentamos o conteúdo do art. 5º, inciso IX, da CF/1988, que vem consagrar a liberdade de expressão científica que, por sua vez, não poderá sofrer nenhuma forma de censura ou licença. Continuando em sua esfera regulatória, o texto constitucional fez constar no bojo do art. 23, V, a competência cumulativa da União, Estados, Distrito Federal e Municípios, de proporcionar os meios de acesso à cultura, à educação e à ciência.

Da mesma forma que acusamos essa evolução conjunta que vinculou a pesquisa científico-tecnológica, deparamo-nos também com a regulação constitucional sobre o tema em dispositivos distintos. O art. 218 da Carta Política de 1988 descreve a atribuição concernente ao Estado quanto à tarefa de incentivar o desenvolvimento científico, a pesquisa e a capacitação tecnológicas. Mesmo que o aludido dispositivo não se localize no Título II, Capítulo I, da Constituição Federal, que abarca os direitos e garantias fundamentais, não há como recusarmos o fato de que, devido à sistemática dos direitos fundamentais que simbolizam uma amplitude dos princípios nela presentes, outros direitos fundamentais mereçam apreço mesmo que não esculpidos no rol do art. 5º. Portanto, salienta-se que a liberdade de pesquisa científica, juntamente com a promoção de seu desenvolvimento, representa uma tarefa do Estado cuja eficácia normativa é entendida em sua plenitude. Celso Ribeiro Bastos e Carlos Ayres Britto destacam que as normas que dispõem sobre direitos e garantias individuais se apresentam de maneira não regulamentável sempre que o bem jurídico nela consagrado apenas exigir para o seu efetivo respeito a simples inação do próprio Poder Legislativo.[30]

A observação doutrinária dos autores aplica-se de maneira coesa aos direitos esculpidos no art. 5º e de maneira especial, no inciso IX. Situado externamente, porém ainda albergado pela Carta Magna, se projeta o amparo constitucional do art. 218, pois, mesmo instrumentalizando a eficácia plena da liberdade de expressão científica, estabelece-se a adoção de medidas por parte do Estado para sua materialização, o que se dará por meio da criação de complexo legislativo próprio ou da implementação de políticas públicas que fixem diretrizes ao direito fundamental em comento.

Por força da menção dos artigos referentes à liberdade de expressão científica, resta-nos estabelecer o embate juntamente com respeito à dignidade humana, consagrado no art. 1º, inciso III, da Carta Política de 1988 e que consagra a aspiração do ponto de equilíbrio desejado pelo intérprete constitucional.

Inicialmente, considera-se que o ponto de equilíbrio proposto pela Constituição Federal se refere não à imposição de limites ou de qualquer forma de censura da liberdade de expressão científica. A preocupação do legislador e, por que não, da coletividade consiste na elaboração de políticas administrativas e legislativas para controlar a atividade científica, sem falar da atuação do Poder Judiciário, responsável por

30. Celso Ribeiro Bastos; Carlos Ayres Britto. *Interpretação e aplicabilidade das normas constitucionais.* São Paulo: Ed. Saraiva, 1982, p. 44.

zelar pela integridade do direito que, por sua vez, reflete uma vontade social em um adequado modelo de Estado democrático.[31]

Uma ressalva plenamente cabível no presente momento versa a respeito da existência de mecanismos de controle de uma atividade desmedida de atuações científicas e tecnológicas capazes de colocar em risco os indivíduos igualmente tutelados pela Carta Magna vigente. Antecipamos que, independentemente dos remédios jurisdicionais previstos em nossa legislação que por si só tutelam, inclusive sob o prisma processual, a defesa dos direitos fundamentais, o presente capítulo atribuirá ênfase ao contexto filosófico-constitucional que se encaminha para um modelo de interpretação constitucional, consentâneo com a intenção do legislador.

Como premissa interpretativa, devemos apontar que o princípio da autonomia, cuja inserção no rol dos princípios da bioética deve ser relativizada por conta não dos métodos de experimentação aplicados, mas sim da amplitude que as mesmas possuam no cenário nacional. A relatividade desse princípio faz-se necessária quando se iniciam as pesquisas de biotecnologia em seres humanos e cuja repercussão possa se mostrar problemática no que diz respeito aos direitos fundamentais.

Por óbvio que o controle jurisdicional da atividade científica necessita de uma ampla dilação probatória, com o intuito de atestar o conflito que o exercício da liberdade de pesquisa possui em relação a outros princípios de mesma hierarquia e aplicabilidade ao direito fundamental, passíveis de apreciação pelo Poder Judiciário.

Tal assertiva fundamenta-se na íntima relação que o pesquisador deve manter com sua pesquisa com o escopo de estabelecer uma primordial privacidade da evolução tecnológica, tal como prescrevem os incisos V e X, do art. 5º, tendo em vista as consequências catastróficas que sua eventual divulgação da mesma pode ocasionar. Explicamos: imaginemos o desenvolvimento de pesquisa direcionada à busca de cura de uma determinada anomalia genética que afeta um certo número de famílias. Toda e qualquer informação divulgada que venha a extrapolar a privacidade garantida pelo texto constitucional ressoará de maneira negativa junto ao grupo que será beneficiado, pois os relacionamentos dessas famílias nos ambientes sociais e profissionais, sem dúvida alguma, serão estremecidos por conta dos costumes que permeiam a sociedade.[32]

Dessa forma, não há como negar que somente uma análise do caso concreto pode oferecer subsídios necessários para uma tentativa de solução da controvérsia. Para tanto, partimos do pressuposto de que as categorias tradicionais de interpretação tradicionalmente aplicadas não cumprem sua tarefa de justificação, uma vez que podem não representar a vontade constitucional. Postulados como hierarquia das normas, aspecto temporal e especialidade da lei passam a confrontar com princípios de ordem constitucional, cuja positivação no corpo de seu texto ocasiona um verdadeiro "choque" de normas constitucionalmente efetivadas.

31. Pietro de Jésus Lora Alarcón, op. cit., p. 272.
32. Idem, ibidem, p. 273.

No plano da bioética, direitos como a liberdade de pesquisa científica, impossibilidade de censura quanto aos atos praticados e fomento por parte do Estado para a concretização do desenvolvimento científico e tecnológico colidem com direitos singularmente relevantes, como o direito à vida e à saúde. Esse quadro de tensão que irradia seus efeitos na órbita constitucional faz com que o intérprete procure novos instrumentos para efetivação dos direitos fundamentais.

A dificuldade do debate proposto na busca de um modelo de interpretação que garanta a supremacia da Constituição, mediante o exercício interpretativo e em conformidade com seus dispositivos, recebe um ingrediente a mais consistente na atividade precípua do juiz que, *a priori*, fundamenta-se na identificação junto ao ordenamento jurídico da própria norma a ser aplicada ao caso concreto a ele dirigido, fazendo jus a um modelo tradicional de tratamento das regras jurídicas também conhecido como o fenômeno da subsunção.

Constata-se, entretanto, que nos ordenamentos constitucionais contemporâneos, são vislumbrados substratos éticos complexos, na medida em que estipulam em seu conteúdo valores e opções políticas diversificadas e, não raro, tais valores se apresentam de forma antagônica direcionando para um conflito entre normas jurídicas; neste caso alçadas à hierarquia constitucional frente à garantia de direitos fundamentais (liberdade de pesquisa científica *versus* dignidade da pessoa humana, como forma de exemplo) que as mesmas possuem em seu conteúdo.

Jane Reis Gonçalves Pereira destaca que os conflitos de direitos fundamentais são rotulados como espécies de antinomias normativas. A autora vai mais além conceituando tais antinomias como

> contradições entre normas que ocorrem quando estas atribuem consequências divergentes para uma mesma situação de fato, ou seja, quando, diante de um mesmo suposto fático, encontramos no ordenamento comandos em sentidos opostos que não podem ser efetivados ao mesmo tempo.[33]

Ao correlacionarmos os direitos fundamentais aos pressupostos jurídicos defendidos pelos mesmos, especialmente aos direitos humanos, podemos atribuir uma concretização de princípios que os aludidos direitos fundamentais plasmam na ordem jurídica constitucional. A positivação desses valores sob a forma de princípios guarda relação, em determinadas situações, com as denominadas cláusulas gerais, que correspondem a certos conceitos jurídicos que possuem uma indeterminação, uma plasticidade, que exige do intérprete uma complementação em sede de interpretação com o intuito de solucionar a antinomia normativa presente no sistema jurídico.

Mesmo com essa fundamentação teórica colacionada, remanesce o problema inerente à interpretação, pois, ao operador ainda se faz necessário a obtenção de subsídios para sanar o conflito de princípios e normas constitucionais ainda presentes.

33. Jane Reis Gonçalves Pereira. *Interpretação constitucional e direitos fundamentais:* uma contribuição ao estudo das restrições aos direitos fundamentais na perspectiva da teoria dos princípios. Rio de Janeiro: Renovar, 2006, p. 223.

Procurando explicitar de forma coerente de que maneira os conflitos normativos podem ser solucionados, Alf Ross, em sua obra *Direito e justiça*,[34] ressalta a existência de duas espécies de antinomias jurídicas: a antinomia do tipo "total-total" e a antinomia de tipo "parcial-parcial".

Tomando como base a antinomia total-total nenhuma das normas pode ser aplicada sob nenhuma circunstância sem colidir de maneira direta com outra norma, sendo os fatos condicionados de cada uma simbolizados por um círculo; ocorrendo a antinomia, ambos os círculos coincidem.[35] Por sua vez, ao se aludir à antinomia da espécie parcial-parcial, esta se configura no momento em que cada uma das normas possui um campo de aplicação que viabiliza um conflito com outra norma possuindo, contudo, um certo campo adicional de aplicação em que não são produzidos conflitos de caráter normativo. Ao se observar a sistemática dos círculos apresentada por Alf Ross, dizemos que nas antinomias representadas pela espécie parcial-parcial os dois círculos são secantes.[36]

Utilizando a evolução doutrinária trazida pelo estudo das antinomias jurídicas propostas por Alf Ross, junto ao contexto da bioética contemporânea e da colisão de direitos fundamentais proporcionada pela liberdade de expressão e pela criação científica e o consequente princípio da dignidade da pessoa humana, concluímos com uma margem de segurança que não existe incompatibilidade no exercício da liberdade de expressão científica quando confrontado com o princípio da dignidade da pessoa humana (art. 1º, III, CF/1988), desde que o exercício desses direitos fundamentais objetivem um maior desenvolvimento biotecnológico, além do melhoramento da saúde pública e individual, tal como propugna nossa Constituição Federal.[37] Qualquer desvirtuamento no tocante aos princípios debatidos, juntamente com os demais consolidados, como o já citado art. 5º e demais de nossa Carta Política de 1988, impossibilitará um convívio harmônico entre as normas constitucionais. Portanto, diante da impossibilidade da fiel aplicação do fenômeno da subsunção, a ponderação de normas constitucionais será decisiva para que, por meio da aplicação do princípio da razoabilidade, se possa alcançar a solução mais consentânea por parte do intérprete.

4. Novas perspectivas para elaboração de pareceres de bioética

O arrazoado teórico disposto não almejou fixar parâmetros de observância incondicional por parte dos pesquisadores, ainda mais no âmbito de um tema tão controvertido como a bioética.

Contudo, subsiste também o dever não apenas dos profissionais que militam na área da medicina como de todo indivíduo de zelar pelos direitos que a eles são garantidos pelo ordenamento jurídico pátrio, bem como dos direitos de seus semelhantes exigindo,

34. Alf Ross. *Direito e justiça*. São Paulo: Edipro, 2000.
35. Idem, ibidem, pp. 158, 159.
36. Idem, ibidem, p. 159.
37. Pietro de Jésus Lora Alarcón, op. cit., p. 275.

como foi anteriormente explicitado, um constante exercício de ponderação dos princípios constitucionais sustentado no princípio-base da dignidade da pessoa humana.

Os comitês de bioética espalhados ao redor do globo, na contemporaneidade, deparam-se com sensível dificuldade de elaborar critérios e valores de referência capazes de conviver em harmonia com a autonomia da pesquisa científica e do exercício profissional daqueles que dedicam a vida na busca da cura de patologias, para proporcionar uma qualidade de vida maior para a coletividade. Nesse cenário de compatibilização do exercício ético da profissão, encontramos no modelo ético personalista uma eficaz ferramenta de trabalho para os comitês de bioética, na medida em que, em consonância com as primeiras convenções e declarações de direitos do homem, reconheça a legitimidade do dever do respeito à pessoa a partir de sua concepção; exige-se, por conseguinte, uma participação maior do paciente como sujeito principal na árdua tarefa da gestão de decisões éticas que correspondam ao valor fundamental do ser humano.[38]

Note-se que os comitês de bioética se deparam com outro obstáculo a ser transposto, consistente na observância de uma intervenção do Estado na atividade de organização do sistema de saúde que, por via reflexa, também abrange a esfera individual do cidadão. É nítido que essa cirúrgica e incisiva intervenção que norteia o exercício da atividade médica, por força do controle desempenhado pela administração pública sobre os bens e serviços, retira importante parcela de liberdade e discricionariedade que marcam a relação entre médico e paciente, especialmente no consentimento do último no que se refere a decisões que envolvam a sua saúde e, principalmente, a própria vida.

Toda essa problemática apresentada exige a fixação de balizas capazes de delinear a atividade dos comitês de bioética de forma que não venham a infringir a esfera íntima dos indivíduos e sua capacidade de consentimento, e tampouco firam a liberdade do exercício da medicina que desde o juramento de Hipócrates se deparou com os primeiros contornos na defesa dessa importante garantia ao profissional.

Um passo importante para o alcance do desiderato último de harmonização de princípios e regras da bioética e dignidade da pessoa humana consiste na elaboração de dados científicos que devam ser reunidos e analisados sob a óptica do ordenamento jurídico do Estado e do particular. A aceitabilidade de tais normas, tanto pelo médico como por seu paciente, se justifica pelo aspecto preliminar dos citados comitês de criarem no espectro de suas atividades verdadeiras obrigações de cunho moral que sirvam como inspiração ética para a solução dos problemas da saúde sem deixar de valorizar a consciência dos profissionais (valor subjetivo).[39]

Juntamente com a ética da pessoa, capaz de congregar os direitos do homem na perspectiva do médico-paciente, consolida-se também, na ética contemporânea, uma proposta moral religiosa, em que a defesa integral da pessoa humana sob os mais diferentes enfoques abrange o desenvolvimento de uma moral típica com traços eminentemente humanísticos.

38. Elio Sgreccia, op. cit., p. 410.
39. Idem, ibidem, p. 414.

Apenas a título de ilustração imaginemos um estabelecimento hospitalar religioso, em que as diretrizes éticas propostas caminhem para um entendimento segundo o qual as doutrinas da Igreja católica hão de ser observadas como direcionamento último da ética médica, não havendo que se falar, em um primeiro momento, de qualquer ilegalidade frente a uma defesa constitucional dessa prerrogativa que, por sua vez, recebe o nome de liberdade religiosa.

As tarefas dos comitês de bioética vão muito além de uma simples concretização de primados éticos concernentes à pessoa ou ao respeito às liberdades, inclusive a religiosa. A sistemática atual exige uma finalidade na maioria das vezes educativa do próprio comitê providenciando debates públicos sobre temas que simbolizam assuntos controvertidos na esfera da bioética. A realização dessas conferências, cuja abrangência envolve profissionais da área médica, pacientes, leigos e autoridades governamentais, dentre outros, reflete uma política preventiva que tais órgãos adotam para que as pesquisas médicas surgidas diariamente, além da prática da medicina, caminhem de maneira uniforme com os princípios da dignidade da pessoa humana.

5. Considerações finais

Em momento algum a intenção do presente capítulo foi esmiuçar o assunto "bioética", tampouco pacificar os conflitos que emanam desta, quando associamos suas características e demais inquietações no bojo de uma nova visão da sociedade. Pelo contrário, nosso escopo principal foi demonstrar de maneira clara e objetiva de que modo a bioética repercute perante um corpo de normas que dispõem em seu conteúdo os elementos constitutivos do Estado, sua estrutura, seu sistema de governo, sua divisão de poderes e, de maneira fundamental, sua sistematização de deveres e garantias fundamentais, tão importantes para efetivação e positivação dos chamados direitos humanos.

Essa intrincada relação entre a pujança bioética e a respeitabilidade das leis civis, apresentadas sob uma óptica protetiva proporcionada pelo texto constitucional objetiva, sobretudo, uma pacificação social dos conflitos bioéticos, de maneira especial, a liberdade de expressão e criação científica, bem como o princípio da dignidade da pessoa humana aqui correspondendo à defesa de outros princípios correlatos, como o da vida e da saúde. Outro desafio proposto neste capítulo consistiu na apresentação de *standards* universais que marcaram o estudo da bioética como disciplina oriunda da ética aplicada à ciência, neste caso, à ciência médica e sua consequente adequação à realidade da bioética brasileira que, por sua vez, teve avanços significativos recentemente.

Como marca registrada do modelo da bioética brasileira temos a importação de teorias e práticas de países considerados como referência no assunto, como os Estados Unidos. Tais práticas ingressaram em nosso país por meio de um vasto número de profissionais da medicina que desenvolveram seus estudos no exterior, aqui retornando com um magnífico cabedal de informações e técnicas que harmonizam, em sua maioria, com as técnicas empregadas pela mesma classe de profissionais que as introduziram.

Mas apesar desse avanço técnico constatado na bioética brasileira, remanescem ainda candentes debates versando acerca do apreço da ética aplicada à atividade prática de exploração científica, sobretudo na fixação de preceitos argumentativos sólidos adequando os pressupostos morais que capitaneiam a matéria, especialmente os princípios universais da bioética, como a autonomia, beneficência, não maleficência e justiça. Novamente pontuamos a importância da difusão de debates profícuos sobre a disciplina, que, necessariamente devem passar por uma análise empírica da experiência bioética brasileira.

Em nosso país, a bioética iniciou sua estruturação somente nos anos 1990; em 1993 o periódico *Bioética* foi editado pelo Conselho Federal de Medicina. Concomitantemente a esse fato, outras iniciativas merecem destaque, como a criação da Sociedade Brasileira de Bioética, que funcionou como instrumento difusor da disciplina ao redor do país. Sob o aspecto legislativo, a Resolução nº 196/96 passou a regulamentar o trabalho dos Comitês de Ética em Pesquisa, cuja função precípua é acompanhar todos os trabalhos de pesquisa que tenham como foco principal seres humanos.[40]

Com efeito, mesmo com essa luta para estabelecer regras positivadas para o direcionamento do agir ético na elaboração e condução de pesquisas, é inserido também o exercício da medicina. Acreditamos, assim, que a solidez da bioética brasileira será obtida com o trabalho conjunto – e de forma diferenciada – dos comitês da área médica espalhados pelo país: os que concentram seu trabalho em hospitais, sem deixar de frisar aqueles criados pelos Conselhos Regionais de Medicina dos Estados da Federação.

Nesses comitês deverá ser criada uma consciência comum que proporcione um entendimento de que aludidos comitês não pode servir como escusa para a conscientização de alguém, especialmente do médico e do pesquisador, diante do fato de avocar para si o dever de apoio em relação aos profissionais que desejam decidir de maneira motivada e consentânea com a realidade jurídica atual o deslinde de seus trabalhos. A prerrogativa fundamental ínsita com órgãos consultivos da área médica é proceder como órgão consultivo e não voltado à decisão de conflitos éticos a ele direcionados. Sua tarefa consiste, sob o ponto de vista apresentado, em oferecer e facilitar a ética das decisões, sem jamais substituir a autonomia da vontade estabelecida na relação médico-paciente. Os pareceres emanados pelos comitês de bioética não devem seguir uma vertente coercitiva, na medida em que a responsabilidade pelas decisões adotadas se concentra no profissional que acabou solicitando os préstimos do órgão consultivo competente para tratar de assuntos que envolvam a bioética.

Cabe mais uma vez lembrar que, mesmo não possuindo uma atribuição decisória nos casos em que atuam, os comitês de bioética não podem deixar de zelar pelos postulados jurídicos que transcendem não somente a relação médico-paciente, ou uma pesquisa médica desenvolvida, mas, transpondo seu interesse à coletividade, razão pela qual qualquer desvio ético que venha a conflitar com outros direitos atrelados ao ser humano deve ser imediatamente suscitado sob pena de as autoridades médicas

40. Débora Diniz; Dirce Guilhem, op. cit., p. 45.

que compõem o referido órgão endossarem práticas que, no mais das vezes, não se resumem apenas em um desvio ético, resultando inclusive na prática de delitos previstos na legislação penal.

Destarte, por mais que o conceito de bioética tenha sofrido uma sensível mutação ao longo da história, certos preceitos de caráter universal ainda permanecem vigentes, dentre eles o dever de pacificação do conflito moral surgido do valor subjetivo que acompanha a vontade individual, e o valor objetivo concretamente apresentado nas pesquisas médicas empreendidas pelos profissionais da medicina. É nesse sentido que os comitês de bioética desempenham um importante papel na formulação de pareceres que congregam uma ampla reflexão dos mais distintos pontos de interesse colocados em questão, como as antinomias normativas presentes no texto constitucional, para que ao final possam elaborar trabalhos coesos que operem de acordo com o espírito inicial que levou à sua instituição e, acima de tudo, o princípio da dignidade da pessoa humana como premissa de uma orientação eticamente reconhecida.

6. Referências bibliográficas

ARAUJO, Luiz Alberto David; NUNES JÚNIOR, Vidal Serrano. *Curso de direito constitucional.* 9. ed. São Paulo: Ed. Saraiva, 2006.

BASTOS, Celso Ribeiro; BRITTO, Carlos Ayres. *Interpretação e aplicabilidade das normas constitucionais.* São Paulo: Ed. Saraiva, 1982.

BEAUCHAMP, Tom L.; CHILDRESS, James F. *Principles of Biomedical Ethics.* Nova York: Oxford University Press, 1979.

BEECHER, Henry. *Ethics and clinical research.* The New England Journal of Medicine, v. 274, n. 24, jun., 16, 1996.

CANOTILHO, José Joaquim Gomes. *Direito Constitucional.* 5. ed. Coimbra: Livraria Almeida, 1992.

DINIZ, Débora; GUILHEM, Dirce. *O que é bioética.* São Paulo: Brasiliense, 2005.

DÜRIG, Günter. *Der Grundsatz der Menschenwürde.* Entwurf eines praktikablen Wertsystems der Grundrechte aus Art. 1Abs. I in Verbindung mit Art 19 Als. II des Grudgesestzes in: AÖR nº 81, 1956, *apud* Ingo Wolfgang Sarlet.

FERREIRA, Aurélio Buarque de Holanda. *Minidicionário da língua portuguesa.* 3. ed. Rio de Janeiro: Nova Fronteira, 1993.

GRACIA, D. *Fundamentos de bioética.* Madrid: Eudema Universidad, 1989.

JONSEN, Albert R. *The birth of bioethics. Hastings Cenyer Reports,* v. 23, n. 6, nov./dec., 1993. Special Supplement.

LORA ALARCÓN, Pietro de Jesús. *Patrimônio genético humano e sua proteção na Constituição Federal de 1988.* São Paulo: Editora Método, 2004.

PASCAL, Georges. *Compreender Kant.* Trad. Raimundo Vier. 3. ed. Petrópolis: Vozes, 2007.

PEREIRA, Jane Reis Gonçalves. *Interpretação constitucional e direitos fundamentais:* uma contribuição ao estudo das restrições aos direitos fundamentais na perspectiva da teoria dos princípios. Rio de Janeiro: Renovar, 2006.

PEREZ, LUÑO. Antonio Henrique. *Los derechos fundamentales.* 6. ed. Madrid. Ed. Tecnos, 1995.

POTTER, Van Rensselaer. *Bioethics:* Bridge to the Future. Nova Jersey: Prentice-Hall, 1971.

ROSS, Alf. *Direito e justiça.* São Paulo: Edipro, 2000.

ROTHMAN, David J. *Commissioning ethics.* In: *Strangers at the Bedside:* a history of how law and bioethics transformed medical decision making. United States: Basic books, 1991.

SARLET, Ingo Wolfgang. *A eficácia dos direitos fundamentais.* Porto Alegre: Livraria do Advogado Editora, 2007.

SCRECCIA, Elio. *Manual de bioética:* fundamentos e ética biomédica. Trad. Orlando Soares Moreira. São Paulo: Edições Loyola, 1996.

SILVA, José Afonso da. *Curso de direito constitucional positivo.* 25. ed. rev. atual. São Paulo: Malheiros Editores, 2006.

Capítulo 15

Bioética: Entre a biopolítica e o biodireito

Gisele Mascarelli Salgado*

Introdução

Os problemas geralmente discutidos no que se entende por bioética decorrem de uma nova apreciação e entendimento do corpo humano e de outras formas de vida. A técnica teve um papel fundamental em revelar o que não era conhecido, tornando relevante até os mínimos detalhes da vida e levando a uma nova consciência do que é o corpo, vida, morte, reprodução, e como o homem pode interferir nesses processos. Os novos avanços da tecnologia levam a questões que até então o homem não tinha que enfrentar. Essas questões são polêmicas e ainda não há consenso sobre quais rumos tomar.

O biodireito, como esfera de regulação do comportamento humano em relação às questões da vida, tenta regular essas novas atividades surgidas com a tecnologia e proteger alguns direitos tidos como fundamentais, como a vida. Há uma grande dificuldade dos juristas em regulamentar essas novas atividades, pois elas alteram a própria concepção de vida existente. Com isso, surge a necessidade da discussão de termos que eram tidos como ponto pacífico.

* Pós-doutoranda em História do Direito pela Faculdade de Direito da USP, pesquisadora bolsista da Fapesp, Doutora e mestre em Filosofia do Direito pela PUC-SP.

A bioética surge como um campo de estudos e de discussões sobre essas novas questões que foram colocadas pelos avanços científicos. Entre os próprios estudiosos existe uma dificuldade de se definir o que vem a ser bioética, que parece ser um termo que comporta diversos significados. Porém, o que não se pode negar é que a bioética tem como preocupação essencial a discussão e busca de uma ética que tem aplicação nas questões da vida. Para alguns trata-se de uma ética aplicada. O que se discute neste capítulo é se esse termo não é inadequado quando se refere às questões de Direito, em que não se confundem as normas jurídicas das normas éticas, em que há uma diferença entre a regulação dos comportamentos e a exigência das sanções. Este capítulo busca mostrar que as questões de fundo discutidas na bioética podem nunca vir a ser resolvidas e regulamentadas, se a esfera de discussão for da ética e não da política. Surge a necessidade de uma biopolítica, que levaria à esfera pública as questões controversas existentes sobre as novas concepções de vida. Uma vez definidos os rumos políticos sobre as questões da vida, ficaria um pouco mais claro definir os limites de proteção e a regulação das novas condutas, o que seria feito pelo biodireito.

Ao abordarmos o tema da bioética, partindo-se de uma abordagem da filosofia do direito e da filosofia, buscaremos discutir os termos, os conceitos e as consequências de uma bioética e de uma biopolítica para o âmbito do biodireito. Trata-se de uma abordagem conceitual sobre o tema da bioética,[1] que não pretende ser exaustiva, mas apenas lançar algumas luzes sobre complicadas discussões.

1. Bioética, biociências e a questão da técnica

As ciências da vida tiveram um amplo desenvolvimento no último século, graças aos avanços tecnológicos nas pesquisas e nos equipamentos. Médicos e profissionais da saúde, cientistas das mais variadas áreas e estudiosos da vida puderam conhecer os meandros da vida em detalhes. Questões que não eram colocadas começam a se tornar fundamentais e a gerar debates sobre os limites da ciência.

A discussão ética surge em áreas em que predominava uma abordagem científica quase sem limitações. A ética, que era até então considerada como limitação das ações humanas em um sentido restritivo negativo, começa a ser utilizada em um sentido positivo para limitar as condutas humanas frente às possibilidades da ciência em relação à vida. A bioética surge quando há uma diminuição do uso das éticas religiosas e filosóficas para pautar os comportamentos humanos. A sociedade pós-moderna longe dos freios e amarras da religião queima seus deuses antigos, para eleger outro deus: a ciência.

A ciência passa a ser o novo deus, que como os deuses antigos, também foi criado e adorado pelos homens, levando a infindas discussões e sangrentas guerras. Como novo deus, a ciência passa a possuir características que eram atribuídas aos antigos deuses, a onipotência, onipresença, onisciência. As práticas dessa ciência pós-moderna ganham

1. Há diversos estudos e livros que buscam uma análise especializada de cada tema da bioética. Elio Sgreccia apresenta, em seu livro *Manual de bioética*, um estudo de cada uma dessas discussões especializadas, discussões de casos práticos, que uma abordagem conceitual do tema bioética não permite.

ares de técnica desvinculada de um fazer humano, apesar de o ser, em um processo de alienação constante. Como as religiões, a ciência passa a negar o que há nela de criação e invenção humana e torna muito particular e pessoal algo que é coletivo e público.

A técnica e a ciência conseguem manipular alguns aspectos para chegar à construção e à transformação da vida. A possibilidade de manipulação do genoma, de células-tronco, de células reprodutoras, muda o que se entendia como vida, pois agora o homem pode interferir no que antes era desconhecido, tido como elementos e processos naturais. O homem pela técnica e pela ciência se apropria do natural, diminuindo, portanto, o domínio da natureza, em busca da racionalização do todo. A biotecnologia dá poderes mágicos ao homem de controlar a natureza, como nunca antes, do ponto de vista interno dos corpos.

As discussões sobre bioética não se preocupam com questões relativas ao poder externo exercido sobre o corpo como organismo vivo completo, mas sim sobre o poder exercido pelos homens no âmbito interno desse corpo e de forma segmentada. Como toda técnica, a biotecnologia se especializa e, apesar de seus avanços impressionantes, não consegue conhecer, transformar e criar a vida em todos os seus aspectos. Tudo é fragmentado e muitas vezes tende a levar o conhecimento e as descobertas da parte para o todo, do simples para o complexo, dando a impressão do domínio da vida. O homem pode conhecer como funciona um órgão, um tecido, como estão estruturadas as células e modificá-las de uma certa maneira, porém, ainda não cria a vida *ex nihiol*. A vida não pode ser explicada do fragmento, nem de seu conjunto. O fragmento não pode expressar o homem, assim como um conjunto de células não define o humano do homem. A tecnologia, como já tinha apontado Weber, cria um mundo desencantado, sem sentido, sem destino.

A tecnologia torna as questões que até pouco tempo eram consideradas transcendentais, filosóficas e religiosas, como questões de técnica. Isso leva a um grande impacto nas concepções do homem sobre as questões relativas à vida. Representa-se a vida humana por aspirais entrelaçadas, símbolo dos cromossomos, mas não se pode perder a dimensão que o que vemos não é vida. A tecnologia se apropriou do discurso sobre o ser vivente, como um discurso sobre a *res*.

Muitos discursos sobre a bioética sofrem do mesmo mal das ciências biológicas, tentando pensar e resolver problemas relativos à vida sob o prisma da tecnologia. É a técnica que dita quando há vida, quando há morte, quando há saúde ou doença. Porém, nenhum desses conceitos são produzidos ou verificáveis em laboratório e não deveriam ser fabricados por uma ciência, pois são eminentemente sociais. Esses conceitos também são históricos e nesse sentido sofrem mudança pelas revoluções científicas, que a cada minuto ditam novos paradigmas científicos. Isso somente ressalta que as questões engendradas pela biotecnologia não podem ser resolvidas por uma normatização, mas sim por uma discussão no espaço público sobre as ações humanas frente à tecnologia. As questões tratadas hoje pelo campo da bioética são na verdade questões de política sobre a vida no seu microcosmo, levando as observações de Foucault sobre a domesticação do corpo humano para o nível das células.

2. Relações entre Direito e Ética

A bioética se coloca como uma ética e dessa esfera emite suas considerações. Isso quer dizer que a bioética não pode ser confundida com o Direito ou com a política, pois é uma ética, e como tal ela não pode exigir uma regulamentação que seja cuidada pelo Estado e que esteja na esfera do lícito ou do ilícito, pois essa é a esfera do Direito.

As teorias tradicionais do Direito costumam diferenciar as normas jurídicas, das normas morais e das normas sociais através da sanção. Segundo essa posição as normas jurídicas são aquelas que possuem sanção exterior e garantida pelo Estado, as normas morais somente possuem sanção interior e as normas sociais possuem sanção exterior, mas não pode ser exigida pelo Estado. Kelsen entende que as normas jurídicas são aquelas ditadas por um poder competente, colocando em realce não o conteúdo da norma, mas sim a forma.[2] Bobbio, por outro lado, entende que as normas jurídicas são diferentes das outras normas, porque são normas com eficácia reforçada. É nesse sentido que afirma:

> ... poderemos dizer que o caráter das normas jurídicas está no fato de serem normas, em confronto com as morais e sociais, com eficácia reforçada. Tanto é verdade, que as normas consideradas jurídicas por excelência são as estatais, que se distinguem de todas as outras normas reguladoras da nossa vida porque têm o máximo de eficácia.[3]

Essas diversas esferas normatizadoras da sociedade atuam em conjunto, mesmo apresentando aspectos diferentes. Isso porque a sociedade não é somente normatizada pela esfera do Direito, da moral ou das normas sociais. É o conjunto dessas normas que faz com que os comportamentos sociais sejam mais previsíveis, evitando-se os comportamentos indesejados e estabelecendo-se uma manutenção da ordem preexistente.

Muitas vezes essas normas se fundem e não raro é possível encontrar preceitos morais nas normas jurídicas. Porém, se é possível falar em um ordenamento jurídico – porque se entende que, de acordo com a teoria jurídica dominante, o Direito é predominantemente o Direito estatal –, o mesmo não é possível com as normas morais. Bauman aponta para a existência de uma ambiguidade moral nas sociedades modernas, que tem reflexo em uma crise ética.[4]

As regras apresentadas pela bioética são aplicadas a um conjunto de profissionais e têm uma certa coersão, uma vez que exigem dos profissionais que lidam com questões polêmicas que envolvem a bioética, que seja observado um código normativo comum.

2. Hans Kelsen. *Teoria pura do direito*. Trad. João Baptista Machado. São Paulo: Ed. Martins Fontes, 1994.
3. Norberto. *Teoria da norma jurídica*, 2. ed. Bauru: Edipro, 2002, p. 161.
4. Zigmunt Bauman. *Ética pós-moderna*. Trad. João Rezende Costa. São Paulo: Paulus, 1997, p. 29.

3. Biodireito: o papel do direito na regulação de novos comportamentos humanos

As novas questões suscitadas por um desenvolvimento técnico-científico e discutidas no âmbito da bioética foram desembocar na esfera normativa do direito, que tem como um de seus fins o controle do comportamento humano. O Direito começa paulatinamente a regular essas questões, tanto no âmbito internacional como no âmbito nacional. Porém, o biodireito sofre ao tentar conciliar o método de positivação legal, que é altamente conservador da ordem presente, com o objeto e técnicas dessa biociência, que é altamente mutante no tempo. Desse descompasso surge um sentimento de ineficiência desse biodireito, pois dificilmente alcança seu objeto de regulamentação.

A bioética concorre com o Direito para estabelecer uma regulação do comportamento humano, porém, se não há muitas diferenças no conteúdo, estas ocorrem no que diz respeito à normatização e à possibilidade de cobrança do conteúdo. Há também uma diferença entre os códigos utilizados pelo Direito e pela ética, sendo que o Direito positivado lida com o lícito e o ilícito das condutas humanas. A bioética utiliza-se dos códigos do justo/injusto, bem/mal. Porém, como lida com temas não estabilizados e coloca a técnica mascarando uma conduta humana, levanta-se a questão de quem é que fornece o padrão para essa classificação. Entender uma conduta como boa, má ou mesmo indiferente socialmente, somente é possível quando valora-se e conceitua-se o objeto dessa conduta.

Assim, jogar fora um vidro contendo óvulos fertilizados pode ser uma conduta indiferente para grande parte das pessoas, se os óvulos em questão forem de galinhas, pode ser a atitude de um "médico-monstro" para alguns, se estes entenderem que óvulos fertilizados devem ser protegidos, pois isso é considerado vida, e assim por diante. O comportamento humano é o mesmo frente às técnicas da ciência, porém, não se atribui o mesmo peso quando se trata de vida humana e não humana.

Grande parte das discussões da bioética são discussões sobre os limites das técnicas relativas à vida humana. Não é propriamente a técnica que é discutida mas, sim, o emprego dessas técnicas frente ao ser humano. As discussões somente se tornam polêmicas por causa da definição de vida humana que é dada. Uma concepção de vida que entende que o coração é o órgão que mantém o corpo funcionando e sem funcionamento deste não há vida, é diferente de uma concepção que entende que a vida humana está na junção de células reprodutoras e que a morte humana ocorre quando o cérebro não tem mais condições mínimas de funcionar. A concepção de vida humana como junção de células é diferente de uma concepção filosófica que entende que o homem é definido pela consciência de si. O que se quer ressaltar aqui é o cuidado especial das discussões da bioética com a vida humana, e nas diferentes concepções que esta pode vir a ter, dependendo de como vida e ser humano são entendidos.

Surgem diversas instituições e grupos de discussão entre os cientistas e profissionais que lidam com a vida, em especial a vida humana, para regulamentar as condutas e estabilizar os conceitos. Esses grupos emitem pareceres, oferecem cursos e seminários, produzem publicações, consolidando ainda mais os conceitos ligados à vida de uma maneira técnica. Essas regulamentações não estão na esfera do Direito, porém acabam influenciando de certa maneira o legislador que, por não ter conhecimento dos termos e da técnica, sente dificuldade de regular a matéria no âmbito do Direito. O legislador no âmbito do biodireito não pode redigir para leigos, como acontece em muitas leis, pois necessita dos conceitos técnicos que foram emitidos pelos especialistas. Assim, a normatização das normas relativas à tecnologia e à ciência no âmbito da vida feita pela bioética e pelo biodireito são muito semelhantes.

O legislador, ao utilizar os conceitos estabilizados na esfera dos cientistas, pesquisadores e os muitos profissionais que lidam com a vida, não insere as discussões no âmbito da política, que é a esfera de discussão pública. Os conceitos são estabilizados por especialistas que estão ligados a um paradigma de ciência dominante, inserindo uma uniformização no sistema normativo da bioética e do biodireito e travando a diversidade e o debate democrático. Isso não quer dizer que não haja divergência quanto aos conceitos, mas esta é diminuída e desconsiderada, quando se busca um paradigma de ciência dominante.

A ligação entre as discussões na esfera da bioética e na esfera do biodireito precisa passar por uma mediação da esfera da biopolítica. Com isso, se evitaria um dos grandes problemas do biodireito na atualidade, que é a presença de conceitos sobre a vida, definidos por cientistas e pesquisadores representantes de um padrão científico dominante, que não passam por uma esfera pública mais democrática. Isso não quer dizer que procedimentos específicos que necessitam de uma técnica refinada não sejam estabelecidos por técnicos e cientistas. O que se discute é a racionalização de conceitos fundamentais no âmbito da biociência que pautam esses procedimentos, condutas e pesquisas. A definição do que é vida, quando começa, quando termina, quais os limites para assegurá-la, por exemplo, não são discussões científicas mas, sim, políticas. Essas discussões devem ter caráter democrático e o Direito deve poder assegurá-las como processo e inseri-las na legislação.

O Direito, a partir do século 19, buscou enfatizar sua posição como ciência, afirmando a necessidade de um distanciamento da política. Os séculos 20 e 21 vêm afirmar a relação dessas duas esferas do conhecimento e a sua interdependência. Metodologicamente até é possível isolar uma das áreas para estudo, porém, isso se torna inviável quando a tarefa é aplicar o direito, pois este se encontra entrelaçado com outras áreas do saber que são interdependentes umas das outras. O direito como técnica, e só como técnica, não gera bons frutos. Reforçar a influência das discussões políticas no Direito de modo algum o diminui como esfera do saber, mas ressalta a necessidade de um processo democrático para a formação das legislações que têm influência na vida cotidiana de cada pessoa e de seu entorno. Somente assim o Direito pode readquirir sua força, porque é consciente de sua importância e de seu papel. Somente assim pode haver um envolvimento efetivo da sociedade nas discussões que dirigem o destino dos homens.

4. Problemas da bioética

A bioética desponta como preocupação na década de 1970 exatamente quando, pesquisadores no âmbito das ciências da vida chegavam a um desenvolvimento técnico que tornava possível pesquisas mais desenvolvidas e a aplicação de novas técnicas. Entende-se que estas são fundamentais para o desenvolvimento de uma discussão bioética. Não teria sentido discutir antes sobre a vida humana fora do útero em uma reprodução *in vitro*, se a técnica existente até então não chegava a esse ponto. Não se discutia a questão da vida do feto anencéfalo, pois não se conseguia detectar a anencefalia antes do nascimento. Não se discutia a possibilidade de manipulação genética, as implicações da transformação de sexo, de transplante de órgãos vitais, dos danos ecológicos em alta escala causados pelo homem, exatamente porque essas não eram possibilidades concretas e aplicáveis sistematicamente até o século 20.

O que se quer salientar ao apontar o papel da técnica como ponto de partida para as discussões da bioética é o comportamento humano por trás dela. A bioética tenta regrar exatamente o comportamento humano, discutindo os limites da pesquisa, o que é um comportamento humano adequado frente a essas questões que antes estavam fora das possibilidades de escolha do homem. Trata-se de novas possibilidades de escolha que antes não existiam e que por isso não precisavam ser discutidas. Por isso mesmo são questões polêmicas, pois não se sabe ao certo ainda como proceder diante des novos casos.

Há muitos críticos da bioética que colocam em discussão o próprio termo utilizado, tendo em vista os seus objetivos: o estabelecimento de uma esfera de regulação sobre as novas questões que tratam sobre a vida. Outros críticos preferem fazer uma diferenciação entre as questões da bioética e as questões sobre ética, em especial porque a bioética é considerada uma ética aplicada. As questões levantadas pela primeira não são as mesmas, nem têm as mesmas preocupações da ética que preocupava filósofos como Kant e Espinosa. A preocupação com uma bioética parece fazer parte de uma preocupação da sociedade atual com tudo o que seja ético ou tenha ética. Os profissionais das diversas áreas precisam de uma ética especial, as pessoas precisam ter atitudes éticas etc. Sabe-se que quando tudo é ética ou ético há pouco no conteúdo desse conceito.

A bioética que de discute hoje não pode ser confundida com a que um médico na Grécia arcaica deveria seguir frente à doença de seu paciente. Apesar de lidar com vida e com a aplicação de técnicas que interferiam na vida, o médico, o cientista e o pesquisador da vida, em tempos remotos, não tinham tanto controle sobre a manipulação de seus instrumentos para interferir significativamente nas questões relativas à vida (humana ou não).

5. Biopoder

Biopoder é um termo que se atribui a Foucault quando tratou do poder exercido pelo Estado sobre o conjunto dos homens. Esse filósofo tem uma percepção de poder diferente de outros autores, ao entendê-lo não como coisa mas como relação. Há pelo menos três formas de poder para Foucault: poder soberano, poder disciplinar e o biopoder.

O disciplinar é o poder exercido não apenas na mente, mas no corpo dos homens. Há uma busca de disciplinar a vida, há um poder sobre o corpo e este se torna um corpo social. Esta vida não é mais entendida como algo da natureza, isso porque o homem também colonizou a natureza com seus valores. A vida humana passa a ser regrada não apenas no aspecto macrossocial, mas também no microssocial, nos pequenos detalhes, na esfera das células.

Foucault fala de um controle externo dos corpos, especialmente do corpo humano. Controle do corpo que é feito dos homens pelos homens, por diversas instituições: prisões, escolas, hospitais, manicômios. Esse controle do corpo também leva a um controle da mente e a uma normatização do microcosmo, em uma tentativa do homem de tudo saber e poder. O corpo humano se transforma em uma possibilidade de conhecimento e ter esse domínio leva a um poder. Como afirma Foucault:

> O domínio, a consciência de seu próprio corpo só puderam ser adquiridos pelo efeito do investimento do corpo pelo poder: a ginástica, os exercícios, o desenvolvimento muscular, a nudez, a exaltação do belo corpo... tudo isto conduz ao desejo de seu próprio corpo através de um trabalho insistente, obstinado, meticuloso, que o poder exerceu sobre o corpo das crianças, dos soldados, sobre o corpo sadio. Mas, a partir do momento em que o poder produziu este efeito, como consequência direta de suas conquistas, emerge inevitavelmente a reivindicação de seu próprio corpo contra o poder, a saúde contra a economia, o prazer contra as normas morais da sexualidade, do casamento, do pudor. E, assim, o que tornava forte o poder passa a ser aquilo por que ele é atacado... O poder penetrou no corpo, encontra-se exposto no próprio corpo.[5]

Foucault evidencia que a ética não foi o único padrão para as pesquisas, nem para os médicos, hospitais ou prisões, pois o que importava fundamentalmente era o controle social, evitar os desvios. O autor não chega a tratar da ética como forma de regulação social, pois aposta no poder para essa tarefa. Poder que está ligado a uma política e está expresso em um direito. Não é o direito que regula a sociedade, pois este apenas apresenta o que foi decidido por uma posição política, que está ligada a um saber.

Há uma alteração no modo de percepção do poder soberano para o poder disciplinar e para o biopoder. O poder soberano tem como características: se preocupar com o indivíduo-sociedade, buscando a apropriação e expiação de bens e riquezas, exercendo uma tributação, calcado no Estado e no Direito, exercido com continuidade e buscando a visibilidade do soberano e invisibilidade do súdito. O poder como disciplina altera algumas dessas características, tornando-se portanto um poder preocupado com o indivíduo como um corpo, que exercia seu poder sob a anatomia política do corpo humano, através da vigilância exigia disciplina, calcado nas instituições sociais, exercido com descontinuidade e buscando a invisibilidade da disciplina e visibilidade dos sujeitos.[6]

5. Michel Foucault. *Microfísica do poder*. Trad. Roberto Machado. 22. ed. Rio de Janeiro: Graal, 2006, p. 82.
6. Thamy Pogrebinschi. Foucault, para além do poder disciplinar e do biopoder, *Revista Lua Nova*, n. 63, 2004, p. 195.

A sociedade pós-moderna nutre frente ao corpo, seja ele social ou considerado de forma individual, uma relação de amor e ódio. Entender essa relação é, de certa forma, entender por que os debates sobre biociência, bioética, biodireito são tão intensos e devem ser levados para a esfera pública. Grande parte das discussões sobre a bioética recai atualmente sobre o corpo humano, que não raras vezes é entendido como máquina e não organismo. Máquina que quebra e precisa ser consertada, máquina que pode ser aprimorada na fabricação, máquina que pode fabricar outras máquinas, máquina que não tem mais serventia. O corpo é considerado como uma máquina, assim como o homem é máquina dentro da sociedade, trabalhando e consumindo. Sumiu do debate a questão da alma do homem, da *anima*, aquilo que coloca o corpo em movimento.

O corpo é ligado ao sujeito que se constrói a partir dele, modificando-o, transformando-o. O corpo é entendido como suporte de uma identidade e acaba-se nela, assim como uma ideia encontra um suporte em uma obra de artes plásticas. O próprio indivíduo modifica seu corpo, tornando-o não mais um produto da natureza, nem um produto cultural, mas individual. O corpo se torna um artefato tecnológico que, pelo exterior, afirma a existência de um eu. Homens modificam seus corpos e essa postura leva a outra, que permite que homens modifiquem corpos de outros homens. Nesse processo o homem passa a ser considerado como corpo, o que é vivo no homem é o corpo. Porém, dificilmente se coloca que o homem é mais que corpo, a não ser em discussões em que se retomam valores religiosos e filosóficos.

Surge com isso um poder de modificação sobre o corpo, que é primeiramente considerado sem limites. O corpo é cortado, segmentado, analisado, virado no avesso. A tecnologia e a ciência conseguem uma esfera de poder nunca antes pensada, o controle do corpo humano em muitos de seus aspectos. A essas pessoas a quem estão disponíveis essas possibilidades de mudar, alterar, construir o vivo no humano é atribuído um poder quase divino. Não é sem razão que esse poder é tido por alguns cientistas como religioso. Como aponta Le Breton em seu livro atordoante *Adeus ao corpo*,[7] o problema não está na técnica ou na ciência, mas sim no discurso e práticas de teor religioso que a biociência moderna gerou, proporcionando ao pesquisador/médico a possibilidade de se considerar Deus.[8] A biociência torna-se assim uma nova esfera em que o religioso encontra-se dissolvido e remodelado. Quando homens se atribuem poderes divinos, imediatamente surgem outros homens limitando seus poderes, para que não virem eles próprios deuses. A limitação à biociência moderna não deve ser encarada como uma limitação para evitar atitudes ruins mas, sim, limitações para controlar um poder.

Foucault chama essa esfera do poder que recai sobre toda uma população de biopoder. Esse novo poder apresenta em seu bojo partes significativas de sua estrutura base que é o poder disciplinar. Porém, em uma estrutura maior este pode gerir não só os corpos, mas a vida das pessoas em uma escala não individual, de massas, e com isso precisa de mecanismos reguladores muito eficazes. Esse poder não é só exercido pelo

7. David Le Breton. *Adeus ao corpo*. Campinas: Papirus, 2003.
8. Idem, ibidem, p. 26.

Estado, mas também por outras esferas como, por exemplo, órgãos que controlam taxas de natalidade e mortalidade da população. Eminentemente é um poder que necessita de uma regulação, por isso não é estranho ter caráter normativo e necessitar do Direito.

As questões engendradas pela biociência e biotecnologia são fundamentais, porque suas consequências têm possibilidade de incidir sobre toda população. Este é um tipo de poder, que se enquadra perfeitamente à definição de biopoder foucaultiana. Por isso, é um poder que precisa necessariamente do Direito para efetivar suas normas, mesmo quando quem dita os conceitos são as ciências biológicas e exatas.

6. Em busca de uma biopolítica

Entende-se por biopolítica uma política ligada às questões da vida. Essa política deve estabelecer valores e normas para lidar com as novas questões trazidas por avanços nas ciências da vida. Isso porque entende-se que a ética não é o campo ideal para tratar dessas novas questões simplesmente porque ela não pode ser utilizada para pautar casos únicos, além de não obrigar como o Direito. A ética tem imperativos universais que não servem para a resolução dos casos discutidos na bioética, que ficam sem solução, a não ser que se estabeleça um critério político. É nesse sentido a pergunta de Cornelius Castoriadis: "Será que precisamos de uma bioética, ou estamos realmente precisando de uma biopolítica?".[9]

Para o autor a ética, ao proteger a vida, não faz distinção da proteção, protegendo toda a vida. A ética não pode dar padrão para decidir que vida proteger, quando os recursos financeiros do Estado somente são suficientes para salvar ou promover uma em detrimento de outra vida. Isso ocorre para Castoriadis, porque a ética tem padrões absolutos e as questões da biopolítica somente podem ser decididas caso a caso, avaliando-se as consequências sociais da decisão. Segundo Castoriadis morais tradicionais, filosóficas ou religiosas pretendem saber onde está o bem e o mal ocultando a dimensão trágica da existência e da ação humana em que há um custo alto na decisão.[10] Ele exemplifica a questão a partir do mandamento "não matarás":

> O mandamento ético ordena "não matarás". Ele não diz: "não matarás", salvo se... Ele afirma: "não matarás", e ponto. Ele é, por sua própria natureza, abosluto. E podemos defender a ideia – em princípio, eu também a defenderia –, de que não podemos nem devemos fazer "contabilidade" com vidas humanas: como afirmar que o que salva 50 pessoas sacrificando outras 49 é o Bem? E, todavia, estamos ou podemos estar em situações em que devamos tomar tais decisões.[11]

A esfera da política é mais adequada para tratar das questões referentes às novas mudanças de concepção sobre a vida e regularizar as condutas técnicas, médicas e

9. Cornelius Castoriadis. *Encruzilhadas do labirinto*: a ascensão da insignificância. Trad. Regina Vasconcelos. São Paulo: Paz e Terra, v . 4, p. 244.
10. Idem, ibidem, p. 246.
11. Idem, ibidem, p. 246.

científicas em relação à vida, porque segundo Castoriadis a política está na esfera do homem público. As éticas geralmente tratam de regrar as condutas humanas no tocante a uma esfera privada. Desse modo, não há que se falar em uma bioética para solucionar e discutir os novos problemas a que toda a sociedade se depara mas, sim, de uma política. A esfera da política é a que possibilita ao homem dar as suas próprias regras e, portanto, atingir a tão sonhada autonomia, enquanto as éticas são geralmente normas dadas por um outro, sejam esses deuses ou homens.

A autonomia é conceito fundamental na obra de Castoriadis, que somente é atingido quando há uma sociedade democrática que discute e atua na esfera do político, pois é essa a esfera que devem ser discutidas as questões públicas. A autonomia é uma busca tanto na ética quanto na política, pois para Castoriadis um dos grandes problemas da atualidade está na dificuldade de os homens darem suas próprias regras, preferindo ou não se importando com a heteronomia. O homem, ao colocar suas próprias normas, estabelece uma relação de responsabilidade com seus atos, tanto na esfera individual, como na esfera do coletivo. Castoriadis defende a busca de uma ética da autonomia que só pode estar articulada com uma política da autonomia. Colocar as suas próprias normas é um caminho para o homem chegar a uma sociedade melhor, o que não garante um eterno progresso.

> Uma tal autonomia, seja no plano individual seja no plano coletivo, não nos dá, evidentemente, uma resposta automática para todas as questões colocadas pela existência humana; teremos sempre que fazer nossa vida nas condições trágicas que a caracterizam, pelo fato de que nem sempre sabemos onde estão o bem e o mal, nem no plano individual nem no plano coletivo. Mas não estamos condenados ao mal mais do que ao bem, porque podemos, na maioria das vezes, retornar sobre nós mesmos, individualmente ou coletivamente, refletir sobre nossos atos, retomá-los, corrigi-los, repará-los.[12]

Afirmar que as questões de bioética devem ser tratadas no âmbito da política, não quer dizer que a resolução das questões deva ser feita por um soberano ou governante que detém o poder. Isso porque essa decisão seria heterônoma e não raras vezes arbitrária. Para Castoriadis, diferente de Carl Schmitt, a política é a esfera da autonomia. Porém, os dois autores têm em comum afirmar a importância da política para a tomada de decisões e sua íntima relação com o direito.

O direito como instituição imaginária da sociedade[13] é um magma de significações sociais de um tempo e lugar em eterna transformação. O Direito não é um

12. Idem, ibidem, p. 254.

13. Castoriadis entende como instituições imaginárias da sociedade, um magma de significações que a sociedade atribui em um dado tempo e lugar. Essas significações são dadas por um grupo de pessoas a um objeto. Castoriadis entende que esses objetos estão sempre em construção e dependem de quem o observa. Desse modo, o filósofo grego consegue evitar a noção de definição de uma coisa e parte para a noção de significações, que podem ser múltiplas, abordando diversos pontos de vista de cada sujeito social.

objeto acabado, mas se transforma à medida que a sociedade também se transforma, englobando discussões da esfera da política. Esse Direito é também um direito autônomo, mais representativo e mais democrático. É um Direito dos homens, que não se confunde com normas da esfera moral, muitas vezes inalcançáveis, a trágica condição humana.

Entende-se que essa biopolítica não é uma política da emancipação mas, sim, uma política-vida, no sentido que define Giddens. A política da emancipação buscava, segundo o autor: "1. Libertação da vida social das amarras da tradição e do costume; 2. redução ou eliminação da exploração, desigualdade ou opressão. Interesse na distribuição do poder/recursos; 3. Obedece a imperativos sugeridos pela ética da justiça, da igualdade e da participação".[14] A política-vida é uma política que também visa uma emancipação e promoção da autonomia dos sujeitos, porém, ela vai além ao explorar a ideia de que o pessoal é político. No entender de Giddens ela é a política da modernidade que tem como características: "1. Decisões políticas que derivam da liberdade de escolha e de poder gerador (poder como capacidade transformadora); 2. Criação de formas moralmente justificáveis de vida que promovam a autorrealização no contexto da interdependência global; 3. Desenvolve uma ética relativa à pergunta 'como devemos viver?' numa ordem pós-tradicional e contra o pano de fundo das questões existenciais".[15]

Giddens prefere entender as questões relativas às novas tecnologias das ciências da vida como ligadas a uma política da vida, porque são políticas de autoidentidade em que o eu se constrói e reconstrói. O autor dá como exemplo os debates sobre o aborto, que discutem não só a questão dos direitos do corpo mas também o conceito de pessoa. Essas questões de política da vida interlaçam problemas de definição filosófica, de direitos humanos e de moral.[16] Isso porque o sujeito tem como optar, escolher, transformar não só seu corpo mas também sua identidade como sujeito. O pessoal intercala-se com o político e também com a esfera pública, em uma política que busca a construção de uma sociedade global, com saberes interdisciplinares e buscando uma remoralização da vida social.[17]

É esse Direito, perpassado pelas discussões políticas, que devem estar as regulamentações das questões sobre a vida, que deixam de ser uma bioética para se tornar questões de biodireito e biopolítica. Biopolítica esta que é tomada não apenas como uma política governamental, mas também como uma política-vida.

7. Referências bibliográficas

BOBBIO, Norberto. *Teoria da norma jurídica*. 2. ed. Bauru: Edipro, 2002.

BAUMAN, Zygmunt. *Ética pós-moderna*. Trad. João Rezende Costa. São Paulo: Paulus, 1997.

________. *Em busca da política*. Trad. Marcus Penchel. Rio de Janeiro: Zahar, 2000.

14. A Giddens. *Modernidade e identidade*. Trad. Plínio Dentzien. Rio de Janeiro: Zahar, 2002, p. 198.
15. Idem, ibidem, p. 198.
16. Idem, ibidem, p. 200.
17. Idem, ibidem, p. 206.

CASTORIADIS, Cornelius. *Encruzilhadas do labirinto:* a ascensão da insignificância. Trad. Regina Vasconcelos. São Paulo: Paz e Terra, 2002.

________. *A instituição imaginária da sociedade.* Trad. Guy Reynaud. 6. ed. Rio de Janeiro: Paz e Terra, 1982.

DINIZ, Maria Helena. *O estado atual do biodireito.* 5. ed. São Paulo: Ed. Saraiva, 2008.

DURAND, Guy. *Introdução geral à bioética:* história, conceitos e instrumentos. São Paulo: Edições Loyola, 2003.

FOUCAULT, Michel. *Microfísica do poder.* Trad. Roberto Machado. 22. ed. Rio de Janeiro: Graal, 2006.

________. *Vigiar e punir:* nascimento da prisão. Trad. Raquel Ramalhete. 29. ed. Petrópolis: Vozes, 2004.

________. *Estratégia, poder-saber.* 2. ed. Trad. Vera Ribeiro. Rio de Janeiro: Forense Universitária, 2006.

GIDDENS, Antony. *Modernidade e identidade.* Trad. Plínio Dentzien. Rio de Janeiro: Zahar, 2002.

KELSEN, Hans. *Teoria pura do direito.* Trad. João Baptista Machado. São Paulo: Ed. Martins Fontes, 1994.

LE BRETON, David. *Adeus ao corpo.* Trad. Marina Appenzeller. Campinas: Papirus, 2003.

POGREBINSCHI, Thamy. "Foucault, para além do poder disciplinar e do biopoder". *Revista Lua Nova*, n. 63, pp. 179-201, 2004.

MIRANDA, Erliane. "Da ética à bioética: os transtornos da biotécnica". *Revista Eletrônica de Ciências Sociais*, n. 8, pp. 17-33, mar. 2005.

SGRECCIA, Elio. *Manual de bioética:* fundamentos e ética biomédica. Trad. Orlando S. Moreira. 2. ed. São Paulo: Edições Loyola, 2002.

SCHMITT, Carl. *O conceito do político.* Petrópolis: Vozes, 1992.

Capítulo 16

Constituição, bioética e biodireito

Miguel Carlos Mádero*

Introdução

QUESTÃO QUE tem trazido muita preocupação à humanidade, é a espantosa revolução biotecnológica, que a ciência alcançou no campo da saúde e da vida humana nestes últimos 50 anos. Temas como os referentes às descobertas do DNA, eutanásia, distanásia, ortotanásia, utilização de células-tronco adultas ou células-tronco embrionárias, fertilização *in vitro* etc., são discutidos em qualquer lugar ou foro,

* Bacharel em Direito pela FMU-SP; especialista em Direito Processual Civil pela PUC-SP; mestre em Direito das Minorias pela Unisal-SP; mestrando em Direito do Estado pela PUC-SP; juiz de Direito do Estado de Minas Gerais.

e pelos mais diversificados, senão na grande maioria, segmentos sociais em face de sua importância e das consequências, tanto boas, como danosas, que podem representar esse progresso científico.

Esse fenômeno provocou uma nova visão acerca da conduta médica, da conduta dos cientistas, tanto no atendimento aos pacientes, como na atividade de pesquisa científica com humanos. Evidentemente que essa "virada" comportamental não se deu por simples falta de motivos, e sim pelo mal-estar provocado no campo das ciências biomédicas durante o curso da 2ª Guerra Mundial, por conta das terríveis atividades de pesquisas realizadas por médicos nazistas, sem qualquer consideração ao ser humano, e de outras práticas médicas condenáveis, supostamente realizadas com fins terapêuticos, praticadas por médicos norte-americanos nas populações negras e pobres do sul dos Estados Unidos. Não foram, entretanto, apenas esses os motivos que alertaram as classes médica e científica e também a sociedade. Outros serão apresentados no curso deste capítulo.

O certo é que a partir de meados dos anos 1950, houve um estrondoso incremento no campo das ciências biomédicas, o que não aconteceu em vários séculos, mas ao mesmo tempo que trouxeram grandes benefícios para o ser humano, também provocaram problemas de difícil solução, suscitando, em consequência, questões morais de altas complexidades.

Nasce, então, a bioética. E este capítulo pretende demonstrar algumas de suas faces. E o faz a partir de uma investigação sobre a Ética, uma vez que a bioética não é senão a ética aplicada às biociências médicas e biológicas.

Após breve discurso sobre a ética, avançaremos pelo estudo da bioética e do biodireito, com a análise de seus conceitos e princípios, em seguida, examinaremos as fontes e efetividade das normas da bioética e do direito constitucional e do conceito de biodireito e de bem comum, e, por último, ofereceremos uma breve conclusão.

1. Primeiras manifestações sobre Ética

Questão de fundamental importância tem sido, desde os primórdios, e ao longo de toda a história da humanidade, a investigação sobre a origem, evolução, comportamento e busca do conhecimento do homem por si próprio, bem assim do relacionamento com seus pares em comunidade. E, desde há muito, a filosofia vem procurando explicar a existência do homem, e seus progressos, através das leis naturais e humanas. O conhecimento do cosmos, da natureza, em sua dimensão infinita, também foi, e tem sido, objeto de grandes indagações.

Portanto, nesse universo cósmico, as relações humanas são as que mais ocupam o tempo da Ciência cuja função tem sido buscar fórmulas que lhes permitam desfrutar de um bem-estar cada vez maior dentro da sociedade com a qual interage.

Adotando-se como ponto de partida o mundo e o povo grego, verificaremos que seus filósofos deram ênfase especial à Ética, principalmente quando da democratização da vida política ali instalada, particularmente quanto aos acontecimentos políticos em Atenas.

A partir desse novo fato, às indagações sobre o naturalismo dos filósofos pré-socráticos sobrepõem-se as preocupações relacionadas com os problemas dos homens, principalmente nas áreas da política e da ética. E em meio ao aparecimento das novas situações que se apresentam no séc. V a.C., com a vitória da democracia escravista sobre a dominação aristocrática de então, com a democratização da vida política e a criação de novas instituições eletivas, bem assim o desenvolvimento de uma intensa atividade pública, especialmente em Atenas, nasce a filosofia política e moral que passa a se preocupar com as questões a elas concernentes.

As ideias de Sócrates, Platão e Aristóteles guardam íntima relação com a existência dessa democracia limitada e local grega, isto é, o Estado-cidade ou *polis*, enquanto a filosofia estoica e epicurista nascem após a decadência desse tipo de organização social antes mencionado.

1.1 Os sofistas

Constituindo um movimento intelectual na Grécia do séc. V a.C., os sofistas não se interessavam pelo saber a respeito do mundo, direcionando seu objetivo para um saber a respeito do homem, particularmente nos campos político e jurídico. Os sofistas consideravam que a procura do saber a respeito do mundo era uma discussão estéril e sem importância. A partir daí, com a qualidade de serem mestres na arte de convencer, propiciaram a realização de um conhecimento prático. Segundo eles, em uma sociedade em que o homem tem atividade permanente e ativa, ele deve ser uma pessoa com talento na arte da política, devendo reunir condições que o habilitem na arte da argumentação, da discussão, da exposição e da persuasão. O ensinamento sofista não só lançou dúvidas sobre a tradição de então como também sobre a crença na existência das verdades e normas universalmente válidas. Para eles não existe nem verdade, nem erro, além do que as normas são transitórias, não têm eficácia permanente. Tudo depende do sujeito. Daí, o aparecimento do relativismo, do subjetivismo e do antropocentrismo, o que se conclui pela afirmação de Protágoras, segundo o qual, "o homem é a medida de todas as coisas".[1]

1.2 Sócrates

Segundo Comparato,[2] o fundamento ou a teoria racional da ética principia com Sócrates. Aristóteles, no livro 'M' da *Metafísica*, conta que foi Sócrates quem, por primeiro, procurou definir as virtudes morais; exprimir a sua essência por meio de uma fórmula geral. Aberto, portanto, o caminho do conhecimento racional, através dos conceitos e raciocínios indutivos, a ética alcançou uma notável importância através de Platão e Aristóteles.

1. Adolfo Sanches Vasquez. *Ética*. São Paulo: Civilização Brasileira, 2007, pp. 268, 292.
2. Fábio Konder Comparato. *Ética, direito, moral e religião no mundo moderno*. São Paulo: Companhia das Letras, 2006, pp. 91, 92.

No mesmo sentido, Adela Cortina[3] ensina que, com exceção de uns poucos fragmentos de Heráclito – *ethos antropos daimon* (a ética é a morada do homem), e Xenófanes, os sofistas e Sócrates foram os primeiros a refletir sobre questões morais.

Platão escreveu na *República* que Sócrates teria sido o primeiro pensador grego a ousar criticar, e romper, com a mitologia tradicional até então utilizada como modelo educativo para a juventude. E, certamente, aí se encontra o motivo pelo qual Sócrates foi acusado e condenado à morte. Para Sócrates, deve-se sempre ensinar a verdade aos jovens, sem nenhuma mescla de erro consciente ou falsidade, e toda obra de Homero e Hesíodo, as quais foram utilizadas como base para a educação escolar durante séculos na Grécia, não passavam de fábulas ou mitos nos quais se explicavam a verdade e o erro. Entendia o filósofo ser inadmissível atribuir aos deuses, cuja natureza é moralmente boa, a produção do mal no mundo. Ele não admitia isso porque achava que os seres virtuosos só podem agir de modo virtuoso;[4] rejeitava, portanto, a concepção, segundo a qual os deuses eram responsáveis tanto pela prática do bem, como pela prática do mal, ficando a felicidade humana na dependência de suas vontades arbitrárias.

Sócrates entendia que a atribuição aos deuses de distribuir bênçãos e maldições sem nenhuma ligação com o mérito ou demérito só podia ser uma invenção própria dos poetas para agradar ao senso estético, sem transmitir a verdade.

Rompendo, então, com o pensamento mítico, e com apoio no princípio da racionalidade, o grande pensador procurou fixar o princípio ético da responsabilidade pessoal de cada indivíduo. Segundo ele, os homens, em geral, e os governantes, em particular, são sempre responsáveis pelos resultados de seus atos e omissões intencionais. Em resumo, Sócrates, apregoava a sabedoria, como critério de ação, a partir da liberdade de cada um, fundando sua proposta ética na fórmula *"Vive conforme tuas ideias, vive conforme tua razão"*.

Em sua juventude adotou como lema para sua vida, a inscrição que figurava na fachada do templo de Apolo em Delfos: "Conhece-te a ti mesmo".

Para Sócrates não havia ética relativa: ou é ética, ou não é ética.

1.3 Aristóteles

Coube a Aristóteles a primazia de elaborar tratados sistemáticos de Ética. Sua *Ética a Nicômaco* – que na verdade não é uma obra sistematizada por tratar-se de anotações de aulas dadas a seu filho, Nicômaco – e feitas por seus próprios alunos e, depois, transformadas na obra –, ainda hoje é considerada uma obra-prima da filosofia moral. Aristóteles concebe-a como uma *conduta prática*. É *empirista*, baseada no exame da realidade de onde tira deduções.

Adela Cortina sustenta que em *Ética a Nicômaco* está exposta a questão que constitui o ponto nuclear de toda investigação ética, a saber: qual é o fim último de todas as atividades humanas? Com base no ensinamento de Aristóteles, argumenta que

3. Adela Cortina; Emilio Martinez. *Ética*. São Paulo: Edições Loyola, 2005, p. 53.
4. Fábio Konder Comparato. *Ética, direito, moral e religião no mundo moderno*, op. cit., p. 89.

> supondo-se que "toda arte e toda investigação, toda ação e toda escolha parecem tender a algum bem – *Ética a Nicômaco*, I, I, 1094a –, imediatamente nos damos conta de que esses bens se subordinam uns aos outros, de modo que cabe pensar na possível existência de algum fim que todos desejamos por si mesmo, ficando os demais como meio para alcançá-los. E esse fim para Aristóteles não é outro senão que a *eudamonia*, a vida boa, a vida feliz, como autorrealização.[5]

Ainda para Cortina,

> ... a ética aristotélica afirma que existe moral porque os seres humanos buscam, inevitavelmente, a felicidade, a ventura, e para alcançar plenamente esse objetivo necessitam das orientações morais. Mas, além disso, ela nos proporciona critérios racionais para averiguar que tipo de comportamentos, quais virtudes, em suma, que tipo de caráter moral é o adequado para essa finalidade.[6]

Cortina ensina que às Éticas da Era do Ser, da Era do Período Helenista, e das Éticas Medievais, se seguiu a Era da Ética da Consciência, dentre outras mais atuais, sendo que um dos expoentes desta foi Immanuel Kant.

1.4 Hume e Kant

Enquanto Hume ensinava que as ações dos homens se produzem por influência das paixões, as quais surgem de modo inexplicável e estão orientadas para a consecução de fins propostos, não pela razão, mas pelo sentimento, Kant preferiu retomar os estudos relativos a duas questões sobre as quais Aristóteles já havia se debruçado séculos antes, o *âmbito teórico,* que estuda o fato que ocorre no universo baseado apenas na sua própria dinâmica, e o *âmbito do prático,* que corresponde aos fatos que são produzidos pela vontade livre do ser humano.[7]

No âmbito do prático ensina que todos nós temos consciência de que devemos ser guiados por alguns comandos incondicionados. Define tais comandos como imperativos categóricos, que se vinculam a um conjunto de regras, as quais, ainda que não tenhamos vontade nem disposição para cumpri-las devemos fazê-lo. Para ele, a Ética se sustenta não naquilo que desejamos, mas naquilo que a razão nos apresenta como um dever moral do tipo: "cumpra sua obrigação", "diga a verdade", "socorra aquele que corre perigo" etc., deveres esses que estão presentes na vida cotidiana.

Kant, na *Crítica da razão pura*, delineia o conceito de critério ético como sendo aquele que pode ser concebido como totalmente universal. Descreve o imperativo

5. Adela Cortina; Emilio Martinez, op. cit., p. 53.
6. Idem, ibidem, p. 60.
7. Idem, ibidem, pp. 68, 69.

categórico como lei moral que deve ter validade para todos e seguido por todos. Para se certificar de que o imperativo categórico, na realidade, é uma lei moral que deve a todos orientar, Kant enumera três características que considera serem da natureza da razão: (1) da universalidade: "Aja apenas de acordo com uma máxima que você possa querer, ao mesmo tempo, que se torne lei universal"; será lei moral aquela que todos devem cumprir; (2) referir-se a seres que são fins em si mesmos: "Aja de tal modo que você trate a humanidade, tanto em sua pessoa como na de qualquer outro, sempre como um fim ao mesmo tempo e nunca apenas como um meio"; (3) valer como norma para uma legislação universal em um reino dos fins, "Aja por máximas de um membro legislador universal em um possível reino dos fins".

E é o próprio Kant quem diz: "Por esta palavra – reino dos fins – entendo eu a ligação sistemática de vários seres racionais por meio de leis comuns".[8]

Por tais fundamentos, a ética desenvolvida por esse pensador é normalmente conhecida por "Ética do dever ou Ética da Atitude". Para ele, todos os humanos têm consciência moral, querendo dizer com isso que se deve fazer o bem sem buscar qualquer benefício individual.

Na lápide de seu túmulo, em Königsberg, está lavrada uma de suas mais belas citações escritas em sua obra *Crítica da razão prática*: "Duas coisas me enchem a alma de crescente admiração e respeito quanto mais intensa e frequentemente o pensamento delas se ocupa: o céu estrelado sobre mim e a lei moral dentro de mim".

2. Ética: conceito e alcance

Quanto à ética propriamente dita, como estudo dos conceitos envolvidos no raciocínio prático, ela não se confunde com a moral posto ser aquela muito mais abrangente, mais ampla. Ética, no *Dicionário Aurélio*, é o estudo dos juízos referentes à conduta humana, suscetível de qualificação entre o bem e o mal; Moral é o conjunto de regras que regem a conduta humana.

Comparato[9] atribuiu um sentido bem amplo à ética para abranger o conjunto de sistemas de dever ser que formam hoje os campos distintos – *e na maioria das vezes, largamente contraditórios* – da religião, da moral e do direito.

No *Vocabulário técnico e crítico da filosofia*, de André Lalande, Ética significa "a ciência que toma por objeto imediato os *juízos de apreciação* sobre os atos qualificados como bons ou maus". Já Moral quer dizer o conjunto das prescrições e costumes admitidos numa época e numa sociedade determinadas; o esforço para conformar-se a essas prescrições, a exortação a segui-las.

Os filósofos especulativos alemães, seguidores de Kant, tendem a separar a Ética e Moral, colocando aquela em patamar superior a esta. Segundo Schelling: "a Moral, em geral, coloca um imperativo que só se dirige ao indivíduo, e exige a absoluta personalidade deste; a Ética coloca um imperativo que supõe uma sociedade de seres

8. Immanuel Kant. *Fundamentação da metafísica dos costumes*. Lisboa: Edições 70, p. 75.
9. Fábio Konder Comparato. *Ética, direito, moral e religião no mundo moderno*, op. cit., p. 18.

morais que assegura a personalidade de todos os indivíduos através daquilo que ela exige de cada um deles".

Enfim, a Ética é o estudo da Moral: estuda os princípios da conduta humana, pinçando princípios de todas as civilizações e que sejam bons para a convivência humana. Mas, evidentemente, ambas estão ligadas por laços muito estreitos. O diferencial é que a Ética tem por característica a generalidade, enquanto que a Moral está sempre ligada às especificidades de um caso concreto. Cuidam, pois, de investigar e buscar explicações sobre comportamentos humanos, cada uma dentro de um universo determinado. Logo, como a Ética compreende o todo, a Moral nela está inserida posto que é parte.

Nesse passo, Adolfo Sanches Vasquez ensina que "a ética é a teoria ou ciência do comportamento moral dos homens em sociedade".[10] Logo, é possível adotar-se uma ética científica permeada por uma moral compatível com os conhecimentos científicos. É ciência de uma forma específica do comportamento humano.

2.1 Ética da linguagem, Ética do Discurso e sua relevância

Atualmente, estamos vivendo a Ética da Era da Linguagem no dizer de Cortina. E neste capítulo interessa mais de perto a Ética do Discurso. Seus representantes maiores são Karl-Otto Apel e Jürgen Habermas.

Tanto para um como para outro, é no campo ético, em todas as suas vertentes – *social, política e moral propriamente dita* –, que se manifestam formas de normatividade (regramento) inerentes às ações humanas, e que são manifestadas na *linguagem*, que a reflexão filosófica encontra hoje desafios maiores. Diante disso, ambos se propõem a retomar *no contexto das racionalidades dominantes*, das sociedades avançadas de nosso tempo, o clássico problema da *razão prática*, reformulado segundo um paradigma *linguístico pragmático*, entendido este como *fundamentação transcendental* do *uso* da linguagem ética, ou segundo um *paradigma linguístico-comunicativo* que defende a possibilidade de uma *comunidade universal de comunicação*. A Ética do Discurso, portanto, como defendida por ambos, pressupõe a possibilidade da constituição de um *discurso normativo de alcance universal orientado para o entendimento*, de um discurso que se apresente como manifestação *na linguagem* do fundamento último do agir especificamente ético.

Se para Apel esse fundamento será a própria estrutura transcendental, dada *a priori*, da dimensão pragmática da linguagem ética, estrutura que não é outra senão a forma de *razão prática* presente na linguagem, para Habermas esse fundamento será a possibilidade histórica de uma *comunidade universal de comunicação*, onde o *consenso*, resultante da *livre discussão*, será o lugar teórico e, portanto, o fundamento de uma linguagem normativa dotada de *validez universal* e de natureza *consensual*.

Isso – *o discurso normativo de alcance universal* – tem profunda relevância na medida em que, com as transformações ocorridas nos campos social, econômico

10. Adolfo Sanches Vasquez, op. cit., p. 23.

e político, que se anunciavam após a reconstrução do segundo pós-guerra, nas nações do que foi chamado Primeiro Mundo, e tendendo-se, tais transformações, a se estenderem por todo o planeta, com o advento das sociedades pós-industriais, a Ética do Discurso procurou responder a esse novo modelo de civilização a partir de dois fenômenos mais característicos. A característica fundamental dessa civilização deve ser buscada na expansão e predomínio cultural das ciências e da tecnologia, de sorte a justificar a denominação "época da ciência" atribuída ao tempo presente. Assim, admitida a *universalidade* incontestável da *tecnociência*, impõe-se a urgência de uma *macroética* igualmente universal para o tipo de civilização que dela resulta.

Mas como pensar um fundamento para essa macroética?

Para Habermas, o traço dominante das sociedades pós-industriais é a *difusão universal da comunicação*, que deve ser obtida através de uma *lógica de livre discussão.*

Para Adela Cortina[11] a Ética do Discurso é uma teoria que tem por fim realizar os valores que dizem respeito à liberdade, à justiça e à solidariedade, através do diálogo e onde se leve em conta o respeito à individualidade das pessoas participantes, bem assim a solidariedade. Tal procedimento tem por escopo questionar as normas vigentes em uma sociedade, bem assim distinguir as consideradas moralmente válidas pelo seu conteúdo humanístico das não moralmente válidas. E é essa a meta que a teoria tenta demonstrar, ou seja, que só o processo ético discursivo é capaz de alcançar. Que esse é o instrumento adequado, pois tem condições de distinguir as prescrições moralmente válidas e socialmente vigentes em uma sociedade das moralmente inválidas, exatamente em razão da possibilidade de participação de todos os afetados no diálogo sobre normas que digam respeito a seus interesses.

Ainda segundo Cortina, Kant trata a Ética como um fato da consciência; a consciência da lei moral como um fato, como algo efetivo e não fictício.

Otfried Höffe,[12] seguindo a mesma linha, argumenta que essa consciência moral, para Kant, é um fato indiscutível, é a consciência de uma obrigação categórica, como razão incondicionalmente legislante.

Assim, se Kant tentava encontrar os pressupostos que tornam racional a consciência do imperativo, a Ética Discursiva se esforça em descobrir os pressupostos que tornam racional a argumentação que fazem dela uma atividade dotada de sentido.

A Ética do Discurso considera como pontos básicos duas questões:

1ª Todos os seres devem ser capazes de se comunicar, isto é, as pessoas, são interlocutores válidos, portanto, quando se dialoga sobre normas que os afetem, seus interesses devem ser levados em conta e defendidos, se possível, por eles mesmos. Excluir *a priori* do diálogo que qualquer pessoa afetada pela norma desvirtua o pretenso diálogo e o converta em pantomima (embuste, falsidade).

11. Adela Cortina; Emilio Martinez, op. cit., p. 91.
12. Otfried Höffe. *Immanuel Kant.* São Paulo: Ed. Martins Fontes, 2005, p. 224.

2ª Nem todo diálogo nos permite descobrir se uma norma é correta, mas só aquele que se desenvolve sob regras determinadas que permitam celebrá-lo – *o diálogo* –, em condições de simetria entre os interlocutores.

Segundo Habermas, com apoio em Alexy, os pressupostos e regras que dão forma ao discurso argumentativo são os seguintes:

> a. A nenhum falante é lícito contradizer-se.
>
> b. Todo falante que aplicar um predicado "f" a um objeto "a" tem que estar disposto a aplicar o mesmo predicado a qualquer outro objeto que se assemelhe a "a" sob todos os aspectos relevantes.
>
> c. Não é lícito aos diferentes falantes usar a mesma expressão em sentidos diferentes.
>
> d. A todos falantes só é lícito afirmar aquilo que ele próprio acredita.
>
> e. Quem atacar um enunciado ou norma que não for objeto da discussão tem que indicar uma razão para isso.
>
> f. É lícito a qualquer um problematizar qualquer asserção.
>
> g. É lícito a qualquer um introduzir qualquer asserção no Discurso.
>
> h. Não é lícito impedir falante algum, por uma coerção exercida dentro ou fora do Discurso, de valer-se de seus direitos estabelecidos.[13]

Os princípios orientadores do discurso, para se confirmar se a norma é correta ou não, são o princípio da universalização e o princípio da Ética do Discurso. Sobre o primeiro Habermas diz que: "O *princípio-ponte* possibilitador do *consenso* deve, portanto, assegurar que somente sejam *aceitas como válidas* as normas que exprimem uma *vontade universal;* é preciso que elas se prestem, para usar a fórmula que Kant repete sempre, a uma "lei universal".[14]

Sobre esse mesmo princípio, Cortina expressa que "uma norma será válida quando *todos os afetados* por ela aceitarem *livremente* as *consequências e os efeitos secundários* que se seguirão, *previsivelmente*, e seu cumprimento geral para a satisfação dos interesses de cada um".[15]

E sobre o princípio da Ética do Discurso, Cortina diz que "só podem pretender ter validade as normas que encontram (ou poderiam encontrar) aceitação por parte de todos os afetados, como participantes de um discurso prático".[16]

Tudo o que foi dito até agora sobre a Ética do Discurso é uma argumentação baseada na sua forma ideal, teórica, considerados todos os pressupostos tratados até aqui, Já no plano real os diálogos também são reais e costumam se apresentar em situações

13. Jürgen Habermas. *Consciência moral e agir comunicativo*. 2. ed. Rio de Janeiro: Editora Tempo Brasileiro, 2003, pp. 109-113.
14. Idem, ibidem, pp. 109-113.
15. Adela Cortina; Emilio Martinez, op. cit., p. 92.
16. Adela Cortina; Emilio Martinez, op. cit., p. 93.

de assimetria, posto que os participantes, valendo-se de todo tipo de coação, tanto interna como externa, buscam apenas defender seus interesses pessoais em detrimento de todo o grupo.

Exige-se, portanto, que se procure buscar, no mundo real, um diálogo baseado nas regras do plano ideal para que todos os interlocutores, independentemente de suas diferenças sociais – cobertos pelo véu da ignorância de que fala Rawls –, possam dar suas contribuições, sem coação ou outro meio de ingerência, buscando uma decisão tanto mais próxima da simetria e que possa satisfazer interesses universalizáveis, tudo através do consentimento e adesão dos afetados.

Finalmente, Cortina ensina que aplicação semelhante dá lugar à chamada ética aplicada que hoje em dia se aplica aos âmbitos da bioética, ou ética médica, ética da empresa, da economia, da informação, genética, ética da ciência e da tecnologia, ética ecológica, ética da política e ética das profissões.

3. Conceitos de bioética e biodireito

3.1 Bioética: a ponte para o futuro

Antes de tudo, é reconhecido pacificamente que a bioética tem sua gênese nos Estados Unidos e não apenas por iniciativa de Van Rensselaer Potter, embora tenha sido ele que tenha lançado, em 1971, o termo *bioethics* – quando escreveu a obra *Bioetics: Bridge to the Future*[17] [Bioética: ponte para o futuro], na qual explicou o significado da expressão "ponte para o futuro". Esse autor, pesquisador da área de oncologia em Washington, ressaltou que o objetivo daquela disciplina era ajudar a humanidade em direção a uma participação racional, mas cautelosa, no processo da evolução biológica e cultural. Disse ele: "Escolho 'bio' para representar o *conhecimento biológico*, a ciência dos sistemas viventes, e 'ética' para representar o *conhecimento dos sistemas dos valores humanos*".

Sua proposta principal foi no sentido de promover uma interlocução, "uma aliança estratégica", para o fim de facilitar o diálogo entre as áreas do saber científico e o saber humanista sem o que, segundo seu pensamento, a sobrevivência de todo o ecossistema estaria a correr sério perigo.

Sgreccia interpreta essa preocupação do seguinte modo:

> ... a clara distinção entre os valores éticos que fazem parte da cultura humanista em sentido lato, e os fatos biológicos, está na raiz daquele processo científico-tecnológico indiscriminado que, segundo Potter, põe em perigo a humanidade e a própria sobrevivência da vida sobre a terra. O único caminho possível de solução para essa iminente catástrofe é a constituição de uma "ponte" entre as duas culturas: a científica e a humanístico-moral.[18]

17. Van Rensselaer Potter. *Bioethics: Bridge to the Future*. Nova Jersey: Prentice-Hall, 1971.
18. Elio Sgreccia. *Manual de bioética*. 2. ed. São Paulo: Edições Loyola, 2002, pp. 24ss.

Com isso quer ressaltar que não basta que a ciência tenha a atenção voltada apenas para o homem, mas também que deve dirigir o olhar para a biosfera, em seu conjunto, em cada intervenção científica do homem sobre a vida em geral.

Tem, portanto, a bioética, a função de unir a "ética" e a "biologia", isto é, os valores éticos e os fatos biológicos para a sobrevivência do ecossistema como um todo. A bioética, para Sgreccia, tem a tarefa de ensinar como usar o conhecimento no âmbito científico-biológico; o instinto de sobrevivência não basta; é preciso elaborar uma "ciência" da sobrevivência. Ensina que:

> ... o núcleo conceitual que Potter considera como base do nascimento da bioética é a necessidade de que a ciência biológica se faça perguntas éticas; de que o homem se interrogue a respeito da relevância moral da sua intervenção na vida. Trata-se de superar a tendência pragmática do mundo moderno, que aplica imediatamente o saber sem uma mediação racional ou moral.[19]

E vaticina: "... a aplicação de todo conhecimento científico pode ter, de fato, consequências imprevisíveis sobre a humanidade, até por efeito da concentração do poder biotecnológico nas mãos de poucos".[20]

O progresso da ciência poderá vir a pôr em perigo ou mesmo destruir a vida no planeta, bastando, para tanto, lembrarmos dos horrores e prejuízos provocados pelos lançamentos das bombas atômicas em Hiroshima e Nagasaki, tanto no que respeita ao meio ambiente, como no que concerne às pessoas ali residentes.

Em 1969, o filósofo Daniel Callahan e o psiquiatra Wilard Gaydin, motivados pela insensibilidade na realização das pesquisa científicas, tal como a inoculação de células tumorais vivas em pacientes anciãos em um Hospital do Brooklin, EUA – e o que é mais grave, sem o consentimento daqueles –, fundaram o Hastings Center com o fim de estudar, propor e formular normas para orientar as atividades de pesquisa e experimentação no âmbito biomédico. Outro fato que contribuiu para o desencadeamento de tal atitude foi a experiência realizada no Willowbrook State Hospital, de Nova York, onde, entre os anos de 1965 e 1971, durante uma série de estudos sobre a hepatite, foram utilizadas crianças deficientes que serviram de cobaias para receberem o vírus.

André Hellegers, obstetra holandês, fisiologista fetal e demógrafo, fundador do Instituto Kennedy, da Universidade de Georgetown, EUA, foi quem, pela primeira vez, utilizou a expressão "bioética" em um contexto institucional sobre ética da medicina e das ciências biológicas.

Em 1992, em setembro, foi realizada, na Universidade de Washington, em Seattle, uma conferência sobre o nascimento da bioética. Essa conferência foi realizada para comemorar o 30º aniversário da revista *Life*, em 09/11/1962, onde foi publicado um artigo sob o título: "Eles decidem quem vive e quem morre", o qual fazia referência a

19. Idem, ibidem, p. 24.
20. Idem, ibidem, p. 24.

um comitê – anônimo –, constituído em Seattle, e cuja função era selecionar pacientes para o programa de hemodiálise, recentemente instalado na cidade, pelo fato de que tal serviço não tinha condições de absorver a demanda, já que o atendimento era limitado. O trabalho de triagem ficara a cargo de um pequeno grupo, composto, em sua maioria, de profissionais ligados a outras carreiras que não a medicina, e cuja função era analisar todos os *dossiês* e escolher dentre os candidatos indicados medicamente para hemodiálise aqueles que receberiam a tecnologia salvadora da vida. O grupo não tinha, porém, um parâmetro estabelecido para determinar a seleção. Qual seria o critério, não médico, que o comitê possuía para considerar que uma pessoa tinha mais direitos que outras no recebimento do tratamento?

Sobre o caso da diálise em Seattle, Pessina e Barchifontaine[21] noticiam que Rothman escrevera na sua obra, "*Strangers at the bedside*", o seguinte: "um grupo de médicos, sem precedentes, entrega a um comitê leigo decisões prospectivas de vida ou morte, caso a caso. Uma prerrogativa até então exclusivamente reservada ao médico foi delegada a representantes da comunidade".

A questão da diálise ocorrida em Seattle, na década de 1960, provocou um primeiro impacto na consciência médica obrigando o mundo da medicina a uma reavaliação de seus valores. Anos depois, uma nova revelação desencadearia uma nova onda de preocupações. Henry Beecher, Professor de Anestesia na Escola Médica de Harvard, EUA, publicou no *New England Journal of Medicine* um artigo intitulado "*Ética e pesquisa clínica*", através do qual denunciava a prática de procedimentos antiéticos nas pesquisas. Nesse artigo ele tomou como paradigma os horrores praticados contra seres humanos durante o curso da 2ª Guerra Mundial, ocasião em que médicos nazistas, em nome da ciência, praticaram abusos terríveis em prisioneiros, utilizando-os em pesquisas que chamaram de experimentação médica, agravadas, ainda, por suas arrogâncias nazistas, já que encontraram farto material humano para manipular sem nenhum limite ou respeito pela dignidade do ser humano.

A partir da publicidade desses fatos, os pesquisadores começaram a se dar conta de que – *além do que a sociedade civil exigiu* – as investigações científicas deveriam ser conduzidas sem deixar de observar o respeito aos direitos e o bem-estar das pessoas. O mundo científico passou a humanizar as pesquisas, adotando procedimentos destinados a manter e respeito e a dignidade do ser humano.

Logo em seguida, o Congresso Americano organizou a Comissão Nacional para Proteção de Questões Humanas de Pesquisa Biomédica e Comportamental, a fim de criar e recomendar regras que passariam a orientar os pesquisadores no sentido de realizar pesquisas observando-se a ética correspondente.

Ainda na década de 1960, Christian Barnard transplantou o coração de um morto para o corpo de um paciente terminal do coração e, embora tenha recebido muitos elogios pelo avanço da ciência, o procedimento suscitou indagações do tipo: esse

21. Leo Pessini; Christian de Paul de Barchifontaine. *Problemas atuais de bioética*. 8. ed. rev. e ampl. São Paulo: Edições Loyola, 2007, pp. 24-28.

coração foi retirado com ou sem o consentimento da pessoa? O doador estaria mesmo morto? Um editor médico questionou sobre como deveríamos pensar a respeito do "uso de órgãos emprestados". O certo é que o procedimento científico do Dr. Barnard foi mais um componente importante para que a bioética fincasse raízes.

3.2 Conceito de bioética hoje

O conceito de bioética na atualidade, em face da revolução científica operada na área da biociência e da medicina, é bem mais amplo do que aquele formulado por Rensselaer Potter, em 1971 que a considerava a "ciência da sobrevivência". Ele tinha em mente tomar o termo "sobrevivência" em seu sentido global dando, portanto, um matiz ecológico à definição. Segundo Maria Helena Diniz, "teria então, a bioética, em sua origem, um compromisso com o equilíbrio ecológico decorrente da relação dos seres humanos e a preservação do meio ambiente, do ecossistema e a própria vida do planeta".[22]

Hoje, segundo a mesma autora, o conceito sofreu mutações. Ensina que, segundo a *Encyclopedia of Bioethics,* a bioética é "o estudo sistemático da conduta humana na área das ciências da vida e dos cuidados da saúde, na medida em que essa conduta é examinada à luz dos valores e princípios morais".

Ao comentar a definição de bioética pela *Encyclopedia of Bioethics,* Sgreccia diz que

> ... o âmbito das ciências da vida e da saúde compreende a consideração da biosfera, para além da medicina; as intervenções podem ser as que se referem às profissões médicas, mas também as das populações *v.g.* as que se referem aos problemas demográficos e ambientais; a especificidade desse estudo sistemático define-se pela referência a valores e princípios morais, e por isso, à definição de critérios, juízos e limites de licitude e ilicitudes.[23]

André Hellegers, da Fundação Joseph and Rose Kennedy Institute for the study of Human Reproduction and Bioethics, por sua vez, a define como "a ética das ciências da vida".

Já Beauchamp e Childress, em 1979, classificaram a bioética como uma "ética biomédica", aliás, título que leva a obra escrita pelos dois *Princípios de ética biomédica.*[24] Com a intenção de afastar o velho enfoque ético característico dos códigos e juramentos, os autores aplicam para a área clínico-assistencial um "sistema de princípios". Entendem a ética biomédica como uma "ética aplicada", no sentido de que o específico dela é aplicar os princípios éticos gerais aos problemas da prática médico-assistencial, conforme explica Leo Pessini ao prefaciar a obra desses autores publicada em português.

22. Maria Helena Diniz. *O estado atual do biodireito.* 4. ed. atualizada de acordo com a Lei de Biossegurança (Lei nº 11.105, de 24/03/2005). São Paulo: Ed. Saraiva, 2007, p. 9.
23. Elio Sgreccia, op. cit., p. 43.
24. Tom L. Beauchamp; James F. Childress. *Princípios da ética biomédica.* São Paulo: Edições Loyola, 2002, pp. 137, 138.

No pensamento de Maria Helena Diniz, bioética seria, em sentido amplo,

> uma resposta da ética às novas situações oriundas da ciência no âmbito da saúde, ocupando-se não só dos problemas éticos, provocados pelas tecnociências biomédicas e alusivos ao início e ao fim da vida humana assistida, às pesquisas em seres humanos, às formas de eutanásia, à distanásia às técnicas de engenharia genética, às terapias gênicas, aos métodos de reprodução humana assistida, à eugenia, à eleição do sexo do futuro descendente a ser concebido, à clonagem de seres humanos, à mudança de sexo em caso de transexualidade, à esterilização compulsória de deficientes físicos ou mentais, à utilização da tecnologia do DNA recombinante, às práticas laboratoriais de manipulação de agentes patogênicos, como também dos decorrentes da degradação do meio ambiente, da destruição do equilíbrio ecológico e do uso de armas químicas. Constituir-se-ia, portanto, numa barreira, uma proteção, um limite aos riscos inerentes à prática tecnocientífica e biotecnocientífica tais como os riscos biológicos decorrentes das práticas antes mencionadas, bem assim os riscos ecológicos resultantes das queimadas, da poluição, do corte de árvores, do uso da energia nuclear, da introdução de organismo geneticamente modificados no meio ambiente etc.[25]

Finalmente, ensina que a bioética se explica através de um conjunto de reflexões multidisciplinares, passando da antropologia à política, do direito à religião, da sociologia à psicologia, da genética à medicina e ecologia, e sobre a vida em geral e práticas médicas em particular.

Ainda: a bioética deve ser um estudo deontológico e consistiria no estudo da moralidade da conduta humana na área das ciências da vida, investigando o que seria lícito ou científico, e tecnicamente possível, e, portanto, precisa de um paradigma de referência antropológico-moral: o valor supremo da pessoa humana, de sua vida, dignidade, liberdade ou autonomia, privilegiando, sempre, o ser humano e não as instituições voltadas para as pesquisas.

3.3 Biodireito

Como já mencionado neste capítulo, e é público e notório, de poucas décadas para cá o mundo científico promoveu estrondoso avanço na área das ciências biomédicas, a começar pela utilização de técnicas de prolongamento e abreviação da vida humana, de cura para uma grande gama de doenças, até mesmo de seres humanos ainda em gestação, e ainda com o desvendamento integral do ser humano, como é o caso da descoberta do DNA, da decodificação do genoma humano, avançando, agora, rumo às pesquisas com células-tronco adultas e embrionárias.

25. Maria Helena Diniz. *O estado atual do biodireito*, op. cit., p. 10.

Esses avanços científicos do mundo contemporâneo, em face da grande repercussão provocada no meio social, suscitam questões de enormes complexidades, e geram perplexidades e especulações acerca da liberdade e dos limites dos cientistas na produção da ciência.

Como decorrência desse progresso científico, e das questões ético-jurídicas que suscitam, bem assim das consequências resultantes desse desenvolvimento, já que no centro dessas pesquisas está a dignidade humana, que deve ser preservada sempre, o legislador não pode ficar inerte, cabendo-lhe, portanto, criar instrumentos destinados a adequar a atividade científica sem ignorar ou sacrificar o valor da pessoa humana. Assim, no âmbito particular brasileiro, buscará o legislador os pressupostos informadores dessa atividade na Constituição Federal, respeitada a dignidade humana que é um dos fundamentos do Estado Democrático de Direito, que é valor-fonte que dá sentido à vida em toda sua inteireza.

Newton Aquiles von Zuben retrata com muita clareza e simplicidade o conflito que se vivencia hoje entre o desenvolvimento da biotecnologia e a nossa capacidade de controlar tais atividades. Diz ele:

> O "sistema" todo do âmbito tecnocientífico, vale dizer, do complexo Técnica-Ciência-Indústria-Economia, criou para si uma dinâmica de crescimento que torna difícil o domínio de seus efeitos sobre a sociedade e sobre o meio ambiente. A velocidade de inovação e de proliferação, de difusão da técnica e dos procedimentos implantados pelas tecnociências ameaça suplantar constantemente nossa capacidade de análise e de adaptação exigida para poder avaliá-las e incluí-las em nossa civilização.[26]

E adverte: "Estamos tomando consciência de que é muito difícil 'dominar o domínio'".[27]

Diante, portanto, de tal desafio, em face não apenas da previsão constitucional, mas também por representarem, a vida e a dignidade humana, direitos naturais inerentes à pessoa, surge uma nova disciplina jurídica com a especial e relevante incumbência de equacionar a relação direito/ciência: o biodireito, que segundo Maria Helena Diniz,

> ... tomando por fontes imediatas a bioética e a biogenética, teria a vida por objeto principal, salientando que a verdade científica não poderá se sobrepor à ética e ao direito, assim como o progresso científico não poderá acobertar crimes contra a dignidade humana nem traçar, sem limites jurídicos, os destinos da humanidade.[28]

26. Newton Aquiles von Zuben. *Bioética e tecnociências* – a saga de Prometeu e a esperança paradoxal. Bauru: Edusc, 2006, p. 224.
27. Idem, ibidem, p. 224.
28. Maria Helena Diniz, *O estado atual do biodireito*, op. cit., p. 7.

Acatando pensamento de Regina Lúcia Fiúza Sauwen, Maria Helena Diniz argumenta que

> a esfera do biodireito compreende o caminhar sobre tênue limite entre o respeito às liberdades individuais e a coibição de abusos contra o indivíduo ou contra a espécie humana. Que não se permite ao Estado, em qualquer de suas funções assistir impassível ao avanço do poder científico sobre a vida humana, sobre o genótipo do cidadão; do mercado genético; do desrespeito à dignidade humana; dos abusos de pesquisas com seres humanos; do mal uso de seres humanos pela biotecnologia; do risco do uso incorreto do Projeto do Genoma Humano etc.[29]

Não se desconhece que a Constituição Federal, em seu art. 5º, inciso IX, garante a liberdade da atividade científica. Tal garantia, entretanto, está limitada pelo art. 1º, inciso III, pelo art. 5º, e ainda pelo art. 225, todos do mesmo diploma constitucional, isto é, tais artigos obstam, ou deveriam obstar, que a liberdade científica não ultrapasse seus limites quando a dignidade humana estiver na iminência de ser afetada por alguma conduta que possa caracterizar desrespeito.

O biodireito, portanto, tem por objeto regular e ordenar a atividade científica de acordo com a Constituição Federal, incumbindo-lhe criar instrumentos e indicar procedimentos apropriados para orientar condutas diante dos problemas suscitados pelas novas tecnologias, bem assim prever punições no caso de ocorrerem hipóteses de mau uso da liberdade de pesquisa científica e da qual resulte risco à integridade da pessoa humana, à sua liberdade, vida e dignidade.

Tais evidências demonstram que, diante da civilização tecnocêntrica que produz mutações profundas e radicais nos mais variados setores da vida social contemporânea, a interlocução entre o direito e as ciências da vida e da saúde são imprescindíveis para o controle do desenvolvimento científico e para a garantia da dignidade do ser humano e proteção do meio ambiente.

Assim, se é exato que não se pode impedir o progresso científico, não é menos certo que tal desenvolvimento deve se realizar sob a vigilância e supervisão do ordenamento jurídico-constitucional.

3.4 Âmbito de atuação do biodireito

O Biodireito é um ramo do Direito Público ou do Direito Privado?

Pensamos que os arts. 1º, III, 5º, e 225 da Constituição Federal, que tratam genericamente da dignidade humana, do direito individual e dos direitos coletivos e difusos, respectivamente, são os parâmetros que permitem dimensionar o âmbito de abrangência do biodireito, daí se podendo afirmar que é sua função tutelar tanto interesses de ordem pública como interesses de ordem particular.

29. Idem, ibidem, p. 7.

Particular, quando diz respeito à proteção de interesses individuais do ser humano, como sujeito de direitos. Diz-se interesse público, quando se tratar da tutela global, compreendida nesta a proteção do meio ambiente e proteção da vida humana, cujos valores se encontram amparados pela Constituição Federal, e detalhados em legislações específicas, infraconstitucionais, como é o caso *v.g.* da Lei nº 8.974, de 05/01/1995, que regulamenta os incisos II e V, § 1º, art. 225 da Constituição Federal, o qual estabelece normas para o uso das técnicas de engenharia genética e liberação, no meio ambiental, de organismos geneticamente modificados, bem assim pela Resolução nº 1.358/1992 do Conselho Federal de Medicina, que dispõe sobre normas éticas para a utilização das técnicas de reprodução assistida, bem assim a Lei nº 9.434/1997 que dispõe sobre transplante de órgãos tecidos e partes do corpo humano, com fins terapêuticos, dentre outras inúmeras.

4. A Comissão Americana e o Relatório Belmont: a proteção aos Direitos Humanos

Antes de adentrarmos ao exame dos princípios gerais que orientam a bioética, é oportuno meditar sobre a lição de Flávia Piovesan no estudo que fez sobre os horrores praticados pelas forças militares da Alemanha nazista, durante a 2ª Guerra Mundial, e pelos médicos e pesquisadores de Hitler, em relação às experiências cientificas, extremamente desumanas, cujas cobaias foram as milhares de pessoas confinadas e amontoadas em campos de concentração. Tais experiências foram realizadas sem a observância de um mínimo ético, uma vez que o que importava eram os resultados das experiências, sem qualquer preocupação com a dignidade da pessoa humana. E, ao comentar sobre a internacionalização dos direitos humanos diz:

> No momento em que os seres humanos se tornam supérfluos e descartáveis, no momento em que vige a lógica da destruição, em que cruelmente se abole o valor da pessoa humana, torna-se necessária a reconstrução dos direitos humanos como paradigma ético capaz de restaurar a lógica do razoável. A barbárie do totalitarismo significou a ruptura do paradigma dos direitos humanos, por meio da negação do valor da pessoa humana como valor fonte do direito. Diante dessa ruptura, emerge a necessidade de reconstruir os direitos humanos como referencial e paradigma ético que aproxime o direito da moral. Nesse cenário, o maior direito passa a ser, adotando a terminologia de Hannah Arendt, o *direito de ter direitos*, ou seja, o direito a ser sujeito de direitos.[30]

E, sem dúvida, foi com esse sentimento – *direito a ter direitos* – postas frente a frente a ciência e a barbárie, que a Comissão Nacional para a Proteção dos Sujeitos Humanos da Pesquisa Biomédica e Comportamental dos Estados Unidos foi criada, ao

30. Flávia Piovesan. *Direitos humanos e o direito constitucional internacional.* 7. ed. rev., ampliada e atual. São Paulo: Ed. Saraiva, 2006, p. 116.

se verificar, que, se de um lado a pesquisa científica propiciou muitos benefícios para os seres humanos, por outro fez aflorar questões éticas das mais relevantes e complexas, em face dos abusos cometidos contra sujeitos humanos pela pesquisa biomédica, especialmente durante a 2ª Guerra Mundial como já mencionado.

Digo especialmente, porque no começo do século 20, os Estados Unidos também praticaram atos desumanos em milhares de pessoas selecionadas ora por sua ancestralidade, ora por sua nacionalidade, raça ou religião, que foram esterilizadas à força, assim como proibidas de casar. Algumas até foram descasadas por burocratas do Estado. E o que é pior: elas eram confinadas em instituições para doentes mentais onde morreram em grande número.

Esse fato, que não mereceu atenção e que não foi levado ao conhecimento do público a tempo e a hora, porque ninguém escreveu sobre ele, foi o movimento que se desenvolveu nos Estados Unidos, em cerca de 27 estados, denominado "movimento eugenista", o qual em nome da ciência, foi o responsável pelo extermínio e esterilização de milhares de indivíduos portadores de algum tipo de deficiência, considerados indesejados, e por meio dos quais poderiam ter nascido crianças também portadores de alguma deficiência. O intuito, entretanto, foi outro.

Edwin Black revela, com detalhes, esse movimento que os Estados Unidos, já no início do século 20, promoveram com a finalidade de criar uma raça nórdica superior. Diz ele:

> A campanha de extermínio de grupos étnicos não foi empreendida por exércitos bem armados nem por seitas que cultuam ódio pelas minorias. Ao contrário, essa perniciosa guerra enluvada foi promovida por respeitados professores, universidades de elite, ricos industriais e funcionários do Governo que conspiraram um movimento racista e pseudocientífico denominado eugenia. O objetivo: criar uma raça nórdica superior. (...) o movimento eugenista criou, lentamente uma estrutura nacional, burocrática e jurídica para limpar os Estados Unidos de seus "incapazes". Testes específicos de quociente de inteligência foram criados para justificar um grupo classificado como débil mental, quando, na verdade, os assim chamados débeis mentais eram apenas pessoas tímidas, de natureza excessivamente dócil para serem respeitadas ou levadas a sério, ou falavam língua errada ou tinham a cor errada da pele. Leis que impunham esterilização foram promulgadas e implementadas em cerca de vinte e sete estados do país, para prevenir que determinados indivíduos tivessem descendentes. Leis proibindo casamentos proliferaram em todo o país para impedir a miscigenação racial. O caso foi levado à Suprema Corte, que santificou a eugenia e suas táticas.[31]

A meta desse movimento era esterilizar por volta de 14 milhões de pessoas, somente nos Estados Unidos, e mais alguns milhões pelo mundo afora. Contudo, com a

31. Edwin Black. *A Guerra contra os fracos* – A eugenia e a campanha norte americana para criar uma raça superior. São Paulo: Ed. A Girafa, 2003, pp. 19ss.

repercussão do holocausto infligido por Hitler, somente depois que a verdade sobre o extermínio nazista se tornou conhecida, e que Nuremberg denunciou os métodos eugenistas como genocídio e como crimes contra a humanidade, foi que o movimento americano começou gradualmente a declinar.

Mas não cessou: as instituições eugenistas trocaram apenas de nome: de eugenia para genética. E com essa denominação, com essa nova identidade, o movimento remanescente se reinventou e ajudou a estabelecer a moderna revolução genética humana, acadêmica e erudita.

Foi com base no Código de Nuremberg, que, criado para orientar os julgamentos dos médicos e cientistas que conduziram pesquisas biomédicas em seres humanos presos em campos de concentração nazistas, que a Comissão já mencionada, elaborou, em 1978, o trabalho que se chamou Relatório Belmont, por ter sido elaborado no Centro de Convenções de mesmo nome, em Elkridge, no Estado de Mariland.

A Comissão tinha por missão identificar princípios éticos básicos para guiar pesquisas envolvendo sujeitos humanos, bem assim assegurar que essas investigações seguissem orientações éticas.

O relatório é composto de uma introdução e três partes: a Parte A refere-se aos limites entre a prática e a pesquisa; a B sobre os princípios éticos básicos; e a C sobre as aplicações dos princípios gerais de conduta de pesquisa.

Os princípios, segundo H. Tristram Engelhardt,[32] podem funcionar como regras, "... talvez como regras gerais que guiam o investigador a fazer um enfoque particular da solução de um problema. Se não fundamentais, são pelo menos úteis, servindo para indicar as fontes de áreas concretas de direitos e obrigações morais". Mas podem também cumprir uma função de justificação. Nesse sentido são princípios, começos ou origens de determinadas áreas da vida moral.

Segundo Maria Helena Diniz,[33] quatro são os princípios gerais da bioética: dois de conotação nitidamente deontológica, e dois de natureza teleológica. Os deontológicos são o da não maleficência e o da justiça; os teleológicos são os da beneficência e o da autonomia.

O *Relatório Belmont,* que reconheceu as conclusões desse primeiro estudo, aludia aos princípios, que serão descritos a seguir, que se tornaram clássicos no desenvolvimento posterior da bioética.

Como princípios éticos gerais, referente à pesquisa biomédica em seres humanos, são registrados em uníssono, pelos estudiosos do tema, o respeito pela pessoa, beneficência e justiça.

4.1 Princípio do respeito pela pessoa

O respeito pela pessoa envolve a expressão de autonomia da vontade quer das pessoas capazes de deliberar acerca da pesquisa, como também aquelas incapazes, ou

32. H. Tristram Engelhardt Jr. *Fundamentos da bioética.* São Paulo: Edições Loyola, 2004, p. 132.
33. Maria Helena Diniz. *O estado atual do biodireito,* op. cit., pp. 14, 15.

com a capacidade diminuída de tomarem uma decisão, devendo ser representadas ou na impossibilidade que tal, gozar de uma maior proteção, visando obstar abusos ou danos.

Tal princípio comporta, portanto, dois pré-requisitos morais distintos: (1) aquele que reconhece a autonomia; (2) e o que exige proteção dos que têm sua autonomia diminuída.

Autonomia é derivada do grego, *autos*, que significa *próprio*, e *nomos*, que significa *regra*. Primeiramente, foi utilizada para designar autogestão ou autogoverno das cidades. Adquiriu, entretanto, no curso do tempo, novos sentidos, tais como direitos de liberdade, privacidade, escolha individual, liberdade de vontade, consentimento, não sendo, portanto, um conceito unívoco nem na linguagem comum, nem na filosófica contemporânea.[34]

O ser humano é um ente autônomo quando capaz de deliberar sobre seus objetivos pessoais e atuar sob a égide dessa decisão. Por outro lado, respeitar a autonomia é dar valor às opções e eleições das pessoas assim consideradas e abster-se de obstruir suas ações, a menos que estas produzam um claro prejuízo a outros. Demonstrar falta de respeito por um agente autônomo é discriminar, e discriminar significa negar a um indivíduo a liberdade de atuar segundo suas próprias convicções. Assim, a autonomia em seu sentido concreto, vem a ser a capacidade de atuar com independência e sem ingerência de qualquer natureza.

Segundo Cataldo Zuccaro,

> De fato, ninguém pode ter o direito de determinar a partir de fora a decisão livre de uma pessoa; aliás, para além do conteúdo específico de decisão, que outros poderiam até mesmo não compartilhar, permanece para todos o dever de defender a própria possibilidade de poder escolher.[35]

Realmente, esse direito à dignidade de uma escolha autônoma, independente, salvante a hipótese de incapacidade, não pode ser ignorado sob qualquer pretexto. Nesse caso, a autonomia aqui referida, ou seja, no sentido de que o que aconteça com o paciente deverá passar sempre pelo trâmite do consentimento informado, não tem relação com o conceito de Kant, que define o ser humano como autolegislador, com capacidade para governar-se por uma norma que ele mesmo aceita sem coação externa, norma esta, que deve ser universalizada pela razão humana.[36]

4.2 Princípio da não maleficência

Esse princípio determina a obrigação de não infligir dano *intencionalmente* ao ser humano. Na ética médica ele esteve associado com a máxima: *primum non nocere*, cujo significado indica "acima de tudo (ou antes de tudo) não causar dano". Segundo Beauchamp e Childress, essa frase, atribuída a Hipócrates, é, na realidade, de origem desconhecida, e não se encontra no *corpus* hipocrático.

34. Tom L. Beauchamp; James F. Childress, op. cit., pp.137, 138.
35. Cataldo Zuccaro, op. cit., p. 128.
36. Immanuel Kant. *À paz perpétua*. Trad. Marco A. Zingano. Porto Alegre: L&PM Editores, 1989, p. 34.

Mas, no Juramento de Hipócrates, ainda segundo esses autores, está expressa uma obrigação de não maleficiência e uma de beneficência: "Usarei o tratamento para ajudar o doente de acordo com minha habilidade e com meu julgamento, mas jamais o usarei para lesá-lo ou prejudicá-lo".

Em síntese, o princípio de não maleficência está definido pelo comportamento ético: "não devemos infligir mal ou dano". O da beneficência, por sua vez, está calcado nos seguintes pressupostos: (1) devemos impedir que ocorram males ou danos (intencionais); (2) (se ocorrerem), devemos sanar esses males ou danos; e, finalmente, (3) devemos fazer ou promover o bem.

As pessoas devem, portanto, ser tratadas eticamente. Suas decisões devem ser respeitadas, bem assim serem protegidas de qualquer dano.

Ainda, para Beauchamp e Childress[37] o dever de não causar dano é mais imperativo que o da beneficência, que vem a ser a exigência de promover o bem do enfermo.

O princípio de não maleficência propõe a obrigação de não infligir dano intencional e também abarca o dever de não infligir danos atuais e o de prevenir riscos de danos futuros. Assumir graves riscos implica a existência de objetivos importantes que os justifiquem.

Defendem, ainda, os autores, a existência de um princípio do duplo efeito no interior do princípio de não maleficência. O princípio do *duplo efeito* é aquele segundo o qual, em circunstâncias extraordinárias, é legítimo, e talvez até previsível, que uma ação possa ter mais de um resultado: um positivo e outro negativo. Nesse caso, embora legítimo, e bem intencionado, o ato produz um efeito danoso indesejado, posto que a intenção do agente é alcançar, sempre, o efeito bom e não o mau. Este é tolerado, mas não querido. É o caso dos efeitos colaterais dos remédios. O efeito mau não pode ser meio para alcançar o bom, porque o fim não justifica os meios.

A Convenção de Genebra, de 12/08/1949, sintetiza com clareza singular o princípio tradicional da práxis médica ao propor que "a saúde do paciente será sua primeira preocupação".

Finalmente o princípio da beneficência resume-se no dever ético de não fazer mal, isto é, não produzir nenhum malefício. A obrigação, na verdade, visa buscar o máximo de benefícios e minimizar danos e prejuízos.

4.3 Princípio da justiça

Esse princípio, a bioética o emprega no sentido de justiça distributiva, impondo a repartição equitativa, tanto em relação aos ônus, como com relação aos benefícios decorrentes da participação da pesquisa.

O próprio Relatório Belmont indica ser o princípio de justiça uma questão *de imparcialidade na distribuição* dos riscos e dos benefícios; no sentido de que iguais devem ser tratados igualmente. O próprio Relatório, entretanto, contém questões de alta indagação, como: Quem é igual e quem não o é, já que os homens têm diferenças de

37. Tom L. Beauchamp; James F. Childress, op. cit., pp. 209, 210.

toda natureza? Quais as condições que justificam afastar-se da distribuição igualitária?

As tentativas de respostas a tais indagações serão encontradas considerando-se os seguintes mandamentos: a cada pessoa uma parte igual; a cada pessoa de acordo com a sua necessidade; a cada pessoa de acordo com o seu esforço individual; a cada pessoa de acordo com a sua contribuição à sociedade; a cada pessoa de acordo com o seu. A ideia é compensar as desvantagens eventuais com vista à igualdade.

4.4 Princípio do consentimento informado

O Relatório Belmont, na sua terceira parte, diz que, para a aplicação dos princípios gerais de conduta de pesquisa, algumas exigências devem ser observadas com caráter de imprescindibilidade: consentimento informado; avaliação risco-benefício e a seleção dos sujeitos de pesquisa.

Embora o Relatório Belmont não lhe atribua tal *status,* alguns doutrinadores entendem ser mais apropriado incluir o consentimento informado na categoria de natureza de princípio geral da bioética, como ética da investigação humana, por imprescindível, como se pode verificar no item nº 22 da letra B, do título "Princípios básicos para toda pesquisa clínica", da Declaração de Helsinque, publicada no ano de 2000, e, segundo o qual deve ser rejeitada toda e qualquer pesquisa envolvendo seres humanos, quando estes não expressarem seu inequívoco consentimento, após completa informação sobre todos os desdobramentos do processo de investigação científica. A propósito tal princípio tem a seguinte redação:

> em qualquer pesquisa envolvendo seres humanos, cada paciente em potencial deve estar adequadamente informado quanto aos objetivos, métodos, fontes de financiamento, quaisquer possíveis conflitos de interesse, aflições institucionais do pesquisador, os benefícios antecipados e riscos em potencial do estudo e qualquer desconforto a que possa estar vinculado. O sujeito deve ser informado da liberdade de se abster de participar do estudo ou de retirar seu consentimento para sua participação em qualquer momento, sem retaliação. Após assegurar-se de que o sujeito entendeu toda a informação, o médico deverá, então, obter seu consentimento por escrito. Se o consentimento não puder ser obtido por escrito, o consentimento não escrito deve ser formalmente documentado e testemunhado.[38]

4.4.1 Elementos essenciais caracterizadores do consentimento informado

O Relatório Belmont preconiza que para que o consentimento seja considerado válido devem ser observadas três condições ou premissas a saber: informação, compreensão e voluntariedade.

Sobre a informação o Relatório orienta no sentido de que alguns itens devem ser considerados com o fim de que se faça chegar ao sujeito toda a informação suficiente,

38. Declaração de Helsinque, item nº 22, letra B, 2000.

tais como: procedimento da pesquisa, objetivos, riscos, benefícios esperados, procedimentos alternativos e o direito de o indivíduo retirar-se da pesquisa quando entender conveniente, assim como o direito de saber quem será o responsável pela pesquisa e como será feita a escolha dos sujeitos.

A compreensão implica a necessidade de que a informação seja passada do modo mais claro possível, devendo-se empregar o tempo necessário e suficiente para sua exata compreensão por parte do sujeito. A voluntariedade diz respeito à liberdade de o sujeito participar da pesquisa sem qualquer induzimento ou coação. Trata-se do querer voluntário. Isso quer significar que o consentimento obtido mediante qualquer tipo de vício não será tolerado, principalmente em se tratando de pessoa especialmente vulnerável.

5. Avaliação dos riscos e benefícios

Diz respeito aos cuidados no exame dos dados relevantes e formas de alternativas de se conseguirem os benefícios visados na pesquisa. A finalidade dessa avaliação, para o pesquisador, é uma forma de examinar se a pesquisa está corretamente estruturada e formatada.

6. Natureza e alcance dos riscos e benefícios

Refere-se à justificação da pesquisa no concernente a uma análise positiva sobre a relação risco-benefício, no sentido de que se procurar obter uma avaliação mais próxima do princípio da beneficência. Quando se fala em risco-benefício isso quer dizer que não se descarta a possibilidade de ocorrência de algum dano.

7. Seleção dos sujeitos

É feita com base no princípio da justiça, tanto no sentido social e como no individual. Individual no sentido de que não se pode privilegiar esse ou aquele indivíduo, exigindo-se equidade na escolha dos participantes. Pelo prisma do social, significa determinar o grupo social que realmente seja adequado ao tipo de pesquisa a ser realizada, isto é, aquele grupo que possa contribuir com a pesquisa em face de suas características. Grupo determinado para pesquisa determinada.

8. Princípios comuns entre bioética e direito constitucional

8.1 A dignidade da pessoa humana

8.1.1 Dignidade humana: conteúdo, evolução e significado

Muito já se escreveu sobre a dignidade humana. Contudo, nunca é demais retomarmos o tema, principalmente em face da relevância que adquiriu após os fatos ocorridos na 2ª Guerra Mundial, pelos médicos de Hitler. Mas, na verdade, a atribuição ao significado da dignidade humana não é assunto novo. Com efeito, a ideia de valor intrínseco da pessoa humana da própria essência, remonta há séculos e tem sido, ao longo do tempo, matéria debatida nos diversos segmentos sociais, seculares e religiosos.

Seguindo o ensinamento de Ingo Wolfgang Sarlet, e tomando como ponto de partida o pensamento filosófico e político da antiguidade clássica, verificamos que àquela época a dignidade era medida de acordo com a posição social do indivíduo e seu grau de reconhecimento perante os demais membros de sua comunidade. Daí se concluir que ela era algo mensurável. Havia, então, pessoas mais dignas e menos dignas. Pode-se falar em uma dignidade baseada no *status* de cada pessoa.

No pensamento estoico, por sua vez, a dignidade humana era vista como uma condição inerente ao ser humano, sem adjetivações. Todos os indivíduos gozavam da mesma dignidade, em igualdade de condições.

Em Roma, a partir das formulações de Cícero, desenvolveu-se uma compreensão de dignidade no sentido de reconhecer a coexistência de um sentido moral e um sentido sociopolítico de dignidade, considerando-se as virtudes pessoais de mérito, integridade, lealdade, e a posição social e política ocupada pelo indivíduo na comunidade.

Quando o Cristianismo se tornou religião oficial do Império Romano, o Papa Leão Magno sustentou que os seres humanos possuíam dignidade já que criados à imagem e semelhança de Deus como ensinado no Antigo Testamento, no livro do Gênesis, 1:26, onde se lê que Deus criou o homem à sua imagem e semelhança – *espiritual, pois Deus não tem forma* –, para governar sobre os demais seres vivos e sobre a Terra.[39] O mesmo ensinamento é encontrado na Torá – A Lei de Moisés, mesmo capítulo e versículo, cujo conteúdo também é idêntico sendo que a interpretação que se extrai da nota de rodapé da própria Torá, é que a superioridade do homem, em relação a todas as coisas, reside na circunstância de que ele é dotado do privilégio do raciocínio, da inteligência, deduzindo-se daí que, quando se fala em domínio está-se a referir à capacidade de raciocínio.

Na Idade Média, um novo conceito para a dignidade humana foi elaborado a partir de Anicio Manlio Severino Boécio. Em definição que tornou-se clássica, asseverou ele "*persona proprie dicitur naturae rationalis individua substantia*" [diz-se propriamente pessoa a substância individual da natureza racional]. Como ensina Comparato: "aqui, como se vê, a pessoa já não é uma exterioridade, como máscara do teatro, mas a própria substância do homem (...) A substância é a característica de um ser".[40]

Posteriormente, esse entendimento foi adotado por Santo Tomás de Aquino, que formulou, para a época, um conceito mais profundo de pessoa, dando-lhe com o que acabou por influenciar a noção contemporânea de dignidade da pessoa humana. Em sua *Suma teológica* ele definiu a pessoa não apenas como substância individual de natureza racional, mas também porque dotado de capacidade de autodeterminar-se "porque livre em sua natureza, existe em função de sua própria vontade".[41]

Nos séculos 17 e 18, o conceito de dignidade passa por um novo processo de reformulação, afastando-se – *sem perder a essência até então reconhecida, de igualdade de todos os homens em dignidade e liberdade* –, da ideia de direito natural para alcançar um novo *status* baseado na racionalização e na laicização.

39. Ingo Wolfgang Sarlet, op. cit., pp. 29-31.
40. Fábio Konder Comparato, *Ética, direito, moral e religião no mundo moderno*, op. cit., p. 19.
41. Ingo Wolfgang Sarlet, *Dignidade da Pessoa Humana e Direitos Fundamentais*. Sexta edição revista e atualizada. Porto Alegre: Editora Livraria do Advogado, 2008, p. 33.

O conceito de dignidade humana afasta-se da ideia de sacralidade – Deus criou o homem à sua imagem e semelhança –, e adquire uma concepção exclusivamente racional com Immanuel Kant. Para o filósofo de Königsberg, a dignidade tem seu fundamento na autonomia ética do ser humano: o homem não pode ser tratado por outros como objeto nem tratar a si próprio como objeto de si mesmo. Em sua *Fundamentação da metafísica dos costumes* expressa-se assim: "Seres humanos racionais estão, pois, todos submetidos a esta lei que manda que cada um deles jamais se trate a si mesmo ou aos outros simplesmente como meios, mas sempre simultaneamente como fins em si".[42]

Em outra passagem, logo em seguida, ensina que: "*No reino dos fins* tudo tem ou um preço, ou uma dignidade. Quando uma coisa tem um preço, pode-se pôr, em vez dela, qualquer coisa equivalente; mas, quando uma coisa está acima de todo o preço, e, portanto, não permite equivalente, então ela tem dignidade". Autonomia é, pois, fundamento da dignidade da natureza da vida humana e de toda natureza racional.[43]

E, ao se referir ao "reino dos fins" está aludindo sobre a ligação sistemática de vários seres racionais por meio de leis comuns, e finaliza: "só por meio da moralidade se pode alcançar a dignidade, pois só ela, a moralidade, pode fazer de um ser racional um fim em si mesmo (...) Portanto a moralidade e a humanidade, como capaz de moralidade, são as únicas coisas que têm dignidade".[44]

Fica, portanto, a pergunta: A dignidade é um dado ou uma conquista através da prática de ações morais boas?

As formulações sobre a dignidade humana kantiana passaram a influir grandemente o pensamento filosófico e jurídico; Hegel, distanciando-se do paradigma kantiano, defendeu outro ponto de vista: que a dignidade não é um dado mas um construído. Sarlet[45] cita que Hegel, em sua obra *Filosofia do direito*, diz que a dignidade constitui uma qualidade a ser conquistada; com base nesse entendimento, e inclui[46] o entendimento de Carlos Ruiz Miguel, o qual sustenta uma noção de dignidade baseada na *eticidade*, isto é, que o ser humano não nasce digno mas torna-se digno a partir do momento em que se torna cidadão, refutando, portanto, uma noção estritamente ontológica de dignidade, isto é, do ser como ser. A dignidade não seria, então, um dado e sim um construído?

Verifica-se, até este ponto, que, se uma justificação para a formação da dignidade humana é complexa, dar-lhe, então, um conceito é missão das mais árduas, posto que, se é certo que é possível afirmar que a dignidade da pessoa humana é sensível, não é menos certo afirmar que sua própria natureza impede essa percepção, em razão da alta carga de abstração e generalidade, o que dificulta desvelar seus contornos ou mesmo ter uma noção perceptível em face da falta de substância do indivíduo.

42. Kant, Immannuel, *Fundamentação*, cit., p. 77.
43. Idem, ibidem.
44. Idem, ibidem.
45. Idem, ibidem.
46. Ingo Wolfgang Sarlet, op. cit., p. 38.

Com apoio em Michael Sachs, é ainda de Ingo Sarlet, a justificação de que

> uma das principais dificuldades reside no fato de que no caso da dignidade da pessoa, diversamente do que ocorre com as demais normas jusfundamentais, não se cuida de aspectos mais ou menos específicos da existência humana (integridade física, intimidade, vida, propriedade etc.) mas, sim, de uma qualidade tida como inerente a todo e qualquer ser humano, de tal sorte que a dignidade passou a ser habitualmente definida como constituindo o valor próprio que identifica o ser humano como tal, definição esta que, todavia, acaba por não contribuir muito para uma compreensão satisfatória do que efetivamente, é o âmbito de proteção da dignidade na sua condição jurídico-normativa.[47]

Daí a dificuldade em conceituar a dignidade com clareza, porque, além de estar em constante processo de evolução, o conceito não se prestaria a explicar a dignidade diante da pluralidade e peculiaridades das diferentes sociedades existentes no mundo.

Particularmente, entendo que, no âmbito desta seção, o que faz o ser humano digno não é apenas sua condição de sentir, entender, querer, argumentar, ter capacidade de raciocínio e de responsabilizar-se pelas práticas de seus atos. O só fato de sua concepção ou de sua existência já o faz digno. E essa essência, transformada em valor, torna a pessoa digna de si mesma, já que a dignidade é um atributo inerente a todo ser humano, sem que haja necessidade de se lhe agregar qualquer condição. Na verdade, a dignidade é um elemento constitutivo, um atributo intrínseco da própria condição humana, sem o que não haveria qualquer razão para explicar sua proteção pelo Estado através da Constituição e das leis. Qualquer ofensa, seja moral ou física, se dirige primariamente à dignidade da pessoa humana. A se exigir que se agregue qualquer conteúdo a ela, a própria noção de dignidade restará discriminatória. Dignidade humana não é privilégio; é apenas imanência, posto que inseparável de qualquer ser humano, seja bom, seja mau.

Se se entender que a dignidade é uma conquista, ou que é baseada na eticidade, na racionalidade, como poderíamos defender que um recém-nascido, um feto, ou mesmo um embrião, tem dignidade?

Na verdade, conceituar indignidade é mais fácil do que entender o que seja dignidade. É que a indignidade explica-se por si só.

A propósito, o art. 1º da Declaração Universal da ONU de 1948 é de clareza meridiana ao proclamar que "todos os seres humanos nascem livres e iguais em dignidade e direitos. Dotados de razão, e consciência, devem agir uns para com os outros em espírito de fraternidade".

A dignidade da pessoa humana, além de figurar como um dos fundamentos do Estado Democrático de Direito, é princípio constitucional fundamental de natureza absoluta como consagrada no art. 1º, inciso III, e art. 5º da Constituição Federal; é

47. Ingo Wolfgang Sarlet, op. cit., p. 42.

ainda lembrada em várias passagens do texto constitucional: arts. 170, *caput*; 196; 201; 203; 226, § 6º; 227, *caput*; e 330.

A dignidade humana na lição de Ingo Sarlet, de novo, com apoio em Sérgio Ferraz, é a base da própria existência do Estado Brasileiro e, ao mesmo tempo, fim permanente de todas as suas atividades cumprindo-lhe a criação e manutenção das condições para que as pessoas sejam respeitadas, resguardadas e tuteladas, em sua integridade física e moral, assegurados o desenvolvimento e a possibilidade da plena concretização de suas possibilidades e aptidões.

8.2 Princípio da igualdade

Segundo a concepção aristotélica, o princípio da igualdade consiste em tratar desigualmente os desiguais, ficando o biodireito com a incumbência de aplicá-lo adequadamente considerando os graus de emergência, necessidade ou utilidade reclamados pelo caso concreto.

O reconhecimento do princípio da igualdade como vetor do sistema constitucional brasileiro se aproxima do conceito de justiça extraído do Relatório Belmont, porque impõe um tratamento equânime às pessoas na aferição dos benefícios que possam surgir dos avanços biomédicos.

Isso vem de encontro ao ensinamento de Celso Antônio Bandeira de Mello, segundo o qual

> a igualdade é preceito magno, tanto que se acha insculpido em artigo subordinado à rubrica constitucional "Dos Direitos e Garantias Fundamentais", que visa a um duplo objetivo, a saber: de um lado propiciar garantia individual contra perseguições e, de outro, tolher favoritismos.[48]

8.3 Princípio da inviolabilidade da vida

Sem dúvida, a vida representa para o indivíduo um bem de valor inestimável, devendo, portanto, receber total e indeclinável proteção, seja quanto à integridade física ou moral, cabendo ao biodireito cuidar para que tais bens sejam integralmente resguardados no curso das experiências científicas que envolvam seres humanos.

8.4 Princípio do direito à informação

O princípio da informação assegura ao indivíduo o direito de receber dos órgãos públicos informações de seu interesse, segundo o art. 5º, inciso LXXIII, da Constituição Federal. Esse princípio reforça o princípio do consentimento informado adotado pela bioética, garantindo ao sujeito optante pela participação na pesquisa o direito de receber todas as informações sobre o procedimento investigatório científico do qual fará parte.

---

48. Celso Antônio Bandeira de Mello. *Conteúdo jurídico do princípio da igualdade*. 3. ed. São Paulo: Malheiros Editores, 2003, p. 23.

8.5 Princípio da proteção à saúde

A saúde é um direito fundamental previsto no art. 196 da Constituição Federal de 1988, cuja redação é a seguinte: "*A saúde é direito de todos e dever do Estado*". Logo, a pesquisa em seres humanos não poderá, como regra, produzir um estado de não saúde.

9. Princípios gerais do biodireito

9.1 Princípio da boa-fé

Esse princípio deve ser entendido como de natureza de "integração ética" da justa causa, entendida esta como boa-fé, como lealdade, confiança, honestidade, sinceridade, pressupostos sem os quais as experiências científicas não poderão ser legitimadas.

9.2 Princípio da prudência

Esse princípio exige uma ação equilibrada e consciente do pesquisador, para evitar que o experimento produza um resultado danoso decorrente de negligência, imprudência ou imperícia.

10. Princípio específico do biodireito: princípio da legalidade dos meios e fins

É função do legislador, na defesa da vida humana, sem representar obstáculo aos avanços científicos, implementar normas jurídicas eficazes, equilibradas e condizentes com o valor da dignidade humana, que, por meio da aplicação dos princípios da lógica do razoável e da ponderação dos interesses envolvidos, permitam a compatibilização entre o biodireito e os objetivos da bioética, tudo com vista aos benefícios que as biociências e biotecnologias poderão trazer para a humanidade.

11. Fontes da bioética e do direito constitucional

Com apoio na lição de Lepargneur, Alarcón, como se verá a adiante, sustenta não ser possível observar a bioética sem atender à ética. Realmente, a bioética nada mais é que a ética aplicada às biociências e biotecnologias. Para este último, a bioética tem origem em duas fontes: (1) de um lado a bioética busca sua justificação no conjunto de sistemas éticos, na pluralidade de culturas de um dado momento histórico, culturas essas que contribuem com seus costumes, características, também plurais, princípios e fundamentos diversos; (2) **e** de outro, nas práxis decorrentes dos debates livres, consensuais, através dos quais se buscam ideias universais que podem dar concretude a normas mínimas e comuns de condutas.

A Constituição reúne um corpo de princípios e regras que, por sua vez, também têm origem na vontade popular que detém o monopólio do poder de fato.

Como primeira conclusão, temos, portanto, que o direito constitucional e a bioética são originários de uma mesma fonte: ambos são produtos de uma convenção social calcada em valores, ideias, costumes, pontos de vista. A bioética procura fincar suas bases aproximando-se de outros campos do conhecimento, tais como a sociologia, a antropologia e o direito, que são as bases que fixarão e ordenarão a atuação científica.

Um outro argumento que reforça a origem comum das duas disciplinas é que as Constituções democráticas do pós-guerra inseriram em seus textos um rol de direitos e valores fundamentais destinados à proteção do ser humano, dentre eles o direito à vida, à liberdade, à integridade física e moral e, principalmente, a manutenção da vida e da dignidade humana.

A bioética também está vinculada aos mesmos valores fundamentais antes mencionados. Logo, tanto o direito constitucional como a bioética têm por missão tutelar e proteger a vida do ser humano em toda sua dimensão. Ainda: o direito constitucional e a bioética mantêm entre si uma relação de dependência e reciprocidade absoluta em virtude da qual ambos se completam e se transformam em uma única potência com vista à proteção de um e mesmo objetivo. Para Alarcón,

> Em verdade, encontram-se em jogo de valores sociais de alto significado, e de todos eles a intangibilidade da dignidade humana como o de maior fortaleza. De outro lado, apesar de alguns autores manifestarem opiniões divergentes, situações como o aborto, a reprodução assistida e, em geral, as técnicas alternativas de reprodução, a comercialização e doação de órgãos, os transplantes, dentre outros, são temas que interessam à bioética, à ciência jurídica e especialmente ao Direito Constitucional como feixe de normas que coletam valores sociais sobre temas polêmicos. Embora possa pensar-se em realizar análises nos limites do Direito Privado, a verdade é que tais temas devem interessar, sobremaneira e profundamente, ao Direito Público.[49]

E prossegue, ainda:

> Destarte, é possível considerar que o relacionamento entre a bioética e o direito constitucional se sustenta em princípios como: (a) da inviolabilidade e da indisponibilidade da vida humana; (b) da dignidade da pessoa humana; (c) da preservação da saúde do ser humano como direito social; (d) da liberdade e consentimento do indivíduo para as práticas médicas; (e) da igualdade na lei; e, (f) da justicialidade.[50]

12. Efetividade das normas da bioética e do direito constitucional

As regras da bioética, por não ostentarem natureza jurídica, não têm caráter coercitivo. Alarcón ensina, porém, que "sua vantagem é que seu cerne é a própria atividade humana, pois repousa sobre evidências práticas, e precisamente por isso, ela só podia nascer em contexto democrático". Isso vem demonstrar que sua autoridade é inquestionável já que é uma concretização da vontade soberana do povo.

49. Pietro de Jesús Lora Alarcón. *Patrimônio genético humano e sua proteção na Constituição Federal de 1988*. São Paulo: Editora Método, 2004, pp. 157, 158.
50. Idem, ibidem, pp. 157, 158.

Já as Constituições, documentos democráticos por natureza, por ostentarem cunho jurídico e serem textos supremos de um Estado democrático, submetem quaisquer outras normas, seja de que natureza forem, à sua autoridade e hierarquia.

Finalmente, outro ponto comum que se verifica entre as normas emanadas da bioética e do direito constitucional é que ambas têm por missão manter a coexistência pacífica da humanidade através de um permanente esforço de redução da conflituosidade social, através da implementação de normas axiológicas eficazes, reconhecidas e adotadas pelas comunidades.

13. O bem comum como valor da bioética e finalidade do Estado constitucional

Quando escreveu sua Teoria das quatro causas, Aristóteses defendeu existirem quatro causas implicadas na existência de algo: (1) a causa material: aquilo do qual é feita alguma coisa; a argila, por exemplo; (2) a causa formal: a coisa em si, como um vaso de argila; (3) a causa motora, que tem pertinência com aquilo que dá origem ao processo em que a coisa surge, como as mãos de quem trabalha com a argila; (4) e a causa final: aquilo para o qual a coisa é feita, por exemplo, o vaso que pode receber flores para enfeitar um ambiente.

Neste capítulo nos interessa o exame da causa final, "aquilo para o qual a coisa é feita".

Temos que essa colocação se aplica ao Estado. Transportando essa lição para o campo da Teoria Geral do Estado e do Direito Constitucional, tomado agora como princípio do bem comum, verificaremos, como ensina Alarcón, que ele

> ... adquire conteúdo próprio, determinado e objetivo que se instala nas finalidades concretas de cada organização estatal, determinando critérios de interpretação perante realidades novas ou ameaças a direitos tradicionais dos seres humanos.[51]

Partindo-se, portanto, do conceito de 'causa final' de Aristóteles, é dizer, que o bem é o fim buscado por todos os seres humanos, incumbindo ao Estado a salvaguarda dos direitos fundamentais sociais, coletivos e difusos, através de normas de proteção desses bens, bem assim de promover e realizar a felicidade dos membros de uma comunidade, concluiremos que é finalidade indeclinável do Estado a proteção do bem comum.

Maria Helena Diniz leciona que

> a noção de "bem comum" é bastante complexa e de difícil compreensão, cujo conceito sempre estará a depender da filosofia, política e jurídica adotada. Por conta de estar ligada a um diversidade de elementos e fatores tal noção possibilitará seja o bem comum definido de várias maneiras. Assim,

51. Pietro de Jesús Lora Alarcón, op. cit., p.162.

> se reconhecem, geralmente, como elementos do bem comum a liberdade, a paz, a justiça, a segurança, a utilidade social, a solidariedade ou cooperação. O bem comum resulta da harmonização em face da realidade sociológica.[52]

Goffredo Telles Júnior ensina que

> Nenhum outro bem merece o nome de bem comum: a ordem jurídica é, de fato, o único bem rigorosamente comum, ou seja, o único bem comum que todos os participantes da sociedade política desejam necessariamente, e que nenhum pode dispensar. Poderá um participante da sociedade dispensar quaisquer outros bens sociais (...) mas todo aquele que disser: "quero viver em sociedade", estará manifestando o desejo de viver em conformidade com uma ordem jurídica. Por quê? Porque sem os outros bens sociais pode a sociedade subsistir; sem a ordem jurídica, a sociedade é impossível. Para a sociedade política, o bem comum ou ordem jurídica é fim. Para os outros grupos sociais, e para cada ser humano vivendo em sociedade, o bem comum ou ordem jurídica é meio de que precisam para atingir seus fins particulares. Assim, a ideia de bem comum pode ser a de uma ordem socialista, ou capitalista, ou ditatorial, monárquica ou democrática, ou ainda republicana. É preciso acrescentar [entretanto], que o bem comum não é um bem usufruído *equitativamente* por todos.[53]

A sociedade aparece como comunidade, unidade no comum, sujeita a uma ordem que vincula a todos a uma escala de valores, na qual o ser humano é o começo e o fim do interesse de todos, superando-se o interesse individual. Nenhum homem pode alcançar seu fim individual sem se atingir o próprio bem comum. Esse sentido antropocêntrico é próprio do direito constitucional e também da bioética. Ao entender que vivendo o homem em sociedade, estando sujeito, portanto, aos rigores de uma ordem jurídica, seja de que natureza for, mas que dela não pode dispor, e sustentando, ainda, que, para alcançar seu fim individual, seu bem individual o homem não o conseguirá se não buscar observar o próprio bem comum, Alarcón mostra que

> ... o bem comum é o bem particular de cada indivíduo, como parte de uma comunidade. O atingir o bem comum é a concretização da felicidade humana. A gênese do vocábulo interesse deriva do latim *inter* (entre) e *esse* (ser) e traduz o "ser entre". Com isso, o interesse pode ser definido como a ponte entre o indivíduo e o bem, aquilo que os relaciona entre eles. Nessa seara, o bem da comunidade é o interesse público, relação entre a sociedade e o bem comum que almeja o conjunto dos indivíduos. Dessa maneira, o papel

52. Maria Helena Diniz. *Lei de Introdução ao Código Civil*. São Paulo: Ed. Saraiva, 1996, p. 163.
53. Goffredo Telles Júnior. *O povo e o poder* – O conselho de Planejamento Nacional. São Paulo: Malheiros Editores, 2003, p. 30.

> dos governantes e administradores públicos dentro do Estado é precisamente a promoção do bem comum, o que outorga sentido às Constituições, à organização estatal, e ao avanço das ciências humanas, incluindo, naturalmente, os progressos no plano da genética. O reconhecimenemto do bem comum ou do interesse público deu-se por via da consagração dos direitos fundamentais das Cartas Magnas dos Estados, isto é, por via da positivação.[54]

Finalmente, para a Doutrina Social da Igreja, bem comum é o fim a ser atingido pela sociedade humana. Seu conceito foi formulado na Encíclica *Pacem in Terris*, de 1963, pelo Papa João XXIII. Tal conceito vem mencionado pelo Professor Dalmo de Abreu Dallari, segundo o qual: "...bem comum é o conjunto de todas as condições de vida social que consistam e favoreçam o desenvolvimento integral da personalidade humana".[55] Ainda, segundo Dalmo Dallari, é o fim das pessoas singulares que existem na comunidade, como o fim do todo é o fim de qualquer de suas partes. Ou seja, o bem da comunidade é o bem do próprio indivíduo que a compõe.

Para os *deterministas*, a vida do homem é marcada por uma sucessão de fatos inexoráveis, ordenados pelas leis naturais e sujeitas ao princípio da causalidade, não lhe possiblitando, pelo seu baixo nível de deliberação, uma intervenção efetiva no curso da vida social; os *finalistas* consideram que há uma finalidade social de livre escolha do homem que, agindo conscientemente de que só vivendo em sociedade, poderá alcançar e satisfazer suas necessidades fundamentais. Entretanto, em face da dificuldade na escolha de algo que seja reconhecido por todos como um valor universal, e que atenda aos desejos de todos, ensina o Professor Dalmo Dallari que a comunidade deve trabalhar em prol de um bem comum.

Ao reconhecer, porém, a dificuldade de se estabelecer, com nitidez, a ideia de bem comum, enfatiza ainda, o ilustre jurista, que o conceito de bem comum, formulado pela doutrina social da Igreja, foi de extrema felicidade, já que é de alcance universal por força de sua generalidade, uma vez que indica um valor reconhecível como tal por todos os homens, sejam quais forem as preferências pessoais de cada um. E Dalmo Dallari acrescenta:

> Não há referência a uma espécie particular de bens, indicando-se, em lugar disso, *um conjunto de condições*, incluindo a ordem jurídica e a garantia de possibilidades que consintam e favoreçam o desenvolvimento integral da personalidade humana. Nesta ideia de integral desenvolvimento da personalidade está compreendido tudo, inclusive os valores materiais e espirituais que cada homem julgue necessário para a expansão de sua personalidade.[56]

54. Pietro de Jesús Lora Alarcón, op. cit., p. 163.
55. Dalmo de Abreu Dallari. *Elementos de Teoria Geral do Estado.* 25. ed. São Paulo: Ed. Saraiva, 2006.
56. Dalmo de Abreu Dallari, op. cit., pp. 22, 23.

14. Considerações finais

Já encaminhando para o final, a bioética e o biodireito ao mesmo tempo em que possuem uma natureza interdisciplinar como caraterística mais evidente, dialogam com outras áreas do saber humano, tais como: epistemologia, história da ciência, axiologia – da qual recebe uma grande influência – ética, religião, sociologia – dada a vasta gama de situações enfrentadas pelas ciências da vida –, necessitando, portanto, de se valerem de um complexo de princípios e regras morais e jurídicas a lhes dar respaldo.

A finalidade da bioética é compreender o significado e o alcance das novas conquistas científicas e tecnológicas, ficando sob seu cargo a criação de estruturas normativas para regular e controlar o uso destas atividades. Sabe-se que as normas bioéticas não se impõem pela coerção, então, aparece o Direito que, com seu poder natural, cria normas de coerção a fim de regular as condutas recíprocas entre os indivíduos e o Estado e vice-versa. Cabe, então, ao biodireito, a incumbência de regular as atividades médicas e biológicas, principalmente para o fim de garantir a preservação da dignidade humana, da vida e da saúde.

Na lição de Maria Claudia Crespo Brauner, somente a lei é o instrumento ideal para orientar o desenvolvimento das ciências da vida.

> A formulação da disciplina denominada de biodireito rerpesenta um ramo novo e revolucionário cujo interesse repercute em todo o mundo, requerendo um conhecimento transdisciplinar constantemente atualizado e dinâmico, de acordo com a evolução dos avanços científicos.[57]

Por derradeiro, Lora Alarcón ensina que a bioética necessita do conceito do Estado, denominado de bem comum, e dos princípios da dignidade da pessoa humana, de igualdade, de primazia do interesse público, para resolver seus problemas. Não pode ainda prescindir da utilização dos princípios da razoabilidade e proporcionalidade, cujos instrumentos serão valiosos para a concretização do princípio da justicialidade em uma perspectiva axiológica. Assim,

> ... a bioética deve ser encarada como disciplina essencialmente prática, cuja finalidade é conseguir o consenso máximo em matéria de duvidosos desafios na área da saúde humana, para elaborar e implementar normas de ação, isto é, é necessário um consenso prévio sobre a bioética para buscar as soluções para os problema que tiver de enfrentar. E isto só será possível desde que o direito constitucional forneça subsídio adequado para, com base na Constituição, servir de orientação jurídica com vista às soluções dos problemas enfrentados pela bioética. Na verdade, a bioética e o direito constitucional enfrentam as mesmas dúvidas e incertezas e essa inter-relação facilitará o trabalho de

57. Maria Claudia Crespo Brauner. *Biotecnologia e produção do Direito:* considerações acerca das dimensões normativas das pesquisas genéticas no Brasil. In: Ingo Wolfgang Sarlet; George Salomão Leite. *Direitos fundamentais e biotecnologia*. São Paulo: Editora Método, 2008, p. 179.

interpenetração permanente, e, mesmo respeitando os limites de cada um, pode conduzir mais facilmente à solução de tais desafios.[58]

15. Referências bibliográficas

ALARCÓN, Pietro de Jesus Lora. *Patrimônio Genético Humano e sua proteção na Constituição Federal de 1988.* São Paulo: Editora Método, 2004.

BANDEIRA DE MELLO, Celso Antônio. *Conteúdo jurídico do princípio da igualdade.* 3. ed. São Paulo: Malheiros Editores, 2003.

BLACK, Edwin. *A guerra contra os fracos:* a eugenia e a campanha norte-americana para criar uma raça superior. São Paulo: A Girafa Editora, 2003.

BRAUNER, Maria Claudia Crespo. *Biotecnologia e produção do direito:* considerações acerca das dimensões normativas das pesquisas genéticas no Brasil. In: SARLET, Ingo Wolfgang; LEITE, George Salomão. *Direitos fundamentais e biotecnologia.* São Paulo: Editora Método, 2008.

COMPARATO. Fábio Konder. *A afirmação histórica dos direitos humanos.* 3. ed. rev. e ampl. São Paulo: Ed. Saraiva, 2004.

________. *Ética, direito, moral e religião no mundo moderno.* São Paulo: Companhia das Letras, 2006.

CORTINA, Adela; MARTINEZ, Emilio. *Ética.* São Paulo: Edições Loyola, 2005.

DALLARI, Dalmo de Abreu. *Elementos de Teoria Geral do Estado.* 25. ed. São Paulo: Ed. Saraiva, 2006.

DINIZ, Maria Helena. *O estado atual do biodireito.* 4. ed. atual. de acordo com a Lei de Biossegurança (Lei nº 11.105, de 24/03/2005). São Paulo: Ed. Saraiva, 2007.

________. *Lei de Introdução ao Código Civil.* São Paulo: Ed. Saraiva, 1996.

ENGELHARDT JR., H. Tristram. *Fundamentos da bioética.* 2. ed. São Paulo: Edições Loyola, 2004.

FERRAZ, Sérgio. *Manipulações biológicas e princípios constitucionais:* uma introdução. Porto Alegre: Sergio Antonio Fabris Editor, 1991.

HABERMAS, Jürgen. *Consciência moral e agir comunicativo.* 2. ed. Rio de Janeiro: Editora Tempo Brasileiro, 2003.

HÖFFE, Otfried. *Immanuel Kant.* São Paulo: Ed. Martins Fontes, 2005.

KANT, Immanuel. *À paz perpétua.* Trad. Marco A. Zingano. Porto Alegre: L&PM, 1989.

KANT, Immanuel. *Fundamentação da metafísica dos costumes.* Lisboa: Edições 70, 2005.

LALANDE, André. *Vocabulário técnico e crítico de filosofia.* São Paulo: Ed. Martins Fontes, 1999.

PESSINI, Leo; BARCHIFONTAINE, Christian de Paul de. *Problemas atuais de bioética.* 8. ed. rev. e ampl. São Paulo: Edições Loyola, 2007.

PIOVESAN, Flávia. *Direitos humanos e o direito constitucional internacional.* 7. ed. rev., ampl. e atual. São Paulo: Ed. Saraiva, 2006.

SARLET, Ingo Wofgang. *Dignidade da pessoa humana e direitos fundamentais.* 6. ed. rev. e atual. Porto Alegre: Livraria do Advogado Editora, 2008.

SGRECCIA, Elio. *Manual de bioética.* 2. ed. São Paulo: Edições Loyola, 2002.

58. Pietro de Jesús Lora Alarcón, op. cit., p. 165.

TELLES Júnior, Gofredo. *O povo e o poder:* o conselho do planejamento nacional. São Paulo: Malheiros Editores, 2003.

VASQUEZ, Adolfo Sanches. *Ética.* São Paulo: Civilização Brasileira, 2007.

VON ZUBEN, Newton Aquiles. *Bioética e tecnociências* – a saga de Prometeu e a esperança paradoxal. Bauru: Edusc, 2006.

ZUCCARO, Cataldo. *Bioética e valores no pós-moderno.* São Paulo: Edições Loyola, 2007.

Capítulo

17

O aborto e a condição feminina: Nem legalização, nem criminalização. Educação e apoio social: O Estatuto da Mulher

Maria Garcia*

1. A condição feminina e a punição edênica

MULHER, NA sua acepção comum, significa: "1. o ser humano do sexo feminino, capaz de conceber e parir outros seres humanos e que se distingue do homem por essas características. 2. Esse mesmo ser humano considerado como parcela da humanidade".

No sentido jurídico, eis como anotava o Vocabulário Jurídico,[1] anteriormente ao atual Código Civil, de 2002.

Mulher. Derivado do latim *mulier* designa toda pessoa do sexo feminino. Embora juridicamente imponha a lei certas restrições à capacidade civil da mulher, quando casada, não se conclua que tenha aquela estabelecido um grau de *inferioridade jurídica* entre o homem e a mulher. Ambos se igualam e, mesmo quanto aos direitos, estes se mostram iguais.

* Livre-Docente pela PUC-SP. Professora de Direito Constitucional, Direito Educacional e Biodireito Constitucional na PUC-SP. Vice-Coordenadora do Programa de Pós-Graduação em Direito da PUC-SP. Membro da CoBi do HCFMUSP e do IASP. Procuradora aposentada do Estado de São Paulo. Membro-fundador e atual Diretora Geral do IBDC. Membro da Academia Paulista de Letras Jurídicas. (Cadeira Enrico T. Liebman).

1. De Plácido e Silva, *Vocabulário Jurídico*, Rio de Janeiro: Forense, 1991.

A restrição imposta à mulher casada é questão de gerência: ao homem se atribui a direção da sociedade conjugal e, em virtude desta *chefia legal*, é que se restringe o poder de ação da mulher.

Neste sentido, também, é que cabe ao homem a iniciativa das *questões econômicas*, reservando-se à mulher os encargos do lar, sem que lhe seja vedado poder participar ou contribuir, com o seu trabalho, para a melhoria econômica do lar, mesmo quando casada.

As sociedades modernas, felizmente, têm compreendido que a mulher é tão humana, tão útil à sociedade, tão capaz quanto o homem. E pode, habilmente, fazer o que ele faz. Mera questão de *treinamento* e de aproveitamento de suas energias."

Mulher, anota a Enciclopédia Larousse Cultural:[2] "ser humano do sexo feminino. No Brasil, a Lei nº 4.121/1962 (Estatuto da Mulher Casada) e a Lei nº 6.515/1977 (Lei do Divórcio) emanciparam a mulher dentro do lar pois o Código Civil de 1916 continha preceitos que a consideravam relativamente incapaz. Essa discriminação ocorria em função do matrimônio, e não sexo. Antes do Estatuto da Mulher Casada, a mulher somente poderia trabalhar mediante consentimento expresso do marido. Posteriormente àquela lei, esse consentimento deixou de ser exigido.

Assim, somente com a Constituição de 1988, a mulher e o marido ficaram absolutamente equiparados na função de chefe de família, não existindo mais a figura do cabeça do casal, que antes era exercida pelo marido".

Pesquisa da Fundação Carlos Chagas[3] abrange o período colonial, com estudos que abordam usos, costumes e aspectos da vida social e familiar, instituições como as ordens religiosas e educandários femininos; obras de demografia histórica e relatos de viagens; biografias e louvações à mulher: neles observa-se, desde logo, que registram a presença feminina na história brasileira "apenas ocasionalmente, ressaltando principalmente os aspectos pitorescos da vida da mulher ou assinalando momentos em que, ao fugir de padrões de comportamentos estabelecidos em seu tempo, a mulher é levada ao pedestal ou à praça pública. O fato de sua contribuição para o destino comum ser pouco registrada deixa-a oculta em manifestações tão presentes que nem sempre merecem uma documentação mais duradoura, que possa ser trabalhada e transformada em memória coletiva".

Em análise sobre a histórica discriminação contra a mulher, Siqueira Castro[4] alonga-se, apropriadamente, nessa "discussão tão vasta e de certo modo arriscada e traiçoeira, que exigiria de quantos queiram aprofundá-la e vivê-la às últimas consequências, incursões em disciplinas aparentemente dissociadas do enfoque jurídico, a exemplo da psicanálise, da biologia, da teologia, sem falar na história, na política, na economia e na sociologia".

2. Nova Cultural, Rio de Janeiro, 1998.
3. "Mulher brasileira. Bibliografia anotada", São Paulo: Brasiliense, 1979.
4. Carlos Roberto Siqueira Castro, "O princípio da isonomia e a igualdade da mulher no Direito Constitucional", Rio de Janeiro: Forense, 1983, pp. 130 e segs.

> Acreditamos, diz ele, que a grande questão nesse conturbado tema reside na indispensável distinção crítica que se deva fazer entre o que constituía aqui *fato natural* e o que constituía *fato social* (onde se inclui o *fato jurídico*), ou seja, entre o *donné* e o *construit*, para utilizar a expressão dos filósofos franceses, tudo de modo a se alcançar a exata e isenta compreensão acerca das causas e co-causas que através dos tempos ensejaram a dramática inferiorização da mulher frente a seu congênere masculino.

E prossegue:

> O que queremos significar com isto é que se bem perceber, através de um amplo e sincero esforço de pedagogia individual e social, que a secular e multiforme discriminação imposta ao sexo feminino resulta preponderantemente, quiçá exclusivamente, de uma organização socioeconômica hipócrita e perniciosa tanto ao homem quanto à mulher, que os dicotomiza para desuni-los e dominá-los a ambos, não resultando, por conseguinte, de contingências ditadas pela natureza, estar-se-á no caminho certo rumo à liberação dos preconceitos e das explicações autoritárias que tanto menosprezam a inteligência e o espírito humano.
> Pensamos, por isso mesmo, que a maior ou menor intensidade dessa dicotomia funcionalista entre os sexos, que os predestina à assunção de determinados caracteres e papéis na sociedade, guarda estreita e direta relação com o grau de aperfeiçoamento dos povos e das civilizações.

Nesse estudo, conforme enfatiza Siqueira Castro, essa falsa inferioridade biopsíquica da mulher é, porém, amplamente assimilada pela psicologia social, valendo aqui invocar as alarmantes estatísticas sociológicas que por si só atestam a secundariedade da posição da mulher no meio social invocando o discutido Relatório Brandt (1980), que ressalta:

> *Las mujeres participan en el desarolho de todas partes no en términos de igualdad porque, frequentemente, su posición social no les permite igual acceso a la educación, al entre namiento, al trabajo, a la propiedad de la tierra, al crédito, a las oportunidades de negocio y, aun más (tal como muestran las estadísticas de mortalidad en algunos países), al alimento nutritivo y a otras necesidades para su supervivencia... Como la mayoria de los inventos y avances técnicos se han aplicado a los trabajos que tradicionalmente se han considerado exclusivo de los hombres, el resultado ha sido incrementar su papel dominante.*

Confirma Siqueira Castro, referentemente à condição social da mulher no Brasil, que “toda sua trajetória deu-se num ambiente de retrógados valores rural-patriarcais” e que “o sentimento de frustração da mulher permeia toda a nossa sociedade rural-escravocrata, onde a autoridade do patriarca se fazia onipresente e incontestável, esmagando o mais leve gesto de insurreição feminina, inclusive com o auxílio de punições físicas e internamentos”.

Sublinha, então, o autor:

> É forçoso concluir, ao cabo dessas considerações, que todo o processo de educação e de socialização da mulher no Brasil, fosse ela branca, negra ou mestiça, conduzia-a à completa submissão ao homem, primeiro ao pai, depois ao marido. E quando porventura tal ciclo de dominação se rompia, as instituições de tutela a serviço da ordem falocrática dominante encarregavam-se de recompor a estabilidade microssocial ameaçada.

Abolida a escravatura em 1888,

> o dado econômico substituiu em certa medida o dado de cor... destarte brancas, negras, mulatas e mestiças de todos os matizes, desde que oriundas das camadas sociais economicamente inferiores, passaram a engrossar juntas a vala comum dos explorados, transformando-se no embrião proletário a serviço do processo de industrialização que se seguiria à derrocada do ciclo exportador do café e, em seu bojo, da República Velha. Nesses novos tempos, a alternativa de vida para o imenso contingente feminino, sobretudo de jovens, continuava sendo o trabalho doméstico, a prostituição e, já agora, o pátio das fábricas.
>
> Concluindo que, "de fato, todo o processo de evolução experimentado pela mulher brasileira, embora servisse para emancipá-la socialmente em certa medida e assim também arrefecer a rigidez do patriarcalismo imperante no século 19, não chegou ainda a ponto de enfrentar o cerne do problema, qual seja, o estigma da inferioridade feminina oriundo de uma estrutura sócio-político-econômica exploradora, dependente e paternalista.

Pensamos, destarte, com Maria Isaura P. de Queiroz, ao sustentar que a *expansão indiscutível das atividades femininas no mundo rural e no urbano se (produziram) sem que (fosse) necessário romper de maneira radical com o passado; pelo contrário, ela se realiza seguindo as diretrizes traçadas pelo passado.*

O quadro da condição feminina no Brasil colonial, localizado na incipiente sociedade brasileira, nos moldes e costumes da sociedade portuguesa, mostra uma mulher incapacitada e dependente: transmite-se ao passado mais recente e ainda nos dias atuais, pois não obstante todo um progresso observado com referência à condição feminina, em nível social, profissional e político, mantêm-se ainda bastante enraizados muitos preconceitos sobre a mulher – quer quanto à sua personalidade, quer quanto à sua capacidade e autodeterminação.

Certo que desde a descrição edênica – ao mesmo tempo que Eva nasce da costela de Adão – formado "do pó da terra e feito alma vivente" e, portanto, da mesma igual matéria e natureza, dela vem "a queda do homem". Ainda aqui, singular se mostra o seu papel, acedendo à argumentação da serpente:[5]

5. Gênesis, 2:7; 3:4 – 6,24.

> Então a serpente disse à mulher : certamente não morrereis.
> Porque Deus sabe que no dia em que dele (fruto) comerdes se abrirão os vossos olhos, e sereis como Deus, sabendo o bem e o mal.
> E viu a mulher que aquela árvore era boa para se comer e agradável aos olhos, e árvore desejável para dar entendimento; tomou do seu fruto, e comeu, e deu também a seu marido consigo, e ele comeu.

Note-se, soube a mulher aferir que se tratava de uma "árvore desejável para dar entendimento". E ademais, não reteve consigo esse bem mas repartiu-o com o seu companheiro do Éden, Adão.

Dessa belíssima explicação do pecado original restou-nos, entretanto, a culpa de Eva e a expulsão do Jardim do Éden, onde ficou guardada a árvore da Vida, culpa essa injustificada porquanto um e outro agiram no livre exercício da sua liberdade.

Da *condição feminina* conforme visto, perduram ainda alguns traços na sociedade, neste iniciar do século XXI: a própria palavra *mulher*, na acepção de "esposa" (não se diz "meu homem" mas "meu marido", ou "meu esposo"; enquanto raríssima é a expressão "minha esposa", sendo mais comum "minha mulher"); a educação para *mulher-coisa* e, não, para a *autonomia e a autodeterminação*, para tudo concorrendo, também, as imposições da moda, os misteres e divisão do trabalho, já dentro da casa, e outros fatores de pressão e discriminação prejudiciais à mulher.

Na área da ciência, segundo estudo de Paloma Alcalá,[6] introduziram-se em Espanha medidas objetivando "favorecer e fomentar a plena incorporação das mulheres à investigação e à carreira científico-tecnológica. Ditas medidas, esclarece, baseiam-se em dois direitos contemplados na Constituição, a saber, o direito à igualdade e à não discriminação por razão de sexo".[7]

E conclui:

> A crua realidade mostra que a metáfora do telhado de vidro é substituível pelo pegajoso asfalto. Detectar um mal nunca basta para eliminá-lo. Levamos 25 anos corroborando com dados uma situação injusta, que nos leva a questionar-nos os mecanismos que selecionam os membros da comunidade científica e a pensar que as instituições científicas, mais do que sistemas de excelência, onde se prestigia o mérito, são sistemas de cooptação, disfarçados de concurso-oposição, onde raramente o sexo feminino é o escolhido.

2. Vida, cláusula pétrea e o aborto

A inviolabilidade do direito à vida encontra-se garantido pela Constituição: art. 5º, *caput*, e por todas as demais disposições que, direta ou indiretamente, se encontram

6. "Cuéntame cómo te ha ido. De mujeres, ciencia y democracia. 1970-2006", in *Isegoria, Revista de Filosofía Moral y Política*, Instituto de Filosofía, Madrid, n. 38/2008, pp. 187 e segs. Tradução livre da autora.
7. Na Constituição de 1988, os arts. 5º, 3º, IV e 5º, *caput*, e inciso I.

implicados com a proteção desse direito humano fundamental, assim como pelo próprio Estado, órgãos, cidadãos, pessoas.

Em entrevista à imprensa em 2004, o jurista Hélio Bicudo[8] manifestou-se contra a interrupção da gravidez e afirma: ("nem em caso de estupro ou de anencefalia"):

Folha – O que o sr. acha da intenção de mudar a lei sobre o aborto?

Hélio Bicudo – Em primeiro lugar, vamos falar, em vez do aborto, do direito à vida, que é o direito fundamental estabelecido pela Constituição. Tudo aquilo que é contrário à vida não é admitido. Acho que é uma discussão extemporânea, talvez interesse às causas feministas, mas não interessa à sociedade como um todo.

Folha – Com base nisso, o sr. acha que nem as vítimas de estupro podem interromper a gravidez?

Bicudo – Você só tem um caso de aborto na legislação brasileira, que é para preservar a vida da paciente quando ela está sofrendo uma grave ameaça de morte.

Folha – Se o sr. for consultado pelo grupo que estuda o assunto, o que irá dizer?

Bicudo – Essa é uma discussão que vem de tempos em tempos. Há alguns anos, quando fui deputado federal, essa discussão foi feita na Câmara com toda a amplitude e se chegou à conclusão de que não é possível atropelar o próprio fundamento da Constituição para instituir o direito ao aborto.

Folha – A descriminalização não poderia dar mais segurança às mulheres que escolhem abortar, uma vez que atualmente elas precisam fazê-lo de forma clandestina?

Bicudo – Isso seria regularizar um crime.

Folha – E a segurança da mãe?

Bicudo – Tenho de pensar no direito à vida, não na segurança da mãe. Você não pode sacrificar uma vida pelo interesse de outra pessoa.

Folha – E o aborto nos casos de anencefalia [fetos sem cérebro]?

Bicudo – Sou absolutamente contra. Você não sabe o que vai acontecer depois. A vida não é propriedade nem da mãe nem do pai. É da pessoa que está vivendo.

Folha – Uma das ideias é dar atendimento qualificado às mulheres, até mesmo assistência às que fizerem o aborto em condições inseguras. O que sr. acha disso?

Bicudo – O problema do aborto inseguro é abrir a fresta da porta. Aberta a fresta, a porta está aberta de maneira total. É uma maneira velada de legalizar o aborto.

8. "Debate sobre aborto é inoportuno", in Folha de S. Paulo, 13/12/2004, p. C4.

Folha – As posições do sr. estão ligadas à religião?

Bicudo – Não, ao direito à vida, que é o direito fundamental e do qual decorrem todos os outros direitos. E que está previsto na Constituição."

Em contraposição, favorável ao aborto, "para fetos com até 12 semanas, para aqueles que apresentarem má formação incompatível com a vida (até 22 semanas) e para a saúde física e psicológica da mulher, com atestados de dois profissionais de saúde", o promotor Diaulas Ribeiro, do Distrito Federal, expressou, na mesma página:

Folha – Por que o sr. é favorável à descriminalização do aborto?

Diaulas Ribeiro – Quando o Código Penal pune o homicídio, a intenção do legislador é não permitir que se matem pessoas. Está protegendo o chamado bem jurídico. No crime de aborto, o fato de criminalizar a conduta não protege o bem jurídico porque os abortos são feitos com lei, apesar dela e contra ela. Matar um adulto é homicídio. Interromper uma gestação é aborto. A mãe que interrompe uma gravidez tem pena de um a três anos. Homicídio tem pena mínima de seis a 20 anos.

Folha – Ao descriminalizar o aborto, o que muda?

Ribeiro – Primeiro, tira da cabeça da mulher uma espada de Dâmocles [risco iminente], pronta para cortar-lhe o pescoço se, por infelicidade, engravidar contrariando seu projeto de vida. A segunda razão é psicológica: tira o sentimento de que é criminosa. Por fim, viabiliza que o Estado a ampare. O aborto clandestino é uma das maiores epidemias universais."

Embora de acordo, basicamente com o pensamento de Hélio Bicudo, devemos reconhecer a incoerência da situação criminal da mulher, no caso de aborto.

A situação toda parece deslocada: o Código Penal, na Parte Especial em que cuida dos crimes contra a vida, faz compreender, conforme os comentários de Guilherme de Souza Nucci:[9]

> O direito à vida, previsto, primordialmente, no art. 5º, *caput*, da Constituição, é considerado um direito fundamental em sentido material, ou seja, indispensável ao desenvolvimento da pessoa humana, o que Pontes de Miranda chama de *supraestatal*, procedente do direito das gentes ou direito humano do mais alto grau.
>
> Esse direito deve ser protegido pela lei e, *em geral, desde o momento da concepção.*

3. O art. 128 do Código Penal

"Não se pune", diz o Código, "se não há outro meio de salvar a vida da gestante", ou "se a gravidez resulta de estupro" e o aborto é consentido.

Discute-se a constitucionalidade do dispositivo: segundo Guilherme de Souza Nucci "é perfeitamente admissível o aborto em circunstâncias excepcionais, para preservar a vida digna da mãe". Em continuação a essa ideia, convém mencionar a posição

9. *Código Penal Comentado*, Ed. Revista dos Tribunais, 2003, pp. 397 e segs.

de Alberto Silva Franco, ao dizer não ser inconstitucional o "sistema penal em que a proteção da vida do não nascido cedesse, ante situações conflitivas, em mais hipóteses do que aquelas em que cede a proteção penal outorgada à vida humana independente" (*Aborto por indicação eugênica*, p. 12).

Há, no entanto, na doutrina posição contrária sustentando a absoluta impossibilidade de ser legitimado o aborto, pois seria ofensa à cláusula pétrea do art. 5º, que é o direito à vida (Vidal Serrano Nunes Júnior, *Curso de Direito Constitucional*, p. 85).

À nossa posição, juntamente a Hélio Bicudo (excetuada a descriminalização), acrescenta-se o entendimento de Vidal Serrano Nunes Júnior, o qual pondera, ainda[10]: "A Constituição assegurou o direito à vida. Em outras palavras, o texto constitucional proibiu a adoção de qualquer mecanismo que, em última análise, resulta na solução não espontânea do processo vital".

Acresça-se que o Direito Público, hoje, desenvolve-se no sentido de uma nova ramificação, denominada Biodireito ou, Direito da Vida, assim chamado em Portugal, conforme Paulo Otero,[11]

> numa acepção genérica, o conjunto de normas e princípios jurídicos reguladoras da origem, desenvolvimento e termo da vida humana.
> Compreendendo no seu âmbito o estudo do direito fundamental à vida, não se esgota o Direito da Vida neste único aspecto, antes pretende abarcar todos os direitos que de modo directo se projetam na esfera do ser humano como pessoa, enquanto expressões subjectivas jurídico-constitucionais da sua inviolável dignidade, desde que a respectiva existência em concreto ganhou vida e para além do momento da morte.

O estudo específico do Direito da Vida, acrescenta Otero, pressupõe "um domínio consolidado das matérias de Direito Constitucional", muito especificamente, a teoria geral dos direitos fundamentais e, ainda, "uma componente ética que, sem prejuízo de receber influência constitucional, não se circunscreve ao domínio constitucional", certo que "as questões integrantes do Direito à Vida vieram recolocar, nos finais do século XX, a discussão em torno das fronteiras entre a ordem moral e a ordem jurídica e, por outro lado, a permeabilidade do fenômeno ético-moral e/ou deontológico face ao universo jurídico e ao progresso tecnológico".

Entre nós, a obra de Maria Helena Diniz,[12] conceitua Biodireito como:

> o estudo jurídico que, tomando por fontes imediatas a bioética e a biogenética, teria a vida por objeto principal, salientando que a verdade científica não poderá sobrepor-se à ética e ao direito, assim como o progresso científico não poderá acobertar crimes contra a dignidade humana, nem traçar, sem limites jurídicos, os destinos da humanidade.

10. "Direito à vida", in *Curso de Direito Constitucional*, São Paulo: Saraiva, 2009, p. 139.
11. "Direito da Vida. Relatório, sobre o Programa. Conteúdos e métodos de Ensino", Coimbra: Almedina, 2004, pp. 15 e segs., 21, 22.
12. *O estado atual do Biodireito*, São Paulo: Saraiva, 2001, pp. 7, 8.

Assim, infanticídio sob a influencia do estado puerperal (art. 123) e o aborto (art. 124) serão punidos com a pena de detenção. Vejamos:

Inconstitucional, o art. 128 do Código Penal, as hipóteses formuladas oferecem, no entanto, a possibilidade de uma excludente criminal ("o *fato típico* deixa de ser punível e equivalendo a dizer que não há crime", refere Guilherme Nucci)[13] pelo que se alenta nosso entendimento de que o aborto permaneceria *ato ilegal* – mas livre de pena.[14]

Assim, a pena não mais seria prevista como *perda da liberdade*:

Um estudo da juíza Kenarik Boujikian Felippe[15] referente ao Grupo de Estudos e Trabalho Mulheres Encarceradas, surgido em 2001, e outras entidades, destaca "o objetivo de abrir a discussão sobre a realidade da mulher presa, suas condições de encarceramento, *seu acentuado perfil de exclusão social*, a emergência de atendimento a seus direitos, a violência de gênero e apresentar propostas para que esta situação pudesse ser alterada" (grifamos).

Destaca, ainda, que "na década de 50 a ilustre professora Esther de Figueiredo Ferraz observou que mulheres envolvidas com a criminalidade não assumem na peça criminosa os mesmos papéis nem cometem os delitos pelos mesmos motivos. Elas estão nos postos mais baixos e em funções menos relevantes".[16]

Por outro lado, permanecendo *ilegal*, as penas para o abortamento, no sentido educativo e restaurativo da Justiça penal, terão de caracterizar-se como *penas sociais*, dirigidas precipuamente para *serviços* junto a crianças tuteladas pelo Estado, às presidiárias e mulheres na mesma situação e famílias carentes.

Paradoxal é a constatação de que não exista qualquer tipo de corresponsabilidade penal para o parceiro da mulher que aborta (se não participou do ato, nos termos dos arts. 125 e 126 do Código Penal), seja como coator seja pela omissão perante o fato da gravidez, no ato de abortamento como tal. Como não se exige, por outro lado, o expresso consentimento do parceiro no denominado aborto legal.

Tal constatação mais confirma a constrangedora situação da mulher, ainda, na sociedade atual.

---

13. *Código Penal Comentado*, op. cit., p. 426.
14. É o que informa Jürgen Habermas, *O futuro da natureza humana*. São Paulo: Martins Fontes, 2004, p. 42: "Na Alemanha, a interrupção da gravidez até a 12ª semana é considerado um ato ilegal, mas livre de pena. Pela lei, o aborto é permitido se houver uma indicação médica em casos de risco para a mãe".
15. "Indulto 2004. Construção de um novo paradigma", in *Revista do Movimento do Ministério Publico Democrático*, MPA Dialógico n. 5/2205, pp. 29, 30.
16. "A Assembleia Geral da ONU, pela resolução n. 58/183, recomendou que se prestasse maior atenção às questões de mulheres que se encontram na prisão, inclusive no tocante às questões referentes aos seus filhos. Em consequência desta recomendação foi solicitado documento sobre esta temática para a Dra. Florizelle O'Connor, que indica em seus estudos que; a) as mulheres constituem um percentual pequeníssimo da população carcerária em todo o mundo; b) alta porcentagem das mulheres presas são mães; c) são elas que se encarregam de cuidar dos filhos; d) não há políticas públicas adequadas no tratamento das presas; e) há um aumento do aprisionamento feminino, que não se circunscreve a delitos violentos, mas a um aumento das taxas de encarceramento de mulheres presas em razão do aparecimento do tráfico de entorpecentes, sendo usadas, de regra, como 'mulas' e a maioria por delito de pouca quantidade de entorpecente" (documento disponível no *site* da ONU).

4. Nem crime, nem castigo: educação e apoio social

Vedada pela Constituição toda forma de intervenção que prejudique o processo vital, com os direitos do nascituro "a salvo, desde a concepção" (Código Civil, art. 2º) não resta dúvida que a ordenamento jurídico brasileiro se demonstra inteiramente *pro vida* e que o aborto deve permanecer proibido na sociedade brasileira.

Outra é a questão da condição criminal da mulher e esta deve ser revista:

> Por acaso, o nosso olhar não pode perceber novamente a infinita riqueza do mundo? Não somos capazes de atentar com um olhar renovado o mistério de todos os mistérios, que é a nossa própria existência? O segredo, o mistério do mundo, das coisas simples, dos homens, de mim mesmo, tudo isso nos obriga a adotar uma atitude respeitosa. É preciso ter respeito por aquilo que não logramos conhecer, por aquilo que se mantém como indevassável, por aquilo que constitui a autêntica densidade do outro e de mim mesmo.[17]

"Ninguém erra voluntariamente": esta tese, registra Werner Jaeger,[18] é constantemente defendida por Sócrates e Platão e, como se reconhece de modo verdadeiramente universal, conta-se entre aqueles elementos da antiga dialética platônica que remontam ao Sócrates histórico.

Vem dos Gregos a concepção trágica da existência humana: Para Sócrates, refere Werner Jaeger,[19]

> constitui uma contradição a vontade poder querer o mal, reconhecendo-o como tal. Parte pois da premissa de que a vontade humana tem um sentido. E o sentido da vontade, não é o da sua destruição ou ruína, mas o da sua conservação e edificação. A vontade é em si mesma racional, pois se dirige ao bem. Os inúmeros exemplos de loucos apetites que acarretam a desventura humana não contradizem a tese de Sócrates. Platão o faz estabelecer entre o apetite e a vontade uma distinção rigorosa: é que a "vontade" autêntica só repousa no verdadeiro reconhecimento do bem que lhe serve de meta. O mero "apetite" é uma aspiração orientada para a obtenção de bens aparentes. Quando concebida deste modo profundamente positivo e consciente da sua finalidade, a vontade baseia-se sempre, por natureza no saber; e a consecução deste saber; quando ela é possível, representa a perfeição humana.
>
> É desde que Sócrates concebeu esta ideia que nós falamos de um destino do Homem e de um objetivo da vida e conduta humanas. A meta da vida é aquilo que a vontade quer pela sua própria natureza: o bem.
>
> É o conceito socrático do *fim da vida*. Através dele, a missão de toda a educação é banhada por uma luz nova: já não consiste no desenvolvimento de certas capacidades nem na transmissão de certos conhecimentos; pelo

17. Josep M. Esquirol, "O domínio dos homens indiferentes", in *O Estado de São Paulo* / Cultura, 14/09/2008, p. D6.
18. *Paideia. A formação do homem grego*, São Paulo: Martins Fontes, 1995, p. 568 e nota n. 174
19. *Paideia*, op. cit., p. 569.

> menos, agora isto só pode ser considerado um meio e uma fase no processo educacional. A verdadeira essência da educação é dar ao Homem condições para alcançar o fim autêntico da sua vida.[20]

Proibido que deve ser o aborto, nem por isso se pode deixar a questão posta, conforme refere o médico Miguel Srougi[21] dirigindo-se ao problema "apenas olhares fugazes". Contrário ao aborto ("me custa aceitar que um pequeno ser, como eu já fui, tenha o curso de sua existência tolhido nos seus primórdios") expõe, com muito acerto, a necessidade

> do esforço de todos os protagonistas desse enredo, governos e sociedade, no sentido de impedir que ele se torne necessário e de forjar condições para que as tragédias decorrentes possam ser sanadas com eficiência e rapidez.
> Como fazer isso? Promovendo-se "a criação e a disseminação sobre planejamento familiar, a inserção do ensino sobre saúde sexual e reprodutora nos currículos escolares, o acesso fácil e continuado aos métodos de contracepção e rede qualificada de atenção médica de emergência para mulheres no pós-aborto. Finalmente, concedendo às mulheres os mesmos direitos desfrutados pelos homens no trabalho, na propriedade, na política.
> Com efeito, em editorial de 28-4-2007, sobre "Aborto e Crime", o Jornal Folha de São Paulo assinala que "a melhor forma de combatê-lo é instruindo a população sobre como evitar filhos, oferecendo-lhes meios adequados".
> Estamos fracassando em ambos.
> Por graves falhas de gestão, os produtos não chegam à ponta final.
> Os pesquisadores constataram ainda problemas na regularidade do fornecimento e na oferta de opções. Conclusão inescapável: o sistema não é capaz de usar aquilo de que já dispõe.
> O panorama tampouco é bom no quesito educação. Faltam campanhas de prevenção da gravidez precoce. O quadro é especialmente preocupante no que diz respeito a adolescentes. São poucas as que procuram as UBSs antes de engravidar. Quando o fazem, há médicos que exigem a presença dos pais para passar-lhes um método anticoncepcional. É como se o sistema tivesse sido desenhado para dar errado!
> Enfrentar esse problema vai exigir não apenas melhorias na gestão do SUS como também uma profunda mudança de mentalidade. Com efeito, políticos, administradores, educadores e médicos ainda relutam em dar ao planejamento familiar a importância que merece.
> Tal omissão coletiva é um verdadeiro crime que se comete. De um lado, contribui para uma sexualidade pouco responsável. De outro, nada de prático acarreta para evitar mortes e sofrimento desnecessários.

20. Werner Jaeger, op. cit, p. 571.
21. "Mulheres e os direitos à existência", in *Folha de S. Paulo*, 15/05/2008, p. A3.

Percebe-se claramente, portanto, que o problema vem sendo visualizado por um lado incorreto e distorcido, ou seja, propugnando-se a liberação do aborto quando, ao contrário, toda a problemática levantada pelo editorial continuará, e agravada.

Pretende-se, afinal, a implantação da pena de morte no Brasil... para os indefesos seres concebidos nas circunstâncias mais desfavoráveis, irresponsáveis ou descuidadas – que, isto sim, incentivadas, ademais, pelos meios de comunicação, permanecerão ativas na sociedade brasileira.

4.1 Educação e apoio social: a autonomia

Educação *e apoio* são providências que, efetivamente desenvolvidos, poderão surtir os efeitos desejados, e permanentemente, a longo prazo.

Básica, na educação da mulher, se mostra a sua necessária formação para a autonomia como ser humano:

No seu estudo sobre a autonomia kantiana[22] Lucia Cavalcante Reis Arruda faz uma análise da segunda seção da *Fundamentação da metafísica dos costumes*, para um entendimento desse princípio através das fórmulas do imperativo categórico e de alguns conceitos tais como razão prática, dever agir, reino dos fins, entre outros.

Para a saída do homem da sua menoridade, Kant propõe "o uso público da razão em todos os domínios e questões" e na *Fundamentação* apresenta-nos o imperativo em três formulações que levam à autonomia: a primeira, como se sabe, diz: "age como se a máxima da tua ação se devesse tornar, pela tua vontade, em lei universal da natureza".

"Essa fórmula, explica Lucia Cavalcante Reis Arruda, seria suficiente se o objetivo do imperativo fosse apenas o de nos formar um cânon para a apreciação dos nossos atos. Só que ele quer mais... quer introduzir o princípio da autonomia (auto-nomia, autolegislação), superar a representação da lei moral como um "fato que não se pode absolutamente explicar por quaisquer dados do mundo sensível (Kant, 1985b:42), portanto não conservando a forma de uma pura e simples coerção.

A segunda fórmula é apresentada como "imperativo prático": "age de tal maneira que uses a humanidade, tanto na tua pessoa como na pessoa de qualquer outro, sempre e simultaneamente como fim e nunca simplesmente como meio".

A terceira formulação do imperativo é a que determina a autonomia da vontade. Diz Kant:

> Se há um imperativo categórico, ele só pode ordenar que tudo que se faça em obediência à máxima de uma vontade que simultaneamente se possa ter a si mesma por objeto como legisladora universal; pois só então é que o princípio prático e o imperativo a que obedece podem ser incondicionais, porque não tem interesse algum sobre que se fundem. A vontade racional, então, não obedece a uma instância estranha, mas somente a si mesma.

22. "Autonomia kantiana: a maioridade do gênero humano", in *Bioética*, Cadernos Adenauer, Rio de Janeiro: Fundação Konrad Adenauer, n. 1/2002, pp. 131 e segs.

Toda a educação feminina, na família e na escola tem de ser orientada no sentido da autonomia, como de todo indivíduo aliás, mas basta deter-se um pouco nas chamadas revistas femininas e pode-se constatar quão distantes se encontram desse desiderato e sim, o contrário: manter a mulher numa prisão multicolorida de roupas, bolsas, calçados, maquiagem, inesgotavelmente variáveis pela indústria da vaidade, tendência que se inicia na infância, com a "menina-mulher Barbie" e semelhantes.[23]

5. O Estatuto da Mulher e o direito à vida

Em estudo de 2008[24] já nos detivemos na questão, lembrando tópicos do Direito Romano: a afirmativa de Justiniano: *infans conceptus pro iam nato habetur* (a criança, uma vez concebida, considera-se nascida) e a referência de Nélson Hungria[25] de como o aborto, prática de todos os tempos, nem sempre foi objeto de incriminação; em Roma, considerava-se o produto da concepção como *parte do corpo* da gestante e não algo com vida própria, de modo que a mulher que abortava apenas dispunha do próprio corpo. Ovídio registrou o fato: "Atualmente esvazia o útero a mulher que quer parecer; bela; e rara, em nossa época, é aquela que deseja ser mãe".

Seguiremos a mesma prática, no século da efetivação dos direitos humanos e da implantação mundial das Declarações de Direitos?

A distinguir, desde logo: *o direito à vida* situa-se na área eminentemente jurídica, cabendo lembrar a posição da juíza Jutta Limbach, da Suprema Corte Alemã:

"(a) A ciência do direito não é competente para responder a questão sobre a partir de quando começa a vida humana; (b) as ciências naturais, em virtude de seu conhecimento, não estão em condições de responder à questão a partir de quando a vida humana deve ser colocada sob a proteção da Constituição".[26]

No caso, portanto, cabe à Ciência do Direito constatar se existe *vida* para incidir então, a aplicação do ditame constitucional, descabendo a discussão sobre o processo vital e, sim, a proteção do bem jurídico *vida*, em todas as suas fases, indistintamente, porquanto a compartimentalização da vida cabe às ciências naturais, para sua compreensão: pela natureza, como tal, trata-se de um *continuum*, independente de classificações e interferências e esse processo vital na sua inteireza encontra-se protegido pela Constituição.

23. Marion Hilliard, em *A mulher diante da vida e do amor*, São Paulo: Cultrix, 1976, destaca "o que as mulheres não sabem sobre o fato de ser mulher": "Algumas mulheres têm a impressão que ser do sexo feminino é ser uma trouxa de truques, tais como guinchar quando vê um rato, nada entender de matemática, lágrimas, perfume atrás das orelhas e uma atitude de frágil encantamento diante de uma coisa abstrata, tal como a justiça internacional, Ou concreta, tal como coleta de lixo".

24. Maria Garcia, "A inviolabilidade constitucional do direito à vida. A questão do aborto e sua descriminalização. A justiça restaurativa", *Revista de Direito Constitucional e Internacional*, São Paulo: Editora Revista dos Tribunais, n. 65/192, 2008.

25. Nelson Hungria, *Comentários ao Código Penal*, Rio de Janeiro: Forense, 1955, pp. 262, 264.

26. *Apud* Ernst – Wolfganf Böckenförde, in *Direitos Fundamentais e Biotecnologia*, Ingo Wolfgang Sarlet e George Salomão Leite, São Paulo: Método, 2008, p. 63.

6. Considerações finais

A partir daí, e *contrariamente à legalização do aborto*, porquanto:

Inconstitucionalmente, estar-se-ia instituindo a nova hipótese da pena de morte no País; em outras palavras, uma espécie de assassinato legal, sem processo e sem dolo.

No momento em que houve fecundação, existe *vida*, isto é, a possibilidade de um ser humano (*homo in spem*).

É *fase inicial, indispensável* para as fases seguintes, ou seja, não *haverá ser humano completo*, apto a vir à luz, se não houver uma fase inicial de fecundação. Logo, não importa a especificação do *momento* em que se inicia a vida humana.

Existindo *vida*, está protegida pela Constituição (art. 5º, *caput)*, inclusive em relação à sua *portadora*.

Como *depositária*, a mulher, enquanto durar essa condição, não será "dona" do próprio corpo, investido este em receptáculo de outro ser, o que somente cessará com o nascimento – e, com este, a liberação.

Fiel depositária – portanto responsável pela vida do ser nela existente.

A proposta entretanto, é de descriminalização do aborto: a mulher que aborta agride a si mesma, seu filho (que não deixa de sê-lo, afinal) e necessita, antes, de informação e de proteção:

(1) A educação em todos os níveis (sexual, emocional, social, político) se demonstra como a única possibilidade efetiva de reverter o grave quadro que o assunto envolve, em nível de prevenção; planejamento familiar e outros meios já vistos, de esclarecimento;[27]

(2) Legislação específica e juízo especial, mediante penalidade educacional: medidas de segurança e apoio, trabalho, proteção à mulher e à criança pelos órgãos sociais/estatais de atendimento ao que constituiu o fundamento da sociedade, *a família*.

(3) Um outro enfoque envolve a questão da *cidadania*, conforme refere Maria Xosé A. Romero,[28] "a interrogação sobre a cidadania democrática hoje requer prestar atenção, assumir a natureza política da família, ter em conta seus efeitos distributivos e demarcadores da pertinência que repercutem na cidadania das mulheres" – o que abrange esse outro componente da condição feminina.

---

27 "Mulher, crime e castigo", reportagem de Dorrit Harazim, Revista *Veja* de 07/06/1995, conclui: "Pelo último censo penintenciário brasileiro, 95% dos encarcerados são pobres, 85% não conseguem pagar advogado e 3,7% são mulheres. E no Rio de Janeiro, segundo levantamento do IBGE de sete anos atrás 40,3% dessas presas jamais tiveram uma carteira de identidade ou título de eleitor (42,1%), uma em cada cinco não sabia escrever e quase a totalidade tinha filhos". Sob outro aspecto, Marion Hilliard *A mulher diante da vida e do amor*, op. cit., pp. 85, 86) refere-se à ignorância da mulher sobre a "sua biologia". A criação deu-se a trabalhos consideráveis para, para fazê-la fêmea, para conceder-lhe certas glândulas e desejos, e uma aura que a faz atrativa aos olhos dos varões. A condição feminina, acrescenta – como qualquer médico poderá dizer, é selvagem. A mulher é equipada com um sistema de reprodução que, mesmo quando ela não o use, domina a sua fibra. Aquilo tem um perigoso poder que pode saltar fora de controle sem o mais ligeiro aviso. Por essa razão uma mulher precisa salvaguardar-se com um padrão de conduta que pode parecer estranho ou arcaico. A liberdade que a jovem moderna concede a si própria é uma ilusão, pois não lhe dá liberdade de escolha, absolutamente".

28. "Ciudadania: um asunto de família?" in *Isegoría, Revista de Filosofía Moral y Política*, n. 38/2008, p. 140.

A jurista norueguesa Tove Stang Dahl trata de um Direito das Mulheres[29], já institucionalizado naquele país, no sentido precípuo de "identificar as discriminações inaceitáveis e a injustiça, e fornecer alternativas que contribuam para uma maior igualdade.

Com base na ordem estabelecida, explicita – procurar-se-á, primeiro, uma política de igualdade que corrija as desigualdades, tornando o desigual mais igual. Depois, o trabalho pela justiça e pela liberdade poderá conduzir aos objetivos positivos exigidos pelo conceito de libertação e ao aprofundamento da discussão daquilo a que chamamos "princípios orientadores das políticas relativas às mulheres".

Como ciência jurídica, o Direito das Mulheres dirige-se a representar uma disciplina jurídica interdisciplinar, centrada na pessoa: a importância da personalidade, estado e capacidade, quer quanto aos direitos individuais em geral, quer quanto ao estatuto jurídico dos grupos em especial, princípios orientadores das políticas, na perspectiva das mulheres.

"Esses valores – ideais da 'boa sociedade', refere Tove Stang Dahl, são essenciais para a avaliação da lei vigente, como critérios para a estrutura e a metodologia do Direito das Mulheres, e ainda enquanto indicadores de ideais de reformas".

Quais valores?

Como *valores fundamentais*, os princípios a respeito da *justiça*: "a *justiça* deve ser considerada uma norma jurídica básica, integrando, portanto, o conceito, o conceito de Direito"; *liberdade*: "a liberdade é um valor básico, tanto no Direito Constitucional como no Direito Internacional, indicando o caminho para a delimitação dos direitos e obrigações dos indivíduos e dos Estados". No caso, "a proteção da liberdade individual, especialmente a sua relevância para a posição das mulheres", *a igualdade*, integrante do conjunto de valores; *dignidade e integridade*: "elementos fundamentais da estima e do respeito por si próprio. (...) A noção de integridade tem uma relação estreita com a noção de dignidade, mas liga-se especialmente ao direito de *ser deixado em paz*, tanto física quanto psicologicamente. Enquanto a dignidade aponta para o respeito por si próprio e o reconhecimento ao menos por parte daqueles que nos estão mais próximos, a integridade é de facto a 'condição de não ser tocado' – o resultado da exigência individual de proteção contra a intromissão ou a transgressão injustificada, de outras pessoas ou da sociedade"; *autodeterminação e autorealização*: "para John Rawls, o respeito por si próprio é um dos principais 'bens primordiais', e esse valor tem dois aspectos: em primeiro lugar, o sentido que uma pessoa tem do seu próprio valor, a confiança segura de que a sua visão está correcta e de que o seu plano de vida merece ser levado por diante; em segundo lugar, a confiança de que pode realizar os seus planos com o potencial do seu talento e das suas forças (Rawls, 1983:440s). Rawls salienta o sigificado de um plano de vida, traçado dentro dos limites do possível, e da confiança na sua realização. O direito à autodeterminação contém, com maior ou menor precisão,

29. *O Direito das Mulheres. Uma introdução à Teoria do Direito Feminista*, Lisboa: Ed. Calouste Gulbenkian, 1993, pp. 25, 107 e seguintes.

exactamente estes elementos: a possibilidade de tomar opções independentes, não apenas em termos de plano de vida, mas ainda a respeito das tarefas quotidianas, e a confiança no poder e nos talentos pessoais para a sua realização. Pressupõe-se, no entanto, que o fundamento da possibilidade real de cumprimento dessa autonomia repousa, entre outras coisas, na justiça material e na protecção legal".[30]

Colocados todos esses pressupostos, circunstâncias e abrangências, entendemos que a *condição feminina* deva compor um Estatuto da Mulher, constituído de princípios orientadores das políticas, regras e medidas de atendimento à *questão da mulher* em toda sua grandeza, peculiaridade e complexidade.

30. Tove Stang Dahl, op. cit., p. 140.

Qual(is) o(s) conteúdo(s) de seu interesse?

Jurídico - ☐ Livros Profissionais ☐ Livros Universitários ☐ OAB ☐ Teoria Geral e Filosofia do Direito

Educação & Referência - ☐ Comportamento ☐ Desenvolvimento Sustentável ☐ Dicionários e Enciclopédias ☐ Divulgação Científica ☐ Educação Familiar ☐ Finanças Pessoais ☐ Idiomas ☐ Interesse Geral ☐ Motivação ☐ Qualidade de Vida ☐ Sociedade e Política

Negócios - ☐ Administração/Gestão Empresarial ☐ Biografias ☐ Carreira e Liderança Empresariais ☐ E-Business ☐ Estratégia ☐ Light Business ☐ Marketing/Vendas ☐ RH/Gestão de Pessoas ☐ Tecnologia

Concursos - ☐ Administração Pública e Orçamento ☐ Ciências ☐ Contabilidade ☐ Dicas e Técnicas de Estudo ☐ Informática ☐ Jurídico Exatas ☐ Língua Estrangeira ☐ Língua Portuguesa ☐ Outros

Universitário - ☐ Administração ☐ Ciências Políticas ☐ Computação ☐ Comunicação ☐ Economia ☐ Engenharia ☐ Estatística ☐ Finanças ☐ Física ☐ História ☐ Psicologia ☐ Relações Internacionais ☐ Turismo

Áreas da Saúde - ☐ Anestesia ☐ Bioética ☐ Cardiologia ☐ Ciências Básicas ☐ Cirurgia ☐ Cirurgia Plástica ☐ Cirurgia Vascular e Endovascular ☐ Dermatologia ☐ Ecocardiologia ☐ Eletrocardiologia ☐ Emergência ☐ Enfermagem ☐ Fisioterapia ☐ Genética Médica ☐ Ginecologia e Obstetrícia ☐ Imunologia Clínica ☐ Medicina Baseada em Evidências ☐ Neurologia ☐ Odontologia ☐ Oftalmologia ☐ Ortopedia ☐ Pediatria ☐ Radiologia ☐ Terapia Intensiva ☐ Urologia ☐ Veterinária

Outras Áreas - ____________________

Tem algum comentário sobre este livro que deseja compartilhar conosco?

____

* A informação que você está fornecendo será usada apenas pela Elsevier e não será vendida, alugada ou distribuída por terceiros sem permissão preliminar.

* Para obter mais informações sobre nossos catálogos e livros por favor acesse **www.elsevier.com.br** ou ligue para **0800 026 53 40.**